中国自然资源经济学通论

张新安 等编著

中国财经出版传媒集团

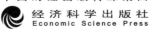

经济科学出版社
Economic Science Press

·北 京·

图书在版编目（CIP）数据

中国自然资源经济学通论/张新安等编著. --北京：
经济科学出版社，2023.11
ISBN 978 - 7 - 5218 - 5278 - 3

Ⅰ.①中…　Ⅱ.①张…　Ⅲ.①自然资源 - 资源经济学
- 研究 - 中国　Ⅳ.①F124.5

中国国家版本馆 CIP 数据核字（2023）第 200274 号

责任编辑：周国强
责任校对：蒋子明
责任印制：张佳裕

中国自然资源经济学通论

张新安　等编著

经济科学出版社出版、发行　新华书店经销

社址：北京市海淀区阜成路甲 28 号　邮编：100142

总编部电话：010 - 88191217　发行部电话：010 - 88191522

网址：www. esp. com. cn

电子邮箱：esp@ esp. com. cn

天猫网店：经济科学出版社旗舰店

网址：http：//jjkxcbs. tmall. com

北京季蜂印刷有限公司印装

787 × 1092　16 开　35. 25 印张　700000 字

2023 年 11 月第 1 版　2023 年 11 月第 1 次印刷

ISBN 978 - 7 - 5218 - 5278 - 3　定价：158. 00 元

中国自然资源经济研究院
《中国自然资源经济学通论》编写组

主　编　张新安

副主编　孟旭光　吕　宾　范振林

编　委　（以姓氏笔画为序）

马朋林　石吉金　冯春涛　吕　宾　刘伯恩　苏子龙　余振国

沈　悦　宋　猛　张新安　陈甲斌　范振林　范继涛　周　伟

孟旭光　姚　霖

编　者　（以姓氏笔画为序）

马朋林　马晓妍　王飞宇　王光耀　王　嫱　王燕东　邓　锋

厉　里　石吉金　申文金　冯春涛　吕　宾　朱闰琪　任泸安

刘伯恩　刘　超　苏子龙　李　娜　李　储　余振国　沈　悦

宋　猛　张玉梅　张世良　张君宇　张　萌　张新安　陈甲斌

范振林　范继涛　罗世兴　周　伟　周海文　周　静　周　璞

孟旭光　郝欣欣　南锡康　钟骁勇　姚　霖　秦　静　郭　妍

霍文敏

构建新时代中国特色自然资源经济学学科体系

（一）

自然资源经济研究，首先要牢固树立马克思主义的立场、观点、方法。马克思主义是我们认识世界、把握规律、追求真理、改造世界的强大思想武器。[①] 马克思主义的立场、观点和方法是马克思主义科学思想体系的精髓所在，把握好马克思主义的立场观点方法是研究和解决自然资源经济学问题的基础。

毛泽东主席说："唯物辩证法是马克思主义的科学方法论，是认识的方法，是论理的方法，然而它就是世界观。世界本来是发展的物质世界，这是世界观；拿了这样的世界观转过来去看世界，去研究世界上的问题，去指导革命，去做工作，去从事生产，去指挥作战，去议论人家长短，这就是方法论，此外并没有别的什么单独的方法论。所以在马克思主义者手里，世界观同方法论是一个东西，辩证法、认识论、论理学，也是一个东西。"[②] 党的二十大报告深刻阐明了把马克思主义基本原理同中国具体实际相结合、同中华优秀传统文化相结合的基本内涵和实践意义，系统阐述了习近平新时代中国特色社会主义思想的世界观、方法论和贯穿其中的立场观点方法，强调以必须坚持人民至上、坚持自信自立、坚持守正创新、坚持问题导向、坚持系统观念、坚持胸怀天下来继续推进实践基础上的理论创新。

党的二十大报告指出，"我们必须坚持解放思想、实事求是、与时俱进、求真务实，一切从实际出发，着眼解决新时代改革开放和社会主义现代化建设的实际问题，不断回答中国之问、世界之问、人民之问、时代之问，作出符合中国实际和时代要求的正确回答，得出符合客观规律的科学认识，形成与时俱进的理论成果，更好指导中国实践"。这是我们研究中国自然资源经济学的根本出发点和立足点。

立场，是人们观察、认识和处理问题的立足点。人民立场是马克思主义的根本

---

① 习近平谈治国理政（第四卷）［M］．北京：外文出版社，2022：509.

② 中共中央文献研究室．毛泽东著作专题摘编（上）［M］．北京：中央文献出版社，2003：30.

政治立场。马克思主义者始终站在人民大众的立场上，一切为了人民，一切相信人民，一切依靠人民，全心全意为人民谋利益。《中华人民共和国宪法》（以下简称《宪法》）规定"中华人民共和国的一切权力属于人民"。中国共产党始终坚持以人民为中心，用法律确定了自然资源的社会主义公有制，维护最广大人民群众的根本利益。《宪法》、《中华人民共和国民法典》（以下简称《民法典》）和自然资源单项法明确了自然资源国家所有和集体所有，其中《宪法》专门指出"国家所有，即全民所有"。国家所有权的本质是全民所有制在法律上的体现。《民法典》之所以使用"国家所有"而没有使用"全民所有"的表达，原因在于《民法典》的规范是从民事主体角度展开，是以"国家所有"来对应"集体所有"和"私人所有"，更能体现其不同民事主体的特点。这是我们研究所有自然资源经济问题的出发点。

统筹推进自然资源资产产权制度改革，落实统一行使全民所有自然资源资产所有者职责，建立全民所有自然资源资产所有权委托代理机制，要坚持人民立场；自然资源资产评估和价值核算，自然资源资产的经济价值、生态价值和社会价值的厘定，也要坚持人民立场，决不能采取所谓"价值中立"的立场。我在 2021 年 6 月举行的自然资源部直属单位、派出机构党史学习教育视频交流会上强调，"自然资源经济研究必须切实树立人民立场。资源开发利用和生态保护，归根到底是为了不断满足人民群众对美好生活的需要。谋划'十四五'自然资源开发利用和生态保护，必须坚持以人民为中心，聚焦人民群众需求。资源开发为民所谋，资源利用为民造福，资源收益为民所用，要构建以人民为中心的自然资源治理体系，站在人民立场上透视自然资源开发利用中的经济关系、社会关系。我们开展自然资源有偿使用制度研究，开展自然资源资产产权制度研究，开展产权制度委托代理，编制全民所有自然资源资产平衡表，构建生态产品价值实现机制，出发点、立足点，都是人民立场"。[①] 我在《面向生态文明的新型资源观》中强调，"在服务大局中全面践行新型资源观。以维护国家安全为目标，树立以国家安全战略保障为核心的新型资源安全观，不断提升资源保障能力；以推动经济社会转型升级为目标，树立以节约优先战略为任务的新型资源利用观，不断提升资源节约集约利用水平；以优化国土空间格局为目标，树立以国土空间用途管制为核心的新型空间治理观，科学统筹规划管控资源开发利用；以维护人民利益为目标，树立以人民为中心的新型资源价值

---

① 乔思伟. 在学思践悟中开新局：自然资源部直属单位和派出机构党史学习教育交流纪略 [N]. 中国自然资源报，2021 - 06 - 23（1）.

观，不断推进资源惠民利民富民；以服务建设美丽中国为目标，树立以生态文明为指引的新型资源生态观，努力建设生态国土"①。

观点，是人们对事物的看法。马克思主义观点的核心是唯物论，揭示了自然、社会和人类思维的一般规律，提出了一系列基本观点，为我们认识和改造世界提供了思想武器。比如，在哲学方面，提出关于世界统一于物质、物质决定意识的观点，关于普遍联系和永恒发展的观点，关于实践第一的观点，关于物质生产是社会生活的基础的观点，关于社会形态和社会基本矛盾运动规律的观点，关于人民群众是历史创造者的观点，关于人的解放和自由全面发展的观点等等。这些基本观点贯穿于马克思主义科学思想体系之中，为我们认识和改造世界提供了思想武器。其中，实践观点是马克思主义哲学的核心观点，是马克思主义认识论的基本观点。

马克思主义关于世界的物质性及其发展规律、人类社会及其发展规律、认识的本质及其发展规律等原理，为我们研究自然资源开发利用和保护各个领域的问题提供了基本的世界观、方法论。② 2016 年 5 月 17 日，习近平总书记在哲学社会科学工作座谈会上发表重要讲话，此后，中国自然资源经济研究院每年都坚持学习习近平总书记"5·17"重要讲话精神，为自然资源经济研究树立正确的世界观、方法论。山水林田湖、山水林田湖草、山水林田湖草沙，是系统观念，是发展的、全面的、普遍联系的观点；自然资源"两统一"核心职责、生态系统服务功能、地球系统科学，是系统观念；能源结构、资源结构、产业结构、空间结构，是系统观念。为了进一步深入学习习近平总书记关于系统观念的重要论述，经济研究院组织开展自然资源开发与保护相融相促的辩证统一关系研究；组织开展"运用系统观念统筹矿产资源开发和保护关系研究"；组织开展资源安全和生态安全关系研究。习近平总书记对世界、对人民作出的碳中和"30/60"目标承诺，也需要用发展的、全面的、普遍联系的观点来研究、来践行，考虑到现实性、有序性、平衡性和多元性，碳源和碳汇必须并重，提效和增汇必须并重，适应和应对必须并重，工程（解法）和自然（解法）必须并重。我们的初步研究表明③，能源结构调整减排40%，陆地生态系统碳汇解决 30%，海洋生态系统解决 20%，地下封存地质碳汇解决 10%，通过能源结构、资源结构、产业结构、空间结构的优化，是有可能弥补上当前排放百亿吨级、碳汇十几亿吨级之间的差距的。

---

① 中国国土资源经济研究院. 面向生态文明的新型资源观 [M]. 北京：地质出版社，2018.

② 乔思伟. 在学思践悟中开新局：自然资源部直属单位和派出机构党史学习教育交流纪略 [N]. 中国自然资源报，2021－06－23（1）.

③ 张新安，等. 自然资源管理服务支撑碳达峰碳中和 [M]. 北京：经济科学出版社，2022.

方法,是指导我们正确认识和改造世界的基本手段与行为方式。马克思主义方法,是与马克思主义世界观相统一的方法论。恩格斯指出:"马克思的整个世界观不是教义,而是方法。它提供的不是现成的教条,而是进一步研究的出发点和供这种研究使用的方法。"① 学习和掌握马克思主义方法,必须学习和掌握唯物辩证的思维逻辑。客观地而不是主观地、发展地而不是静止地、全面地而不是片面地、系统地而不是零散地、普遍联系地而不是孤立地观察事物、分析问题和解决问题,在矛盾的对立统一中把握事物发展规律。

用这种思想方法来深入学习习近平生态文明思想,就会切实提高我们对生态文明建设是关系中华民族永续发展的根本大计的认识。这是人类历史发展的必然规律,是经济社会发展的必然要求,是全面发展中国特色社会主义的必然选择。从工业文明走向生态文明是社会历史发展的必然规律;习近平生态文明思想是对马克思恩格斯自然观的继承和发展,同时从中国传统文化智慧中汲取了丰富的营养。习近平总书记2020年11月在全面推动长江经济带发展座谈会上指出,"要从生态系统整体性和流域系统性出发,追根溯源、系统治疗,防止头痛医头、脚痛医脚。要找出问题根源,从源头上系统开展生态环境修复和保护。要加强协同联动,强化山水林田湖草等各种生态要素的协同治理,推动上中下游地区的互动协作,增强各项举措的关联性和耦合性。要注重整体推进,在重点突破的同时,加强综合治理系统性和整体性,防止畸重畸轻、单兵突进、顾此失彼"。② 这是马克思主义立场观点方法的集中体现。

(二)

自然资源经济研究,必须牢记中国式现代化的历史使命。永远把人民对美好生活的向往作为奋斗目标,在自然资源管理助力中国式现代化进程中锚定新时期自然资源经济研究新的战略定位。以中国式现代化全面推进中华民族伟大复兴,是新时代新征程中国共产党的使命任务。党的二十大报告强调,"必须着眼解决新时代改革开放和社会主义现代化建设的实际问题","作出符合中国实际和时代要求的正确回答,得出符合客观规律的科学认识,形成与时俱进的理论成果"。中国自然资源经济研究必须将自身摆进中国式现代化进程之中。

中国自然资源经济研究院认真落实自然资源部党组要求,将深入学习贯彻党的二十大精神作为当前和今后一个时期的首要政治任务。就中国式现代化开展专题学

① 马克思恩格斯选集(第4卷)[M].北京:人民出版社,2012:664.
② 习近平.论把握新发展阶段、贯彻新发展理念、构建新发展格局[M].北京:中央文献出版社,2021:440.

习，明确课程表，组织大练兵，力求深刻认识中国式现代化的理论逻辑、历史逻辑、现实逻辑，认识中国式现代化的中国特色、本质要求、重大原则，认识中国式现代化"是什么""干什么""怎么干"，力求在自然资源管理助力中国式现代化进程中锚定新时期自然资源经济研究新的战略定位。例如，我们部署了5个调研课题，组织专班，深化研究，分别是：中国式现代化进程中工业化城镇化路径与自然资源供求规律和经济关系研究；中国式现代化进程中自然资源开发保护关系和统筹发展与安全研究；跨越塔西佗陷阱、修昔底德陷阱、中等收入陷阱实现全体人民共同富裕过程中自然资源资产管理制度创新；中华优秀传统文化所蕴含自然资源管理理念的创造性转化和创新性发展；五个文明协调发展的社会主义的人类文明新形态对自然资源管理创新的要求。目前，研究工作正在顺利进行中。我们认识到，自然资源经济研究必须以马克思主义政治经济学为指导，立足我国国情和发展实践，解决自然资源经济管理难题，开创自然资源经济研究新局面。

我们认识到，自然资源经济研究必须深深根植于中华优秀传统文化，做好"两个结合"。中国式现代化有两大理论武器和思想支撑，一是马克思主义科学真理，自然资源开发利用与保护修复，归根到底是实现人民至上对资本至上的超越。二是中华优秀传统文化。自然资源经济研究必须根植于中国特色。新时代，中华优秀传统文化所蕴含的要有序有度有节有界有时有限利用资源、和谐和合和美利用空间、天人合一道法自然等重要自然法则，与中国式现代化建设的要求不谋而合。"只有把马克思主义基本原理同中国具体实际相结合、同中华优秀传统文化相结合，坚持运用辩证唯物主义和历史唯物主义，才能正确回答时代和实践提出的重大问题，才能始终保持马克思主义的蓬勃生机和旺盛活力。"[①] 要深刻认识新时代十年伟大变革在五千年文明史中的战略地位，探寻自然资源系统在经济社会系统中的循环规律，要以马克思主义政治经济学为指导，在经济发展、生态文明建设和总体国家安全之间探求最大公约数，为中国式现代化过程中资源开发利用和保护的经济问题把脉问诊开方。

我们认识到，自然资源经济研究必须是基于人类文明新形态视角下的研究。中国式现代化的本质是社会主义的人类文明新形态。文明是人类所创造的物质财富和精神财富的总和。社会文明是人类认识世界、改造世界全部有形的与无形的、物质的与非物质的成果的总括和结晶，包括物质文明和政治文明、精神文明、生态文

---

① 习近平. 高举中国特色社会主义伟大旗帜 为全面建设社会主义现代化国家而团结奋斗：在中国共产党第二十次全国代表大会上的报告 [M]. 北京：人民出版社，2022：17.

明，涵盖人与人、人与社会、人与自然之间相互关系的各个方面。物质文明、政治文明、精神文明、社会文明、生态文明相互促进，辩证统一，矛盾运动，推动人类社会整体文明的进步。习近平总书记强调，中国式现代化蕴含的独特世界观、价值观、历史观、文明观、民主观、生态观等及其伟大实践，是对世界现代化理论和实践的重大创新。[①] 人已经成为改造自然的最大营力，对人与自然边界、人类世、地球浅表作用以及决定稳定性的多样性，认识日益深化，从学理上阐明中国式现代化对现代化之问的科学回答，基于人类在自然生态系统演进中作用，以及同自然界物质和能量交换熵焓关系的现代化发展范式和文明形态，将重塑自然资源开发保护关系和地球景观。

我们认识到，自然资源经济学研究必须以"促进物的全面丰富和人的全面发展"为根本目标。中国式现代化必须不断厚植现代化的物质基础，社会主义现代化强国建设归根到底要靠不断解放和发展生产力，创造出比资本主义现代化更高的物质财富。自然资源是中国式现代化的物质基础、空间载体和能量来源，是发展之基、稳定之本、生态之源、财富之要。自然资源经济研究要以提高自然资源对经济社会系统综合保障能力为重点，探索如何在全球变化挑战下缓解新时代自然资源安全压力，如何提升战略资源保障能力。为寻求破解开发与保护两难选择的新路径，中国自然资源经济研究院组织开展了自然资源开发与保护相融相促的辩证统一关系研究，组织开展运用系统观念统筹矿产资源开发和保护关系、资源安全和生态安全关系研究。我们按照"严守资源安全底线、优化国土空间格局、促进绿色低碳发展、维护资源资产权益"的新定位，深化对自然资源开发利用中价格机制、供求机制、竞争机制的研究。强化对产权保护、市场准入、公平竞争、社会信用等市场经济基础制度的研究，坚持把增进人民福祉、促进人的全面发展、朝着共同富裕方向稳步前进作为资源开发利用的出发点和落脚点，在促进物的全面丰富过程中实现人的全面发展，通过人的全面发展促进物的全面丰富，在理论与实践上实现"人民至上对资本至上的超越、共同富裕对两极分化的超越、统筹发展对物质优先的超越、和平发展对掠夺扩张的超越"，力求使我们的饭碗更稳，家底更厚，建设好永续资源，和美国土，还自然以宁静。

因此，中国自然资源经济学是以中国自然资源经济活动为对象，研究自然资源保护开发利用过程中各种经济规律和各种经济关系及由此而来的各种经济政策的总和。中国自然资源经济学的任务是揭示处于社会主义初级阶段，在社会主要矛盾发

---

① 冯俊，等. 党的二十大精神专题十二讲 [M]. 北京：人民出版社，2023：35.

展变化的新背景下，中国自然资源经济运行和发展的基本规律。认识经济规律的目的就是尊重经济规律，按经济规律办事。在不危及自然资源自身可持续性的前提下，为实现更高质量、更有效率、更加公平、更可持续、更为安全的经济发展目标提供自然资源要素保障。

（三）

研究中国自然资源经济学，必须以中国特色社会主义政治经济学为准绳。自然资源具有国家属性、政治属性、人民属性、经济属性、生态属性和社会属性。马克思主义政治经济学是马克思主义的重要组成部分，中国特色社会主义政治经济学是马克思主义政治经济学的中国化时代化，是当代中国马克思主义政治经济学。西方自然资源经济学不能回答中国自然资源经济运行中的重大理论和实践问题。而在改革开放实践中，当代马克思主义政治经济学却指导着中国自然资源经济学取得了若干重大理论创新。中国自然资源经济研究必须继续依靠中国特色社会主义政治经济学源源不断汲取理论源泉。

近一个世纪以来，特别是自20世纪70年代以来，世界范围内的自然资源经济学得到长足发展。单门类资源的经济学研究，相对而言已经比较深入，且在指导现实的资源管理实践方面发挥了有效作用。当然，由于不同门类资源管理的实践不同，在管理实践中运用新技术新方法新理念以及自然科学和经济学结合的方式不同，在经济社会发展中的地位和作用不同，差异化的资源管理情景决定了各门类资源经济学的发展也不平衡。20世纪80年代后，伴随着可持续发展和自然资源综合管理理念的落地生根，使得资源经济学研究从单门类向多门类自然资源综合的经济学研究方向转变。自然资源科学的发展，传统经济学研究的进展，使得对多门类自然资源经济学研究出现百家争鸣的局面。而任何自然资源经济学家都不能摆脱自身对可持续发展的责任。西方自然资源经济学者，无论是从传统经济学视角、环境经济学视角还是从生态经济学视角开展的研究，这里面没有"孰是孰非"的问题。然而，大多数研究是孤立的、静止的、片面的。从根子上，从产权制度上，从价值导向上，就出现了比较严重的偏差，例如，过去强调交换价值而忽视使用价值，从而很难实现可持续性。西方具有资本主义制度属性的自然资源产权制度，无论如何设计，都不可能太完善，矛盾会长期存在，只是表现形式、存在特点因不同国家、不同时期而异。私人所有权，难以实现公共利益，难以实现效率，难以实现公平，难以实现和生态环境保护的平衡。由此，引发大量的生态环境问题；引发大量的社会矛盾，导致发展中国家资源民族主义的兴起；国际收入分配极为不合理，发展中国家利益受损；自然资源经济受操纵，巨头垄断，石油价格政治化，市场不能充分发挥作用；寡头不合理占有自然资源，导致收入分配极为不平衡，资本在一次分配中占据主导地位。全球自然资源市场的不公平，已经达到或超过了历史最高水平，而且将继续恶化下去。发展中国家不断陷入资源收入陷阱，陷入"荷兰病"的深渊。自然资源经济秩序的设计，包括其合同制，在一定程度上损失资源国的利益。

日渐成熟的中国自然资源经济学否定了西方经济学中对于自然资源仅作为生产要素的理论判断，对自然资源的多元属性及多样价值作了客观全面的认识。当前西方资源经济学认为自然资源总经济价值应该包括直接使用价值、间接使用价值、选择价值、遗传或存在价值四个部分，狭义化"价值是凝结在商品中的一般人类劳动，价值量大小是由社会必要劳动时间决定"的价值内涵判断，以效用理论评估自然资源价值。事实上，自然资源多元性决定了自然资源"一体多样"的价值结构。自然资源通过直接或间接方式进入社会经济体系，从自然资源要素供给、生态系统服务产品高质量供给，到多元主体的市场化或非市场消费，再到相应产品或作为商品在满足人民群众生存、生产、生活所需中获得的价值增值，符合马克思政治经济学对于自然资源价值的理论判断。例如，马克思在《资本论》第3卷中指出，"每一种商品（因而也包括构成资本的那些商品）的价值，都不是由这种商品本身包含的必要劳动时间决定的，而是由它的再生产所需要的社会必要劳动时间决定的。这种再生产可以在和原有生产条件不同的、更困难或更有利的条件下进行。如果在改变了的条件下再生产同一物质，资本一般需要加倍的时间，或者相反，只需要一半时间，那么在货币价值不变时，以前值100镑的资本，现在则值200镑或50镑"。同时，马克思认为，如果社会生产违背自然规律，则会导致"社会生产力的增长仅仅补偿或甚至补偿不了自然力的减少"。①

所以，习近平总书记提出，"西方经济学……，有反映社会化大生产和市场经济一般规律的一面，要注意借鉴。同时，对国外特别是西方经济学，我们要坚持去粗取精、去伪存真，坚持以我为主、为我所用，对其中反映资本主义制度属性、价值观念的内容，对其中具有西方意识形态色彩的内容，不能照抄照搬"②。习近平总书记指出："有些人认为，马克思主义政治经济学过时了，《资本论》过时了。这个论断是武断的，也是错误的。"③ 我们要以马克思主义政治经济学的基本原理和方法论，掌握科学的经济分析方法，研究中国自然资源经济学，分析全球自然资源经济关系，透视当前全球自然资源开发利用保护格局，研究自然资源开发利用中

① 马克思. 资本论（第3卷）[M]. 北京：人民出版社，1975.
②③ 习近平. 不断开拓当代中国马克思主义政治经济学新境界 [J]. 求是，2020（16）：4-9.

的矛盾和问题；特别是，认识自然资源经济运动过程，探求自然资源规律，探索经济运行规律特别是自然资源系统在经济社会系统中的循环实践，提高驾驭社会主义市场经济的能力，更好地回答自然资源经济发展中的理论和实践问题。

改革开放以来，特别是党的十八大以来，在实践中我们形成了当代中国马克思主义政治经济学指导下的许多自然资源经济学重要理论成果，比如：自然资源产权理论，自然资源资产产权委托代理机制，自然资源有偿使用制度，生态补偿制度，关于农民承包的土地具有所有权、承包权、经营权属性的理论，农村三块地改革理论，耕地占补平衡理论（进一步发展成为生态占补平衡）以及进出平衡理论，全域土地综合整治，地票林票，关于充分利用国内国外两种资源、两个市场理论，总量控制、供求双向调节理论，国土空间用途管制与主体功能区理论，自然资源资产价值评估理论，全民所有自然资源资产负债表，生态产品价值实现理论，等等。尽管有些理论还不够成熟和完善，但这些植根于中国大地、讲中国故事、研究中国经济规律的自然资源经济学理论，在一定程度上丰富和发展了马克思主义政治经济学。

要把经济学引入自然资源调查评价、开发保护和合理利用的全过程，加强自然资源开发保护和合理利用的经济学分析。开展自然资源开发利用经济制度分析，研判社会经济制度是否适应和促进生产力发展；加强自然资源开发利用经济效率和效益分析，特别是资源配置效率，以及要素资源的投入和产出效益；推进发展动力分析，重点是改革的动力、制度的动力、需求侧的动力和供给侧的动力；改进资源安全预警研判和分析。按照习近平总书记的要求，要立足我国国情和我国发展实践，揭示新特点新规律，提炼和总结我国经济发展实践的规律性成果，把实践经验上升为系统化的经济学说，不断开拓当代中国马克思主义政治经济学新境界。

中国自然资源经济学首先要解决好为什么人的问题。经济学是有阶级性的。习近平总书记指出，"我国哲学社会科学为谁著书、为谁立说，是为少数人服务还是为绝大多数人服务，是必须搞清楚的问题"①。中国自然资源经济学明确以人民为中心，以发展生产力、增进人民福祉为目标，以共同富裕为目标，以人的全面发展为目标，与西方自然资源经济学的最大不同在于服从于人民的福祉和共同富裕，不被某个利益集团绑架，必须代表全体人民的根本利益，谋求包括各个利益群体在内的全体人民的福祉，在产权制度上有自己的特色，在价值观上截然不同于所谓的"普世价值"。其次是要明确研究对象。中国自然资源经济学不仅仅要研究生产关

---

① 习近平. 在哲学社会科学工作座谈会上的讲话［M］. 北京：人民出版社，2016：16.

系，研究自然资源开发利用中的社会经济关系、经济运行和经济发展规律，人与自然关系，所有权人与使用权人以及他项权利人关系，也要把对生产力的研究放在重要位置。邓小平同志指出："过去，只讲在社会主义条件下发展生产力，没有讲还要通过改革解放生产力，不完全。应该把解放生产力和发展生产力两个方面讲全了。"① 习近平总书记指出："牢固树立保护生态环境就是保护生产力、改善生态环境就是发展生产力的理念"②。中国自然资源经济学，就是要系统化研究解放、发展和保护自然资源领域生产力的经济学说。解放生产力属于生产关系层次的改革和完善，涉及基本经济制度的改革和完善，资源配置方式的改革，资源收益和分配制度的改革和完善等等。发展和保护生产力，涉及的是经济发展的两个方面：前者是增进物质财富，后者是增进生态财富。最后是明确研究任务，尤其是进入新发展阶段后，社会主要矛盾转化为人民日益增长的美好生活需要和不平衡不充分的发展之间的矛盾，经济发展由高速增长阶段转向高质量发展阶段。中国自然资源经济学的研究任务就要把着力点转向针对社会主要矛盾的转化的发展问题，尤其要针对不平衡不充分的发展研究实现高质量发展的路径。特别是，针对人与自然和谐共生的现代化与自然资源开发利用的关系，立足我国国情和我们的发展实践，深入研究世界资源经济和我国资源经济面临的新情况新问题，揭示新特点新规律，提炼和总结我国资源经济发展实践的规律性成果，把实践经验上升为系统化的经济学说，提炼出有学理性的新理论，概括出有规律性的新实践，为马克思主义政治经济学创新发展贡献自然资源智慧。中国自然资源经济学要为自然资源管理提供基本的经济学理论，这个经济学理论不但不能被西方经济学所替代，更要敢于面对现实，对改革发展中的各种经济现象包括资源经济在宏观和微观上的运行给出理论的解释，比如，某宗资源为什么开发，在什么条件下开发，相邻的另一宗资源为什么保护起来，采取什么方式保护，等等。

（四）

中国自然资源经济学要坚持社会主义市场经济改革方向。习近平总书记指出："我国经济发展获得巨大成功的一个关键因素，就是我们既发挥了市场经济的长处，又发挥了社会主义制度的优越性。"③ 坚持社会主义市场经济改革方向，核心问题是处理好政府和市场的关系。坚持基本经济制度，在社会主义基本制度与市场

① 邓小平文选（第3卷）［M］. 北京：人民出版社，1993：370.
② 中共中央宣传部. 习近平总书记系列重要讲话读本［M］. 北京：学习出版社，人民出版社，2014：123.
③ 习近平. 不断开拓当代中国马克思主义政治经济学新境界［J］. 求是，2020（16）：4-9.

经济的结合上下功夫，充分发挥市场配置的决定性作用和更好发挥政府作用，既要"有效的市场"，也要"有为的政府"，在破解这道经济学上的世界性难题的实践中破解资源开发和保护这个两难选择。

自然资源是一种重要的要素资源，要回归到经济的本原。不同门类自然资源要素的市场化配置改革进程不一。作为经济发展中最基本的生产要素之一，新时代土地要素市场化配置改革不断深化，继20世纪80年代初的农村土地家庭联产承包责任制改革（本质上看是农村土地的所有权和使用权两权分离）、80年代末的城市"土地批租"（实质是我国城市国有土地所有权和使用权的两权分离）之后，以新《土地管理法》出台和要素市场化配置改革政策发布为标志，继续推动城市与农村土地全国市场化流动，打破井田制的土地要素配置局限（核心是允许农村集体经营性建设用地直接入市和探索增减挂钩指标、耕地占补平衡指标等跨省域交易）。与此同时，土地要素市场化配置改革还牵动劳动力、资本、技术和数据资源等其他四大要素改革协同推进，形成多要素相互激荡、财富叠加的综合改革效应，为新时代中国经济社会发展注入新的强劲动力。

新时代土地要素市场化改革，深化简政放权，激发市场活力；构建城乡统一建设用地市场，打破城乡二元壁垒；实施跨省指标交易，打破市场化交易地域界限；深化产业用地市场化配置改革，助推实体经济发展；盘活存量建设用地，提高用地整体效率和效益。建立城乡统一的建设用地市场、形成高效的产业用地供给制度、推动存量建设用地再开发、深化土地管理体制改革，在这些焦点重点问题上消除体制机制积弊，可以极大激发市场活力。在激发市场活力的同时，也正在"更好发挥政府作用"。这突出表现在国土空间规划和用途管制方面。构建以空间治理和空间结构优化为主要内容，全国统一、相互衔接、分级管理的国土空间规划体系，是生态文明体制改革的重要任务，也是推进土地要素市场化配置的基本前提。建立城乡统一的建设用地市场、深化产业用地制度改革、调整土地利用计划管理方式、推进国土空间综合整治和生态修复等，都必须以国土空间规划为依据。这就把以私权利为核心的土地产权制度与以公权利为核心的空间规划制度有机结合在一起，着力加强土地管控，确保土地市场平稳健康发展。

其他门类自然资源要素市场化配置改革的进程不一，有些还面临着特殊的困难，特别是矿产资源。科斯（Ronald Coase）提出，只要财产权是明确的，并且交易成本为零或者很小，那么，无论在开始时将财产权赋予谁，市场均衡的最终结果都是有效率的，都能实现资源配置的帕累托最优。他还认为，在某些条件下，经济的外部性或者说非效率可以通过当事人的谈判而得到纠正，从而达到社会效益最大化；凡是政府管理的、有总量管制的公共资源，都可以进行市场化交易，而市场化交易一定会使政府管理能够实现更好的资源优化配置，产生更好的效果。全球碳汇交易制度就是运用这一原理设计的。土地指标（耕地占补平衡指标，城乡建设用地增减挂钩）管理与此有异曲同工之妙。但对于矿产资源勘查开发，现行的招拍挂制度就存在着本质性的缺陷，即，矿产资源（非所有矿产资源，不包括砂石建材等）是隐藏在地下未知的，离开物化的劳动，是不是存在不可知，能不能利用不可知，能不能经济采出也不可知，很难达到"净"的程度（砂石建材矿产例外），总量在采出之前无法管制。矿产勘查开发过程中的经济关系一直没有理顺，我们将在另一本书中探讨，这里不赘述。

习近平总书记在党的二十大报告中强调，"健全资源环境要素市场化配置体系"。这是我国资源环境领域一项重大的、基础性的机制创新，是充分发挥市场在资源环境要素配置中决定性作用的一项重要制度改革，对于提升资源环境要素优化配置和节约集约安全利用水平具有重要作用。2020 年 3 月 30 日，中共中央、国务院出台《关于构建更加完善的要素市场化配置体制机制的意见》，对于形成生产要素从低质低效领域向优质高效领域流动的机制，提高要素质量和配置效率，引导各类要素协同向先进生产力集聚，推动经济发展质量变革、效率变革、动力变革，加快完善社会主义市场经济体制具有重大意义。这也是自然资源经济研究下一步的重点方向。

在自然资源要素配置中，要让价格机制、供求机制、竞争机制切实发挥作用。价格机制是市场机制中最敏感、最有效的调节机制，价格的形成和波动对整个社会经济活动有十分重要的影响。价格变动引起供求关系变化；而供求关系变化，又反过来引起价格变动。竞争能最大限度地刺激各利益主体的能动性。价格机制能解决社会生产什么、生产多少，如何生产，为谁生产这三大基本问题，能调节多次收入分配，直接影响消费者购买行为。供求机制可以调节总量平衡，调节结构平衡，调节地区之间的平衡，调节时间上的平衡。竞争机制对市场经济的运行和发展具有重要作用，使价值规律的要求和作用得以贯彻和实现，提高劳动生产率，使生产与需求相适应。必须建立高标准现代市场体系。一要构建全国统一大市场，深化要素市场化改革，健全资本市场功能，提高直接融资比重。二要完善产权保护、市场准入、公平竞争、社会信用等市场经济基础制度，加强反垄断和反不正当竞争，优化营商环境。三要形成完善反映市场供求关系、资源稀缺程度、环境损害成本的生产要素和资源价格形成机制。后者，已经经历了二十多年的探索，要加快探索力度。

（五）

自然资源经济研究，要全面学习领会习近平新时代中国特色社会主义思想，完整准确全面贯彻新发展理念，切实在自然资源经济研究实践中把习近平经济思想、习近平生态文明思想和总体国家安全观融会贯通。由此，要实现三个系统的均衡：自然－生态系统与经济社会系统均衡；自然系统内部均衡；非生命自然系统与生态系统均衡。

新时代新征程，面对错综复杂的国际国内形势、艰巨繁重的改革发展稳定任务、各种不确定难预料的风险挑战，要实现党的二十大确定的战略目标，迫切需要进一步深入学习贯彻习近平新时代中国特色社会主义思想。理论上清醒，政治上才能坚定，行动上才能自觉。习近平新时代中国特色社会主义思想在实践中展现出巨大真理力量和独特思想魅力，是经过实践检验、富有实践伟力的强大思想武器，是为新时代伟大变革所证明的科学理论。在当代中国，坚持和发展习近平新时代中国特色社会主义思想，就是真正坚持和发展马克思主义，就是真正坚持和发展科学社会主义。开展理论学习，接受思想洗礼，是自然资源经济研究的第一门必修课。

实现中华民族伟大复兴是前无古人的壮丽事业，必然要面对艰巨繁重的时代任务，必须始终坚持先进思想的引领、科学理论的指导、非凡事业的推动和伟大实践的检验。党的十八大以来，以习近平同志为核心的党中央高瞻远瞩、统揽全局、把握大势，创造性地提出一系列治国理政新理念新思想新战略，在实践中创立形成习近平经济思想，推动经济社会发展取得历史性成就、发生历史性变革，为做好新时代自然资源经济研究工作指明了正确方向、提供了根本遵循。作为习近平经济思想的重要内容，把握新发展阶段、贯彻新发展理念、构建新发展格局对于指引我国经济高质量发展，科学应对重大风险挑战具有重要意义。在新发展阶段，必须完整、准确、全面贯彻新发展理念，着力推动高质量发展，加快构建新发展格局。其中，高质量发展是首要任务，构建新发展格局是战略任务。与之相对应的要求是，统筹推进扩大内需和深化供给侧结构性改革有机结合，畅通国民经济循环，增强国内大循环主体地位；加快科技自立自强，解决关键核心技术和重要领域"卡脖子"问题；通过补链、强链、延链实现产业链供应链升级；推动区域协调发展战略，促进城乡融合发展和区域协调发展；深化改革开放，增强国内国际双循环的动力和活力；统筹发展和安全，增强发展的安全性和稳定性。为经济社会高质量发展提供自然资源要素保障，是自然资源经济工作的核心要义。

党的二十大报告指出，"必须牢固树立和践行绿水青山就是金山银山的理念，站在人与自然和谐共生的高度谋划发展"。从理论逻辑来看，人与自然和谐共生是马克思主义生态思想与中国古代生态智慧相结合的科学产物。从实践逻辑来看，大自然是人类赖以生存发展的基本条件。尊重自然、顺应自然、保护自然，是全面建设社会主义现代化国家的内在要求。守牢人与自然边界，提升生态系统多样性、稳定性、持续性，坚持节约优先、保护优先、自然修复为主，是自然资源经济工作的根本遵循。在2023年7月的全国生态环境保护大会上，习近平总书记强调"把建设美丽中国摆在强国建设、民族复兴的突出位置"，要求"以高品质生态环境支撑高质量发展，加快推进人与自然和谐共生的现代化"。①要深刻认识和把握"四个重大转变"，即由重点整治到系统治理、由被动应对到主动作为、由全球环境治理参与者到引领者、由实践探索到科学理论指导，增强美丽中国建设的信心和决心；正确处理"五个重大关系"，即高质量发展和高水平保护的关系，重点攻坚和协同治理的关系，自然恢复和人工修复的关系，外部约束和内生动力的关系，"双碳"承诺和自主行动的关系，全面系统掌握习近平生态文明思想的新阐释新发展。

自然资源是国家安全的压舱石，统筹发展与安全，是自然资源工作必须把握的基本准则。自然资源是建设中国式现代化的重要物质基础，事关国家安全和国家长治久安，事关国家竞争优势和在国际舞台中的地位。美国全球安全专家迈克尔曾在《资源战争：全球冲突的新场景》中指出，国家之间的冲突对立，实质上都归因于对稀缺战略资源的争夺，这也从更深层折射出，稀缺资源领域的国际竞争从更宽泛的角度说就是大国竞争的重要根源。发展经济必须保障资源安全，必须保证各种重要资源数量充足、价格稳定和可持续供应，在此基础上追求以合理价格获取资源，以集约节约、环境友好的方式利用资源，保证资源供给的协调可持续。在保障资源供应的过程中，必须转变资源利用方式，不能掠夺式开发，必须坚持绿色发展，着力改善生态环境，为人民提供更多的优质生态产品，推动形成绿色发展方式和生活方式，建立健全保障生态安全的制度体系，切实解决突出的生态环境问题，在维护国家生态系统稳定中开发资源。

自然资源是一个涵盖"自然生态－经济社会"的复杂系统。习近平总书记在2013年党的十八届三中全会上指出，"用途管制和生态修复必须遵循自然规律，如果种树的只管种树、治水的只管治水、护田的单纯护田，很容易顾此失彼，最终造成生态的系统性破坏"②。在2014年中央财经领导小组第五次会议上指出，"要用

① 以高品质生态环境支撑高质量发展：习近平总书记在全国生态环境保护大会上的重要讲话激励广大干部群众全面推进美丽中国建设［N］. 新华每日电讯，2023－07－21（1）.
② 习近平著作选读［M］. 北京：人民出版社，2003：190.

系统论的思想方法看问题，生态系统是一个有机生命躯体，应该统筹治水和治山、治水和治林、治水和治田、治山和治林等"①。没有系统论的思想，就不会有自然资源部。自然－生态系统与经济社会系统相互依存、相互制约、彼此耦合，首先要为经济社会系统的运行提供保障，同时接受经济社会系统的正负反馈。这其中包括复杂的能量代谢及地球化学循环系统，直接联系着资源的持续利用和复合生态系统的可持续发展。要研究自然－生态系统和经济社会系统耦合的发生、发展和变化规律以及其中的物质、能量、价值、信息的传递和交换等各种作用关系。

　　同时，自然－生态系统本身要在与经济社会系统中的耦合中实现良性循环，通过多样性实现稳定性。自然界是各种事物相互作用的整体，也是各种作用过程的集合体。自然界通过这些要素本身相互作用以及与外部环境的相互作用形成整体的功能和特性。物质系统可能通过负反馈调节输入而保持相对的稳态，也可能通过正反馈打破旧的稳态，建立新的稳态或趋于毁灭。不同的物质形态之间，首先是无机物同有机物之间、非生命同生命（地质多样性和生物多样性）之间，并不存在不可逾越的鸿沟。自然系统研究之所以重要，源于人和自然的关系。马克思曾经说过，"人同自然界的关系直接就是人和人之间的关系，而人和人之间的关系直接就是人同自然界的关系，就是他自己的自然的规定"②。恩格斯指出，"我们所接触到的整个自然界构成一个体系……它们是相互作用着的……只要认识到宇宙是一个体系，是各种物体相联系的总体，就不能不得出这个结论"③。世界的统一性在于物质性。物质世界是多样性的统一。要以系统的观点看待自然资源和生态系统，揭示自然系统中"物质流、能量流、生物流、信息流"的整体性、关联性、层次性、开放性和动态性、自组织性。自然系统，或自然生态系统，包括资源系统、能源系统、空间系统、生态系统，这些系统是自然资源和生态要素的普遍存在形式，每个系统又分为不同的子系统，彼此之间又相互关联、彼此制约、相互依赖、相互转化，相生相克，共荣共生。自然系统又要放在经济系统和社会系统中来考量。不同自然系统由不同要素构成，具有不同的结构和功能，而这些不同的要素、结构和功能也是相生相克、共荣共生的。要准确把握自然生态要素之间的共生关系。

　　自然资源系统是多样性的统一。当前生物多样性的重要意义和价值已经凸显，但还应该同步研究地质（非生命）多样性（资源多样性，岩石多样性，土壤多样

①　中共中央文献研究室. 习近平关于社会主义生态文明建设论述摘编 ［M］. 北京：中央文献出版社，2017：56.
②　马克思恩格斯全集（第 42 卷）［M］. 北京：人民出版社，1979：119.
③　马克思恩格斯文集（第 9 卷）［M］. 北京：人民出版社，2009：514.

性，地形地势地貌多样性和水平衡）、空间多样性，寻找之间的内在联系。从本质上说，地质多样性决定了生物多样性。地下决定地上，岩石决定土壤，土壤决定植物群落及动物多样性。恩格斯在《反杜林论》和《自然辩证法通讯》中早就说明白了这个关系。恩格斯指出，"全部地质学是一个被否定了的否定的系列，是旧岩层不断毁坏和新岩层不断形成的系列"[1]。由于多种内力和外力的交互作用，"在几万万年间，新的地层不断地形成，而大部分又重新毁坏，又变成构成新地层的材料。但是结果是十分积极的：造成了各种各样的化学元素混合而成的、通过力学作用变成粉末状的土壤，这就使得极其丰富的和各式各样的植物可能生长起来"[2]。恩格斯还指出，"关于生命的起源，自然科学到目前为止能明确地断定的只是：生命的起源必然是通过化学的途径实现的"[3]。目前，探索生命起源的科学家们通过生物学、古生物学、古生物化学、化学、物理学、地质学和天文学方面的综合研究，证明了恩格斯这一预见的正确性。大量研究成果说明，生命是由无机物经历了长时段孕育而发展产生的，生物界发展的历史是与地球发展的历史密切相关、不可分割的。理论物理学家薛定谔在《生命是什么》（1944 年）一书中说，"一个生命有机体在不断地增加它的熵——你或者可以说是增加正熵——并趋于接近最大值的熵的危险状态，那就是死亡。要摆脱死亡，也就是说要活着，唯一的方法就是从环境里不断地吸取负熵，我们马上就会明白负熵是十分积极的东西。有机体就是依赖负熵为生的。或者，更确切地说，新陈代谢中的本质的东西，乃是使有机体成功地消除了当它自身活着的时候不得不产生的全部的熵"。生命物质作为一种开放结构就在于它是一种耗散结构。这种结构内的物质粒子处于在较大范围的活动中，它们不断地流入和流出这个体系，物种和能量不断地消散。耗散结构是不可逆的，生物体也是在与外界交换中才能维持这种结构的存在。所以，要将地质多样性和生物多样性同步考虑，生命和非生命系统共同构成生态系统服务。

习近平总书记曾经指出，"生态环境问题，归根到底是资源过度开发、粗放利用、奢侈消费造成的"[4]。自然资源经济研究，特别要把握好高质量发展与高水平保护的关系[5]，从资源角度，不仅要找出、管住，更要用好，优材优用，适材适用，因材使用，物尽其用。在资源利用方面，要树立"过紧日子"的观念，从源

[1][2] 马克思恩格斯文集（第9卷）[M].北京：人民出版社，2009：114.
[3] 马克思恩格斯选集（第3卷）[M].北京：人民出版社，1995：413.
[4] 中共中央宣传部，中华人民共和国生态环境部.习近平生态文明思想学习纲要[M].北京：学习出版社，人民出版社，2022：132.
[5] 焦点访谈.全面推进美丽中国建设[Z].2023-07-19.

头出发，从资源环境承载力出发，以自然资源定生产力布局、定经济结构、定产业结构，把自然资源作为刚性约束，"有多少汤泡多少馍"。要创新资源利用观，坚持节约战略，坚持集约节约循环利用的资源观，加快推进发展方式绿色低碳转型；创新资源价值观，不仅要谋求物质财富，还要谋求生态财富，加大对资源的投入以改善资源和环境，增加优质资源和优质生态产品供给，突破经济增长的自然界限；创新资源安全观，守住资源安全底线，守住生态安全红线，既要提高资源配置效率，更要强调资源、环境供求的代内和代际公；既要使增长适应自然界限，更要在尊重自然的前提下突破自然界限的科技进步。

（六）

自然资源部党组提出了"严守资源安全底线、优化国土空间格局、促进绿色低碳发展、维护资源资产权益"新时代新征程自然资源工作定位。这有其历史逻辑、实践逻辑和理论逻辑。立足四个定位的中国自然资源管理，设定了自然资源贡献中国式现代化的价值取向，统筹了资源、人口与社会经济发展的多元利益主体诉求，提出了解决自然资源开发利用导致环境负外部性的技术路径，明确了基于产权的自然资源及其生态系统服务产品配置及收益管理职责。自然资源经济研究要紧密围绕这个定位展开，夯实统筹发展与安全，统筹资源配置与空间布局，统筹开发、利用和保护，统筹资源、资产和资本的经济学基础。

饭碗要满。严守资源安全底线，核心是统筹发展与安全，实现高质量发展和高水平安全良性互动，回答初级产品供应安全时代之问。自然资源工作涉及粮食、能源资源、经济、深海极地、国土等重大安全，肩负重要使命，要坚定不移贯彻总体国家安全观，把完善自然资源领域国家安全体系的重任牢牢扛在肩上，以高水平资源安全促进高质量发展。要把严守资源安全底线作为谋划和推动工作的前提，切实增强维护资源安全的能力，不断强化安全保障体系建设，有效防范化解各类风险挑战。要深入研究统筹发展与安全的重大理论和实践问题。一是结合不同历史时期国家发展形势要求，梳理发展与安全关系的演变历程，重点分析党的十八大以来统筹发展与安全理论提出的时代背景和重大意义。以习近平总书记关于总体国家安全观、统筹发展与安全等的重要论述为依据，构建新时代统筹发展与安全的理论框架体系，明确统筹发展与安全的内涵外延、层次结构和基本内容，深入分析统筹发展与安全的理论贡献。二是开展统筹发展与安全的经济学研究。研究综述主流经济学中发展经济学、国际经济学、制度经济学等关于发展与安全的理论观点，分析其理论特点。抓住"统筹"这一关键点，以实现高质量发展和高水平安全的良性互动为目标，构建统筹发展与安全的经济学理论框架，基于理论框架分析统筹发展与安全最优决策的主要影响因素和作用机理。三是研究坚持统筹发展与安全的经验教训。总结党的十八大以来国家层面推进统筹发展与安全的主要做法和取得的成效，结合粮食、能源、产业链供应链、生态和信息等重点领域，分析统筹发展与安全中的突出问题，以问题为导向提出更好统筹发展与安全的策略任务。要善于把握发展和安全各自的内在规律，以科学的思维理念和创新举措促进二者的协同发展，做到稳中求进、系统筹划、合力推动、动态平衡，提高统筹发展和安全的能力和水平。要以新发展理念统筹发展和安全，更加突出风险意识，善于预判风险、感知苗头隐患；以战略思维统筹发展和安全，要在发展中平稳化解风险、在化解风险中推动发展；以创新引领统筹发展和安全，善于运用大数据、人工智能、云计算、区块链等技术，发挥其在经济监测预警、金融风险化解防范、社会综合治理等方面的作用，提高运用现代科学技术维护粮食安全、生物安全等的能力。

结构要佳。优化国土空间格局，统筹资源配置与空间布局。要不断优化经济发展的空间结构，适应区域分化明显的趋势，着力解决区域、城乡、陆海空间发展不平衡不充分的问题。要构建优势互补、高质量发展的区域经济布局和国土空间体系，服务重大战略实施和区域协调发展，在加快构建新发展格局中主动担当、有效作为。要健全主体功能区战略和制度，细化主体功能区划分，制定差异化政策。基于自然地理格局、人口经济分布和城镇化阶段等特征，统筹落实区域协调发展战略、区域重大战略、主体功能区战略、新型城镇化战略实施，优化农产品主产区、重点生态功能区、城市化地区空间格局。依托城市群、都市圈和中心城市，整体考虑区域要素配置，形成承载多种功能、优势互补、区域协同的主体功能综合布局。要深化分析主体功能区战略实施成效，"五级三类"国土空间规划体系完善情况，国土空间用途管制对耕地保护、生态保护成效，三条控制线监测监管情况等，研判国土开发强度，城镇开敞空间占比，大陆自然岸线保有率等指标的趋势变化。要将资源经济学与空间经济学融会贯通，实现以"私法"为基础的资产管理与以"公法"为基础的空间管理融合推进。作为结构经济学向发展经济学转化的中间环节，空间经济学，根据时间、层次、传统三维空间相互转化原理研究经济发展规律、预测经济发展趋向、进行经济空间布局、调整产业空间结构、取得经济规模效益、实现经济可持续发展。空间经济学研究空间的经济现象和规律，研究资源要素等生产要素的空间布局和经济活动的空间区位。关于空间经济学及其与自然资源经济学的关系等内容，我们可能会在这套系列丛书的第三卷中专门分析。

发展要优。促进绿色低碳发展，关键是统筹开发、利用与保护，站在人与自然和谐共生的高度谋划发展，推进生态优先、节约集约、绿色低碳发展；实施全面节约战略，推进各类资源节约集约利用；正确认识和把握碳达峰碳中和，推动经济社会发展全面绿色转型。统筹处理人与自然、发展与保护、当下与长远、整体与局部等关系，坚定不移走生产发展、生活富裕、生态良好发展道路。要优化资源要素保障方式，增强保障绿色低碳发展的能力；提高自然资源利用水平，激发绿色低碳发展的活力；坚持整体保护系统修复综合治理，释放绿色低碳发展的潜力。编制全民所有自然资源资产负债表，推进生态产品价值实现，提升生态系统碳汇能力，提升生态系统多样性、稳定性、持续性，严守人与自然边界。准确把握中国式现代化的本质要求，切实做到在发展中保护、在保护中发展，努力提供更多优质生态产品，不断满足人民日益增长的优美生态环境需要，把经济活动、人的行为限制在自然资源和生态环境能够承受的限度内，给自然生态留下休养生息的时间和空间。厘定自然资源开发利用的经济价值和生态价值，科学决策开发利用的时空秩序。

　　持家守道。维护自然资源资产权益，核心是统筹资源、资产、资本，正确认识和把握实现共同富裕的战略目标和实践途径，正确认识和把握资本的特性和行为规律，更好发挥产权制度的激励约束作用，定量，定权，定价，定责，摸清资源家底，明晰资源产权，实现自然资本理论创新，当好资产管家，实现好、维护好、发展好各类自然资源资产产权主体合法权益。以保护产权、维护契约、统一市场、平等交换、公平竞争、有效监管为基本导向，强化市场监管和反垄断、反不正当竞争规制，加快构建统一行使全民所有自然资源资产所有者职责的体制机制，深化基础理论研究，完善顶层设计，全面建立统一行使全民所有自然资源资产所有者职责的清单制度，创新中央政府直接行使所有权以及地方代理行使所有者职责的方式方法、全民所有自然资源资产配置和管理制度。同时，强化对地方政府代理履行所有者职责情况的评价考核和监督，落实领导干部离任审计要求，推动开展自然资源资产管理综合评价。有序推进资产清查统计核算，完善国有自然资源资产报告制度等。推动有效市场和有为政府的更好结合，让全民所有自然资源资产在缩小区域城乡差距、促进全体人民共同富裕中发挥更大作用。按照"充分发挥市场配置资源的决定性作用，更好发挥政府作用"的要求，加快自然资源要素市场化改革步伐，扩大全民所有自然资源资产有偿使用范围，健全资源环境要素市场化配置体系，如推进国有森林（林地）和草原有偿使用制度建设、推动建立统一的自然资源资产收益核算及管理制度、健全自然资源开发利用市场准入机制等，以"有偿使用"换"合理保护"，用"严格监管"防"市场失灵"，让国家所有者的权益和主张得到体现和维护，让全民都能共享自然资源资产化的市场红利。牢牢牵住自然资源资产产权制度改革这个"牛鼻子"，解决好"根"上的产权问题，明确自然资源资产

"归谁有""归谁管""归谁用",才能让国家、集体、企业、个人等各类产权主体的合法权益在自然资源保护、开发、利用的协调平衡中得到实现、维护和发展,建成一个高效有序运转的自然资源要素大市场。

(七)

综上考虑,中国自然资源经济学要以自然资源产权为核心,以自然资源开发利用和保护中的各种关系尤其是经济关系为基础,以自然资源资产及其生态系统服务价值核算为抓手,以自然资源要素市场化配置为关键,高效利用资源,促进绿色发展,保障资源安全,解决资源开发利用和保护的负外部性问题,实现人与自然和谐共生,研究和解决一系列自然资源开发利用和保护中的经济问题。

中国自然资源经济学分三卷组织。本卷是《中国自然资源经济学通论》,就一些共性问题具体展开。第二卷将是中国自然资源经济学分论,在研究分析可再生资源经济学、可耗竭资源经济学以及生态系统服务、地质系统服务、自然资源系统的基础上,具体探讨矿产资源经济学、土地经济学、海洋资源经济学、地质灾害经济学、水资源经济学、湿地经济学、林业经济学、草原经济学和自然保护地经济学等。第三卷是空间经济学,从包括生产、消费、交换和分配在内的不同维度认识空间的本质、属性与效用,从微观(作为生产要素的空间)、中观(作为经济系统的空间)、宏观(作为演化环境的空间)认识空间与资源禀赋、与生态本底、与生产力布局的关系,探讨从空间的非线性、非均衡性、非对称性、非中性等不同向度,自然资源要素禀赋与经济活动在空间上的配置。

就本卷《中国自然资源经济学通论》而言,序章(张新安研究员)之后,前三章主要介绍了中国自然资源经济学的学科使命、研究的基本问题、理论基础、研究方法,概括了西方自然资源经济学现状及趋势。第一章(孟旭光研究员、姚霖研究员、吕宾研究员)阐述了自然资源经济学的学科历程,梳理了自然资源经济学思想的历史演变,系统分析了中国自然资源经济学的学科体系和研究任务。第二章(孟旭光研究员、沈悦副研究员、周璞副研究员、邓锋研究员)阐释了自然资源经济学研究的基本问题,分析了自然资源开发利用的经济关系,讨论了自然资源开发利用的经济规律,探寻了自然资源可持续利用的有效路径,提出了自然资源治理与经济学制度体系。第三章(吕宾研究员、孟旭光研究员、姚霖研究员、秦静研究员、李娜副研究员)从自然资源经济理论体系构建、与中华优秀传统文化相结合、自然资源经济学基础理论及研究方法四个维度,系统阐述了自然资源经济学理论及其研习方法。接下来具体介绍自然资源经济学中的核心概念和重要研究内容。申文金、李储、张君宇、王飞宇为前三章的编写提供了大量基础材料,张君宇还为全书的编辑做了大量工作，梳理了全书的术语、注释与参考文献。第四章（吕宾研究员、罗世兴副研究员、钟骁勇副研究员、任泸安研究实习员）围绕"自然资源"这个核心概念，分别从自然资源的定义、特点和分类的角度，阐述了概念的形成、发展、中外比较及其最新进展，论述了其现实指导意义。要说明的是，本章是一个非常概略的叙述，关于自然资源的一些重大基础理论问题，未包括在本章之内。开展自然资源领域前瞻性、系统性、战略性研究，构建自然资源基础理论体系框架，优化自然资源管理改革与发展的四梁八柱，厘清自然资源在生态文明建设和高质量发展的地位和作用，搭建自然资源管理践行党的创新理论的实践平台、创新平台，着力推进理论研究、实践运用和制度创新，推动人与自然和谐共生现代化建设进程中自然资源贡献的进一步提升，推进党的创新理论在自然资源开发利用和保护实践中不断丰富发展，更加深入人心、更好实践运用、更好走向世界，是我们正在进行的另外一项工作。自然资源基本概念包括其内涵外延边界问题研究，自然属性、经济属性、生态属性、安全属性、政治属性（人民属性，或国家属性）、社会属性、文化属性等包括在内的自然资源基本属性问题研究，自然资源系统内部关系、人与自然资源关系、自然资源开发利用和保护中人与人之间关系等包括在内的自然资源基本关系问题研究，自然规律、经济规律和社会规律等包括在内的自然资源基本规律问题研究，以及自然资源基本理论和重大实践问题研究等，我正在组织另外一个团队开展工作，不纳入本卷中。第五章（吕宾研究员、王燕东副研究员、张玉梅副研究员、马晓研副研究员）围绕"自然资源资产产权"，首先阐述了自然资源资产产权制度的基本概念和制度建设情况，构建了产权制度框架；其次，分析了自然资源资产产权制度建设的关键环节——国家所有权实现，提出了实现主体，设计了实现形式和路径；最后，从理论法理和试点实践两个层面，论述了国家所有权实现的主要路径——所有权委托代理机制构建思路。第六章（石吉金研究员、马朋林副研究员）研究具有公共物品属性的自然资源，关注公共物品类自然资源特点、范围，以及面临的治理难题，运用经济学方法和治理理论，提出公共物品类自然资源治理方式和价值转化途径。第七章（范振林研究员、郝欣欣助理研究员）介绍自然资源资产核算理论和实践情况，主要是从实物、价值和质量等方面摸清家底，明确评估或计价程序、关键指标和方法等，用于解决自然资源资产重叠、交叉等问题，维护所有者权益。第八章（石吉金研究员、苏子龙副研究员、周海文博士、郭妍研究实习员）介绍自然资本与生态产品价值实现，自然资本是人类生存和发展所必需的物质基础，生态产品是自然资本的流量。投资自然资本，能够提升优质生态产品的供给能力，而优质生态产品的开发与价值实现能够促进自然资本的保值增值，为生态文明建设提供支持。第九章（范继涛研究员、吕宾研究员、朱闻琪研究实习员）回顾了我国自然资源有偿使用的发展历程，阐述了自然资源有偿使用的基本条件、主要方式、主体间经济关系、价格体系及其形成机制，并对我国自然资源收入进行分析，提出了自然资源有偿使用及收入管理继续研究的方向。第十章（周伟副研究员、厉里助理研究员）讨论自然资源开发利用的外部性特征，自然资源开发利用的经济带动作用、产生的生态系统服务、生态环境损害、机会成本侵害等具有显著的外部性特征。以庇古理论和科斯理论为基础探讨了自然资源生态补偿和损害赔偿等外部性问题内部化手段。第十一章（沈悦副研究员、南锡康助理研究员、周静助理研究员）尝试在社会主义市场经济下，基于经济、社会、生态、政治与法律等多元理性，阐述自然资源配置的理论框架、市场配置与政府调控机制，以及高标准自然资源市场体系构建路径。第十二章（陈甲斌研究员、霍文敏助理研究员、王嬙副研究员、刘超副研究员）在阐述自然资源在总体国家安全中的地位和作用的基础上，分析了自然资源环境与经济社会发展的关系，同时对自然资源安全进行了分类。基于自然资源安全的主要影响因素，根据有关资源的特点，对与经济社会发展密切相关的且大众普遍能够感受到的矿产资源安全、粮食安全、水资源安全、林业安全和生态安全进行了评价。根据有关自然资源的安全状况和安全供应应遵循的原则，立足坚持底线思维和统筹发展与资源安全的关系，从建立自然资源高效利用政策体系、自然资源安全多元保障体系等5个方面提出了自然资源安全政策建议，力求在多重目标中寻求和实现高水平资源安全和高质量发展的良性互动。第十三章（冯春涛研究员、余振国研究员）以辨析生态修复资源性资产相关经济理论和基本概念作为研究出发点，运用经济学分析工具，对生态修复资源性资产的供求机理、供给阻碍和动力进行了分析，研究提出了生态修复资源性资产价值提升的可能路径以及保障其供给的制度建设思考。第十四章（宋猛博士，张世良研究实习员）在对自然资源绿色发展缘起、发展及时代任务进行系统铺叙的基础上，着重研究了如何统筹开发与保护的问题，并提供了探索性的总体推动框架，以及涵盖自然资源保护开发利用全流程的政府管理方法。第十五章（刘伯恩研究员、王光耀助理研究员）介绍了全球气候变化的最新进展、自然资源与应对全球气候变化的关系，并在分析气候变化影响及其成因的基础上，建议采用适应规划、协同管理等政策以适应气候变化，采用固碳、降碳、增汇、市场机制等政策以减缓气候变化。第十六章（吕宾研究员、张萌副研究员）回顾了新中国成立以来自然资源经济管理制度体制的发展历程，分析了制度建设的现状，特别是剖析了自然资源经济管理存在的问题与制度原因，最后展望了今后制度创新的方向和重点领域。我对全书进行了通稿，盂旭光对前三章进行了通稿，吕宾对第四、第五、第九和第十六章进行了通稿，范振林对第六、第七、第八、第十章进行了通稿。

我们始终强调，要练好自然资源经济研究四项基本功：研判形势，凝练规律，探求理论，决策支撑。一要准确研判形势，以底线思维练就未雨绸缪的"先手"。"明者远见于未萌，智者避危于无形"。要观大势、谋大事，懂全局、管本行，统筹发展和安全，深刻洞察风险与挑战，赢得战略主动。要见微知著抓苗头。2019年9月3日，习近平总书记在中央党校（国家行政学院）中青年干部培训班开班式上发表重要讲话指出，"领导干部要有草摇叶响知鹿过、松风一起知虎来、一叶易色而知天下秋的见微知著能力，对潜在的风险有科学预判，知道风险在哪里，表现形式是什么，发展趋势会怎样，该斗争的就要斗争"①。最终目的就在于力求棋先一招，赢得先发优势。二要凝练规律，以系统思维探求规律。要探求数据背后隐藏的规律，探求数据与数据碰撞之后产生的思想火花。要学会分类，找规律，举一反三。马克思主义政治经济学"最终目的就是揭示现代社会的经济运动规律"。习近平总书记强调："我们要立足我国国情和我们的发展实践，深入研究世界经济和我国经济面临的新情况新问题，揭示新特点新规律，提炼和总结我国经济发展实践的规律性成果，把实践经验上升为系统化的经济学说"②。三要探求理论，不断推进理论创新。习近平总书记指出，"当代中国正经历着我国历史上最为广泛而深刻的社会变革，也正在进行着人类历史上最为宏大而独特的实践创新。这种前无古人的伟大实践，必将给理论创造、学术繁荣提供强大动力和广阔空间。这是一个需要理论而且一定能够产生理论的时代，这是一个需要思想而且一定能够产生思想的时代。我们不能辜负了这个时代"。"一切有理想、有抱负的哲学社会科学工作者都应该立时代之潮头、通古今之变化、发思想之先声，积极为党和人民述学立论、建言献策，担负起历史赋予的光荣使命。"③ 四要以"召之即来、来之能战、战之必胜"的精神做好决策支撑，到斗争一线学会化危为机的"高招"。紧盯世界之变、时代之变、历史之变，主动到斗争实践中历练淬炼，依靠顽强斗争打开事业发展新天地。这四项基本功之外，我们还需要补课，特别是，补数据的课，补方法的课，补模型的课。

① 习近平著作选读（第二卷）［M］. 北京：人民出版社，2023：259.
② 中央文献研究室. 习近平关于社会主义经济建设论述摘编［M］. 北京：中央文献出版社，2017：327 - 328.
③ 习近平. 在哲学社会科学工作座谈会上的讲话［M］. 北京：人民出版社，2016：8.

　　今年是我院第八次认真学习习近平总书记在哲学社会科学工作座谈会上的讲话（2016 年 5 月 17 日）。习近平总书记的讲话，深刻揭示了中国特色哲学社会科学的发展规律，是新时代我国哲学社会科学发展的根本遵循。加快构建中国特色哲学社会科学，是哲学社会科学工作者深入研究中国与世界，不断推进思想和理论创新，回答中国之问、世界之问、人民之问和时代之问的使命担当、战略任务和实践要求，具有深厚的历史底蕴、坚实的理论基础、丰富的时代内涵和广阔的发展前景，深深融入党和国家事业发展大局和中华民族伟大复兴不可逆转的历史进程。加快构建中国特色哲学社会科学，是新时代赋予哲学社会科学工作者的重要职责。我们要坚持马克思主义在我国哲学社会科学领域的指导地位，立足中国、借鉴国外，挖掘历史、把握当代，关怀人类、面向未来，在哲学社会科学的指导思想、学科体系、学术体系、话语体系等方面充分体现中国特色、中国风格、中国气派，努力构建全方位、全领域、全要素的哲学社会科学体系。

　　习近平总书记指出，繁荣发展我国哲学社会科学，必须解决好学风问题。广大哲学社会科学工作者要树立良好学术道德，自觉遵守学术规范，讲究博学、审问、慎思、明辨、笃行，崇尚"士以弘道"的价值追求，真正把做人、做事、做学问统一起来。要有"板凳要坐十年冷，文章不写一句空"的执着坚守，耐得住寂寞，经得起诱惑，守得住底线，立志做大学问、做真学问。[①]

　　深化自然资源经济问题的科学研究，建立起我们自己的自然资源经济学，为我国经济社会和自然界寻求一条资源低耗、资源节约、人与自然和谐共生、相互协调，高质量发展的道路，建立人类社会系统适应自然生态系统的自我调节、自我改造、自我发展的机制，既是使命，也是责任。自然资源经济研究，要继续坚持巩固、提高、开拓、创新，做好战略、规划、政策、标准研究，高质量做好自然资源经济、管理、改革各项研究工作！

　　自然资源经济学研究是一个理论性和实践性均很强的领域，受作者学识所限，本书尚有很多问题未能进行深入的探讨，且难免存在不足和错漏之处，敬请专家学者批评指正！

张新安

2023 年 10 月

---

① 习近平. 在哲学社会科学工作座谈会上的讲话 [M]. 北京：人民出版社，2016：28 - 29.

目　　录

|第一章|　　自然资源经济学的学科使命

人类有史以来面临的资源问题基本是相同的，那就是在资源稀缺的背景下，如何合理分配、高效和可持续利用自然资源。但在不同的生产主力发展水平下，这一问题的表现形式，以及解决问题的理论方法会有所不同，由此推动了自然资源经济学及其经济学思想的创新和发展。中国自然资源经济学要牢固树立马克思主义的立场、观点和方法，以习近平新时代中国特色社会主义思想为指导，坚持社会主义市场经济改革方向，研究自然资源经济活动，探索资源开发与保护的关系，以及自然资源配置与利用的客观经济规律，以促进物的全面丰富和人的全面发展为根本目标，以提高自然资源的物质基础、空间载体和能量来源等综合保障能力为重点，研究资源经济政策与工具，促进自然资源生产力解放、发展和保护，推动社会进步。

第一节　自然资源经济学发展的足迹

一、中国资源经济学的发展

在中国古代的灿烂文化中，包含着丰富的资源经济学思想。有专家认为[①]，17世

[①]　唐任伍. 中外经济思想比较研究［M］. 西安：陕西人民出版社，1996.

纪前，中国古代经济思想发展一直处于世界经济思想的前列，例如，傅玄[①]的税赋理论早于亚当·斯密税费理论1500年。轻重理论（《管子》中的货币价格理论）强调安民强国，其中的经济主张，如商品流通、货币流通和价格的关系，以及通过货币和价格政策控制全国粮食、盐、铁等重要物资的流通等，对后世产生了深远的影响。"官山海"理论主张由国家专营盐业、矿产，并采取各种方式控制山林川泽，在中国古代的皇权统治中长时期得到应用和发扬。自成体系的中国古代经济学涉及人口论、货币论、富国论等国计民生的方方面面，但较少见到经济学方面的专著，而资源经济学方面的相关理论大多蕴含在国家治理对策或者史书中。例如，《史记》中设立了《货殖列传》与《平准书》经济专篇，"天下熙熙，皆为利来；天下攘攘，皆为利往"的名句流传至今。有关土地经济的思想是古代资源经济思想发展的主要脉络。《管子》"相地而衰征"的思想与马克思级差地租理论具有相通之处。土地的作用、土地报酬递减理论等均在不同的历史文献中有所涉及。例如，《说文解字》对土地养育和空间承载的两大功能做了精辟的解读：土，地之吐生万物者也。地，元气初分，轻清阳为天，重浊阴为地。万物所陈列也。陈焕章在美国哥伦比亚大学出版的《孔门理财学》中写道："关于报酬递减法则，中国人没有提出完整的理论，但有人却指出了报酬递减法则的事实"[②]。历史上有大量关于土地质量、地理位置影响地租、地价的记载。例如，白居易提倡"量品而授地，计田而出租。故地之多少，必视其品之高下；租之厚薄，必视其田之肥墝"[③]。关于土地所有制的思想和管理政策更加丰富，例如，井田制、限田论、占田制、均田制、公田制等。顺天应时、以时禁发、取用有度等资源保护与节约利用的思想和制度在不同朝代亦有所体现。据《周礼》记载，周人将土地分为三类：无须休耕、年年可种的土地；一年休耕、一年可种的土地；两年休耕、一年可种的土地。这种休耕轮作的方式避免了地力过度消耗，有利于耕地生产力持续发展。此外，《荀子》《吕氏春秋》《淮南子》等，都有类似自然资源保护思想的表述。总之，中国古代的统治者、思想家、史学家等对山林川泽之于国计民生的重要性、自然资源的有限性、野生动植物生长繁育的季节性，以及维持自然再生能力的必要性等问题，已经具备相当可贵的认识，且常常把合理利用和积极保护山林川泽生物资源上升到国家政治层面进行论说。

　　近代中国沦为半殖民地半封建社会，社会经济、阶级关系、政治舞台及思想领

---

① 傅玄（217—278），魏晋著名的哲学家、经济学家、文学家。

② 陈焕章. 孔门理财学［M］. 北京：中华书局，2010.

③ 白居易：《议百官职田》。

域都发生了重大变化，古代经济学与资源经济思想受到冲击，以土地制度改革为主线的资源经济思想发生了较大的变革。作为国家和社会发展的基础性问题，土地分配、土地税费、土地利用与经营等是变革的重点。孙中山首先提出"平均地权"的思想，并在《中国同盟会革命方略》中对"平均地权"做出了阐释，指出"文明之福祉，国民平等以享之。当改良社会经济组织，核定天下地价。其现有之地价，仍属原主所有；其革命后改良进步之增价，则归国家所有，为国民所共享"[①]。此后，逐步形成了平均地权、耕者有其田、涨价归公的孙中山土地制度纲领。在矿产资源开采与经营方面，开始探索通过法律途径解决探矿和采矿权利划定、税费征收等资源经济问题，例如，光绪二十八年（1902）《外务部奏定矿务章程折》第六条规定"矿产出井，视品类之贵贱以别税则之重轻"，如铁为5%，金银为15%。中国共产党成立后，抓住土地作为生产要素对人民生产生活保障不可或缺的关键矛盾，以井冈山革命根据地开展打土豪分田地的土地革命斗争起点，开始探索建立具有社会主义性质的土地制度。1928年底，湘赣边区政府根据井冈山地区土地革命的实践经验，制定了中国共产党历史上第一个土地法——《井冈山土地法》，否定了封建土地所有制，规定"没收一切土地归苏维埃政府所有"，并提出了"以人口为标准，男女老幼平均分配"的土地分配政策。1929年，在总结赣南土地斗争经验的基础上，毛泽东主持制定了兴国县《土地法》，将井冈山《土地法》中规定的"没收一切土地"改为"没收一切公共土地及地主阶级的土地"[②]。此后，相继出台了《中华苏维埃共和国土地法》《中国土地法大纲》，目的就是废除地主阶级剥削的土地制度，实行农民土地所有制，实现耕者有其田。这一时期，在留学归国学子的推动下，资源经济学的发展带有了西方经济学色彩，有的还运用了马克思主义观点。论著主要聚焦于单种资源尤其是土地资源的研究。一批资源经济学专著相继出版。1930年，我国第一部土地经济学研究著作《土地经济学》（章植，黎明书局）出版，李达、陈家瓒合译了河田嗣郎著的《土地经济论》。1944年，张丕介的《土地经济学导论》出版。1946年，朱剑农的《土地经济学原理》出版。

新中国成立初期的工业化建设方针，一是优先发展重工业；二是自力更生，依靠自己的力量搞建设，掌握工业的主动权。由此，国家对自然资源的开发利用十分重视，在合理开发利用自然资源方面做了大量的工作，自然资源调查、开发利用、

管理等工作迅速展开，资源开发利用的深度和广度不断扩大。1950 年，颁布《中华人民共和国土地改革法》。1951 年，由中央人民政府派遣考察队对西藏的自然环境、自然资源现状及潜力、社会人文特征等进行考察研究。[①] 1956 年，新中国第一部科技规划《1956—1967 年科学技术发展远景规划纲要（修正草案）》确定了 12 个带有关键意义的重点项目或课题，其中包括"石油及其他特别缺乏的资源的勘探，矿物原料基地的探寻和确定"。自然资源综合科学考察、自然资源开发利用活动的大规模开展，极大地助力了资源科学，包括资源经济学的发展。在土地经济方面，从土地公有化改造到土地公有制形成，经历了复杂的过程，如何构筑适应生产力发展水平的生产关系成为重点和难点。《中国人民政治协商会议共同纲领》（1949 年）第二十七条规定："土地改革为发展生产力和国家工业化的必要条件。"自然资源的产权问题是国家关注的首要问题，《中华人民共和国宪法》（1954 年）第六条规定："矿藏、水流，由国家规定为国有的森林、荒地和其他资源，都属于全民所有。"

改革开放以来，中国经济学创新性地提出并完善了社会主义市场经济理论。建立在以公有制为主体的多种所有制基础之上的社会主义市场经济，突破了西方经济学关于市场经济只能建立在私有制基础上的传统论断，发展了马克思主义政治经济学关于社会主义经济特征的经济理论。在快速工业化、城市化的同时，大规模国土开发引起的空间无序、资源浪费、生态破坏和环境污染等问题日益严重。在这个大背景下，自然资源经济学更加关注市场经济条件下的资源产权、配置、开发利用与综合整治等问题，并开始注重从区域整体出发，协调国土资源开发利用和治理保护的关系，协调人口、资源、环境的矛盾，系统性谋划国土开发与整治。国家"六五""七五""八五"计划均将编制国土开发整治规划作为重点任务，在自然资源开发布局、规模、时序、环境治理和保护等方面做出全国一盘棋的部署。进入 21 世纪，伴随国家机构改革[②]，特别是生态文明体制改革的进程，综合性的自然资源经济研究兴起，全国最大规模的自然资源经济与管理改革的专业性研究机构组建[③]，关于自然资源所有者权益、自然资源资产产权与价值核算、有偿使用、用途管制、资源配置、资产负债表、生态价值产品实现、资源环境承载力、农村土地制度改革等方面的研究广泛展开。适应生态文明建设和"双碳"目标需要，自然资

---

① 孙鸿烈，等. 自然资源综合考察与资源科学综合研究 [J]. 地理学报，2020，75（12）：2610 – 2619.

② 1998 年，组建国土资源部；2018 年，组建自然资源部。

③ 2018 年，中国国土资源经济研究院更名为中国自然资源经济研究院。

源开发利用方式、开发利用结构与布局优化、资源节约与集约利用、相关产业绿色发展，以及资源经济环境效益综合评价等内容成为热点。学科建设和学术研究十分活跃，大量关于土地资源、矿产资源、森林资源、水资源、生态、气候等方面的经济学相继出版。目前，一些大学开设有资源与环境经济学、资源产业经济学等方面的专业或课程。

二、西方资源经济学的发展

资源经济学在 20 世纪 30 年代成为独立的经济学科，但真正成熟是在 20 世纪 90 年代，目前已形成了较为完整的学科体系。资源经济学是应用性学科，伴随着社会生产力发展而不断发展和演化，可以分为以下四个发展阶段：

萌芽阶段（工业革命之前）。自然资源经济相关问题基本融合在经济学、生态学、环境学等学科中研究。例如，重商主义认为一个国家的财富必不可少的是贵金属（金银等），国家如果没有贵金属矿藏，就要通过贸易来取得。土地是最早进入经济学研究领域的自然资源，这与在农业文明时代土地的突出重要作用有关。在那个时期，经济学家们更多关注土地的生产功能，研究土地的有限性、稀缺性和增值性。例如，威廉·配第（1623—1687）提出了劳动决定价值的基本观点，其名言"劳动是财富之父，土地是财富之母"被认为是资源价值论的思想萌芽，并在劳动价值论的基础上考察了工资、地租、利息、剩余等重要的经济学范畴，将地租看作是剩余价值的基本形态，并且在地租来源基础上探讨了剩余价值的来源，马克思称配第为"政治经济学之父"。皮埃尔·布阿吉尔贝尔（1646—1714）认为，"一切财富来源于土地的耕种"；"耕种者繁荣昌盛是一切其他等级财富的必要基础"。弗朗斯瓦·魁奈（1694—1774）的代表作《农业国经济统治的一般准则》中第三准则提出，君主和人们决不能忘记土地是财富的唯一源泉，只有农业能够增加财富，因为财富的增加能保证人口的增加，有了人和财富，就能使农业繁荣，商业扩大，工业活跃，财富永久持续地增加。亚当·斯密（1723—1790）等一些经济学家也曾从自由市场的"稀缺"层面研究经济与自然资源的关系，其中比较一致的结论是自然资源的稀缺可以通过市场的价格机制得到解决。

奠基阶段（18 世纪 60 年代 ~20 世纪 20 年代）。英国发起了第一次工业革命，以蒸汽机作为动力机被广泛使用为标志，大机器生产逐步取代手工制造，生产力得到突飞猛进的发展。经济迅速增长的同时，自然资源（铁矿、煤炭、土地等）被大量利用和消耗。资源经济研究重点转向自然资源与经济增长的关系，以及因资源大量消耗而带来的不良影响。在古典主义经济学家的著作中，最关注两个问题：一是经济增长的长期发展前景问题；二是人口增长与食物供应问题。例如，1798 年，托马斯·马尔萨斯（1766—1833）发表《人口学原理》并提出"人口增长超越食物供应，会导致人均占有食物的减少"的著名预言。20 世纪初期，自然资源经济学朝着两个方向发展：一是自然资源学与经济学的结合，把自然资源当作一门经济学科系统来研究，1924 年，美国经济学家伊力和莫尔豪斯合著的《土地经济学原理》出版，标志着土地经济学成为一门独立的学科，成为资源经济学奠基之作；二是从纯经济学角度研究自然资源的优化配置问题，阿瑟·塞西尔·庇古（1877—1959）1920 年在其所发表的《福利经济学》中提出的"庇古税"方法，成为政府管制自然资源供求的重要理论基础。随后，许多经济学者按"外部因素内部化"的经济分析原理进行具体的理论和应用研究。在这一时期，经济学的一些理论和方法，例如，劳动价值理论、边际效用理论、均衡价格理论、比较优势理论、归纳演绎法等，以及历史唯物主义和辩证唯物主义的方法均对资源经济学的发展提供了有益的借鉴。

形成阶段（20 世纪 30～60 年代）。从第一次工业革命开始到 19 世纪 30 年代的 80 余年中，世界人口增长了 1 倍。随即而来的第二次工业革命，开辟了电气化的新纪元，全球的生产力得到更加高速的发展，工业革命改变了生产方式，大幅提高了全球生产力水平，大规模地开发利用偏远地区的自然资源，尤其是矿产资源成为现实，资源产业形成并快速发展。但是，在享受工业文明带来的成果的同时，人口高增长、经济高增长、生产高消耗、生活高消耗所带来的资源短缺、生态破坏和环境舒适度降低等问题加剧。这迫使人们开始反思追求经济增长的发展方式，经济学们开始重视通过经济分析解释自然资源与环境政策，研究的重点指向增长的极限。维弗雷多·帕累托（1848—1923）在关于经济效率和收入分配的研究中使用了帕累托最优（也称为帕累托效率）概念，认为资源分配的一种理想状态就是假定固有的一群人和可分配的资源，从一种分配状态到另一种状态的变化中，在没有使任何人境况变坏的前提下，使得至少一个人变得更好。时至今日，"帕累托最优"仍然在资源环境等研究领域广泛使用。罗纳德·科斯（1910—2013）认为，只要财产权是明确的，并且交易成本为零或者很小，那么，无论在开始时将财产权赋予谁，市场均衡的最终结果都是有效率的，实现资源配置的帕累托最优。1931年，资源经济学标志性著作——《可耗尽资源的经济学》出版，哈罗德·霍特林（1895—1973）发表了一个模型来描述不可再生资源价格的演变，提出了不可再生资源的价格在开采期内按照指数增长的规则。但是，霍特林定律[1]在实际经济活动中没有得到有力证明，19 世纪中叶到 20 世纪初，主要工业化国家并没有因资源约束而出现经济停滞，反而出现了 50 年左右的快速增长。由此，那个时期的经济学家们关注的重点是物质生产、分配和消费，以及技术、资本、人力和社会制度对经济增长的影响，几乎忽略了自然资源在经济增长中的作用。20 世纪 50 年代初，美国一些科学家首次提出了"资源科学"的概念；1966 年，美国学者肯尼斯·鲍尔丁（1909—1993）提出了宇宙飞船经济理论，指出我们的地球只是茫茫太空中一艘小小的宇宙飞船，人口和经济的无序增长迟早会使船内有限的资源耗尽，而生产和消费过程中排出的废料将使飞船污染，毒害船内的乘客，此时飞船会坠落，社会随之崩溃。为了避免这种悲剧，必须改变这种经济增长方式，要从"消耗型"改为"生态型"；从"开环式"转为"闭环式"。经济发展目标应以福利和实惠为主，而并非单纯地追求产量。60 年代后期，以探讨全球问题和人类未来困境为主旨的"罗马俱乐部"成立。

成熟阶段（20 世纪 70 年代至今）。随着生态保护主义运动的不断深入，资源经济学研究进入了辉煌时期，关于资源消耗的代际配置效率与时间偏好逐渐成为资源经济学关注的重点。1973 年出现的第一次世界性石油危机减缓了主要工业化国家的经济增长速度，一些经济学家开始重新关注资源约束与经济增长的关系。不少国家的大学纷纷增设资源经济学学科和增开资源经济学课程。1972 年，德内拉·梅多斯（1941—2001）等在《增长的极限》中提出，人口增长、工业发展、环境污染、粮食生产和资源消耗五个因素的变动都各自在一个反馈环路中发生，而且相互影响，从而影响经济的增长。人口的倍增引起对粮食需求的倍增，经济的增长使自然资源消耗的速度和环境污染的程度加深也倍增；技术进步只能延长资源消耗的过程，推迟世界末日到来的期限，而不能制止末日的来临。资源短缺和资源危机成为资源经济学研究的热点，推动了可持续发展问题提出，"既满足当代人的需求，又不对后代人满足其自身需求的能力构成危害的发展"得到世界共识。1976 年，瑞典经济学家邦克斯（Banks）出版了《自然资源经济学》，论述利用自然原料的问题。之后，《经济学理论与耗竭性资源》（Dasgupta，1978）、《自然资源经济学——问题、分析与政策》（Howe，1979）、《资源经济学——从经济角度对自然资源和环境政策的探讨》（Randall，1981）、《经济学和环境政策》（Butlin，1981）、《自然资源：分配、经济学与政策》（Rees，1985）和《自然资源经济学》（Daniel，

---

[1]　Hotelling H. The economics of exhaustible resources [J]. Journal of Political Economy, 1931, 39: 137 – 175.

1986）等一系列著作问世，使资源经济学形成了完整的学科体系。21 世纪初，《自然资源与能源经济学手册》（阿兰·V. 尼斯，2007）、《资源经济学：自然资源与环境政策的经济分析》（约翰·C. 伯格斯特罗姆、阿兰·兰多尔，2010）相继出版。如何以可持续的方式利用自然资源、如何在保护环境和资源永续利用的条件下进行经济建设、如何将人类的发展控制在地球的承载力之内等问题，成为资源经济学研究的重点。2015 年，联合国大会第七十届会议上通过了《2030 年可持续发展议程》，提出的 17 个可持续发展目标中有 8 个[①]与自然资源密切相关。资源永续利用理论、外部性理论、财富代际公平分配理论、三种生产理论（人的生产、物资生产和环境生产）等为资源经济学理论体系建设增添了活力。弱可持续性范式和强可持续性范式的相继提出，对自然资源管理实践产生了较大的影响，特别是弱可持续性范式在自然资源管理实践中运用比较广泛，已经成为自然资源管理制度设计的理论参考。

表 1-1 简要汇总了单门类资源经济学的分类。

表 1-1 单门类资源经济学一览

学科	定位	代表著作	研究对象	研究方法	研究主题
土地经济学	研究土地领域中生产力运行与生产关系运行及其相互关系的学科	1924 年美国经济学家伊利和莫尔豪斯所著的《土地经济学原理》	土地利用中形成的人与地的经济关系和人与人的经济关系	1. 理论联系社会实际 2. 全面系统分析 3. 微观分析与宏观分析相结合 4. 定性分析与定量分析相结合 5. 静态分析与动态分析相结合	土地经济基础理论探索、土地市场波动的理论与实证研究、土地要素市场化机制设计、土地制度改革配套政策、确权登记颁证进展与绩效评估、重要改革试点的跟踪与评价等
矿产经济学	运用经济学原理和方法，研究和解决矿产资源勘探开发利用过程中有关的经济问题的应用经济学科	1932 年美国采矿和冶金工程学会出版了第一本《矿产经济学》	矿产资源勘探、开发、利用和保护中的经济问题	1. 微观、宏观和中观经济分析 2. 实证和规范分析方法 3. 均衡分析法 4. 边际分析法	矿业发展战略，矿产资源开发利用的管理与政策，绿色矿业发展和智能矿山建设以及矿业采选技术方案等

---

① 目标 2 零饥饿、目标 6 清洁饮水和卫生设施、目标 7 经济适用的清洁能源、目标 11 可持续城市和社区、目标 12 负责任消费和生产、目标 13 气候变化、目标 14 水下生物、目标 15 陆地生物。

续表

学科	定位	代表著作	研究对象	研究方法	研究主题
海洋经济学	研究海洋开发和保护中各种经济关系及其发展规律的学科	1977年苏联经济学家布尼奇出版了《世界大洋经济学》	海洋经济（活动）及其运行规律	将理论经济学和其他领域经济学的一般理论方法运用到海洋领域，考察海洋领域的具体经济问题，技术方法以案例研究、实际调查和数量分析等最为普遍	海洋经济学的基本问题、海洋生产要素、海洋经济组织、海洋产业经济、海洋区域经济、海洋生态经济、海洋经济管理以及海洋经济合作
水资源经济学	利用经济学原理研究水资源合理开发利用与保护，以及与社会经济可持续发展关系的学科	1994年美国经济学家史普博、萨巴奇的著作《水资源经济学：从管制到私有化》[a]	水的资源属性，包括开发、利用、节约与保护等各个方面，以及供水、用水、耗水等各个环节	1. 简单分析法 2. 数量分析法 3. 投入产出法 4. 可计算一般均衡法等	水与发展的作用关系研究、人水关系的理论基础研究、人水和谐调控研究、水资源－经济社会－生态环境耦合关系与调控研究
林业经济学	应用经济学的原理在林业领域进行决策的学科	苏联的沃罗宁教授等在20世纪50年代撰写了《林业经济学》[b]	林业经济（活动）及其运行规律	1. 实证研究 2. 系统分析 3. 定量与定性相结合 4. 社会经济、自然资源与生态环境相结合的方法	集体林权制度改革、生态文明、国有林场、林下经济、林业产业、国有林区、可持续发展、农户、森林资源、生态旅游、森林、林权改革、气候变化、林权抵押贷款、森林可持续经营、森林保险

注：a 史普博，萨巴奇. 水资源经济学：从管制到私有化［M］. 周耀东，译. 上海：上海人民出版社，2010；b 柴恒忠，甄世武. 林业经济学［M］. 北京：中国林业出版社，1990。

第二节 自然资源经济思想的历史脉络

自然资源经济学是资源科学与经济科学的交叉学科，其知识边界涉及经济学、地质学、管理学、生态学、海洋科学、地理学、法学等，其资源门类包括矿产、土地、森林、草原、水、海洋等，其经济思想跨度涵盖了重商主义时期、重农主义时期、古典经济学、新古典经济学、现代经济学的历史维度。以20世纪60年代可持续发展观的提出为分水岭，此前经济学一直专注于经济福利和自然资源储备、供给贡献经济增长之间关系的朴素探讨，之后经济学家们主要着力于将主流经济学原理应用于解决因资源开发利用导致的环境及生态问题的多元分析。

一、资源禀赋与国家财富：古典经济学视域下资源贡献经济的思想

在古典经济理论之前，由金属矿石冶炼而成的金银货币被看作是财富的唯一形式，一个国家所拥有贵金属的多寡成为衡量其富裕程度的唯一标准，贵金属的积累也因而被视为是增加财富的唯一方法。产生并盛行于 15～18 世纪中叶的重商主义，那时已将自然资源（贵金属资源）的重要性提高到了空前高度。

自英国古典政治经济学的创始人威廉·配第开始，以亚当·斯密的《国民财富的性质和原因的研究》为标志，到大卫·李嘉图（1772—1823）的比较成本理论和赫克歇尔（1879—1952）、俄林（1899—1979）的要素禀赋理论，再到马尔萨斯和萨伊（1767—1832），古典经济学的经济增长理论将土地作为自然资源的典型代表，强调了其在经济增长中的决定性作用。17 世纪中叶，威廉·配第以"劳动是财富之父，土地是财富之母"的论断，开创了研究自然资源及其与经济增长关系的先河。虽然从严格意义上来说，土地面积不能代表自然资源禀赋，后者不仅包括实体面积，而且还包括土地肥力、降雨、矿藏等许多其他要素，但是配第却是将土地作为自然资源代表纳入了生产要素之中，由此，自然资源获得了经济理论分析的合法席位。

亚当·斯密在《国富论》[①]中，围绕是什么因素促成国家财富增减，对经济增长与自然资源作出了系统分析。在他的社会经济运行沙盘中，国民财富增长会受到本国自然资源和技术条件的限制，通过对外贸易则可以突破这种限制而利用外部条件促进增长。他认为"在某些特定商品的生产上，某一国占有那么大的自然优势，以致全世界都认为，跟这种优势作斗争是枉然的……至于一国比另一国优越的地位，是固有的，或是后来获得的，在这方面，无关重要。只要甲国有此优势，乙国无此优势，乙国向甲国购买，总是比自己制造有利"[②]。当然，在斯密的绝对成本中，各国分工基础是气候、土壤、矿产资源等天然或后天条件，自然资源、技术、劳动和资本可以通过自由贸易实现跨国配置，进而会促成劳动生产率的提高及社会物质财富的增长。

身处英国产业革命深度变革时期的大卫·李嘉图，也强调了自然资源及其贸易

---

①② 亚当·斯密. 国民财富的性质和原因的研究（下卷）[M]. 北京：商务印书馆，1972：29 - 30.

对于经济增长的重要作用。他在《政治经济学及赋税原理》[①] 序言中就提到，"在不同的社会阶段中，全部土地产品在地租、利润和工资名义下分配给各个阶级的比例是极不相同的，这主要取决于土壤肥力、资本积累、人口状况以及农业上运用的技术、智巧和工具。由于土地数量有限而质量有异，农业生产报酬渐减，而这将会对国民经济增长起约束作用"。与斯密相同，李嘉图也认为贸易双方的资源禀赋及由此导致的生产成本差异，是国际分工和贸易的基础和前提。但他也指出，即使是在一个国家各产业的产品成本都优于另一国家（或区域）的条件下，通过合理分工生产各自具有比较优势产品，国际分工和贸易仍然能够使得双方均得到好处。根据比较优势理论，一个国家应当出口密集使用其相对丰富的产品，并进口密集使用本国相对稀缺的产品，从而在世界范围实现自然资源的最佳配置。

经济学家并未止步于强调自然资源贸易对国家财富增长的重要性，进而针对自然资源禀赋影响贸易比较优势上做了深入讨论。1919 年，瑞典经济学家埃利·赫克歇尔提出"区域贸易理论"来补充李嘉图的"比较成本理论"，其学生贝蒂尔·俄林于 1933 年出版《区域贸易和国际贸易》，发展了赫克歇尔的观点，提出了"资源禀赋理论"。该理论认为，资源禀赋的相对差异促生了区域分工与贸易、国际分工与贸易。俄林认为，生产要素禀赋差异成为贸易产生的重要条件，贸易实质上是国家之间充裕要素与稀缺要素的交换，各国比较利益的地位是由各国拥有的生产要素相对充裕程度来决定的，贸易产生的结果是逐渐消除不同国家之间商品价格差异，进而使两国生产要素价格趋于均等化。

与李嘉图几乎同时代的马尔萨斯，将"自然资源何以支撑人口增长"纳入自然资源经济研究的理论框架。他在《人口原理》[②] 中写道，"在有限地域里，土地产出的增长率必定是同人口增长率有大不相同的性质的。……假如有食物供应，人口将以不竭的精力继续增长。……但是为人类生存所必需的食物的增长却遵循着另一种变动的趋势。……每年的食物的增加额，不但不会递增，而且必然会逐步递减。因此，人口的增长有超过生活资料增长的经常的趋势"。在马尔萨斯的一篇《人口学原理，因为它影响社会的未来进步》文章中，更是提出了人口增长将超过粮食供应的担忧，由此引发了一场学术界关于人口增长、科技更新与自然资源保障的持久讨论。后经新马尔萨斯主义的发展，把土地数量和质量对经济增长的作用扩展到整个自然资源，增加了环境污染等限制因素，提出了"增长极限论"。同一时

---

① 大卫·李嘉图. 政治经济学及赋税原理 [M]. 北京：商务印书馆，1962：3.
② 马尔萨斯. 人口原理 [M]. 北京：商务印书馆，1961.

期，萨伊也论述了自然资源对价值创造和分配的关系，提出了"效用论"和"萨伊定律"，抛出了"三位一体分配公式"。在他的理论视界中，生产要素互相协作创造了物品价值，自然资源所有者也应获取相应的地租。

总的来看，在古典经济学家的脑中，自然资源是必不可少的生产要素，并在经济增长过程中发挥着决定性作用。尤其是在古典经济学的对外贸易理论中，自然资源及其禀赋是国际分工的基础，也是国际贸易出现的条件，更是国家财富增长的关键。不论是斯密所说的自然资源，还是俄林所说的资源禀赋差异，都强调了资源对于经济生产的至关影响。在古典经济学"增长无极限"的理论指导下，自然资源与经济规模所涉及的消费、储蓄、投资、政府、税收等要素紧密相关。

二、资源让步于技术与资本：新古典经济学和新增长理论视域下的自然资源经济

在资本主义经济空前繁荣、各发达国家都经历了经济高增长率之后，西方经济学对于经济增长的研究热情明显下降，进而开始将关注的重点转向市场交换、收入分配、周期波动等短期问题。不过，这一时期的经济学家依旧钟情于经济增长。因工业革命在西欧发达国家的不断深入，工业技术水平大幅度提高和资本空前规模积累，此时的经济学家们认为资本比劳动要素和自然禀赋对经济增长具有更为重要的作用，资本决定论便应运而生。作为资本决定论的代表，哈罗德 – 多马模型（Harrod-Domar model）提出，经济增长率取决于储蓄率和资本产出比率。也就是说，在哈罗德 – 多马模型中，资本积累被提高到了十分突出的地位，自然资源不再被认为是经济增长中的唯一决定性因素。

20 世纪 50 年代中期，新古典经济增长理论的代表索洛（1924—）、斯旺（1914—1989）等人对哈罗德 – 多马模型进行了修正，认为一国长期的经济增长主要依靠技术进步，而不是依靠资本和劳动力的投入。在索洛增长模型（Solow growth model）的贡献下，经济学家把技术进步看作是内生变量，20 世纪 90 年代初期产生了所谓的内生经济增长理论。以阿罗（1921—2017）和保罗·罗默（1955—）等为代表，内生经济增长理论把技术进步、知识积累看作是经济增长本身的结果，同时又是促进经济增长的主要力量。总之，新增长理论认为，在现代经济中因计算机、互联网、生物技术等科学知识的迅速发展，劳动生产率会获得更快的提高，相对于传统机械、土地等生产要素对经济增长的贡献，人力资本的影响更大。足见，在此阶段的理论视域中自然资源对于经济增长的重要性已然让位于技术和资本。

　　20 世纪 50 年代的发展经济学结构主义同样认为，在经济发展中的自然资源、劳动力和资本三种生产要素中，资源禀赋会影响一国经济增长，但并不决定经济增长。劳动力一般是发展中国家比较丰裕的投入要素，不会成为经济增长的约束因素。如此，自然资源的多寡已不是促进或约束国家经济增长的关键因素。对于发展中国家来说，技术更新对经济增长作用也相对无力，而增加资本投入则是经济增长最重要的源泉。

　　20 世纪 60 年代，以舒尔茨（1902—1998）和贝克尔（1930—2014）为代表的人力资本理论也认为，促进经济增长和劳动生产率提高的重要原因已经不再是土地、资本投入和劳动力数量的增加，而是人的能力和技术水平。舒尔茨指出，"改善穷人福利的决定性生产要素不是空间、能源和耕地，决定性要素是人口质量的改善和知识的增进"[①]。"自然资源、物质资本以及原始的劳动对于发展较高生产率的经济来说，是远远不够的，大量的人的技能是必不可少的，它为经济发展的动力加油添水。如果少了它们，经济的前景将会黯淡无光"[②]。

　　可见，在新古典经济学和新增长理论的理论主张中，不论是哈罗德－多马模型，还是索洛的新古典增长模型、罗默模型，或者发展经济学的结构主义思路和人力资本理论，主要关注于资本积累、技术进步和生产率对经济增长的作用，而自然资源禀赋并不是经济增长的阻碍。

三、环境经济学的介入：对自然资源支撑极限增长引发生态环境危机的反思

　　二战之后，人类社会普遍面临解决贫困、资源紧缺、环境恶化、生态破坏等问题。各国政府均将发展经济作为优先目标，经济增长也成为各国政府和国际社会的核心诉求，全球进入经济快速增长和经济繁荣时期。至此，无限度、无约束、忽略环境效应和资源基础的经济增长，开始面对的不是理论假设和推演，而是事实上的增长极限。这些事实不得不让经济学家开始思考经济规模化增长所导致的生态环境代价。[③]

　　经济发展是否必然导致高昂的环境代价？虽然经济发展都必然会在一定程度上影响环境，但"环境友好型"发展能否成为可能？如果我们必须在发展与环境之

---

①②　西奥多·舒尔茨. 论人力资本投资［M］. 北京：北京经济学院出版社，1992：152.
③　张世秋. 环境经济学研究：历史、现状与展望［J］. 南京工业大学学报（社会科学版），2018（2）：71-77.

间进行权衡，如何才能达到适宜平衡？怀揣上述问题意识，环境经济学家、生态经济学家一直试图将主流经济学原理应用于解决资源、环境和生态问题，也由此引发了关于绝对增长极限与条件性增长极限的争论，并分离为悲观派和乐观派。其中：

悲观派认为环境与经济之间是绝对竞争关系乃至是绝对互斥关系，增长的极限由地球的承载力或者资源禀赋以及大自然废弃物消解能力决定。伴随自然资源稀缺，导致人类命运共同体各群体之间对环境与资源进行更为激烈的竞争，从而进一步增加资源环境压力，人类社会不仅无法也不可能突破自然的极限，甚至会因为资源、环境与经济（以及人类社会决策行为）之间的负反馈关系，引致人类社会消亡。

乐观派认为人类环境和经济不仅是互补关系而且是互持关系，环境与经济以及人类社会决策行为之间是正反馈关系。人类对自然变化的响应机制及行为改变会趋向于降低环境的压力，"资源与环境容量资源初始阶段的短缺，会引发足够的和大幅的人口增速放缓，进而会导致技术进步的步伐不断加快，未来将是富足的，而不是持续加重的匮乏"[①]。这种关乎人类未来尖锐且极端的争论，以及 20 世纪五六十年代环境问题和环境公害事件的频繁出现，催生了基于经济学与环境科学的相互渗透，致力于探究资源 - 环境 - 经济关联、运作与调控机制的环境经济学孕育而生。很多环境经济学家通过理论和实证研究认为，正确的环境政策将有助于经济增长，经济增长也会有助于环境保护。

悬于理论的争论终究会落实于理论体系的建构。环境经济学力图为人类社会可持续发展提供一个分析框架，进而分析、阐释和建议利用有效环境政策促进经济发展，努力以环境善治推动资源和环境保护的协调发展。事实上，经济学一直都有关于经济福利和自然资产储备（包括环境容量资源和自然资源等）之间关系的思想，并且可以追溯到诸多文献中。从庇古将环境污染看作是负外部性的思想，到格雷（1881—1952）、霍特林分别在 1914 年、1931 年对煤、金属矿藏折耗程度所作的分析，再到穆勒在 19 世纪关注增长的极限。环境经济学理论体系、框架和方法的成型，得益于帕累托于 20 世纪 20 年代从经济伦理的角度探讨资源配置效率问题的"帕累托最优"理论，滋养于马歇尔、庇古等人提出的服务于环境经济政策的外部性理论，形成于以格雷和侯特陵为代表的资源租金及代际补偿政策理论，受益于科斯的《企业的性质》《社会成本问题》的环境经济政策理论，启发于哈丁（1915—2003）"公地悲剧"揭示的环境和资源管理产权困境，解惑于奥斯特罗姆（1933—

① Coase R H. The Problem of Social Cost [J]. Journal of Law and Economics, 1960 (3): 1 - 44.

2012）的公共池塘①治理理论。20 世纪 60 年代后，诸多经济学家针对外部性问题、公共物品治理问题开展了深入探索，其中有鲍尔丁的"太空船地球经济学"、克尼斯、艾瑞斯和德阿芝的《经济学与环境》、梅多斯等的《增长的极限》、戴利（1938—2022）的经济增长争论、戴尔斯的产权界面（property interface）等。

环境经济学经历半个多世纪的发展，从聚焦外部性、技术经济分析、环境影响评价和经济增长模型，到环境问题公平正义和自然资源管理制度，再到对全球性问题的拓展，以及以环境－能源－资源－经济－社会的综合研究与评估等，其理论体系和应用不断获得完善。

四、生态经济学的拓展：将自然资源经济放置于生态经济语境之中

凯恩斯主义、古典经济学和其他经济学理论研究的是消费、储蓄、投资、政府支出、税收和货币供给等宏观经济总量间的均衡条件，并不关注经济是否有规模限制。在传统经济学的视角中，随着经济增长可以无限期上升，一国的国内生产总值（GDP）也可随时间增长十倍或百倍。例如，在 5% 的增长率下，GDP 每 14 年翻一番，在一个世纪内增长 100 多倍。即使以 2% 的增长率，GDP 也会在 35 年里翻一番，在一个世纪里增长 7 倍。从经济均衡的数学计算的角度来看，这种增长不成问题。但生态经济学家认为，资源和环境因素对可行的经济活动水平施加了实际限制，经济理论必须包括最优宏观经济规模的概念。②

生态经济学努力拓宽传统经济学对资源要素经济的固有分析视角，通常从宏观角度出发，关注经济生产与行星之间的自然循环关系。在很多情况下，经济系统运行与这些自然系统之间产生重大冲突，造成诸如因二氧化碳过量积累引致的全球气候变化区域和全球问题。这种更宽泛的方法要求以新的方式去衡量经济活动，并对经济活动规模如何影响环境系统进行分析。不同的生态经济学家之间在观点和学科方法方面也存在较大差异，这其中包括了基于生物学、生态学和其他科学，以及基于工程、系统建模、历史和哲学视角所带来的多元差异。总的来看，生态经济学家普遍认同的核心概念包括：①经济系统是广义生态系统的子集；②可持续性应该根据生态而非经济准则来界定；③除经济学外，还必须依赖一系列其他学科和视角来

① 埃莉诺·奥斯特罗姆. 公共事务的治理之道：集体行动制度的演进［M］. 余逊达，陈旭东，译. 上海：上海译文出版社，2012.
② Daly H E. Beyond Growth：The Economics of Sustainable Development［M］. Cheltenham，UK，Northampton，MA：Edward Elgar，1996.

深度审视和研究资源环境问题。

生态经济学试图重新定义基本经济概念，关注主要的生态循环，并将物理和生物系统的逻辑应用于人类经济。与传统经济分析不同，生态经济分析没有基于市场的单一方法框架。正如大卫·李嘉图坚持认为的"多重见解可防止基于一个视角的错误行为"[①]。生态经济学提倡多元方法来研究经济与环境之间的关系。对一个问题，包括环境问题的充分理解，只能来自多种观点、多类学科和方法。通过提倡多元化，很多生态经济学家将自己与更传统的环境经济学家区分开来。生态经济学学科的主要学术期刊《生态经济学》指出：其独一无二的特征根植于它在推动多样性观点和跨学科视角等方面所发挥的作用。生态经济学基于这样的前提：理解经济管理与生态系统之间的相互作用，必须采用跨学科方法。生态经济学因此是一个"大帐篷"，而不是一个以排他的或只被主导观点左右的狭隘学科。

生态经济学的基本、原始前提是坚持将人类经济视为地球生物化学系统的一部分。[②] 在生态经济学所立足的生态系统框架中，自然资源包括可再生资源和不可再生资源。可再生资源是指那些通过生态过程随时间重复再生的资源，如森林和渔业。如果开采率不超过自然再生率，可再生资源就可以得到可持续管理。然而，如果可再生资源被过度开采，它们可能会被耗尽，比如由于过度捕捞会导致物种灭绝。不可再生资源是指那些不能通过生态过程再生的资源，至少在人类的时间尺度上是这样。石油、煤炭和矿产等不可再生资源的最终可用量几乎固定——尽管可能发现新资源以扩大已知的供给量。经济系统的另一个输入是太阳能，它提供了有限但极其丰富的持续能源。

以自然资源为核心要素的自然资本是生态经济学家强调的基本概念。"自然资本是最终可以收获自然服务和有形自然资源流的存量，包括太阳能、土地、矿物和矿物燃料、水、活有机体，以及生态系统中所有这些原素相互作用下提供的服务"[③]。生态经济学家重新引入并扩展了"土地"的经典概念，将其重新命名为自然资本。自然资本被定义为我们可获得的全部土地和资源禀赋，包括空气、水、肥沃的土壤、森林、渔业、矿产资源和生态生命支持系统，如果没有这些资源，经济活动甚至生命本身都是不可能的。从生态经济学的角度来看，作为生产基础的自然

① Ricardo D. On the Principles of Political Economy and Taxation [M]//The Works and Correspondence of David Ricardo (ed. Piero Sraffa). Cambridge：Cambridge University Press，1951.

② Brown P G，Timmerman P. The Unfinished Journey of Ecological Economics [M]//Introduction in Ecological Economics for the Anthropocene (eds. Peter G. Brown and Peter Timmerman). New York：Columbia University Press，2015.

③ 戴利. 生态经济学理论与应用 [M]. 北京：中国人民大学出版社，2018：16.

资本至少应该与人力资本同等重要。

　　总的来看，从早期零星思想到 20 世纪 60 年代以来在动态增长模式、数学规划、最优控制理论和计量经济学方法的探索，再到 70 年代中期以来与福利经济学、发展经济学、制度经济学、环境经济学、生态经济学、社会学不断发生着交融。近年来，有关自然资源生产、利用、保护和分配如何使长期社会总福利最大化，以及在气候变化背景下实现可持续发展，已成为自然资源经济学着力解决的问题。

第三节　自然资源经济学的研究范畴与学科体系

一、自然资源经济学的研究范畴与分类

　　关于经济学的研究范畴和分类，学术界有很多版本，分别从不同角度或者思维方式解释经济学的研究对象、范围或者目的等，均具有一定的参考价值。保罗·萨缪尔森认为，经济学研究的是一个社会如何利用稀缺的资源生产有价值的商品，并将他们在不同的个体之间进行分配①。马歇尔认为，经济学是一门研究财富的学问，同时也是一门研究人的学问②。常见的经济学的分类有三种。按照研究对象，将经济学分为微观经济学和宏观经济学。微观经济学研究的是个体或个体与其他个体间的决策问题，以单个经济单位的经济行为为研究对象，进而研究整体的行为及其后果，这些问题包括了经济物品的消费、生产过程中稀缺资源的投入、资源的分配、分配机制上的选择等；宏观经济学则以地区、国家层面作为研究对象，以国民经济整体的运行为研究对象，进而研究整体的行为及其后果，常见的问题包括收入与生产、货币、物价、就业、国际贸易等问题。按照经济学与实践的密切程度，将经济学分为理论经济学和应用经济学。理论经济学指为各个经济学科提供基础理论的科学，是由经济学基本概念、范畴与范畴体系组成的理论体系；应用经济学则是指应用理论经济学的基本原理研究国民经济各个产业、行业、各个专业领域的经济活动和经济关系的规律性，或对与经济活动相关领域进行经济效益、社会效益的分析而建立的学科。按照研究方法，将经济学分为规范经济学和实证经济学。规范经

①　保罗·萨缪尔森. 经济学 ［M］. 北京：商务印书馆，2013：4-5.
②　马歇尔. 经济学原理 ［M］. 北京：华夏出版社，2005：25-26.

济学依据一定的价值判断，提出某些分析和处理经济问题的标准，并以此树立起经济理论的前提，作为经济政策制定的依据，注重人与人的关系研究，它关心人们的经济行为"应该是什么"，重点在于如何建立规范，以及如何运用规范于经济行为；实证经济学撇开或回避价值判断（即判断某一经济事物是好是坏，对社会有无价值），从客观事实出发，实事求是地考察经济现象"是什么"，而不对经济现状及变化作出"好不好"的评价，或者"该不该如此"的判断。此外，部门经济学作为研究社会各个经济领域发展规律的经济学是相对独立的分支体系。

目前，自然资源经济学作为经济学的分支学科已经形成共识。但属于哪一类别尚有不同的观点。阿兰·兰德尔认为资源经济学是微观经济学的一个分支，是研究自然资源和环境政策的一门应用经济学。[①] 在我国国务院学位委员会、教育部印发的《研究生教育学科专业目录（2022 年）》中，"经济学"属于第二门类，"人口、资源与环境经济学"属于"理论经济学"的范畴。《中国大百科全书（经济卷）》认为资源经济学是边缘经济学的一种，属于应用经济学。很多研究资源经济方面的专家也认为资源经济学主要还是针对现实性的问题，应属于应用经济学范畴。而在现实经济研究中，规范经济学与实证经济学的方法经常会混合使用。

笔者认为，在学科研究范畴方面，自然资源经济学是中国特色社会主义政治经济学的组成部分，是研究自然资源调查评价、开发利用、优化配置、保护和管理中的基本经济关系、经济规律和经济政策的科学，是以经济学理论为基础，通过经济分析来研究资源的合理配置与最优使用，及其与人口、环境的协调和可持续发展等资源经济问题的学科。其逻辑主线、理论体系、方法体系、内容体系均应以中国特色社会主义政治经济学为指导，既包括国际或区域宏观层面的问题，也有个体或个体与其他个体间等的问题，微观层面的研究是宏观层面资源经济学研究的基础，二者互相补充。开展自然资源经济学研究的目的是支持自然资源治理决策，指导自然资源经济与管理实践，因此资源经济学更多属于应用经济学范畴，但理论与实践本就密不可分，理论源于实践，实践需要理论的指导。规范经济学与实证经济学二者联系是辩证的，都必须自觉应用，实证的分析方法是获得自然资源经济活动资料的有效手段，有利于我们从客观事实出发，实事求是地考察经济现象，但如果对这些材料作出取舍，从中凝练出对自然资源经济与管理实践有用的成果，必须要采取规范经济学的方法，如对自然资源开发利用的多元化选择，必须要有切合实际的价值判断。新时代自然资源经济学是以人民为中心的经济学，是新发展理念指导下的经

---

① 阿兰·兰德尔. 资源经济学：从经济角度对自然资源和环境政策的探讨 [M]. 北京：商务印书馆，1989.

济学，是系统观念统筹下的经济学，也是协调资源、经济、社会、生态等多目标的经济学。自然资源经济学既研究资源开发利用的生产力问题，也研究资源开发的生产关系问题，与生态经济学、环境经济学互为交叉学科，也是理论经济学与应用经济学、宏观经济学与微观经济学、规范经济学与实证经济学融合发展的学科。

二、自然资源经济学的学科体系

在我国，一般对学科的理解包括两个层面的含义：从创造知识和科学研究的角度来看，学科是一种学术的分类，指一定科学领域或一门科学的分支，是相对独立的知识体系；从传递知识和教学的角度看，学科就是教学的科目。不同学科从不同角度研究世界，将物质世界的不同运动形式或不同部分、不同方面、不同层次作为研究对象，在长期历史发展中构成了人类迄今所具有的学科体系[1]。学科体系是由不同学科的概念、理论、方法、技术、组织等构建起来的逻辑系统，其结构和功能会随着人们实践需要的变化而发展。

（一）自然资源经济学的学科分类现状

1. 国家标准中的学科分类

国家标准化管理委员会推动制定的《国家标准学科分类与代码》（GB/T 13745—2009），主要为科技政策和科技发展规划以及科研项目、科研成果统计和管理服务。该标准认为学科是相对独立的知识体系；学科群指具有某一共同属性的一组学科。该标准分为自然科学、农业科学、医药科学、工程与技术科学和人文与社会科学5个门类。共设62个一级学科或学科群、676个二级学科或学科群、2382个三级学科[2]。资源经济学属于经济学的二级学科，下设海洋资源经济学、生物资源经济学、矿产资源经济学、能源经济学、资源开发与利用以及资源经济学其他学科。林业经济学和土地经济学属于农业经济学的二级学科。

2. 教育部学位授予和人才培养学科分类

为指导人才培养和学科建设，规范学科专业的设置与管理，1983年以来，我国先后施行过五份学科专业目录。前三份适用于授予博士、硕士学位和培养研究生的学科/专业目录，第四份适用于授予学士、硕士、博士三级学位和培养本科、硕博研究生的专业/学科目录，第五份（2022年）主要适用于博士硕士学位授予、招

---

① 田心铭. 学科体系、学术体系、话语体系的科学内涵与相互关系［N］. 光明日报，2020 – 05 – 15.
② 2009年的分类，2011年和2016年修订过。

生培养、学科专业建设和教育统计、就业指导服务等工作。《研究生教育学科专业目录（2022 年）》规定，我国学科研究院校（学位授予单位）的硕博研究生教育将学科/专业门类划分为哲学、经济学、法学、教育学、文学、历史学、理学、工学、农学、医学、军事学、管理学、艺术学和交叉学科共计 14 个学科门类。其中经济学门类中包括理论经济学、应用经济学、金融等学科。人口、资源与环境经济学与政治经济学、经济思想史等均属于理论经济学范畴（见图 1 - 1）。

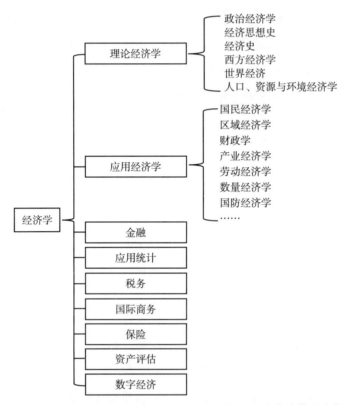

图 1 - 1　研究生教育学科专业目录（2022 年）经济学的学科分类

3. 资源科学研究中的分类

封志明等认为，资源科学按照研究对象、研究内容与应用目的不同可大致划分为综合性研究（综合资源学）与专门性研究（部门资源学）两种主要类型。前者重点关注自然资源的形成演化机理，及其人类与资源的相互作用关系，为专门性研究提供理论基础和技术支持；后者则主要研究不同资源类型的开发利用与评价的理论与方法。而理论资源学作为资源科学通论，主要从事自然资源本体性研究，如关注自然资源的价值核算、循环过程与流动规律以及计量与评价方法等。区域资源学则是综合资源学和部门资源学在不同时空尺度的具体应用与实践。资源经济学是综合运用经济学理论与方法，研究资源优化配置相关问题，以协调人口 – 资源 – 环境 – 经济可持续发展的学科。主要研究内容包括自然资源现实与未来的配置问题及其由此引发的经济后果，资源开发利用的经济问题及其与社会发展的关系，自然资源利用效率与产权安排以及资源稀缺与经济增长的关系等，为国家资源安全保障及生态文明建设战略需求服务（见图 1 – 2）。[①]

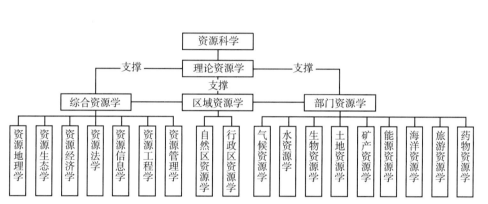

图 1 – 2　资源科学的学科体系与主要分支学科

资料来源：封志明，等. 资源科学的学科建设与人才培养模式的实践与思考［J］. 自然资源学报，2020，35（8）：1817 – 1829.

（二）自然资源经济学学科体系的构建原则

在 2016 年哲学社会科学工作座谈会上，习近平总书记强调要结合中国特色社会主义伟大实践，加快构建中国特色哲学社会科学。中国特色哲学社会科学是一个由多门学科构成的具有系统性、专业性的学科体系，经济学是其中的重要组成部分。改革开放以来，中国大量引进、学习、借鉴了西方经济学，相关理论和方法在指导中国经济发展方面发挥了重要作用，但存在盲目迷信、全盘照抄照搬，难以有效指导中国经济实践等问题，这就使得经济学学科体系的建设更加迫切。作为经济学的分支学科，自然资源经济学发展存在同样的问题，包括缺乏中国特色、学术概念的规范性和周延性不足、研究对象不够清晰、学术框架不够明确、研究方法单一、学术原创能力不强、人才培养体系不完善等问题，致使自然资源经济学的作用没有充分发挥出来。构建中国自然资源经济学的学科体系应坚持以下原则。

必须体现中国特色。要坚持以马克思主义政治经济学、习近平经济思想为指

① 封志明，等. 资源科学的学科建设与人才培养模式的实践与思考［J］. 自然资源学报，2020，35（8）：1817 – 1829.

导，以中华优秀传统文化为底色，基于人类文明新形态视角下进行。首先，要加强自然资源资产产权制度的研究。产权是所有制的核心和主要内容，产权制度是社会主义市场经济的基石。我国改革开放实践证明，经济改革最主要的内容就是财产关系的调整和变革，即产权改革。自然资源资产产权制度是促进生态文明建设的重要基础性制度，目前还存在制度不健全，一些深层次问题还没有完全破题等问题，迫切需要自然资源经济学理论支撑。其次，要继续强化生态经济学的研究。生态资源也是一种自然资源。在人类生态系统中，一切被生物和人类的生存、繁衍和发展所利用的物质、能量、信息、时间和空间，都可以视为生物和人类的生态资源。习近平总书记指出，"生态环境问题，归根到底是资源的过度开发、粗放利用、奢侈消费造成的"[①]。自然资源经济学必然要研究生态经济。随着生态文明建设不断深化，处理好经济系统和生态系统的矛盾运动关系，掌握好经济、生态、社会和自然组成的大系统的内在联系和发展规律，协调好人类在生态—经济系统中的各种经济活动，特别是形成自然资源开发利用活动等的和谐发展途径，迫切需要自然资源经济学理论支撑。最后，要创新开展国土空间经济学的研究。国土空间是承载自然生态系统与人类活动系统的多维载体，包含了载体之上的人地系统，是以自然资源为基础，经济、社会、生态等各项关系的集合体，空间要素与资源要素具有交叉性，以实体形式存在的一切资源要素都是空间要素。由此，研究自然资源经济学必须强化国土空间的经济现象和规律，以及资源要素等生产要素的空间布局和经济活动的空间区位研究。

要特别重视学科建设的有用性。一个学科的发展必须与经济社会实践相结合，中国自然资源经济学学科必须根据自然资源经济与管理的实践需要建设和完善。首先，必须适应社会主义市场经济发展要求，坚持和完善以公有制为主体、多种所有制经济共同发展，按劳分配为主体、多种分配方式并存，社会主义市场经济体制等社会主义基本经济制度下，构建成体系的中国自然资源经济学的理论和概念。比如，要加强对社会主义市场经济体制下的自然资源产权经济、自然资源产业经济等专项研究。其次，要在现有的资源经济学学科基础上，结合自然资源经济与管理人才需要，构建有利于大专院校、科研院所培养人才的学科体系。

要具有系统性。首先，中国自然资源经济学的学科体系、学术体系和话语体系建设必须有机结合，相互促进。虽然三大体系建设的具体目标各有侧重，但必须构

---

① 中共中央宣传部，中华人民共和国生态环境部．习近平生态文明思想学习纲要［M］．北京：学习出版社，人民出版社，2022：132.

成一个密不可分的内在统一体。学科体系建设是根据经济社会发展需求和国家利益等的需要而形成的合理的学科门类，具有全局性、整体性、现实性和前瞻性；学术体系是学科发展的基础和前提，重在反映学科特色，应以学科体系为基础，主要阐述本学科的研究对象、研究目的、指导思想、研究方法、各分支学科的相互关系以及本学科在社会中的位置等问题；话语体系的作用是将在学术体系指导下进行的研究及其所取得的研究成果，以中华民族特有的话语方式传播于社会，满足社会当前乃至长远的需要，从而实现学科的任务和目标。只有以一系列具有专业性、系统性的概念、范畴、命题揭示客观对象的本质和规律，构成学术体系和话语体系的统一体，才能称其为一个成熟的、健全的学科。其次，从自然资源系统的特点来看，既要重视山水林田湖草沙的系统性，研究自然－生态系统－经济社会系统耦合的发生、发展和变化规律以及其中的物质、能量、价值、信息的传递和交换等各种作用关系，也要重视单门类资源的系统性研究；既要重视资源开发利用与保护全链条的研究，也要重视关键环节的研究；既要重视自然资源资产研究，也要重视自然资源公共物品和服务的研究；既要重视全域国土资源经济研究，也要重视区域资源经济方面的研究；既要重视自然资源开发利用经济活动方面的研究，也要重视国土空间优化配置、经济布局等方面的研究；既要重视自然资源生产要素功能和承载能力的研究，也要重视生态资源功能的研究。

要有开放性。要能够适应时代发展的需要，根据经济社会发展需要，增减相应的研究领域，从历史逻辑、发展逻辑和实用性上，把握自然资源经济学的发展脉络；要学习借鉴中西方其他相关学科的理论和方法，善于提炼标识性概念，打造易于为国际社会所理解和接受的新概念、新范畴、新表述；要留有与其他学科的接口，设计一些交叉学科等。

（三）自然资源经济学学科体系框架

自然资源经济学因其研究对象所具有的矛盾的特殊性而同其他学科区分开来，成为具有独立性的学科，由自然资源经济的多个子学科逐级形成具有多层次的学科体系。遵照以上原则，按照自然资源经济学研究的范围，将其分为综合和单门类两个门类。其中，综合类自然资源经济学按照研究的空间尺度，还可分为中国自然资源经济学、区域自然资源经济学；按照资源的稀缺性，可分为可再生资源经济学和可耗竭性资源经济学；按照资源的功能，可分为生态经济学、国土空间经济学等。如进一步细化，按照研究的重点问题或环节，还可以分为资源产权经济学、资源产业经济学、资源开发利用经济学等。单门类自然资源经济学包括土地资源经济学、矿产资源经济学等，具有部门经济学的特点（见图1-3）。

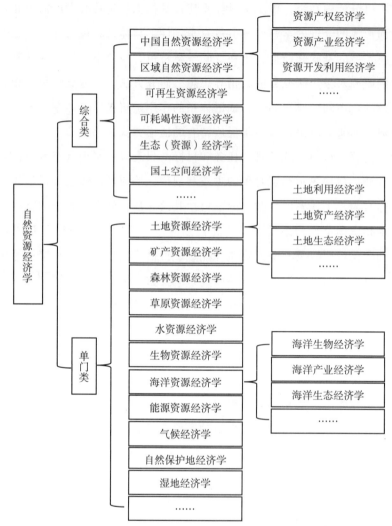

图 1 - 3　自然资源经济学研究的主要领域与分支

第四节　自然资源经济学的主要任务

一、解释自然资源经济现象

研究自然资源经济现象的规律性和内在原因，解释自然资源经济活动的本质和本质变化，是自然资源经济学的根本任务。包括建立一整套能够合理解释，并能够有效地指导市场经济实践的资源经济学理论体系；认识自然资源经济现象和经济关系、揭示经济活动规律；针对存在的问题、提出相应的经济政策与制度建议，指导自然资源经济活动实践等。

自然资源经济活动是指在一定生产资料所有制基础上进行的自然资源生产、分配、交换、消费、修复等活动。由于自然资源的特殊性，自然资源的再生产往往被人们所忽视。人们直观地认为，自然资源乃大自然所赐，是地造天成的物质，不存在生产过程。实际上，除自然资源天然形成过程外，还存在着人类对自然资源提取、深加工与改良等多种生产活动，这些生产活动改变了自然资源的质量与数量，甚至提升自然资源的功能，能够拓宽可利用资源的范畴，直接影响资源的供给能力。自然资源生产活动包括：第一，资源利用前期的准备活动，如自然资源的调查评价、自然资源资产的家底盘查等；第二，资源的开发利用，如矿产资源开采、土地开发等；第三，对于不可再生资源的重复利用，如城市矿产的回收利用；第四，对于新资源的发现和开发，如新能源的开发。自然资源分配是指对资源生产与使用利益的再分配等，包括在社会生产各行业的利益分配，也包括在不同区域、不同主体之间利益分配；自然资源交换指资源及其相关产品的流通交换过程，通过自然资源的交换，可实现资源优势的转化或短缺资源的互补；自然资源消费则是指对资源及其相关产品的占用与消耗；自然资源修复包括功能性修复和生态性修复，其中，功能性修复的重点是使受到损害或者破坏的自然资源达到可供利用状态，生态性修复的重点是保护生态环境。在实践中，往往是将二者统一，统筹开展山水林田湖草沙一体化保护修复。

二、解放、发展和保护自然资源生产力

人类社会发展的一般规律是生产力决定生产关系。生产力是人们利用自然、改造自然、从自然获取物质资料的能力，体现人与自然的关系。生产力的状况决定生产关系，生产关系对生产力具有反作用。当生产关系适合生产力发展状况时，它就对生产力的发展起推动作用；当生产关系不适合生产力发展状况时，它就对生产力的发展起阻碍作用。自然资源经济学的第二个任务是在揭示自然资源经济现象、分析阻碍自然资源生产力发展的制约因素的基础上，找到使生产关系适应生产力发展的方法和路径，解放、发展和保护自然资源生产力。

自然资源生产力是指存在于自然生态系统中的生产力。自然资源生产力是文明进步的重要标志。人类正从工业文明迈向生态文明，在这个过程中，我们必须重新认识人类与自然之间的关系，尊重自然，爱护环境，促进自然资源生产力解放、发展和保

护。一是要认识到自然资源生产力系统与其他系统之间是密切相关的。自然资源生产力与生态系统、人类社会系统和其他系统之间存在着联系，且各系统之间有源源不断的物质交流，不能将人与自然割裂开来看。二是要认识到自然资源生产力与社会生产力之间是系统关联的。自然资源生产力是社会生产力的物质基础，社会生产力的发展依赖于自然资源，同时社会技术的进步又会对自然资源产生作用。三是要认识到自然资源生产力内部各要素之间存在相互作用，自然资源生产力各要素按照一定的规律在时间、空间上排布组合并通过能量流动和物质循环相互联系、相互影响，因此它们构成生命共同体，一体化保护自然资源的理念也是题中应有之义。此外，国土综合整治、国土空间规划等、生态系统修复等政策的制定和施行都是系统科学理念的体现。

自然资源生产力的开发与利用必须符合自然经济发展的基本逻辑。传统的自然经济指的是以满足自身需求为主、自给自足的、没有商品交换的经济。这里所说的自然经济并非传统意义上的定义，而是指一种以可持续发展为导向的新自然经济，是人类尊重地球极限，利用自然规律，实现人与自然的健康、协调、可持续发展。自然经济植根于社会和文化之中，而社会和文化本身又植根于生态 – 生命支持系统之中，经济不可能在这个有限的星球上永远增长。一是要符合自然优先的发展逻辑。马克思曾指出："没有自然界，没有感性的外部世界，工人什么也不能创造。"[1] 他认为："外部自然界的优先地位仍然保持着。"[2] 从马克思主义提出到现在，人类对自然的认识也经历了从征服到和谐发展的转变，但毫无疑问，自然优先仍然是需要坚持的逻辑。中国古代也有"道法自然"的智慧表达，虽然这里的自然比我们现在所说的自然要更加宽泛，但也代表了古人很早就认识到了自然的重要地位。自然优先要求我们保护具有生态价值的自然环境，减少对自然界的掠夺，这是发展自然资源经济的前提。二是要符合使自然受益的逻辑。人类要发展，就不可能一直保持自然的原始状态。但是今后，经济发展必须符合使自然受益的逻辑，也就是可以使自然获利，包括对环境无害、系统性修复生态系统、减少废物排放、减少资源开采、提高资源利用效率等方法，不突破自然的限度，使自然能够循环发展。世界经济论坛发布的"新自然经济系列报告"认为，到2030年，仅采矿和发电行业中那些为自然增值的企业，每年可以创造3.5万亿美元的产值，同时创造8700万个就业机会。可见，使自然受益的同时，也可以使人类社会受益。三是要符合可持续的发展逻辑。可持续发展是全球共识，追求的是人与自然的和谐发展。

---

[1]　马克思恩格斯选集（第1卷）[M]. 北京：人民出版社，1995：45.
[2]　马克思恩格斯选集（第1卷）[M]. 北京：人民出版社，1995：77.

在 1992 年联合国环境与发展大会后，党中央、国务院明确提出将实施可持续发展战略。1994 年，我国发表《中国 21 世纪议程——中国 21 世纪人口、环境与发展白皮书》，提出可持续发展的总体战略、对策和行动方案。从此，可持续发展战略成为我国重要发展战略之一。自然资源的可持续性是经济社会可持续的基础，对自然资源生产力的开发利用更需要符合可持续的逻辑。

自然资源生产力具有整体系统性、对象关联性、要素复杂性和范围广泛性等特点，这决定了它要符合普遍联系的基本观点。习近平总书记指出，"人的命脉在田，田的命脉在水，水的命脉在山，山的命脉在土，土的命脉在林和草"①。这形象地说明了人与自然、自然内部要素之间的普遍联系。普遍联系是马克思主义唯物辩证法的重要基石，联系指的是一切事物、现象之间以及事物内部诸要素之间的相互依赖、相互制约、相互影响、相互作用和相互转化。一是要认识到自然资源生产力存在客观的联系。自然资源生产力涉及自然系统和人类社会系统，自然资源是客观存在的，有自己的发展演化规律，而人类社会则是在与自然的不断交换中发展，我们需要按照自然规律办事，这也体现了联系的客观性。二是要认识到自然资源生产力存在普遍的联系。人与自然之间、自然内部各要素之间、人与人之间都存在联系。阳光、水催生了植物，植物为食草动物提供了食物，食草动物会为食肉动物所食用，动植物消亡后经过微生物分解为土壤提供养分，这是生态系统的循环。而自然资源是生态系统中不可分割的一部分，同时为人类提供了生产原材料和能量。如果割裂了自然资源与其他要素的联系，就会产生不可逆的影响，因为自然资源系统具有外部性、不可逆性、不可替代性，对某种自然资源的开发利用会对其他资源、环境和人类社会产生影响。三是要认识到自然资源生产力存在多样的联系。自然资源系统之间、自然资源与人类社会之间存在相互依赖、相互作用的联系，两者不停地进行物质、能量和信息的交换。这种相互作用并不一定是相互促进，也有可能是相互制约的，甚至是相互破坏的。因此，利用自然资源生产力，需要了解各类资源的来源，相互之间的作用机制，人类对资源开发的历史、现状，以期能够建立多维度、立体的广泛联系，寻找资源利用开发的最优解。

三、促进自然资源优化配置

人类社会的生产过程，就是运用资源，实现资源配置的过程。由于资源的有限

---

① 中共中央宣传部，中华人民共和国生态环境部. 习近平生态文明思想学习纲要［M］. 北京：学习出版社，人民出版社，2022：71.

性，投入某种产品生产的资源的增加必然会导致投入其他产品生产的这种资源的减少，因此，人们被迫在多种可以相互替代的资源使用方式中，选择较优的一种，以达到社会的最高效率，以及消费者、企业和社会利益的最大满足。从这个意义讲，人类社会的发展过程，就是人们不断追求实现资源的优化配置、争取使有限的资源得到充分利用、最大限度地满足自己生存和发展需要的历程。由此，实现资源优化配置一直是资源经济学研究的任务，也是追逐的目标。

理想的资源最优配置应具有三个必要条件：商品在消费者之间达到最优配置，即要求任何两种商品的边际代替率对于每一个消费者来说都相等，而且也应该等于相应两种商品的价格之比；生产要素在生产者之间达到最优分配，即要求任何两种生产要素的边际产品转换率，对于每一个生产者都相同，而且应该等于两种生产要素的价格之比；必须使生产要素在各行业间的最佳分配和商品在消费者间的最佳分配同时实现。实现资源优化配置的充分条件包括了解资源、明确目标、制定方案、统筹考虑、采用科学方法和定期评估优化等六个方面：在进行资源配置时，需要充分了解和评估不同资源的性质、用途、价值等，以确保资源的最优利用；需要明确资源配置的目标和要求，以便更好地实现资源的优化配置；需要根据实际情况，制定合理的资源配置方案，充分利用有限的资源；需要统筹考虑资源的利用效率和质量，确保资源的最优利用，并且达到资源配置的预期目标；需要采用科学的评估方法，对资源进行评估和分析，以便更好地实现资源的优化配置；需要定期对资源配置方案进行评估和优化，及时发现问题和改进方案，确保资源的最优利用。

研究资源优化配置的经济学理论方法需要不断创新。市场机制是迄今为止最有效的资源配置方式，但由于交易信息的不充分，使市场调节具有自发性、盲目性、滞后性等弱点，因此，资源优化配置也需要国家的宏观调控。如何充分发挥市场配置资源的决定性作用？如何做好宏观调控？需要在资源经济学研究中不断发现新理论，使用新方法。

四、支撑自然资源治理

自然资源经济学研究得出的结论为国家制定自然资源政策、优化自然资源经济发展布局，协调解决相关的社会矛盾（如资源开发利用利益分配等）等提供理论依据，从而支撑自然资源治理，促进资源优化配置，提高资源方面的社会福利（提升资源开发利用效率、减少资源消耗、减少对生态环境的扰动等），是自然资源经济学研究与实践的接口，也是自然资源经济学研究的终极任务。其中，自然资源经济政策与制度体系构建是其中的关键。

有社会责任感的经济学家，能够通过对人的理性的掌握和现实问题的实证研究来倡导一个制度环境，使每一个人的理性选择同时达到社会理性的目标。在自然资源经济领域，建立这个制度环境的路径之一，就是建立并实施一系列适合中国国情，符合经济发展规律、自然资源开发利用规律，且尊重自然规律的经济政策与制度体系。在我国基本的经济制度框架下，也就是在以公有制为主体、多种所有制经济共同发展，按劳分配为主体、多种分配方式并存，社会主义市场经济体制等社会主义基本经济制度下，能否构建科学合理的自然资源经济政策与制度体系，是对自然资源经济学实践应用的检验。经济政策与制度体系构建的重点包括自然资源归谁所有、如何协调人们在自然资源开发利用活动中的地位和相互关系、如何分配资源性产品或服务等。其中，自然资源归谁所有是最基本的问题，是区分一个国家经济制度、社会制度的根本标志，也决定了中国特色自然资源经济学的理论基点。

第二章 自然资源经济学研究的基本问题

自然资源是经济发展的物质基础和能量来源，是人类经济活动的基础，是一国经济发展的必要条件。自然资源开发利用的深度和广度在一定程度上决定了国家经济发展的道路和模式。而在不同社会生产力发展水平下，自然资源与经济社会发展的关系在发生变化，面临的资源问题也会不同。由此，自然资源经济学研究的基本问题具有动态变化的特征。

第一节 自然资源经济学基本问题的厘定

因国家体制和价值取向的不同，东西方经济学家们对于自然资源经济学研究的基本问题认识有所差异，如西方资源经济学的出发点大多侧重于个体偏好。虽然世界各国从农业文明、工业文明到生态文明发展的时间跨度不同，但经济学发展走过的历程有相似之处。最初的关注点集中在自然环境的极限和退化方面，自然资源的基本问题倾向于限定在自然要素的生产力概念内，主要关注不可更新资源（矿产资源）的耗竭、可更新资源的生产能力，以及资源开发利用所造成的环境污染和破坏等问题。我国的不同点在于，随着社会主义市场经济体制的发展完善，学者们在注重自然资源稀缺和环境变化研究的同时，也更加关注自然资源开发利用与保护生产关系方面的问题。

目前，我国已经完成全面建成小康社会目标，开启全面建设社会主义现代化国家新征程，社会主要矛盾已经由人民日益增长的物质文化需要和落后的社会生产之间的矛盾，转化为人民日益增长的美好生活需要和不平衡不充分的发展之间的矛盾。坚持以人民为中心的发展思想，是马克思主义政治经济学的根本立场，也是中国特色社会主义政治经济学的价值追求[①]。新时代自然资源经济学是中国特色社会主义政治经济学的组成部分，应具有鲜明的中国特色和时代特色。由此，作为一门研究自然资源调查评价、开发利用、优化配置、保护和管理中的基本经济关系、经济规律和经济政策的综合性学科，自然资源经济学应适应社会主要矛盾的变化，将研究的主线确定为人民日益增长的美好生活需要和自然资源稀缺性和有限性之间的矛盾。其基本问题的厘定应充分考虑社会主义现代化国家建设和人民日益增长的美好生活的需要的多元化，坚持问题导向与目标导向结合，总结自然资源开发利用与保护的经济关系、经济规律，明晰自然资源可持续利用路径，完善自然资源治理政策体系，指导自然资源经济发展与管理实践，从而达到支撑中华民族伟大复兴和永续发展的目的。其中，总结自然资源开发利用与保护的经济关系和经济规律旨在揭示事物的本质，明晰自然资源可持续利用路径是自然资源经济学研究的出发点和落脚点，完善自然资源治理政策体系则是自然资源经济学研究的最终目标。

第二节　自然资源开发利用与保护的经济关系

经济学是研究人类经济行为和现象的社会科学。经济关系即生产关系，是人们在物质生产和再生产过程中结成的相互关系。它是各种社会关系中最基本的关系。狭义的生产关系是指直接生产过程中结成的人和人之间的关系。广义的生产关系是指包括生产、分配、交换、消费诸关系在内的生产关系体系。自然资源经济学解决的是自然资源开发利用与保护过程中的生产力运行、生产关系运行，以及生产力与生产关系适配的问题。其中涉及的经济关系有狭义的，也有广义的。包括人与自然资源之间的关系；各类自然资源之间的关系；自然资源与生态系统之间的关系；自然资源性产品或服务生产、分配、交换、消费、保护之间的关系；因自然资源开发利用与保护而产生的人与人之间的关系等。

一、人与自然资源之间的关系

将人与自然看作生命共同体，是从更高的层次将人与自然所构成的世界看作一

---

① 国家行政学院经济学教研室. 新时代中国特色社会主义政治经济学［M］. 北京：人民出版社，2018：29.

个有机生命躯体。恩格斯在《自然辩证法》中指出，"我们连同我们的肉、血和头脑都是属于自然界和存在于自然界之中的"，必须"认识到自身和自然界的一体性"①。自然资源经济学主要基于人与自然是生命共同体理念，研究人与自然的辩证统一关系，围绕加快推进人与自然和谐共生的现代化的目标，寻求自然资源持续发展的有效途径。主要包括：高质量发展和高水平保护的关系；自然资源供求关系；资源要素与国土空间生产力发展的适配关系；效率与公平的关系等。

二、各类自然资源之间、自然资源与生态系统之间的关系

自然资源通常是结合在一起利用的，如矿产资源开发，会涉及土地、林地、生物等资源；农业生产会用到土地、水、空气，任何一种数量或者质量下降，都会影响农业生产。自然资源经济学主要基于自然资源与生态系统均衡发展的需要，研究自然资源之间、自然资源与生态系统之间的关系，寻求整体提升自然生产力的有效路径。主要包括："自然资源－生态－经济社会系统"的耦合关系；不同门类自然资源开发利用之间的耦合关系；自然资源价值与生态产品价值实现环节之间的关系；自然资源开发利用与环境保护的关系；自然资源开发利用与生态保护的关系；自然资源开发利用资源效益、生态效益与经济效益之间的关系等。

三、自然资源性产品或服务生产、分配、交换、消费、保护之间的关系

人类利用自然资源，使之成为生产和生活资料的过程，也是自然资源性产品或服务的生产过程。随着经济社会发展和资源开发利用技术水平的提高，自然资源产品或服务的生产主体更加多元化，生产方式更加多样化，包括单一的资源和多种资源的复合型生产、原生资源和再生资源生产、传统资源和新资源的生产、资源性产品和服务的生产等。自然资源经济学主要基于促进经济社会系统协调发展的需要，研究自然资源开发利用与保护全过程各环节之间的关系，寻求促进自然资源开发利用各环节生产关系与生产力的适配的路径。主要包括：产业链、供应链、保护链之间的协调关系；生产、分配（配置）、交换、消费、保护各环节之间的匹配关系；生产力发展与资源要素禀赋的关系等。

① 马克思恩格斯选集（第 4 卷）［M］. 北京：人民出版社，1995：384－385.

四、因自然资源开发利用与保护而产生的人与人之间的关系

自然资源开发利用与保护，归根到底是为了不断满足人民群众对美好生活的需要。上述三类关系，最后都会体现在人与人之间的关系上。自然资源经济学要站在人民立场上透视自然资源开发利用中人与人之间的经济关系，寻求促进物的全面丰富和人的全面发展的有效路径，构建以人民为中心的自然资源治理体系。主要包括：产权关系；所有者与监管者的关系；中央和地方的关系；政府与市场的关系；城乡关系；部门或行业之间的关系；不同门类资源使用权人之间的关系；自然资源治理相关的职权关系和契约关系等。

第三节　自然资源开发利用的经济规律

以满足生产力高质量发展和人民生活提高对自然资源的需求为前提，从自然资源属性出发，分析自然资源消费规律、自然资源开发利用的外部性，研究自然资源开发利用与保护保障社会生产力高质量发展的路径，是自然资源经济学研究的另一个基本问题。经济规律是社会经济现象间普遍的、本质的、必然的联系。按照是否存在发生作用的历史时期与区域范围的差异，经济规律分为两大类：一是共有经济规律，包括在一切社会经济形态中起作用的共有经济规律；在几个社会经济形态中起作用的共有经济规律。二是特有经济规律，包括在某特定社会形态中起作用的特有经济规律；在某一社会形态的特定阶段起作用的特有经济规律。在自然资源开发利用的经济领域中除存在共有经济规律，如价值规律、市场规律、供求规律，也存在其特有的经济规律，如聚焦自然资源经济问题产生的根源追寻，研究人类资源观（或广义的人地关系）的历史发展演变规律，不同类型、不同区域自然资源开发利用的特殊性，各种类型自然资源开发利用之间的有机联系等。

一、价值规律

价值规律是商品生产和商品交换的基本经济规律，即商品的价值量取决于社会必要劳动时间。价值规律的表现形式是商品按照价值相等的原则互相交换，市场供求影响商品价格，商品价格以价值为中心上下波动。

第 二 章

在社会主义市场经济条件，自然资源开发利用和资源性产品交换必然也要遵循价值规律。如何界定自然资源的价值，资源性产品的价格受哪些因素影响，价值规律有何变化特点，一直是资源经济学研究的重点。

自然资源价值与价格研究的理论依据仍然是马克思政治经济学。劳动价值论认为价格是价值的表现形态，价值是价格的基础，制定价格必须以价值为基础，而价值量的大小决定于所消耗的社会必要劳动时间的多寡。任何商品的价值都可用下式表示：$P = C + V + M$（式中：P 为价格；C 为已消耗并转移到产品中的生产资料价值，即不变资本价值；V 为劳动者为自己的劳动所创造的价值，即可变资本价值；M 为劳动者为社会所创造的价值，即剩余价值）。有人用社会价格体系对全社会商品价值体系的偏离来"证伪"马克思劳动价值论。然而事实恰恰相反，这种"偏离"恰恰说明了各种社会关系力量通过市场化过程嵌入市场并分割劳动价值，由此生成社会商品的价值体系，从而发生了社会价格体系对价值体系的"偏离"。这种"偏离"的力量可划分为两大类：一是在生产领域中，由各种社会权力所形成的对生产要素的自由流动的壁垒；二是在分配领域中各种社会权力对全社会劳动价值的分割。[①] 党的二十大报告中提出的"畅通城乡要素流动""深化农村土地制度改革，赋予农民更加充分的财产权益"等都是对这种"偏离"的制度"纠偏"。同时，应海纳百川，参考借鉴效用价值论等西方经济学的理论与方法，如效用价值论认为，在市场经济中决定市场价格的是供给和需求，任何商品的实际的市场价格是供给和需求相等时的价格，即均衡价格。马克思的劳动价值论和西方经济学效用价值论的主要分歧领域之一便是自然资源的价值、价格问题，对这两种理论的比较与综合是自然资源经济学需要解决的理论问题之一。此外，关于自然资源多价值理论或"综合价值论"的研究，如自然资源的资源价值、经济价值和生态价值等的综合评价和利益取舍的考量，也是自然资源经济学研究的重点。建立合理的自然资源价格体系是资源经济学的努力方向。

自然资源开发利用和资源性产品交换的价值规律受多重因素影响。首先，发挥基础性作用的是自然资源自然丰饶度、自然地理位置、稀缺性等自然条件。这些自然条件，按照级差地租理论，会对自然资源开发利用的劳动生产率产生重大影响，进而影响自然资源价值。其次，社会主义市场经济运行机制、附加在自然资源上的人类劳动、自然资源的经济地理位置等客观条件发挥决定性作用。最后，经济社会

① 鲁品越. 鲜活的资本论：从资本论到中国道路［M］. 上海：上海人民出版社，2016.

发展阶段和水平、自然资源价格政策等社会条件也在发挥调控作用。其中经济社会发展发展阶段和水平影响资源开发利用总量和种类，价格政策体现上层建筑对经济的干预。特别要关注的是，可再生资源、可更新资源和不可再生自然资源的开发利用和资源性产品交换，其价值规律演化形成的特点也会具有明显的差异性。

二、供求规律

商品的供给和需求之间存在着一定的比例关系，其基础是生产某种商品的社会劳动量必须与社会对这种商品的需求量相适应，而这种关系的变化具有一定的规律性。自然资源作为最基本的生产和生活资料，其供给与需求符合经济学的一般供求规律。[①] 自然资源的需求量是指在一定历史时期内、一定价格条件下，消费者愿意购买并且有能力购买的某种资源、资源性产品或服务的数量。自然资源的供给量是指在一定历史时期内、一定价格条件下，生产者愿意购买并且能够生产和销售的某种资源、资源性产品或服务的数量。需要强调的是，受自然资源的特殊性质影响，其供求规律具有特殊的表现形式。

自然资源的经济供给受限于自然供给。自然资源的自然供给指实际存在于自然界的各种自然资源的可得数量。在一定的开发利用技术条件下，某个国家或地区自然资源的自然供给一般是固定的，非人力所能创造。自然资源具有多用性，可以作为多种用途的供给，各种资源利用之间存在相互竞争、相互替代关系，当某种用途的需求量增加，该用途的收益提高时，必然有一部分用作其他用途的资源转移到该用途中，使其资源的供给量增加，但不会超过自然供给。这种在自然资源自然供给范围内，某用途的资源供给随该用途的收益而增加的现象称为自然资源的经济供给。自然资源的经济供给在不同利用上存在差异，在自然资源自然供给的范围内，影响自然资源经济供给的因素有对自然资源的需求量、自然资源的自然供给量、其他用途的竞争、科学技术的发展、自然资源利用的集约度、交通条件的通达度、政府政策等。[②]

自然资源的有效需求一般随价格的上升而减少，随价格的下降而增加。自然资源的自然需求指人们对自然资源的需要（或欲望）；自然资源需求的经济概念是指人们对自然资源的需要和满足这种需要的能力，即有支付能力的需要，称自然资源

---

①　张丽萍. 自然资源学基本原理 [M]. 北京：科学出版社，2019：83.
②　蔡运龙. 自然资源学原理 [M]. 北京：科学出版社，2018：271 - 275.

的有效需求。自然资源供求分析主要研究有效需求。影响自然资源有效需求的因素主要有自然资源的经济供给、自然资源需求、需求者的支付能力、自然资源与其他生产要素的比价、自然资源产品与其他产品的比价、自然资源利用的集约度等。[①]

社会主义市场经济下的自然资源的供求规律具有三种特殊的表现形式。第一，自然资源是大自然的产物，受自然禀赋的影响，在一定的技术经济条件下，一个国家或者地区自然资源自然供给量相对固定，因此，自然资源的价格通常受需求方影响较大，需求量越大，价格越高。也就是说，一个国家或者地区的资源蛋糕的尺寸和品种相对固定，分食的人多了，就会出现价格攀升，但价格升高也会刺激大家通过科技进步或者广开渠道，拓展自然资源利用的广度和深度，由此增加蛋糕的尺寸和品种。第二，自然资源供求关系与区位、品质等自然特性和区域经济发展条件密切相关，且十分复杂，因此，自然资源性产品或服务价格的确定缺乏统一的标准，有时带有一定的主观推断成分。第三，有些自然资源，如土地因其位置的固定性、功能的不可替代性，其价格在当地具有垄断性，而垄断性地价可以有效控制需求。[②]

自然资源经济供给与有效需求追求动态平衡。自然资源供给与需求的动态平衡从三个维度考量：供给与需求在总量与结构上的适配性、产业链条与供应链条的协调性、产品与服务价格的稳定性。存在三种形式：数量和质量上的动态平衡、时间空间上的动态平衡、结构上的动态平衡。具有三种状态：供给不能满足需求、供给恰好满足需求、供给超过需求。

三、时空演变规律

时空概念是经济地理学的一个重要内容。地理空间在时间的演变过程中，形态的变化是循环性的、有秩序的和有规律的，它是一个复杂的系统变迁过程。时空演变规律是指地理空间中地理实体之间交互作用耦合在一起，演变出时空分布格局，逐渐形成稳定可预测的模式，这种模式取决于地理实体本身，但也受到社会及环境因素的影响，如土地使用、人口分布、文化口岸、时空距离、技术水平等。自然资源开发利用的时空演变规律包括基于历史唯物主义的自然资源开发利用演变规律和基于地域分异规律的自然资源比较优势规律。

历史唯物主义基本原理在我国众所周知，生产力是决定社会发展的最终因素，

①② 蔡运龙. 自然资源学原理［M］. 北京：科学出版社，2018：271 - 275.

生产力决定生产关系而生产关系反作用于生产力，社会经济基础决定上层建筑。人类开发利用自然资源的历史，也是人与自然关系的发展史，同样遵循历史唯物主义基本原理。随着渔猎文明、农业文明、工业文明向生态文明转变，人与自然关系的发展经历了依存、开发、掠夺、和谐等阶段，具有历史演变的规律性。在这过程中，人们认识自然的能力逐渐增强，自然资源开发利用的种类和范围在不断扩大，从地上资源到地下资源，从陆地资源到海洋资源，从地球资源到太空资源，呈现由易到难、由近及远、由浅入深的规律。与此同时，人类发现、开发、利用自然资源的历史经验在不断升华，人类对自然的控制能力也不断增强，人类开发资源的价值观也在提高，从征服自然、改造自然，到尊重自然、顺应自然、保护自然，这期间，人类利用自然资源的生产力水平不断提高，其导致各类自然资源所有权等生产关系的不断改进，社会经济形式不断进步，从而进一步促进生产力与生产关系的变化。

地域分异规律是自然地理学极其重要的基本理论，是进行自然区划的基础，对于合理利用自然资源，因地制宜进行生产布局，发展区域经济有指导作用。自然资源的开发利用服从一定的地域分异规律，这也很大程度上影响了自然资源开发利用的经济规律，无论是基于古典经济学的亚当·斯密的绝对优势学说、大卫·李嘉图的比较优势学说，还是基于马克思主义思想由苏联经济学家提出的地域分工理论，都是基于地域分异规律的经济规律体现。区域自然系统性质的地域差异是形成地域分工的自然基础，区域社会经济系统性质的地域差异是形成地域分工的重要原因，为获取最优的经济效益和最大的消费满足是形成地域分工的根本动力。中国2000多年以前的《尚书·禹贡》根据名山大川的自然分界，将当时的国土划分为九州。这是中国最早对地貌分异规律的认识。自然资源开发利用的地域分异规律是自然资源开发利用的自然规律和经济规律共同形成的一条特殊规律，是自然资源开发利用在地域之间因生产条件不同而形成差异的规律。以地域分异规律理论为基础，研究典型地域空间主导性开发活动对自然资源系统的影响机制，人们能够正确地认识自然资源开发利用地域分异的特点及其客观要求，有利于针对各类自然资源存在的差异性和不平衡性，合理配置资源，充分考虑自然、资源和经济社会背景，制定区域协调发展战略、区域重大战略和主体功能区战略，优化重大生产力布局，构建优势互补、高质量发展的区域经济布局和国土空间体系。

将自然资源开发利用的历史演变规律和地域分异规律相结合，分析自然资源开发利用的历史逻辑和地域特色，研究自然资源开发利用的时空发展规律，有利于客观认识资源短缺、森林破坏、耕地减少、土地沙漠化、生物物种灭绝和环境污染等问题的成因，以史为鉴，因地制宜，寻求科学的自然资源治理方式和开发利用模式。

四、边际收益规律

边际收益规律包括边际收益递增规律和边际收益递减规律。边际收益递增规律指在技术水平不变的条件下，在连续等量地把某一种可变生产要素增加到其他一种或几种数量不变的生产要素上去的过程中，当这种可变生产要素的投入量小于某一特定值时，增加该要素投入所带来的边际产量是递增的。边际收益递减规律又称边际产量递减规律，指在短期生产过程中，在其他条件不变（如技术水平不变）的前提下，增加某种生产要素的投入，当该生产要素投入数量增加到一定程度以后，增加一单位该要素所带来的效益增加量是递减的。边际收益递减规律是在技术水平和其他生产要素的投入数量保持不变的条件下进行讨论的一种规律。

最早引起经济学家们关注的就是土地收益报酬递减规律。17 世纪，威廉·配第就认为，一定面积的土地的生产力有一最大限度，超过这一限度之后，土地生产力的数量就不可能随着劳动的增加而增加了。19 世纪，威斯特（1782—1828）明确了土地报酬递减规律（原理）的内涵：随着耕作方式的改进，种植原产品会变得越来越昂贵，换言之，土地净产品与土地总产品之比会不断降低。[①] 突破自然资源自然供给和经济供给的界限，从自然界取得更多的自然资源，需要从拓展自然资源范畴、改善自然资源供给条件入手。加大投入和推进科技进步是有效缓解边际收益递减的途径。马克思曾经以土地肥力为例说明改变边际收益递减趋势的途径，认为耕作的规律是：一开始不需要投资或者仅需要投资或者仅需要很少一些投资便可以直接利用土地的自然肥力，"当耕作已经发展到一定的水平，地力已经相应消耗的时候，资本（在这里同时指已经生产的生产资料）才会成为土地耕作上的决定因素"[②]。研究自然资源开发利用是否遵循边际收益递减规律，可以为自然资源配置、开发利用强度的确定等提供理论依据。

---

① 爱德华·威斯特．论资本用于土地 ［M］．李宗正，译．北京：商务印书馆，1992。这里的总产品指不计生产费用的全部产品，净产品指偿还了生产费用之后的总产品。

② 马克思恩格斯全集（第 25 卷）［M］．北京：人民出版社，1974：762.

第四节　自然资源可持续利用

时至今日，自然资源的枯竭和环境退化产生的不利影响，包括荒漠化、干旱、土地退化、淡水资源缺乏和生物多样性丧失，使人类面临的各种挑战不断增加和日益严重。自然资源可持续利用是指在人类与自然资源协调发展的过程中，自然资源在时间和空间上合理配置，使人类对自然资源的开发利用的质量和数量不被降低并有所提高，从而满足人类社会发展需要的一种状态。它强调人与自然和谐，不同代际、不同人、不同区域之间在自然资源分配上的公平性，以及自然资源动态发展能力等，是自然资源作为基本的生产生活要素在质和量上对社会进步、经济发展和环境保护的支持或保证能力的具体体现。① 自然资源可持续利用是一个涉及数量维度、质量维度和时空维度的系统概念。

一、自然资源可持续利用的经济学考量

《变革我们的世界：2030 年可持续发展议程》提出我们要创建"一个以可持续的方式进行生产、消费和使用从空气到土地，从河流、湖泊和地下含水层到海洋的各种自然资源的世界"。以经济学视角考量自然资源的可持续利用涉及很多方面，且十分复杂，包括自然资源的最低安全使用标准、不可再生资源的最优耗竭、不可再生资源的可替代性、资源经济绿色低碳发展等。

实现自然资源可持续利用是一个系统工程。我们应该以什么样的速度消耗资源，才能做到可持续？首先，自然资源开采不可逾越开采通量极限。资源总储量及蕴藏量是一个物理概念，代表资源的最高极限，资源开采决不能达到极限，而通量是强调资源在经济体系中资源的流通量，通量极限是资源的最大开采利用量，是资源开采利用应满足的极限约束。其次，废物排放不可逾越环境吸纳通量极限。自然资源开采过程中排放到自然环境中的废物有一个限量，这些废物包括废水、废气和固体废弃物，自然环境吸纳废弃物的总量及单位时间降解转化量也有一个极限。再次，实现资源环境损耗量与补偿量动态平衡。对于不可再生资源，其开采利用率不应大于已探明的储量增长率和可更新资源的替代率，对于再生性资源，其开发量要

---

① 张丽萍. 自然资源学基本原理 ［M］. 北京：科学出版社，2019：205.

小于资源的可更新量。此外，资源开发利用中产生的污染物排放不应高于回收利用、环境吸收或转化为无害物的速度，对环境的破坏能为环境所自我恢复。最后，保持适当的资源开采速度。开采速度越大，物理惯性越大，不仅滞后延迟报警信号，而且滞后延迟对这些信号的反应，从而使系统进入不安全状态。减缓资源开采速度，提高资源利用效率，通过建立自然资源调查评价与监测系统，实时考察系统中存量和流量的变化，并对资源损耗予以价值补偿，促进资源在功能上达到永续利用。[①]

自然资源可持续利用应有辩证思维。自然资源作为资产，具有保值增值的基本属性，对于如何实现自然资源开发利用的代际公平，从经济学的角度分析，存在三个疑问：快速的技术进步可能会显著减少现有某种自然资源的价值，所以把这种资源保留到未来是否明智？假定现在低成本的自然资源使用将在经济上有更多的增长，从而增加国民财富和人均消费机会，那么，鼓励使用昂贵的替代资源而损失经济增长，能使后代的财富进一步增加吗？现在使用低成本能源使我们的经济更加有效率，并且使资源配置转向促进科学技术的进步，要么留给子孙后代矿物燃料，要么留给先进的技术，后者是否更加有价值？

二、自然资源开发利用的关联性

自然资源关联分析是面对经济可持续发展、生态环境保护和应对气候变化以及保障国家资源安全等多种目标而形成的全新系统视角，可为面向多种不确定性因素交织的自然资源综合管理提供基础性理论框架[②]。采取关联研究范式分析自然资源开发利用与可持续发展目标的关联性、研究不同门类自然资源开发利用过程中的人类行为关联特征，对于以可持续方式管理自然资源，系统谋划自然资源可持续利用十分必要。

自然资源与经济社会系统的关联性。在联合国 2030 年议程提出的 17 个可持续发展目标（SDGs）中，有 8 个（目标 2 零饥饿、目标 6 清洁饮水和卫生设施、目标 7 经济适用的清洁能源、目标 11 可持续城市和社区、目标 12 负责任消费和生产、目标 13 气候变化、目标 14 水下生物、目标 15 陆地生物）与自然资源密切相关，必须强化自然资源与经济社会系统的耦合分析。

自然资源系统与生态系统的关联性。人类生产生活需要的食物、能源、水和工

① 张丽萍，等. 自然资源学基本原理 [M]. 北京：科学出版社，2019：204-208.
② 沈镭，等. 新时代中国自然资源研究的机遇与挑战 [J]. 中国自然学报，2020，35（8）：1773-1788.

业原材料需要产能从自然资源系统取得，而这些自然资源也是生态系统的组成部分，为人类提供生态产品和服务，自然资源系统和生态系统是一个相互耦合复杂的系统。采用资源经济学和生态经济学的手段和方法准确评估系统的韧性（资源环境承载能力）和系统恢复能力（国土空间生态修复），对构建可持续利用自然资源机制十分必要。

　　自然资源系统内部的关联性。自然资源关联分析指集成多种自然资源利用过程的关联属性，协调多个可持续发展目标，缓解资源环境的限制矛盾，实现系统性优化过程。根据目标类型、限制因素及利用过程的差异性。当前学者比较关注四种类型的关联：资源－资产－资本关联；能源－资源－技术关联；食物－水－能源关联；能源－水－碳排放关联。[①] 其中，资源－资产－资本关联是资源经济学研究的重点，识别三者关联关系的核心内容是正确解决自然资源利用远期目标和近期目标权衡问题，破解自然资源行政管理和市场调节的相互掣肘问题，有利于优化自然资源调控策略和市场配置。

三、自然资源可持续利用路径选择

　　自然资源可持续利用是世界各国共同面对的难题，据联合国环境规划署《全球资源展望 2019：自然资源与我们想要的未来》报告，全球 GDP 自 1970 年以来翻了一番，但 1970 年以来自然资源的使用增加了三倍，并仍在持续增长。报告得出的结论还有"无论在哪个时代，无论处在怎样的收入水平，我们对自然资源的需求从来不曾动摇。以地球环境为代价的经济增长是完全不可持续的。我们所面临的挑战，是在地球现有资源范围内满足所有人的需求。实现这样一个宏大且关键的目标，需要政府、企业、民间社会以及每一个人重新界定我们所理解的'进步'，并采取创新举措，去改变人们的选择"。改进经济增长质量、满足人们的基本需求、开源节流、保护和加强资源基础、在决策中协调环境和经济的关系等均是很好的路径选择。自然资源可持续利用路径十分丰富，主要基于以下两个层面展开。

　　第一，树立新理念，以可持续的方式开发利用自然资源。树立尊重自然、顺应自然、保护自然的理念，发展和保护相统一的理念，绿水青山就是金山银山的理念，自然价值和自然资本的理念，空间均衡的理念，山水林田湖是一个生命共同体的理念。采取提高资源效率、减缓气候变化、碳移除、保护生物多样性等多方面结

---

① 沈镭，等. 新时代中国自然资源研究的机遇与挑战［J］. 中国自然学报，2020，35（8）：1773－1788.

合的政策，促进生产力系统的绿色化和生态化，在地球可承受的限度内发展经济并增进福祉。

第二，建立新机制，以可持续方式配置和管理自然资源。有效市场与有为政府相结合，建立新机制，优化资源配置，分类分级分区保护和可持续利用自然资源。从三个层面促进自然资源可持续利用。一是实现自然资源类产品和服务的商品化，实现资源有偿使用，建立和完善自然资源市场化配置机制，充分发挥市场配置资源的决定性作用。二是实现自然资源资产化管理，宣贯自然资源有限、有价、有偿使用思想，通过核算自然资本物理存量和价值，掌握社会经济对自然资本使用状况和可持续性，创新自然资源资产价值实现方式，促进自然资源资本保值增值。三是建立体现可持续发展要求的资源价格调节机制。通过资源的市场价格调节，促进资源流向要素生产率高的部门，迫使资源使用者重视成本和效益分析，节约利用资源。同时，短缺资源的价格升高，可加速使用者对资源替代的研发行动，节省稀缺资源的使用。《看不见的心——一部经济学罗曼史》① 的主人公山姆·戈登在第一天给学生上经济学课时向学生提了一个问题：世界现已探明的石油储藏量为 5310 亿桶，每天石油消耗量为 165 亿桶，我们这个世界将什么时候用完这些石油。他要求学生一分钟做出回答。许多学生开始用计算器计算。但山姆·戈登告诉他们，答案是永远用不完。因为当石油越来越少，价格上升过高时，人们就不会用石油，而用其替代品作燃料了。

第五节　自然资源治理政策体系

"治理"一词在社会学领域应用较为广泛，在公共管理领域是 20 世纪 90 年代在全球范围逐步兴起的。治理理论的主要创始人之一詹姆斯·N. 罗西瑙认为，治理是通行于规制空隙之间的那些制度安排，或许更重要的是当两个或更多规制出现重叠、冲突时，或者在相互竞争的利益之间需要调解时才发挥作用的原则、规范、规则和决策程序。② 我国的国家治理实践基本形成了由经济调节、市场监管、社会管理、公共服务和生态环境保护构成的政府职能结构。自然资源治理是国家治理体系中的重要组成部分，主要从政府、市场与社会三维度，通过自然资源制度供给提

① 罗塞尔·罗伯茨. 看不见的心：一部经济学罗曼史 [M]. 张勇，李琼芳，译. 北京：中信出版社，2010.
② 詹姆斯·N. 罗西瑙. 没有政府的治理 [M]. 南昌：江西人民出版社，2001.

升自然资源治理体系和治理能力现代化水平。其中的制度供给，涉及自然资源经济学的研究范畴，包括自然资源资产产权制度改革、自然资源统一确权登记制度、全民所有自然资源资产所有权委托代理机制、自然资源资产有偿使用制度等。

一、自然资源治理的目标设定

在自然资源的利用与保护中，治理是决定其公平正义、有效性和可持续性的关键因素。优化自然资源治理方式方法，保障各方权益并共同承担责任，才能够使人与自然共同受益。自然资源治理体系以习近平生态文明思想为指引，牢固树立系统治理、源头治理、依法治理、综合治理以及科学治理和民主治理的理念，坚持公平性与有效性、继承性与创新性、统一性与差异性、独立性与系统性、主导性与参与性相结合的原则。自然资源治理体系由资源管理的法律法规、行政管理体系等一系列要素及运行机制构成，包括自然资源调查勘查评估体系、统计监测核算体系、开发利用治理体系、保护修复治理体系、保障储备治理体系、市场交易治理体系、安全预警治理体系和国际合作治理体系等。[①]

自然资源治理目标的遴选或设计，需要从经济、社会、生态、政治等方面进行。从目前及今后一个时期的战略取向和主要矛盾看，我国新时代自然资源治理应以安全（国家资源安全）、和谐（资源关系和谐）、绿色（促进绿色发展）、持续（持续保障）等为主要目标取向。自然资源治理目标由 7 个方面有机地构成（见图 2-1）。

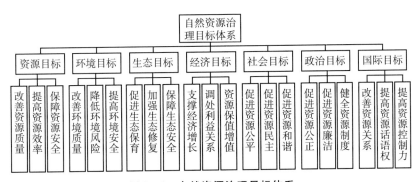

图 2-1　自然资源治理目标体系

资料来源：谷树忠，吴太平. 中国新时代自然资源治理体系的理论构想［J］. 中国自然学报，2020，35（8）：1802-1816.

---

① 谷树忠，吴太平. 中国新时代自然资源治理体系的理论构想［J］. 中国自然学报，2020，35（8）：1802-1816.

二、自然资源经济政策体系建设

世界自然保护联盟认为，良好的自然资源治理的意义主要在于两方面：一是决定自然资源保护工作的有效性，二是促进积极的社会成果。[①] 有效的治理，可以更好发挥自然资源的经济价值、生态价值和社会价值，可以对自然资源保护工作起到重要的支撑作用。自然资源治理应尊重自然资源的特殊属性，厘清政府职能边界，处理好政府与市场的关系，在自觉依据和运用经济规律的基础上，充分发挥自然资源产权等经济政策的作用。围绕自然资源治理的目标，自然资源经济政策体系建设的重点有：

自然资源资产产权制度。产权制度是生态文明建设的基础性制度，是市场经济的基础。自然资源资产产权是自然资源资产的所有权、用益物权、债权等一系列权利的总称。自然资源资产产权制度是关于自然资源资产产权主体、客体、内容（权利义务）和权利取得、变更、消灭等规定的总和。自然资源资产产权制度完善的重点是坚持自然资源资产的公有性质，解决自然资源所有者不到位、所有权边界模糊等问题。主要包括自然资源资产产权登记制度、产权交易制度、产权保护制度、产权仲裁制度等。

全民所有自然资源资产有偿使用制度。自然资源有偿使用是指自然资源使用者向自然资源所有者支付费用，取得使用等相应权能。自然资源有偿使用制度是指开发利用自然资源的单位和个人，向自然资源所有者支付费用获得相应权利的一整套管理制度。完善的重点是反映市场供求和资源稀缺程度、体现自然价值和代际补偿。主要包括产权体系、准入要求、交易规则、监管体系、权能保障、费用收取、收益分配等制度安排。

自然资源节约集约利用制度。自然资源节约集约主要包括水资源节约利用、土地资源节约集约利用、能源节约与高效利用、矿产资源高效与循环利用等。健全自然资源节约集约利用制度，是建立完善的生态文明制度体系的重要途径。主要包括节约利用制度、集约利用制度、综合监管制度、节约集约利用的标准、约束和激励机制等。

自然资源保护修复制度。自然资源的数量、质量、功能等方面的性状需要保

---

① 刘天科. 推进自然资源领域善治：从治理框架谈"十四五"自然资源治理体系的构建 [N]. 中国自然资源报，2021-12-24 (3).

护、修复和提高，以实现自然资源的可持续利用，支撑社会经济可持续发展。自然资源保护修复制度重点是坚持政府主导、市场运作，加强与自然资源资产产权制度、生态产品价值实现机制、生态保护补偿机制等改革协同。主要包括生态补偿、社会资本参与和获益渠道、监管服务、风险防范、生态修复标准等制度安排。

自然资源市场管理制度。建立自然资源市场体系是自然资源管理领域不断深化改革的必然要求。市场交易是自然资源配置的重要手段和关键环节。建立健全自然资源市场体系，完善交易制度，应与市场经济体制改革整体进程和目标要求相适应。主要包括信息公开制度、公平交易制度、反垄断反欺诈制度、市场准入制度、市场退出制度等。

自然资源统计核算制度。自然资源科学治理须建立在对自然资源数量、质量、开发、利用、保护等情况的客观、准确、系统、及时的统计和核算基础之上。自然资源统计核算制度重点是制定编制自然资源资产负债表，研究水资源、土地资源、森林资源等的资产和负债核算方法，建立实物量核算账户，明确分类标准和统计规范，定期评估自然资源资产变化状况，以及改革自然资源统计制度、完善领导干部自然资源资产离任审计制度等。[①]

此外，还包括自然资源配置制度、资源总量管理、资源生态补偿制度、生态文明绩效评价考核和责任追究制度等。相关内容将在后续章节中叙述。

---

① 谷树忠，吴太平. 中国新时代自然资源治理体系的理论构想 [J]. 中国自然学报，2020，35（8）：1802－1816.

第三章 | 自然资源经济学的理论与方法

理论和方法的选择，无论在哲学社会科学研究领域，还是自然科学研究领域都是必须重视的问题。理论是科学知识的核心，方法则是理论应用的具体手段，二者相互依存、相辅相成、互相促进，理论的发展离不开方法的创新，方法的改进需要理论的指导。理论方法选择应用的正确与否，关系到经济学研究成果的科学价值和实用价值的大小。在自然资源经济研究领域，甚至会影响资源经济决策和战略部署。除学习借鉴一般经济学的理论与方法外，中国自然资源经济学应建设系统、完整、开放且融合发展的理论和方法体系。

第一节 自然资源经济理论与方法体系

一、自然资源经济学理论体系

理论是人们对事物和社会各方面知识的认知及论述，是系统化了的理性认识，是概念、原理的体系，具有全面性、逻辑性和系统性的特征。汉语词汇中，理论是指人们对自然、社会现象，按照已知的知识或者认知，经由一般化与演绎推理等方法，进行合乎逻辑的推论性总结。科学的理论是在社会实践基础上产生并经过社会实践的检验和证明的理论，是客观事物的本质性、规律性的正确反映。理论体系是指某方面理论知识的一个整合而形成的体系。科学理论体系的创造或创新必须遵循实事求是思想路线，以经验事实为依据。构建理论体系首先必须坚持问题导向，发现理论的出发点——假设、原理或公理，进而用辩证逻辑演绎推导出结论，并在实践中不断发展完善，经历"理论—实践—再理论—再实践"不断螺旋循环的过程，才能建立起一个可信任的理论体系。

经济学是社会科学的重要分支，其起源、发展须臾没有离开过经济事实和经济现象。经济学理论是由经济学概念、范畴与范畴体系组成的经济学逻辑体系。一般而言，经济学理论只能由社会实践检验，而非自然科学那样进入实验室检验，且将经济学理论投入社会实践进行检验的成本极可能高到社会无法承受的地步，因此，经济学理论的形成十分困难，且具有长周期的特点。经济学理论是建立在假定基础上对经济变量之间如何发生互相联系进行判断的假说，是依据假说运用逻辑规则演绎的预测。在不同假设条件下的推测结果很难达成共识，这也是经济学流派众多的原因。

理论体系构建必须遵循经济发展的客观现实和学术发展的客观规律，是一个任重道远的探索过程。中国自然资源经济学必须建立自成一体的经济学理论体系，应该具有自身独特的研究范式，在马克思主义政治经济学指导下，吸收现有中西方经济学分析体系中的有益成分，直面中国式现代化建设中面临的难点与重点，在解决实际问题中形成规律性认识，体现中华民族利益和价值诉求，进而形成自主、系统的理论体系。构建自然资源经济学理论体系必须站在中国特色社会主义进入新时代的历史方位，将经济学的一般原理同我国国情有效结合，根植于中国自然资源经济活动实践，提炼独创性理论。中国自然资源经济学理论体系主要由三部分组成：一是确定自然资源经济理论体系构建立场的理论，包括马克思主义政治经济学、习近平经济思想等。二是体现中华优秀传统文化和自然规律的理论，如天人合一、道法自然、取之有节等资源开发利用观，自然环境整体性、物质守恒、自然节律、空间分异等自然地理规律等。三是研究分析自然资源经济问题与解决路径的基本理论。

二、自然资源经济学方法体系

我国很早就使用了"方法"一词，在古代汉语中指测定方形之法；现代汉语中一般是指为获得某种东西或达到某种目的而采取的手段与行为方式。也有专家认为"方法"一词是来源于希腊文，含有"沿着"和"道路"的意思，表示人们活动所选择的正确途径或道路。经济学研究方法则是指人们在经济活动的范围内，为了获得经济方面的科学理论，对经济过程和经济现象进行探索所采取的途径和方式。经济学的发展史表明，经济理论的变革离不开方法的创新，在诺贝尔经济学奖的代表性成果中，除了经济学理论的成就外，几乎都有经济学方法的突破。马克思非常重视经济研究方法，他在《资本论》第二版后记中，用了非常大的篇幅阐述他对辩证法的应用。毛泽东说："我们不但要提出任务，而且要解决完成任务的方法问题。我们的任务是过河，但是没有桥或没有船就不能过。不解决桥或船的问题，过河就是一句空话。不解决方法问题，任务也只是瞎说一顿。"[①] 法国科学家和新思想家拉普拉斯认为，研究学者作出天才发现时所使用的方法，其重要性并不亚于发现本身。中国有"授人以鱼，不如授人以渔"的俗语，可见方法在经济学理论发展创新和学科建设方面均具有极端重要性。由此，探索"探索世界的方法"远比探索"世界"的动机和结果更为重要。

经济学研究方法同社会发展的事物一样，有一个从简单到复杂的发展过程。中国自然资源经济学是一门理论性和实践性均很强的学科，必须从自然、经济、社会、生态等多系统，时空变化等多维度，所有者和使用者等多视角，采用定性定量加现代信息技术等多方法开展研究。其方法体系由三个层面组成：一是马克思主义哲学。只有坚持辩证唯物主义和历史唯物主义，才能不断深化认识和准确把握自然资源经济发展规律。二是习近平新时代中国特色社会主义思想的世界观和方法论。世界观是人们对整个世界以及人与世界关系的总的看法和根本观点。在阶级社会里，世界观有鲜明的阶级性，有怎样的世界观就有怎样的方法论。新时代自然资源经济学必须坚持习近平新时代中国特色社会主义思想世界观和方法论。三是常用的经济学研究方法。如宏观经济学和微观经济学分析方法，数学、现代科学技术在经济学领域中应用的方法等。

第二节　确定自然资源经济理论体系构建立场的理论

一、马克思主义政治经济学

马克思主义政治经济学是马克思主义的重要组成部分，马克思、恩格斯根据辩证唯物主义和历史唯物主义的世界观和方法论，批判继承经济学特别是英国古典政治经济学的思想成果，通过对人类经济活动的深入研究，创立了马克思主义政治经

济学，揭示了人类社会特别是资本主义社会经济运动规律。马克思主义政治经济学的主要内容有劳动价值论、剩余价值论、资本积累论、社会再生产理论、利润平均化理论、帝国主义论、社会主义理论等。与自然资源经济联系比较密切的主要内容如下。

（一）自然资源理论

从人类社会发展规律认识人类自身和自然界的一体性。马克思提出："人靠自然界生活。这就是说，自然界是人为了不致死亡而必须与之处于持续不断的交互作用过程的、人的身体。所谓人的肉体生活和精神生活同自然界相联系，不外是说自然界同自身相联系，因为人是自然界的一部分。"① 恩格斯提出，"自然界是不依赖任何哲学而存在的；它是我们人类（本身就是自然界的产物）赖以生长的基础"；②"我们每走一步都要记住：……我们对自然界的整个支配作用，就在于我们比其他一切生物强，能够认识和正确运用自然规律"。③"政治经济学家说，劳动是一切财富的源泉。其实劳动和自然界一起才是一切财富的源泉，自然界为劳动提供材料，劳动把材料变为财富。"④

自然资源没有价值，但有使用价值。马克思认为，自然资源本身不是人们的劳动产品，是没有价值的，但有使用价值，它的使用价值就是能够参与生产过程，为产品使用价值的形成提供服务。由于自然资源本身没有价值，故不能把价值转移到新产品中去，因而不会进入价值的形成过程。马克思指出："自然界同劳动一样也是使用价值（而物质财富就是由使用价值构成的！）的源泉"⑤，"用于生产过程的自然力，如蒸汽、水等等，也不费分文"⑥。"煤本身是劳动的产物，所以具有价值，必须由一个等价物来支付，需要一定的费用。瀑布却是一种自然的生产要素，它的产生不需要任何劳动。"⑦

自然资源具有绝对稀缺性和相对稀缺性。马克思指出了自然资源的绝对稀缺特征，并在分析劳动生产率和自然条件的关系时，进一步论证了自然资源不断减少的思想："使劳动有较大生产力的自然条件，就完全不取决于资本了。这种自然条件

---

① 马克思恩格斯文集（第 1 卷）[M].北京：人民出版社，2009：161.
② 马克思恩格斯文集（第 4 卷）[M].北京：人民出版社，2009：275.
③ 马克思恩格斯文集（第 9 卷）[M].北京：人民出版社，2009：560.
④ 马克思恩格斯文集（第 9 卷）[M].北京：人民出版社，2009：550.
⑤ 马克思恩格斯文集（第 3 卷）[M].北京：人民出版社，2009：428.
⑥ 马克思恩格斯文集（第 5 卷）[M].北京：人民出版社，2009：443 – 444.
⑦ 马克思恩格斯文集（第 7 卷）[M].北京：人民出版社，2009：724.

在自然界只存在于某些地方。在它不存在的地方，它是不能由一定的投资创造出来的。"[1] "劳动生产率也是和自然条件联系在一起的，这些自然条件所能提供的东西往往随着由社会条件决定的生产率的提高而相应地减少"[2]。

自然资源按照用途可分为生活资料和生产资料两种类型。对生活资料的自然富源的利用，是人类对自然资源层次较低的利用阶段；对劳动资料的自然富源的利用，是人类对自然界的认识逐渐深化和社会生产力得到一定程度发展的阶段。马克思指出："外界自然条件在经济上可以分为两大类：生活资料的自然富源，如土壤的肥力、鱼产丰富的水等等；劳动资料的自然富源，如奔腾的瀑布、可以航行的河流、森林、金属、煤炭等等。"[3] "在文化初期，第一类自然富源具有决定性的意义；在较高的发展阶段，第二类自然富源具有决定性的意义。"[4]

自然资源节约利用和循环利用。马克思在《资本论》中，论述了不变资本节约的思想并分析了其影响因素。一是技术进步产生资源节约，提高技术、改善生产条件、提高生产工具质量是节约资源的有效方式。马克思提出"化学的每一个进步不仅增加有用物质的数量和已知物质的用途，从而随着资本的增长扩大投资领域。同时，它还教人们把生产过程和消费过程中的废料投回到再生产过程的循环中去，从而无须预先支出资本，就能创造新的资本材料"[5]。二是论述了排泄物的资源化、减量化和再利用，明确提出了与循环经济相类似的观点，如"应该把这种通过生产排泄物的再利用而造成的节约和由于废料的减少而造成的节约区别开来，后一种节约是把生产排泄物减少到最低限度和把一切进入生产中去的原料和辅助材料的直接利用提到最高限度"[6]。三是规模化集中生产与工人的协作产生资源节约。他指出："生产条件的节约（这是大规模生产的特征）本质上是这样产生的：这些条件是作为社会劳动的条件，社会结合的劳动的条件，因而作为劳动的社会条件执行职能的。"[7] "这种由生产资料的集中及其大规模应用而产生的全部节约，是以工人的聚集和协作，即劳动的社会结合这一重要条件为前提的。"[8]

（二）劳动价值论和剩余价值论

商品是使用价值和价值的统一体。使用价值反映人和物的关系，价值反映人和

① 马克思恩格斯文集（第7卷）[M]. 北京：人民出版社，2009：726.
② 马克思恩格斯文集（第7卷）[M]. 北京：人民出版社，2009：289.
③④ 马克思恩格斯文集（第5卷）[M]. 北京：人民出版社，2009：586.
⑤ 马克思恩格斯文集（第5卷）[M]. 北京：人民出版社，2009：698-699.
⑥ 马克思恩格斯文集（第7卷）[M]. 北京：人民出版社，2009：117.
⑦⑧ 马克思恩格斯文集（第7卷）[M]. 北京：人民出版社，2009：93.

人的关系。价值是凝结在商品中的无差别的人类劳动或抽象的人类劳动。商品二因素是对立统一的，统一性表现在使用价值是价值的物质承担者，对立性表现在一切商品对于购买者具有使用价值，对于生产者不具有使用价值。商品的二因素源于生产商品的劳动的二重性：具体劳动和抽象劳动。生产商品的劳动既是具体劳动，也是抽象劳动。具体劳动创造商品的使用价值，把商品生产过程中耗费的生产资料的价值转移到新的商品中；抽象劳动是舍弃了具体形式的、无差别的、一般意义上的人类劳动，抽象劳动凝结到商品中，形成商品的新价值。商品中包含的价值量由两部分构成：一部分是劳动者的抽象劳动创造的新价值，另一部分是劳动者的具体劳动转移的生产资料原有的价值。商品价值量决定于体现和物化在商品中的社会必要劳动时间。

劳动价值论是剩余价值论的理论基础。马克思区分了劳动和劳动力。在资本主义市场经济中，劳动力是商品。与其他商品一样，劳动力商品也具有价值和使用价值。劳动力的价值决定于生产和再生产劳动力商品所必要的生活资料的价值，即决定于生产和再生产劳动力商品所必要的劳动时间。劳动力的使用价值是能创造价值，而且能创造出比劳动力价值更大的价值。这种由劳动力在生产过程中创造的超过劳动力价值的价值，就是被资本家无偿占有的剩余价值。剩余价值的无偿占有是资本主义剥削的特有形式。马克思的剩余价值理论第一次科学地揭露了资本主义剥削的秘密。

（三）地租理论

马克思提出，地租是以地价形式投入土地的资本的利息，地价是地租资本化后购买地租的价格，即土地价格＝地租/利率。一切形态的地租都"是土地所有权在经济上的实现"[①]，是凭借土地所有权占有日益增大的剩余利润的转化形式，并认为地租的本质是超出平均利润以上的剩余价值，是土地使用者由于使用土地而缴给土地所有者的超过平均利润以上的那部分剩余价值。马克思按照地租产生的原因和条件的不同，将地租分为三类：级差地租、绝对地租和垄断地租，前两者是地租的一般形式，后者是地租的特殊形式。绝对地租是指土地所有者凭借土地所有权垄断所取得的地租，是个别农业部门产品价值（或价格）与农产品生产价格（社会生产价格）之差。级差地租是由农产品个别生产价格低于社会生产价格的差额而形成的超额利润所构成的，本质是优质土地带来的超额利润。级差地租Ⅰ是指农业工人因利用肥沃程度和位置较好的土地所创造的超额利润而转化为地租。级差地租Ⅱ

---

① 马克思恩格斯文集（第3卷）［M］.北京：人民出版社，2009：158.

是指对同一地块上的连续追加投资，由各次投资的生产率不同而产生的超额利润转化为地租。垄断地租是因稀缺的土地特殊位置或自然力，产品和服务以高于生产价格的价格出售而产生的超额利润。

二、习近平经济思想

习近平经济思想是运用马克思主义政治经济学基本原理指导新时代经济发展实践形成的重大理论成果，体系严整、内涵丰富、博大精深，基本内容主要体现在十三个方面：加强党对经济工作的全面领导，是我国经济发展的根本保证；坚持以人民为中心的发展思想，是我国经济发展的根本立场；进入新发展阶段，是我国经济发展的历史方位；明确坚持新发展理念，是我国经济发展的指导原则；构建新发展格局，是我国经济发展的路径选择；推动高质量发展，是我国经济发展的鲜明主题；坚持和完善社会主义基本经济制度，是我国经济发展的制度基础；坚持问题导向部署实施国家重大发展战略，是我国经济发展的战略举措；坚持创新驱动发展，是我国经济发展的第一动力；大力发展制造业和实体经济，是我国经济发展的主要着力点；坚定不移全面扩大开放，是我国经济发展的重要法宝；统筹发展和安全，是我国经济发展的重要保障；坚持正确工作策略和方法是做好经济工作的方法论。总的来看，党的领导是习近平经济思想的逻辑引领，唯物史观是习近平经济思想的逻辑基础，中国特殊的经济利益关系是习近平经济思想的逻辑起点，以人民为中心是习近平经济思想的逻辑主线，社会主要矛盾是习近平经济思想的逻辑关系，新发展理念是习近平经济思想的逻辑框架，高质量发展是习近平经济思想的逻辑路径，人民的美好生活是习近平经济思想的逻辑目标，社会主义基本经济制度是习近平经济思想的逻辑保障。

习近平新时代中国特色社会主义经济思想，深刻提炼和总结我国经济建设的规律性成果，把实践经验上升为系统化的经济理论，谱写了当代中国马克思主义政治经济学的新篇章。这一思想强调要坚持加强党对经济工作的集中统一领导，完善党中央领导经济工作的体制机制，确保我国经济沿着正确方向发展，深刻揭示了社会主义市场经济优越于资本主义市场经济的关键；形成以人民为中心的发展思想，坚持发展为了人民、发展依靠人民、发展成果由人民共享，把增进人民福祉、促进人的全面发展、朝着共同富裕方向前进作为经济发展的出发点和落脚点，发展了马克思主义政治经济学有关人民性根本立场的学说；紧扣新时代我国社会主要矛盾和发展阶段的变化，提出以创新、协调、绿色、开放、共享的新发展理念为引领，推动构建新发展格局、实现高质量发展，深化了我们党对中国特色社会主义经济发展的规律性认识；强调必须坚持社会主义市场化改革方向，使市场在资源配置中起决定性作用，同时更好发挥政府作用，推动有效市场和有为政府更好结合，进一步提升了我们党对市场和政府关系的认识水平；坚持以供给侧结构性改革为主线，努力实现供求关系新的动态均衡，打破了西方经济学关于供求关系的理论定见，深化了关于社会主义市场经济运行规律的认识；在坚持公有制为主体、多种所有制经济共同发展，按劳分配为主体、多种分配方式并存等社会主义基本经济制度基础上，第一次将社会主义市场经济体制上升为基本经济制度，实现了关于社会主义初级阶段基本经济制度的重大理论创新。

　　习近平新时代中国特色社会主义经济思想是马克思主义政治经济学在当代中国、21 世纪世界的最新理论成果，资源经济研究工作要以习近平经济思想为指导，深刻把握其理论逻辑、历史逻辑、实践逻辑的内在统一性，加强学理化阐释、学术化表达、学科化构建，推进中国特色资源经济学学科体系、学术体系、话语体系建设。一是进一步加强学理化研究。要坚持运用历史唯物主义和辩证唯物主义的世界观和方法论，注重继承发扬和创造性转化中华优秀传统文化，合理借鉴吸收西方经济学的资源配置理论、制度经济学理论等理论成果以及案例研究、经济计量研究等研究方法和博弈论等分析方法，探索发展规律、推进理论创新；立足我国社会主义经济建设和改革开放伟大实践，以增进人民福祉、促进人的全面发展、实现共同富裕作为资源开发利用的出发点和落脚点，在全球变化挑战下和中国式现代化进程中，以提高自然资源对经济社会综合保障能力、缓解自然资源安全压力和提升战略资源保障能力为重点，深入探寻基于自然资源和经济社会发展关系的生产力与生产关系辩证运动及其规律、自然资源系统在经济社会系统中的循环规律等，做好学理政理法理哲理的概括提炼和深入阐释，实现重大原理性创新。二是进一步加强学术化表达。不断深化对自然资源开发利用中价格、供求、竞争等机制和产权保护、市场准入、公平竞争、社会信用等市场经济制度的研究，梳理和总结标识性命题、概念、范畴、表述和判断，创新学术研究范式、框架、视角、方法，形成更多更高水平学术研究成果；建立健全研究信息互通、研究成果共享的协作推进机制，加强大众化解读、国际化传播，增强学术思想的影响力和传播力。三是加强学科化构建。要从时代要求出发，按照突出优势、拓展领域、补齐短板、完善体系的思路，以资源经济为主线，以资源地理为基础，辅之以资源管理、资源生态、资源法学等学科，在明确学科定位、完善学科体系、加强课程设置、拓展研究领域等方面进一步加强，发挥多学科综合优势，实现基础理论创新与集成创新相结合，形成学科方向齐全、技术链条完整、创新特色鲜明的学科分类体系和应用技术框架。

三、习近平生态文明思想

习近平生态文明思想是中国共产党不懈探索生态文明建设的理论升华和实践结晶，是马克思主义基本原理同中国生态文明建设实践相结合、同中华优秀传统生态文化相结合的重大成果，是社会主义生态文明建设理论创新成果和实践创新成果的集大成。这一重要思想，系统回答了建设什么样的生态文明、怎样建设生态文明等重大理论和实践问题，把我们党对生态文明建设规律的认识提升到新高度。习近平生态文明思想是一个系统完整、逻辑严密、内涵丰富、博大精深的科学体系，系统阐释了人与自然、保护与发展、环境与民生、国内与国际等关系，其主要方面集中体现为"十个坚持"：坚持党对生态文明建设的全面领导，坚持生态兴则文明兴，坚持人与自然和谐共生，坚持绿水青山就是金山银山，坚持良好生态环境是最普惠的民生福祉，坚持绿色发展是发展观的深刻革命，坚持统筹山水林田湖草沙系统治理，坚持用最严格制度最严密法治保护生态环境，坚持把建设美丽中国转化为全体人民自觉行动，坚持共谋全球生态文明建设之路。"十个坚持"体现了新时代生态文明建设的根本保证、历史依据、基本原则、核心理念、宗旨要求、战略路径、系统观念、制度保障、社会力量、全球倡议，构成习近平生态文明思想的核心内容，展现出鲜明的时代性、系统性和创新性。2023 年全国生态环境保护大会上，习近平总书记全面总结了我国生态文明建设从理论到实践所发生的历史性、转折性、全局性变化，深刻阐述了新征程上继续推进生态文明建设需要处理好的重大关系，并系统部署了全面推进美丽中国建设的战略任务和重大举措，明确提出了坚持和加强党对生态文明建设的全面领导的重大要求，概括起来就是"四个重大转变""五个重大关系""六项重大任务""一个重大要求"，是我们党对生态文明建设规律性认识的进一步深化。

自然资源作为国家发展之基、生态之源、民生之本，在经济社会发展和生态文明建设中承担着重要的支撑作用。习近平生态文明思想内涵丰富、博大精深，展现出鲜明的时代性、系统性和创新性，为构建新时代资源经济学学科体系提供了思想指引。生态文明是人类文明发展进步的新形态，中国特色社会主义进入新时代，当今时代正在发生一场涉及生产方式、生活方式、思维方式和价值观念的革命性全局性变革，对资源经济学发展注入丰富时代内涵、提供强大动力和广阔空间，要求服务于实现中国式现代化的时代主题，确立"人与自然和谐共生"自然观、绿水青山就是金山银山的价值观、山水林田湖草是生命共同体的系统观，以生态文明建设中生产力与生产关系的辩证统一关系为重点研究对象，探究生态文明领域的资源经济发展规律，深入研究如何适应生产力发展要求变革生产关系、完善体制机制、生态产品的价值决定和产权界定及交易规则、成本收益和权益核算、碳达峰碳中和的实现路径等重要问题，挖掘新材料、发现新问题、提出新观点、构建新理论。

四、总体国家安全观

国家安全是民族复兴的根基，社会稳定是国家强盛的前提。必须坚定不移贯彻总体国家安全观，把维护国家安全贯穿党和国家工作各方面全过程，确保国家安全和社会稳定。党的二十大报告紧紧围绕坚持党对国家安全工作的绝对领导，强调坚持以人民安全为宗旨、以政治安全为根本、以经济安全为基础、以军事科技文化社会安全为保障、以促进国际安全为依托，统筹外部安全和内部安全、国土安全和国民安全、传统安全和非传统安全、自身安全和共同安全，统筹维护和塑造国家安全，夯实国家安全和社会稳定基层基础，完善参与全球安全治理机制，建设更高水平的平安中国，以新安全格局保障新发展格局。

自然资源安全是国家经济安全的重要内容，是指一个国家或地区可以持续、稳定、及时、足量和经济地获取所需自然资源的状态和能力，是资源对经济发展和人民生活的保障程度。当前自然资源安全的重点是能源和耕地安全能力建设。能源是维系国计民生的稀缺资源，是国家竞争之要素。只有确保能源安全，中国经济才能在各种不确定因素冲击时表现出更大韧性。有效应对能源风险，确保能源安全，必须坚持以习近平总书记关于能源工作的重要论述为指导思想，贯彻"四个革命、一个合作"能源安全新战略，深度推进能源革命，促进能源高质量发展。短期来看，应在保护能源供给渠道稳定、安全的同时，进一步强化能源的战略储备。中期来看，积极稳妥推进碳达峰碳中和，推动能源清洁低碳高效利用，完善对能源消耗总量和强度的调控，控制化石能源消费。长期来看，推动产业结构和能源结构的调整优化，推进能源革命，促进新能源行业的发展。全方位夯实粮食安全根基，实施"以我为主、立足国内、确保产能、适度进口、科技支撑"的国家粮食安全战略，牢牢守住十八亿亩耕地红线，逐步把永久基本农田全部建成高标准农田，健全种粮农民收益保障机制和主产区利益补偿机制，把中国人的饭碗牢牢端在自己手中，确保粮食安全。

第三节　体现中华优秀传统文化和自然规律的理论

一、中华优秀传统文化

中华优秀传统文化是中华文明的智慧结晶和精华所在，是中华民族的根和魂，是我们在世界文化激荡中站稳脚跟的根基。中华优秀传统文化有很多重要元素，共同塑造出中华文明的突出特性。中华文明具有突出的连续性、创新性、统一性、包容性、和平性"五大突出特性"。坚持把马克思主义基本原理同中国具体实际相结合、同中华优秀传统文化相结合，不断推动马克思主义中国化时代化，推进中华优秀传统文化创造性转化、创新性发展。一方面，以马克思主义立场观点方法推动中华优秀传统文化创造性转化、创新性发展，用真理力量激活伟大中华文明，用文化之火照亮民族复兴之路；另一方面，从中华优秀传统文化中采撷英华、吸吮养分，不断赋予科学理论鲜明的中国特色。

中华优秀传统文化蕴含着丰富的资源观和人与自然和谐共生思想，主要包括"天人合一"的自然本体观、"道法自然"的自然节律观、"取用有节"的生态保护观和"礼法治农"的资源管理观等。"天人合一"是我国传统生态文化的最高追求，强调人与自然和平共处，主张将天、地、人作为一个统一的和谐整体来考虑，既要注意发挥人的主观能动性、改造自然和利用自然，又要尊重自然界的客观规律、在保护好自然资源和生态环境的基础上进行人类的生产活动，从而建立一种人与自然持久共存、和谐发展的关系。"道法自然"要求顺应自然节律，强调人类的实践活动必须与自然环境、季节气候、土壤资源的有序性和承载力相一致、相协调、相平衡，要求严守采捕时令，避开生物孕育、成长关键季节，以保证其繁殖能力。"取用有节"认识到人的贪欲和自然资源的有限性是一对不可调和的矛盾，要求本着适度的原则去开发自然资源，禁止竭泽而渔、"童山而樵"，确保大自然循环发展。"礼法治农"认识到资源开发与社会稳定之间的联系，要求制定专项法律法规保护资源和生态环境，建立虞部等掌管山林川泽的政府机构，为我们加强资源管理和生态环境建设提供了借鉴。

二、自然地理基本规律

一般认为，自然地理规律的主要类型有三种：地理事物在地域空间中的分布规律，地理事物运动发展的演变规律，以及地理事物之间必然联系的关联规律。

（一）地域分异规律

地域分异规律是指自然地理各要素及其综合特征在地表按确定方向有规律地呈现出水平分化的现象，主要表现为纬度地带性、经度地带性和垂直地带性，主要影响因素包括：地球表面纬度不同引起的全球热力分布差异、海陆对比引起的大陆内部湿度和水分分布差异、陆地地表起伏引起的局部区域水热再分配等。

地带性和非地带性是两种基本的地域分异规律，它们控制和反映自然地理环境的大尺度分异。地带性地域分异规律包括纬度地带性地域分异规律、经度地带性地域分异规律（也称干湿度地带性地域分异规律）、垂直地带性地域分异规律等。其中，纬度地带性以热量为基础，气温从低纬到高纬逐次降低，从赤道到极地分为热带、亚热带、温带、亚寒带、寒带等不同热量带。依次形成的自然带序列主要有热带雨林带、热带草原带、热带荒漠带、亚热带常绿阔叶林带、温带落叶阔叶林带、亚寒带针叶林带、极地苔原带、极地冰原带。经度地带性以水分为基础，自然带类型从沿海至内陆依次形成森林带、草原带、荒漠带。垂直地带性指山地自然景观及其组成要素随海拔高度递变的规律性，主要表现为辐射、气温、气压、降水、土壤、生物等各个地理要素随海拔的升高而有规律的变化。山体越高，垂直带谱越完整，山脉的走向也影响垂直带谱。非地带性是由于地球内能作用而产生的海陆分布、地势起伏、构造运动、岩浆活动等决定的自然综合体的分异规律。海陆分异，海底地貌分异，陆地上大至沿海－内陆间的分异，小至区域地质、地貌、岩性分异，以及山地、高原的垂直分异，均属非地带性分异范畴。

该规律决定了自然资源分布的地域性特征，是认识地表自然地理环境特征的重要途径，是进行自然区划的基础，是因地制宜保护和开发利用自然资源的科学依据之一。

（二）自然节律规律

自然节律规律是指地理环境中一切组成成分随着时间有规则地变化，呈现出时序规律性。其影响因素包括天文（如太阳、月亮对地球的引力作用）、地球运动（如公转、自转）、生物自身特性等，其特性包括叠加性、分级性、变异性等。叠加性是指地理环境中任何一种地理成分都经受着各种类型自然节律的共同影响，这种影响相互交织和叠加。分级性是指自然节律的作用和规模是可以分级的，高一级的节律性制约着低一级的节律性，而低一级的节律性中又必定保留有高一级节律性的印痕。变异性是指自然节律本身是不断变化的，包括两个类型的变化，倘若高一级的节律发生了变化，势必影响低于它的所有节律性；通过次级节律性在其演进过程中所产生的反馈作用，影响高一级节律的变异。

该规律直接影响物质、能量和信息在生态系统中的输入、输出和状态变化，是适时开展自然资源利用、改造的科学依据之一，也是在对自然资源保护和开发利用前景进行预测时，必须予以考虑的问题。

（三）自然地理要素关联规律

地理要素是地球表面自然形态所包含的要素，如地貌、水系、植被和土壤等自然地理要素与人类在生产活动中改造自然界所形成的要素，如居民地、道路网、通信设备、工农业设施、经济文化和行政标志等社会经济要素。地理环境各要素（大气、水、生物、岩石、土壤、地形）相互联系、相互制约、相互渗透，构成了一个有机整体。

自然地理五大要素指地形、气候、水文、土壤、植被，它们之间：一是总是力求整体的一致性，要素的变化会"牵一发而动全身"，某一要素发生变化，会引起其他要素甚至整个地理环境状态发生相应改变。二是要素间进行着物质与能量的交换，如水循环、生物循环、岩石圈物质循环（地壳物质循环）等过程。三是要素间相互作用产生生产功能、平衡功能等新功能。其中，生产功能是指自然环境具有合成有机物的能力；平衡功能指各自然地理要素通过物质和能量交换，使自然地理要素的性质内保持稳定。四是自然地理环境具有统一的演化过程，即自然地理环境的变化是由多个地理要素变化共同组成的。

以地形与气候之间关系为例，至少包括以下三种联系：①地形对气温的影响：气温随海拔升高而降低，海拔每升高100米气温约下降 0.6℃。②地形对降水的影响：山地迎风坡降水丰富，背风坡降水稀少。③地形对气候类型分布的影响：如南北走向的山地，对海陆之间的气流交换有阻碍作用，使沿海地区气候类型的分布呈狭长或带状特征。

该规律要求我们从整体性和关联性来把握地理各要素及相互关系，按照系统论观点认识空间－地域和人－地交互作用，形成以地理要素相互关联为特征的"整体—部分—整体"综合思维方式。

第四节　自然资源经济学的基本理论

一、可持续发展理论

可持续发展是指既能满足当代人的需要，又不对后代人满足其需要的能力构成危害的发展。可持续发展概念内涵主要包括四个方面：一是突出发展的主题。发展是人类共同的、普遍的权利，发达国家和发展中国家享有平等的发展权利。二是发展的可持续性。人类经济和社会的发展不能超越资源和环境的承载能力。三是代际的公平性。当代人发展与消费时应努力做到使后代人有同样的发展机会，同一代人中一部分人的发展不应当损害另一部分人的利益。四是人与自然的协调共生。可持续发展必须坚持三大原则：公平性、持续性、共同性。公平性包括当代人之间的公平、代际公平以及资源分配与利用的公平，持续性要求经济社会发展不能超越资源环境承载能力，共同性要求地方决策和行动要有助于实现全球整体的协调。

可持续发展包括弱可持续性和强可持续性两种观点。弱可持续性认为自然资本和人造资本之间是可以替代的，本质是环境与经济可替代。强可持续性基于自然资本不可替代的认识，提出了空气、水、全球气候、臭氧层等四类不可替代的自然资本。

二、资源产权理论

（一）马克思产权理论

马克思、恩格斯系统地研究了经济领域的生产关系与法律领域的财产关系以及与财产有关的法的权利。通过考察历史上尤其是资本主义社会中的财产关系，分析了所有制及产权关系在生产方式内在矛盾作用下的发展变化，阐述了社会产权制度变化的动力、规律，科学预测公有产权将取代私有产权。

马克思从历史发展的脉络追寻产权的起源、特征、本质与制度安排，提出了下述一系列重要命题：第一，产权基本关系。所有制是经济范畴，是关于生产资料归属的经济制度；产权是法律范畴，是财产主体对财产所拥有的排他性、归属性关系或权利，实质上体现着人们之间的社会经济关系。第二，产权的构成。产权是与财产有关的各种法定权利，包括所有权、占有权、使用权、支配权、经营权、索取权、继承权和不可侵犯权等一系列权利，其中决定性的是所有权。第三，产权的统一与分离。全面考察和分析了资本主义以前和资本主义社会的权利统一和分离，包括所有权与占有权的统一和分离，劳动力所有权和使用权或支配权的统一和分离，揭示了财产关系背后的生产关系和阶级关系。第四，资本主义土地产权。提出了土地产权结合与分离、土地地租及土地资本化以及土地产权商品化、配置市场化等观点，土地所有、占有和利用等概念，把土地所有权价格运动的这一长期趋势称为土地所有权的运动规律。第五，展望了未来社会的生产资料所有制。强调未来社会生产资料所有制"公共占有"①"社会所有"②或社会成员"共同占有"③，提出"合作生产"形式、"联合起来的合作社按照共同的计划调节全国生产，从而控制全国生产，结束无时不在的无政府状态和周期性的动荡这样一些资本主义生产难以逃脱的劫难"④等观点。

（二）西方经济学的产权理论、委托代理理论

西方产权理论从交易视角引入交易费用概念，以分析产权制度和资源配置效率之间关系为核心，从人们的交易活动出发，主张明确界定产权，减少交易费用，提高经济效率，实现社会资源的优化配置。科斯定理解释了产权制度安排、交易费用数量与资源配置效率高低三者之间的关系，提出市场交易需要花费大量成本，在交易成本为零的情况下，财产法定权利的最初配置并不影响经济效率；在交易成本为正的情况下，不同的产权界定会带来不同的资源配置的效率，要求通过界定、变更和安排产权来降低或者消除市场运行中的交易费用，以改善资源配置的效率。

委托代理理论主要研究在委托人和代理人之间利益相冲突和信息不对称的环境下，委托人如何设计最优契约激励代理人。委托代理关系是指一个或多个行为主体根据一种明示或隐含的契约，指定、雇用另一些行为主体为其服务，同时授予后者一定的权利，并根据后者提供的服务数量和质量对其支付相应的报酬。为解决代理人损害委托人的利益所付出的代价，叫作代理成本；由此产生的一系列问题，称为代理人问题。解决"代理人问题"的关键是建立完善激励约束机制。在这种机制中，委托人发出的激励和约束信号必须是指向代理人的，而且这种指向越是方向明确、经过的环节越少，激励和约束信号的传递效率以及由此形成的对代理人的激励

① 马克思恩格斯文集（第4卷）［M］.北京：人民出版社，2009：516.
② 马克思恩格斯文集（第4卷）［M］.北京：人民出版社，2009：536.
③ 马克思恩格斯文集（第9卷）［M］.北京：人民出版社，2009：145.
④ 马克思恩格斯文集（第3卷）［M］.北京：人民出版社，2009：158-159.

和约束作用就越大。

三、外部性与公共物品理论

外部性是指某个经济主体对另一个经济主体产生一种溢出效应，而这一溢出效应因市场缺失而导致的无交易情形，以及由此发生的帕累托效率损失，其重要标志在于行为的结果是市场之外的，没有定价的。它造成私人成本或收益与社会成本或收益的不一致，导致实际价格不同于最优价格。许多情况下，外部性之所以导致资源配置失当，是由于产权不明确。从资源配置的角度分析，市场不完全下的外部性是因为人们无法通过市场或某种交易制度来为获得的外部收益付费，或者因为带给别人外部成本而向其支付补偿金，并由此导致低效率。外部性有四个特征：独立于市场机制之外；产生于决策范围之内且具有伴随性；具有强制性；不可能完全消除。在外部性分类方面，从外部性的影响效果，分为外部经济与外部不经济；从外部性产生领域，分为生产的外部性与消费的外部性；从外部性产生的时空，分为代内外部性与代际外部性，从外部性的方向，分为单向外部性与交互外部性等。外部性理论揭示了市场经济活动中一些资源配置低效率的根源，同时为解决资源环境问题提供了可供选择的思路或框架。随着 20 世纪 70 年代环境问题的日益加剧，市场经济国家开始积极探索实现外部性内部化的具体途径，科斯理论随之而被投入实际应用之中。在环境保护领域，排污权交易制度就是科斯理论的一个具体运用。科斯定理的成功实践进一步表明，"市场失灵"并不是政府干预的充要条件，政府干预并不一定是解决"市场失灵"的唯一方法。

公共物品是导致市场失灵的根源之一，由于公共物品易导致资源利用过度、加速耗竭，乃至破坏资源的再生能力，就产生外部不经济。自然资源和生态环境领域存在大量的公共物品问题。广义的公共物品是指那些具有非排他性或非竞争性的物品，即每个人消费这种物品不会导致别人对该物品消费的减少，一定程度上共同享用的事物。公共物品一般包括俱乐部物品或自然垄断物品、公共池塘资源或共有资源以及狭义的公共物品三类。俱乐部产品是指相互的或集体的消费所有权的安排。公共池塘资源是具有非排他性和消费共同性的物品。狭义的公共物品是指纯公共物品，即那些既具有非排他性又具有非竞争性的物品。非排他性是指这样一种情况，一旦提供资源，即使那些没有为它付过费的人也不能被排除在享受该资源带来的利益之外。当一个人对一种物品的消费不会降低其他人可获得的数量时，就可以说消费该物品具有不可分性。许多共有的自然资源和生态环境是公共物品，如令人愉悦的风景、清新空气、清洁的水、生物多样性。

公共物品的资源配置问题包括"搭便车"问题、公地悲剧问题、排他成本问题等。"搭便车"问题是指由于参与者不需要支付任何成本而可以享受到与支付者完全等价的物品效用，从而影响到公共物品供给成本分担的公平性和公共物品供给的持久性。公地悲剧问题是指当资源或财产有许多拥有者，他们每一个人都有权使用资源，但没有人有权阻止他人使用，由此导致资源的过度使用，如草场过度放牧、海洋过度捕捞等。排他成本问题是指由于经济成本、技术成本或制度成本的排他成本高，纯公共物品与公共池塘资源具有不可排他性。公共物品的典型供给方式包括政府供给、私人供给、自愿供给和联合供给等。

四、资源价值及核算理论

（一）自然资源价值

马克思主义认为，商品生产过程是使用价值生产和价值生产的统一。天然存在的自然资源本身没有凝结人类劳动，加入劳动过程形成价值转移并不能创造新价值，影响的是使用价值的形成与发展，成为价值生产的物质基础，但不参加价值形成过程。西方经济学中效用价值论、均衡价值论等理论实际指的是使用价值及供求对价格的影响。效用价值论认为，效用是人们对商品的主观评价，而价值起源于效用，且价值大小取决于各类物品带给人们的效用。均衡理论建立在效用价值论基础之上，认为商品价值是由供求状况决定的，当供求双方达到均衡时（供给量等于需求量，或供给曲线与需求曲线相交），此时的价格就是"均衡价格"，也就是商品的价值。

关于自然资源价值构成，西方经济学认为，按照资源类型划分，包括实物型资源价值和环境型资源价值，前者如土地资源价值、矿产资源价值，后者如生态系统价值等。按照资源利用角度划分，自然资源价值包括实际使用价值、选择价值和存在价值。实际使用价值表现为自然资源投入社会经济活动过程中所直接或间接创造的收益；选择价值表现为自然资源的投机价值，如自然资源储备等；存在价值表现为自然资源系统保护或生物多样性等。

环境经济学中，自然资源价值被称为总经济价值，其中又分为使用价值和非使用价值。使用价值是指某一资源物品被使用或者消费时所能满足人们需求偏好的能力，可进一步分为直接使用价值、间接使用价值和选择价值。直接使用价值是指自然资源可直接用于生产或消费的经济价值，也就是自然资源对当前生产和消费做出的直接贡献，如农业生产用水、工业生产使用能源等。间接使用价值是指自然资源不是直接用于生产或消费，其价值不直接进入生产、消费过程，只能间接表现出来，如水源涵养、水土保持等。选择价值也称期权价值，是指人们为了将来的利用而在现在采取保护措施。非使用价值是资源的内在属性，与人类是否使用没有关系，可分为遗赠价值和存在价值。遗赠价值是指为后代保留自然资源的使用价值和非使用价值的价值，体现了当代人把自然资源留赠予后代的意愿。存在价值是指人们为某一资源的存在而愿意支付的费用，与经济价值无关，更多体现了人类对资源价值的一种伦理道德上的判断。

（二）自然资源核算

自然资源核算，是指对一定时空范围内的自然资源，根据其自然、社会、生态等属性，开展统计、核实和评估等活动，掌握其实物量、价值量以及存量、流量、变量以及成本等，并纳入国民经济核算体系。自然资源实物量核算是对自然资源实物存量与流量通过实物量单位进行计算，是进行自然资源核算的基础和首要环节，包括数量核算和质量核算两个部分。按照自然资源类型，可将自然资源实物账户分为土地资源、矿产能源资源、海洋资源、森林资源、草地资源、水资源、湿地资源、野生动植物资源等。自然资源价值量核算是在自然资源实物量核算基础上，以一定的经济评估手段，将自然资源的实物量转化为货币量。常用的自然资源定价方法包括市场定价法、收益还原法、重置成本法、净价格法、偏好评估法、影响估值法和功能效益评估法等，不同的资源类型适用不同的评估方法。

与自然资源核算相关的概念还包括自然资本核算、环境经济核算、绿色经济核算、生态系统核算等。

自然资本核算分为宏观和微观两个层次，宏观自然资本核算主要体现在自然资本利用现状评估和生态系统服务价值评估两个方面，微观方面主要涉及企业层面的自然资本核算。自然资本利用现状评估包括生态足迹法、真实储蓄法和能值分析法等，微观自然资本核算主要运用环境会计工具。1995年，世界银行正式将自然资本纳入国家财富核算体系，此后越来越多的国家开始进行自然资本核算，探索将其纳入国民核算体系。

《环境经济综合核算体系——中心框架》（2012年）将环境经济核算体系定义为"一个多用途概念框架"，作为"将环境和经济信息组织起来的系统方法，目的是尽可能完整地涵盖与环境经济问题分析有关的存量和流量"。环境经济核算的主旨是"描述经济与环境之间的相互作用、环境资产存量及其变化"。

绿色经济核算是对传统国民经济核算体系的修正，目的是更加准确地揭示资源占用、环境污染与绿色经济的关系。1993 年，联合国统计局和世界银行提出了绿色 GDP（国内生产总值）的概念，即把资源、环境成本放入国民经济的生产核算机制中，作为经济生产的成本处理，实现对原 GDP 的调整。绿色 GDP 核算思路分为直接测算和间接测算，直接测算是用 GDP 测算的生产法和支出法计算，间接测算是在传统 GDP 核算基础上，综合纳入资源、环境、经济因素，对传统 GDP 指标数据进行调整。自然资源利用及外部性占用成本是绿色经济核算的重要组成部分，包括自然资源数量耗减成本、自然资源质量降级成本、自然资源保护成本、自然资源恢复成本和再生成本、自然资源替代成本和机会成本、自然资源环境的改善成本。

生态系统核算"是一整套针对生态系统及其为经济和人类活动提供服务流量来进行综合测算、以此评估其环境影响的方法"。1997 年，康斯坦萨（Constanza）对全球生态系统服务进行了评估，提出 17 个评估指标的生态系统服务分类。2001 年，联合国发布的千年生态系统评估（Millennium Ecosystem Assessment，MA）将生态服务系统服务归纳为供给服务、调节服务、文化服务和支持服务四个功能类别。国内外现有的比较成熟的生态价值核算方法主要有三大类：功能价格法、当量因子法和生态元法（能值法）。

五、资源配置理论

资源配置是通过一定方式把有限的资源合理分配到社会的各个领域和不同用途中去，以实现资源的最佳利用。资源的稀缺性决定了资源配置的重要性和必要性，经济学本身就是研究稀缺资源配置问题的社会科学。影响资源配置的主要因素包括需求约束、供给约束、现实生产力约束和现实市场条件约束等。资源配置方式一般分为市场配置、行政配置以及公众约束软配置方式。按照时空关系也可以将资源配置分为时间配置和空间配置。

自然资源配置的主题是效率、优化和可持续性。自然资源的配置效率是由于自然资源的稀缺性而要求将自然资源在各种用途之间实现有效配置、有效利用。优化是指自然资源利用的决策从社会的角度看是否合乎需要，某种自然资源利用方式的选择在受到约束的情况下，能够使目标最大化，那么该选择就是社会优化。配置效率是实现优化的必要条件。如果资源配置优化要考虑照顾子孙后代的利益，就需要用可持续要求来约束。自然资源配置的核心问题是关于政府与市场的关系。现代经济学的一个核心观点是：给定必要的条件，市场能导致有效的配置，而明晰且可实施的产权是必要条件之一。但是当价格信号不能反映真正的社会成本和收益，政府就有必要为增进效率而采取干预政策。判断何时、何处需要干预以及应采取何种干预措施，是资源配置研究的重要问题。社会主义初级阶段存在着两种协调经济和配置资源的方式，一方面是市场价格机制，另一方面是政府的作用，即党领导下的国家经济治理。在社会主义市场经济中，既要充分发挥市场在资源配置中的决定性作用，也要更好发挥政府作用。

六、资源治理理论

伴随着工业化、全球化进程的深入，人与自然之间的不协调关系日益凸显，诸多自然资源问题的产生，如毁林和森林退化、水资源短缺、湿地退化等，很大程度上源于个人、家庭、社区、企业、地方政府、中央政府等不同层级的不同行动者在管理和利用自然资源中缺乏有效的合作，侧重从政府部门的视角和角色去分析政府作用的"自然资源管理"概念逐渐被"自然资源治理"取代。"治理"旨在寻找政府和市场之外的协同治理道路，建构在新的价值理念下的治理范式。全球治理委员会将治理定义为，各种公共的或私人的机构管理共同事务的诸多方式的总和。自然资源管理概念的重点在于分析政府、市场和社会各个治理主体之间的关系。国际社会和各国积极建立健全自然资源治理体系，提升自然资源的治理能力。据世界自然保护联盟（IUCN）定义，自然资源治理是指决定如何行使对自然资源的权责、如何做出决策，以及如何使不同群体参与自然资源管理并从中受益的规范、体系和程序。

自然资源治理模式根据管制性可以划分为开放进入使用、国家集权管理体制、公众（私有化）参与管理体制和基于社区的管理体制。在生态文明、高质量发展和国家治理现代化等目标要求下，新时代自然资源治理的核心内涵包括：以可持续发展为根本理念，构建人与自然和谐共生的治理规范与体系，强化各类自然资源要素保障；以协调效率与公平为关键抓手，在决策中重点考虑利益攸关者自然资源利用偏好的权衡关系，优化治理工具的收益与成本；以协同善治为主要原则，不仅强调政府、市场、公民社会的协同互促与因地制宜，而且要综合协调实体空间—功能空间—管理空间的对立与统一。①

---

① 岳文泽，夏皓轩，钟鹏宇，韦静娴. 自然资源治理助力共同富裕：政策演进、关键挑战与应对策略［J］. 中国土地科学，2022（9）：1-9.

　　资源治理范式很多，主要包括：①资源多元治理（主体结构治理）。其要义是政府、组织、企业、公民等都是治理的主体；淡化管理者与被管理者的角色，强调都是管理者和被管理者；强调从政府主导到社会共治的转变。②资源分层治理。其要义是将资源治理区分为全球治理、区域治理、国家治理、地方治理和社区治理；强调全球资源治理（GRG）、国家资源治理（NRG）的不可或缺性和高度关联性。③资源动态调适。其要义是强调自我调整、自我适应；强调动态治理、调适性治理。④资源公平治理。其要义是强调资源是生存权和发展权的重要指向和基本内涵；强调资源的代内公平与代际公平；强调原住民的资源权益及其保障；反对资源殖民主义。⑤资源效率治理。其要义是主张资源效率至上；强调资源节约。⑥资源透明治理。其要义是强调资源信息公开、运作透明、监督有效、杜绝腐败；尤其强调矿产资源领域的国际透明；强调透明基础上的资源廉洁。⑦可持续治理。其要义是突出自然资源基础的不可替代；强调不损害后代人满足其需求的能力；注重资源的代际分配及其公平；强调（不可更新）资源耗用速度的合理控制。⑧资源规制。其要义是主张以规划、标准等规范有效管理自然资源，同时将自然资源作为手段约束社会经济活动（例如以资源承载力作为调控产业布局、投资分配等的重要依据）；强调自然资源资产审计、监督的独特作用；强调自然资源核算的基础作用。

　　其中，资源多元治理也称资源多中心治理，所谓多中心，系指存在相互独立的多个决策中心，它们相互竞争，又相互合作，形成一致性的行动来供给公共物品。与政府一元化治理模式相比，多中心治理体系主要有如下三个显著特征：首先，政府不再是唯一的决策主体，而是由不同规模、相互独立的多个决策中心来共同管理自然资源。其次，强调决策中心之间的平等协作关系。如何协调不同层级不同行动者的利益，是实现自然资源可持续管理的关键。各主体之间通过协商、谈判开展合作，协调的方式可以是合作或竞争，形成一致性的行动方案或协议。最后，存在多样化的治理措施。在政府主导的治理模式中，政府常常运用法律法规和政府管理措施直接对自然资源利用与管理的行为进行限制或管理，促进自然资源保护和生态服务供给，治理措施包括进入审批、标准控制、空间区划和管控、执法监督等。随着自然资源治理理论和实践逐渐从管制向治理转变，以市场为基础的措施、社会参与措施、社区为基础的自然资源管理和治理日益受到重视，成为促进生计改善、可持续发展、生态服务供给的重要手段。

第五节　自然资源经济学的研究方法

一、马克思主义哲学方法

马克思主义哲学既是科学的世界观又是科学的方法论。恩格斯指出："马克思的整个世界观不是教义，而是方法。它提供的不是现成的教条，而是进一步研究的出发点和供这种研究使用的方法"[①]。马克思主义哲学世界观教会我们树立如何科学认识世界和改造世界的根本观点，马克思主义哲学方法论教给我们科学认识世界与改造世界的思想方法和工作方法。马克思主义哲学的思想方法主要包括辩证唯物主义和历史唯物主义两个方面。在思想方法的基础上，又衍生出若干实用的工作方法。

辩证唯物主义由辩证的唯物论和唯物的辩证法、辩证唯物主义认识论三部分组成。辩证唯物主义认为物质存在具有无限复杂的多样性和丰富多彩的运动形式；物质世界处在永恒的运动、变化、发展之中；时间与空间是运动着的物质的存在形式；物质运动有着自身的客观规律；意识是物质高度发展的产物，是高度组织起来的物质——人脑的反映特性，是物质在地球这一特定条件下经历了从无机物到生物、从低等动物到高等动物、从猿到人的漫长岁月的发展而产生的最高产物。辩证唯物主义方法包括唯物辩证方法、实事求是方法、实践检验方法、矛盾分析方法、系统分析方法等。其中，唯物辩证法是运用马克思主义唯物辩证法观察问题和解决问题的根本方法。唯物辩证法认为物质世界是普遍联系和不断运动变化的统一整体，强调要坚持全面地而不是片面地、联系地而不是孤立地、发展地而不是静止地、系统地而不是零散地观察事物。对立统一规律、质量互变规律和否定之否定规律是唯物辩证法三大基本规律。坚持一切从实际出发、实事求是的方法论，运用辩证唯物主义观点和方法分析自然资源经济活动、经济现象的相互联系的客观性、特殊性和多元性，以及生产力与生产关系矛盾运动的规律性，揭示其本质、发展规律和趋势，寻求解决自然资源经济发展中的矛盾的方法和途径，可以使自然资源经济研究成果更加具有科学性和针对性。同时，唯物辩证法关于普遍联系的基本原理要

[①]　马克思恩格斯全集（第39卷）[M]. 北京：人民出版社，1974：417.

求我们在自然资源经济学基本问题界定、经济政策与制度体系设计中须坚持系统性、整体性、协同性。

历史唯物主义是马克思主义哲学中关于人类社会发展的理论。是科学的社会历史观和认识、改造社会的科学方法论。历史唯物主义方法要求从宏观上分析人类社会历史的总体规律，包括历史发展的根本动力和规律等。历史唯物主义强调社会存在决定社会意识，经济基础决定上层建筑的原则，认为社会意识的变革是由社会生产力和生产关系的变革所决定的。历史唯物主义方法指的是我们认识社会和历史发展规律的科学方法，它包括社会意识反作用方法、社会基本矛盾分析方法、群众路线方法等。① 运用历史唯物主义方法研究自然经济问题，将自然资源开发利用发展看作一种客观的、必然的历史进程，以生产力和生产关系（生产要素所有者与生产力提供者之间的关系）之间的矛盾、经济基础（即由生产力和生产关系揭示的经济组织形式）与上层建筑之间的矛盾，作为研究自然资源经济发展的出发点，以能否促进生产力的发展，判断一种自然资源经济管理改革措施的得失，以及一项自然资源相关经济政策与制度的先进性。从历史、文化、政治、经济等多个角度考察问题，关注社会变革的客观规律，能够更全面地把握问题。但使用历史唯物主义的方法论不能犯教条主义，必须要注意中国化和时代化的新要求，如历史唯物主义认为，伴随着生产力的发展，人类社会从原始社会、奴隶社会、封建社会、资本主义社会、社会主义社会，最终走向共产主义社会。而中国的实际就是并没有经历资本主义阶段，而是走出了中国特色社会主义道路。马克思从全球视野分析世界历史发展的思想方法，也为我们研究当代全球化问题奠定了科学的方法论基础，他认为，"由于机器和蒸汽的应用，分工的规模已使脱离了本国基地的大工业完全依赖于世界市场、国际交换和国际分工"②。

总之，马克思主义哲学博大精深，包括辩证唯物主义和历史唯物主义的基本方法，包括对立统一规律、量变质变规律、否定之否定规律的方法，生产力和生产关系、经济基础和上层建筑辩证关系原理的方法，以及科学抽象法、历史与逻辑相统一的方法等。本书为避免挂一漏万，不再赘述，仅抛砖引玉，提示自然资源经济研究者更加自觉地坚持和运用辩证唯物主义和历史唯物主义的世界观和方法论，创新自然资源经济研究方法，揭示自然资源经济运行规律。

① 韩文乾. 马克思主义哲学方法论的时代意蕴［N］. 光明日报，2020 – 09 – 07（15）.
② 马克思恩格斯选集（第4卷）［M］. 北京：人民出版社，1995：166.

二、习近平新时代中国特色社会主义思想世界观和方法论

习近平新时代中国特色社会主义思想是当代中国马克思主义、21 世纪马克思主义，实现了马克思主义中国化时代化新的飞跃。中共二十大报告阐述了习近平新时代中国特色社会主义思想的世界观和方法论。科学的世界观和方法论是研究问题、解决问题的"总钥匙"。在自然资源经济研究中，必须掌握和运用好习近平新时代中国特色社会主义思想的世界观和方法论。

必须坚持人民至上，站稳自然资源经济学研究的立场。社会科学不同于自然科学第一个特点就是有鲜明的阶级立场。为什么人的问题，是马克思主义政治经济学与资本主义经济学的根本区别。发展为了人民，是马克思主义政治经济学的根本立场。习近平总书记指出，"好的方针政策和发展规划都应该顺应人民意愿、符合人民所思所盼，从群众中来，到群众中去"①。中共二十大报告指出，一切脱离人民的理论都是苍白无力的，一切不为人民造福的理论都是没有生命力的。具有中国特色的自然资源经济学设定研究对象，完善内容体系、理论体系和方法体系构建必须坚持以人民为中心的资源价值观，资源开发为民所谋，资源利用为民所系，资源利益为民所用。②

必须坚持自信自立，形成与时俱进的自然资源经济理论成果。中国人民和中华民族从近代以后的深重苦难走向伟大复兴的光明前景，从来就没有教科书，更没有现成答案。在我们这样一个人口规模巨大的国家建设人与自然和谐共生的现代化，没有先例可循，没有现成道路可走。研究中国的自然资源经济问题必须从中国基本国情出发，以马克思主义政治经济学为指导，根植于中华优秀传统文化，立足我国国情和发展实践，研究自然资源经济发展规律，解决难点问题，形成与时俱进的理论成果，更好指导中国实践。

必须坚持守正创新，创新自然资源经济学的理论与方法。社会科学不同于自然科学的第二个特点是创新很难判别，难以进行实验室模拟，缺乏公认的衡量标准。习近平总书记在哲学社会科学座谈会上指出："哲学社会科学创新可大可小，揭示一条规律是创新，提出一种学说是创新，阐明一个道理是创新，创造一种解决问题

---

① 习近平 . 在基层代表座谈会上的讲话［M］. 北京：人民出版社，2020：3.
② 张新安，等 . 面向生态文明的新型资源观［M］. 北京：地质出版社，2018.

的方法也是创新。"① 自然资源经济学的创新要注意几个问题，首先，自然资源经济与管理改革创新的前提是守正。守正就是恪守人民立场的正道，守住责任与担当。其次，创新要站在前人的肩膀上进行，学会用历史唯物主义的方法论梳理问题的来龙去脉、前因后果、基本规律、发展趋势。最后，注意创新的实用，只有与时俱进，具有实践价值的创新才是真正的创新。社会科学不同于自然科学的第三个特点是社会科学的同一个问题会重复出现。如耕地保护问题，在不同的历史阶段都会存在，但从"吃得饱"到"吃得好"，从"粮食观"到"大食物观"，生产力发展水平和主要矛盾发生了变化，解决问题的方法自然也就不同，不能简单套用历史的经验解决现在的问题，要与时俱进，努力使我们的自然资源与管理改革研究实现两个"一致性"，即理论创新与实践活动在行为逻辑上的一致性；方法路径与自然资源经济发展实际需要的一致性。

必须坚持问题导向，提高自然资源经济研究的针对性。社会科学不同于自然科学的第四个特点是问题成因和解决问题的路径十分复杂，涉及经济、社会、生态等方方面面。问题是时代的声音，回答并寻求解决问题的路径是自然资源经济理论创新的根本任务。只有坚持问题导向，快速聚焦中国自然资源经济开发利用实践中遇到的新问题、改革发展稳定存在的深层次问题、人民群众"急难愁盼"的问题，不断提出真正解决问题的新理念新思路新办法，才能使自然资源经济研究更具有针对性和操作性，才能使自然资源经济学具有存在的必要性。

必须坚持系统理念，分析自然资源经济中的主要矛盾和对策。地球上的资源系统是一个庞大的、复杂的、动态的、互相影响又相互联系的体系。任何一种资源的开发利用，都涉及自然系统（大气系统、陆面系统、海洋系统、冰层系统、生物系统）、经济社会系统，都会影响其他多种资源的潜在价值或者功能的发挥；任何一项与自然资源相关的经济决策，都是在一个复杂的社会制度环境下制定的，会影响很多个人或者社会主体的利益，都涉及人与自然的和谐。由此，自然资源开发利用应系统考虑，资源经济政策的制定应系统考虑，自然资源经济研究必须坚持系统观念。

必须坚持心怀天下，为解决人类共同面临的资源安全问题提供解决方案。要树立新的资源全球观，拓展世界眼光，深刻洞察人类发展进步中的资源问题，以海纳百川的宽阔胸襟借鉴吸收世界各国关于资源经济研究的优秀成果，为解决人类共同面临的资源稀缺、生态破坏、环境污染等难题提供中国方案，推动建设更加美好的

---

① 习近平.在哲学社会科学工作座谈会上的讲话［M］.北京：人民出版社，2016：20.

世界，不走一些国家通过战争、殖民、掠夺等方式获取境外资源的老路。

三、常用的经济学研究方法

常用的经济学研究方法有很多，调查研究是最基础，也是最基本的方法。在自然资源经济学研究的专项领域，还有很多实用的方法，如比较成熟的生态价值核算方法主要有功能价格法、当量因子法和生态元法（能值法）等。大数据时代，经济学研究范畴和研究对象在拓展，传统经济学研究方法表现出不足，经济研究方法也在与时俱进，在创新中求发展。以下简要介绍几类常用方法，供大家参考。

调查研究方法。调查研究是我们做好自然资源经济研究工作的基本功，是正确决策的前提。调查研究包括调查和研究两个方面。调查和研究是密切联系的，但是调查并不是研究，研究是调查的升华。观察、分析与综合，是认识客观事物的一般过程和步骤，观察是调查的第一步，是感性认识阶段，必须对掌握的材料进行加工，才能上升到理性认识。不调查而研究，是无米之炊；只调查不研究，则是食而不化。调查以"求实"，研究以"求是"，只有把调查与研究有机结合，在"求实"的基础上"求是"，在"求是"的思维中"求实"，才能正确认识事物的本质和规律性，把握事物的发展趋势。调查研究的方式方法多种多样，常用的调查方法有实地观察法、访谈调查法、会议调查法、问卷调查法、专家调查法、抽样调查法、典型调查法、统计调查法、文献调查法等。多种方法的组合应用可以有效提高调查成果的质量，如问卷调研与典型案例解剖相结合、现场调研与数据分析相结合等。要特别重视追踪和学习国际前沿的调查研究方法，国际一流智库将调查与研究方法有机结合，充分利用大数据等现代技术方法，逐步构建了自己的方法体系，如兰德公司的博弈论、离散选择模型、长期政策分析等预测方法与模型，斯坦福国际咨询研究所的混合定性模拟/混合定量模型、通量平衡分析等。[①]

科学的思维方法。科学思维方法在研究社会经济现象时，按照经济范畴的逻辑关系，从比较简单的经济关系和经济范畴，逐步上升到比较复杂的具体的经济关系和经济范畴，阐明社会经济现象和经济过程的逻辑发展进程。科学的思维方法倡导采取多元的思维方式与科学的分析方法相结合。思维方式包括战略思维、历史思维、辩证思维、系统思维、创新思维、法治思维、底线思维等。采用的分析方法包

[①]　根据 2023 年 8 月中国自然资源经济研究院院长张新安研究员，在中国自然资源经济研究院学习贯彻习近平新时代中国特色社会主义思想主题教育调研成果转化交流汇报会上的总结讲话整理。

括归纳法、演绎法等。

宏观经济学和微观经济学分析方法。宏观经济学研究方法侧重总量分析，即对能够反映整个经济运行情况的经济变量的决定、变动及其相互关系进行分析。其方法有总量分析法、结构分析法、对比分析法、国民收入决定模型、总需求总供给模型等。微观经济学侧重个量分析，即研究经济变量的单项数值如何决定。其方法包括实证分析和规范分析、均衡分析和边际分析、静态分析和动态分析等。

数学和现代科学技术方法。自然资源经济学具有较强的综合性和交叉性，需要在各单门类学科方法的基础上，不断探索、融合和创新研究方法。目前，一些西方经济学中的一些数理模型分析方法，如投入产出、成本效益分析、边际分析、均衡分析、结构分析，如系统分析、实证分析、均衡分析、边际分析、总量与个量分析、静态和动态分析，以及现代信息技术，如信息论、控制论、协同论、耗散结构论等方法，均在自然资源经济研究中得到了探索应用。近年来，我国出现了经济学数学化趋势，越来越多的经济学家借助于严密的数学语言、复杂的数学工具和先进的信息技术，解释经济现象或经济规律。

但要注意两个问题：将数学模型应用于经济研究而得出的结论，其正确与否不仅取决于数学形式或者信息技术的选择，更取决于经济研究问题的前提假设和客观事实，应避免过分追求研究方法的创新而忽略理论假设和经验事实；用数学语言或者信息技术等解释经济问题要注意通俗化，否则将减弱经济理论或手段等的应用效果和社会影响力。

在自然资源经济学方法应用中要注意三个问题：一要做好多个方法的协同和互补，原因是很多研究方法都有前提条件、适用范围或者短板；二要做好传统方法与现代科学或技术方法的结合；三要做好西方经济学的方法与中国实际的结合。

第 三 章

| 第四章 | 自然资源通识

通识简单地说就是通用的知识，是知识的融会贯通，各类专识的基础和准备。自然资源通识由自然资源学科以及相关学科的基础知识交织而成，是一种广泛的、多样化的知识体系。本章围绕"自然资源"这个核心概念，分别从自然资源的定义、属性和分类的角度，阐述了概念的形成、发展、中外比较及其最新进展，论述了其现实指导意义。

第一节　什么是自然资源

自然资源是生存之基、发展之本、财富之源、生态之要，是经济社会发展的重要物质基础和空间载体，是维持人类生活、生产最基本的物质来源，为人类社会文明的发展提供了重要支撑。关于自然资源的定义，国内外学界从不同层面、不同角度有多种理解。

一、自然资源的概念

在国际学界，较早提出自然资源定义的是地理学家金梅曼（Zimmermann），1951年他在专著《世界资源与产业》中提出，无论是整个环境还是其某些部分，只要它们能（或被认为能）满足人类的需要，就是自然资源。他认为如果人们不需要的或者没有能力利用的就不是自然资源。可以看出，他对自然资源的定义是比较主观的、相对的、侧重功能性的。《英国大百科全书》将自然资源定义为人类可以利用的自然生成物，以及形成这些成分的环境功能，前者包括土地、水、大气、岩石、矿物、生物及其群集的森林、草地、矿藏、陆地、海洋等，后者则指太阳能、生态系统的环境机能、地球物理化学循环机能等。该定义明确指出环境功能也是自然资源，自然资源与环境息息相关。1972 年联合国环境规划署将自然资源定义为在一定时间和一定条件下，能产生经济价值，以提高人类当前和未来福利的自然因素和条件。该定义强调了自然资源的经济价值和利用条件。世界贸易组织（2011）指出"自然资源是存在于自然环境中的、稀少的、能以其原始状态或经最低限度加工后在生产或消费中发挥经济效用的原料储备"，自然资源还必须"在市场上有明确的价值，既可用作生产原料，也可供消费者直接使用"。该定义是从管理国际贸易的现实出发，其中包含了经最低限度加工、进入市场等内涵，实际上是资源性产品概念。联合国《环境经济核算体系——中心框架》（2012 年）中的自然资源概念包括所有天然生物资源（如木材和水生资源）、矿产和能源、土壤资源和水资源，是以列举方式提出了自然资源的类型。

各国在宪法、民法或者自然资源法中，对自然资源的也有着不同的界定。例如：《美国联邦法典》定义自然资源为，"由美国、州或地方政府、外国政府、印第安部落，或当这些资源是由受到差异化限制的信托管理时的印第安部落的任何成员所拥有、管理，或通过信托方式持有、附属于这些机构或为其所控制的土地、鱼、野生生物、生物群、空气、水、地下水、饮用水供应及其他这类资源"。《俄罗斯联邦资源环境保护法》规定，"自然资源是指在经济和其他活动中被用作或可能被用作能源、生产原料和消费品及具有使用价值的自然环境要素、自然客体和自然人文客体"。《新西兰保护法》指出自然资源是，"各类植物和动物；植物或动物生存需要的空气、水和土壤；风景和地形；地质特征；互动活着的有机体系统或其所处的环境；在自然资源中的任何权益"。这些法律均强调了自然资源应该包括自然环境，不能脱离自然环境去定义。

在我国，《中国资源科学百科全书》（2000 年版）认为自然资源就是人类可以利用的、自然生成的物质与能量，包括矿产、土地、海洋、森林、水等。该定义强调自然资源的可利用、天然性。《辞海》（第七版）将自然资源定义为人类可直接从自然界获得，并用于生产和生活的物质资源。并指出其具有有限性、区域性和整体性特点。该定义强调了自然资源的可获得性和用途，也指出自然资源的物质性。1985 年李文华在《自然资源研究的理论和方法》一书中提出，自然资源是指存在于自然界中能被人类利用或在一定技术、经济和社会条件下能被利用作为生产、生活的物质、能量的来源，或是在现有生产力发展水平和研究条件下，为了满足人类的生产和生活需要而被利用的自然物质和能量。该定义强调了自然资源利用是有条件的，并分为物质和能量。1994 年封志明在《资源科学论纲》中认为自然资源是在一定社会经济技术条件下，能产生生态价值或经济效益，以提高人类当前或可预见未来生存质量的自然物质和自然能量的总和。该定义提出自然资源能够产生生态价值。2004 年于连生在《自然资源价值论及其应用》一书中认为"自然资源是自然环境的要素，是自然环境与人类社会发展有关的，能被利用来产生使用价值并影响生产率的自然诸多因素，它包括有形的土地、水体、动植物、矿产和无形的光、热等资源"。该定义阐述了自然资源与自然环境密切关系，强调自然资源产生使用价值及影响生产率的作用。2007 年蔡运龙在《自然资源原理》一书中提出自然资源是人类能够从自然界获取以满足其需要与欲望的任何天然生成物及作用于其上的人类活动成果。该定义强调了自然资源是人类社会取自自然界并且融入了人类劳动成果。2013 年《〈中共中央关于全面深化改革若干重大问题的决定〉辅导读本》将自然资源定义为"自然资源是指天然存在、有使用价值、当前和未来福利的自然环境因素的总和。"该定义概括提出了自然资源的天然、有用、时间、系统等特性，明确自然资源是自然环境因素，是对自然资源较为准确、全面的定义。

　　从以上国内外对于自然资源概念研究可以看出，对于自然资源概念的理解有以下共性认识：一是自然资源的来源具有原生性或自然性，关于自然资源的定义都指出自然资源是自然物、自然生成物或自然环境要素等；二是对自然资源的认知具有限制性，即受制于一定的自然资源利用条件；三是自然资源的价值在于其对人与自然系统的有用性，有关概念中都指出，自然资源是可以利用的，有经济价值和生态价值的，有使用价值的；四是自然资源对于经济社会发展的支撑性，包括满足人类需要、实现人类福祉，以及提供生产场所等；五是自然资源与自然环境具有双重性，自然资源开发利用不当，将导致生态环境问题。

　　综上，我们认为，自然资源是在一定社会经济技术条件下，具有使用价值，以提高人类当前和未来福利的自然环境因素的总和。

二、资源、环境、生态

　　资源、环境、生态对于人类有不同的功能。其中"资源"一般指代"自然资源系统"，是能被人利用的、除人以外的其他生物资源和非生物自然资源。"资源"的概念最早源于经济学科，是作为生产实践的自然条件和物质基础提出来的。从经济学的角度认识，资源是一切有用和有价值的东西，即一切生产和生活资料的来源。地理和社会学观点认为，资源是指环境中能为人类直接利用，并带来物质财富的部分。《辞海》中把资源概括为"资财的来源，一般指天然的财源"。

"环境"泛指"自然环境系统"，是与人类发展和生活相关的自然因素，一般认为如果以人为主体，那么人以外与人有关的都是环境，一些自然环境要素在一定条件下可以转换为自然资源。《中国大百科全书》给出的界定是："围绕着人群的空间以及其中可以直接、间接影响人类生活和发展的各种自然因素和社会因素的总体。"环境泛指人类周围所有的客观存在物，资源则是从人类需要角度来理解这些客观存在物的价值。从资源与环境经济学角度来定义，环境是指人类和其他生物赖以生存的客观物质和生态系统所组成的一个整体，大气圈、水圈、岩石圈和生物圈构成环境系统；资源是指人类在开发利用周围环境的生产活动中，被利用的自然环境和取自环境中的物质。

第四章

"生态"多指"自然生态系统"，主要研究生物之间以及生物与非生物环境之间的相互关系，即生物与自然环境间的物质循环和能量流动。在人类生态系统中，一切被生物和人类的生存、繁衍和发展所利用的物质、能量、信息、时间和空间，都可以视为生物和人类的生态（环境）资源。自然资源不全是生态资源，二者的外延不尽相同，内涵相互交叉。自然资源中与生态系统相关的物质、能量、信息、时间和空间，通过能量流动和物质循环而相互作用，形成一个统一的整体后才能成为生态系统。

尽管它们各自的功能不同，但三者关系是密不可分的，其中环境是本底，资源和生态是环境中不可缺少的一部分，二者存在交叉，分别为人类社会提供服务。资源与生态环境存在互馈作用，各类自然资源要素的种类、数量、质量组成特定的国土空间的自然资源配比，这种资源的配比在一定范围内的变化对生态环境的影响很小，但如果资源开发过度打破了原有的平衡生态就会出现问题，因此一切生态环境问题归根到底是自然资源的开发利用问题。

三、自然资源与自然资源产品

自然资源产品是指以自然资源为载体或对象，经过人类劳动（开采或加工）后具有使用价值的产品。相对而言，自然资源是天然形成的，资源产品则是通过开发加工而形成，以贸易获得；自然资源具有使用价值不一定有交换价值，而资源产品必须进入市场成为商品而实现交换价值。世界贸易组织（WTO）将自然资源产品定义为：存在于自然环境中的、能以其原始状态或经最低限度加工后在生产或消费中发挥经济效用的原材料、燃料、辅料、加工原料等的初级产品，它必须在市场上有明确的价值，既可用作生产原料，也可供消费者直接使用。WTO 在国际贸易统计中将自然资源产品明确为四大类：燃料产品、矿石（包括金属矿石和非金属矿石）产品、渔业产品和林业产品。党和政府十分重视自然资源产品管理，2013年，党的十八大报告提出，要"深化资源性产品价格和税费改革，建立反映市场供求和资源稀缺程度、体现生态价值和代际补偿的资源有偿使用制度和生态补偿制度"。2019 年，中共中央、国务院发布《关于推进贸易高质量发展的指导意见》中要求："鼓励国内有需求的资源性产品进口。"

四、自然资源相关概念

（一）自然资源资产

自然资源资产也被称为资源性资产。1995 年李金昌认为资源性资产是"受人类直接或间接影响的、实际或潜在的自然资源存量，其包括一部分在经济活动参与下形成的资源存量"。它们既表现为实物量，也表现为价值量及所有者的"财产权"。这里对自然性资产的定义是比较宽泛的，没有严格区别自然资源、资产以及资源性资产三者之间的关系。2000 年谷树忠提出"资源资产是国家、企业或个人所拥有的，具有市场价值或潜在交换价值的，以自然资源形式存在的有形资产"。该定义从资源性资产产生条件出发，认为稀缺、可开发利用、产生效益和具有明确的产权归属是自然资源转化为资源性资产必须具备的四项前提，也是资源性资产具备的基本经济特征。这个定义统筹考虑了会计学中资产的含义以及经济学中自然资源的特征。《〈中共中央关于全面深化改革若干重大问题的决定〉辅导读本》的定义为：自然资源资产是指具有稀缺性、有用性（包括经济效益、社会效益、生态效益）及产权明确的自然资源。这个定义强调了自然资源资产来自自然资源，且具有稀缺、有用、产权明确的"三性"。

总体而言，学者们对资源性资产含义的理解认识基本一致，认为资源性资产是自然资源资产化的产物，是以资产形态存在的自然资源，并兼具自然与经济双重属性。我们认为，自然资源资产是具有稀缺性、产权明确、经济价值可核算并进入市场交易的自然资源。自然资源资产属于自然资源，但并非所有的自然资源都可以资产化，自然资源转化为自然资源资产是有一定条件的。

（二）自然资本

自然资本概念提出于 20 世纪 70 年代，源于可持续发展思想，它拓展了经济学中资本的内涵，为促进和衡量可持续发展目标的实现提供了一个关键工具。1973年经济学家舒马赫（E. F. Schumacher）在《小即是美》（*Small is Beautiful*）中率先提出"自然资本"一词，他认为自然资源应当被当作资产来管理，而不是一种可随意支配的收入，他呼吁政府关注本国的可持续发展而不是将不可持续的技术转移到第三世界国家。2000年，由哈佛商学院教授保罗·霍肯主笔的《自然资本论》一书出版，这本书强调，经济社会要健康发展，需要四种类型的资本共同作用，分别是：以体力劳动和智力、文化和组织形式出现的人力资本；由现金、投资和其他货币手段构成的金融资本；包括基本设施、机器、工具和厂房在内的加工资本；由自然资源、生态系统和生态系统构成的自然资本。

对于自然资本的定义，国内外学者有不同的认识与见解，有的把它等同于自然资源和环境，如清华大学胡鞍钢教授将自然资本界定为环境和自然资源的数量和质量。很多学者把它定义为自然资源及环境资产的存量，如：1996年戴利（Daly）认为自然资本是能够在现在或未来提供有用的产品或服务流的自然资源及环境资产的存量；1997年康斯坦萨（Constanza）等将自然资本定义为产出自然资源流的存量，是自身或通过人类劳动而增加其价值的自然物和环境。国际组织自然资本联盟（Natural Capital Coalition，NCC）将自然资本定义为地球上可再生和不可再生自然资源存量，如植物、动物、空气、水、土壤和矿物等，以及产生的能为人类带来利益的服务流量。称之为自然资本，一方面是突出与人类社会的关系，强调为人类提供服务的功能；另一方面是便于把这些存量和流量资产化，使其进入经济系统，与经济系统直接关联起来，成为经济社会发展的内生要素。自然资本具有一般资本的增殖性、折旧性，还具有自然生态的使用价值属性、社会属性。自然资本具有不同类别，其中对人类社会特别重要的自然资本被称为关键自然资本，主要是指人类生存必不可少的地球生命支持系统，包括洁净的空气、水，维持生命生存环境的地球养分循环等。

自然资本正在逐步进入商业项目决策、国民经济核算体系和公共政策评估制定过程，既能帮助企业将自然资本的成本纳入决策考量，以保持大自然的完整性，增强企业竞争力；又在国家层面识别、评估和重整自然资本变化和经济社会发展真实水平，探索将自然资本可纳入公共政策范围、方式方法。

（三）公共物品

一般认为，物品根据排他性（一个人使用或消费一种物品时，可以阻止另一个人使用或消费该物品的特性）、消费中的竞争性（一个人使用或消费一种物品时，就减少了其他人使用或消费该物品的特性），可以分为四种类型：①私人物品：既有排他性又有消费竞争性的物品。如冰激凌、衣服。②公共物品：既无排他性又无消费竞争性，也就是一个人享用但不影响别人的使用。如龙卷风警报器、国防。③公共资源：具有消费中的竞争性但没有排他性。也就是说你用别人也可以用，但是会相互造成影响。如海洋中的鱼。④俱乐部物品：具有排他性但没有消费中的竞争性。也就是部分人可用，多一个人用不会对别人有影响。如有线电视。公共资源与公共物品的区别就在于对其他人有没有影响，你多用，别人就得少用，就是公共资源；你用对别人用没有影响，就是公共物品。

由于公共物品没有排他性，就会出现"搭便车"问题，即人们得到一种物品的利益但并不为此支付成本。搭便车问题排除了私人市场提供公共物品的情况，政府一般通过征税的方式来支付公共物品的成本，使人人都可以获得享受该物品的收益。公共物品还会产生"公地悲剧问题"，即公地作为一项资源或财产有许多拥有者，他们中的每一个都有使用权，但没有权利阻止其他人使用，从而造成资源过度使用和枯竭。产生这些问题是因为没有明确地确定产权，导致市场不能有效地配置资源，凸显了产权明晰的重要性。

第二节　自然资源属性

关于自然资源的属性并未有统一认识，一般认为自然资源具有以下特性。

一、稀缺性

稀缺性是自然资源的固有属性，一般是指任何自然资源在数量上都是有限的，不能无节制地进行开发利用。以矿产资源为例，目前为人类广泛利用的石油和天然气，都是经过数亿万年自然环境演变后形成的，其总量十分有限，以目前人类的开发利用强度计算，在可预计的百年内就可能消耗完，短期内无法再生。即使是水流、野生动植物、太阳能和风能等自然更新速度较快的自然资源，一旦开发利用强度过高，破坏了当地的自然环境条件，一定程度上也会限制其资源量的供应。此外，自然资源的稀缺性特征还具有典型的区域效应，因为不同自然资源在每个国家、地区的分布都是不均匀的，由此带来的局部自然资源供应稀缺可称之为"相对稀缺"特征。因此，总体上看，自然资源的稀缺性和有限性属性十分突出，这也要求人类开发利用自然资源有计划、有节制，避免超过其自然更新速度的掠夺性开发，保障自然资源的永续利用。

二、系统性

自然资源是地球自然生态环境系统中的重要组成部分，各项自然资源深入参与到整个系统的运转过程之中，同时各个资源并非独立存在，而是相互联系、相互制约从而构成一个自然资源系统。例如，人类对于森林资源的采伐活动，不仅仅造成森林面积和林木数量的减少，同时还破坏了土壤状况和植被生产条件，甚至有可能影响当地的气候变化和生物多样性。自然资源与人类活动相互影响，人类活动对某一资源的开发利用不仅可能改变其他自然资源的属性和现状，同样也会反作用于人类社会活动。我国当前提出的"人与自然生命共同体"，形象地反映了自然资源整体性的特征，也警示我们要尊重自然，善待自然，科学合理开发利用自然资源。

三、地域性

自然资源本质上是地球系统形成和演化的阶段性结果，是在特定时空范围内进行的，具有明显的地域分异特征。自然资源在某些区域中是相对集中的，其空间分布并不均匀。例如，由于地形和气候的影响，我国的降水量呈现出明显的地域差异，可以分为湿润区、半湿润区、干旱区和半干旱区。还有一些特殊的植被和树种只可能出现在特定的区域，比如西藏高原的高寒草甸和灵芝就是当地独有的自然资源，其他区域不具备其生长环境。因此，在自然资源开发利用过程中要坚持因地制宜原则，促进自然资源经济效益、社会效益和生态效益的协调和统一。

四、多宜性

一般来说自然资源都具有多种功能和用途，例如，土地资源既可以开发成适宜农作物生长的耕地，为人类生存提供粮食供给，也可以开发成建设用地，为商品和服务进行市场交易提供空间载体。还能根据其自然地域特色开发成景区，为人们提供旅游休憩服务。自然资源的多宜性在一定程度上还可以相互兼容，创造出更大的价值，例如，江西婺源农用地上的油菜花，在春季就是一道靓丽的风景，是物质和生态价值统一的具体体现。但是，也并非所有自然资源的多功能都能在同一时空下实现，所以人类在开发利用自然资源时，应充分考虑不同资源功能用途的兼容性，以实现不同资源多种功能综合利用为目标，制定自然资源开发利用计划，提高自然资源利用的综合效益。

五、动态性

自然资源的动态性体现在长期自然演化和人类利用过程中发生的形态变化两个方面。自然演化的过程是漫长的，往往要经过上百万年才会逐渐发生变化。在"人类－资源生态系统"中，人类已成为十分活跃、十分重要的动因，随着人类认识能力尤其是科学技术不断进步，自然资源的概念不断演进，对自然资源的开发利用，在种类、数量、规模、范围上都不断扩展，自然资源的变动性更加明显。正的方面如资源的改良增值，人与资源关系的良性循环；负的方面如资源退化耗竭。人类应加强对自然资源动态变化特性的了解，预测人类－资源生态系统的变化，合理开发和保护自然资源，使之朝着适宜人类生存发展的方向变化。

六、社会性

自然资源与人类的社会活动紧密联系，人类活动的结果已经深深嵌入自然资源当中，才形成了当前我们认识到的自然资源现状。对自然资源的认识、评价、利用有社会性，当代地球上的自然资源绝大部分有人类活动的印记，人类活动不仅改变了动植物的生长区域、生产环境，甚至还改变了一些自然资源的物种属性。例如，当前的土地利用现状已经很难判断哪些形态是自然形成的，哪些形态是人类生产繁衍过程中开发利用的结果。自然资源还是社会生产力的组成部分，自然资源和劳动一起构成国民财富的源泉。

七、世界性

自然资源开发、利用和保护属于各国的主权，应由各个国家自己解决。但是地球上有些自然资源是国际共有的，比如大气和海洋等，只有通过国际行动才能达到合理利用与保护的目标。同时，一个国家或地区对自然资源开发利用所造成的后果往往超过该国家或地区的界线而影响世界其他国家。因此，国际上往往通过协议和公约来解决此类问题。此外，当代国际资源开发的合作、贸易和技术交流日益广泛，一个国家的资源政策和贸易价格会对整个世界产生连锁反应，因此在自然资源合理开发利用时，要立足于本国实际，还要放眼世界，才能进行科学的自然资源开发和保护行动。

此外，还有人提出自然资源具有基础性、共享性、可替代性等，即自然资源是构成生物生存环境的基本组分，如土地、水、矿产、海洋；自然资源作为生态系统的关键要素与生态产品的载体，自然资源开发利用具有高度外部性；自然资源要素间、自然资源与非自然资源之间存在互补性质或相互替代关系。

第三节　自然资源分类

自然资源分类是资源科学研究的重要内容，也是调查监测等自然资源管理的重要基础和前提。国内外众多学者、机构，根据不同目的需求和分类依据，从学理、法理、管理等角度，对自然资源进行分类，形成了多元化的分类体系。但迄今为止，国际上还未形成一套成熟的、公认的、权威的自然资源统一分类方案。

一、分类现状

（一）按照学理分类

该分类主要依据自然资源的属性用途、产生机理、分布规律等，主要服务于自然资源学科发展，主要特点是从一个角度展开，追求科学研究的严谨性和分类完整性，因此具有较强的理论性、系统性，但与自然资源管理需求衔接不足。

1. 按照自然资源的属性和功能分类

按照自然资源的稀缺性，可分为土地、矿产等稀缺资源和空气等非稀缺资源。

按照自然资源的再生性，可分为再生资源与非再生资源。

按照自然资源的社会经济属性特别是使用性质，自然资源分为公益性自然资源与经营性自然资源，前者是用于公共目的的、不以获取经济利益为目的的自然资源，如自然保护区、风景名胜区、国家地质公园、生态用水、生态用地、国家森林公园以及公益林等特殊生态保护区域和政府的各种公共用地；后者如经营性建设用地和农业生产用地以及经济林木、矿产等资源，依据不同目标和原则管理。

《大英百科全书》将自然资源分为自然生成物和环境功能，其中，自然生成物一类中包含土地资源、水资源、大气资源、岩石资源、矿物资源、生物资源及其群

集的森林资源、草场资源、矿床资源、陆地与海洋资源等。环境功能则包括太阳
能、生态系统的环境机能等。

英国学者哈格特（Haggett）根据自然资源是否具有可更新性将自然资源划分
为可更新资源、不可更新资源及其他生态环境资源。其中，可更新资源划分为直接
与间接太阳能、地热能，间接太阳能又分为地球物理过程和光合作用过程；不可更
新资源进一步划分为利用后变性或毁灭的资源和可循环利用资源（见表4-1）。

表4-1   哈格特自然资源分类

一级分类	二级分类	三级分类
可更新资源	直接太阳能	
	间接太阳能	地球物理过程（风、潮汐等）
		光合作用过程
	地热能	—
不可更新资源	利用后变性或毁灭的资源 （化石燃料资源等）	—
	可循环利用资源（金属矿物等）	—
其他	—	—

李文华等以美国学者威斯康星大学生物学教授欧文（Owen）的多级自然资源
分类体系为基础，通过简化、补充与改进提出了自然资源多级分类。该分类体系主
要根据自然资源的耗竭性特征，将自然资源首先划分为耗竭性资源和非耗竭性资
源，前者又划分为再生性资源和非再生性资源，后者划分为恒定性资源和易误用及
污染资源（见表4-2）。

表4-2   基于资源耗竭性特征的自然资源多级分类体系

一级分类	二级分类	三级分类
耗竭性资源	再生资源	土地资源
		森林资源
		作物资源
		草地和饲料资源
		野生与驯养动物资源
		水产渔业资源
		遗传种质资源
	非再生资源	能重复利用资源
		不能重复利用资源

续表

一级分类	二级分类	三级分类
非耗竭性资源	恒定性资源	太阳能
		潮汐能
		原子能
		风能
		降水
	易误用及易污染资源	大气
		水能
		江河湖海中的水资源
		广义的自然风光

2. 按照自然资源的空间分布特征分类

按照自然资源所处空间，可分为陆地资源、海洋资源、太空资源。

按照地球系统外部圈层结构，可分为矿产资源（岩石圈）、水资源（水圈）、土地资源（土壤圈）、生物资源（生物圈）和气候资源（大气圈）。

《中国资源科学百科全书》（2000 年版）依据资源的空间分布特征将自然资源划分为了陆地、海洋、太空 3 个一级类型。二级分类中陆地自然资源分为土地资源、水资源、气候资源、生物资源和矿产资源；海洋自然资源分为海洋生物、海水化学、海洋气候和海底资源。此外，三级分类还可进一步进行第四、第五级的分类。比如，土地资源分为耕地资源、草地资源、林地资源等。该分类体系系统、详细，但依然存在各级资源间属性界定不易明确的不足（见表 4 - 3）。

表 4 - 3 自然资源的多级综合分类体系

一级分类	二级分类	三级分类
陆地自然资源系列	土地资源	耕地资源
		草地资源
		林地资源
	水资源	地表水资源
		地下水资源
		冰雪资源
	气候资源	光能资源
		热能资源
		水分资源

续表

一级分类	二级分类	三级分类
陆地自然资源系列	气候资源	风力资源
		空气资源
	生物资源	植物资源
		动物资源
		微生物资源
	矿产资源	金属矿资源
		非金属矿资源
		能源资源
海洋自然资源系列	海洋生物资源	海洋植物资源
		海洋动物资源
		海洋浮游生物资源
		海水资源（或海水化学资源）
		海洋气候资源
	海洋矿产资源	深海海底矿产资源
		滨海砂矿资源
		海洋能源资源
	海底资源	—
太空（宇宙）自然资源系列	—	—

第四章

　　张文驹采取二维标准（来源和功能）建立自然资源一级分类。其中，来源方面，自上而下划分为岩石圈、水圈、大气圈、近地太空，有利于深入研究自然资源的不同来源，阐明各自形成与分布规律，有助于在体制改革中完善"体"的一面。功能方面，将开发利用的资源品种归并为自然空间本身、自然物质、自然能、自然信息，有助于深入研究自然资源的不同存在状态，正确判断开发利用中技术、经济与法理关系，有助于在体制改革中完善"制"的一面。[①]

（二）按照法理分类

　　该分类主要依据国家宪法和相关的法典、专项法律法规进行列举。该分类方式有较高的权威性，但往往缺乏系统完整性，边界不够清晰，容易产生交叉重叠和漏

[①] 张文驹. 自然资源一级分类［J］. 中国国土资源经济，2019，32（1）：4–14.

项，并且不同法律法规之间对自然资源类别表述经常不一致，影响了操作性，需要结合具体标准规范等管理分类才能有效实施。

　　一般来说，根据自然资源的所有权归属主体，自然资源大致可分为私有自然资源和公有自然资源，后者又可分为共有的自然资源和全民所有或国有自然资源。我国实行生产资料公有制，在我国，自然资源按照所有权分类，只有全民所有自然资源和集体所有自然资源两类。

　　我国宪法、民法典从所有权角度列举了各类自然资源。我国《宪法》第九条规定"矿藏、水流、森林、山岭、草原、荒地、滩涂等自然资源，都属于国家所有，即全民所有；由法律规定属于集体所有的森林和山岭、草原、荒地、滩涂除外。国家保障自然资源的合理利用，保护珍贵的动物和植物"。我国《民法典》第二百四十七条至二百五十一条规定："矿藏、水流、海域、无居民海岛、城市土地属于国家所有，法律规定属于国家所有的农村和城市郊区的土地、野生动植物资源属于国家所有，森林、山岭、草原、荒地、滩涂等自然资源属于国家所有，但是法律规定属于集体所有的除外。"此外，《土地管理法》《矿产资源法》《水法》《森林法》《草原法》《海域使用管理法》《海岛保护法》《野生动物保护法》《野生植物保护条例》等单门类法律法规对土地、矿产、水等自然资源的所有权及其二级分类进行规定。

　　除了法律有明确规定的自然资源之外，还存在一些法律没有明确规定或界定的自然资源，如无线电频谱、气候资源、太空资源等，即非传统自然资源。我国《民法典》《无线电管理条例》规定无线电频谱资源属于国家所有，但并未明确无线电频谱是否属于自然资源，学界也存在争议，中办、国办《关于创新政府配置资源方式的指导意见》（2017）明确无线电频率属于非传统自然资源，要求推进市场化配置进程。我国《气象法》对气候资源开发利用和保护进行了规定，但未明确所有权归属和是否属于自然资源。太空资源是否属于自然资源、所有权及其管理等均缺乏相关规定。

　　从国外来看，俄罗斯法律以列举的方式将自然资源分为土地、森林、矿藏、水和自然保护区等5类；德国涉及的自然资源包括狩猎、自然景观、土地、水资源等；巴西在其自然资源管理过程中也枚举了包括湖泊、河流及所有陆地上的水路，水域及毗邻的陆地及河滩，潮汐土地及冲积形成的土地，矿产资源等在内的9类自然资源。①

---

①　封志明，肖池伟．自然资源分类：从理论到实践、从学理到管理［J］．资源科学，2021（11）：2147－2159．

（三）按照管理分类

按照管理分类主要根据政府相关部门管理需要对自然资源进行的分类，其目的是满足自然资源管理实践。该分类与各国自然资源国情、体制等密切相关，并与法理分类及自然资源部门设置有密切联系。

改革开放以来，我国自然资源管理机构经过多次调整，自然资源管理体制总体上呈现由分散管理到统一管理的趋势。1988 年，国务院第二次机构改革，组建地质矿产部、水利部、林业部、农业部、国家土地管理局、国家海洋局、国家气象局，分别管理地质矿产资源（包括矿产资源、地下水）、水利资源（包括水域空间、地表水、江湖水能）、森林资源、草原资源、土地资源、海洋资源和气象资源。1998 年国务院机构改革组建国土资源部，保留国家海洋局和国家测绘局，作为其管理的国家局，自然资源实现相对集中管理，但依然保留了不同的自然资源分类管理体系，由于各自然资源分管部门的管理需求不同，其自然资源分类原则、标准、方法不一，导致自然资源调查统计数据相互间缺乏可比性。2016 年，国土资源部、中央编办、财政部、环境保护部、水利部、农业部、国家林业局联合印发《自然资源统一确权登记办法（试行）》，提出"对水流、森林、山岭、草原、荒地、滩涂以及探明储量的矿产资源等自然资源的所有权统一进行确权登记"。2018 年组建自然资源部，实现了传统主要自然资源的统一管理。土地、矿产、水、森林、草原、湿地、海域、海岛、野生动植物、自然保护地、无线电频谱、气候、空域等自然资源进一步细化并分别由自然资源部、农业农村部、水利部、国家林业和草原局、生态环境部、工业和信息化部、气象局、国家航天局等部门或机构管理。2020 年，自然资源部印发《自然资源确权登记操作指南（试行）》，提出"对水流、森林、山岭、草原、荒地、滩涂、海域、无居民海岛以及探明储量的矿产资源等自然资源的所有权和所有自然生态空间的确权登记"。

过去的管理体制下形成了多门类的分类标准，自然资源部成立后积极整合原分类标准，推进自然资源统一标准体系建设。涉及土地的有土地利用现状分类、城市用地分类与规划建设用地标准、城市绿地分类标准、土地利用总体规划编制规程等；涉及土壤的有土壤分类与代码；涉及矿产的有矿产资源分类细目、固体矿产资源储量分类、油气矿产资源储量分类等；涉及森林的有林业资源分类与代码（含森林类型、自然保护区）、林地分类、林种分类、森林资源连续清查技术规程，以及 2022 年全国森林、草原、湿地调查监测技术规程等；涉及草原的有草地分类、草原资源和生态监测技术规程，以及 2022 年全国森林、草原、湿地调查监测技术规程等；涉及水的有水资源公报编制规程、地下水资源储量分类分级、水资源论证分类等；涉及湿地的有湿地分类，2022 年全国森林、草原、湿地调查监测技术规程等；涉及海洋的有海域使用分类、海洋功能区划技术导则、海洋特别保护区分类、海洋产业分类等；涉及野生动植物的有国家重点保护野生动物名录、国家重点保护野生植物名录，以及有重要生态、科学、社会价值的陆生野生动物名录等；涉及自然保护地的有国家公园设立规范、自然保护区分类、风景名胜区分类等。此外，综合性的有国土"三调"工作分类，国土空间调查、规划、用途管制用地用海分类指南等。

国际组织方面，联合国粮农组织将自然资源划分为土地、森林、水、牧地饲料、野生动物、鱼类及种质遗传等资源。联合国经济及社会理事会设置主要包括经济/商业存续性、矿产项目状态可行性和地质认识程度三个维度的能源和矿产资源分类框架。《国民经济核算体系（2008）》将自然资源分为土地、矿产和能源储备、非培育性生物资源、水资源和其他自然资源。联合国《环境经济核算体系——中心框架》（2012 年）中将自然资源划分为矿产和能源、土地、土壤、木材、水产、水资源及其他生物资源等 7 类。国外根据自身政治体制、资源特点和管理需要，设置了各具特色的自然资源管理部门。有相对统一管理的，例如，俄罗斯设立自然资源和环境部，美国设立内政部，加拿大设立自然资源部。也有分散管理的，例如，日本设立国土交通省（土地、水、海洋）、经济产业省（矿产、能源、核能）、农林水产省（农地、林草、水产）、环境省（动植物、自然保护区和自然公园、环境保护）。

我国现行自然资源分类仍存在一些不足，主要体现在：

一是存在分类交叉或遗漏。由于自然资源的多样性、复杂性、区域性、动态性等特征，以及人们认识的局限性，难免产生自然资源分类的交叉、遗漏等问题。而且我国长期实施自然资源分散管理，各部门根据各自管理需要，依据不同目的、角度、原则等制定各自的分类标准规范，导致自然资源分类既有交叉重叠、又存在遗漏，相互难以衔接，影响分类的准确性和权威性。同时，自然资源的空间分布特性本身就易产生交叉和重叠，同一空间常存在多种自然资源类型，比如土地与矿产，水与湿地，也导致划分各类资源要素时边界定义常混淆不清。

二是分类等级和详略不对称。不同门类自然资源分类标准的强制性程度不同，有的属于国家强制性标准，有的属于推荐性标准，有的属于行业标准，各类标准的执行程度不同。由于各部门分类的关注重点不同，同类资源在不同分类标准中的级别不对称，如土地利用现状分类将沼泽草地、沼泽地（含草本沼泽）划分为二级类，而湿地分类中将"草本沼泽"划分为三级类，这导致不同分类的详细程度不同，也可能导致不同数据之间的匹配性和可比性较差，影响对自然资源的综合分析和评价。[1]

三是生态性体现不足。国际上普遍重视自然资源的生态属性或因素，并在分类中予以体现。而我国当前自然资源分类更注重自然资源社会经济属性，对其生态环境价值考虑不多，不能适应建设生态文明要求，如自然保护地、国家公园等如何在分类中体现，有待进一步深入研究。

二、自然资源综合管理的需求

当前，山水林田湖草沙生命共同体理念已逐步深入人心，成立自然资源部标志着我国自然资源统一管理体制已迈出坚实的一步，这对统一自然资源分类标准提出了迫切要求。过去单纯围绕单一层面进行的学理、管理分类难以适应这一需求。目前各分类体系之间划分方法、划分层级等方面均不统一，很难做到相互兼容，因此迫切需要构建一套能够服务于中国自然资源统一管理的分类标准和体系。

（一）山水林田湖草沙生命共同体理念深入人心

党的十八大以来，习近平总书记从生态文明建设的视角提出"山水林田湖草沙是生命共同体"的论断，深刻指出"人的命脉在田，田的命脉在水，水的命脉在山，山的命脉在土，土的命脉在林和草"[2]，强调坚持山水林田湖草沙一体化保护和系统治理。党的二十大提出"要推进美丽中国建设，坚持山水林田湖草沙一体化保护和系统治理"。这要求我们面对自然资源和生态系统，一定要树立大局观、算长远账、算整体账、算综合账。

（二）自然资源综合管理实践逐步深入

2018 年党中央实施国家机构改革，组建自然资源部并赋予其统一行使全民所有土地、矿产、森林、草原、湿地、水、海洋等自然资源资产所有者职责，统一行使所有国土空间用途管制和生态保护修复职责，以解决自然资源所有者不到位、空间规划重叠等问题。要求强化顶层设计，进一步加强自然资源保护和合理开发利用，实现整体保护、系统修复、综合治理，建立统一规范的自然资源调查监测评价制度，强化自然资源管理规则、标准、制度的约束性作用。2019 年中办、国办印发的《关于统筹推进自然资源资产产权制度改革的指导意见》提出"加快研究制

① 邓锋. 自然资源综合分类面临的问题及其完善建议［J］. 中国土地，2020（5）：20 – 22.
② 中共中央宣传部，中华人民共和国生态环境部. 习近平生态文明思想学习纲要［M］. 北京：学习出版社，人民出版社，2022：71.

定统一的自然资源分类标准，建立自然资源统一调查监测评价制度"。

2020 年，自然资源部印发《自然资源调查监测体系构建总体方案》，提出"以自然资源科学和地理系统科学为理论基础，建立以自然资源分类标准为核心的自然资源调查监测标准体系""按照山水林田湖草是一个生命共同体的理念，研究制定自然资源分类标准""重构现有分类体系，着力解决概念不一、内容有交叉、指标相矛盾等问题，体现科学性和系统性，又能满足当前管理需要"。围绕土地、矿产、森林、草原、水、湿地、海域海岛七类自然资源的调查监测体系进行顶层设计，通过构建自然资源调查监测体系，统一自然资源分类标准，准确掌握国家自然资源真实状况。同时，该方案以立体空间位置作为组织和联系所有自然资源的基本纽带，按照三维空间位置，对自然资源信息进行分层分类，共分为地表基质层（下设地下资源层）、地表覆盖层、管理层等层次。

2021 年，自然资源部印发《自然资源调查监测标准体系（试行）》，构建了包含通用、调查、监测、分析评价、成果及应用 5 个大类、22 个小类的标准体系。其中，自然资源分类属于通用类标准中分类小类之一。

近年来，自然资源部、国家林业和草原局等逐步实现森林、草原、湿地统一调查监测，做到统一工作部署、统一分类标准、统一调查底图、统一成果发布。

（三）科技进步提供有力支撑

地球系统科学理论的发展，卫星遥感、网络通信等现代科技进步为自然资源科学分类提供了强有力支撑，深地探测、深海极地探测、深空对地观测等技术不断取得新突破，以自然资源调查监测、国土空间优化管控、生态保护修复技术体系为主体的自然资源科技创新战略持续实施。2021 年，自然资源部印发《自然资源三维立体时空数据库建设总体方案》，积极推动自然资源三维立体时空数据库和数据库管理系统建设。

三、近期的研究探索

（一）初步研究探索

陈长成等以土地资源为分类基础，充分衔接土地利用现状分类等现行用地分类标准，依据"综合性、事权化和一级并列"的原则，构建了有效服务国土空间规划的自然资源分类，包含耕地资源、湿地资源、林地资源、草地资源、矿产用地资源、海洋资源、建设用地资源和自然保留地资源 8 个一级类、37 个二级类。①

孙兴丽按照新旧分类有效衔接以及学理、法理、管理分类有机结合的分类原则，构建了面向自然资源统一管理的自然资源分类体系。② 其中，一级类依据空间属性划分为陆地资源、海洋资源和气候资源 3 个。二级类依据资源要素进行划分为耕地资源、森林资源、草原资源、建设用地资源、保留地资源、陆表水资源、固体水资源、可开采利用矿产资源、具开发利用潜能的地下资源、海底矿物资源、海洋生物（水产）资源、海岸带资源、海岛资源、气候资源等 15 个。三级类依据用途和功能划分为 53 个。

郝爱兵在系统梳理国内外自然资源分类体系基础上，以地球系统科学理论为指导，基于自然资源内涵，充分考虑有关法律规定和政府管理职责，提出了地球圈层与自然资源分层分类关系基本框架方案，初步划分了 10 个一级类和相应的 34 个二级类。③ 与此类似，张洪吉提出了自然资源的一、二级分类体系，按照地上空间层、地表覆盖层、地表基质层和地下资源层四个分层，将自然资源分为气候资源、（地上）空域资源、土地资源、水资源、（陆地）生物资源、海洋资源、地表基质、矿产资源、地下空间资源 9 个一级类，耕地资源、林地资源等 32 个二级类。④

陈国光等从自然资源管理需求、相关立法分类入手，以自然资源空间为基础，遵循"属性与功能并重、与国家法律相衔接、与以往专业调查成果对接"的分类原则，探索性地建立了以空间分布为基础的，包含土地、湿地、草地、海域海岛、水、森林、矿产 7 个一级分类，以自然资源属性和功能划定相结合的 16 个二级分类，以与国土三调分类结果相对接的三级分类体系。⑤

柯贤忠根据自然资源的学理、法理、管理内涵和前人的分类现状，梳理自然资源学理和管理逻辑上的本质特征，提出了五级学理分类方案和三级的管理分类方案。⑥ 其中，学理分类方案中一级分类根据自然资源本质上表现形式的差异，划分为物质资源、能量资源和空间资源 3 类；二级分类根据自然资源表现形式的差异，划分为气态物质、液态物质、固态物质、太阳辐射、水能、风能等 10 类；三级分

① 陈长成，邓木林，朱江. 面向国土空间规划的自然资源分类 [J]. 国土与自然资源研究，2019 (5)：9 - 14.

② 孙兴丽，刘晓煌，刘晓洁，等. 面向统一管理的自然资源分类体系研究 [J]. 资源科学，2020，42 (10)：1860 - 1869.

③ 郝爱兵，殷志强，彭令，等. 学理与法理和管理相结合的自然资源分类刍议 [J]. 水文地质工程地质，2020，47 (6)：1 - 7.

④ 张洪吉，李绪平，谭小琴，等. 浅议自然资源分类体系 [J]. 资源环境与工程，2021，35 (4)：547 - 550.

⑤ 陈国光，张晓东，张洁，等. 自然资源分类体系探讨 [J]. 华东地质，2020，41 (3)：209 - 214.

⑥ 柯贤忠，陈双喜，黎清华，等. 新时期面向管理的自然资源分类 [J]. 安全与环境工程，2021，28 (5)：145 - 153.

类根据自然资源属性的差异，划分为空气、气态矿产、液态水、液态矿产、固态水、生物等18类；四级分类依据自然资源属性的差异和组成，分为气态能源矿产、其他气态矿产资源等36个；在自然资源四级分类的基础上进一步细分为251个五级分类。管理分类方案共包含14个一级类、50个二级类和100多个三级类。

沈镭等从空间、属性、用途、管理等视角提出了一个含有3个一级类、11个二级类、62个三级类的新分类方案。其中，根据自然资源所处的空间或环境分为陆域、海域、环境条件。根据自然资源的物理属性和地理空间或环境条件，细分为二级类。再根据用途（如用地、用海）、属性（物质产品、提供能量、提供环境条件），进一步划分为三级类。[①]

邓锋等运用学理、法理和管理三维理念重构了自然资源综合分类框架，以纳入综合管理的8类自然资源为对象，按照三级分类标准，探索性建立了包括8个一级类、35个二级类和163个三级类的自然资源分类框架体系。[②]

以上研究探索根据不同的理论方法，服务不同用途等，提出了自然资源统一分类体系，形成了具有参考价值的研究成果。但是自然资源统一分类是一项基础性、复杂性、长期性工作，随着科技进步和管理实践进展，自然资源分类研究还将不断深化、逐步完善。

（二）关于自然资源分类基本问题的思考

（1）关于基本思路。自然资源综合分类应以山水林田湖草沙"生命共同体"理念、地球系统科学圈层关系和自然资源空间立体分层等为基础，总结、吸收国内外自然资源学理、法理和管理分类成果，分析现有分类存在的概念内涵不统一，交叉遗漏等不足和现有相关工作基础，遵循系统性、科学性、完整性等原则，构建多层级、全覆盖的自然资源统一分类体系，为自然资源调查监测体系、确权登记、国土空间规划、生态保护修复等自然资源统一管理工作提供有力支撑。

（2）关于基本原则。自然资源统一分类要遵循一定的原则，主要包括：一是系统性，即分类方案要以系统论为指导，以山水林田湖草沙"生命共同体"理念、"地球系统科学"圈层关系和自然资源立体空间分层为指导，将自然资源视为一个整体系统，层次清晰，覆盖主要的自然资源门类。二是科学性，即分类方案要对各类自然资源的属性及内涵进行科学定义，各项资源类别之间边界要清晰分明，同时每一类型的划分逻辑或标准应尽量保持一致，每一级分类标准遵从同一个分类原

---

① 沈镭. 自然资源分类相关问题探讨及新分类方案构建［J］. 资源科学，2021，43（11）：2160-2172.
② 邓锋. 自然资源分类及经济特征研究［D］. 北京：中国地质大学，2019.

则，确保分类在科学上保持一致。三是完整性（全面性），即分类方案要尽量涵盖不同门类自然资源的所有类别，尽可能做到将任意一种自然资源划归到某一特定的类别当中，不重不漏。四是协调性，即分类方案既要吸收已有自然资源调查监测、确权登记、用地用海等分类标准规范和研究成果，也要衔接相关法律法规关于自然资源分类的有关规定，着眼于自然资源管理工作需要。五是渐进性，即分类方案在追求完整全面的同时，也要根据管理需求和工作基础，突出重点和特色，循序渐进，逐步地解决各种问题。对于当前及可预期的未来需要，管理基础较好的，尽可能细分。对于重点关注或是具有重要价值的自然资源，应当单独划分为一类。

（3）关于分类层级。一级分类可按照空间分布，分为地球上的自然资源和外太空的太空资源，自上而下包括太空资源、大气圈的自然资源、水圈的自然资源、生物圈的自然资源、岩石圈的自然资源。二级分类结合《自然资源调查监测体系构建总体方案》的空间信息分层分类，按照自然资源的表现形式和法理、管理分类，分成气候资源、土地资源、矿产资源、森林资源、草原资源、湿地资源、水资源、海域、海岛、地下空间等。三级分类结合自然资源用途和现有各类分类标准进一步细分，比如，矿产资源分为能源矿产、金属矿产、非金属矿产、水气矿产。四级分类按照自然资源自然属性进一步细分，比如金属矿产可进一步分为铁、锰、铬、铜、铅、锌等。五级分类可根据管理需要，按照社会经济属性等进一步细分，比如，按照所有权权属，分为国有、集体所有等；按照不同探明掌控程度，矿产资源可分为不同储量级别。

第 四 章

第五章 | 自然资源产权

产权问题是经济学的核心问题，产权制度是社会主义市场经济的基础性制度，统筹推进自然资源资产产权制度改革是当前的重大改革任务。本章首先阐述了自然资源资产产权制度的基本概念和制度建设情况，构建了产权制度框架；其次，分析了自然资源资产产权制度建设的关键环节——国家所有权实现，提出了实现主体，设计了实现形式和路径；最后，从理论法理和试点实践两个层面，论述了国家所有权实现的主要路径——所有权委托代理机制构建思路。

第一节　自然资源资产产权制度

一、自然资源资产产权基本概念

（一）产权

马克思主义认为，产权是经济所有制关系的法律表现形式，是基于所有权，包括占有权、支配权、使用权、经营权、继承权和剩余索取权及不可侵犯权等一系列权利关系，是一组"权利束"。产权作为所有制的核心和主要内容，包括物权、债权、股权和知识产权等各类财产权。

产权源自所有权，是可以分解的，但当它们完整地集中于一个主体时，就与所有权重合；所有权出发点是物的归属，产权出发点是物的利用；所有权是绝对或普遍的权利，产权是相对权利；可交易性是产权本质特征，还有可分割性、排他性等，而所有权则不可让渡、不可分割，具有统一性、唯一性。产权和物权都是有关特定财物的归属权，但是物权指直接支配有体财物的权利，不包括无体财物（如发明或著作等知识产权），而产权包括有体产权和无体产权，因此产权概念的外延要比物权宽泛。

产权制度是对财产关系进行合理有效组合和调节的制度安排，具体表现为以特定的生产资料所有制为基础，对财产占有、支配、使用、收益和处置过程中所形成的各类产权主体的地位、行为权利、责任、相互关系等加以规范的法律制度。产权制度的作用在于赋予产权主体占有的合法性，明晰产权主体及其关系，激励产权主体高效率利用和有效保护资产。一般认为，产权制度有四大功能：一是激励功能，即通过法律对产权的确认和保护，促使财产占有主体使用产权来谋取自身利益；二是约束功能，即通过产权确立对产权主体权利与责任的界定和对非产权主体侵权行为的排他性约束；三是资源配置功能，即通过产权制度对稀缺资源的占有、使用、交易、收益等行为的稳定秩序规范来解决人们之间的利益矛盾从而促使资源合理配置；四是预期功能，即稳定且科学的产权制度会有力促使人们增加财富和有效利用资源，谋划长期的经济活动。产权制度是社会主义市场经济的基础性制度。2013年，党的十八届三中全会通过的《中共中央关于全面深化改革若干重大问题的决定》重申"健全归属清晰、权责明确、保护严格、流转顺畅的现代产权制度"。

（二）权利、权力、权益

权利是法律概念，指由法律赋予人们做什么或不做什么以及要求他人做什么或不做什么的能力。权利是一种社会关系，其主体是公民、法人或其他组织，如民主权、人身自由权、通信自由权、财产所有权，经审批而享有的经营权、使用权等等。社会关系必须有对应的双方，亦即所说的权利一方有权要求对应一方"做出一定行为"，以保障其权利的实现，或者有权要求对应一方"不做出一定行为"。

权力是一个政治概念，是一个国家的政权分配方式，是掌握国家政权的国家机关或工作人员所拥有的。在我国，国家的一切权力属于人民，人民行使当家作主的权利，人民依据宪法和法律将国家权力赋予行政机关、审判机关、监察机关和其他机关，这些国家机关依据宪法和法律行使权力。权力有大小，但都是人民赋予的，都必须代表人民意志，为人民利益服务。权力与责任是相对应的，它表明了约束权力的方式和途径。拥有多大的权力，就要承担多少责任。

所谓权益，是指权利的效应，享受权利而产生的利益。权益是权利和利益的结合体，是法律概念。当公民的合法权利受到侵害时，公民有权依据法律规定，要求侵害人停止侵害，赔偿损失，承担相应法律责任的权益，即受害人获得相应的补偿，维护公民的合法权益。因为权利只是一种社会关系，是抽象的，往往是看不见、摸不着的。权利是否实现，反映在效益上。权利产生的效益是权利享有者的最终目的。

权力是相对于国家、人民而言，权利是相对于公民而言；权利是自下而上的，它强调个人利益的在国家法律下的维护；权力概念中同样蕴含着利益的诉求，只是这种利益诉求是建立在武力或者暴力的基础上。权益与权利紧密相连，区别在于前者直接体现出利益的诉求，权利本身不等于利益，权利是法律所赋予主体的一种获得利益的资格，权利的获得并不意味着利益的必然获得，行使权利并不必然给权利人带来利益。

（三）自然资源资产产权

自然资源资产产权是国家、集体或个人对某种自然资源资产（或某一地域范围内的自然资源资产）形成的一组排他性的权利，是自然资源资产所有、占有、处分、受益等权利的总和。自然资源资产产权包括所有权和用益物权两个方面，也就是说所有权和用益物权两种权利并存于自然资源上。自然资源资产产权按资源种类可分为土地、矿产、水、森林、草原、海洋等产权，其中土地资源资产产权往往是其他资源资产产权的基础和载体；按产权主体可以分为公有、私有、共有，在我国没有私有产权的自然资源资产，全部为公有，包括国家所有和集体所有两种形式。自然资源资产及其产权制度安排是一国经济增长与发展的决定性因素，在任何国家都占有突出的位置。

谷树忠[①]认为，自然资源资产产权具有如下特性：从产权客体流动方式看，以固定资产产权为主，尤其表现为不动产产权；从客体的形态看，是有形产权与无形产权的混合；从产权具体实现形态看，以物权为主，同时也表现为债权及股权；具有突出的空间毗邻性、时间关联性和类别关联性特征；权利集束的可分离性，即自然资源所有权与使用权、收益权的分离，以及所有权与处分权的分离等。

自然资源资产产权制度是加强生态保护、促进生态文明建设的重要基础性制度[②]，是关于自然资源资产产权的形成、设置、行使、转移、结果、消灭等的规定或安排。自然资源产权管理主要涉及资产清查与评估、登记、确权、产权流转、资源产权的使用权和收益权分配、使用权监管等内容。党的十八届三中全会通过的《中共中央关于全面深化改革若干重大问题的决定》明确提出："健全自然资源资

① 谷树忠．关于自然资源资产产权制度建设的思考［J］．中国土地，2019（6）：4－7．

② 《关于统筹推进自然资源资产产权制度改革的指导意见》，2019年4月，中共中央办公厅、国务院办公厅印发。

第 五 章

产产权制度和用途管制制度。……形成归属清晰、权责明确、监管有效的自然资源资产产权制度。"2019 年中共中央办公厅、国务院办公厅印发的《关于统筹推进自然资源资产产权制度改革的指导意见》要求"加快构建系统完备、科学规范、运行高效的中国特色自然资源资产产权制度体系,"并将自然资源资产产权制度的特征概括为"归属清晰、权责明确、保护严格、流转顺畅、监管有效"。

(四) 自然资源资产所有权、使用权与自然资源监管权

所有权是指财产所有人有权任意处置自己的财产的权利,即依法享有占有、使用、收益和处分,并排除他人干涉的权利。所有权的取得、转移与行使,都必须符合法律的规定。《民法典》对所有权的一般规定、所有权取得的特别规定、国家所有权和集体所有权及私人所有权都有专章规定。《民法典》第二百四十条规定:"所有权人对自己的不动产或者动产,依法享有占有、使用、收益和处分的权利。"根据《中华人民共和国民法典(实用版)》的条文"理解与适用",占有,就是对于财产的实际管理或控制,拥有一个物的一般前提就是占有,这是财产所有者直接行使所有权的表现。使用,是权利主体对财产的运用,发挥财产的使用价值。收益,是通过财产的占有、使用等方式取得经济效益。处分,是指财产所有人对其财产在事实上和法律上的最终处置。《民法典》第二百四十一条规定"所有权人有权在自己的不动产或者动产上设立用益物权和担保物权。用益物权人、担保物权人行使权利,不得损害所有权人的权益"。

自然资源资产的所有权是自然资源资产的所有者对自然资源资产依法所享有的占有、使用、收益和处分的权利,是自然资源资产所有权制度在法律上的反映和确认。我国《宪法》《民法典》和自然资源单项法等明确了全民所有自然资源资产所有权的主体、客体、权能、保护、司法救济等内容。自然资源资产所有权与自然资源资产用益物权和自然资源资产抵押权共同构成了自然资源资产物权。我国自然资源资产所有权分为国家所有(即全民所有)与集体所有两种形式,国家所有的自然资源资产由国务院代表国家行使所有权。2018 年《自然资源部职能配置、内设机构和人员编制规定》明确的自然资源部主要职责的第一条就是"履行全民所有土地、矿产、森林、草原、湿地、水、海洋等自然资源资产所有者职责和所有国土空间用途管制职责"。2019 年中共中央办公厅和国务院办公厅印发的《关于统筹推进自然资源资产产权制度改革的指导意见》规定,由国务院授权国务院自然资源主管部门具体代表统一行使全民所有自然资源资产所有者职责。

自然资源资产所有权除了具备一般所有权的完全性、整体性、恒久性等特点之外,还具有特殊性,主要是主体、客体、性质和流转等方面的特殊性。从自然资源

资产所有权的主体来看，我国实行社会主义公有制，国有自然资源资产的主体是全体人民，体现了全民性；从自然资源资产所有权的客体来看，自然资源资产明显不同于一般的物，具有自然性、整体性、生态性和公共性等特征；从性质来看，自然资源资产所有权特别是全民所有自然资源资产所有权，兼具私权和公权特征。一方面，所有权是《民法典》物权编的重要内容，以获取最大经济利益为目的，这符合私权的基本精神。另一方面，自然资源资产具有公共物品特征，是经济社会发展的重要物质基础，绝大多数国家都通过立法确认自然资源作为社会财富归全民所有或者国家所有。联合国大会在 1962 年 12 月 14 日通过的《关于自然资源永久主权的决议》明确了自然资源具有主权性政治特征，决定了自然资源的公权性。在流转方面，国有自然资源资产所有权不能流转，集体自然资源资产只能在一定条件下由国家将其征收为国家所有。《宪法》第十条第三款规定"国家为了公共利益的需要，可以依照法律规定对土地实行征收或者征用并给予补偿"。《民法典》第二百四十三条规定"为了公共利益的需要，依照法律规定的权限和程序可以征收集体所有的土地和组织、个人的房屋以及其他不动产"。

自然资源资产的使用权是自然资源资产使用权人依法对自然资源资产进行实际利用并取得相应收益的权利，是自然资源资产占有权、部分收益权和不完全的处分权的集合，是自然资源资产使用制度在法律上的体现。我国自然资源资产所有权的公有性质决定了我国自然资源资产实行所有权与使用权分离的产权制度，通过保障和促进自然资源资产使用者合法权益并借此实现国家自然资源资产所有权益。自然资源使用权依登记生效主义等原则，通过有偿出让、行政许可或者公示登记等形式，从自然资源所有权中分离出来并享有对自然资源的占有、使用、收益和相应的处分权能，使用权人借此权利依法开发利用资源，在实现自身经济收益的同时，负有遵守法律规定不破坏浪费资源、影响其用途而导致功能性损害的义务。在特定情况下，出于公共利益的需要，国家可以依政治权力对自然资源使用权实施行政征收或者征用，但应依法给予经济补偿[①]，如我国《宪法》第十条规定"国家为了公共利益的需要，可以依照法律规定对土地实行征收或者征用并给予补偿"。

自然资源监管权与自然资源资产所有权紧密相关。2013 年，习近平总书记在《关于全面深化改革若干重大问题的决定的说明》中指出"国家对全民所有自然资源资产行使所有权并进行管理和国家对国土范围内自然资源行使监管权是不同的，前者是所有权人意义上的权利，后者是管理者意义上的权力。这就需要完善自然资

---

①　刘欣. 民法典视域下自然资源资产产权制度理论分析［J］. 中国国土资源经济，2021（8）：4－14，36.

源监管体制，统一行使所有国土空间用途管制职责，使国有自然资源资产所有权人和国家自然资源管理者相互独立、相互配合、相互监督"①。这段话清晰阐明了全民所有自然资源资产所有权与自然资源监管权的内涵、区别与联系。我们认为，自然资源监管权是国家作为国土范围内全部自然资源监管者所具有的行政监管权力，其出发点不是自然资源所有者而是公共事务管理者，是对自然资源公共事务进行监督和管理的强制力量和支配力量，包括用途管制、执法监察、行业监管等行政监管职责。

自然资源资产所有者在对自然资源资产进行配置和处置时应受到限制，要符合用途管制要求和保护生态环境等公共利益需要；自然资源监管者也不得超越用途管制要求，干预自然资源资产所有者依法行使权利。自然资源资产所有者以自然资源资产的保值增值为主要目标，自然资源监管者以自然资源的可持续利用和生态保护为主要目标，二者之间要建立沟通协商和监督制约机制，实现信息共享，确保两个方面工作目标的对立统一。

（五）自然资源资产所有者职责

2013年，党的十八届三中全会通过的《中共中央关于全面深化改革若干重大问题的决定》在党的重要文件中首次提出了"所有者职责"概念，要求"健全国家自然资源资产管理体制，统一行使全民所有自然资源资产所有者职责"。2017年，党的十九大再次提出"统一行使全民所有自然资源资产所有者职责"。2021年《全民所有自然资源资产所有权委托代理机制试点方案》正式明确了全民所有自然资源资产所有者职责的内涵为"主张所有、行使权利、履行义务、承担责任、落实权益"，其中：

主张所有，包括摸清家底、确权登记和清查统计等。对自然资源资产的数量、范围、用途进行统一调查或委托调查，并划清边界、确认权属，将所有权登记在相应的所有者名下。

行使权利，包括行使占有权（实际控制）、使用权（直接使用）、收益权（征缴资源资产收益）、处分权（依法处置，设立用益物权、担保物权以及地役权、捕捞权、狩猎权等他物权）等。加快推进经营性自然资源资产所有权和使用权的分离，全面建立以有偿使用制度为核心、覆盖各类自然资源资产的配置制度。所有者可以通过法律、契约等意思表示设立、变更、终止民事法律关系，并且可以附条件、附期限；可以通过代理人实施民事法律行为。

① 习近平著作选读（第一卷）[M]. 北京：人民出版社，2023：173.

履行义务，鉴于自然资源具有外部性和公共物品属性等特点，所有者代理人在对自然资源资产进行配置和处置时应受到一定限制，要符合用途管制要求和保护生态环境等公共利益需要，保障自然资源合理利用；遵循公平诚信原则，切实履行法律规定和民事双方约定。

承担责任，包括承担向全国人大报告国有自然资源资产的责任；承担对自然资源资产损害和生态环境破坏的发现、核实和追偿责任与生态补偿责任，对造成资源环境损害的相对人提起生态环境损害诉讼。当权利受到侵害，可以提请民事诉讼，承担原告角色，造成损失的先于行政、刑事诉讼受偿。如所有权人违反法律规定或合同约定，也应承担相应的法律责任。

落实权益，包括保护自然资源资产所有者权益，依法收缴国有土地、矿产资源等收益，公平分享自然资源资产收益，履行自然资源资产出资人职责。既包含依法收取资产收益、享有经济利益的过程，也包含建立管理制度、保值增值、对代理人进行监管考核等行为，以及为了防止权益被侵害而开展的保护性或防卫性工作等，当代理人越位、缺位时，可暂停代理并追究其责任。

（六）全民所有自然资源资产委托代理

一方（代理人）以他方（委托人）的名义，在委托权限内与第三方发生法律行为，其法律后果属于委托人承担的法律关系，称为代理关系。委托代理关系只是代理关系中的一种，在委托代理关系中，委托人与代理人之间具有一种内部授权关系，它是基于代理权而形成的委托人与代理人之间的契约关系。从法律的角度来看，委托代理是代理人根据委托人委托的意思表示，代理人接受此项委托，双方意思表示一致，便可建立委托代理契约，形成委托代理关系。在代理关系中，至少要有代理人、被代理人和相对人三方当事人。以他人的名义为他人实施民事法律行为的人为代理人，为代理人所代理并承受该行为法律后果的人为被代理人，与代理人为民事法律行为的第三人为相对人。委托人和代理人既可以是一个人，也可以是一个组织。

我国《民法典》对委托代理关系有明确规定，如第一百六十一条规定"民事主体可以通过代理人实施民事法律行为"。第一百六十三条规定"代理包括委托代理和法定代理。委托代理人按照被代理人的委托行使代理权。法定代理人依照法律的规定行使代理权"。第一百六十二条规定"代理人在代理权限内，以被代理人名义实施的民事法律行为，对被代理人发生效力"。第一百六十九条规定"代理人需要转委托第三人代理的，应当取得被代理人的同意或者追认"。

从经济学角度，委托代理是指社会化大生产条件下资产所有者与使用者（经营者）之间通过契约明确界定双方权责利关系形成相互制约、相互激励的组织机制，是生产社会化程度提高带来的资本高度集聚、经营高度专业化带来的产权关系分离与整合结果。所有者是委托人，经营者是代理人。

国有资产所有权委托代理：国有产权的特点决定了其实现方式的本质都是某种委托代理关系。由于全体人民作为国有资产的所有者并不能直接行使所有者的职能，每个公民也不可能直接参与国有资产的经营和管理，而政府是公共权力的行使者，一般通过人民代表大会授权，使其成为全民财产的代理者。《民法典》第二百四十二条规定"法律规定专属于国家所有的不动产和动产，任何组织或者个人不能取得所有权"。第二百四十六条规定"法律规定属于国家所有的财产，属于国家所有即全民所有。国有财产由国务院代表国家行使所有权。法律另有规定的，依照其规定"。这确定了国务院作为国有资产的代表来行使所有权。对于社会主义国家而言，以市场为取向的经济体制改革并不是消除国有产权委托代理制度，而是将计划经济体制下的行政性委托代理契约转变为市场性的委托代理契约。并且按照"国家所有，分级管理"的原则，确立国有资产委托代理关系以及管理体制。根据《中华人民共和国企业国有资产法》，国务院和地方人民政府依照法律、行政法规的规定，分别代表国家对国家出资企业履行出资人职责，享有出资人权益。国务院国有资产监督管理机构和地方人民政府按照国务院的规定设立的国有资产监督管理机构，根据本级人民政府的授权，代表本级人民政府对国家出资企业履行出资人职责。

全民所有自然资源资产所有权委托代理：全民所有自然资源资产是国有资产的重要组成部分，也同样存在所有权委托代理关系。2018 年，《中共中央关于深化党和国家机构改革的决定》要求组建自然资源部来统一行使全民所有自然资源资产所有者职责。同年，《自然资源部职能配置、内设机构和人员编制规定》明确了自然资源部的主要职责之一是"履行全民所有土地、矿产、森林、草原、湿地、水、海洋等自然资源资产所有者职责和所有国土空间用途管制职责"。2019 年，中共中央办公厅、国务院办公厅印发的《关于统筹推进自然资源资产产权制度改革的指导意见》明确规定由国务院授权国务院自然资源主管部门具体代表统一行使全民所有自然资源资产所有者职责，还明确了全民所有自然资源资产的三种管理方式：国务院自然资源主管部门行使全民所有自然资源资产所有权、委托省级和市（地）级政府代理行使自然资源资产所有权、法律授权省级、市（地）级或县级政府代理行使所有权。这就初步规定了全民所有自然资源资产所有权委托代理的主体、客体以及表现形式。2021 年，中共中央办公厅、国务院办公厅印发《全民所有自然资源资产所有权委托代理机制试点方案》，要求开展试点工作来落实统一行使全民所有自然资源资产所有者职责，探索建立全民所有自然资源资产所有权委托代理机制。

二、自然资源资产产权制度建设

（一）健全自然资源资产产权制度的目的意义

1. 是坚持和完善社会主义基本经济制度的要求

党的十八大以来，我们党把制度建设摆到更加突出的位置，党的十八大报告强调"构建系统完备、科学规范、运行有效的制度体系，使各方面制度更加成熟更加定型。"党的十九届四中全会通过的《中共中央关于坚持和完善中国特色社会主义制度 推进国家治理体系和治理能力现代化若干重大问题的决定》第一次系统描绘了中国特色社会主义制度体系，包括党的领导和经济、政治、文化、社会、生态文明、军事、外事等 13 个领域制度组成的根本制度、基本制度、重要制度等。产权制度是社会主义市场经济的基石，自然资源资产产权制度是社会主义基本经济制度的重要内容。社会主义基本经济制度是"坚持和完善公有制为主体、多种所有制经济共同发展，按劳分配为主体、多种分配方式并存，社会主义市场经济体制"。我国自然资源资产产权制度不仅是生产资料社会主义公有制的重要组成部分，也是社会主义市场经济体制的关键环节。

改革开放以来，我国经济改革主要围绕坚持和完善社会主义基本经济制度，有机融合社会主义公有制与市场经济，处理好政府与市场的关系，着重从所有制结构变革和经济管理体制及运行机制这两个层面逐步推进，大体经历了"农村经营管理体制—城市企业经营机制—国有资产管理体制—建立现代产权制度"的过程，并延伸到健全自然资源资产产权制度和国家自然资源资产管理体制。2013 年党的十八届三中全会通过的《中共中央关于全面深化改革若干重大问题的决定》提出，"健全现代产权制度"；"健全自然资源资产产权制度和用途管制制度"；"健全国家自然资源资产管理体制，统一行使全民所有自然资源资产所有者职责"。2017 年党的十九大报告要求，"经济体制改革必须以完善产权制度和要素市场化配置为重点"，"完善各类国有资产管理体制"。

2. 是生态文明体制改革的首要内容

2015 年 9 月出台的《生态文明体制改革总体方案》提出，到 2020 年，构建起由自然资源资产产权制度等八项制度构成的产权清晰、多元参与、激励约束并重、系统完整的生态文明制度体系，推进生态文明领域国家治理体系和治理能力现代化，努力走向社会主义生态文明新时代。建立完善的自然资源产权制度是生态文明体制改革的首要内容。在生态文明体制改革的原则中要求，坚持自然资源资产的公有性质，创新产权制度，落实所有权，区分自然资源资产所有者权利和管理者权力，合理划分中央地方事权和监管职责，保障全体人民分享全民所有自然资源资产收益。在阐述生态文明制度体系时，将其作为基础性制度在八项制度中第一个强调，并分别从建立统一的确权登记系统、建立权责明确的自然资源产权体系、健全国家自然资源资产管理体制、探索建立分级行使所有权的体制、开展水流和湿地产权确权试点这五方面叙述。

3. 是自然资源资产合理开发和高效利用的重要保障

建立完善的自然资源产权制度是自然资源稀缺性和利用排他性的内在要求，是加强资源保护和高效利用的重要保障，是社会经济发展的重要基础。推进自然资源产权制度改革，既要切实保护好自然资源所有者和使用者的合法权益，又要加强政府对资源合理利用和保护的监督管理。一是自然资源产权制度直接关系到自然资源资产的归属关系是否清晰、主体责任是否清晰、主体权利是否明确、主体利益能否实现，从而关系到自然资源资产能否得到有效的保全、能否得到合理的利用，能否实现应有的效果，关系到自然资源资产的增值或贬值，进而关系到人类赖以生存的自然资源基础能否得到维系和加强。二是自然资源产权制度还关系到很多生态环境问题，比如大气、水、土壤环境能否得到有效保护和改善，比如农田、草场、森林、水域及海洋等生态系统能否得到保护、修复和改善。从另外一个角度看，生态环境本身亦可视作广义自然资源资产的重要组成部分。三是健全完善自然资源产权制度是实现自然资源"源头严防"的前提。自然资源具有经济价值和生态价值，相对于人们的无限需求具有稀缺性的特点。只有形成归属清晰、流转顺畅、保护有力的产权制度，才能稳定社会生产关系，实现定分止争、物尽其用，才能激发人们保护资源、创造财富的进取心，从而促进社会不断发展。四是健全完善自然资源产权制度为实现自然资源"过程严管"提供了依据。严格保护和节约集约利用资源，必须明确相关产权人的法律义务。只有自然资源产权归属清晰，才能明确资源保护的主体和监管的对象，才能将用途管制、生态补偿、责任追究等一系列监管制度落到实处。五是健全完善自然资源产权制度是实现自然资源"后果严惩"的基础。自然资源损害赔偿制度必须以产权作为基础。自然资源产权人违法破坏自然资源的，应当承担相应的法律责任；其他人破坏自然资源的，自然资源产权人是资源破坏的直接利害关系人，权利人有权依法要求责任者赔偿损失。

（二）自然资源资产产权制度建设现状

1. 发展历程

新中国成立以来，伴随我国经济社会发展历程，我国自然资源产权制度大致经历了以下四个主要阶段：

自然资源公有制逐步建立，自然资源产权制度基础奠定阶段（新中国成立后至改革开放之前）。我国1954年宪法规定"矿藏、水流，由法律规定为国有的森林、荒地和其他资源，都属于全民所有"。国家所有制在自然资源领域占有主导地位。对于土地资源而言，经过合作化运动的开展，逐步形成了集体所有和国家所有相互并存的格局，自然资源产权制度公有制基本形成。在自然资源产权制度的实施中，产权的行使与行政管理权力高度融合，自然资源产权法律制度存在严重缺失，自然资源及其产品的交易流通受到限制。

单门类自然资源产权制度初步建立，自然资源产权体系初步形成（改革开放后至20世纪90年代初）。20世纪80年代是我国的自然资源产权制度的正式创立阶段。1982年宪法明确了土地、矿藏、水流、森林、山岭、草原、荒地、滩涂等自然资源国家所有和集体所有的二元制结构。《宪法》《森林法》《草原法》《土地管理法》《矿产资源法》《渔业法》《水法》等法律对自然资源产权进行了规定，自然资源产权体系初步建立，自然资源产权行使和管理基本实现了有法可依。随着改革开放步伐的加大，市场要素逐步扩大加深，自然资源有偿使用等资产化管理手段逐步提上管理日程。

自然资源产权制度进一步发展完善，有偿使用和交易制度逐步健全阶段（20世纪90年代至2013年）。随着经济体制改革的推进，特别是1992年党的十四大正式确立"我国经济体制改革的目标是建立社会主义市场经济体制"之后，与社会主义市场经济相适应的自然资源产权制度逐步发展完善。各项自然资源单行法律相继进行了修改，一系列新的法律法规陆续出台。自然资源产权种类日渐丰富，权能更加充分，自然资源所有权、使用权相分离和使用权有偿使用制度逐步发展完善。

全面推进自然资源产权改革阶段（2013年以来）。2013年党的十八届三中全会通过的《中共中央关于全面深化改革若干重大问题的决定》明确提出"健全自然资源资产产权制度和资产管理体制"和"实行资源有偿使用制度"，对自然资源资产管理体制改革作出了总体部署。我国自然资源管理制度全面向资源资产管理制度转变，自然资源资产化管理的宏观条件已经具备，在管理工具上实现了从以政府管理为主到重视市场作用的转变，自然资源产权制度改革进入全面推进阶段。

2. 主要进展

党的十八大以来，在习近平生态文明思想的统领下，我国自然资源事业在理念、法律、体制、制度等方面发生了整体重构性变化，其中自然资源资产产权制度建设发挥了重要作用，主要体现在：

一是自然资源产权相关制度体系基本确立。全面整合了不动产登记职责，由原国土资源部指导监督全国土地登记、房屋登记、林地登记、草原登记、海域登记等不动产登记工作，不动产统一登记制度初步建立。土地、矿产资源、森林等各类自然资源产权流转制度深入推进，土地出让金、资源补偿费、水资源费、海域使用金等自然资源产权收益制度不断健全。自然资源产权保护制度不断完善，自然资源产权受到法律的严格保护，自然资源产权调处机制基本建立。自然资源产权分类分级管理制度基本形成，从横向来看，相对集中的自然资源管理体制基本建立。从纵向来看，根据资源重要程度，合理划分中央和地方在国有自然资源产权行使上的职责，国有自然资源"单一代表，多级行使"的所有权行使格局基本形成。

二是自然资源产权法律体系逐步健全。我国既制定了一批自然资源单行法，也制定了一些综合性法律，初步形成了以《宪法》为核心，以《民法典》为总领，以《土地管理法》《城市房地产管理法》《矿产资源法》《水法》《森林法》《草原法》《渔业法》《农村土地承包法》《海域使用管理法》等为主干，以行政法规、规章相配套的自然资源法律体系。土地、矿产资源、水、森林、草原、海域等自然资源所有权、用益物权、担保物权的行使和管理基本做到了有法可依。

3. 主要问题

当前，自然资源资产产权制度建设存在所有者权益未能有效实现等问题，具体表现为所有者职责不到位、权益不落实等方面。一是自然资源产权主体缺位。实际管理中，国家所有权受到条块的多元分割，国家作为资源所有者代表的地位模糊。由于自然资源产权主体缺位，导致不能保障产权主体获得应得资源收益。二是自然资源产权边界不清。没有清晰界定所有国土空间、各类自然资源产权主体；部分草原未确定使用权，权属不清，还存在"一地两证"现象；自然资源产权存在重叠或不衔接的现象；资源资产底数不清，数据相互冲突。三是自然资源产权流转不顺畅。有的法律规定不利于产权转让与交易的实际操作。自然资源权属转让受到很大限制，自然资源产权交易市场发育程度较低。同时，市场在资源配置中决定性作用尚未有效发挥。四是自然资源产权保护不严格。我国现有的法律制度还未能对自然资源产权实施足够严格的保护。对于国有自然资源产权的侵害，没有建立起严格的责任追究和赔偿制度。五是自然资源产权监管不到位。存在管理碎片化、目标差异化、空间叠置化、信息错位化的问题。六是自然资源产权法律体系不健全。缺乏综合性的自然资源保护法律，单行法之间还存在冲突。

（三）自然资源产权制度建设基本思路

以习近平新时代中国特色社会主义思想为指导，深入贯彻习近平生态文明思想，围绕"履行所有者职责、维护所有者权益"主线，以健全自然资源资产产权制度体系为重点，以落实产权主体为关键，以高效配置、保值增值为核心，以确权登记和清查统计核算为基础，以考核监管为保障，以全面建立全民所有自然资源资产所有权委托代理机制为路径，强化"两统一"协同融合，着力构建系统完备、科学规范、运行高效的中国特色自然资源资产产权制度体系，实现主体明确、权责清晰、配置高效、权益落实、监管有力，为推进生态文明建设、实现人与自然和谐、推进中国式现代化提供有力支撑。

一是健全自然资源资产产权体系。健全各门类自然资源资产权利，明确界定诸种权利权能，以"产权明晰"促进产权有效激励。推动自然资源资产所有权与使用权分离，规范行使自然资源资产所有权、使用权、经营权；健全国有建设用地用益物权、担保物权和地役权等，推动国有建设用地立体分层设权，设立国有农用地使用权；完善探矿权、采矿权与土地使用权、海域使用权衔接机制；构建林地所有权、使用权、经营权体系；理顺水域滩涂养殖的权利与海域使用权、土地承包经营权，取水权与地下水、地热水、矿泉水采矿权的关系；建立自然保护地、湿地等的特许经营权，规范碳汇开发经营权。

二是明确自然资源资产产权主体。开展所有权委托代理机制试点，建立统一行使全民所有自然资源资产所有者职责的清单制度，清晰界定各级各类所有者职责履职主体、履职对象、职责范围、权利义务责任等，建立完善所有者职责部分由自然资源部直接履行、部分由自然资源部委托省、（地）市级政府代理履行、部分由地方政府依据法律规定行使的行权模式，创新中央政府直接行使所有权以及地方代理履行所有者职责方式方法。

三是健全自然资源资产配置利用和收益管理制度。充分发挥市场配置资源的决定性作用，依法依规实施自然资源资产处置、配置。健全完善自然资源分等定级价格评估制度和动态监测机制，建立政府公示价格体系。扩大自然资源资产有偿使用范围，推进国有森林（林地）、草原有偿使用制度建设。推动《划拨用地目录》修订。完善矿业权出让收益征收管理制度，探索推进"净矿"出让。推动建立统一规范的自然资源资产收益管理制度。合理区分体现国家权力的"税"、体现所有者权益的"价（租）"（资源资产财产性收益）以及体现监管者权力的"费"（行政事业性收费）。统一各类自然资源资产的收益名称、内涵、设立依据、预算归属类别等，研究推动建立国有自然资源资产预算。完善自然资源资产收益分配和支出结构，加大对生态保护和修复的支持力度。

四是开展自然资源统一调查监测评价和确权登记。加快研究制定统一的自然资源分类标准，建立自然资源统一调查监测评价制度，充分利用现有相关自然资源调查成果，统一组织实施全国自然资源调查，掌握重要自然资源的数量、质量、分布、权属、保护和开发利用状况。建立自然资源资产核算评价制度、自然资源动态监测制度、自然资源调查监测评价信息发布和共享机制。对水流、森林、山岭、草原、荒地、滩涂、海域、无居民海岛以及探明储量的矿产资源等自然资源的所有权和所有自然生态空间统一进行确权登记。清晰界定全部国土空间各类自然资源资产的所有权主体，划清全民所有和集体所有之间的边界，划清全民所有、不同层级政府行使所有权的边界，划清不同集体所有者的边界，划清不同类型自然资源之间的边界。

五是健全自然资源资产监管体系。发挥人大、行政、司法、审计和社会监督作用，创新管理方式方法，形成监管合力。加强自然资源督察机构对国有自然资源资产的监督，国务院自然资源主管部门按照要求定期向国务院报告国有自然资源资产报告。各级政府按要求向本级人大常委会报告国有自然资源资产情况，接受权力机关监督。建立科学合理的自然资源资产管理考核评价体系，开展领导干部自然资源资产离任审计，完善党政领导干部自然资源资产损害责任追究制度。

六是完善自然资源资产产权法律体系。全面清理涉及自然资源资产产权制度的法律法规，对不利于生态文明建设和自然资源资产产权保护的规定提出具体废止、修改意见，根据自然资源资产产权制度改革进程，推进各门类自然资源资产法律法规的"立改废释"。

第二节　自然资源资产国家所有权的实现

自然资源资产国家所有权的实现是生产资料公有制实现的重要内容，是自然资源资产产权制度的核心，从逻辑来看，主要包括应该实现什么、为谁实现、谁来实现、如何实现等。

一、生产资料公有制实现的理论实践探索

消灭生产资料私有制，建立生产资料公有制是马克思科学社会主义理论的核心。马克思和恩格斯在《共产党宣言》中明确提出："共产党人可以把自己的理论概括为一句话：消灭私有制。"[①] 马克思对未来社会的构想是：通过建立以生产资料公有制为基础的"联合体"，使劳动力与劳动条件或劳动资料充分结合，消除人与人的异化关系，最终实现人的全面而自由发展。

马克思和恩格斯根据人类社会发展一般规律和资本主义生产方式运动规律，初步设想了社会主义社会的生产资料公有制的前提条件、表现形式和实现方式，首先认为其基础是生产力的"巨大增长和高度发展"，并指出这是"绝对必需的实际前提"[②]；其次，对公有制表现形式表述为：生产资料的"公共占有"[③]、"社会所有"[④]、社会成员"共同占有"[⑤]、"联合起来的社会个人的所有制"[⑥]，并且明确提出了直接国有化或通过集体所有制过渡这两种方式，以及股份制、合作化等经营方式。"无产阶级将取得国家政权，并且首先把生产资料变为国家财产。……国家真正作为整个社会的代表所采取的第一个行动，即以社会的名义占有生产资料，同时也是它作为国家所采取的最后一个独立行动。"[⑦] "土地国有化已成为一种社会必然。……土地只能是国家的财产。"[⑧] 但是限于时代，他们只能从理论层面提出社会主义公有制方向和一般特征，无法在社会主义实践基础上，完整系统明确具体地回答公有制的表现形式、实现方式、运行机制等实际问题。

新中国成立以来，我们党为建立和完善社会主义制度，努力探索公有制的多种有效形式促进生产力发展，特别是改革开放以后摒弃了"一大二公"的公有制模式，先后开展了国有企业扩大自主权、承包制、租赁制、建立现代企业制度、股份制、混合所有制经济等探索，党的十九届四中全会要求："探索公有制多种实现形式，推进国有经济布局优化和结构调整，发展混合所有制经济，增强国有经济竞争

① 马克思恩格斯选集（第1卷）[M]. 北京：人民出版社，1995：286.
② 马克思恩格斯文集（第1卷）[M]. 北京：人民出版社，2009：538.
③ 马克思恩格斯文集（第4卷）[M]. 北京：人民出版社，2009：516.
④ 马克思恩格斯文集（第4卷）[M]. 北京：人民出版社，2009：536.
⑤ 马克思恩格斯文集（第9卷）[M]. 北京：人民出版社，2009：145.
⑥ 马克思恩格斯文集（第3卷）[M]. 北京：人民出版社，2009：465.
⑦ 马克思恩格斯文集（第3卷）[M]. 北京：人民出版社，2009：561 - 562.
⑧ 马克思恩格斯文集（第3卷）[M]. 北京：人民出版社，2009：230 - 233.

力、创新力、控制力、影响力、抗风险能力，做强做优做大国有资本。"并要求完善中国特色现代企业制度和形成以管资本为主的国有资产监管体制，在微观和宏观两个层面发展公有制的实现形式。我国自然资源为全民所有或集体所有，是社会主义生产资料公有制的重要组成，但是长期以行政管理代替所有权行使，自然资源产权法律制度严重缺失，不能充分发挥劳动者的劳动积极性、主动性和创造性，计划经济生产关系不适应生产力发展需要。改革开放之后，在社会主义市场经济的宏观环境背景下，我国自然资源管理逐渐向资产化管理演变，2013 年以来，中央提出健全自然资源资产产权制度和健全国家自然资源资产管理体制，统一行使全民所有自然资源资产所有者职责，为新时期我国自然资源公有制发展指明了方向和路径。

二、自然资源资产国家所有权实现的内涵

所有权实现主要包括实现目标、对象（客体）、内容、主体、形式、途径等。从自然资源资产国家所有权实现来看，目标是建立健全自然资源资产国家所有制，对象是全民所有自然资源资产，全体人民是全民所有自然资源资产的主体。就内容而言，所有权包含占有、使用、收益和处分四项权能，其中占有是基础，使用是在占有基础上发挥物的使用价值具体过程，处分决定着物的"命运"，而收益则是所有权的最终体现；从形式来说，一般认为，所有制的实现形式是指所有制的组织形式和管理模式，根据中央要求，主要包括中央直接行使所有者职责、委托地方政府代理行使所有者职责和法律授权等具体形式；从路径来说，是建立实现形式的具体道路、路线等，在产权制度改革实践中主要指建立健全所有权委托代理机制改革试点。全民所有自然资源国家所有权实现的逻辑架构见图 5 - 1。

全国所有自然资源资产所有权之所有难以实现，根源在于其主体、客体、性质和流转等方面的特殊性，正是由于该所有权的主体难以具体化、人格化，客体的复杂性、系统性，公益性和经营性交织等，导致所有权主体难确定、权益难体现、职责难落实，以及派生了底数不清、制度不全等一系列问题。

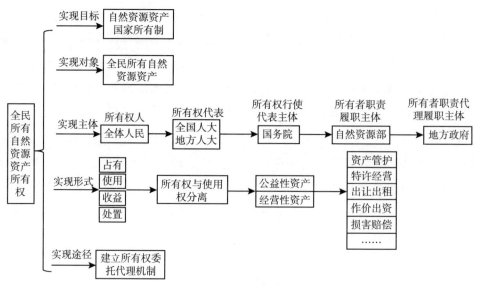

图 5 - 1　全民所有自然资源国家所有权实现的逻辑架构

三、国家所有权实现主体

从我国现行法律和制度的规定来看，《宪法》《民法典》和自然资源单项法都规定了全民所有自然资源资产的所有权主体及其代表，而相关中央文件则进一步明确规定了全民所有自然资源资产所有者履职主体和代理履职主体。

（一）所有权主体及其代表：全体人民—人大—国务院

根据我国《宪法》《民法典》和其他自然资源单项法，全体人民是全民所有自然资源资产的主体。《宪法》第二条规定："中华人民共和国的一切权力属于人民。人民行使国家权力的机关是全国人民代表大会和地方各级人民代表大会。"但"全民"是虚拟、抽象的概念，并不是一个法律意义上的概念，在所有权行使或实现的主体往往会缺位或虚置。全国人民代表大会和地方各级人民代表大会作为人民行使国家权力的机关，有权监督全民所有自然资源的使用情况，但依然无法直接行使所有权职责。《民法典》第二百四十六条规定："法律规定属于国家所有的财产，属于国家所有，即全民所有。国有财产由国务院代表国家行使所有权。法律另有规定的，依照其规定。"国务院作为国家最高行政机关，需要领导和管理全国各项重要事务，由其直接行使自然资源所有权既有难度，也不现实，依然是理论上的主体。

长期以来我国自然资源资产管理中存在着所有者不到位、所有权边界模糊等情况，在资源开发利用和生态环境保护中造成了诸多问题，全民所有自然资源资产权益难以得到有效维护，突出表现在部分全民所有自然资源资产无偿或低价出让，造成资产流失，所有者权益受损严重。习近平总书记在《关于全面深化改革若干重大问题的决定的说明》中指出："我国生态环境保护中存在的一些突出问题，一定程度上与体制不健全有关，原因之一是全民所有自然资源资产的所有权人不到位，所有权人权益不落实。"[①] 在政府管理方面，由于难以落实不同职能部门和区域间的监管责任，形成监管的"真空地带"，出现监管缺位。在市场方面，难以发挥市场对自然资源资产配置的作用，阻碍了对自然资源资产的高效利用。因此，自然资源国家所有权的实现，需要明确的实现主体。

（二）所有权履职主体和代理履职主体：自然资源部—地方政府

《关于统筹推进自然资源资产产权制度改革的指导意见》提出："明确国务院授权国务院自然资源主管部门具体代表统一行使全民所有自然资源资产所有者职责。研究建立国务院自然资源主管部门行使全民所有自然资源资产所有权的资源清单和管理体制。探索建立委托省级和市（地）级政府代理行使自然资源资产所有权的资源清单和监督管理制度，法律授权省级和市（地）级政府或县级政府代理行使所有权的特定自然资源除外。"由此可见，全民自然资源资产所有权委托代理关系链条中，"全体人民"是资产的所有者，"国务院"是所有权的代表者，"自然资源部"是经国务院授权的具体委托人，通过在横向和纵向两个不同的方向上委托给各级政府、部门。

自然资源部直接行权所有权：根据《生态文明体制改革总体方案》，"中央政府主要对石油天然气、贵重稀有矿产资源、重点国有林区、大江大河大湖和跨境河流、生态功能重要的湿地草原、海域滩涂、珍稀野生动植物种和部分国家公园等直接行使所有权"，自然资源部依据有关法律法规、中央相关要求和"三定"方案，重点对上述重要程度特别高、公益性特别强、具有全局战略意义、适宜由中央政府直接行权的自然资源和自然生态空间，直接行使所有权。

省、（地）市级政府代理行使所有权：将自然资源部直接行使所有权以外的全民所有自然资源资产所有权，委托省、（地）市级政府代理行使。其中，重要程度高、公益性强的自然资源和自然生态空间，宜由省级政府代理行使所有权。

县级政府依据法律规定行使所有权：根据中央有关要求，地方政府代理行使所有权的层级最低到市（地）级政府，但是，当前法律已经明确规定由县级政府行

---

① 习近平著作选读（第1卷）[M]. 北京：人民出版社，2023：173.

权所有权的，在法律未修改之前，应当仍由县级政府依法行权。

四、国家所有权实现形式

根据自然资源资产国家所有权的特性和各类自然资源资产的管理目标，推动所有权与使用权分离，分类管理公益性自然资源资产、经营性自然资源资产，建立健全自然资源资产国家所有权实现形式，实现自然资源资产的"占有、使用、处分、收益"四项权能。

公益性自然资源资产以为社会公众服务为目的，主要包括：第一，具有生态或科研保护价值的水源地、海滩、森林、湿地、草原、滩涂、天然洞穴等；第二，应当对公众开放由其进行日常生活使用的公园、山岭、草原、滩涂等；第三，其他应当纳入自然资源资产但不宜在市场上进行流通的土地（如各类政府机关、军事、教育、卫生用地）及其他资产等。经营性自然资源资产以产品的形式进入市场流通并营利，如建设用地、矿产资源等。

（1）占有。占有是使用的前提和基础，公益性和经营性自然资源资产均通过确权登记，主张所有的方式对占有确认。前者主要通过中央或者省一级政府对资产进行清查和确权，并将所有权主体、所有权代表行使主体、所有权代理行使主体详细登记造册；后者是通过法定程序对所有权主体和使用权主体的占有，主要将所有权类型登记为"全民所有"，所有权代表行使主体登记为"自然资源部"，使用权主体通过不动产登记实现权利确认。

（2）使用。国家占有自然资源资产的目的是保护、利用和开发。公益性自然资源资产使用与处分是相互联系的，分为一般使用和特殊使用两种。对公益林、处于自然保护地核心区的自然资源资产等不能进入市场流通的自然资源资产，可采用划拨的方式实现资源管护，满足保障生态价值、维护生物多样性等一般使用要求；特殊使用则是对可建立市场化交易机制的公益性资产，如处于自然保护地实验区、缓冲区的经营性设施，通过许可使用等方式形成特许经营权，赋予他人相应的使用权利，有序引导社会资本参与生态价值供给。经营性自然资源资产在使用时要按照法定程序，通过出让、出租、作价出资（入股）等方式明确法律主体关系，并遵循国土空间规划、用途管制等要求进行统一管理。

（3）处分。经营性自然资源资产的处分通常分为两种，一是物理消耗（自身损耗），二是权利的转让与分离。消耗性自然资源使用的过程就是处分的过程，例如，使用、燃烧煤炭的过程就是处分过程。非消耗性自然资源资产，常通过所有

权、使用权的分离来实现，这解决了国家所有权不能转让处分的现实困境。在
"两统一"的背景下，常采用优化自然资源用益物权来达到使用权的差别化配置。
常见的用益物权有建设用地使用权、探矿权、采矿权、取水权等。

（4）收益。公益性自然资源资产由于自身的特殊性，收益主要包含生态补偿
的资金，以及通过特许经营的方式（国家公园等以旅游为目的对外开放）获得的
收入。经营性自然资源资产收益由直接收益和间接收益两部分构成。其中，直接收
益主要包括出让价款、租金、资源税、费等，间接收益为自然资源作价入股所取得
的税后利润。随着财税制度不断完善，利润额度和流向越来越清晰，大多数国家建
立了自然资源资产收益"一本账"制度。

五、国家所有权实现路径

建立全民所有自然资源资产所有权委托代理机制（以下简称"所有权委托代
理"）是当前实现自然资源资产国家所有权的主要路径。2019 年，《关于统筹推进
自然资源资产产权制度改革的指导意见》要求探索开展全民所有自然资源资产所
有权委托代理机制试点，明确委托代理行使所有权的资源清单、管理制度和收益分
配机制。2021 年，中办国办印发《全民所有自然资源资产所有权委托代理机制试
点方案》，指出，为统筹推进自然资源资产产权制度改革，落实统一行使全民所有
自然资源资产所有者职责，探索建立全民所有自然资源资产所有权委托代理机制，
开展试点工作。简要地说，所有权委托代理机制试点就是要"实主体、明权责、
建制度"，通过编制自然资源清单并明确委托人和代理人权责等，落实所有权的行
权主体及其职责。从这个意义上讲，所有权委托代理机制是构建中国特色自然资源
资产产权制度的关键，是自然资源公有制实现形式的重大改革和制度创新，对坚持
和完善社会主义基本经济制度和推进生态文明建设将发挥重要作用。

第三节　自然资源所有权委托代理机制

开展所有权委托代理机制试点是党中央的命题作文，是中央全面深化改革委员
会部署的重点工作，是在我国进入新发展阶段、贯彻新发展理念、构建新发展格局
的大背景下，党中央、国务院为统筹推进自然资源资产产权制度改革和落实统一行
使全民所有自然资源资产所有者职责，作出的一项重大改革举措和制度性安排，对

于切实落实和维护国家所有者权益，促进自然资源资产高效配置和保值增值，实现生态文明领域国家治理体系和治理能力现代化有着极为重要的现实意义。

一、委托代理的法理问题研究

（一）研究的重点

根据《关于统筹推进自然资源资产产权制度改革的指导意见》的要求，自然资源部经国务院授权，具体代表统一行使全民所有自然资源资产所有者职责，并且委托省级和市（地）级政府等代理行使自然资源资产所有权职责。"委托代理行使国家所有权职责"这一命题中，包含着两层重要法律关系：一是委托代理的客体（即所有者职责）的法律性质，二是委托代理行使行为的法律性质。这两层法律关系，从根本上决定着"委托代理机制"的行为性质，并将影响后续一系列的制度设计。

以第一个法律关系为例，我们开展"所有者职责委托代理"，主要是侧重从民法物权的角度对全民所有自然资源资产所有权进行管理。一般而言，如果委托代理的客体是民法上的物权，那么相应的委托代理关系理所当然就应该是民事上的委托代理关系。然而，与纯民法意义上的委托代理相比，自然资源资产国家所有权委托代理在委托主体和受托主体上，仍有其特殊性。例如，委托主体和受托主体都是行政机关，虽然其在行使所有权、与市场主体发生法律关系的过程中，可以作为特别法人、可以视为民事主体，与一般的市场主体地位平等；但在发生委托代理关系的过程中，在中央政府及其代表（委托主体）向地方政府或有关部门（受托主体）委托的过程中，委托主体和受托主体事实上是不平等的主体。最典型的例子是，中央要委托，地方无权利拒绝。由此，是否能完全参照民法财产权的委托代理，建立中央政府与地方政府或有关部门的委托代理法律关系；还是可以按照既有的行政层级关系，建立基于行政管理的委托代理关系；又或者需要建立全新的委托代理法律关系？不同的方式对应不同的法律后果，同时也需要与之匹配的制度设计，才能更好地落实所有权委托代理制度。

（二）行政委托与民事委托比较

1. 行政委托

行政委托全称为"行政机关的委托"。指行政机关将其部分行政权力委托给其他行政机关或特定社会组织的行为，通过委托，产生行政上的委托代理关系。例如，《行政处罚法》第十八条规定："行政机关依照法律、法规或者规章的规定，可以在其法定权限内委托符合本法第十九条规定条件的组织实施行政处罚。"《森林法》第五十七条规定："农村居民采伐自留山和个人承包集体林地上的林木，由县级人民政府林业主管部门或者其委托的乡镇人民政府核发采伐许可证。"

在谈到行政委托的过程中，经常会出现"行政授权"的概念，容易引起混淆。根据"职权法定"原则，行政机关的权力来源于法律授权（包括立法机关的直接授权）。如果行政机关需要将其部分权力进一步授权其他行政机关行使，如果无法律法规规定，则视同于"行政委托"。（《最高人民法院关于适用〈中华人民共和国行政诉讼法〉的解释》第二十条明确："没有法律、法规或者规章规定，行政机关授权其内设机构、派出机构或者其他组织行使行政职权的，属于行政诉讼法第二十六条规定的委托。当事人不服提起诉讼的，应当以该行政机关为被告。"）

2. 民事委托

民事委托全称为"民事性质的委托"，指民事主体将民事权利委托其他民事主体的行为。通过委托，产生民法上的代理关系。"民事委托"有时也称为"民事授权"，民法上的授权在实践中等同于委托。例如，《民法典》第一百六十三条规定，"代理包括委托代理和法定代理"，"委托代理人按照被代理人的委托行使代理权"。需要注意的是，根据《民法典》，行政机关也可以作为特别法人、作为民事主体进行民事委托。在这些委托关系中，行政机关并非依靠行政强制力，而是通过民事契约与代理方发生法律关系，与代理方是平等的民事关系，同时，也要承担相应的民事责任。

另外，信托制度是一种有效的资产经营模式，也是一项基本民事制度。我国《信托法》规定，"信托，是指委托人基于对受托人的信任，将其财产权委托给受托人，由受托人按委托人的意愿以自己的名义，为受益人的利益或者特定目的，进行管理或者处分的行为"。其与委托的主要区别在于受托人以自己的名义进行法律行为，即为第三人即受益人管理或处分信托财产，受托人对自己行为的后果负责。信托可以通过合同、遗嘱、宣言或法律的直接规定成立。

从行政委托与民事委托的异同来看，首先，无论是行政委托还是民事委托，法律后果均由委托人承担。根据现行法律法规，除了立法机关（全国人大）授权或法律法规授权，无论是行政委托、民事委托，还是行政机关授权，受托人（代理人）都以委托人的名义行使权利，受托人（代理人）在代理权限内，以委托人（被代理人）名义所为的符合代理行为要件的行为，其法律后果直接由委托人（被代理人）承担，受托人不承担任何法律责任。如《行政处罚法》规定，"委托行政机关对受委托的组织实施行政处罚的行为应当负责监督，并对该行为的后果承担法律责任。受委托组织在委托范围内，以委托行政机关名义实施行政处罚"。《民法典》第一百六十二条规定："代理人在代理权限内，以被代理人名义实施的民事法律行为，对被代理人发生效力"。

其次行政委托不得转委托，而民事委托可以转委托。无论是行政委托还是行政授权，如无法律法规规定，都只能委托（或授权）一次，不能再向第三方转移。《立法法》明确规定"被授权机关不得将被授予的权力转授给其他机关"。《行政处罚法》也规定"受委托组织……不得再委托其他任何组织或者个人实施行政处罚"。虽然《行政处罚法》之外的行政法规没有明确规定不能再转委托，但根据公法"法无授权不可为"的原则，行政委托实际上也不能再转委托。而根据《民法典》的相关规定，在民事委托关系中，代理人经被代理人同意或者追认，还可以"转委托"第三人代理。

（三）所有权委托代理的路径选择

1. 方案一：将所有权委托代理的性质明确为"行政委托"

明确自然资源部作为行政机关、将所有权管理作为行政管理事项，以行政委托的方式将所有权的行政管理职责直接委托省、地（市）级政府或有关部门（林草局、水利部等）代理行使所有权的部分权能。受托人以自然资源部的名义开展相关工作，受托事项不得转委托。

利弊分析：

（1）利：符合一般行政管理的认知，较易于理解和接受，如果运行起来可以依照现有的行政层级框架进行，可操作性强。

（2）弊：最重要的一点，经过本轮机构改革，国家基本实现了所有自然资源资产由一个部门统一管理，按照行政管理的逻辑，自然资源部完全可通过传统的行政管理方式（如直接发布部令、对各省级自然资源主管部门发布行政指令等）实现管理目标，委托代理制度没有存在的必要。其次，自然资源部与省级政府、其他中央部门（如水利部）是平级单位，将行政事项和权力委托给平级单位后，委托人对受托人开展考核评估的依据不足，难以实施有效监管。在此，在操作性上，行政委托或授权一般不得再转委托或转授权。一方面，这意味着自然资源部要对全国30多个省级单位、300多个地（市）级政府直接进行委托，并进行相应的考核，操作难度较大；另一方面，在没有法律法规规定的前提下，省级、地（市）级政府也不能授权给其下属的单位（如自然资源厅、水利厅），大量的行政决策只能由受托的被委托的省级和地（市）级政府作出，将极大影响行政效率。最后，在法律责任上，所有的法律后果均需由自然资源部承担，实践中的工作量难以预测，自然资源部可能难以承担。

2. 方案二：将所有权委托代理的性质明确为"民事委托"

明确自然资源部作为全民所有自然资源资产所有权民事法律意义上的权利人（所有权代表行使主体），以民事委托的方式将所有权的部分权能委托给地方政府；将少部分所有权权能直接委托给省级政府、地（市）级政府或有关部门（林草局、水利部等），将其余大部分的所有权权能委托给省级政府。省级政府可以按照一定的规则，经自然资源部同意后，再将部分权能或具体的事务性工作进一步授权或转委托给下级政府或有关部门。受托人以自然资源部的名义开展相关工作。

利弊分析：

（1）利：一是法理上，民事委托更符合所有权的物权属性和特点，有利于推进自然资源资产产权改革。依据民法，行政机关可以作为民事主体进行民事委托，对于作为权利客体的自然资源资产，也可以在没有法律规定的前提下适用现行民事法律规范。且基于民事委托，自然资源部作为委托人对平级单位的受托人进行监督考核，更易被接受。二是操作上，适用民事委托可以完美地避开行政委托中"不能转委托"的障碍，平等主体之间的契约模式与权利属性相比层级分明的行政法律领域在实用度和适用度上显得更加宽松，未来探索路径具备更广阔的试验空间。

（2）弊：一是法理上，将自然资源部和省级政府或有关单位作为平等民事主体看待是否合适，同时存在"地方政府或有关单位是否有权拒绝被委托、拒绝行使代理权"的疑问。如果受托人行使权利的绩效不佳，委托人实际上也很难更换管理者。二是法律责任上，民事委托和行政委托一样，都回避不了所有的法律后果均需由自然资源部承担的问题。

3. 方案三：创设新型的"委托代理行使职责"制度

总体设计：按照建立中国特色自然资源资产产权制度的要求，创设新型的委托代理行使全民所有自然资源资产所有权职责的制度。在宪法宣示自然资源国家所有的前提下，侧重自然资源资产国家所有权在民法物权意义上的实现，相应的，自然资源部对有关地方政府的委托也侧重其民事特点，但要根据"委托代理行使职责"承载公共职能，通过法律手段、制度设计等保障公共任务的实现，包括体现权责对等，明确地方政府承担"委托代理行使所有者职责"的相应法律责任等。

主要理由：首先，中央要求注重改革创新和推进相关法律修改，构建中国特色自然资源资产产权制度。其次，全民所有自然资源资产所有权的法律特征是具有显著公权特征的民事权利，应跳出民法局限予以特别规定。一方面，《民法典》明确了自然资源国家所有权的民事法律范畴，明确其与个人所有权、集体所有权等在权利属性和权能构造上是一致的，在法律地位上是平等的。另一方面，自然资源国家所有权与私人所有权确实存在诸多不同，主要在于自然资源属于公共财产，因此承载着公共职能，保障公共任务的实现。因而，自然资源资产所有权的行使，并不仅限于民法问题，其中管理的因素就涉及行政法问题。自然资源显著的公共属性有别于传统私权，完全套用民法规范自然资源国家所有权存在内涵冲突。如物权主体的实体化、平等性与国家所有权的抽象性、优越性的矛盾，再如民事权利可处分、可放弃或消极行使特征也与国家所有权不符。因此，在肯定自然资源国家所有权的民事属性基础上要跳出民法局限予以特别规定。最后，"国务院授权国务院自然资源主管部门具体代表统一行使全民所有自然资源资产所有者职责"中的所有者职责即强调国家所有权所承载的公共职能，因为涉及公共职能，因此，不仅仅是权利，也涉及职责。所有者职责中的"主张所有、行使权利、履行义务、承担责任、落实权益"从另一方面观察也是所有权人的权能，所有权人的权能与所有者职责是一体两面，仅仅是因为国家所有权的公共职能，因此被称为"所有者职责"，不仅强调所有权人可以干什么，还强调其必须行使职责。要行使所有者职责，就必须体现公共职能、国家立场、权责对等等原则。

利弊分析：

（1）利：兼顾行政和民事委托的特点，能最大程度发挥所有权的物权特点，更好地发挥市场配置资源的决定性作用。可以解决大量操作上的问题。

（2）弊：依据现行法律法规，还没有相关法律依据。如果创新设定方式的话，势必会突破一些现行的民事法律规范和行政法律规范的基本框架，需要人大予以特别授权。同时，试点期间，需要进行大量的理论和实践创新，对试点的要求较高。

二、经济学"代理人问题"研究

（一）什么是"代理人问题"

委托代理理论产生于企业的契约理论，描述和定义企业所有者与经营者之间两权分离状态下的关系。委托代理理论的中心任务是研究在委托人和代理人之间利益相冲突和信息不对称的环境下，委托人如何设计最优契约激励代理人。该理论认为，代理关系是指当事人或委托人授予代理人一定的权力，要求代理人按照委托人的利益为其服务。如果代理人能够完全按照这一原则办事，则这种代理关系不会发生任何额外的成本，也不存在所谓的代理人问题。但由于代理人的利益与委托人的利益不完全相同，如果代理人在代理活动中追求自身效用的最大化，代理人就不会完全按照委托人的利益行事，甚至会利用委托人授予的权利，以损害委托人的利益为代价，增加自身的效用。为防止这种现象的发生，当事人需通过严密合同关系和对代理人活动密切监督来限制代理人的行为。这样所付出的代价，叫作代理成本。由此产生的一系列问题，称为代理人问题。代理成本包括三部分：委托人的监督费用；代理人的担保费用；剩余损失，即委托人因代理人代他决策而产生的一种价值损失。

解决"代理人问题"的关键是要建立、完善和强化激励、约束机制。在这种机制中，委托人发出的激励和约束信号必须是指向代理人的，而且这种指向越是方向明确，经过的环节越少，激励和约束信号的传递效率以及由此形成的对代理人的激励和约束作用就越大。具体包括：第一，减少委托环节。委托人发出的指示或要求必须指向代理人，经过的环节越少，传递的效益作用越大，即直接的或较少层次的委托代理关系必定比较多层次的委托代理关系所产生的效率高。第二，完善激励机制。股东对经理人员的激励机制，主要包括：将部分股权赠与经理人员，使委托人与代理人的利益相同，使报酬更富有刺激性，且增加经理人员对股份公司的认同感、增加工作的成就感。第三，完善约束机制。对代理人进行有效考核或评估，使委托人的收入与代理人绩效挂钩，有效的代理人绩效考核主要包括科学的考核指标体系、健全的考核机构和严肃的考核办法。

（二）启示与借鉴

1. 全民所有自然资源资产所有权的"代理人问题"

全民所有自然资源资产所有权的委托代理实质：中央政府（委托人）委托地方政府（代理人）代理自然资源资产所有权职能。中央与地方政府间的委托代理关系具有特殊性：第一，委托人目标多元化，经济发展、经济稳定、资源和环境保护等各种指标都是委托人的目标；第二，委托人不可自由退出委托代理契约，即中央政府与地方政府间委托代理关系是必然的，委托人在没有找到合适的代理人的情况也只能采取"宁缺毋滥"的态度，有时不得不接受一个不满意的代理人，而且代理人也不能拒绝委托人的代理。有可能表现为：

（1）中央政府的"理性无知"。中央政府和地方政府存在严重的信息不对称，中央政府进行信息收集和鉴别的成本巨大，高于实施监督核查所带来的收益，理性的中央政府往往会选择不核查，而处于"理性无知"的局面。

（2）公共政策选择中的"逆向选择"。中央政府无法识别代理人潜在的备择方案的实际效用，使地方政府在落实中央宏观政策的实施方案选择过程中，越是劣质的备择方案越容易成为现实选择，造成最后的结果与委托人的理想效益存在差距。

（3）地方政府的"道德风险"。代理人利用自己的信息优势，减少自身要素的投入或采取机会主义行为达到自我效用最大化，从而影响组织的整体效益。在中央政府与地方政府博弈中，当委托人监督不力且两者之间存在严重信息不对称，此时地方政府可能以种种借口不执行中央政府的相关政策。

2. 理论借鉴

（1）构建激励机制。中央政府对地方政府设置自然资源资产的固定收益及浮动收益，固定收益可以认为是经济学上的股份分红，浮动收益可以认为是对地方政府绩效考核的激励，有效实现中央政府与地方政府的利益一致性，实现中央政府与地方政府的一致发展。建立科学合理的报酬激励机制（即收益分配机制），有效地将中央政府与地方政府的利益捆绑起来，实现中央政府与地方政府的同一方向发展。

（2）构建约束机制。在委托省级政府代理行使全民所有自然资源资产所有权的基础上，研究探索相适应的考核机制，逐步建立完善机制性评价考核制度。由各试点省级政府组织，对委托市（地）级政府代理行使全民所有自然资源资产所有权有关工作开展监督考核。

明确考核主要内容。第一，按照法律授权，对法律授予地方政府代理行使所有权的特定自然资源进行监督考核。第二，对照全民所有自然资源资产所有权资源清单，重点对自然资源整体保护、资产保值增值、合理开发利用、自然资源资产收益分配、维护所有者权益等方面开展考核，实现对试点地区委托行使自然资源所有权工作的量化评分。第三，建立损害所有者权益的发现查处制度，考核受托方对损害所有者权益案例的发现和查处情况，强化自然资源资产损害赔偿。

探索评价指标体系。各试点地区结合地方经济社会发展水平、资源环境禀赋等因素，区分不同资源种类的差异性、资源在生态、经济、国家战略中的不同作用，梳理区分公益性和非公益性等自然资源资产类别，重点研究探索相适应的考核机制和差异化的指标，研究制定客观、科学、公正的评价标准和体系。提出对认定数据、监测数据、资产数据和统计结果的核查管理办法，探索数据的可获得性、准确性、科学性和一致性。

探索考核机制。第一，明确考核目标，探索与生态文明建设目标评价考核、自然资源资产离任审计等工作衔接机制，发挥数据共享、结果联动效力，形成专项考核机制。第二，制定完善组织形式、周期和程序等细则，提出考核等级划分、考核结果处置等建议。第三，制定奖惩措施，根据地方行使责任落实情况和工作成效，奖优罚劣，研究探索考核结果通报制度，将委托代理考核纳入政绩考核、与相关考核奖惩建立联动机制。第四，落实指导监督，为确保评价考核工作客观公正、依规有序开展，积极发挥省级人大、司法机关、社会团体或第三方评审机构监督作用，研究抽查、中期考核等制度，督促工作积极推进。第五，推进实施部署，落实各项支撑保障措施，逐步建立专家库，加强信息平台建设，提升基础能力。

三、所有权委托代理试点工作

（一）总体思路

整个试点工作按照"主张所有、行使权利、履行义务、承担责任、落实权益"的所有者职责工作主线，坚持保护优先、合理利用，统一行使、分级代理，产权明晰、权责对等，市场配置、全民共享和依法改革、统筹推进的原则，以自然资源清单为依据，以调查监测和确权登记为基础，以落实产权主体为重点，着力摸清自然资源资产家底，依法行使所有者权利，实施有效管护，强化考核监督，为切实落实和维护国家所有者权益、促进自然资源资产高效配置和保值增值、推进生态文明建设提供有力支撑。

要通过改革试点，探索建立统一行使、分类实施、分级代理、权责对等的全民所有自然资源资产所有权委托代理机制，产权主体全面落实，管理权责更加明晰，资产家底基本摸清，资源保护更加有力，资产配置更加高效，收益管理更加完善，考核评价标准初步建立，所有者权益得到有效维护。

（二）主要任务

根据《全民所有自然资源资产所有权委托代理机制试点方案》，针对全民所有的土地、矿产、海洋、森林、草原、湿地、水、国家公园等8类自然资源资产（含自然生态空间）开展所有权委托代理试点。

一是明确所有权行使模式，国务院代表国家行使全民所有自然资源所有权，授权自然资源部统一履行全民所有自然资源资产所有者职责，部分职责由自然资源部直接履行，部分职责由自然资源部委托省级、市地级政府代理履行，法律另有规定的依照其规定。

二是编制自然资源清单并明确委托人和代理人权责，自然资源部会同有关部门编制中央政府直接行使所有权的自然资源清单，试点地区编制省级和市地级政府代理履行所有者职责的自然资源清单。

三是依据委托代理权责依法行权履职，有关部门、省级和市地级政府按照所有者职责，建立健全所有权管理体系。

四是研究探索不同资源种类的委托管理目标和工作重点。

五是完善委托代理配套制度，探索建立履行所有者职责的考核机制，建立代理人向委托人报告受托资产管理及职责履行情况的工作机制。

（三）体制机制设计

1. 管理体制

按照中央直接行使所有权、委托省级和地（市）级政府代理行使所有权、法律直接授权省市县级政府行使所有权部分职责这三个方面，设计管理系统的结构、组成方式、管理手段和方法等，形成一个科学合理的有机系统。具体内容包括：

一是明确全民所有自然资源所有权委托代理的管理机构及职责。主要是从全国层面研究提出构建全民所有自然资源所有权委托代理的管理机构的设置，应包括从中央到地市级行政区的整个管理系统；明确全民所有自然资源所有权委托代理的各级管理机构的职责。主要包括不同层级管理机构的管理范围、权限边界、空间尺度、利益及其相互关系等方面的准则，管理机构职权的分配以及各机构间的相互协调。

二是设计提出全民所有自然资源所有权委托代理的管理体制方案。在分析国内外理论实践经验教训基础上，研究所有权委托代理管理体制的系统构成要素、相互联系，提出体系构建的指导思想、原则、系统组合、管理职责、与运行机制的协调、构建步骤等，提出系统的建设方案。其中包括：

构建中央直接行使所有权的管理体制。研究构建全民所有自然资源资产所有权委托代理机制的顶层设计和相关制度标准框架。要制定中央直接行使所有权的管理制度，明确八大类自然资源资产（含自然生态空间）的清单管理范围、明确所有权代表行使主体的权利、责任和义务。研究制定中央直接行使所有权的监督考核机制和具体规范标准。

构建委托地方代理行使所有权的管理体制。研究明确从中央到地（市）级政府的委托人和受托人、委托的具体形式、委托期限、调整情形、受托所有权管理方式。研究构建由申报、审核批复、规范实施、跟踪评估、考核验收等构成的全流程工作运转机制。研究制定委托地方代理行使所有权的监督考核机制、奖惩机制，提出具体管理办法与规范标准。

构建法律直接授权省市县政府行使所有权部分职责的管理体制。全面梳理当前法律法规中已授权省、市、县行使的职责清单。研究制定法律法规中已授权省、市、县行使职责清单的管理方式及其行权成效、存在问题。

2. 协调及激励约束机制

规范和完善中央与地方各级政府的委托代理机制，一是建立沟通协调机制。通过建立部际、省际、片区联席会议制度等方式研究建立自然资源部内系统间与林草、水利等横向委托部门间及与省级等纵向委托部门之间的沟通协调机制。二是研究建立所有权委托代理的激励和约束内在机制。其中，通过激励机制调动各代理主体的积极性、创造性，充分发挥自然资源资产的功能是委托代理的首要任务所在；而控制、监督、问责的约束机制，是防范基于委托代理关系中信息不对称和道德风险，保障委托方权益和管理目标实现的重要手段。

第六章 | 自然资源与公共物品

公共物品概念是公共财政研究中一个重要的概念，按照两分法等分类方法，自然资源按照经济属性可以分为公共物品属性自然资源、俱乐部属性自然资源等。公共类自然资源是自然资源中重要的组成部分，兼具经济、社会、生态等多重价值，具有非排他性、非竞争性、外部性、效用不可分割性等特征。保护和利用公共物品类自然资源，合理实现其多重价值，是保护和利用自然资源的重要内容。由于公共物品属性自然资源特点，其开发保护配置理论和方式与非公共物品类自然资源有很大不同。本章在遵循自然资源一般规律的基础上把握公共物品基本经济属性，按照公共物品治理理论、公共选择理论等理论和方法，运用经济手段，探索提出公共物品属性自然资源经典问题解决途径和决策方式，明确政府、社会、群体、市场在公共物品类自然资源保护和利用中的定位和作用，推动公共物品属性自然资源多重价值实现。

第一节　公共物品内涵和分类

一、公共物品内涵

（一）公共物品概念发展

公共物品是人类社会发展需要的产物，公共物品概念是公共财政研究中一个古老和最重要的概念之一。新古典经济学家马歇尔认为，完美的市场机制可使消费者和生产者在完全竞争市场上通过消费者效用最大化和生产者利润最大化而获得交换均衡和生产均衡。然而在现实生活中，还有其他大量的非私人物品存在，这些物品可以在同一时间内被不同的消费者所消费，并且一旦被提供，一般也不能排除其他消费者的使用。这些物品具有不同于私人物品的特点，因而被称为公共物品（public goods）。

随着研究的不断深入，公共物品内涵、特征等研究也在不断地演化。1739 年，休谟（David Hume）通过观察两个邻居为在一块草地排水签订协议，对公共物品进行了初步研究。他认为公共物品是那些不会对任何人产生明显突出利益，但对整个社会来讲则是必不可少的物品。因此公共物品的生产必须通过集体行动来实现，即大家的事大家办。亚当·斯密（Adam Smith）在 1776 年出版的《国富论》中指出，除了市场这只看不见的手发挥基本作用外，君主也必须提供某些服务，包括建立并维持某些公共事业及某些公共设施，这种事业与设施，在由社会统一经营时，其利润通常能够补偿所费而有余，但若由个人或少数人经营，决不能补偿其所费。亚当·斯密和休谟得出的结论是一致的，那就是政府必须提供某些服务。斯密强调，对大部分公共服务，是否必须由君主来提供，取决于个人能否充分提供它们，只有当个人不能充分提供这些公共服务时，君主提供才是必需的。约翰·斯图亚特·穆勒（John Stuart Mill）在其 1848 年出版的名著《政治经济学原理及其在社会哲学上的应用》中，对为什么必须由政府提供某些服务作了进一步的论证。他通过灯塔的例子说明，对于收费困难的物品或服务，应该由政府提供。

20 世纪中叶开始，针对公共物品的研究逐渐成为经济学领域、财政领域重要的研究内容之一，越来越多的经济学家开始从消费特征和供给特征两个角度来研究公共物品含义。

（二）基于消费特征的定义

1954 年，经济学家萨缪尔森（Samuelson）在《公共支出的纯理论》（*The Pure Theory of Public Expenditure*）一文中从消费特征角度对公共物品的内涵进行阐述。他认为公共物品（在文章中称之为集体消费产品，collective consumption goods）是任何人消费此物也不会导致他人对该物品消费的减少。这两篇论文的发表，标志着现代公共物品理论的诞生。

他认为私人物品的总消费量等于个人消费量总和，用公式表示为：

$$X = \sum_1^s (x^i)$$

其中：X 是物品 x 的总量，x^i 是第 i 个消费者对 x 的消费量，这表明私人物品具有消费的竞争性。

对于公共物品，其相应的关系是个人消费量等于集体消费量，即任何一个人的消费不会减少其他个人对这个物品的消费。用公式表示：

$$X = x^i, \ (i = 1, \ 2, \ 3, \ \cdots, \ N)$$

X 是物品 X 的总量，x^i 是第 i 个消费者对 X 的消费量，这表明任何个人的消费利益都和其他人所获得的利益无关，即消费的非竞争性。在萨缪尔森之后，经济学家基于消费特征角度对公共物品概念的研究一直没有停止。

美国经济学家马斯格雷夫（Masgrave）在萨缪尔森的基础上对公共物品问题做了进一步研究。1959 年，他在《公共财政理论》（*The Theory of Public Finance*）中将价格的排他原则的非适用性引入公共物品的定义，将消费的非排他性与非竞争性并列，作为界定公共物品的两大标准之一。他认为公共物品是任何人都同等的消费，不管他是否为此付费。公共物品存在的根源在于该类物品客观上的技术特性，即物品本身所具有的消费的非竞争性和非排他性；有益物品的存在完全是由于主观上的价值判断，认为市场机制无法提供符合这种判断标准的物品数量。

1965 年，美国学者奥尔森（Olson）在《集体行动的逻辑》一书中，对公共物品给出了一个规范性的定义。他认为：任何物品，如果群体中的任何个人能够消费它，它就不能不被该群体的其他人消费，这类物品便属于公共物品。[1]

1970 年，德姆塞茨（Demsetz）在《公共物品的私人生产》（*The Private Production of Public Goods*）一文中提出，公共物品是指可以无成本地增加额外消费者的物品，他把不能排除不付费者消费的物品称为集体物品。

1972 年，斯坦利·霍夫曼（Stanley Hoffmann）在论文《外部性与公共物品》（*Externalities and Public Goods*）中提出，界定公共物品的标准是物品属性。不同经济物品具有不同的公共性，对应不同产权配置。

1986 年，弗里德曼（Friedman）从公共物品在消费上的非对抗性来定义公共物品。认为公共物品是指在使用和消费上不具有排他性的物品，该类物品一旦生产出来，生产者就无法决定谁得到它。

皮尔斯（Pearce）、阿特金森、布朗、恩德勒等沿着萨缪尔森和马斯格雷夫的思路对公共物品进行内涵分析。

（三）基于供给特征的定义

布坎南（Buchanan）则认为公共物品是任何由集体或社会团体决定，为了任

---

① 曼瑟尔·奥尔森. 集体行动的逻辑 [M]. 上海：三联书店，上海人民出版社，1995.

何原因，通过集体组织提供的物品或劳务。他指出公共物品是一个外延的范畴，不但包括萨缪尔森的纯公共物品，也可以包括公共性程度不等的产品或服务①。

1969 年，经济学家海德（Head）和舒普（Shoup）在论文中提出，无论服务以何种方式被提供，只要它在非排他的情形下以更低的成本在特定的时间或地点被提供，那么它就是公共物品。

1990 年，井手文雄在《现代日本财政学》中将国家生产供给作为公共物品与私人物品的划分界限，指出凡是国家生产、供给的各种各样的产品和服务都可以被认为是公共物品。

1999 年维尔·伊肯（Ver Eecke，1999）认为不存在任何用来区分公共物品 - 私人物品的客观标准，公共物品可以理解为一个抽象性概念，而非具体物品。

以上各经济学家对于公共物品的定义，可做如下简单梳理，详情见表 6 - 1。

表 6 - 1　　　　　　　　　　　　　　公共物品概念发展历程

序号	姓名	成果	时间
1	休谟	那些不会对任何人产生突出的利益，但对整个社会来讲则是必不可少的物品	1739 年
2	亚当·斯密	除了市场这只看不见的手发挥基本作用外，君主也必须提供某些服务，包括建立并维持某些公共事业及某些公共设施	1776 年
3	马歇尔	在现实生活中，有大量的非私人物品存在，这些物品可以在同一时间内被不同的消费者所消费，并且一旦被提供出来，一般也不能排除消费者的消费	19 世纪初
4	约翰·穆勒	通过灯塔的例子说明，对于收费困难的物品或服务，应该由政府提供	1848 年
5	萨缪尔森	任何人消费此物都不会导致他人对该物品消费的减少	1954 年
6	萨缪尔森	可以提供给每个人，而由个人根据自己的偏好来选择是否消费的物品	1955 年
7	马斯格雷夫	任何人都同等地消费它，不管他是否为此付费	1959 年
8	奥尔森	任何物品，如果群体中的任何个人能够消费它，它就不能不被该群体的其他人消费，这类物品便属于公共物品	1965 年

---

① 布坎南．民主财政论［M］．北京：商务印书馆，1999.

续表

序号	姓名	成果	时间
9	布坎南	公共物品是任何由集体或社会团体决定,为了任何原因,通过集体组织提供的物品或劳务	1967 年
10	海德	无论服务以何种方式被提供,只要它在非排他的情形下以更低的成本在特定的时间或地点被提供,那么它就是公共物品	1969 年
11	德姆塞茨	公共物品是指可以无成本地增加额外消费者的物品,他把不能排除不付费者消费的物品称为集体物品	1970 年
12	霍夫曼	界定公共物品的标准是物品属性。不同经济物品具有不同的公共性,对应不同的产权配置	1972 年
13	弗里德曼	公共物品是指在使用和消费上不具有排他性的物品,该类物品一旦生产出来,生产者就无法决定谁得到它	1986 年
14	皮尔斯	公共物品是指一个人所用也可以在没有额外成本的情况下同时为他人所用的物品或服务	1986 年
15	井手文雄	凡是国家生产、供给的各种各样的产品和服务都可以认为是公共物品	1990 年
16	阿特金森	公共物品是这样一类物品,在增加一个人对它分享时,并不导致成本的增长	1994 年
17	布朗	公共物品必须是由集体中所有成员均等消费的产品,如果集体中的任何一个成员可获得一个单位的消费,那么不能禁止集团中的任何一个其他成员得到一个单位的消费	2000 年
18	恩德勒	与私人物品比较,对受(公共物品)影响的和受个人或集团权利限定的消费不排斥其他人的消费,不论出于技术的原因(因为物品的性质不允许排斥)或者效率的原因(因为这种通过价格负担的排斥将不恰当地变得昂贵),还是出于法律或伦理的原因(因为其他人不应当被排斥)。第二条原则是非敌对原则。它假定与其他消费者的关系(即不止一个消费者对这物品感兴趣),缺乏敌对性或竞争性	2002 年

第 六 章

基于消费特征的公共物品研究认为,公共物品是具有消费非竞争性和非排他性特许的物品或服务,这是与私人物品区别最大的特征。而基于供给视角的研究,认为是否由政府或其他公共组织供给才是公共物品与私人物品最根本的区别。

(四)公共物品特征

一般而言,公共物品具有非排他性、非竞争性、外部性、效用不可分割性等特征。

受益非排他性(non-excludability)。排他性是指消费者在消费某个物品或服务时，在技术上可以把其他的消费者排除在外，使得这些消费者如果不支付相应的价格便无法消费该物品或服务。与排他性相对应，非排他性是指一个人在消费这类物品或服务时，在技术上无法排除他人也同时消费这类物品或服务。由于技术上或经济上无法排他，使得通过市场交换获得公共物品的消费权力机制出现失灵。对于公共物品，每个消费者都可以不支付价格即可获得物品或服务，都可以"搭便车"。

消费非竞争性（non-rivalry）。竞争性是指消费者或消费数量的增加引起的物品或服务生产成本的增加。非竞争性是指物品或服务被确定的人消费时，其他人也可以不受限制地消费此物品或服务，并且每个人消费此物品或服务的数量和质量也不会随着消费人数的增加而降低。由于物品的不可分割性或不可竞争的因素，导致此物品具有非竞争性。

外部性（externalities）。外部性指一个物品生产者或消费者在活动中对其他人的福利产生了一种有利影响或不利影响，即未在价格中反映经济交易的成本或效益。具体分为正外部性和负外部性。正外部性是物品被消费可使他人或社会受益，而受益者无须花费成本；负外部性是物品被消费时可使他人或社会受损，而造成损害的人却没有为此承担代价。公共物品或服务在被消费时，可能对其他的此类公共物品的非消费者产生一定的有利或有害的影响，可能是正外部性，也可能是负外部性。公共物品正外部性，无法排除未付费者对其的免费使用，易造成"搭便车"效应，而负的外部性则易造成公共物品供给的"理性不经济"现象。

效用不可分割性（non-divisibility）。公共物品在提供功能效用时，具有共同受益或联合消费的特点，其服务或效用为整个社会的成员共享，而不是被分割为若干部分归特定的人消费，或不能按照一定的原则（比如支付费用）等限制给特定人群消费。例如，空气、阳光、气候等。

二、公共物品属性自然资源

（一）公共物品属性自然资源内涵

中国自然资源经济研究院研究成果认为自然资源是自然界存在的有用自然物，人类可以利用的、自然生成的物质和能量，在一定的时间、地点条件下能够产生经济价值，以提高人类当前和未来福利水平，是人类生存的物质基础①。自然资源是天然生成物，且对人类具有有用性。其中，对于自然生态系统，自然资源提供了其

---

① 中国自然资源经济研究院．自然资源经济简明术语［M］．北京：经济科学出版社，2022．

生物要素和非生物要素，对于人工生态系统，自然资源为培育型生物及已改造的非生物环境要素提供物质支持。因此，自然资源是生态系统的重要物质组成。

公共物品属性自然资源即具有公共物品特征的自然资源。消费者在消费这类自然资源时，在技术上无法排除他人同时消费这类自然资源，享受这类自然资源的供给或服务。自然资源公共物品既具有自然资源的属性特征，主要包括有用性、区域性等，又具有作为公共物品的特征，主要包括有非排他性、非竞争性、外部性、效用不可分割性等。自然资源公共物品的非排他性和非竞争性取决于区域承载能力和空间，易受到周边环境和条件限制。

（二）公共物品属性资源数据

比较常见的公共物品属性自然资源有野生动植物、阳光、空气等。此外，政府相关部门在开展自然资源管理工作中形成的公益性管理数据也具有公共物品的属性。

数据是指信息的可再解释的形式化表示，以适用于通信、解释或处理，既包括数字数值，也包括文字、图像、音频等信息，根据对象和掌握主体的不同，数据可以分为个人数据、企业数据、公众数据和政府数据等。政府数据主要是指与政府机构、政府行为以及政府工作人员相关的数据，同时，也包括政府依法依规、直接或间接采集的属于个人的、企业的、公众的和自然的数据。

自然资源领域是重要的数据生产部门之一，自然资源管理数据属于政府数据。自然资源管理数据是指自然资源主管部门及其所属机构，在履行法定职责，在土地、地质、矿产、海洋、森林、草原、湿地、水资源、测绘地理信息等领域履行法定职责，实施管理过程产生和采集的数据，既包括政府生产的数据（如地理信息数据、自然资源监测数据等），也包括采集的公众数据（如不动产登记信息、自然资源资产产权人数据等）。自然资源管理数据具有以下特点：

（1）公益性。自然资源管理数据是政府在履行其职能的活动或者提供公共服务过程中产生、收集和利用的数据信息，具备"公共"的属性。自然资源管理数据是公众所有、政府及其所属机构代为管理的资产，本质上，自然资源管理数据属于公益性物品，在法律性质上界定为一种"公物"。

（2）价值双重性。自然资源管理数据及其信息产品属于经济学家所谓的"经验产品"：消费者每一次都必须尝试该产品才能对它进行评价。但是，自然资源管理数据的价值又并不完全由主观来决定，数据获取的难易程度、开发利用的成本、呈现形式、关联产品的价值等，都具有一定的客观性。自然资源管理数据既有主观性，又有其客观性，这给数据资源及其产品定价带来了一定的困难。

（3）非实物性。自然资源管理数据乃是以代码形式固定在特定存储载体上的电子记录。代码本身没有任何的意义，但是通过不同的排列组合，数据为人们展示有意义的信息。与土地、矿产等实物类自然资源不同，自然资源管理数据无法为人类所直接感知和控制。数据资源可以被多方主体同时掌握和无限复制、共享、使用而不造成消耗，额外增加公共数据使用者的边际成本几乎为零。

（4）技术非竞争性。自然资源管理数据的利用在技术上具有非竞争性，特定个体使用数据资源，技术上不妨碍其他个体的使用。

（5）排他性不一致。部分非公开自然资源管理数据具备排除其他个体使用数据的能力，数据产权人拥有在完全排他、限定性排他以及非排他之间选择的空间。

根据自然资源管理数据的定义和特点可以看出，自然资源管理数据属于公共物品。一是自然资源管理数据收集、产生和使用的机构为自然资源主管部门及其所属机构；二是数据是主管部门在履行公共管理和服务职能过程中所收集和产生；三是数据能够产生使用价值，并在一定条件下可以实现经济价值。

三、公共物品与自然资源公共物品分类

（一）公共物品分类

（1）两分法。最早提出采用两分法对公共物品进行分类的是经济学家萨缪尔森。他在1954年的论文《公共支出的纯理论》（*The Pure Theory of Public Expenditure*）和1955年的论文《公共支出理论图解》（*Diagrammatic Exposition of a Theory of Public Expenditure*）中先后提出多种基于两分法的物品关系，例如，私人消费物品与集体消费用品、私人消费物品与公共消费物品、纯私人消费物品与纯公共物品，并提出公共物品相对于私人物品具有显著的非排他性与非竞争性特征。

桑德勒（Sandler）在萨缪尔森私人消费向量的基础上，将公共物品变量修正为俱乐部物品变量。1965年，布坎南（Buchanan）又提出俱乐部理论，将公共物品分为纯私人物品与俱乐部物品。[①] 他认为纯私人物品就是俱乐部最优会员数量为1的物品，而纯公共物品则是最优会员数量为无穷大的物品。萨缪尔森所讨论的私人消费品和公共消费品只是俱乐部物品的两个极端情况，绝大多数物品都介于这两者之间。2000年，毛寿龙、李梅根据竞争性和排他性，将物品分可竞争性（私益）物品和非竞争性（公益）物品，见表6-2。

① Buchanan J M. An Economic Theory of Clubs [J]. Economica, 1965, 32 (125): 1-14.

表 6 - 2 两分法分类结果对比

学者	两分法
萨缪尔森	私人消费物品与集体消费用品
	私人消费物品与公共消费物品
	纯私人消费物品与纯公共物品
桑德勒	纯私人物品和俱乐部物品
布坎南	纯私人物品与俱乐部物品
毛寿龙	竞争性（私益）物品和非竞争性（公益）物品

（2）三分法。马斯格雷夫在萨缪尔森的基础上对公共物品问题做了进一步研究，提出了"有益物品"这一概念，将物品分为公共物品、私人物品和有益物品三类。巴泽尔将物品分成公共物品、混合物品和私人物品三大类，并提出了准公共物品的概念。他认为准公共物品是纯公共物品与纯私人物品的混合，更多地表现为公共物品和私人物品的双重属性，兼具公共物品和私人物品的性质，在需求曲线上更多地体现出条件加总特性。

（3）四分法。随着经济学家对公共物品研究的深入，准公共物品即混合物品，又被区分为两类：一类是具有排他性和非竞争性的物品——俱乐部物品或自然垄断物品；另一类是具有非排他性和竞争性的物品——公共池塘资源或公共资源。

为此，曼昆、萨瓦斯、奥斯特罗姆采取四分法，将物品分为四类。曼昆将物品分为私人物品、公共物品、共有资源和自然垄断。奥斯特罗姆则认为，消费的排他性和共用性是独立的属性，提出可减性代替消费竞争性概念，将物品分为私益物品、收费物品、公共池塘资源与公益物品四大类。萨瓦斯依据物品的排他性和消费的共同性将物品分为：个人物品、可收费物品、共用资源和集体物品。

综合上述关于公共物品的定义，以及物品分类演变过程。可以将物品分为纯公共物品、纯私人物品、公共资源、俱乐部产品，见表6-3。

表 6 - 3 各类物品特征对比表

特点	纯公共物品	公共资源	俱乐部产品	纯私人物品
消费时分割	否	是	是	是
购买时独享	否	否	否	是
供给方式	政府供给税收融资	政府＋市场供给	政府＋市场供给	市场供给

续表

特点	纯公共物品	公共资源	俱乐部产品	纯私人物品
获取方式	间接支付	间接 + 直接	间接 + 直接	直接购买
分配原则	公共选择	公共选择 + 市场交易	公共选择 + 市场购买	市场价格

纯公共物品。纯公共物品表现为消费上非竞争、在技术上非排他，或排他不经济。显著体征是非竞争性和非排他性。非竞争性是指消费者对公共物品的任何消费均不会影响其他消费者的消费，"每个人对该产品的消费不会造成其他人消费的减少"，即边际生产成本和边际拥挤成本均为零。非排他性是指，在某一物品的消费过程中，物品的提供者无法有意将某些消费者排除在外。例如，国防、水道、新闻等。

公共资源。有些物品在消费上只有竞争性，没有排他性。这类物品的私人消费容易产生负外部性，具有消费可枯竭特性，不能完全由市场交易，一般采用适当收费的方式加以限制，例如"资源使用费、税"、对产生的负外部性征收罚款等手段。例如，环境、水资源和石油等。

俱乐部产品。即局部公共物品，这类物品只有排他性的特性，但是不符合竞争性条件，某一使用水平后会具有竞争性。它所达到的某一使用水平点可称为拥挤点。在出现拥挤效应之前，每增加一个消费者消费的边际成本为零。而在拥挤点之后，容纳或供应一个追加的消费者的边际成本将大于零。例如，剧院等。这类物品或服务可通过市场提供，政府通过公共财政给予补贴。

纯私人物品。完全具有排他性和竞争性的物品，消费者必须支付相关的支出才可以完全享受或使用。例如，个人物品。

要辨别一种物品或服务是否是公共物品或服务，按以下步骤进行：

①看该种物品或服务的效用是否具有效用不可分割性。如果具有效用不可分割性，则进入第二步分析。

②看物品或服务消费是否具有非竞争性。如果具有非竞争性，则转入第三步分析。

③看该种物品或服务的受益在技术上是否具有非排他性。如果具有非排他性则该种物品或服务必为纯粹的公共物品或服务。具体步骤见图 6 – 1。

第 六 章

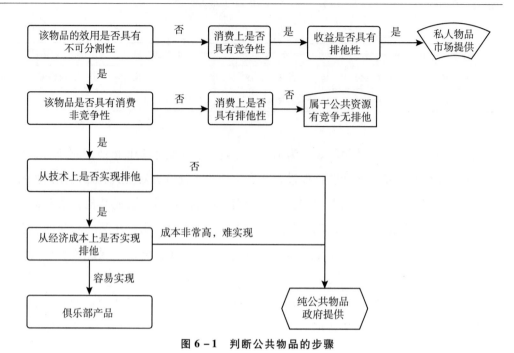

图 6 - 1 判断公共物品的步骤

资料来源：高培勇．公共经济学 [M]．3 版．北京：中国人民大学出版社，2012．

（二）自然资源公共物品分类

自然资源的物品属性主要是受到其稀缺性影响所致，即人类对自然资源的无限需求和有限供给之间巨大落差形成的稀缺现实。前文所述，广义的自然资源，除了土地、矿产、海洋、森林、草原、湿地、水等，还包括光、风力、空气、野生动植物、无线电波段等。我国《宪法》第九条规定："矿藏、水流、森林、山岭、草原、荒地、滩涂等自然资源，都属于国家所有，即全民所有；由法律规定属于集体所有的森林和山岭、草原、荒地、滩涂除外。"按照公共物品四分法原则（即纯公共物品、纯私人物品、公共资源、俱乐部产品）对广义的自然资源进行四分法分析（见表 6 - 4）。

表 6 - 4   自然资源按照排他性和竞争性分类

分类	种类	特性	处置方式
纯公共物品类	光、风、空气、野生动植物，维持生态系统服务而限制开发的公益林、湿地、草原等自然资源管理数据	非竞争性、非排他性	公共选择，全体社会成员免费消费
公共资源类	水、海洋	非排他性、消费竞争性	公共选择 + 市场交易

续表

分类	种类	特性	处置方式
俱乐部产品类	预约制的国家公园	排他性、非竞争性	公共选择＋市场交易
私人物品类	开采的矿产品、整备的建设用地、牧场草原	排他性、竞争性	市场交易

具有公共物品属性的自然资源。该类自然资源具有非竞争性、非排他性，在自然资源范畴内具有基本社会保障功能的自然资源，如阳光、空气、野生动植物等自然资源，以及森林、草原、湿地等自然资源的生态功能，全体社会成员均有平等消费的权利，允许有需求的社会成员在不影响其他人权利和社会公益的前提下自由取用，这类自然资源具有明显的非竞争性和非排他性，属于纯公共物品。此外，因为开展自然资源管理工作而产生的数据，比如公益性的地理信息数据，也具有公共物品非竞争性、非排他性的特点。

具有公共池塘资源特征的自然资源。例如，水资源、海洋等自然资源，在消费上具有非排他性和竞争性，属于公共池塘资源物品。

具有俱乐部产品属性的自然资源。该类自然资源具有消费的排他性，例如预约制的国家公园虽然可以允许任何人进行参观游玩，但是为了保护国家公园生态质量和设施，人为限定了入园的消费数量，产生了消费排他性，属于俱乐部产品类自然资源。

具有私人物品特征的自然资源。该类自然资源并非产权范畴上的属于私人所有，而是具有消费的竞争性和排他性，例如开采出的矿产品、整备的建设用地、牧场草原等。

第二节　公共物品基础理论与治理模式

一、公共物品基础理论

对于公共物品而言，由于资源没有主人，或者资源拥有者是公共实体但无法控制该资源的过度开发，导致该资源存在被过度使用的风险。那么，分析公共物品被过度使用的原因，并有针对性地解决问题，便是亟待解决的关键所在。对于公共物

第 六 章

品被过度使用的问题，经济学给出的解决方案并不是禁止使用或者较少使用，而是适度使用。关键性的问题在于，如何准确界定何为适度使用。显然，经济学对于"适度使用"的界定总是以达到帕累托最优的有效产出作为最终目标。公共物品治理属于全新的概念，国内和国际上均没有对公共物品治理进行定义。涉及和体现公共物品治理思想和领域的基础理论主要包括庇古理论、科斯定理、产权理论、公共治理理论、集体行动理论等。

（一）庇古理论

英国经济学家庇古（Pigou）指出，外部性是某个经济主体对另一个经济主体产生的一种外部影响，而这种影响又不能通过市场机制得以纠正。由于外部性的存在，使得社会成本与私人成本、社会收益与私人收益出现偏差，阻碍资源配置实现帕累托最优。应由政府出面对负外部性的产生者进行征税，或者对正外部性的产生者给予相应的补贴，可有效地消除私人成本与社会成本、私人利益与社会利益之间的偏差，保证市场机制正常发挥优化资源配置的作用。这种纠正外部性的方法也称为"庇古税"方案。

（二）科斯定理

科斯（Coase）提出"交易成本"这一重要概念，从产权和交易成本的角度提出解决外部性问题的新思路。科斯认为解决外部性问题可以用市场交易形式即自愿协商替代庇古税手段。首先，在交易费用为零的情况下，不管权利如何进行初始配置，当事人之间的谈判都会达到资源配置的帕累托最优；其次，在交易费用不为零的情况下，不同的权利配置界定会带来不同的资源配置；最后，因为交易费用的存在，不同的权利界定和分配，则会带来不同效益的资源配置，所以产权制度的设置是优化资源配置的基础（达到帕累托最优）。科斯定理虽然否定了外部性问题必须通过政府征税方式加以解决的认知，但产权的界定与分配制度又离不开政府的主持与维护。

（三）产权理论

产权与资源有效配置的关系是产权理论研究范畴之一。马克思、恩格斯系统地研究了经济领域的生产关系与法律领域的财产关系以及与财产有关的法的权利。通过考察历史上尤其是资本主义社会中的财产关系，分析了所有制及产权关系在生产方式内在矛盾作用下的发展变化，阐述了社会产权制度变化的动力、规律，科学预测公有产权将取代私有产权。西方产权理论从交易视角引入交易费用概念，以分析产权制度和资源配置效率之间关系为核心，从人们的交易活动出发，主张明确界定产权，减少交易费用，提高经济效率，实现社会资源的优化配置。科斯认为产权安排确定了每个人相对于物的行为规范，更重要的是财产所有者之间的相互行为权利关系，每个人都必须遵守与他人之间的相互关系，或承担不遵守这种关系的成本。德姆塞茨认为产权是一种社会工具，用以形成产权人与其他人进行交易时的合理预期。这些预期通过社会的法律、习俗和道德得到表达。自然资源资产产权从属产权范畴，是自然资源资产化后所有权、占有权、使用权、收益权、处分权等多种权利组成的可分解的权力束，强调自然资源的稀缺性、市场化和生态性。

（四）公共治理理论

公共治理理论形成于 20 世纪 90 年代，发端于 1989 年世界银行报告《南撒哈拉非洲：从危机走向可持续增长》。报告中提出与治理有关的观点，强调通过多元主体治理，解决传统公共行政的"政府失灵"与新公共管理之"市场失灵"。在公共治理理论体系中，国家治理是公共治理的顶层设计，市场治理是公共治理的重要手段，社会治理是公共治理的基础，国家、市场与社会治理是公共治理的有机统一体。社会可分为政府、市场、非营利组织等三个部门，每个部门依据不同的行为准则发挥各自在社会中的作用。政府部门保障国家利益和社会稳定，提供消费具有不可分割性和非排他性的纯公共物品。市场追求利润和收益最大化，提供具有可分割性和排他性的纯私人物品。非营利组织在以某种特定的"宗旨"的导向下，提供准公共物品。公共物品领域不排斥市场机制，政府与市场、非营利组织的合作是提高和改善公共物品数量和质量的有效途径。

（五）集体行动理论

传统公共物品理论大多研究公共物品属性，尤其是非排他性导致的搭便车与私人供给的低效率，没有考察公共物品所涉及的人数（集团规模）、偏好程度（成员构成）和制度安排对有效供给的影响。奥尔森正是通过对不同规模、不同偏好程度和制度安排的具有共同利益的集团中个人最优化逻辑的清晰分析，形成了一种关于集体行动的十分不同的观点。除非一个集团中人数很少，或者除非存在强制或其他某些特殊手段以使个人按照他们的共同利益行事，否则有理性的、寻求自我利益的个人不会采取行动以实现他们共同的或集团的利益。集体行动理论最重要的贡献是对社会学中的传统集团理论、经济学中的公共物品与外在性理论"提出了疑问"，并促使学者们研究集团的大小和其凝聚力、有效性、对潜在成员吸引力之间是否真的没有什么关系，以及一个集团的大小和它对个人为集团目标出力的激励之间是否有着联系。

第 六 章

二、自然资源公共物品治理经典问题

（一）林达尔均衡

1919 年，瑞典经济学家林达尔（Lindahl）提出公共物品自愿交易解，指出如果每人都按照自己对公共物品的边际评价出资，则公共物品有效供给可以实现，林达尔的结论也被称为林达尔均衡。林达尔机制有赖于人们自愿披露从公共物品消费中获取的边际效益，不隐瞒或降低自己边际效益以避免分摊成本。如果人们有意隐瞒并采取"搭便车"行为，则无从保证林达尔均衡的出现。林达尔均衡对于自然资源公共物品的有效供给与合理使用具有很强的启发意义。

（二）搭便车问题

1965 年，奥尔森出版《集体行动的逻辑：公共利益和团体理论》（*The Logic of Collective Action Public Goods and the Theory of Groups*）一书，书中提出存在参与者由于不需要支付任何成本而可以享受到与支付者完全等价的物品效用的问题。这被称为搭便车问题。财政学上搭便车问题是指不承担任何成本而消费和使用公共物品的行为。"搭便车"包含两种情形：一是享受到组织提供的种种权利后，丝毫不尽个人对组织的义务；二是在此时此处享受到组织提供的权利后，没有在此处尽义务，而是在其他时间或地点尽了义务。该问题的产生源于公共物品的非排他性和非竞争性，影响着公共物品供给成本分担的公平性，妨碍市场的自动调节过程，最终影响公共物品的持续和永久供给。有关"搭便车"问题的研究主要集中在解决方案的探讨上。

（三）公地悲剧

1968 年，哈丁（Hadin）发表《公地悲剧》（*The Tragedy of the Commons*），提出公共资源悲剧概念。由于公共物品的消费不可分割性、消费的非竞争性、受益的排他性，市场的生产和供给方式失效，发生公地悲剧。公地悲剧常被形式化为囚徒困境的博弈，每一个参与者都有一个占优策略，博弈双方的占优策略构成了博弈的均衡结局，然而博弈均衡结果并不一定是帕累托最优结局。相反，个人理性的博弈过程与战略选择却导致了集体行动的悖论。经济学界把公共物品和公共资源的过度使用称作"公地悲剧"，出现的原因一方面是资源的稀缺性，另一方面是排他占用资源的高成本，根本原因即外部性导致的市场失灵。哈丁认为解决公地悲剧的出路在于人口控制，但在现实中不可行，新制度经济学提供另一个思路，产权界定和保护。

（四）公共池塘资源

奥斯特罗姆在公共事务研究过程中提出公共池塘概念，在《公共事物的治理之道》中指出，公共池塘资源是一个资源系统，同时具有非排他性和竞争性的公共物品，如地下水、渔场、牧场等。公共池塘资源是一种人们共同使用整个资源系统但分别享用资源单位的公共资源。在这种资源环境中，理性个人可能带来资源使用拥挤或者资源退化的问题。这时，理性个人就要如何通过组织避免独立行动的不利后果。奥斯特罗姆从研究 5000 多个小规模公共池塘资源案例出发，应用制度分析与经验分析的方法，证明存在政府与市场之外的第三条道路的，也就是公共池塘资源自主组织和自主治理。她认为政府并不是摆脱公共池塘资源治理困境唯一主体，也不是最优主体，对于规模较小公共池塘资源占用者行为，通过自主治理即可实现。一群利益相似的委托人（规模不大、流动性有限）组织起来，多元参与，共同建立起一种互惠互利、诚实守信、团结合作的社会资本可以解决新制度或公共物品的供给。信任在破解公共池塘资源问题上起着重要作用。

三、公共物品治理模式

（一）"搭便车"治理——征税、补贴、集体行动、选择性激励

一方面，支持公共物品由政府供给的学者普遍认为由于个人只能从公共物品提供中得到收益一部分，却要承担全部成本，因此私人自愿提供激励不足，造成公共物品私人供给不足。政府可以通过征税或收费方式克服搭便车问题，或者通过公共财政补贴的方式提高公共物品供给。

另一方面，奥尔森提出不同解决方案。他考察了集体行动问题，认为集体行动所追求的目标是公共物品，而公共物品所提供的只是一种集体性激励。如果集体性激励不足以让一个理性的人为了获取某一公共物品而奋斗，那么选择性激励就十分重要。奥尔森所提出的选择性激励有三种：一是小组织集团。集体中成员的数目和集团的规模决定了集体行动成功的可能性。集团人数越多，集体行动越难以实现，"搭便车"的问题就越严重简而言之，即大的集团在提供集体物品上会失败，小的集团倾向成功。二是组织结构。如果组织结构庞大，那么就需要对组织进行分层，最终形成若干个小组织。三是不平等原理，组织内部在权力、利益、贡献和分配上不能搞平均主义，促使个人为组织多作贡献的选择性激励。

（二）"公地悲剧"治理——征税、补贴、界定产权

"公地悲剧"问题的实质是外部性导致的市场失灵问题，传统的经济理论认为

应该由政府干预来解决"公共资源悲剧"问题：对产生外部性的活动进行征税，对产生正外部性的活动进行经济补贴，从而使得企业生产的社会私人成本（收益）和社会成本（收益）相等。对于公共产品供给，传统的经济理论认为应该由政府通过征税来取代私人提供公共产品，从而降低公共产品的供给不足问题。但是，政府的干涉是有成本的，以致政府提供公共物品的效率更低，相应地产生政府失灵问题。公共物品问题可以通过界定和实施产权等措施在不同程度上得到解决。政府作用主要是建立和健全产权制度，制定法律法规。

（三）公共池塘资源治理——信任、奖惩、合作

奥斯特罗姆指出，政府并不是摆脱公共资源治理的社会困境的唯一主体，也往往不是最优主体。通过实验经济学的方法，奥斯特罗姆及其团队检验了公共池塘资源治理困境的发生条件。在参与者不知道其他人的声誉，而且不能够相互交流的情况下，非合作博弈的确发生，即存在过度使用公共池塘资源的非最优结果。但是当人与人可以面对面进行交流，并且采取共同战略去遵守合作协议乃至建立奖惩机制，参与人可以进行合作博弈，从而改善公共池塘资源使用回报。成功治理公共池塘资源问题的原则：清晰的产权边界、治理规则与社会经济及资源特征兼容、受影响的大部分人参与和制定规则、有效监督、违规分级制裁、有效且低成本的本地冲突解决、政府认可本地使用者制定的权利、当公共池塘资源与较大的社会生态系统密切联系时，治理必须在多重分权层面进行组织。[①]

四、公共选择与决策

（一）公共选择理论内容

公共选择（public choice）是指人们通过民主决策的政治过程来决定公共物品的需求、供给和产量，把私人的个人选择转化为集体选择的一种过程。公共选择研究是经济学和政治学的交叉学科，产生于 20 世纪 40 年代末，于 60 年代末 70 年代初形成的一种学术思潮。公共选择研究是分析研究人们通过民主决策的政治过程来决定公共物品的需求、供给和产量，把私人的个人选择转化为集体选择的一种过程。该研究领域的主要代表人物为布坎南，在其 1986 年获得诺贝尔经济学奖之后，公共选择理论开始进入快速发展时期。根据方法和主要理论观点上的差别，可以把公共选择理论划分为三个学派：罗切斯特学派（赖克）、芝加哥学派（斯蒂格勒）

---

① 杨德才. 新制度经济学 [M]. 北京：中国人民大学出版社，2019：91-92.

和弗吉尼亚学派（布坎南）。

公共选择理论的内容主要包括关于选民的行为分析、关于利益集团的行为分析、政治家与政党行为的相关分析、官僚行为分析、投票决策规则分析、政策制定过程的分析。发展基础是社会契约论和西方公共财政学。公共选择理论认为人类社会由两个市场组成，一个是经济市场，另一个是政治市场，在经济市场和政治市场上活动的是同一个人。在经济市场上活动的主体是消费者和供给者（生产者），在政治市场上活动的主体是需求者和供给者（政治家）。在经济市场上，人们通过货币选票来选择能给他带来最大满足的私人物品；在政治市场上，人们通过实际选票来选择能给他带来最大利益的政治家、政策法案和法律制度。

公共选择理论可以分为两部分，实证性公共选择理论和规范性公共选择理论。实证性公共选择理论涉及各种选举规则、投票以及这些规则在具体操作中所涉及的各种问题以及相应的解决办法。决策类型是所进行的决策对集体中的每个人都有利，对任何人的利益都没有损害。规范性公共选择理论的主要内容是涉及各种规则的假设前提，同时还包括人们对于一个社会公民所应该具有的基本价值的判断，以及这些假设前提所适用的具体条件和这些价值判断标准之间可能存在的矛盾以及相应的解决办法。决策类型是所有的决策是在损害其他一部分人利益的基础上来照顾另外一部分人的利益。

（二）公共选择理论的方法基础

公共选择理论运用新古典经济学的基本假设和分析方法来研究政治问题，分析方法源于经济学，但是研究的对象不是经济市场而是政治市场。公共选择使用的经济学防范主要有方法论个人主义、经济学的交换范式和经济人假设。

方法论个人主义是把作为个人行为作为集体行为的出发点，将个人的选择或决策当作公共选择或集体决策的基础，注重分析集体行为中的个人行为，揭示个人是如何通过政治过程影响集体行为及经济活动。经济学交换范式将经济学看作一门交换的科学，用经济学交换范式来最后塑造模式政治，将政治和政治制度全部或主要地归因于复杂交换、契约和协议。经济人假设是把人看作有理性的利己主义者，认为个人天生追求效用或利益的最大化，一直到追求受到抑制为止。公共选择理论家以这一假说来说明政府及其官员的行为动机，指出政府及其官员所追求的并不是公共利益，而是自身的利益及其最大化。公共选择理论用上述方法来说明市场经济条件下政府干预行为的局限性或政府失败问题。

总之，公共选择理论把人类的经济行为和政治行为作为统一的研究对象，以经济人为基本假定和前提，运用统一的微观经济学分析方法等去研究传统上被分开的经济学和政治学两个学科领域中的选择行为。

（三）公共选择决策内涵

公共决策作为公共管理的首要环节，贯穿于公共管理的全过程。公共决策作为集体行动的典型方式，本质是由个体行动或私人决策组成。公共选择认为，"选择性激励"措施能够促使团体中的理性个体进行有利于集体的行为，以提高公民参与公共决策的意愿。集体选择或公共决策得以改进的前提是群体或集体中的个体意见需达成一致，而集体中理性的个人将作出何种选择，在很大程度上关系到集体行动或公共决策的成败得失。

公共选择根据对象范围的大小，可以分为直接民主的公共选择和代议民主制中的公共选择。直接民主（集体决策）方式在较小的集体中被采用。而代议民主制主要适用于国家范围，公民并不直接参与政治决策，而是首先由选民选出他们的代表，再由代表综合选民的愿望并将之转化为具体的议案，最后由代表们对具体的议案进行表决形成集体的政治决策。

（四）公共选择决策的方式——投票

投票是直接民主（集体决策）最重要方式。唐斯（Anthony Downs）指出，决定选民是否参与投票的主要因素有四点：自身投票的重要意义、对政党的期待效用的差异、投票成本、长期利益。

从经济学角度来看，选民投票由从投票中所能得到的效用的大小决定。假定政府提供的公共物品让选民获得收益，政府为供给这些公共物品而向选民征税产生的是成本，那么将此收益减去成本即选民效用，选民将根据效用大小决定投票选举，见图6-2。

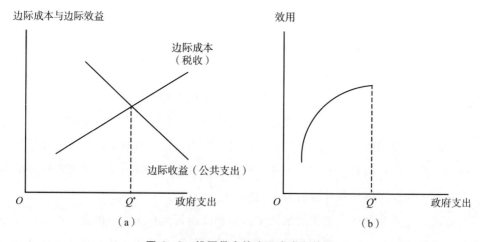

图6-2 投票带来的边际成本和效用

投票原则主要包括：第一，多数票规则。一项议案要获得通过必须获得多数赞成票才能通过。多数票规则作为一种集体决策规则，一旦议案获得通过，不仅仅是投赞成票的多数人接受该项议案，全体成员都必须接受该项议案。研究发现，多数票规则可能会导致循环或者被操纵，即存在所谓的投票悖论，造成要么产生一种得不出明确结果的多数表决循环的决策模式，要么由操纵行为或随机性来产生决策。第二，中位数投票人定理。为了弥补多数票规则的弊端，布莱克提出中位数投票人定理，当投票人偏好为单峰时，多数票规则会产生一个均衡结果，并且该均衡结果就是中位数投票人的偏好。第三，策略性投票。为了避免多数票规则给投票人带来不想要的结果，投票人会采取策略性的行为让投票结果有利于自己。主要的方式是两种：谎报偏好和互投赞成票。谎报偏好是在特定的情形下，投票人为了避免投票结果出现对他来说最为不利的局面而谎报偏好，即将自己的票投给次优的选项；互投赞成票是少数派成员可以通过互投赞成票的方式形成投票交易，使不通过的议案获得通过。[①]

（五）政治均衡与最优多数票均衡

政治均衡（political equilibrium）是指在给定公共选择的特定规则，以及在个人之间分配税收份额的条件下，就供给一种或多种公共产品的水平所达成的一致。对于投票人来说，税收份额代表了政府所提供的单位产品的价格，有时也称税收价格。

政治均衡的决定因素，包括：第一，公共选择规则，赞成票与批准该项议案所要求的选票数之间的比例；第二，公共产品的平均成本和边际成本；第三，投票人所能够获得的关于该项议案所能带来的收益和成本的信息；第四，税收份额在投票人之间的分布，以及额外税收与其所提供的公共产品额外供给之间的相关变化关系；第五，收益在投票人之间的分配状况。[②]

威克塞尔指出，要使政治程序得出帕累托效率的预算，就必须采用决策原则中的一致通过原则。布坎南则提出事前投票原则，认为如果某一项公共行为所要求的支持者比例越大，配置无效性的程度就越低，与此同时要求获得一致通过所耗费的决策时间与决策成本就越昂贵。因此，在确定最优投票规则过程中，必须在获得收益与决策成本之间进行平衡。

布坎南提出市民代表的外部成本函数与决策成本函数给出了如下定义：相对于

①　阮守武. 公共选择理论的方法与研究框架［J］. 经济问题探索，2009（11）：1-7.
②　高培勇. 公共经济学［M］. 3版. 北京：中国人民大学出版社，2012.

所有收益都通过集体讨价还价获得的帕累托最优状态而言，所谓与投票规则相联系的外部成本，指的是在将来投票决策形成之后可预期的效用损失。在这种定义下，对于个人而言的外部成本包括源于外部经济、外部不经济及公共产品等的预期效用损失，以及由于不利的收入再分配造成的预期效用损失等。

（六）多数规则下的政治均衡——案例分析

假定投票者必须就某种统公共物品或服务的供给作出选择。该种物品或服务的平均成本既定，税收份额的分布状况已经公布，每一个人将为每单位的公共物品或服务缴纳相同的税收。如果该种公共物品或服务的平均成本 AC 固定不变，并社会的人数为 n，那么，每一个人为每单位公共物品或服务所应缴纳的税收数额就为 AC/n。假定共有 7 名投票者要就保安用量的提案进行投票。这些投票者的边际效益曲线分别为 MB_A、MB_B、MB_C、MB_M、MB_H、MB_G。保安的边际成本（平均成本）曲线为 $MC=AC$。每个投票者为用每一位保安所需缴纳的税收为 t，保安提供的安全保障具有纯粹公共物品或服务的所有特性，并随保安雇用量的多少而增减。再假设每一位保安的雇用费用为 $AC=MC=350$ 元，每个投票者为每一位保安的所承担的税收份额为 $t=50$ 元（$AC/n=350$ 元/$7=50$ 元）。

如果保安所提供的安全保障是一种按 t 的单价出售的私人物品或服务。每个投票者都能够按照其 MB 曲线与 t 相交点所决定的最为偏好的数量来雇用保安。这时保安的雇用量将从 1 至 7 而有所不同。然而，由于它是一种纯粹的公共物品或服务，所有人都必须消费同样的数量，保安的雇用量便只能按照多数原则通过的提案来决定。依此例，只要增加保安雇用量的提案获得至少 4 张（半数以上）赞成票，提案就可获得通过（见图 6-3）。①

（七）公共选择理论与公共物品

正是由于公共物品的共同消费性与非排他性，在市场经济条件下，市场机制不能解决公共物品的供给和需求。因此，应通过公共选择机制来实现公共物品配置。其选择的实现应通过民主政治过程来决定公共物品的需求、供给与产量，这是把私人选择转化为集体选择的一种过程与机制，是对资源配置的非市场决策。投票人对政府提供公共物品或服务的评价与投票人对市场提供的私人物品的评价是一致的，只有在投票人认可情况下，才会对提案赞成。

---

① 高培勇.公共经济学 [M].3 版.北京：中国人民大学出版社，2012.

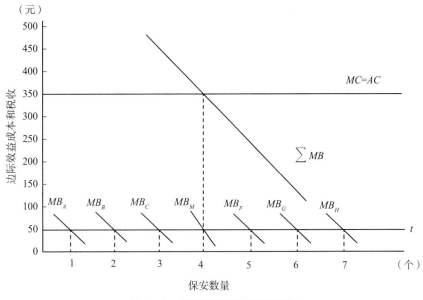

图 6 - 3　多数规则下的政治均衡

第三节　公共物品供给与自然资源治理

一、公共物品供给

多数公共物品的供给无异于私人物品。例如，公共基础设施、污染治理、林木资源等等，都是用正常的方式生产出来的，他们的总供给就等于所有个体生产者供给之和。公共物品的供给主体有三类，分别是政府、私人和社会组织。

（一）政府供给

政府自出现以来就一直是公共管理的核心主体，而且在社会主体没有明显分化之前，政府是唯一的公共管理主体。对于公共物品，市场机制不能导致该物品的供给和需求达到有效率的水平，在公共物品的供给出现市场失灵、私人提供量会普遍不足的情况下，政府负责社会公共物品的供给，便成为市场经济条件下政府的基本职能。主要包括直接供给和间接供给。

1. 直接供给

这些物品多为纯公共物品或自然垄断性很高的准公共物品，比如国防、电力、自来水、货币、居民福利等。政府直接供给不意味着政府在提供这些公共物品时完

第六章

全采取强制方式来实现。

2. 间接供给

这类物品由政府直接供给会因为政府职能部门的生产成本与收益的分类，进而出现效率低下、成本过高等后果。政府选择在引导和控制下，充分运用资金和政策安排形成经济刺激，使利益驱动的市场生产部门参与生产。政府供给面临的一个问题是"政府失灵"，政府失灵是指政府在提供公共物品时往往是低效率的，这种低效率包括个人对公共物品的需求得不到满足，政府在提供公共物品时浪费资源，致使支出过大，预算出现偏差等。具体来说，表现为：一是政府生产和政府提供不分；二是反映"中间选民"的偏好；三是缺乏降低成本的动力，追求预算规模最大化；四是腐败和寻租行为。

（二）私人供给

政府并不是公共物品唯一的提供者，第三部门、私人组织、社区和社会公众都是比较现实的选择。德姆塞茨在《公共物品的私人供给》中提出，如果有排除非购买者的能力，私人供给者可以有效率地生产公共物品。一是联合供给模式。一些公共物品的消费是与某些私人物品的消费相互关联的，一些物品的消费量的增加必然会导致其他物品的消费量增加，也就是互为互补品。如果他们之间的联系较为紧密，就可以通过相互的联合提供来供给，从而为公共物品的市场生产创造条件。二是俱乐部供给模式。布坎南利用俱乐部产权制度来解决由于使用者之间的交易费用所带来的拥挤现象，这类公共物品因此被称为"俱乐部物品"。俱乐部物品是一种准公共物品，既有公共物品的典型特征，又有私人物品的特点。而私人物品的特点，是能够在某种组织形式的保证下，由私人来提供。

（三）自主供给

自主供给主要分为第三部门供给、社区供给和自愿供给。

第三部门（非营利性志愿组织，如 NGO）在向社会提供公共物品方面有着创新优势、贴近基层优势、灵活优势和效率优势，作为一个相对独立的公共事务管理参与者，第三部门的这些优势使得它们在一些社会公共事务管理领域中发挥着政府难以起到的作用。

通过社区来生产公共物品的方式称为"社区生产"，依据受益者所居住的地域或从事的行业提供公共物品，其成本的补偿完全通过自愿或社区委员会其他依据民意的方式征收。优势是把公共物品的提供范围缩小到一个以生活或工作为纽带联系的小集团之中，它更容易获得有效率的生产，也更容易将消费者的偏好与生产数量联系起来。

在含有隐形意味的意识形态和文化等道德因素下，行为主体所采取有利于他人或其他集团的行为，以捐赠这种自愿的方式提供公共物品。

二、公共物品供给与治理的政府作用

萨缪尔森为代表的新古典范式公共物品理论，强调物品和服务本身的特性——非排他性和非竞争性，并在此基础上提出"公共物品应当公共提供"。而以布坎南为代表的交易范式公共物品理论，指出新古典范式公共物品理论缺陷在于将公共物品的供给与需求割裂开来。

由于公共物品的以上特性，公共物品的供给和消费必然涉及特定的机制，使之涵盖公共物品的供给、生产、分配和消费。公共物品供给和消费的实质是公共物品的交易成本问题和机制。公共物品的特殊性质导致在消费上不存在支出成本，在供给上没有合理的利润，因此极易出现消费的"搭便车"、供需失衡、供给崩溃等问题。政府与市场具有一定程度的可替代性，市场失灵的公共物品领域往往要求政府干预。国家作为社会利益的体现，可以弥补市场经济的不足，并使各经济人员所作决定的社会效应比国家进行干预以前更高，政府的理性目标是追求社会福利最大化。因此，政府被认为是公共物品供给的主要动力和保障。

政府作为社会和公共利益代表，有义务保障公共物品供给和公平分配。由于公共物品需求的多样性，政府提供的公共物品无法满足所有消费群体需求，无偿提供的所有公共物品也并不能实现公共物品供给的"帕累托最优"。因此在供给方面，政府只能是保证最基本的公共物品供给，维持基本、基础的消费需求，目的是维持社会稳定和可持续发展。政府在公共物品供给方面的手段主要是制定相关政策和监管，通过与市场机制的平衡，平衡供给数量，确保公共物品持续供给和消费的公平。政府提供的公共物品范围主要包括纯公共物品、出现"市场失灵"的公共物品（非营利事务）等。政府提供公共物品的方式主要有两种：直接供给和间接供给。

另外，在治理公共物品被过度使用的问题时，政府也是不可或缺的重要角色，无论是自然资源的产权界定，还是对公共物品的征税处罚，或投票选择，都离不开政府的协调与运作。

三、自然资源公共物品治理

（一）可耗竭资源公共物品治理

对于可耗竭资源，其具有非排他性特征，但在消费上具有一定的竞争性，并非纯公共产品，属于公共池塘资源物品。该类资源的供给主体不单是政府，也有在政府管控下的各类市场主体，并通过利用价格、竞争等机制来实现该类自然资源的优化配置。需要注意的是，可耗竭资源的开发利用应考虑代际配置，若前代人对可耗竭资源的过度消耗，则会导致后代人对可耗竭资源的较少占有。同时，可耗竭资源的开发利用往往伴随周边生态环境的破坏，如矿产的开采所导致的地面塌陷、地下水污染等问题，这将直接损害人类赖以生存的生物圈，造成人居环境的破坏，直接损害后代人的切身利益。因此，可耗竭资源的开发利用应遵循代际公平配置原则。在此代际公平配置的情形下，可耗竭资源在具备非排他性的基础上延伸出了非竞争性，即后代人无法与前代人竞争以获取可耗竭资源的享用，但可在代际公平的前提下获得平等使用同类资源的权利。从该角度出发，在代际公平配置的情形下，可耗竭自然资源具有公共物品属性。

针对具有公共物品属性的可耗竭资源的治理就需要确保代际公平的实现。可耗竭资源开发利用受到多方面因素影响，需求量的增大、科技水平的提高、利益的驱动等因素都会加快可耗竭资源的耗竭速度，同时具有产生负外部性的可能，如地下水资源超采导致的地面塌陷等。因此，需要防止和限制对可耗竭资源的过度、超速消耗，实现其可持续开发利用。要实现这一目的，需要在提高可耗竭资源利用效率的同时，转化和积累自然资源的消耗部分，形成人力资本和人造资本的增加，用创造的新的财富来补偿后代人。而这一过程可采取的措施包括：

一是建立代际补偿机制，将消耗的可耗竭资源以不可耗竭资源、人造自然资本、资金等形式转交给后代，如生态环境保护的资金投入等。

二是加大科研投入，通过技术创新，降低可耗竭资源的消耗并提高利用效率，也可开发更新替代资源，如利用太阳能、风力等替代传统化石资源。

三是开展生态环境保护与治理，降低可耗竭资源开发利用带来的负外部性，提升生态环境质量，增加生态产品供给，为后代提供良好的生态环境。

（二）不可耗竭资源公共物品治理

对于不可耗竭资源，其所涉自然资源类型与民众的生活和生产息息相关，属于具有基本社会保障功能的自然资源，如阳光、水、空气、动植物等，具有非排他性和非竞争性的特征，其本身具有显著的公共物品属性，可向全体社会成员平等开发，允许有需要的社会成员在不影响其他人权利及社会公益的前提下自由取用。

需要注意的是，对于该类自然资源，在供给过程中存在"搭便车"的现象，容易导致"公地悲剧"等问题。为解决上述问题，提高不可耗竭资源利用效率，对该类自然资源的常见治理方法是将其公共所有或公共管理，即依靠政府对其进行管制或权利配置。政府的权威性和强制性为公共属性自然资源配置提供了一种制度环境，形成公共属性自然资源配置秩序。但利用政府机制来配置公共属性自然资源往往面临一些问题，如因政府的低效率及讲求配置的普遍性而导致的政府失灵等问题。这些问题将直接导致公共属性自然资源配置效率降低，造成公共属性自然资源实际使用量超出其最优水平，使公共属性自然资源面临无效率的过度开发和利用的困境。为提高该类自然资源配置效率，需要在资源配置过程中引入市场机制，促使资源供给主体由政府一元主体向多元主体发展，利用市场机制来满足部分社会成员的超额需求。市场机制的本质是不同的市场主体以自愿交易的方式实现各自利益最大化。而市场机制要参与公共属性自然资源配置，需要一系列制度来保障，其中最重要的就是产权制度，这是由于明晰的产权界定才会对市场主体产生足够的激励。即只有界定市场主体对公共物品属性自然资源的产权，并保证产权的有效行使，市场主体才会有动力来提供该类公共物品属性自然资源。但同时，公共物品属性自然资源不能完全转向由市场机制来进行配置，其依旧需要利用政府机制来保障社会成员能够平等获得所必需的资源，并从长远和全局的高度保护和促进人类社会存续所必需的自然资源基础。

四、生态系统服务公共物品治理

（一）公共物品属性生态系统服务治理

生态系统服务中，可被人类直接受益的包括供给服务、调节服务和文化服务。不同类型生态系统及其所供给的不同生态系统服务的经济属性存在差异，其本质是不同服务间的排他性和竞争性的区别。

1. 人工生态系统供给的生态系统服务经济属性

对于人工生态系统，生态系统服务提供物质基础的自然资源大多产权清晰，由此衍生的供给服务和文化服务属于私人物品，具有明显的排他性和竞争性，其权益归属与该人工生态系统的主体自然资源产权归属相一致。而人工生态系统所产生的调节服务，无实物边界，排他性和竞争性并不显著，具有纯公共物品属性。但在特定的管控制度安排下，部分调节服务虽仍具备非排他性，但在消费上已出现竞争性，属于公共池塘资源物品。例如，在农田生态系统中，供给服务提供的粮食具有私人物品属性，归属于农田所有者；农田景观同样具有私人物品属性，农田所有者可利用农田景观开展旅游活动；农田生态系统所提供的调节服务，如氧气释放、水源涵养、土壤保持等，并不面向特定的社会成员提供，某一社会成员对其的消费也不会影响到其他成员，具有非排他性和非竞争性，属于纯公共物品；特别的，农田土壤碳汇虽也属于农田生态系统提供的调节服务，但在政府碳排放管控下，使其具备了竞争性，成为公共池塘资源物品。

2. 自然生态系统供给的生态系统服务经济属性

对于自然生态系统，作为其主要构成的自然资源大多具备公共物品属性，且主要为公共池塘资源物品。与人工生态系统不同的是，自然生态系统所提供的供给服务与其物质基础——自然资源的经济属性类似，具备非排他性，但在消费上存在一定的竞争性；而文化服务和调节服务则具备非排他性和非竞争性，属于纯公共物品。但在特定的制度安排下（如特许经营权制度等），供给服务、文化服务以及部分调节服务开始具备排他性和竞争性，向私人物品属性转化。例如在海洋生态系统中，鱼肉并不属于任何社会成员（或属于全民所有），具备非排他性，但某一社会成员获取鱼肉会导致其他社会成员获取数量的减少，即具备竞争性；而海洋景观和气候调节、固碳释氧等文化服务和调节服务，不属于任一社会成员，且某一社会成员的使用不影响其他成员，具备明显的非排他性和非竞争性，具有纯公共物品属性。但如果某一社会成员获取某片海域的特许经营权，则其在该海域所获得鱼肉和特定的海洋景观具有私人物品属性，在特定的管控条件下，部分调节服务产品（如海洋碳汇），开始具备竞争性，具有公共池塘资源物品属性，但多数调节服务仍与人工生态系统服务类似，属于纯公共物品。

（二）公共物品属性生态系统服务供给与配置

与自然资源类似，生态系统服务也遵循"公共物品有效率的供给通常需要政府行动，而私人物品则可通过市场有效率地加以分配"这一经济学一般道理。[①] 对于纯公共物品属性生态系统服务，主要为气候调节、水源涵养、土壤保持等调节服务，其供给主体为政府，并通过政府机制来保护和修复相应的生态系统以保障该类型生态系统服务的有效供给与配置。针对该类生态系统服务，政府常用的制度措施主要为基于政府财政转移支付的生态补偿，例如我国针对重点生态功能区的财政转移支付等。对于具有公共池塘资源物品属性的生态系统服务，如管控下的生态系统碳汇等，在利用政府机制通过保护修复生态系统的基础上，借助其具备竞争性的外部条件，引入市场机制参与该类生态系统服务配置，避免"搭便车"行为的出现。

---

① 保罗·萨缪尔森，威廉·诺德豪斯. 经济学 [M]. 萧深，译. 北京：商务印书馆，2013.

五、自然资源管理数据配置

（一）数据配置

社会资源的配置方式主要有两种基本的形式：一是通过公共权力的直接安排，对社会资源进行配置；二是通过市场对资源进行配置。数据要素的市场化配置，就是通过市场机制反映的价格波动，调节数据需求与供给关系，从而实现数据资源在不同的市场主体和经济领域中分配、组合及再分配和再组合。

数据实现配置的前提是数据全流程的管理，涉及数据的收集产生、质量管理、安全管理等前期工作，以及数据管理制度建设，保障数据的质量、安全和使用价值。在推动数据市场化配置方面，需要通过建立管理类的基础制度，满足以下基本要求：一是数据具有清晰的产权，产权客体明确，即产权所覆盖的数据资源的范围明确，产权权利人享有的权利明确，权利与权利之间的界限明确。清晰的产权可以很大程度避免市场失灵。二是产权流动，可流动的产权所覆盖的数据范围越大，市场配置资源的范围也就越大。

自然资源管理数据的配置和利用应以公共利益而非个人利益为根本考量、以正当性而非效率性为价值追求。自然资源管理数据范围广泛，种类繁多，研究自然资源管理数据配置问题，需要分类研究数据属性，对应设定配置方式。而将自然资源管理数据的所有权配置给分散的个人或机构的做法将会引发"反公地悲剧"。

（二）公共物品型数据配置

部分自然资源管理数据，比如自然资源统计数据、基础地理信息数据、卫星遥感数据等，由自然资源主管部门及所属机构为履行法定职能、提供公益性服务而生产或收集。这类数据具有非竞争性、非排他性特点，可以为各类专业人员和社会人员利用，属于公共物品型数据，具有纯公共物品特征。由于纯公共物品型自然资源管理数据的公益性特征，自然资源主管部门在数据的生产和供给过程中，以求保证数据质量，更好地发挥数据本身的服务作用，其数据生产的成本、效益等问题并非主要考虑因素。

针对这类数据，自然资源主管部门需要聚焦数据供给机制的建立和硬件保障工作，维护数据安全和质量，建立数据的政府系统外的大开放机制，推进数据面向社会的开放、共享、使用，通过市场最大限度挖掘数据的价值，提升数据利用效率。同时，由于非竞争性和非排他性属性，自然资源主管部门需要做好数据的管控，防止出现自然资源管理数据的社会利用失控。

（三）准公共物品型数据配置

一些自然资源管理数据由于涉及国家安全、能源和资源保障等重要领域成为涉密数据，部分数据也涉及自然资源产权人、使用人等私人信息不适宜完全向社会公开。这些数据处于垄断管理状态，且无法实现全面面向社会公布。针对这些数据，自然资源主管部门应尽量实现政府系统内的小循环，遵照国家相关法律法规要求，在一定范围内，推动数据在跨部门、跨区域之间实现免费共享和交换，更好地支撑业务办理、提供政府决策支持。

第 六 章

第七章 | 自然资源资产价值与核算

　　自然资源资产核算是实现"资源"向"资产"转化、实现使用属性向价值属性转化的重要基础，也是统一行使全民所有自然资源资产所有者职责的基本要求。通过自然资源资产核算，对自然资源资产实物量和价值量进行合理评估，政府能够全面客观地衡量自然资源资产，准确地了解全国自然资源资产利用现状，科学地制定资源开发利用政策。这有利于按照市场化方式实现自然资源资产的优化配置，提高自然资源资产利用效率，实现自然资源效益最优化，也有助于落实领导干部自然资源资产离任审计制度，推动中国自然资源资产从"管理"转向"治理"，同时将为资源环境的利用和保护提供判别标准，并为社会经济发展提供自然资源账本、为综合评价自然资源资产管理情况、考核受托人履职情况，以及依法收缴资产收益提供重要支撑。

第一节 理 论 基 础

一、内涵构成

（一）概念

　　自然资源资产核算是指对一定时间和空间内的自然资源资产，综合运用统计、会计和数学等方法，在合理估价的基础上，从数量、质量和价值等方面，测算、统计和核实其总量和结构变化并反映平衡状况的基础性工作。

通过持续性核算，对自然资源资产进行合理评价，国家能够全面客观地衡量自然资源资产，系统掌握开发利用状况，合理制定保护与利用政策，并关注资源收益分配、资源浪费、生态环境损害等问题，推动生态文明建设顺利进行。

（二）资产分类

分类应兼顾开发利用与生态保护的需要。对于以经济利用为主的自然资源，如建设用地，应区分空间资源和物质资源进行分类。对于以生态保护为主的自然资源，如森林、草原、湿地、自然保护地，将其土地空间占用与地上覆盖物作为一个完整的资产类型，以体现作为生态系统的生命共同体特征。

根据以上原则，从资产核算的视角，自然资源资产主要可分为三种：第一，空间资源类，包括土地、海域、无居民海岛；第二，物质资源类，包括矿产、水资源、野生动植物；第三，生态资源类，兼具空间资源和物质资源，包括森林、草原、湿地、自然保护地。

在此分类体系中，土地资源并不是全部的陆地空间资源，而是以开发利用为主要用途的土地，包括城乡建设用地、生活用地、农业生产用地、待开发利用的荒地和未指定用途的土地。

（三）核算内容

自然资源资产核算内容，主要包括：第一，存量核算，流量核算；第二，实物量核算，价值量核算；第三，分类核算，综合核算。同时将自然资源资产核算与国民经济增长变化的核算与国民经济运行投入、产出、使用核算相关联。

其中，实物量核算主要包括自然资源实物量和自然资源资产实物量两部分。价值量核算包含质和量两个方面，是指通过适当的估价技术，赋予某类资源一种用货币衡量的价值，是按照现有市场信息下的实物量货币化的表现形式，即价值量＝实物量×资产价格。

（四）核算方式

1. 实物量核算方式

自然资源实物量采用统计方式，按照"能统尽统，应统尽统"原则，依据现有的统计技术水平、分类标准和相关规程，通过开展自然资源调查监测，查清各类自然资源"家底"，记录我国陆地及领海范围内，一个核算周期间的自然资源种类、数量、质量、用途、分布等，做到不遗漏、不重复、全覆盖。

自然资源资产实物量统计，以自然资源实物量统计为前提，根据公益性和经营性资产分类，通过开展确权登记工作，着重统计经营性自然资源资产的数量、质量、权属、开发利用、收益分配等信息。

实物量统计主要包括数量统计和质量统计，为自然资源资产价值量核算奠定基础。

2. 价值量核算方式

价值核算包括经济价值核算和生态价值核算（见表 7－1）。

表 7－1　　　　　　　　　常用的自然资源资产核算方法比较

核算内容	方法类型	具体内容	操作实施	客观评价
经济价值量	市场法	直接比较法	利用周边区域、相似案例的价格信号进行对比并估算价格	①前提条件：交易市场发育良好、运行规范 ②优缺点：易于理解和掌握，反映市场变化，但是缺乏直接相关参照物时，受主观因素影响较大 ③适用范围：以市场价为基础的资源资产
		间接比较法	按照各类标准对参照物和全民所有自然资源资产进行差异比较并估算价格	
		替代市场法	用替代物品价值估计全民所有自然资源资产价格，主要包括旅行费用法、意愿调查评价法	
	收益法	收益倍数法	按照平均收益和预期倍数，确定全民所有自然资源资产价格，如影子价格法等	①前提条件：政府或者交易双方可确定资源纯收益 ②优缺点：核算的收益结果易被供求双方接受，但预测难度较大，适用范围小 ③适用范围：可单独计算收益的无形资产
		收益还原法	将全民所有自然资源资产的预期收益按照一定折现率进行还原	
		生产成本法	根据全民所有自然资源资产价格构成因素和表现形式来确定核算价格	
	成本法	净价值	按全民所有自然资源产品价格和产品其他成本之差确定核算价格	①前提条件：假设可比的历史资料 ②优缺点：公平合理，使用范围广，但工作量大且不易计算资产未来收益 ③适用范围：特定用途的资源资产估价
		机会成本法	通过估算全民所有自然资源资产的投入成本所牺牲的替代用途收入来确定其价格	
生态价值量	价值当量法	基于单位面积的当量因子	通过测算得到不同土地类型的生态系统生态服务价值当量因子，然后再乘以各土地类型的实物量，即可计算得到该区域的生态价值	①优缺点：直观易用、数据需求少、核算过程快速、结果便于比较，但体现的是一个宏观平均化量值，无法反映区域的具体生态系统特征和区间当量因子之间的差异 ②适用范围：适合国家层面的宏观评估，不适合具体的生态资源考核评价过程

第七章

续表

核算内容	方法类型	具体内容	操作实施	客观评价
生态价值量	功能价值法	基于单位生态产品的价值	根据区域内生态系统产生的生态服务功能效果，评估各种生态功能价值并加总，即可得到该区域的生态价值	①优缺点：可反映不同生态系统状况与服务能力，但数据基数大，计算过程复杂，操作难度较大，部分生态系统核算方法不成熟 ②适用范围：适合区域生态评价，不适宜小尺度或具体生态工程评估
	生态元法	基于太阳能值	以太阳能值作为核算量纲，将"生态元"作为核算基本单位，按照生态、环境、可持续发展的内在联系分步核算和调整"生态元"价值，运用市场交易方式对核算的"生态元"进行货币化定价	①优缺点：可实现在线价值核算和可视化呈现，但核算过程利用的参数较多，其结果存在不确定性，尚需实践检验 ②适用范围：区域生态评价

注：根据范振林、孙含笑、王世杰等研究成果改编。

（1）经济价值核算。经济价值核算方法包括市场法、收益法、成本法和补偿价值法。每个核算方法适用的自然资源资产类型不同；每种资产类型适用不同的核算方法，核算方法选择主要遵循价格信号的显化程度和数据可获取性原则。

①市场法，其理论基础是替代原则，价格信号的显化程度最高，在自然资源资产交易价格数据满足评估要求的情况下，应作为优先选用的途径。

②收益法，符合资产预期原理，以资源经济租金、收益等作为替代的价格信号，可作为缺少自然资源资产交易价格数据情况下的评估途径。用公式表示：

$$P = \sum_{i=1}^{a} \frac{P_i}{(1+r)^i}$$

其中：P 为自然资源资产价值，P_i 为未来第 i 年的资源预期收益额（$i = 1$，2，3，…，n）；n 为收益年限；r 为折现率。

③成本法，理论依据是生产费用价值论，以自然资源开发成本作为价值信息评估资源价值，可作为缺少市场交易价格数据，且难以判断预期经营收益下的途径。

④补偿价值法，以资源保护成本和放弃正常经营利用方式的机会成本作为评估价值，可作为生态保护红线范围内价值核算的途径。

（2）生态价值核算。生态价值核算途径包括价值当量法、功能价值法和生态元法。这三类方法各有侧重和条件选择。

二、理论基础

（一）马克思劳动价值理论

马克思在批判古典政治经济学理论的基础上，继承并创造性地发展了亚当·斯密、大卫李嘉图关于劳动价值论的合理内容，从唯物史观的角度重新阐述了劳动价值，使劳动价值论成为一个科学的理论体系。理解马克思的劳动价值论，需要从三个维度着手：第一，价值源泉。马克思认为价值是抽象人类劳动的凝结，一切形式的人类体力和脑力消耗都属于"价值"的范畴，而非劳动产品都没有价值，这就明确了价值的内涵与界限。第二，价值计量。马克思从劳动二重性入手，严格区分了使用价值与价值两个概念，认为使用价值产生于具体劳动，属于商品的自然属性，它有质但没有量的规定；而价值产生于抽象劳动，是商品时社会属性，不仅有质还有量的规定，这种量由生产商品的社会必要劳动时间来决定。使用价值与价值属性不同，但两者并非完全对立，马克思认为使用价值与价值共存于同一商品体内，使用价值是价值的物质载体，而价值是使用价值的表现，没有使用价值也就无价值，两者是对立统一的。马克思还提出了商品的使用价值和交换价值的关系。马克思指出，交换价值表现为一种使用价值同另一种使用价值相交换的量的关系或比例，使用价值是商品能够满足人们的需求和欲望的能力，交换价值则是指商品在交换中所体现的价值，商品的交换价值是由商品的劳动价值所决定的。第三，价值规律。马克思通过考察价值的发展过程，阐明了价值与价格的关系，以此提出了价值规律理论。一方面，马克思指出价值量"是用它所包含的'形成价值的实体'即劳动的量来计量"[①]，"只是社会必要劳动量，或生产使用价值的社会必要劳动时间，决定该使用价值的价值量"[②]；另一方面，马克思又指出价值是以价格的形式表现出来的，价值是价格的基础，但是，价格因受多种因素影响而存在偏离价值量的可能性。这种"偏离"不是无限制的偏离，而是价格围绕价值上下波动，所以这种"偏离"没有否定反而证明了价值规律的存在。

基于马克思劳动价值论可以发现，未凝结人类劳动的自然资源仅具有使用价值，而不具有价值；自然资源资产因劳动投入和交易关系而成为商品，是使用价值与价值的统一体。由此可见，自然资源资产价值核算，是核算成为商品的那部分自

---

① 马克思恩格斯文集（第5卷）[M]. 北京：人民出版社，2009：51.
② 马克思恩格斯文集（第5卷）[M]. 北京：人民出版社，2009：53.

然资源，而不是核算未经人类投入劳动和开发利用的"纯粹"自然资源。运用马克思劳动价值论对自然资源与自然资源资产的范围界定，是开展全民所有自然资源资产价值核算的起点。

（二）稀缺价值论

并不是所有具有使用价值的物质都有价值，如空气和阳光，具有很高的使用价值和效用性，但目前人们普遍认为它们没有价值，原因是空气和阳光在目前还可以认为是取之不尽、用之不竭的，不具备稀缺性，并且它们还不被任何一个社会主体所垄断。现代经济学研究的核心问题是稀缺资源的优化配置问题，尽管这里指的是广义的资源，但对于自然资源同样是核心问题。稀缺性是资源价值的基础，也是市场形成的根本条件，只有稀缺的东西才会具有经济学意义上的价值，才会在市场上有价格。

许多自然资源随着人类开采强度和需求的加大而相应减少，不允许人类不加节制地消耗，具有稀缺性。资源之所以有价值，首先是因为在现实社会经济发展中的稀缺性，稀缺性是资源价值存在的充分条件。但资源的稀缺性又是一个相对的概念，在某个地区或某一时期稀缺的资源，在不同的地区和时间可能并不缺少，这样就可能导致同样资源的价值量不同，资源价值量的大小与其稀缺性成正比。

因此，资源价值首要体现的是其稀缺性，资源价值的大小也是其在不同地区、不同时段稀缺性的体现。

（三）效用价值论

效用价值论认为价值体现在对人类福利的影响上，凡是能够增加个人福利、带来效用提高的稀缺物品都是有价值的，而个人福利的高低主要取决于三个方面：第一，其所消费的私人物品；第二，政府提供的公共物品；第三，从资源系统得到的非市场性物品和服务的数量和质量，如健康、视觉享受、户外娱乐机会等。

因此，从效用价值论角度看，自然资源资产的价值主要体现在其提高个人福利的作用（满足人们欲望的能力）及其稀缺程度，即有用性和稀缺性决定了自然资源资产的价值。自然资源资产价值的高低主要取决于个人和生产者在各种约束条件下赋予自然资源资产的边际价值的总和。

（四）均衡价值理论

资产阶级政治经济学价值理论之一。最早由英国资产阶级经济学的杰出代表马歇尔所倡导，并在20世纪初期广泛采用。该理论认为商品的价值决定于供给价格（即生产者所要去的出售价格），和需求价格（即购买者所愿出的购买价格）相等之点，即所谓需求与供给的均衡点；供给价格决定于商品的生产费，需求价格则决定于这一商品对购买者的"边际效用"。经济学中，该理论主要用以分析考察经济中若干变量之间的相互关系，以解释经济现象及其变化的概念或分析方法。

均衡价值理论认为，所谓价值，就是指交换价值或价格，价格不能仅由市场中的一方确定，而应取决于供给和需求共同作用下的均衡价格。只有进入市场、能够买卖的物品才有价值，其价值理论实质上属于价格理论。因此，自然资源资产价值是对自然资源资产交易价格的期望值，两者相统一。没有进入流通领域的自然资源资产没有价格（价值），如阳光、空气等。

基于均衡价值理论，自然资源资产价值的衡量以交易为基础，表现为市场供需实现的自然资源资产价值的均衡。对于能够通过市场交易的自然资源资产，可以通过市场交易价格信息估算其价值，例如建设用地、生产用地、矿产资源等；对于具有有用性和稀缺性，但受政策约束不能通过市场交易的自然资源资产，可以采用替代市场法来衡量其价值，即：如果该资产参与市场交易，价格是多少，或放弃市场交易的机会成本是多少来衡量，如保护地自然资源资产的价值可用放弃原有经营利用方式的机会成本来衡量等。

（五）自然资源价格理论

1. 自然资源价格来源于马克思价值理论

自然资源价格，实际是我们赋予自然资源的。按照马克思主义政治经济学定义，价值是价格的基础，价格是价值的货币表现。

据此理解，第一种观点是，自然资源是天赐之物，不是劳动产品，本身无物化劳动，没有价值，当然也不存在根据价值引出的价格。第二种观点是，自然资源具有价值，自然也就存在价格。第三种观点是，马克思主义从未讲不是劳动产品从而没有价值的东西就不可以有价格，就不能取得商品形式。马克思指出："……但是价格毕竟可以完全不是价值的表现。本身不是商品的东西，例如，良心、名誉等，也可以被它们的所有者拿去交换货币，并通过它们的价格，取得商品的形态。所以，一种东西尽管没有价值，但能在形式上有一个价格。在这种场合，价格表现就像数学上的某些数量一样，是想象的。"[①] 再如："地租是地主出租一块土地而每年由此获得的一定额货币。……一看就知道，……是一个不合理范畴，因为土地不是劳动产品，是没有价值的。"[②] "就那些本身无任何价值、不是劳动产品的东西（例

[①]　马克思.资本论（第1卷）[M].北京：人民出版社，1972：120 – 121.
[②]　马克思.资本论（第3卷）[M].北京：人民出版社，1974：702.

如土地）……来说，它们的价格可以由各种非常偶然的组合来决定。"① "未耕地部分价格是由已耕地部门的价格决定的，是已耕地投资及其结果的一种反映"，"瀑布和土地一样，也和一切自然力一样，没有价值，它的价格不过是所占超额利润的单纯反映……"②

从马克思论述中看出：第一，对于非商品物来说，若被其所占有者用以换取货币，就使其取得了商品形式，并具有了用所换货币表征的价格③。但是，这种形式上的商品同表征价格的关系，与真正的商品同价格的关系是不同的。因为此种非劳动产品，本身没有物化劳动，而是它被赋予了价格才取得了商品形式。这种非劳动的产品，本无价值的东西，可以具有价格的逻辑思路与生态产品价值等情况，也是适用的。第二，当既有经过劳动，又有未经过劳动的同一类物品进入市场成为商品的时候，前者的价格就成为决定后者价格的一种影子价格④。

2. 自然资源价格的内在依据

自然资源具有价格的观点，我们认为，最根本的依据是自然资源具有形成经济资源的本质功能与属性，能进入经济社会系统流通。

马克思说："土地（在经济学上也包括水）最初以食物，现成的生活资料供给人类，它未经人的协助，就作为人类劳动的一般对象而存在。"⑤ 据此，土地等连同其他自然资源，对人类经济社会具有使用价值、物质性效用的特性。但此种自然资源，尚处于自在状态，"土地的自然产品，数量很小，并且完全不取决于人，自然提供这点产品，正像给一个青年一点钱，使他走上勤劳致富的道路一样"⑥。因此人类劳动的投入与协助，要在遵从自然与生态规律的前提下，通过自然资源配置和加工改造，使其所具有的使用价值、物质效用更加聚集，更加突出，更加完善。脱离开自然资源和自然条件的属性——内含的使用价值、物质效用功能，人类的劳动是什么也创造不出来的。这一功能和属性，是自然资源形成或转化为经济资源最根本的基础和内在根据，也是赋予自然资源价格的首要依据。

3. 自然资源价格的外在依据

不是所有具有使用价值的自然资源都要赋予其价格。那些可供人类永续使用的

---

① 马克思. 资本论（第 3 卷）［M］. 北京：人民出版社，1974：714.
② 马克思. 资本论（第 3 卷）［M］. 北京：人民出版社，1972：729 - 730.
③ 马克思主义经典作家称其为"虚幻价格"，意思是对非劳动产品从而没有价值的东西，可以具有想象的价格，类似于影子价格。
④ 影子价格理论由荷兰经济学家詹思·丁伯根提出，是为实现合理分配稀缺资源而提出的一种计算价格，并不能反映真正的价值水平，作用在于保证稀缺资源的正确分配和有效利用，更好地反映机会成本。
⑤ 马克思. 资本论（第 1 卷）［M］. 北京：人民出版社，1975：202 - 203.
⑥ 马克思. 资本论（第 1 卷）［M］. 北京：人民出版社，1975：203.

自然资源，如太阳光能、热能、风能和大气、潮汐能等，由于目前来看，是取之不尽用之不竭的能量与物质，赋予其价格无必要也不太可能。但趋势是要关注可循环替代的自然资源定价机制和有偿使用问题，虽有价格但或可长期偏离其价值。

对于自然资源中可再生性资源（动植物和微生物）、不可再生的非耗竭性资源（土地）、永续又可耗竭性资源（水资源）和不可再生的耗竭性资源（矿产）来说，除了使用价值、物质性效用外，还有一种稀缺性或有限性这一重要特性。这种属性是人类在开发利用自然资源的过程中表现出来的。

总之，自然资源价格的外在依据，不仅在于自然资源数量上的有限性和稀缺性，或者数量虽不减少，但质量却下降、变劣，还有一种深层次的内容，就是每种自然资源，不论其数量还是质量变化，都将导致、影响以致损害整个生态系统。

第二节　自然资源资产核算发展历程与应用实践

一、我国自然资源资产核算沿革与探索

（一）核算发展历程

我国自然资源资产核算起步于 20 世纪 80 年代，经历了理论研究、实践探索、试点推进、全面深化四个阶段，现已初步形成自然资源资产核算技术体系。

1. 理论研究阶段（20 世纪 80 年代至 90 年代末期）

1987 年，李金昌等学者翻译了《关于自然资源核算与折旧问题》《挪威的自然资源核算与分析》《自然资源核算与分析》等报告，率先开展我国自然资源核算研究，引发了国内相关人士对自然资源核算的关注。1988 年，国务院发展研究中心与世界资源研究所联合开展了"自然资源及其纳入国民经济核算体系"的课题研究，对资源定价、资源折旧、资源分类和综合核算以及自然资源纳入国民经济核算体系等进行了广泛研究。1992 年召开的"世界环境与发展大会"为环境和资源核算及国民经济账户体系的研究工作提供了新的契机，特别是 1993 年联合国统计司发布《1993 年国民核算手册：综合环境与经济核算体系》（简称：SEEA-1993）后，我国对自然资源核算的重视程度越来越高，土地、森林、矿产等领域专家学者开展了系列核算理论研究，内容涵盖实物量和价值量核算，涌现出一批具有开创价值的研究成果，初步提出了土地、矿产、森林、水等自然资源核算的基本理论、主要原

则和技术方法等，对推动权益管理工作、普及资源核算理论和思想发挥了重要作用。

2. 实践探索阶段（21世纪初期至2012年）

进入21世纪，随着自然资源核算研究逐步深入，国家统计局等部门积极开展实践探索，取得了系列新进展。2003年，国家统计局出版《中国国民经济核算体系2002》，将自然资源实物量核算表作为卫星账户，编制了2000年全国土地、森林、矿产、水资源实物量表，并开展了四种资源的价值量核算。同时，国家统计局组织翻译了联合国的《2003年国民核算手册：综合环境和经济核算体系》（简称：2003环境经济核算体系），并与国家林业局联合开展了森林资源核算。2004年起，国家统计局先后与国家环保总局和国家林业局合作开展绿色GDP和环境经济核算研究，以期综合反映资源、环境、经济的相互影响，并于2005年在北京、天津、浙江、河北、辽宁、重庆、广东、海南、安徽和四川等10省市启动绿色GDP核算试点，于2006年首次发布《中国绿色国民经济核算研究报告2004》，成为国际上第一个以政府名义公开发布的绿色GDP核算研究报告。

3. 试点推进阶段（2013~2017年）

2013年11月，党的十八届三中全会通过《中共中央关于全面深化改革若干重大问题的决定》，明确要求"探索编制自然资源资产负债表，对领导干部实行自然资源资产离任审计"。这是中央文件首次提出编制自然资源资产负债表的要求，随后国家层面相继出台系列文件，不断推进和规范自然资源资产负债表编制，推动以编制各级自然资源资产负债表为目标任务的自然资源核算研究不断深化，完善了技术方法体系，并在部分地区开展了试点试算，积累了实践经验。自2015年起，国家统计局联合相关部门先后印发实施《自然资源资产负债表试编制度（编制指南）》《自然资源资产负债表编制制度（试行）》，重点明确了土地资源、林木资源、水资源和矿产资源四类资产实物量核算和账户编制方法，在呼伦贝尔市、湖州市、安吉等12个地区先后开展两轮试点，并从2018年开始每年试编国家和省级自然资源资产负债表。各门类资源核算方面，原国家林业局组织发布了《中国森林资源核算报告（2015）》《自然资源（森林）资产评价技术规范》等成果，基本形成我国森林资源统计核算的技术体系，有效规范了森林资源资产实物量和价值量核算的内容、指标和方法。

此外，结合实践需求，中国自然资源经济研究院开展了大量自然资源核算研究和管理支撑，特别是对价值量核算进行总结集成（见表7-2），总体上形成"以有无市场交易"作为核算方法选取标准的共识，对于有市场交易的，优先采用市场价值法进行核算；对于没有市场交易的，多采用间接方法核算。

表 7-2		三种主要的自然资源核算体系	
核算体系	提出时间	主要版本	重要特征
国民账户体系（SNA）	西方国家于1953 年提出	SNA-1993、SNA-2008 等	核心指标为 GDP，只重视经济产值及增长速度，忽视资源基础和环境条件
物质产品平衡表体系（MPS）	苏联于 1973 年提出	—	以计划经济为背景，强调只有创造物质产品和增加产品价值的劳动才是生产劳动，把一切非物质性服务视为非生产性劳动，与实际经济不相符
综合环境和经济核算体系	联合国于1993 年提出	SEEA-1993、SEEA-2000 SEEA-2003、SEEA-2012 等	核心指标为 EDP，即绿色 GDP，将自然资源核算纳入核算范畴，是 SNA 体系的进一步发展，备受关注，但因环境退化等方面核算定价方法存在争议而未大量应用

4. 全面深化阶段（2018 年至今）

2018 年，中共中央印发《深化党和国家机构改革方案》，明确要求组建自然资源部，明确由自然资源部承担自然资源资产价值评估和资产核算工作。2019 年，中办、国办印发《关于统筹推进自然资源资产产权制度改革的指导意见》明确提出"研究建立自然资源资产核算评价制度，开展实物量统计，探索价值量核算"。中国自然资源经济研究院建立了契合"两统一"职责的自然资源资产核算体系，开启了全面深化研究和服务管理实践的新局面（见图 7-1）。

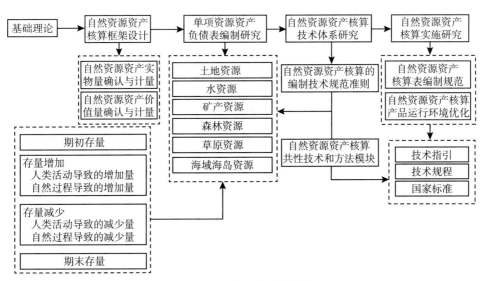

图 7-1　自然资源资产核算体系

（二）自然资源资产核算实践探索

1. 土地资源资产核算实践与应用

我国土地资源资产核算工作始于 1992 年国家土地管理局组织开展的"中国土地资源资产核算研究"。之后，各界对土地资产，特别是城镇国有建设用地资产核算理论和技术方法进行了深入研究，从 2016 年起，原国土资源部和自然资源部陆续在上海市、西安市、株洲市、四川省、山东省、广东省、湖南省、甘肃省、宁夏回族自治区、福建省厦门市和南平市、贵州省贵阳市、甘肃省兰州市等七省、六市部署实施 14 个工程化试点。自然资源部于 2020 年发布实施了《全民所有土地资源资产核算技术规程》。

专栏 7 - 1

土地资源核算三种方法及应用

（1）宏观尺度核算方法。宏观尺度的核算方法主要以县级以下（含县级）行政单元为基本核算单元，对行政单元内部土地质量、价格的空间分布差异不予体现。这种方法通过分别测算行政单元内各用途的土地平均价格，并与对应地类的面积乘积，推算土地资产价值总量。依据参照的不同地价指标，分为基于基准地价、监测地价、交易地价及其他评估地价等的宏观核算方法。

（2）中观尺度核算方法。中观尺度的核算方法主要在行政单元内部，依据不同空间区位上土地的质量、功能、价值等的差异划分均质区域，以各均质区域为基本核算单元，评估核定基本核算单元内分用途的平均土地价值水平，与相应土地的实物量结合，核算土地资产总量。依据参照的不同地价指标，分为基于公示地价（基准地价、标定地价）、监测地价、交易或其他评估地价等的中观核算方法。

（3）微观尺度核算方法。微观尺度的土地资产核算方法主要以各宗地（或地块）为基本核算单元，显化微观区位条件及主要个别因素对宗地（或地块）价值的影响，评估核定各宗地（或地块）的价值水平，与相应土地的实物量结合，核算土地资产总量。通常参照的地价指标以基准地价、标定地价、监测地价等相对成熟、具有客观表征性的地价体系为基础，借助批量评估模型，对主要区位因素及容积率、期日等个别因素进行修正，测算各宗地地价水平。

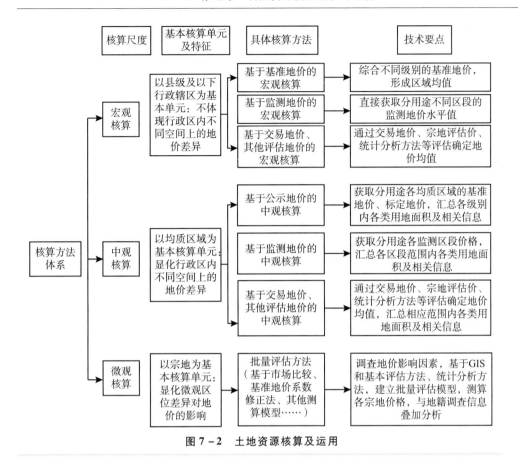

图 7 - 2　土地资源核算及运用

2. 矿产资源资产核算实践与应用

矿产资源资产核算是伴随矿产资源价值概念的提出而产生的。西方国家普遍采用收益现值法确定矿产资源的价值，其依据主要是认为矿产品的价格由市场竞争所决定，采用收益现值法基本上是合理的。国内关于矿产资源资产核算的研究始于1984年，国务院发展研究中心、国家统计局、地矿部等单位先后开展了理论研究和实际调查工作，并在矿产资源价值理论、定价方法和矿产资源核算理论、核算方法等方面取得了较多成果。此后，国内许多学者采用收益现值法、成本核算法、市场价格法、替代市场法等方法对矿产资源价值核算进行了研究，如第一种观点是，矿产资源价值评定应从三个层次来进行，即矿产资源资产价值、矿产资源潜在价值和矿产资源预测价值评估。第二种观点是，矿产资源价值核算有三种方法：丰度基价法、收益现值法和市价法。第三种观点是，矿产资源的总价值=地勘费总额+环境治理费总额+绝对收益+级差收益-运输费总额，其中绝对收益=可采储量×劣等资源条件下的矿产价格，级差收益=可采储量×[单位品质（位）升高形成的单位矿产品价差收益＋非劣等条件与劣等条件相比造成单位成本的降低额]。第四种观点是，中国自然资源经济研究院在开展矿产资源资产清查和核算试点的基础上，提出按规定程序和规范方法，构建矿产资源资产清查价格体系，用于测算矿产资源资产经济价值的方法。

矿产资源资产清查方法及应用

（1）矿产资源资产清查。在矿产资源储量数据库、矿业权统一配号系统、矿业权市场数据系统、地勘报告和矿业权评估报告等已有矿产资源权属、数量、质量、用途、分布、收益等成果基础上，建立统一基准时点（时期）、统一内涵的矿产资源资产清查价格和调整系数，估算矿产资源资产经济价值，核实所有者权益，基本掌握矿产资源资产底数。

（2）实物量清查。内业调查：对区域内矿产资源属性信息采集，包括品级品位、资源规模、保有资源储量、空间分布情况填写矿产资源资产清查表。固体矿产资源以未利用矿区、生产矿山、政策性关闭矿山、闭坑矿山、压覆的矿产资源为具体清查对象进行清查核实。外业补充调查：储量数据库缺失的空间信息、储量数据库属性信息明显逻辑错误的，补充调查并标注。

（3）价值量估算。参考净现值（NPV）法，测算各矿产的资产价格，再乘以实物量得到经济价值。最后，将各矿产的价值核算结果汇总形成矿产资源资产总价值。①划分生产集中区：各矿产按照生产矿山的矿床类型、矿物成分、产品用途等划分不同类型的矿产资源生产集中区。②选择典型生产集中区：根据矿产品产量选择 1~5 个集中区。③测算标准矿山价值：将集中区内各参数的平均值作为标准矿山的参数，计算标准矿山的资源租金，将未来资源的资源租金折现到基准时点，得到标准矿山的矿产资源资产价值。④测算矿产资产价格：将标准矿山的矿产资源资产价值除以标准矿山剩余可采储量，通过算术平均得出资产价格。⑤估算矿产经济价值：资产价格与相应的实物量相乘，得出清查经济价值，合计汇总得总经济价值。

3. 森林资源资产核算实践与应用

我国森林资源核算研究始于 20 世纪 80 年代。2004 年，国家林业局联合国家统计局开展了"绿色国民经济框架下的中国森林核算研究"项目，研究提出了森林核算的框架和具体方法，并以第五次和第六次全国森林资源清查数据为基础完成了林地林木的实物量和价值量核算；并分别于 2013 年、2016 年相继开展两轮中国森林资源核算研究工作，完善了核算理论框架和技术方法，测算了我国林地林木的资产价值和森林生态系统每年提供的生态服务价值，对于完善我国自然资源资产核算工作具有重要意义。

4. 全民所有自然资源资产核算实践探索

自然资源部于 2019 年和 2021 年分别开展了两批全民所有自然资源资产清查试点，首次组织中国自然资源经济研究院从国家、省、市、县不同层面开展了资产核算工作，目前已建立清查制度与机制，形成了清查技术方法和核算体系。

（1）实物量核算探索。在各类自然资源调查（清查）与确权登记基本摸清权属、数量、质量、用途、分布等属性信息基础上，按照统一的标准与规范，通过数据预处理、信息提取、套合与处理、数据整合、质量控制与检查等步骤，整合各类资源资产专项调查成果与专题数据，在一张底图上集中反映各类资源属性信息。

其中，土地资源采用《第三次全国国土调查技术规程》（TD/T 1055）中"国土三调"工作分类标准；矿产资源采用《中华人民共和国矿产资源法实施细则》中《矿产资源分类细目》，包括已查明并上表登记的 162 种矿产；森林中的林地二级地类采用"国土三调"工作分类标准，在"国土三调"工作分类基础上依据《林地分类》（LY/T 1812）进一步细化；林种、森林类别、林分因子等依据《森林资源规划设计调查技术规程》（GB/T 26424）确定；草原地类采用"国土三调"工作分类标准，草地类和草地型划分采用《草地分类》（NY/T 2997）中草地类型的划分标准；湿地分类采用"国土三调"工作分类标准；海洋分为海域和无居民海岛，其中：海域使用类型采用两级分类体系，共分为 9 个一级类和 31 个二级类；用海方式采用两级层次体系，共分为 5 种一级方式和 21 种二级方式；无居民海岛用岛类型采用《财政部 国家海洋局印发〈关于调整海域无居民海岛使用金征收标准〉的通知》，共分为 9 类，分别是旅游娱乐用岛、交通运输用岛、工业仓储用岛、渔业用岛、农林牧业用岛、可再生能源用岛、城乡建设用岛、公共服务用岛和国防用岛。

（2）价值量核算探索。全民所有农用地（不含林草湿）、建设用地、森林、草原、海洋资源资产，使用资产价格体系核算资产经济价值。对于缺少必要价格信号的湿地，有条件的地区探索湿地内各资源类型经济价值或按湿地重置成本法核算经济价值。对于未确定使用权人的国有建设用地，规划用途、规划容积率等规划条件明确的土地,采用建设用地资产价格体系核算经济价值。规划用途、规划容积率等规划条件不明确的土地,依据实际发生成本核算其经济价值。未利用地、水、公益性用海用岛、特殊用海用岛、海洋保护区、保留区、新版生态红线范围内的海域以及未确权未纳入可开发利用的无居民海岛资源资产只清查实物量,不核算经济价值。

二、国际上自然资源资产核算与管理制度变迁

联合国环境与发展大会于 1992 年通过的《21 世纪议程》提出,各国应尽快实施环境经济核算。国外关于资源环境核算的研究,主要围绕"环境经济核算"开展,目的是显化自然资源和环境要素对人类和经济社会发展的贡献,旨在说明"国家层面经济与环境之间的相互作用",主要用于国家层面的政策制定、自然资源和环境状况变化及趋势分析等。主要包括:

(一)联合国环境经济核算体系(SEEA)

联合国统计司提出并推动实施了 SEEA 体系,目前使用的是 2012 年版《环境经济核算体系——生态系统核算:最终草案》(SEEA-CF),沿用了国民账户体系的核算概念、结构和规则,并采用系统方法编制环境和经济信息,目的是"阐述经济与环境之间的相互作用、环境资产存量及其变化","尽可能完整地涵盖与环境经济问题相关的存量和流量"。

SEEA 体系涵盖三个主要领域:第一,在国家内部,经济与环境之间的物质与能源实物流量;第二,环境资产存量及其变化;第三,与环境有关的经济活动和交易。主要包括矿产与能源、林木、水生资源、水资源、其他生物资源等资产账户以及实物量流量表、可商品化的资源价值量表、环境治理成本等,显示资源存量水平,识别资源增减变动的经济原因揭示经济发展背后的资源消耗和环境损失。2021年,联合国统计司发布了《环境经济核算体系——生态系统核算》(SEEA-EA)(见表 7-3),作为 SEEA-CF 的重要补充。SEEA-EA 主要核算生态系统服务,阐述了生态系统服务、生态系统资产的实物量核算和估价方法,包括 5 类账户:生态系统范围账户(反映实物量)、生态系统状况账户(反映质量)、生态系统服务流量实物量账户、生态系统服务流量货币量账户和生态系统资产货币账户。

表 7 – 3　　　　　　　　　　　　　　　　　　SEEA-EA 内容

目录	主要内容
第 1 章：介绍	SEEA-EA 的发展背景，与其他衡量框架和计划的联系以及实施中的注意事项
第 2 章：生态系统核算原理	生态系统核算框架，即该框架对有关生态系统范围，生态系统状况，生态系统服务及其与资产的货币价值等
第 3 章：生态系统核算的空间单位	SEEA-EA 中用于定义，分类和描绘空间单位的方法
第 4 章：生态系统范围	生态系统范围数据的补充表示，阐述了生态系统类型变化矩阵
第 5 章：生态系统状况的核算	生态系统状况的核算，相关的生态概念，编制生态系统状况账户的一般方法，从变量中得出生态系统状况指标，生态系统状况指标账户，以及生态系统状况账户的应用
第 6 章：生态系统服务的会计概念	生态系统服务核算的目的，生态系统服务核算的概念和原则，最终和中间服务，用户和受益人，选定的生态系统服务参考清单，生物多样性与生态系统服务之间的联系，出于会计定义的生态系统容量
第 7 章：生态系统服务的物理量计算	生态系统服务流量账户的总体结构，生态系统服务的供应和使用账户的物理量表格，在生态系统核算中应用一般供应和使用原则，生态系统服务和利益等
第 8 章：生态系统核算的货币估价原则	生态系统核算中货币估值的目的和重点，会计的估值概念和原则，生态系统资产的货币估值，数量和价格衡量等
第 9 章：生态系统服务的货币计量	货币生态系统服务流量账户，按货币计算的生态系统服务供应和使用账户（即前面曾述及的供应与使用表），评估生态系统服务交易的技术，直接观察价格的方法，价格（及相关价值）体现在市场交易中的方法，价格根据相关商品和服务的直接支出确定的方法，价格基于预期支出或市场的方法和其他估值方法
第 10 章：生态系统资产的价值量核算	生态系统货币资产账户的结构，生态系统货币资产账户（货币单位），生态系统退化，重估，评估生态系统资产的方法，回报的范围和定义和收益评估，净现值法在评估生态系统资产和生态系统资产变化中的应用
第 11 章：对生态系统服务和资产进行的综合和扩展核算	扩展的供应和使用表，扩展资产负债表，使生态系统资产价值与 SNA 资产价值保持一致，分配经济所有权并分配退化和增强，生态系统资产的机构部门，调整后的收入总计
第 12 章：评估的补充方法	评估的补充方法及其与福利价值观建立联系，会计和福利价值之间的桥梁表，评估外部性——生态系统损害和健康结果，基于恢复成本的衡量退化的方法，企业自然资本评估等
第 13 章：对特定环境主题的考虑	专题会计的一般原则，生物多样性专题核算，物种核算，栖息地和空间规模的核算，使用会计数据支持生物多样性决策，应对气候变化，碳排放，与其他与气候变化有关的账目和指标，一套海洋账户，市区会计，城市生态系统的潜在指标等

第七章

续表

目录	主要内容
第 14 章：各种指标和综合介绍	源自 SEEA-EA 的指标，SEEA-EA 指标的作用和功能，生态系统账户的指标，专题账户的指标，生态系统核算的综合介绍等

资料来源：根据《环境经济会计系统——生态会计：终稿 2021》目录内容翻译整理。

总体看，SEEA 体系是对包括自然资源在内的自然环境的综合核算，而非孤立地核算自然资源本身，既包括经济价值核算，也考虑资源损耗、生态保护支出、生态价值等，相当于国民经济核算在自然环境领域的"扩展"。

专栏 7 - 3

SEEA-CF 矿产资源租金核算

在 2012 年版《环境经济核算体系——中心框架》（SEEA-CF）中，用资源租金来评估环境资源资产价值，用开发后获得的收入再扣除所有的成本（包括开发矿产资源投入的劳动工资、金融机会成本等，也包括矿产资源开发的生态修复、生态补偿和重置费用）后，所剩余的部分确认为矿产资源的价值。其表达为：

矿产资源价值（资源租金）= 矿产品开发收入 – 矿产品开发成本

矿产资源价值（资源租金）核算中，由于矿产资源开发常在未来一定时期内发生，常用未来租金折现法，用财务贴现率核算当期矿产资源价值。

矿产品开发收入在具有商业市场条件下，市场价格由矿产品开发数量来决定；矿产品开发成本不但包括直接投入的经济成本（劳务、资本等），还包括开发利用产生的污染物处理治理费用、尾矿处理费用等环境污染费用，土壤、植被修复费用，生态功能替代修复费用等生态费用和补偿。

具有商业市场的矿产资源，其资源租金将通过市场交易的形式得到实现，也就是市场价值是体现和反映资源租金的评估方法。不具有明确商业市场的矿产资源，其资源价值可以用成本法、支付意愿法、未来收益法等评价。

在矿产资源开发利用过程中，应付未付费用和补偿的评估方法常用成本法、支付意愿法和收益法来进行核算。

（二）自然资本核算

自然资本（natural capital）是基于可持续发展理念提出的，其中英国自然资本委员会的定义较有代表性，即"能够直接或间接地为人类带来价值的自然因素，包括生态系统、物种、淡水、土壤、矿物、空气、海洋以及自然过程和功能"。从各国情况看，主要集中于探索建立自然资本账户。

从英国的实践看：首先，建立了 13 类自然资本的核算账户，包括化石燃料、木材、碳汇、空气污染物净化等实物量和价值量，并区分流量和存量进行核算。其次，与科研机构、高校合作，不断完善核算技术方法。例如，与国民经济核算基本原则保持一致，使用净现值法核算存量资产的价值。由于相关核算方法还在不断完善，目前其自然资本账户都是"实验性的"。最后，成果应用方面，倡导"保护自然资本"的理念，作为制定公共政策、明确优先投资领域的参考。例如，根据自然资本的调查核算成果，明确了泥炭地恢复、湿地重建、扩大潮间带栖息地等需要优先投资或修复的领域。

美国于 2022 年启动首次国家自然评估，创建自然资本账户和环境经济统计系统，目的是"定期跟踪和衡量自然资本的范围、状况和价值，包括生物多样性"，"将自然变化与经济绩效变化联系起来"。

其他国家主要是探索建立自然资本账户。澳大利亚的账户包括环境资产、水、能源产品、温室气体排放以及与环境有关的税收；加拿大建立了能源和矿产储量、木材库存（仅价值量）和水资源（仅实物量）的自然资本存量账户，生态系统账户目前仅包括水资源和土地覆盖的变化情况；挪威侧重于对能源矿产、土地资源、森林资源、水和鱼类资源的实物存量及流量状况进行核算，编制了相关的实物型存量和流量账户，暂未编制单独的价值型账户。

（三）世界银行的财富核算

2010 年，世界银行启动了"财富核算和生态系统服务价值评估"项目，旨在对一国的自然资本、人力资本、生产资本和外国净资产进行全面财富核算，推动向绿色经济的转型发展。其中自然资本包括能源、矿产、农业用地、保护区和森林。2018 年版报告评估了 141 个国家 1995~2014 年的财富变化，结果显示：自然资本在全球总财富中约占9%，占中低收入国家财富的 1/4 以上。世界银行发布的 2021 年版报告中，首次将"蓝色"自然资本纳入财富核算其主要组成是红树林和海洋捕捞渔业。

（四）其他国家和国际组织自然资源资产核算研究

挪威是世界上最早开展自然资源核算的国家，构建了国民核算矩阵

（NAMEA）。加拿大在 SEEA 框架上建立了本国的资源环境核算体系（CSERA），从 20 世纪 90 年代初就建立木材和土壤资产存量账户。美国商务部经济分析局 1992 年，推出"经济环境一体化卫星账户"（IEESA）的核算账户，开展资源环境会计核算。其他发达国家和地区如芬兰、荷兰、日本和欧盟等较早开展了自然资源资产核算。芬兰政府建立自然资源核算体系框架，涵盖了森林资源核算、环境保护支出费用统计和空气排放调查，随后展开了大范围的环境价值核算研究。欧盟在总结挪威、芬兰两国实践经验的基础上，提出了包括环境账户在内的国民核算矩阵（NAMEA）。1985 年，荷兰中央统计局开始进行土地、能源、森林等方面的核算，荷兰是最早提出排放量核算的国家，荷兰的水资源核算主要借鉴了联合国 SEEA 的框架体系和核心范围。1987 年，法国统计和经济研究所发表《法国的自然遗产核算》，1989 年又发布了一系列在国际上有较大影响的研究成果，如《环境核算体系——法国的方法》。1990 年，墨西哥把石油、土地、水、空气、森林纳入环境经济核算范围，率先实现了绿色 GDP。1993 年，日本开始进行本国 SEEA 的构造性研究，建立了较为完整的 SEEA 实例体系，并给出了 1985 和 1990 年日本绿色 GDP 的初步估计，并设计了环境核算账户（EMA），以利于其商业生产和消费的可持续发展。

近期，生物多样性和生态系统服务政府间科学政策平台（IPBES）发布了《自然多样性价值和估值评估报告》，主要观点：第一，各国目前主要关注短期利润和经济增长，在决策中忽视对自然价值的考虑，建议"将基于科学的自评估置于经济决策的核心"。第二，现有的核算或评价指标通常仅考虑市场所反映的自然价值，忽视了与自然对人类贡献有关的非市场价值，包括生命赖以生存的功能、结构和生态系统过程等。第三，目前来自不同学科的 50 多种评估方法可用于评估自然价值，分为基于自然属性、基于偏好陈述、基于人类行为、综合类四大类，需要权衡相关性、稳定性和资源需求以选择合适的估价方法。

第三节　自然资源资产价值核算总体框架

一、总体框架

从"自然资源经济学模式"的角度，通过明确核算功能定位、界定核算对象和范围、确定核算周期和单元、统一核算价值属性、选取资产核算方法、开展价值核算试点等方面构建自然资源资产价值核算总体框架（见图7-3）。规范核算的基本流程，进一步支撑自然资源资产负债表、国有自然资源资产管理情况专项报告以及自然资源资产管理考核评价等资产管理任务（见图7-4）。

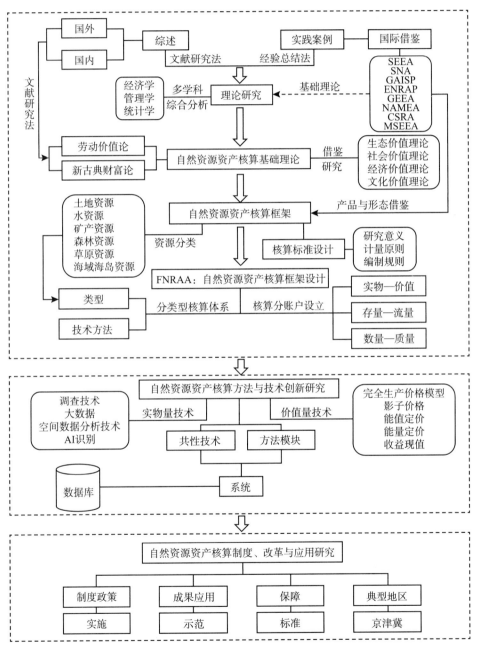

图7-3　自然资源资产核算技术路线

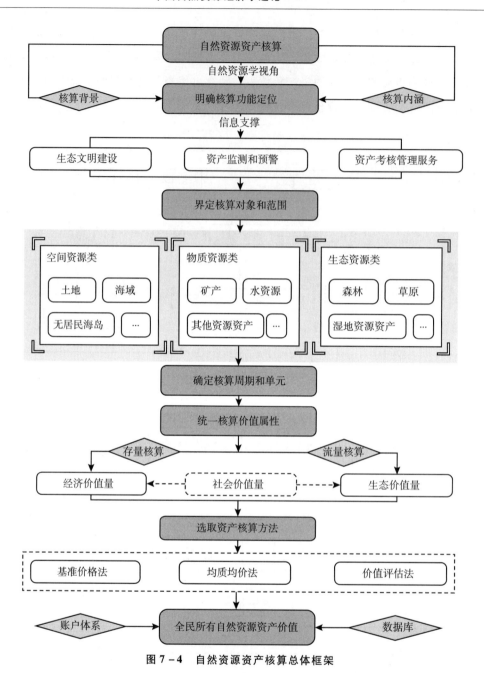

图 7-4 自然资源资产核算总体框架

二、运行体系

核算是一个连续记录、动态反映的过程，这是核算与调查、清查、监测的主要区别。自然资源资产核算作为专项资产的业务核算，其基本的特征是能够动态反映一定时间跨度和空间范围内自然资源资产的数量、质量、结构、权属、价值等方面的状况，并揭示自然资源资产的运营效果。因此，为了开展自然资源资产核算，首先需要通过自然资源资产清查，摸清实物量和价值量等本底数据，并建立各类自然资源资产核算账户（或台账），依据清查结果进行账户数据初始化，形成核算账户期初存量数据。完成初始核算以后，即可进行常规化的动态核算：以年度为核算周期，在各核算账户记录本年度各类自然资源资产的增加、减少；年末，按照"期初存量＋本期增加－本期减少＝期末存量"，计算各类自然资源资产的期末存量，并计算本年度自然资源资产对经济社会的贡献，完成一个核算周期；将各核算账户期末存量结转为下一年度的期初存量，开始下一年度的核算。通过以年度为周期的动态核算，提供核算主体各年度自然资源资产的期初存量、期末存量、年度变动情况、年度贡献等信息，服务自然资源资产管理制度的运行。

　　年度变动核算依据除了自然资源监测、统计资料（见图7-5），有的需要运用经验数据进行测算，一定程度存在误差。因此，需要定期（5年左右）开展自然资源资产清查，根据清查结果对核算账户的存量数据进行调整，类似于"清产核资"。通过清查的动态调整，避免误差不断累积超出容错范围，以保障核算结果的精度能够保持有效范围内。

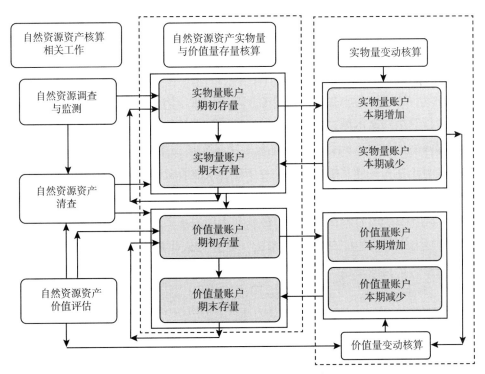

图 7-5　自然资源资产核算运行体系

三、构建价格体系

（一）统一自然资源资产价格内涵

（1）权利类型。农用地、建设用地、湿地等土地类资源资产以及参照土地资源进行有偿使用的海洋资源资产经济价值为使用权价格；矿产资源、林木资源等物质类资源资产的经济价值是物质和能量转移后产生的收益。

（2）估价期日。考虑到土地类的全民所有自然资源资产的实物量需要以"国土三调变更调查"的范围和面积为依据，资产价格体系建设的基准时点也应与"国土三调变更调查"保持一致。

（3）权利期限。《民法典》《土地管理法》中都明确耕地的承包期为30年，草地的承包期为30~50年，林地的承包期为30~70年。考虑到林地上林木的生长周期较长，权利期限可以采用70年，耕地、园地、草地、湿地等最高使用年限可以统一设定为30年，建设用地根据不同用途确定最高使用年限。

（二）构建自然资源资产价格①体系

根据各类自然资源资产的价格基础，可通过两种方式建立地域全覆盖、资源种类全覆盖的资产价格体系。

1. 自上而下，逐级确定

（1）对于基准价体系不健全、缺少价格信号的农用地、矿产、森林、草原、水以及部分海洋等资产，在全国层面上，基于自然、经济、社会条件基本一致的原则，划分国家级均质区域，矿产资源根据矿种按矿床类型、矿物成分、产品用途等划分国家级生产集中区；在国家级均质区域（矿产资源生产集中区）内，选取样点或收集与价格相关的基础数据；通过年租金或净收益还原、交易单价修正等方法评估样点价格，对样点平均价格进行比较、验证、分析和统筹平衡，得到国家级资产价格，并作为省级价格体系建设的控制与指导标准。

（2）各省（区、市）在本省范围内，选取影响资产价格的因素并建立省级价格修正体系，将国家级资产价格修正得到县域平均资产价格。

（3）在县域范围内，选取影响资产价格的影响因素，划分级别，建立县级价格修正体系，将县域平均资产价格修正后得到县域内不同级别的资产价格。

---

① 以统一时点、最高使用年限的使用权价格为统一内涵，在特定区域选取价格信号，根据规定程序和方法，经过必要的修正、调整和补充，确定的用于自然资源资产基本单元经济价值核算的价格。

2. 自下而上，逐级统筹

（1）对于建设用地，县级基准地价体系相对健全，可以根据县级行政区的城镇基准地价，对期日、用途进行修正得到不同级别、不同用途土地的资产价格。

（2）为了进一步提高精度，对于能够获得容积率等信息的宗地，可以将土地资产的级别价格按照容积率进行修正后得到宗地的资产价格。

（3）对于基准地价未覆盖的区域，参照本行政单元内相应用地类型的末级基准地价或采用区位修正系数对末级基准地价进行修正来确定资产级别价格。有条件的地区可以采集相关数据，按照基准地价的技术路线与方法制定基准地价。

（4）对于已取得使用权的海域、无居民海岛资源资产，或未来用海、用岛方式可以明确的未取得使用权的海域、无居民海岛资源资产，可以将海域、无居民海岛使用金征收标准作为资产价格确定的重要依据。

3. 综合协调，把握平衡

将不同层级的各类自然资源资产价格与实际情况进行比较、验证，分析总体价格水平，进行统筹平衡后，最终获得以图斑（矿产资源为矿种）为基本单元的自然资源资产价格。

四、制定核算体系

（一）构建自然资源资产核算理论体系

基础理论是自然资源资产核算科学开展的根基所在，也是当前自然资源资产核算的重点。夯实自然资源资产核算理论基础，就要系统、全面、深入开展基础理论的体系化研究，构建以价值理论为核心、以可持续发展等理论为支撑的结构化理论体系，推动核算实践工作向更加科学化、法治化方向发展。

（二）形成完整、系统的自然资源资产分类体系

一般要求纳入核算的资源要素是具备稀缺性、有用性和产权明确的自然资源，符合有用性原则，又是可量化的资源要素。在此基础上对可控或拥有的、产权明晰的自然资源进行核算。体系设计应充分利用 GDP 核算基础，适应资产统计的要求，并与统计部门密切沟通，共同确定我国自然资源资产核算的项目分类、统计口径、计算期限等指标，明确核算范围、基本原则和工作程序等框架，制定各类自然资源资产核算技术规范，侧重从经济投入和经济产出两方面进行资源核算，既包括资源消耗、环境损害，又涵盖资源的自然增加和技术进步的产出。

（三）建立具有中国特色的自然资源资产核算框架

立足中国国情，基于资源环境条件和标准体系差异，构建出一套综合的、标准的自然资源资产核算理论和实施体系，并充分借鉴国际标准，以期与国际核算形成可比性，重点是针对不同门类自然资源属性和管理方式的差异，按照统分结合的原则，健全科学、可操作性的价值量核算体系。

五、应用方向

在资源资产法人所有权、稀缺性和重要性等经济属性基础上，用价值量反映资源资产在市场化配置中的保值与增值信息，并用以衡量资源资产的所有者权益在经济尺度上的实现程度；推动建立统一的、通用性的自然资源资产核算方法和标准体系，统一行使全民所有自然资源资产所有者职责，指导各类自然资源资产开展核算；分类梳理自然资源资产核算案例，持续开展自然资源资产核算试点工作，合理统筹考虑国家和地方的核算体系，按照统分结合的原则，"因地制宜"开展资产核算，总结成效经验加以推广应用；推动将自然资源资产核算纳入国家经济决策与国民经济核算体系，全面反映国民财富的增减变化，资本形成规模和国民生产总值（GNP）与净值（NNP）的实际状况，并提高自然资源资产利用效率，强化生态环境修复治理和系统保护；将自然资源资产核算法治化和制度化。

第八章　自然资本与生态产品价值实现

　　自然资本是人类生存和发展所必需的物质基础，其理论体系通过赋予自然生态系统资本属性，将生态学和经济学结合起来，在促进自然资源的有效利用、生态环境保护以及人与自然和谐共生等方面发挥积极作用。作为自然资本的流量，生态产品是自然生态系统产生的或与人类生产共同作用所产生的、能够增进人类福祉的最终产品和服务，如清新空气、清澈水质、清洁环境等，是维系人类生存发展、满足人民日益增长的优美生态环境需要的必需品，也是走生产发展、生活富裕、生态良好的文明发展道路的标志物。通过生态产品价值实现机制建设，推动"绿水青山"和"金山银山"相互转化，能够促进自然资本保值增值和合理开发利用，降低自然资本丧失风险。本章系统梳理了自然资本的内涵发展和属性特征，辨析了其与自然资源等相近概念的关系，分析了自然资本丧失风险与增值激励路径，并从生态资产角度出发阐述了当前主要核算方法研究与实践进展。在此基础上，对生态产品的内涵、特征、分类以及价值实现路径进行了总结分析，并从技术体系和政策体系两个方面论述了生态产品价值实现的支撑体系。

第一节　自　然　资　本

一、自然资本内涵

（一）起源与发展

自然资本（natural capital）是基于可持续发展理念而提出的概念，可以反映和

衡量自然在支持人类福祉和可持续发展过程中的作用。自然资本的理念最早产生于
20世纪40年代，由沃格特（Vogt）在其现代马尔萨斯主义经典著作《生存之路》
（*Road to Survival*）中所提到，认为自然资源是国家发展的资本，即自然资本，并
指出自然资源的耗竭会降低国家偿还债务的能力。

　　20世纪80年代，随着可持续发展概念的提出，自然资本开始频繁提及，其发
展历程大致分为三个阶段：一是萌芽认识阶段（20世纪80年代末）。1988年英国
学者皮尔斯（Pearce）提出"可持续发展可以按照经济变化进行分类，标准就是自
然资本存量的稳定性"，首次使用了自然资本的概念。二是理论发展阶段（20世纪
90年代初至21世纪初）。对自然资本的概念内涵、研究范式、评估核算、与可持
续发展的关系等进行了研究。例如，1994年世界银行将自然资本纳入国家财富核
算体系；1996年戴利（Daly）认为自然资本是能够在现在或未来提供有用的产品
流或服务流的自然资源及环境资产的存量；1997年康斯坦萨（Costanza）等学者首
次对全球生态系统服务与自然资本进行价值估算；等等。三是实践探索阶段（21
世纪初以后）。各方积极推动自然资本理念的探索实践，包括开展不同尺度的自然
资本核算、在工商界和公共管理领域应用自然资本理念等。

　　目前，不同的专家学者和国际组织对自然资本概念有不同理解。有的认为，自
然资本与自然资源资产相当，例如，皮尔斯（Pearce）将自然资本定义为"任何能
够产生有经济价值的生态系统服务的自然资产"，联合国环境规划署提出自然资本
既包括生态资产（如淡水）又包括自然资源（如化石燃料存储量）[1]；有的认为，
自然资本包括自然资源资产及其产生的产品和服务，例如，世界银行认为自然资本
不仅包括我们容易识别和测量的资源如矿产和能源、森林木材、农业用地、渔业和
水，还包括对于大多数人来说往往是"无形"的生态系统服务，如净化空气和水、
防洪、碳储存，为农作物授粉及为渔业和野生动物提供栖息地[2]；英国自然资本委
员会对"自然资本"的定义较有代表性，即"能够直接或间接地为人类带来价值
的自然因素，包括生态系统、物种、淡水、土壤、矿物、空气、海洋以及自然过程
和功能"，其中的"资本"被定义为一种"可用来生产商品和服务的资源"。[3]　总
的来看，广义的自然资本概念正在逐步取得共识，即对经济发展和人类福祉产生正
向效用的自然资源资产及其产生的生态系统服务的集合。

---

[1]　http：//www.unep-wcmc.org/news/towards-a-global-map-of-natural-capital。
[2]　https：//www.wavespartnership.org/en/frequently-asked-questions-natural-capital-accounting-nca。
[3]　http：//www.naturalcapitalcommittee.org/natural-capital.htm。

（二）属性

自然资本具有二重性，即资本属性和自然属性。

1. 自然资本的资本属性

自然资本的资本属性是指自然资源与经济学领域中的资本具有相似的性质，即自然资本可以像常规资本一样产生资源流或者服务流，体现资本的增值特性，也就是说自然资本经营的目的，是使其能够获得最大限度的增值。自然资本与其他类型的资本一样具有升值空间和增值潜力，由于某些自然资源的不可再生性和损耗性，其提供的产品和服务也是不断增值的，自然资本的存量和质量决定了其价值及增值情况。

2. 自然资本的自然属性

自然资源是自然资本之源，这就表明自然资本具有自然属性。例如，有些自然资源的增值是源于其生物特性，人类只要妥善保护，靠生态的自生性就会自动升值，典型的是森林及特定的生态圈，在人类不干扰的状态下，随着年代的递延会增加其使用价值。而多数自然资源则随着人类的耗用日益减少，如矿产资源。自然资本遵循生态规律，在不遭受损害和过度使用的情况下，能够实现自行的运动和增值，这是自然资本的自然属性。在人类社会生产力水平比较低的时候，人们对自然资本需求和影响有限，自然资本可以通过自行地运动和增值进行恢复。此时，可以忽略人类对自然资本的影响，即将很小数量和质量的折旧费用近似地看作为零，不存在补偿的问题。

（三）典型特征

自然是资源，是经济社会发展的基础，具有天然性，是有可利用价值能够被人类开发利用并为人类带来福利的一切物质和非物质的总称，大多数自然资源具有稀缺性，我们不可以无限制地利用。自然资本不同于自然资源。资源是一种静态概念，一般被作为最终产品来看待，有用性是其最大的特征。而资本是动态概念，一般被作为一种中间产品来看待，增值性是其最大的特征。自然更是一种资本，是一种稳定的价值，包含了自然资源产品和生态服务，是自然界的生产投入，具有增值性、不可替代性、存量与流量特征以及非完全资本折旧特性等。

1. 增值性

自然资本作为一种特殊的资本形态，同普通资本一样也具有"增值"特性。对于矿产资源形成的自然资本而言，人类对矿产资源开发、加工和利用可以使矿产资源的价值增值；对于生态资源形成的自然资本而言，在保持生态系统结构和功能不断改善和更新的条件下，通过其自身繁衍或繁殖就可以实现资本的增加或增值。

第 八 章

2. 不可替代性

自然资本包括生态系统的功能和服务，是不可能用人造资本或其他资本进行替代的。"生物圈 2 号"计划表明，人类即使花巨资投入大量的人力和物力，也不可能替代自然所提供给人类的生态系统功能和服务。

3. 存量与流量特征

所谓存量是指在一定的时空条件下，自然资本以物质形态的形式存在于地球上的某一地理空间内的自然资本总量。例如，某一地区内的矿产资源、水资源、土壤资源、草场资源、森林资源、动物资源等各类资源的总量。流量是指在某一时点，在一定的地理空间范围内自然资本的产出量。对于耗竭性资源如金属矿产资源和化石能源来说，是指其在某一时点的开采量；对于非耗竭性资源，如森林、草场、水等除了包括上述自然资本的物质输出量之外，还包括在某一时点其提供的功能和服务，包括调节气候、涵养水源、净化环境、提供优美舒适的人居环境等。存量与流量特征共同构造了自然资本的完整度量体系，存量在很大程度上决定着自然资本的流量，同时，自然资本流量又会引起存量特征的重大变化，二者互为因果、相互作用，共同构成了描述自然资本状态的完整统一体。

4. 非完全资本折旧特性

自然资本的非完全折旧特征源自其所处的生态系统的自我调节和恢复能力。当自然资本开发未超过生态系统自我恢复能力时，自然资本即使出现存量损失，但依旧会产出流量。

二、自然资本与自然资源、生态系统服务的关系

（一）自然资本与自然资源

自然资源是人类生存和发展的基础，联合国在 1970 年相关文献中对自然资源的含义解释为"人在其自然环境中发现的各种成分，只要它能以任何方式为人类提供福利的都属于自然资源。从广义上来说，自然资源包括全球范围内的一切要素，它既包括过去进化阶段中无生命的物理成分，如矿物，又包括地球演化过程中的产物，如植物、动物、景观要素、地形、水、空气、土壤和化石资源等"[①]。《中国资源科学百科全书》（2000 年孙鸿烈等主编）将自然资源定义为"人类可以利

第 八 章

---

① 黄柏炎，刘洁生. 自然保护概论［M］. 武汉：华中科技大学出版社，2007：96.

用的、自然生成的物质与能量"[1]。《自然资源学原理》将自然资源解释为"人类能够从自然界获取以满足其需要与欲望的任何天然生成物及作用于其上的人类活动结果；自然资源是人类社会取自自然界的初始投入"[2]。

可见，自然资源是在一定的时间和技术条件下，能够产生经济价值、提高人类当前和未来福利的自然环境因素的总称。自然资源不等同于自然资本，其范围小于自然资本，是矿产资源、土地资源、水资源等单一要素的集合。

（二）自然资本与生态系统服务

生态系统服务是指自然生态系统及其所属物种形成于维持的人类赖以生存的条件过程。生态系统服务与自然资本为从属关系，生态系统服务是由自然资本产生的，即由自然资本积累产生的物质流、能量流以及信息流形成了生态系统服务功能。

第二节　生态资产核算理论与方法

一、生态资产核算内涵

（一）概念

自然资本的概念是相对于人造资本等人类社会的其他资本类型而提出的，而在国际自然资源核算体系中通常采用环境资产（environmental assets）和生态资产（ecosystem assets）的概念。生态资产概念提出的角度与自然资本不同，联合国编写的 2012 年版《环境经济核算体系——中心框架》（SEEA-CF）将环境资产定义为地球上自然存在的生物和非生物组分，它们共同构成了人类生存的生物物理环境，并为人类提供福祉。SEEA 的试验性生态系统账户更进一步细化，提出环境资产包括生态资产和其他类型的自然资源（如矿物和能源资源等），将生态资产和一般性的自然资源区别开来，其中生态资产包含生物和非生物体以及其他属性集合的空间区域。该报告还指出，在该试验性生态核算中所指的自然生态类资产和资本并

---

[1]　孙鸿烈. 中国资源科学百科全书 [M]. 北京：中国大百科全书出版社，2000：2.

[2]　蔡运龙. 自然资源学原理 [M]. 北京：科学出版社，2000：40.

无本质区别。[①]

　　不同专家学者对生态资产的定义范畴界定也有差异。如果不明确区分生态资产和自然资本的关系时，可以认为生态资产是像自然资本一样广泛的概念，即生态资产应大于生态系统服务而等于这种广义的自然资本。康世坦（Costanza，2014）在重新评估全球生态系统服务价值的同时，提供了自然资本与生态系统服务的逻辑关系，可以代表国际生态经济学界的一种观点认知。[②] 陈百明和黄兴文（2003）将生态资产定义为所有者对其实施所有权并且所有者可以从中获得经济利益的生态景观实体，强调生态资产的权属。评估对象以涵养水源效益、保护土壤效益、固定二氧化碳和供给氧气效益、游憩价值和文化娱乐价值等生态系统服务为主，也包含了生物生长立地价值。周可法和陈曦（2004）认为生态资产评估包括自然资产估价和生态系统服务价值评估，即生态资产是生物资源直接价值及生态服务功能价值之和。胡聃等（2006）认为生态资产是人类或生物与其环境（如生物或非生物环境）相互作用形成的能服务于一定的生态系统经济目标的适应性、进化性生态实体，它在未来能够产生系统产品或服务，强调生态资产结构和功能的动态性。朱文泉等（2011）认为生态资产是一种国家资产，包括有形的自然资源直接价值和隐形的生态系统服务功能。高吉喜和范小杉（2007）认为生态资产是自然资源价值和生态系统服务价值的结合统一，应包括一切能为人类提供服务和福利的自然资源和生态环境，该观点代表了国内外学界对生态资产的主流认知，即生态资产包含了作为"存量"（stock）的自然资本和作为"流量"（flow）的生态系统服务两大体系。

　　这些定义多数将生态资产界定为生态系统服务或其与生态资源的存量的集合，然而在资产核算过程中已发生的生态系统服务流量与同时间节点的生态资源存量的直接相加很容易造成计算重复。因此多数研究在评估核算自然资本或环境资产这个概念是计算存量资产和折算未来可能发生的生态系统服务流。存量和流量的区别（如生态系统资产和生态系统服务的区别）是评估的关键，生态资产是能够产生生态系统服务流量的存量。生态系统服务和其他资本，如人造资本、人力资本和社会资本共同产生生态系统福祉。

　　鉴于生态资产、生态系统服务在时空属性上的差异，提出用生态资产的概念作

① UN, EU. FAO, IFM, OECD, WB. System of Environmental Economic Accounting 2012: Central Framework (SEEA-CF) [M]. New York: United Nations, 2014.

② TEEB Synthesis. Mainstreaming the Economics of Nature: A Synthesis of the Approach, Conclusions and Recommendations of TEEB [R]. London: The Economics of Ecosystems and Biodiversity, 2010.

为生态资产、生态系统服务的统称，也进一步将二者进行区分，避免混淆。

（二）生态资产存量核算

生态资产核算主要为资源管理者提供决策支持，属于管理活动，其基本特征是能够动态反映核算区域一定时期内各类生态资产的数量、质量、价值等方面的状况，为考核生态资产运营管理效果、提高管理绩效提供信息支持。生态资产核算是从资产利用的角度进行价值界定和估价核算。根据生态资产概念，生态资产核算应包括存量核算和流量核算，其中，存量核算部分重点是自然资源的数量和质量核算，流量核算部分重点是生态系统服务核算，现有的研究与实践也大多基于此设定生态资产核算内容或建立核算账户体系。此处以 SEEA-EA 为例，介绍生态资产存量核算。

SEEA-EA 构建了五个账户：生态系统范围账户、生态系统状况账户、生态系统服务物理量账户、生态系统服务货币量账户、货币性生态系统资产账户。其中，生态系统范围账户和生态系统状况账户用来表征生态资产存量状态，生态系统资产货币量账户通过货币价值统计生态资产实际存量。

1. 生态资产存量——实物量核算

（1）生态系统范围账户。

生态系统范围账户用于支持理解核算区域内生态系统类型的位置和配置随时间的变化。SEEA-EA 将国际自然保护联盟全球生态系统分类的 GET1～GET3 级作为生态系统类型参考分类。其中，一级分类定义了海洋、淡水和盐水湿地、陆地、地下 4 个类型；二级分类按照生物组分类，共包含 24 个生物群落，其中，4 个海洋领域，3 个湿地领域，7 个陆地领域，4 个地下领域，还有 6 个位于不同领域之间的过渡区域；三级是生态系统功能组，该功能组是生物组中具有独特功能的生态系统组，共 98 个。生态系统范围账户记录的内容包括三个方面（见表 8 - 1）：一是生态系统资产规模变化，采用面积计量单位记录核算期初数据、期末数据和增减量。二是生态系统转换（生态系统类型变化），利用不同时期生态系统范围空间数据建立生态系统类型变化矩阵，描述各时间节点不同生态系统类型所覆盖面积的改变。三是链接生态系统范围账户和经济数据，通过将各生态系统类型的范围数据与对应的生态系统资产所有者或管理人员的数据相联系，其中，所有者数据可按照机构部门分类（参照 2008 年 SNA 的类别），管理人员或活动类型可按国际标准产业分类（ISIC）划定，如农业、林业等。

第 八 章

表 8－1　　　　　　　　　　　　生态系统范围账户样表

项目	选定的生态系统类型（基于国际自然保护联盟全球生态系统类型学的 3-EFG 级）									合计
研究领域	陆地					淡水和盐水湿地		海洋		
生物组	T1 热带－亚热带森林				…	F1	…	M1	…	
选定的生态系统功能系统第一组（EFG）	热带－亚热带低地热带雨林	热带－亚热带干草和灌木丛	热带－亚热带山地热带雨林	热带荒地林	…	永久高地溪流	…	海草草地	…	
	T1.1	T1.2	T1.3	T1.4	…	F1.1	…	M1.1	…	
开放范围										
范围的增加										
扩展范围										
已托管的扩展										
非托管式的扩展										
…										
范围的减少										
托管的削减										
非管理的削减										
…										
净变化范围										
关闭范围										

（2）生态系统状况账户。

生态系统状况账户是基于生态系统完整性理念，根据生态系统的生物和非生物特征来测量其质量。实践中，通过利用不同监测系统的数据，测量当前生态系统各特征指标与参考状态的差异来体现，而这些特征指标用来编制账户条目。生态系统状况账户核算包括三个阶段：

第一阶段是按照生态系统类型确定生态系统状况账户测量重点，定义和选择生态系统特征和相关变量，编制生态系统状况变量账户（见表 8－2）。为满足统计需要和不同生态系统状况之间的可比性，引入 SEEA 生态系统状况类型来设置生态系统状况变量。SEEA 生态系统状况类型包括 A（生态系统的非生物特征）、B（生态系统的生物特征）、C（景观水平特征）三个组，其中，A 组包括物理状态特征和化学状态特征，B 组包括组成状态特征、结构状态特征和功能状态特征，C 组包括景观和海景特征。

表 8 – 2　　　　　　　　　　　　生态系统状况变量账户样表

SEEA 生态系统条件类型学类	变量		生态系统类型		
	描述指标	测量单位	期初值	期末值	变更值
物理状态	变量 1	毫升/克			
	变量 2	面积			
化学状态	变量 3	克/克			
组成状态	变量 4	种类			
	变量 5	现有生态系统资产的百分比（％）			
结构状态	变量 6	吨/公顷			
功能状态	变量 7	吨/年			
景观/水景特征	变量 8	面积			

　　第二阶段是通过将生态系统类型变量无量纲化，提取生态系统状况指标，构建生态系统状况指标账户（见表 8 – 3）。具体是将变量与参考级别（包括自然状态表征的高级别和退化状态表征的低级别）相比较，调整转换为无量纲的、变化范围在［0，1］的指标，并按照 SEEA 生态系统状况类型组成生态系统状况指标账户。

　　第三阶段是通过生态系统状况指标聚合生成汇总信息。聚合包括主题方面（按 SEEA 生态系统状况类型）和空间方面（按生态系统类型），可通过聚合函数（如算数平均值、分位数和中位数等）和加权系统（设置权重后加权求和）获得聚合信息。

表 8 – 3　　　　　　　　　　　　生态系统状况指标账户样表

SEEA 生态系统条件类型学类	指标	生态系统类型			生态系统类型	
		指示值			指数值	
		期初值	期末值	指标权重	期初值	期末值
物理状态	指标 1					
	指标 2					
	子指标					
化学状态	指标 3					

续表

SEEA 生态系统 条件类型学类	指标	生态系统类型			生态系统类型	
		指示值			指数值	
		期初值	期末值	指标权重	期初值	期末值
组成状态	指标 4					
	指标 5					
	子指标					
结构状态	指标 6					
功能状态	指标 7					
景观和海景特征	指标 8					
生态系统 工作条件指标	编制指标					

2. 生态资产存量——价值量核算

货币性生态系统资产账户记录了生态系统资产的货币价值及其在一个核算期间内的货币价值的变化，包括由于生态系统退化、生态系统增强、生态系统转换和重新评估（生态系统服务单价的变动）而造成的变化（见表 8-4）。生态系统资产主要是基于生态系统资产交换价值理念通过净现值法进行货币估值。生态系统资产货币价值的变化分为五种类型：生态系统增强、生态系统退化、生态系统转换、生态系统资产数量的其他变化以及价格变化导致的重新估值，并按照单一生态系统资产所对应的生态系统类型（第三级）分别评估货币价值变化情况。在此框架下，通过估计由生态系统资产单独提供的每个生态系统服务的净现值，并在可能的范围内考虑到服务和资产之间的关键联系，从而获得生态系统资产的价值。

表 8-4　　　　　　　　货币性生态系统资产账户样表

项目	选定的生态系统类型（基于世界自然保护联盟全球生态系统类型 - EFG）						
研究领域	陆地				淡水和盐水湿地	海洋	
生物组	T1 热带 - 亚热带雨林				F1	M1	⋯
选定的生态系统功能系统 第一组（EFG）	热带 - 亚热带低地雨林	热带亚热带干旱森林和灌木	热带 - 亚热带山地雨林	热带雨林	永久性高地溪流	海草草甸	合计
	T1.1	T1.2	T1.3	T1.4	F1.1	M1.1	
期初值							
生态系统增加							

续表

项目	选定的生态系统类型（基于世界自然保护联盟全球生态系统类型－EFG）						合计
研究领域	陆地				淡水和盐水湿地		海洋	
生物组	T1 热带－亚热带雨林				F1	…	M1	…
选定的生态系统功能系统第一组（EFG）	热带－亚热带低地雨林	热带亚热带干旱森林和灌木	热带－亚热带山地雨林	热带雨林	永久性高地溪流		海草草甸	
	T1.1	T1.2	T1.3	T1.4	F1.1		M1.1	
生态系统退化								
生态系统转换								
增加								
减少								
生态系统资产的其他数量变化								
巨大损失								
重新评价								
重新估值								
净值变动								
期末值								

需要注意的是，在 SEEA-EA 等现有的生态资产核算框架中，生态资产存量价值量核算常用方法有市场比较法、收益还原法、剩余法、成本逼近法、基准地价修正法等。[①] 具体如下：

（1）市场比较法。

根据替代原理，将待估生态资产与近期市场上已经发生交易的类似的生态资产进行比较，并对类似生态资产的成交价格进行适当修正，以此估算待估生态资产价格的方法。

市场比较法的基本公式如下：

$$P = P_0 \times K_c \times K_t \times K_n \times K_e \times K_s \times K_y \qquad (8-1)$$

$$K_c = I_{cp}/I_{cb} \qquad (8-2)$$

$$K_t = I_{tp}/I_{tb} \qquad (8-3)$$

① 中国资产评估协会. 资产评估执业准则——资产评估报告（2018 年）（TD/T 1061）自然资源价格评估通则。

$$K_n = \prod_{i=1}^{n}(I_{ai}/I_{bi}) \tag{8-4}$$

$$K_e = \prod_{i=1}^{n}(I_{ci}/I_{di}) \tag{8-5}$$

$$K_s = \prod_{i=1}^{n}(I_{ei}/I_{fi}) \tag{8-6}$$

$$K_y = [1-1/(1+r)^m]/[1-1/(1+r)^t] \tag{8-7}$$

式中：P 表示待估生态资产价格；P_0 表示比较实例价格；K_c 表示交易情况修正系数；K_t 表示交易期日修正系数；K_n 表示自然因素修正系数；K_e 表示社会经济因素修正系数；K_s 表示特殊因素修正系数；K_y 表示使用年期修正系数；I_{cp} 表示待估生态资产交易情况指数；I_{cb} 表示交易实例生态资产交易情况指数；I_{tp} 表示估价期日的生态资产地价指数；I_{tb} 表示交易日期的生态资产地价指数；I_{ai}、I_{ci}、I_{ei} 分别表示待估生态资产自然因素、社会经济因素、特殊因素 i 指数；I_{bi}、I_{di}、I_{fi} 分别表示交易实例生态资产自然因素、社会经济因素、特殊因素 i 指数；n 表示影响因素个数；r 表示土地还原率；m 表示待估生态资产的使用年限；t 表示比较实例的使用年限。

（2）收益还原法。

将待估生态资产未来各期正常年纯收益（地租），以适当的还原率还原，从而估算出待估生态资产价格的一种方法。

收益还原法的应用公式如下。

①纯收益不变的无限年期，计算公式见公式（8-8）：

$$P = a/r \tag{8-8}$$

式中：P 表示待估生态资产价格；a 表示生态资产年纯收益；r 表示土地还原率。

②纯收益不变的有限年期，计算公式见公式（8-9）：

$$P = \frac{a}{r}\left[1-\frac{1}{(1+r)^n}\right] \tag{8-9}$$

式中：n 表示生态资产使用年期；P、a、r 同公式（8-8）。

（3）剩余法。

在预计开发完成后生态资产正常交易价格的基础上，扣除预计的正常开发成本及有关专业费用、利息、利润和税费等，以价格余额来估算待估生态资产价格的方法。

剩余法的基本公式见公式（8-10）：

$$P = P_a - P_b - P_c \tag{8-10}$$

式中：P 表示待估生态资产价格；P_a 表示总开发价值或开发完成后的资产总价值；

第八章

P_b 表示整个开发项目的开发成本；P_c 表示开发者的合理利润。

（4）成本逼近法。

以新开发或整理资产用地过程中所耗费的各项客观费用之和为主要依据，再加上一定的利润、利息、应缴纳的税金和资产增值收益，并进行各种修正来确定资产价格的方法。

成本逼近法的基本公式见公式（8-11）：

$$P = E_a + E_d + T + R_1 + R_2 + R_3 \qquad (8-11)$$

式中：P 表示待估生态资产价格；E_a 表示土地取得费；E_d 表示资产开发费；T 表示税费；R_1 表示利息；R_2 表示利润；R_3 表示资产增值收益。

（5）基准地价修正法。

利用生态资产用地基准地价和基准地价修正系数等评估成果，按照替代原理，将待估资产的区域条件和个别条件等与其所处区域的平均条件相比较，并利用修正系数对基准地价进行修正，从而取得待估生态资产在估价基准日的价格的一种估价方法。

基准地价修正法的基本公式见公式（8-12）和公式（8-13）：

$$P = P_0 \times \left(1 \pm \sum_{i=0}^{n} K_i\right) \times K_t \times K_y \qquad (8-12)$$

$$\sum_{i=0}^{n} K_i = K_1 + K_2 + K_3 + \cdots + K_n \qquad (8-13)$$

式中：P 表示待估生态资产价格；P_0 表示基准地价；$\sum_{i=0}^{n} K_i$ 表示宗地地价影响因素修正系数和；K_i 表示待估生态资产第 1，2，3，$\cdots$，n 个因素的修正系数；K_t 表示交易期日修正系数；K_y 表示年期修正系数。

（三）生态资产流量（生态系统服务）核算

生态系统服务核算常用的方法包括功能价格法、当量因子法、能值法等。各方法情况具体如下：

1. 功能价格法

（1）核算思路。

功能价格法源于1997年科斯坦扎（Costanza）在《自然》（*Nature*）上发表的《全球生态系统服务价值和自然资本》，联合国《环境经济核算体系——生态系统核算》（SEEA-EA）中生态系统服务价值核算和我国的生态系统生产总值（gross ecosystem product，GEP）核算均属于功能价格法。

功能价格法核算思路是基于生态系统服务功能量的多少及其相应的单位价格进

行价值核算。功能价格法核算内容一般包括物质产品、调节服务、文化服务，具体二级指标的选取可以结合研究区域设置来选择，例如，针对我国南方农田生态系统，可选择粮食产出、水源涵养等，而防风固沙则可不纳入核算内容。

（2）核算方法。

①功能量核算方法。

生态系统服务功能量核算以本地化数据和参数为依托，利用各类生物物理模型对每个研究区开展针对性的生态系统服务实物量评估。为此，戴利（Daily）发起的"Natural Capital"项目还专门开发了免费使用的评估软件InVEST，利用该方法和软件，欧阳志云团队完成了中国生态系统服务评估以及若干中国省市的生态系统服务价值评估工作。此外，欧阳志云团队还结合中国生态环境监测数据特点，开发了包含若干生态系统服务类型评估的免费在线分析平台IUEMS，该方法主要适用于具有一定生态学基础且掌握较丰富生态环境与地理数据的人员。生态系统服务实物量核算常用方法如表8-5所示。

表8-5   功能价格法常用的功能量核算方法

序号	核算内容		实物量核算方法
	一级类	二级类	
1	物质产品	生态农产品	统计调查法
2		生态林业产品	
3		生态草畜产品	
4		生态渔业产品	
5	调节服务	水源涵养	水量平衡法、水源供给法
6		水质净化	污染物净化模型
7		空气净化	污染物净化模型、人力资本法
8		气候调节	蒸散模型
9		碳固定	固碳机理模型
10		氧气释放	释氧机理模型
11		土壤保持	修正通用土壤流失方程
12		防风固沙	修正风力侵蚀模型
13	文化服务	休闲旅游	统计调查法
14		景观价值	

资料来源：生态环境部环境规划院，中国科学院生态环境研究中心．陆地生态系统生产总值（GEP）核算技术指南［R］.2020.

②价值量核算方法。

在功能价格法中，基于功能量法的实物量评估的经济价值评估方法可分为三类：

第一，直接（实际）市场法。利用市场价格对具有实际市场的生态系统产品和服务的经济价值进行核算的方法便是直接（实际）市场法。直接（实际）市场法因有实际的市场价格，核算较为客观、争议较少。但它的使用需要足够的实物数据、影子价格和市场价格数据。直接市场法具有直观、易调整的优点，被广泛应用，它主要包括了：市场价值法（MVM）、费用支出法（EM）和净价法（NM）。其中，市场价值法也称生产率法，它将整个生态环境系统当作一种生产要素，环境系统的变化将影响生产率和生产成本的变化，进而导致价格和产出水平的变化，或者将引起产量或预期收益的减少，而这种变化可通过市场观测和价格的变化进行核算。市场价格法是广泛应用于生态服务功能价值核算的最直接、最常见和最简单的一种方法，适合于没有费用支出但有市场价格的生态资产的核算。费用分析法以人们为获得服务而实际支出费用作为经济价值，是从消费者的角度进行价值核算的一种方法。费用分析法常有三种形式：总支出法、区内支出法、部分费用法。这三种形式分别以游客费用的总支出，游客支出的交通费、门票费、餐饮费和住宿费，游客仅在游憩区内的支出费用作为各自的游憩价值，这类方法只适合于有费用支出的情况。净价法又称为逆算法，该方法以生态产品的市场价格减去平均利润和成本费用之后得到的结果作为生态资产的价值。例如林产品市场价格减去林木开采和开发运输费用及林业部门的正常利润，所得的结果就是林业资源的价格。净价法适用于有市场价格的生态产品和服务的核算。

第二，替代市场法，替代市场法以影子价格和消费者剩余来表达环境效益的经济价值，对不能在市场上直接获得其价值货币表现（价格）的生态系统的产品和服务，通过估算其等效替代品的花费而对经济价值间接进行核算。替代市场法包含的具体核算方法较多，包括旅行费用法（TCM）、人力资本法（HCA）、机会成本法（OCM）、享乐价格法（HPM）、防护和恢复费用法（EPCA）和影子工程法（SPA）等等。

第三，假想（模拟）市场法，通过人为地构造假想市场对于没有市场交易和实际市场价格的生态系统服务进行核算的方法称为假想（模拟）市场法，它通过直接询问人们对某项生态系统服务的支付意愿和净支付意愿来获得其经济价值。在实际研究中，一般从消费者的角度出发，通过调查问卷、投标等方式来获得消费者的支付意愿和净支付意愿，然后综合所有消费者的意愿作为核算生态系统服务功能的经济价值的依据。假想（模拟）市场法的代表性方法有条件价值法（CVW）和选择实验法（CE）。

2. 当量因子法

（1）核算思路。

当量因子法是通过利用德尔菲法等方法获取各类生态系统所涉及的服务功能或生态产品的价值当量，并结合生态系统的分布面积进行核算。当量因子法最早由康斯坦萨（Constanza）等学者提出，该方法将全球生态系统分为16类，将生态系统服务分为17类，并确定了各项生态系统及生态服务的单位面积价值量。国内专家也将该方法应用于评估各类生态系统的生态系统服务经济价值，并在生态系统服务领域的诸多方面都取得了大量研究成果。谢高地等学者改进了全球生态系统服务价值表的不足之处，针对森林、草地、农田、湿地、水体和荒漠6类不同生态系统的9种生态系统服务价值相对于农田食物生产价值的相对重要性（当量因子），建立符合中国生态系统特点的单位面积生态服务价值当量表。即设定农田食物生产的生态服务价值当量为1，那么相对于农田生产粮食每年获得的福利，从而得出生态系统提供的其他生态服务价值的大小，之后又不断地对生态系统服务价值当量因子表进行修订和优化，得出中国生态系统单位面积生态服务价值当量。

（2）核算方法。

①实物量核算方法。

当量因子法核算内容与功能价格法一致，一般包括生态物质产品、调节服务产品、文化服务产品，具体二级指标的选取可以结合研究区域设置来选择。需要注意的是，与功能价格法相比，当量因子法没有严格意义上的生态产品实物量，其实物量主要由某类生态系统的一定面积的价值当量来表征，而各类生态系统的价值当量通过专家知识来确定，而价值当量属于无量纲的值。

②价值量核算方法。

当量因子法通过实现实物量的无量纲表征，运用单位面积当量因子经济价值量即可获得各类生态产品价值，而单位面积农田生态系统粮食生产的净利润当作1个标准当量因子的生态系统服务价值量。

3. 能值法

（1）核算思路。

奥德姆等（Odum et al., 2000）在能量系统理论基础上创新了能值法来评估生态系统中的能量传递与物质流动。太阳能是人类社会中绝大多数物质和能量的转化来源，能值评估法根据这一事实使得生态系统中的物质流、能量流和货币流实现相互换算，并利用投入生态系统中的有效能总量与能量间的能量转换率，计算得出生态系统最终能值。

（2）核算方法。

能值评估法的核算内容主要针对的是调节服务产品，生态物质产品和文化服务产品则采用与功能价格法一致的方法获取实物量。同时，能值评估法的实物量计算与上述两类方法存在一定的差异，其实物量通过不同生态产品的能值表示，且单位统一为太阳能焦耳单位。例如，刘耕源等（2022）基于能值评估法研发出"生态元"法，选择太阳能值作为核算的统一量纲，定义 1 生态元 = 1010 太阳能焦耳，核算出未受人类影响情况下不同形式生态产品所对应的生态元，在此基础上综合考虑生态环境治理活动政策对生态产品价值的正面影响或环境污染和其他因素对生态产品价值的负面影响，对生态元进行增值或减值调整，进而得出以生态元表示的生态产品实物量，并借助已通过市场化形成的房价体系、特定区域生态环境基金、上市交易、环境财产自由交易与私有化案例分析等方式，获取单位生态元价值，从而获得生态产品价值量。

二、生态资产核算的实践探索

（一）国外实践探索

1. 联合国统计司 SEEA-EA

以 GDP 为基础，联合国统计署发布了一套国民经济核算体系（SNA）。这套体系能够以全球通用的方式在市场经济体制下测算一定时期内国家或地区的经济发展过程和总量，被誉为是 20 世纪最重要的经济科学成果之一。20 世纪 80 年代，SNA 展开了新一期修订工作经过有关专家认真探索和研究，提出了国民经济核算附属账户——环境经济核算体系（SEEA）。[①] 1993 年，联合国正式将 SEEA 作为 SNA 的附属账户体系纳入进来，给出环境经济核算的基本理论框架。2003 年，联合国专家组通过修订 SEEA-1993，发布了 SEEA-2003。2007 年，联合国对 SEEA-2003 中认识与处理不一致的一些内容进行了重点修订，并于 2012 年公布了 SEEA-2012，该

第 八 章

[①] 环境经济核算体系（System of Environmental Economic Accounting，SEEA）是国际上公认的环境经济核算标准，它为核算环境及其与经济的关系提供了一个框架。通过采用一系列国际公认的概念、定义、分类、核算规则等，SEEA 将经济信息和环境信息统筹在一起开展核算，形成一个可进行国际比较的统计方法框架。SEEA 主要由两个部分组成，即《2012 年环境经济核算体系——中心框架》（2012 年 SEEA-CF）和《2012 年环境经济核算体系——实验性生态系统核算》（SEEA-EEA）。

框架是一份开展环境经济核算的基本方法指导文献，已被联合国确立为第一个国际统计标准。2021 年 2 月，联合国环境经济核算专家委员会编写的 2012 年版《环境经济核算体系——中心框架》（SEEA-CF）发布，以期优化制定关于可持续发展的政策，包括将自然的贡献纳入对经济繁荣和人类福祉的衡量中，指导各国开展生态系统核算实践。

SEEA-EA 是基于空间的综合统计框架，用于组织有关生态系统的生物物理信息，测量生态系统服务，跟踪生态系统范围和状况的变化，评估生态系统服务和资产并将其关联起来有关衡量经济和人类活动的信息。从生态系统资产和生态系统服务两方面建立了核算账户。其中，生态系统资产账户采用实物量核算为主的核算模式，按照"期初存量 + 本期增加 − 本期减少 = 期末存量"的关系，核算了生态系统范围和生态系统状况。生态系统服务核算吸收借鉴了生态系统服务价值评估的技术方法，区分中间服务与最终服务，采用最终服务原则对生态系统的供给服务、调节服务和文化服务三类服务进行实物量和价值量核算。

2. 世界银行"财富核算和生态系统价值服务评估"项目

2010 年，世界银行发起了"财富核算和生态系统服务评估"（wealth accounting and the valuation of ecosystem services，WAVES）的全球伙伴关系项目，倡导将自然资本价值纳入主流的发展规划以及国民经济核算体系中。通过在发展规划和国民经济核算体系中把自然资本主流化，以此来推动可持续发展，主要目标包括在试点国家开发生态系统核算和评估方法，推动自然资本核算的应用，建立全球信息平台等。WAVES 的理论基础是联合国《2012 年环境经济核算体系：中心框架》（SEEA-CF）国际标准，根据该标准推动建立自然资产账户，研究示范核算方法。

3. 英国自然资本账户核算

英国自然资本账户核算中包括自然资本服务核算和资产估价，该账户基于"广阔生境"（组合领域和花园、淡水、农田、林地等八大类土地覆盖类别）。其中，自然资本服务与 SEEA-EA 一致，同样设置供给服务、调节服务、文化服务三大类，但在供给服务中设置了采矿、化石燃料生产、可再生能源发电三类非生态系统服务，同时，各类服务的物理量和价值量测算方法与 SEEA-EA 推荐方法一致（三类非生态系统服务采用资源租金法估价）。自然资本资产估价同样采用了与 SEEA-EA 中生态系统资产相一致的净现值法。目前，英国已经将自然资本账户核算结果纳入公共政策评估等工作中。一是持续开展自然资本政策工具开发研究，包括：220 万英镑的"国家生态系统评估"（national ecosystem assessment，UK-NEA）后续研究，并开发了将自然资本嵌入地方和国家决策的工具；英国自然环境研究委

第 八 章

员会（Natural Environment Research Council）斥资 500 万英镑建立生态系统服务阈值；价值 500 万英镑的自然网络（nature network）自然资本弹性研究。二是发布生态环境领域政策和战略。包括《自然选择：保护自然价值》（2011 年）、《生态系统核算准则》与《英国自然资本——最初与部分货币估值》（2014 年）、《绿皮书——中央政府评估评价指南》（2018 年）等，并更新财政部关于政策评估和评价绿皮书指南，阐明在公共决策中应如何考虑环境影响，以及制定保护和恢复英格兰自然资本的宏伟计划，如生物多样性战略等。三是引入旨在实现环境改善的重大立法。例如，2018 年发布实施《绿色未来：英国改善环境 25 年计划》，主要包括环境目标、框架实施、进展情况评估和嵌入自然资本的方法，该计划要求英国农业、林业、土地利用和渔业采取将环境置于首位的发展方式。

（二）国内实践探索

1. 广西和贵州的生态系统试点账户

我国由国家统计局等单位于 2017 年 11 月启动"中国自然资本核算与生态系统服务估价"项目，并在 SEEA-EEA 框架下，针对广西和贵州两个试点省份各编制出一套涵盖生态系统范围、状况和服务的生态系统试点账户，数据主要来源于职能部门统计数据和遥感影像解译结果，例如，自然资源部门土地利用现状数据、林业和草原部门发布的林地和森林资源数据等。

其中，广西试点生态系统主要划分为森林生态系统、农田生态系统、草地生态系统、淡水生态系统、海洋生态系统和城市生态系统等 6 种类型；贵州试点将生态系统类型分为农田生态系统、森林（含灌木）生态系统、草地生态系统、湿地（含水域）生态系统和城市生态系统等 5 种类型。另外，两个试点在生态系统服务账户中，结合自身自然资源禀赋，分别就供给服务、调节服务、文化服务设置了 4 项、8 项、1 项子服务，并均采用了生物物理模型测算调节服务，利用市场价值法、替代成本法、旅行费用法等《2012 年环境经济核算体系——实验性生态系统核算：技术建议》（联合国，2019）建议方法对生态系统服务进行估值。广西试点将结果应用于政府对生态系统管理与决策、流域生态补偿标准制定等方面。综上，广西和贵州的试点较好地验证了 SEEA-EA 框架在我国的使用和应用。

2. 浙江省丽水市生态系统生产总值（GEP）核算研究

在我国丽水、深圳等地广泛使用的针对生态系统服务的生态系统生产总值（GEP）核算方法，仅对生态系统服务部分的物理量和货币量进行核算，相当于 SEEA-EA 的生态系统服务物理量账户和货币量账户。GEP 核算就是分析与评价一个地区生态系统所提供的生态系统物质产品、生态系统调节服务产品与生态系统文化服务产品的功能量及其经济价值。

核算的思路包括如下几个方面：第一，核算生态系统的最终产品与服务，即生态物质产品、生态调节服务产品与生态文化服务产品，不核算中间产品与生态支持服务产品；第二，核算生态系统产品与服务的使用价值（包括直接使用价值和间接受益价值），不核算遗产价值和存在价值；第三，在明确一个地区生态产品的基础上，核算每一种生态产品与生态服务的功能量；第四，确定拟核算的生态产品与服务的价格，将生态产品与服务的价格与相应的生态产品与服务功能量结合计算每种生态产品与服务经济价值量；第五，将各种生态产品与服务的价值量加总，计算一个地区的生态产品与服务价值的总和，即 GEP。

3. 云南省生态资产与生态系统生产总值核算

生态资产存量核算方面，主要采用实物物质量进行核算；价值量核算方面，采用《森林资源资产评估技术规范》（2015 年）推荐的现行市价法、收益现值法和重置成本法等方法进行核算，由于所需参数较多，不确定性太大，对云南省 2010 年生态资产状况与 GEP 进行核算时未对存量价值进行核算。流量核算方面，主要对由人类直接受益而产生服务流的部分，即生态系统生产总值进行核算，其在物质量和价值量核算方面均有比较成熟的方法。

第三节　自然资本丧失及其驱动力

一、内涵

世界银行最新出版的《2021 年不断变化的国家财富：为未来管理资产》（*The Changing Wealth of Nations* 2021：*Managing Assets for the Future*，CWON 2021）报告中，将自然资本划分为包括可再生自然资本和不可再生自然资本，其中：可再生自然资本包括农地（耕地和牧场）、保护区、森林（木材和生态系统服务）、红树林和渔业；不可再生自然资本包括化石燃料和矿物。根据上述自然资本的内涵与分类，本书自然资本丧失是在人类经济社会行为的外部干预下，自然资本被超生态承载力阈限进行使用，导致生态危机和经济社会发展的不可持续。

二、表现形式

（一）可再生自然资本

可再生资本的显著特点是，没有人类外部干预或在一定程度内人类外部干预下，能够依靠自然力保持或增加其价值量，实现永续利用的自然资源。就可再生自然资本丧失而言，主要表现为可再生自然资本被不可持续开发利用，无法实现自我恢复。

依据可再生资本的产权是否明晰，可再生资本可分为可再生商品性资源和可再生公共物品资源。前者如农户耕地上的农作物、园地里的树木、鱼塘里的鱼、养殖场里面的牛羊等，这些资源能够通过市场交易显示其价值，且资源所有者能够获得交易收益。后者如空气、河流、公海的鱼、草原上的灰狼等，这些资源虽然有价值，但是难以通过市场交易实现，且任何人都有平等的权利享受这些资源带来的收益和福利。

值得注意的是，现实中可再生自然资本丧失主要表现为可再生公共物品资源的被过度开发利用，无法实现自我恢复，甚至种类灭绝，严重损害生态系统的稳定性。主要原因是公共物品资源具有非排他性和非竞争性，导致资源被过度使用，造成可再生资本利用的"共有地悲剧"，而可再生资源由于产权明晰，所有者为了追求利益最大化，会对可再生商品性资源利用进行合理安排，实现可持续利用。

（二）不可再生自然资本

不可再生自然资本的特点是形成、再生过程非常缓慢，在现阶段不可能再生。就不可再生自然资本丧失而言，表现为不可再生资源被过度开发利用，先期开发是以牺牲未来经济发展和社会福利为代价。例如，煤、铁、石油、天然气等自然资源的储量在相当长的时期内是一定的，增加当前使用量就会造成未来使用量的减少，是典型的非再生资源。当不可再生资源被过度开发利用，就会减少未来不可再生资源的利用，对经济社会的可持续发展造成损害，影响后代人的福利。

由此可以得出，不可再生自然资本丧失本质是不可再生自然资本在不同时期没有获得合理配置，导致不可再生自然资本利用净效益的现值无法实现最大化。但是需要指出的是，不可再生自然资本数量会随着勘探活动推进和技术改进增加。

第 八 章

三、自然资本丧失特点

(一) 影响范围广

世间万物是普遍联系的，自然资本是一个系统，同种自然资本之间、不同种类的自然资本之间是一个相互联系的有机整体，其变动具有外部性和溢出性。就如蝴蝶效应一样，自然资本丧失危机带来的影响范围非常广泛，一种类型自然资本微小的变化，甚至可能会引发整个地球自然资本系统巨大的变化。

具体表现为两个方面：一方面，自然资本丧失可以从一个行业生产冲击到整个社会生产。例如，铁矿的缺失将影响到整个社会的依靠钢铁为主要原料的行业，造成汽车制造、房地产等行业失去原材料，生产将难以为继，必将转向其他可以生产和取得收益的行业，或者使用铝、铜等原料制造汽车，这就导致其他行业原材料使用急剧增加，最终引发另一种生产资源短缺引致的自然资本的危机。另一方面，自然资本危机不仅仅局限于某个地区、某个国家内，还可以从一个地区蔓延到另一个地区，从一个国家传播到另一个国家，进而影响全球经济和社会的正常运行。例如，一个国家的耕地资源丧失，会造成粮食短缺，直接威胁该国国民的生命安全，为了生存大量难民涌入周边国家，会导致难民与他国当地居民的福利竞争和利益冲突，爆发难以协调的矛盾，破坏周边国家的经济发展秩序和社会稳定局面。

(二) 危害程度大

自然资本丧失带来的危害程度大主要体现在自然资本丧失能够给人类的生存和繁衍带来毁灭性的后果。例如，清洁的水源、清新的空气、肥沃的土地、茂密的森林等自然资源禀赋是人类赖以生存的根本条件，如果清洁的水源和清新的空气受到污染，肥沃的土地沙漠化和盐渍化，茂密的森林被砍伐殆尽，全球整个生态系统将会紊乱，人类将失去赖以生存发展和繁衍生息的物质基础。此外，美国"生物圈二号"实验的失败，证明了任何高科技手段都不能制造出可以满足人类生存需要、完全替代地球生态系统的空间载体。由此可知，自然资本丧失会威胁人类生存，甚至会导致人类和动植物等生物灭亡。

(三) 恢复时间长

自然资本丧失对人类、动植物的生存和经济社会活动的影响具有持久性。同经济危机会对经济主体、经济结构带来巨大破坏性等一样，自然资本丧失也会对生态环境稳定性、自然资源数量和质量造成显著的破坏。经济危机发生具有周期性，经过政府的干预、市场的调节，经济运行会在一定时间内恢复正常。但是，即使在人类外在行为的干预下，自然资本丧失进行自我恢复的时间是非常漫长的，不是在几年内可以恢复原貌，就不可再生自然资本而言甚至是永远无法恢复。

（四）修复成本高

自然资本丧失在一定程度上，是可以通过自身物理、化学、生物等系统进行自我恢复，这是一个极其漫长的过程，且仅限于部分可再生自然资本，例如，草原发生大火之后，经过几年的时间，植被和动物群落逐渐恢复。

但更多的自然资本丧失修复是需要人工干预，成本和代价非常大，且随着原有自然资本复杂性和生物多样性提高而增加。例如，中国为了治理由于森林砍伐、过度放牧等原因造成的北方地区的土地沙漠化和沙尘暴入侵，自 1978 年以来累计投入了超过 563 亿元开展三北防护林工程建设。

此外，对于不可再生自然资本如石油、煤炭、天然气等石化资源，目前科学技术无法实现恢复原貌，即使是矿产资源开发后，遗留矿山修复所需的成本也是非常大的。

四、自然资本丧失的风险

（一）对经济运行的影响

自然资本丧失会严重阻碍经济的正常运行，成为经济可持续发展和高质量发展的关键约束因素。近年来，自然资本在经济发展中的作用被逐渐重视，自然生态及环境作为自然资本，相比人力资本是相对稀缺和不完全替代的，是影响经济增长的一种稀缺性生产要素。1992 年 6 月，在里约热内卢召开的联合国环境与发展大会（UNCO）通过《里约环境与发展宣言》和《21 世纪议程》两个纲领性文件，阐释了人类发展主要限制性因素逐渐由人造资本转变成自然资本，自然资本的日益稀缺性使得自然资本成为决定经济发展速度和质量的基础性资本之一。

自然资本丧失对经济运行的不利影响主要体现在以下两个方面：一方面，就可再生自然资本丧失而言。耕地、湿地、草地等面积不断缩减、空气中氮氧化物含量显著提高、水资源质量不断下降等自然环境的破坏，不仅减少了经济发展必备的资源物质基础，而且破坏了生态宜居的环境，对招商引资和人才引进缺乏足够的竞争力和吸引力，无法为推动经济增长作出贡献，甚至阻碍了经济的发展。另一方面，就不可再生自然资本丧失而言。最典型的就是资源枯竭城市问题，这是世界各国经济和社会发展中都经历过或正在面临的问题。例如，德国鲁尔矿区、法国洛林矿区、美国匹兹堡和日本九州等，以及中国的焦作市、铜陵市、景德镇市等城市和地区，都随着矿产资源开发进入衰退或枯竭期，造成资源产业萎缩，产业效益下降，产业结构单一，替代产业尚未形成，产业工人转移流失，导致经济发展难以为继。

（二）对生态安全的影响

自然资本丧失对生态安全的威胁主要表现以下两个方面：一方面，由于全球生态系统是一个相互联系、相互影响的有机整体。每种自然生态系统变动的影响具有外部性，具体表现为一种自然资本种类丧失可能会导致另一种自然资本遭受冲击和破坏。例如，当地球上所有的森林消失殆尽，没有树木发挥防风固沙的作用和水土保持的功能，那么沙漠将大肆入侵草原、农田，引起草原退化、耕地沙漠化，水土流失也导致耕地土壤质量下降，最终导致草原、耕地生态资产丧失。另一方面，自然资本丧失会导致动植物赖以生存繁衍生息的空间载体消失。由于历经漫长的生物进化，自然系统中动植物食物链形成稳定的有机体，当某种动物或植物因自然资本丧失而消失，那会对整个生物链产生不利冲击，影响整个食物链的稳定性，甚至对相关食物链上的动植物造成毁灭性冲击，进而影响地区的生物多样性。例如，当草原被沙漠化入侵，直接造成作为田鼠食物来源的植被消失，导致田鼠转移或消失，接着会导致以田鼠作为食物来源的蛇类消失，而蛇类的消失最终会导致以蛇类作为食物来源的老鹰消失，整个区域性草原的完整生物链被冲击，严重影响地区生物多样性和威胁生态安全。

（三）对社会稳定的影响

自然资本丧失会对社会稳定产生不利影响。清洁的水源、清新的空气、肥沃的土地是人类赖以生存的物质基础，如果这些关乎人类生存自然环境质量下降，就会导致人类的生活水平下降、生产条件恶化、生命健康受到威胁，长此以往，会造成民不聊生，严重影响社会稳定，甚至会造成社会动荡。

随着我国经济的快速发展，与之伴随的环境污染日益凸显。近年来，我国民众环保意识的普遍增强，面对自然资本丧失带来的生态失调与健康风险，虽然没有出现像西方那样的大规模、组织化的环境运动，然而各种形式的群体行动时有发生。尤其网络技术的发展和电子产品运用的不断普及，以微博、微信等为代表的新媒体成为事件的言说场所、策源之地，以及民众社会动员的重要工具。自然资本丧失带来的环境污染事件发生后，民众的质疑、不满等情绪沿着新媒体网络蔓延开来，环保舆情的"啸聚"现象也由此而生，严重影响我国社会的和谐和稳定。

五、自然资本丧失的驱动力

自然资本丧失通常是由以下四个驱动因素造成：土地利用变化、气候变化、资源开采、污染和外来物种入侵。这些因素会引发系统性故障，导致生态系统功能和服务在长时间内无法恢复。

（一）土地利用变化

土地利用变化造成土地的集约度变化和用途转移，打破了原有生态系统的平衡，并对其生态承载力产生影响，破坏了原有既定自然系统稳定性。例如，为了推进城市化建设，需要足够数量的建设用地供给支撑，这必然会造成城市周边的原有耕地、草原、林地等自然资源的面积缩小和数量下降，而耕地、草原、林地等自然资本相比城市用地提供更多的生态产品和服务，以及更高质量的生物多样性。因此，城市化建设扩张必然会造成自然资本丧失。

同时，城市化建设规模的扩张，必然会导致产业和人口聚集，生态和生产高度集中可能会带来超过生态承载力的自然资源过度消耗，以及带来的空气、河流污染等环境破坏活动，导致自然资源数量减少和质量下降，最终导致自然资本丧失。

（二）气候变化

气候变化会对生态系统、粮食生产、人类健康、自然资源利用方式等产生较大影响，特别是极端气候事件（如干旱、洪涝、雪灾等）增加，使得人类社会和生态系统逐渐暴露出对气候变化的脆弱性，而人类社会发展与对自然资本的开发利用程度密切相关。因此，气候变化除了导致生态系统表现出易损性质外，还会直接对自然资本的利用方式产生不良影响，从而导致自然资本丧失。

（三）资源开采

自然资本的存量是有限的，尤其是不可再生自然资本一定时间内是不可再生的，为了追求当前经济效益最大化，以牺牲未来经济可持续发展和后代的福利为代价，超前过度开发自然资本，进而导致自然资本丧失。例如，发达国家从欠发达国家大量进口资源能源型产品，消耗了地球上绝大部分自然资源，不可避免地加速了欠发达国家自然资源的消耗和自然资本丧失。

（四）污染和外来物种入侵

污染物排放和外来物种入侵会打破原来的生态系统平衡，甚至对空气、水、土壤等自然资本造成破坏，使其生态功能降低，进而导致自然资本丧失。近年来，西方发达国家生态环境状况的缓解和改善并非全部是污染成本内化的后果，而是通过将低端、高污染、高耗能、资源密集型产业转移到发展中国家和欠发达国家的路径实现。例如，通过贸易方式转移核废料、电子垃圾、医疗垃圾等污染物质，表面上解决了本国环境污染问题，提升和改善了环境质量，但本质上是以牺牲发展中国家和欠发达国家的环境为代价，造成了环境污染的外溢和全球扩散，最终导致自然资本丧失。

第八章

第四节　基于经济路径的激励决策

一、运用综合性经济手段，推动污染成本内化

市场经济是较有效率的一种经济运行机制，基本特点是每个市场竞争的主体都追求经济效益最大化，能够实现经济高速的增长。但是单个主体对效益最大化的追求，必然要求它在运营中最大限度地降低成本，往往会导致成本外化以及"公地悲剧"，造成资源损耗过快、生态环境恶化等自然资本丧失问题。

如何解决市场经济面临的自然资本开发和生态环境保护之间矛盾，规制企业的竞相追逐利润带来的自然资本丧失问题，需要探索市场路径进行解决。环境污染、资源损耗过快等自然资本丧失问题本质上是一种厌恶型公共物品，而公共物品是与外部性密切相关的，通常表现为私人成本低于社会成本或私人收益高于社会收益，成本收益的不一致，造成了环境资源配置上的低效率。

专栏 8 - 1

"庇古税" 解决方案

为解决环境污染导致的资本丧失问题，由英国经济学家庇古最先提出了根据污染所造成的危害程度对排污者征税，用税收来弥补排污者生产的私人成本和社会成本之间的差距，通过使外部效应内部化，只要政府采取措施使得私人成本和私人利益与相应的社会成本和社会利益相等，则资源配置就可以达到帕累托最优状态，这种纠正外在性的方法也称为"庇古税"方案。

根据"庇古税"方案，西方发达国家通过产品收费、使用者收费、排污交易等市场方法推动环境成本内化。例如通过含铅汽油征收高额消费税逐渐淘汰了含铅汽油，以及种类繁多的能源税使能源消费水平有所下降，带来了能效的提高和物耗的减少，使发达国家的环境污染有了较大改善。

根据"庇古税"方案思路和借鉴西方发达国家的治理经验，我国应加强自然

资源开发利用和生态环境保护方面的管理。完善市场经济体制，健全法治建设，强化环境监管，加大企业环境污染破坏的惩罚力度，提高违法成本，综合应用价格、税收、财政、信贷、收费等经济手段，以内化环境成本为原则，引导各类市场主体进行基于环境资源利益的战略调整。

建立保护和可持续利用资源环境的激励和约束机制。坚决杜绝"先发展后治理"经济发展模式，立足生态环境公共性的特点，不断创新环境管理手段，构建生态破坏前的预防来取代生态破坏后的治理的生态环境保护机制，从根本上规避市场主体无法从掠夺性开采资源和环境成本外化中获得额外的收益，推动社会形成"保护在先，适度发展"、人与自然和谐共生的高质量发展模式。

二、坚持自然资源产权公有制，推动自然资本可持续利用

资本主义经济体制运行中，企业以追求利益最大为根本目的，通过超量生产和超前消费消耗了大量的自然资源资产，利用国际贸易和产业转移等方式，将高污染、高耗能低端产业转移到欠发达国家，不仅造成欠发达国家自然资源被攫取，而且带来了严重的环境污染破坏，导致严重的自然资本丧失。造成这一后果的根源是资本主义私有制，以生产资料私有制为主要特点，资本家为了追求利益最大化，不计后果，过度开发和利用自然资本，影响了经济的可持续发展和人类社会的未来福利。

相比资本主义私有制，我国坚持中国特色社会主义制度，最重要的特点是坚持生产资料公有制为主体地位。主要原因是自然资源产权公有制，标志着自然资本是全体公民的公共财产，政府部门能够强化对自然资本利用的宏观调控，将自然资本真正利用到有利于经济增长、社会发展和人民生活改善的事业中，任何组织和个人均不能为了追求自身的利益最大化而损害公众福利，进而规避了自然资本被过度开发、滥用和浪费，缓解自然资本丧失危机。例如，在坚持土地公有制的基础上，加强国土空间规划的顶层设计，优化土地利用结构，严格坚守生态保护、永久基本农田保护和城镇开发边界"三条红线"，并以此作为产业规划和经济建设的原则，严格控制增量土地利用，盘活利用闲置土地利用，节约集约利用土地资源。因此，坚持生产资料公有制为主体，充分保障铁矿、煤炭、石油等自然资源资产产权全民所有，有助于自然资本可持续利用，规避自然资本丧失风险。

第八章

三、优化经济发展结构，降低石化能源需求

我国在能源利用方面仍是以化石能源消费为主，非化石能源利用占比提高将是一个艰巨而缓慢的过程。基于我国化石能源储量中煤炭占据绝大多数的基本情况，一方面，要持续加强对煤炭清洁技术及装备的科研攻关力度，加大对清洁能源的投资和研发力度，实现以工业为重点领域的各领域煤炭清洁高效开发和利用。另一方面，推动能源利用结构、产业结构、交通结构和用地结构等经济结构进行转型发展和升级优化，激励经济社会主体在发展过程中更加合理地利用自然资本，充分挖掘和释放结构调整带来的资源环境减量利用规模和效率提升潜能空间。

具体而言，第一，推动工业转型升级。推动工业产业结构转型升级，以深入开展工业领域碳达峰行动为契机，严格控制高耗能产业的规模，加大工业领域重点行业二氧化碳排放总量和强度的管控力度。基于技术创新等途径，大力发展新能源汽车、新能源和节能环保等绿色低碳产业。

第二，优化农业产业结构。各地区依据自然资源禀赋，因地制宜，推广和应用先进的农业生产技术，调整农业种植模式，通过发展农业绿色经济、循环经济和生态经济等途径优化农业产业结构，实施化肥农药减量增效利用，降低农业生产对生态环境的污染和破坏。

第三，引导公共交通低碳化。一方面，在电动汽车科技不断发展和产能不断扩大的背景下，在条件允许的情况下，大力推广和使用电动公交车、电动汽车等交通工具，降低石油等石化能源的消费。另一方面，提升公共交通服务质量，完善公共交通机制建设，鼓励和引导公民选择地铁、公交等公共交通出行，构建绿色低碳的交通体系。

四、鼓励社会资本参与，实施生态修复工程

矿山生态修复、海洋生态保护修复、土地综合整治以及山水林田湖草生态保护修复等生态修复工程能够改善生态环境，提升生态系统服务功能，提高生物多样性，不仅是生态产品价值实现的重要模式，也是解决自然资本丧失的有效路径。

但是生态保护修复行业具有投资周期长、回报率低、见效慢等特点，且供求、定价、合作竞争、激励约束等市场化机制不健全等原因，导致我国社会资本投入国土空间生态保护修复的积极性不高，主要依靠政府财政投入进行推动生态修复。

以废弃矿山修复为例，"十三五"期间，中央财政安排专项转移支付支持资金

第八章

37亿元，在汾渭平原、京津冀周边以及长江干支流重点区域部署了历史遗留矿山生态修复工程，取得了显著的成绩，有效提升了自然资本价值。但是，由于我国矿山生态修复历史欠账多，仅依靠中央和各级财政投入已不能满足，资金问题已成为制约矿山生态修复的瓶颈。

因此，在三期叠加、投资缺口大、财政投入增长空间有限的现实背景下，可以借鉴西方国家在生态保护修复方面的先进经验和做法，通过鼓励社会资本积极参与生态修复，构建"小政府、大市场"市场体系模式来推动生态修复，有效解决我国生态保护修复投入过度依赖财政资金的弊端。

专栏8-2

社会资本参与生态修复的模式

政府通过明晰市场交易规则、完善激励约束措施等多种方式，鼓励和引导企业、组织、个人等社会经济主体积极参与生态修复，建立了稳定有序的生态保护修复市场体系，可以采取政府和市场相结合、市场主体主导的两种生态修复模式。

政府和市场相结合模式主要是指政府和社会资本进行合作（PPP模式），政府通过特许经营、购买服务、股权合作等权利转让方式鼓励市场主体参与生态修复，而市场主体则通过政府付费、可行性缺口补助以及使用者付费为主等模式获得回报，实现政府和社会主体互利共赢[①]。

市场主体主导模式主要是指政府部门提供完善法规制定、搭建产权流转平台等多种基础服务的条件下，鼓励和支持企业、社会团体、个人等社会资本投入资金、资源、资产等要素，发挥主导作用积极参与生态修复。社会资本主要通过剩余自然资本利用、相关产业开发、资源指标交易等路径获得经济回报。

以矿山生态修复为例，一方面，在矿山修复过程中，新产生或原地遗留的土石料，免费用于本工程修复之外，剩余土石料可以对外销售，所获收益用于本地区生态修复，进而降低社会资本修复成本。收益大于修复成本的部分，政府部门可将一定比例的销售收益奖补给实施主体，激发实施主体的积极性。另一方面，在矿山生态修复的基础上，政府部门可以采取弹性年期出让、长期租赁、先租后让、租让结

---

① 诸大建. 倡导投资自然资本的新经济 [N]. 解放日报，2015-03-12.

合的差别化土地供应模式，通过划拨、出让、租赁等方式给予修复社会主体土地使用权，允许社会主体通过生态升级、产业植入等方式，进行房地产、旅游产业、生态农业等产业开发，提高参与生态修复主体的经济效益。

此外，矿山废弃建设用地恢复为耕地资源，可参照城乡建设用地增减挂钩政策，腾退的建设用地指标可在省域范围内流转使用，所获收益奖补参与生态修复的社会主体，激发其参与生态修复的积极性。

第五节　生态产品价值实现

一、生态产品内涵、特征与分类

（一）生态产品内涵

生态产品是自然生态系统单独生产或与人类生产共同作用所产生的、能够增进人类福祉的产品和服务，是维系人类可持续发展、满足人民日益增长的优美生态环境需要的必需品。根据该内涵，生态产品的生产过程可由人类参加，同时，生态产品也是生态系统提供的最终产品或服务。

专栏 8−3

生态产品内涵发展历程

"生态产品"一词并非舶来品，在学术研究中，国内早期相关报道出现在 20 世纪 80 年代，例如，1985 年，洪子燕和杨再将生态产品定义为通过水土保持措施所得的牧草，以及在不影响森林保护法前提下所获得的树叶和嫩枝条，并认为生态产品为初级生产者，为畜牧生产服务。

从 20 世纪 90 年代到 21 世纪初期，关于生态产品的研究开始逐渐增多，其内涵也有了更新的解读。对生态产品的理解也分为两种类型：一是认为生态产品是纯物质产品，主要从生态保护和生态循环角度对其进行定义。例如，1992 年，任耀武和袁国宝将生态产品定义为通过生态工（农）艺生产出来的没有生态滞竭的安全可靠无公害的高档产品，包括生态食品、生态日用品和生态工业用品（如生物塑料）等，该定义要求生态产品的生产过程应具备生态环境友好性和可循环性，不会造成生态破坏和资源浪费。二是认为生态产品是无形产品，类似于生态系统服务中的调节服务。例如，1994年，刘思华认为，人们进行环境保护和生态建设以帮助或加速自然再生产过程，再生产出生态环境具有符合人类生存与经济社会发展所需要的使用价值，而这种生产物就是生态产品，并认为其具有公共物品属性。三是认为生态产品等同于生态系统服务。例如，王建平认为生态产品是能够用于满足人们生态需要的东西，包括有形产品和无形产品，其生产能力主要取决于生态资产或自然资源的存量以及科技在生产中的应用情况。

2010年以来，生态产品内涵得到了新的发展，出现了狭义和广义之分。例如，2010年12月，《国务院关于印发全国主体功能区规划的通知》中首次从国家层面对生态产品进行了定义：生态产品指维系生态安全、保障生态调节功能、提供良好人居环境的自然要素，包括清新的空气、清洁的水源和宜人的气候等。这一概念与生态系统服务中调节服务含义相近，相较于之前的概念该定义虽有扩展，但仍属于狭义的生态产品内涵。

随着生态文明建设的推进和可持续发展理念的深入，生态产品的概念也进一步扩展，生态产品的内涵不再局限于仅有自然生产的范围，还扩展到附加人类劳动的产品，广义的生态产品内涵也开始深入人心。如张林波等认为生态产品无论是单纯由生物生产或是由生物和人类共同生产，都是在经济发展与资源、生态日益凸显的矛盾和人民对美好生活诉求升级的背景下产生，故两者并不相悖，并将生态产品定义为生态系统通过生物生产和与人类生产共同作用为人类福祉提供的最终产品或服务，是与农产品和工业产品并列的，满足人类美好生活需要的生活必需品。由国务院发展研究中心牵头的"生态产品价值实现的路径、机制与模式研究"课题组也有类似定义，即生态产品是指良好的生态系统以可持续的方式提供的满足人类直接物质消费和非物质消费的各类产出，既包括气候调节、水体净化、空气净化等在内的调节服务，生态旅游、审美、精神和教育等在内的文化服务，还包括原始生态系统产出的天然木材等原材料和有人类劳动投入的生态农畜产品等物质供给。2020年，生态环境规划院和中国科学院生态环境研究中心联合编制的《陆地生态系统生产总值核算技术指南》也将生态产品定义为生态系统通过生物生产与人类生产共同作用的人类福祉提供的最终产品或服务。2021年4月，中共中央办公厅、国务院办公厅印发《关于建立健全生态产品价值实现机制的意见》，虽然未对生态产品作出明确定义，但基本框定了生态产品大致范围，属于广义的生态产品。

第 八 章

（二）生态产品特征

1. 外部性

生态产品的外部性表现为一方在生产或使用生态产品时令其他方受益或受损，但后者不需对此付费（受益情形）或受到补偿（受损情形）。生态产品具有典型的非排他性、非竞争性和自然流动等特性，人类难以有效控制，很难单独确定其产权归属和生产－消费关系，导致生态产品的使用者无需付费、供给者不能获益，容易产生价值外溢和外部不经济。例如，保护河流上游的森林资源能够为下游提供清洁水源、水土保持、洪水调蓄等诸多生态产品，但下游相关受益方通常不需要向上游的保护者支付费用，上游往往会丧失继续保护的动力，生态产品的供给能力也会随之下降。

2. 稀缺性

从经济学角度看，人们对生态产品的需求是无限的、多样的，但生态产品的供给是有限的，由此产生了生态产品的稀缺性。一方面，作为生态产品的生产载体，自然资源的数量和国土空间的容量、承载能力都是相对固定的，其在一定时期内提供的生态产品的数量也是有限的，特别是在资源环境承载能力接近或超过临界值、自然生态系统遭受破坏等地区，这种稀缺性表现得尤为明显，难以满足人民日益增长的优质生态产品需要。另一方面，经过改革开放以来四十多年的持续快速发展，我国农产品、工业品、服务产品的生产能力迅速扩大，但提供优质生态产品的能力却在减弱。这是由过去粗放的生产方式、过量的资源消耗、严重的环境污染等造成的，如果仍然坚持原有的经济发展模式，不走生态优先、绿色发展之路，生态产品的稀缺性将会进一步加剧。

3. 不平衡性

生态产品的不平衡性是指受自然环境和社会经济条件影响，生态产品的生产能力、服务范围和价值实现程度呈现出差异性和不均衡性。一是不同区域生态产品的生产能力不均衡。各地自然禀赋不同，提供生态产品的种类、数量、质量也各不相同，"生态高地"和"生态洼地"同时存在，并且我国独特的地理环境又加剧了地区间的不平衡。二是不同类型生态产品的服务范围有差异。有些生态产品的生产、消费和受益范围局限在一定地域内，例如，某地区的湿地、森林生态系统所提供的生态产品，一般仅惠及该地区或流域内的居民；有些生态产品的生产和消费地域较广，受益范围大，例如，国家公园等维系国家生态安全的重点生态功能区，其生产的生态产品将惠及全国乃至全球。三是不同区域生态产品的价值实现程度不平衡。我国生态产品的主要生产区与区域发展水平不匹配，经济发展水平高的东部地区，优质生态产品的生产能力相对较弱，但公众的需求较高、消费能力较强，生态产品处于供不应求的状态，其价值实现程度或价值实现的能力一般较高；而在经济发展相对滞后的西部地区，生态产品的生产能力较强，但人们对优质生态产品的消费能力较弱，生态产品的价值实现程度较低。

4. 依附性

生态产品的依附性主要表现为其权益归属依附于生产载体，其价值实现也往往依赖于相关载体的交易。一方面，自然资源作为生产生态产品的物质载体，清晰界定其权属关系是确定生态产品产权主体的重要前提。例如，清洁水源、固碳释氧等公共性生态产品的产权难以确定，但明确了森林、湿地等自然资源生产载体的权属，也就间接地界定了这些生态产品的权利归属。另一方面，大部分生态产品是无形的，很难直接、独立地进入市场交易和现有经济系统，其交换、消费和价值实现通常依附于相关的农产品、工业品或服务产品，生态产品的内在价值体现为相关依附产品的价值增值。例如，生态农产品、海洋生物制药、生态旅游等都附着有生态的价值，伴随以上产品的交易，生态产品的价值可获得实现。

二、生态产品分类与价值实现路径探索

（一）生态产品分类

当前，生态产品的分类不一，学者们大多基于生态产品广义内涵，从不同角度尝试对生态产品进行类型划分。例如，俞敏等（2020）根据生态产品是否具有物质形态将其划分为生态物质产品和生态服务产品；沈茂英和许金华（2017）参照MA 生态系统服务的分类方法将生态产品分为有形产品、支持调节服务、美学景观服务三类；欧阳志云（2021）有类似分类，将生态产品分为生态物质产品、生态调节服务产品与文化服务产品三类；曾贤刚等（2014）根据公共产品理论和生态产品的供给运行机制特点，将生态产品分为全国性、区域或流域性、社区性公共生态产品和"私人"生态产品；刘伯恩（2020）根据产品表现形式将生态产品划分为生态物质产品、生态文化产品、生态服务产品和自然生态产品四类。

总体上看，目前学术界对于生态产品概念内涵以及分类的认识仍不统一，混淆了生态产品与生态系统服务、自然资源资产等概念的关系，缺少对可以在市场中交易的准公共生态产品的认识，制约了对生态产品进行更为深入的研究。

自然资源部有关文件根据生态产品的经济特征和供给消费方式，将生态产品分为三种类型：一是公共性生态产品，主要指产权难以明晰，生产、消费和受益关系

难以明确的公共产品,如清新空气、宜人气候等;二是经营性生态产品,主要指产权明确,能够直接进行市场交易的私人物品,如生态农产品、生态旅游服务产品等;三是准公共性生态产品,主要指需要通过法律或政府规制的管控,创造交易需求、开展市场交易的产品,如碳汇、生态资源指标等。[①] 目前,上述分类方式被广泛认可,并用于生态产品价值实现路径研究中。

(二)生态产品价值实现路径

当前,国内外形成了四类较为成熟实现路径,分别是生态补偿、生态资源指标及产权交易、生态修复及价值提升、生态产业化经营等。其中,公共性生态产品通过生态补偿路径显化价值,经营性生态产品通过生态产业化经营显化价值,准公共性生态产品通过生态资源指标及产权交易、生态修复及价值提升来显化价值,生态产品类型与价值实现路径对应关系如表8-6所示。

表8-6　　　　　　　　　生态产品类型与价值实现路径对应关系

生态产品类型	生态产品价值实现路径
公共性生态产品	生态补偿
经营性生态产品	生态产业化经营
准公共性生态产品	生态资源指标及产权交易
	生态修复及价值提升

1. 生态补偿

生态补偿重点针对的是具有公共性生态产品(具有公共产品属性的调节服务产品),国家或生态受益地区以资金补偿、产业扶持、共建园区等方式向生态保护地区购买该类生态产品,例如,一定标准的水、水源涵养、水土保持、防风固沙和生物多样性等。该路径下,生态产品由政府定价,价值量常用供给方放弃原有经营利用方式的机会成本、生态保护的增量投入或双方行政协商等方式确定。生态补偿路径包括纵向生态补偿和横向生态补偿。其中,纵向生态补偿包括重点生态功能区生态补偿、自然资源要素生态补偿等具体模式,如中央财政对重点生态功能区的财政转移支付、森林生态效益补偿等。横向生态补偿包括流域上下游横向生态补偿、产业扶持、共建园区等具体模式,如新安江流域上下游横向生态补偿、浙江省"山海协作"工程等。

---

① 自然资源部办公厅关于印发《生态产品价值实现典型案例》(第三批)的通知(2021年)。

2. 生态资源指标及产权交易路径

生态资源指标及产权交易路径是针对生态产品具有公共物品属性，不具备明确的产权特征、消费不具有排他性的特点，通过创设产权和用途管制等措施，建立生态产品消费者向生产者购买的市场交易机制，以达到降低无序消费、增加有效需求、扩大生态产品生产和供给的目的。该路径以政府为实施主体，通过制定建设用地和耕地、湿地、林地、草地等使用的约束性指标，并建立市场交易机制，引导建设用地和生态资源使用方购买生态用地指标，生态用地的经营者和生态资源保护者通过出售指标的方式实现生态产品的价值。生态资源指标及产权交易路径中，生态产品购买资金主要为社会资金，生态产品由市场定价，价值量理论上是对生态用地和水资源等经营管理和保护的经济补偿。政府的主要职责是交易品种设计、交易规则制定、交易价格指导等。生态资源指标及产权交易路径包括生态环境指标交易和自然资源权益交易等。其中，生态环境指标交易如美国湿地缓解银行等生态占补平衡指标交易、重庆市森林覆盖率指标交易、碳汇交易。自然资源权益交易如福建省南平市生态银行等。

3. 生态修复及价值提升路径

生态修复及价值提升路径是针对历史遗留矿山等生态功能缺失区域，通过生态修复、系统治理和国土空间规划优化调整等措施，实现自然生态系统功能恢复、生态产品供给增加和价值提升。在该路径中，生态产品的生产载体是生态修复后的自然资源，生态产品附加于产业化经营项目的产品之上，形成附加价值，通过市场交易实现产品及其生态附加价值。交易的销售方为产业化经营方，购买方为消费者，生态产品的定价机制为市场定价。生态修复及价值提升路径包括矿山生态修复及价值提升、全域土地综合整治、土地综合开发以及海岸带生态修复及价值提升等具体模式。

4. 生态产业化经营路径

生态产业化经营路径是对于具有生态优势的自然资源，通过发展特许经营、生态农业、生态旅游、森林康养等生态产业实现生态产品价值。该路径是综合利用国土空间规划、建设用地供应、产业用地政策、绿色标识等政策工具，发挥生态优势和资源优势，推进生态产业化和产业生态化，以可持续的方式经营开发生态产品。交易的销售方为生态产业化项目经营方，购买方为消费者，生态产品的定价机制为市场定价。生态产业化经营路径主要包括特许经营、生态农文旅以及生态品牌认证等具体模式。

5. 其他路径

其他路径大多由上述路径中部分要素重新组合或叠加政策工具而形成。例如公众参与路径，参照丽水市生态信用积分体系，针对企业、村庄、个人建立企业生态信用、生态信用村、个人信用积分评定、生态信用行为正负面清单等文件，通过参与生态保护修复、参与森林火灾防护及救援等方式获得生态积分，而生态环境破坏或污染行为将被扣分，生态积分可被用于政府补助资金优先考虑、行政审批绿色通道、绿色金融利率、个人存贷款利率优惠、积分兑换实物优惠等方面，从侧面显化了生态产品价值。又如生态产品证券化路径，将发展成熟的生态产品未来所产生的现金流为偿付支持，通过结构化设计进行信用增级，在此基础上发行生态产品资产支持证券，以生态资源丰富区域或景区为例，将其作为生态产品的基础资产，将其未来产生的现金流作为偿付支持，进行信用增级后发行景区生态产品支持证券。

三、生态产品价值实现支撑体系

（一）生态产品价值实现支撑技术体系

1. 生态产品调查监测技术

自然资源为生态产品的生产提供了物质基础，其调查监测数据将有助于生态产品实物量、价值量等方面的测算以及结构、空间分布等信息的确定。对此，中共中央办公厅、国务院办公厅印发的《关于建立健全生态产品价值实现机制的意见》中明确提出要"推进自然资源确权登记""开展生态产品信息普查"。当前，自然资源调查监测和统一确权登记与生态产品调查监测之间联系尚没有明确建立，于2021年开展的自然资源领域生态产品价值实现机制试点中，也将此项工作作为重要内容，在试点地区进行了相应探索。结合目前实践及研究进展，未来可基于全民所有自然资源资产清查试点及其他相关调查成果，加快开展自然资源调查监测评价、统一确权登记，以及自然资源分等定级和政府公示价格体系建设。在此基础上探索开展生态产品调查，研究制定生态产品调查评价技术规程和制度规范，建立生态产品目录清单，明确生态产品的数量、质量、权属、结构、空间分布、经济价值、生态价值及其变化等基本信息，摸清生态产品"家底"。同时，完善生态定位观测站的建设，对生态系统的基本生态要素进行长期连续观测，收集、保存并定期提供数据信息，为生态产品相关评价和价值核算提供基础数据支持。建立调查监测数据信息和生态产品目录链接路径，实现生态产品目录清单的动态调整，结合相关地理信息平台，建立生态产品动态监测机制。

2. 生态产品价值核算技术

生态产品价值核算技术是支撑生态产品价值实现的关键基础性技术，其核算结果可为生态产品交易提供依据。现有的生态产品价值核算技术重点参考了生态系统服务核算方法，常用的技术方法包括功能价格法、当量因子法、能值法等。当前国内对生态产品价值核算技术开展了大量研究，并取得一定进展。例如，2022 年 10月，国家发展改革委和国家统计局联合发布《生态产品总值核算规范》，但该规范并非为国家标准或行业标准，属于指导性技术规范。在该规范中，明确了生态产品价值核算流程、各类生态系统所涉生态产品实物量和价值量核算推荐方法、核算所涉参数等内容。此外，部分地区结合本地探索，发布了生态产品价值核算地方标准，例如，浙江省丽水市发布的《生态产品价值核算指南》（DB3311/T 139—2020）等。需要注意的是，上述技术规范或标准主要使用的是基于功能价格法的GEP 核算方法，其他方法的实践报道相对较少。未来，可全面总结各类生态价值核算方法，对比分析各方法的基础数据需求、指标体系结构框架、使用范围与要求、操作难易程度、应用实践现状等方面情况，系统分析各核算方法的优势与缺陷。在此基础上，研制适用于自然资源管理需求的生态产品价值核算技术方法，明确方法适用的核算地域范围（核算单元），结合数据的可获取性建立核算指标体系，研究确定各指标拟使用的包括价值量核算在内的核算方法，明确测算参数及其数据来源，制定核算流程，规范生态产品价值核算工作。

专栏 8 - 4

生态产品价值核算主要类型

生态产品价值核算是生态产品价值实现机制建设关键支撑技术之一，其结果是衡量生态产品价值的重要参考。目前，在生态产品价值核算方法研究方面，由于生态产品与生态系统服务内涵接近，故核算方法大多基于生态系统服务价值核算方法而来，后者常用的功能价格法、当量因子法、能值法等被广泛应用于生态产品价值核算中。其中，功能价格法是基于生态产品或生态系统服务实物量的多少及其相应的单位价格进行价值核算，其中单位价格的确定常使用直接市场法、替代市场法来测算，联合国《环境经济核算体系——生态系统核算》（SEEA-EA）中生态系统服务价值核算和我国的生态系统生产总值（gross ecosystem product，GEP）核算均属

第 八 章

于功能价格法。当量因子法是通过利用德尔菲法等方法获取各类生态系统所涉及的服务功能或生态产品的价值当量，并结合生态系统的分布面积进行核算。能值法是通过模型或算法将生态系统中不同类、不同质的能量转换为统一标准尺度的太阳能值来核算生态系统服务或生态产品价值。例如将太阳能值作为核算量纲，以表征能值定价的"生态元"作为核算基本单位的生态元法。

除生态产品价值核算技术研发外，还需要关注生态产品价值核算成果应用制度。生态产品价值核算结果应用可借鉴欧盟、澳大利亚、南非等国际组织和国家对生态系统核算结果的应用经验，从以下方面探索开展核算结果应用：一是为自然资源管理政策制定提供依据。通过确定生态系统变化的驱动因素（无论是导致潜在供应增加还是需求增加）作为相关政策制定需要的关键信息，结合生态产品的供给潜力和实际需求，提出适宜的自然资源管理政策。另外，通过生态产品实物量核算可以促进对生态系统的变化（它们的状况和它们提供的生态产品）的监测，有助于从自然资源管理角度出发制定政策以防止或逆转生态系统的不利变化，并且生态系统的变化也可以作为政策实施的反馈。同时，通过价值量核算，使生态产品能够适当地纳入标准核算框架，能够促进自然资源的价值更充分地纳入决策。二是为生态保护修复工作提供指导。生态保护修复的对象是生态系统，因此，需要了解生态系统的一些基本属性，例如，生态系统的结构与功能、物理化学环境、生态系统中动植物群落的演替规律等，从而确定生态保护修复的目标，制定有效的生态保护修复措施与技术组合。生态产品价值核算能够提供污染物降解等调节类生态产品的核算，例如，水质净化、空气净化、防风固沙、土壤保持等的实物量和价值量核算结果，进而展现出需要开展生态保护修复的生态系统的基本情况，并反映生态保护修复实施后的生态系统的反馈，有助于生态保护修复政策的制定及效果的评价。三是用于领导干部离任审计和考核。生态文明建设情况一直以来都是领导干部离任审计及相关考核的重要组成部分，生态产品价值核算结果能够清晰地反映生态产品的供给情况、数量质量等信息，并能够部分反映生态系统状况，将其纳入领导干部离任审计及相关考核，能够更好地发挥指挥棒的作用，推动生态保护及生态文明建设。

3. 生态产品开发利用适宜性评价技术

生态产品开发利用适宜性评价技术是借鉴适宜性理念，通过对生态产品属性的分析来决定其开发方向及有效的价值实现路径，其实质是基于一定准则对生态产品开发方向进行划分，属于地理学中典型的"演绎"分类研究。生态产品开发利用适宜性评价思路是以县级行政区为基本评价单元，地类图斑为评价单位，研发生态敏感性评价、生态功能重要性分区方法和指标体系，开展生态敏感性评价和生态功能重要性分区。研究编制不同区域的生态产品开发利用负面清单编制技术方法，划定生态产品优势区，确定优质生态产品开发次序、适宜发展的产业类型和适宜程度。

　　基于生态产品开发利用适宜性评价结果，可探索建立相应的结果应用机制。一方面，将生态产品开发利用适宜性评价结果作为生态产品价值实现规划的基础，通过确定生态产品优势区及优质生态产品开发次序，明确地区生态产业发展定位、发展方向、体系结构、空间布局、规模设置以及环境影响，并提出生态产品价值实现建议项目和实施方案，为优质生态产业开发利用及生态产业发展提供指导。另一方面，将生态产品开发利用适宜性评价结果用于生态产品开发利用产业发展指引编制。具体结合行业形势、区位条件以及优质生态产品类型和特征，根据优质生态产品开发次序、适宜发展的产业类型和适宜程度，设置生态产业发展方向，设计产业发展链条，明确存量企业提质改造方向，并从招商引资、生态环境保护等方面建立保障措施，进而推动特色生态产业发展。

（二）生态产品价值实现支撑政策体系

　　现有与生态产品价值实现相关的自然资源配套政策主要集中在国土空间规划、自然资源要素保障、产业发展用地管理等方面。例如，在国土空间规划方面，自然资源部、国家发展改革委、农业农村部联合印发的《关于保障和规范农村一二三产业融合发展用地的通知》（2021年）中提出"把县域作为城乡融合发展的重要切入点，科学编制国土空间规划，因地制宜合理安排建设用地规模、结构和布局及配套公共服务设施、基础设施，有效保障农村产业融合发展用地需要"。自然资源要素保障方面，国务院印发的《关于促进乡村产业振兴的指导意见》（2019年）中就提出"在安排土地利用年度计划时，加大对乡村产业发展用地的倾斜支持力度。探索针对乡村产业的省市县联动'点供'用地……"等用地保障政策。产业发展用地管理方面，国务院办公厅印发的《关于促进全域旅游发展的指导意见》（2018年）中提出"在不改变用地主体、规划条件的前提下，市场主体利用旧厂房、仓库提供符合全域旅游发展需要的旅游休闲服务的，可执行在五年内继续按原用途和土地权利类型使用土地的过渡期政策"。

　　需要注意的是，上述这些自然资源配套支持政策分散在各领域文件中，如旅游产业发展、乡村振兴等，未来可综合支持旅游产业发展用地、支持一二三产业融合发展用地、支持乡村振兴用地等政策中涉及生态旅游、生态农业等生态产业用地政策，结合生态产品开发利用制度建设需求，一方面，整合现有政策中涉及生态产品价值实现部分，另一方面，查漏补缺，开展创新政策设计，进而建立生态产品价值实现自然资源政策体系，为生态产品价值实现机制构建提供重要拼图。

第九章 | 自然资源有偿使用

有偿使用是全民所有自然资源资产所有者权益实现的重要途径。改革开放以来，随着中国特色社会主义市场经济的建立，全民所有自然资源资产有偿使用制度也逐步建立，并随着产权制度的逐渐完善而不断发展，在促进自然资源保护和合理利用、维护所有者权益方面发挥着重要作用。从实践上梳理我国自然资源有偿使用制度的发展历程，从理论上分析自然资源有偿使用的基本条件、主要方式、主体间经济关系、价格体系及其形成机制，有助于形成关于自然资源有偿使用的学理性认识。

第一节 自然资源有偿使用制度

一、我国自然资源有偿使用制度的发展历程

改革开放以来，我国全民所有自然资源资产有偿使用制度逐步建立，在促进自然资源保护和合理利用、维护所有者权益方面发挥了积极作用。党的十八大之后，自然资源有偿使用制度成为生态文明制度建设的重要内容，进入到全面建立阶段。

（一）初步探索阶段

随着改革开放步伐的加大，市场要素逐步扩大加深，自然资源有偿使用等资产化管理手段逐步提上管理日程，首先是土地和矿产资源有偿使用制度改革开创先河。

　　1982 年深圳经济特区开始征收土地使用费，改变了土地无偿使用制度。1987年 12 月，深圳率先拍卖出让城市土地，标志着我国城镇土地使用制度改革正式启动，随后土地批租逐步在全国推广。1988 年 4 月，七届全国人大第一次会议通过《宪法修正案》，明确了土地使用权可以依照法律的规定转让。1988 年 12 月 29 日，《中华人民共和国土地管理法》第一次修正，提出国有土地和集体所有土地的使用权可以依法转让，并规定国家依法实行国有土地有偿使用制度。1990 年国务院发布《城镇国有土地使用权出让和转让暂行条例》，建立和完善了城镇土地使用权出让、转让制度。

　　1982 年 1 月，国务院发布了《中华人民共和国对外合作开采海洋石油资源条例》，其中第 9 条规定"参与合作开采海洋石油资源的中国企业、外国企业，都应当依法纳税，缴纳矿区使用费"。矿区使用费的出现使得我国矿产资源的无偿使用在制度上得以终结。1984 年 9 月 18 日，国务院发布了《中华人民共和国资源税条例（草案）》，规定自 1984 年 10 月 1 日起征收资源税，并决定先对开采石油、天然气和煤炭的企业征收，开采其他种类矿产的企业则暂缓征收。1986 年 3 月 19日，六届全国人大常委会第十五次会议通过并公布了《中华人民共和国矿产资源法》，规定"国家对矿产资源实行有偿开采"，从法律上确定了矿产资源有偿开采的原则。

　　20 世纪 80 年代后期开启了水资源有偿使用制度，推行水价制度改革、灌区管理体制改革、颁布取水许可制度和收取水资源费等。随着东阳—义乌水权转让、张掖市水票交易、黄河水权转让试点等案例的涌现，水权交易也逐渐走向有偿使用的市场化发展道路。1988 年 1 月 21 日通过的颁布《中华人民共和国水法》第三十四条规定："使用供水工程供应的水，应当按照规定向供水单位缴纳水费。对城市中直接从地下取水的单位，征收水资源费；其他直接从地下或者江河、湖泊取水的，可以由省、自治区、直辖市人民政府决定征收水资源费。水费和水资源费的征收办法由国务院规定。"

　　1978 年开始实行草原承包制度，所有权和使用权的分离，大部分地区实行了"草原共有，承包经营，牲畜作价，户有户羊"的家庭承包经营责任制。1989 年，国有林地使用权开始登记发证，历时三年多，于 1992 年基本完成了对全国各类国有企业、事业单位经营的国有林地、林木使用权的登记发证工作。

（二）快速发展阶段

　　1992 年党的十四大正式确立"我国经济体制改革的目标是建立社会主义市场经济体制"，随着我国市场经济的不断发展和完善，计划管理分配资源模式逐步转化为市场优化配置资源，自然资源有偿使用制度进入快速发展阶段。

1994 年国务院发布了《矿产资源补偿费征收管理规定》；1996 年修改《矿产资源法》，确立了探矿权采矿权有偿取得制度且允许其有条件地流转。1998 年国务院发布《矿产资源勘查区块登记管理办法》《矿产资源开采登记管理办法》《探矿权采矿权转让管理办法》，明确矿业权有偿取得和转让的管理办法，我国现有的矿产资源有偿使用制度得以基本形成。

2002 年修订的《中华人民共和国水法》确立了单一的水资源国家所有权制度，第七条明确了水资源有偿使用制度和取水许可制度，以实施取水许可制度和水资源有偿使用制度为重点，加强用水管理，使我国的水资源管理形成了一套完整的行政分配体系。2005 年开始，国务院将国家水权制度建设作为深化经济体制改革的重点内容，多次列入年度深化经济体制改革工作意见中。

2001 年 10 月 27 日全国人大常委会颁布了海域使用管理法（自 2002 年 1 月 1 日起施行）。作为海域使用管理的基本法，海域使用管理法明确规定了海域属于国家所有，并设专章规定了海域使用权，国家海洋局 2002 年 7 月制定《海域使用权登记办法》。2003 年，国家海洋局出台了《临时海域使用管理暂行办法》，2006 年，又出台了《海域使用权管理规定》《海域使用权登记办法》，2008 年颁布了《海域使用权证书管理办法》。

2003 年 3 月 1 日起实施的新《中华人民共和国草原法》，标志着我国草原保护真正步入了法治化时代。该《草原法》分别从草原的界定、草原权属、草原确权登记、草原承包经营、草原的建设、利用、规划、保护、监督检查、法律责任等方面做出了具体规定。

（三）全面发展阶段

2013 年党的十八届三中全会通过的《中共中央关于全面深化改革若干重大问题的决定》明确提出"实行资源有偿使用制度"。2015 年《生态文明体制改革总体方案》将自然资源有偿使用制度列入生态文明制度体系。

2016 年国务院印发《关于全民所有自然资源资产有偿使用制度改革的指导意见》（以下简称《意见》）。《意见》明确了我国自然资源资产有偿使用制度改革框架和重点内容，特别是对 2020 年的制度建设目标进行了明确，为有序推进这项制度改革提供了清晰的路线图。提出力争到 2020 年，基本建立产权明晰、权能丰富、规则完善、监管有效、权益落实的全民所有自然资源资产有偿使用制度。《意见》针对土地、水、矿产、森林、草原、海域海岛等六类国有自然资源不同特点和情况，分别提出了建立完善有偿使用制度的重点任务。一是完善国有土地资源有偿使用制度，以扩大范围、扩权赋能为主线，将有偿使用扩大到公共服务领域和国有农用地。二是完善水资源有偿使用制度，健全水资源费差别化征收标准和管理制度，严格水资源费征收管理，确保应收尽收。三是完善矿产资源有偿使用制度，完善矿业权有偿出让、矿业权有偿占有和矿产资源税费制度，健全矿业权分级分类出让制度。四是建立国有森林资源有偿使用制度，严格执行森林资源保护政策，规范国有森林资源有偿使用和流转，确定有偿使用的范围、期限、条件、程序和方式，通过租赁、特许经营等方式发展森林旅游。五是建立国有草原资源有偿使用制度，对已改制国有单位涉及的国有草原和流转到农村集体经济组织以外的国有草原，探索实行有偿使用。六是完善海域海岛有偿使用制度，丰富海域使用权权能，设立无居民海岛使用权和完善其权利体系，并逐步扩大市场化出让范围。《意见》还明确提出了实施五项举措——加强与相关改革的衔接协调、系统部署改革试点、统筹推进法治建设、协同开展资产清查核算和强化组织实施，加快推进自然资源资产使用制度改革探索。

二、自然资源有偿使用的基本条件

（一）有用性、稀缺性是形成自然资源经济价值的重要前提

自然资源包括土地、矿产、海洋、森林、草地、水流等，其中只有一部分同时具备有用性、稀缺性，从而具备形成经济资源的基本条件。

"有用性"由自然资源的物理属性决定，以"人"为判定标准，即只有在人类生产、生活、生态中发挥作用的自然资源才具备有用性，人类对自然资源的需求和使用方式也会随着社会发展变化而有所不同。例如，在农业时代，可用于耕种的土地是人类财富的主要承载者，工业时代以后，土地不仅能够种植农作物，也能满足城乡社会经济发展和基础设施建设的空间需求，而矿产资源则是进入工业时代以后需求才陡然增强的。在基本物质生活得到满足后，人民群众对清新空气、清澈水质、清洁环境等生态产品的需求越来越迫切，森林、湿地等生态属性较强的自然资源"有用性"增强。

"稀缺性"是指相对需求来讲，物品总是有限的状态。稀缺并不是绝对的，有用是稀缺的前提，由于部分自然资源可耗竭或再生能力，在一定的时间空间上其数量满足不了人类的需求。例如阳光、空气等虽然具有很高的使用价值但并不稀缺，煤炭等化石能源就具有稀缺性。

（二）产权明晰是有偿使用的制度基础

产权是所有权、管理权、使用权、收益权、转让权、排他权等权利的综合体，强调的是财产关系的社会属性。哈罗德·德姆塞茨（1990）指出产权规定了人们怎样受益和受损，明晰的产权能够极大地降低交易费用，形成较为稳定的经济预期。

明晰产权包含着多层要求，一是产权的界定明晰。随着经济活动的日趋复杂，除了所有权，使用权、转让权、排他权等派生权利也需要明确地界定和划分。由于自然资源量大面广分布散，需要经过调查监测评价、确权登记才可"摸清家底"，界定好产权。二是权责明确。即相关主体的权责利相统一。三是在维护产权关系上"监管有效"。产权关系只有被保护才具有强制力和约束力，才能降低产权关系确立和纠纷解决中的交易成本，提高产权制度的效率和公平性。2019 年中共中央办公厅、国务院办公厅印发的《关于统筹推进自然资源资产产权制度改革的指导意见》明确指出建立归属清晰、权责明确、保护严格、流转顺畅、监管有效的自然资源产权制度。产权明晰能够保障自然资源所有权与使用权相分离，有效保护产权主体及相对人权益，提高自然资源资产利用效率。

（三）合理的价格形成机制是有偿使用的关键环节

在社会主义市场经济体制下，各类要素参与市场经济活动，都应当按照贡献得到应有的报酬，资源要素所对应的报酬表现为自然资源资产的使用价格。土地、矿产、海洋等自然资源资产作为重要的生产要素，按照参与贡献让所有人（全民）受益，既是社会主义制度优越性的体现，也是完善的市场机制运转产生的结果。

合理的自然资源有偿使用价格形成机制，应当既能够反映资源的稀缺性、有用程度、开发利用难度，又体现产权实现的成本和他人利益或环境影响补偿，既能有效维护所有人权益又能反映对相邻产权主体的影响，纠正和协调外部性问题。

三、有偿使用涉及主体与经济关系

单项自然资源资产有偿使用涉及的最基本的主体包括：所有权人、所有者职责履行人、使用权人、监管人、其他相邻产权主体。

所有权人。我国《宪法》《民法典》和其他单项法律法规都明确规定了，矿藏、水流、森林、山岭、草原、荒地、滩涂，城市土地、海域和无居民海岛等，除法律规定属于集体所有的森林和山岭、草原、荒地、滩涂外，都属于国家所有，即全民所有。全体人民是全民所有自然资源的所有者，但全民是抽象概念，只能是法理上的主体，不能在实践中具体行使所有权职责。

所有者职责履行人。一是国务院自然资源主管部门，代表国务院统一行使所有者职责，并对部分全民所有自然资源直接行使所有者职责，包括石油、天然气、贵重稀有矿产资源、重点国有林区，大江大河大湖和跨境河流，生态功能重要的湿地、草原、海域滩涂、珍稀野生动植物和部分国家公园等。二是受委托的省级和市（地）级政府，代理履行除国务院自然资源主管部门直接履行之外的全民所有自然资源的所有者职责。

监管人。政府对国土范围内自然资源具有监管权，在国土空间规划、用途管制要求和生态保护等方面做出强制要求，并提供公共服务，依靠行政权力取得税费，具体由中央、地方各级政府实际履行。

使用人。是通过支付一定对价等形式取得自然资源资产的使用权，具体使用自然资源的市场主体，通过对自然资源的开发利用获得相应收益。使用人在监管人的监督管理下具体使用自然资源，须符合规划和用途管制要求。

其他相邻产权主体。指使用人在具体使用自然资源时可能存在的利益相关者，比如矿山开发的环境影响、集体土地产权、房屋产权所有人等。

不同主体之间存在相联系的权责利关系（见图9-1）。首先，有偿使用的核心关系是所有权人与使用人之间的关系。按照马克思的"地租理论"，地租是土地所有者凭借土地所有权从土地使用者那里获得报酬，所有人与使用人体现为平等主体间的交易。使用权人将自然资源资产进行开发利用经营，其产生的收益或亏损已与所有人无关。其次，所有人、使用人在开发利用或使用自然资源时，都应当配合监管人的管理，符合国土空间规划、用途管制要求和节约资源、保护生态环境的要求，并缴纳相应的税费，这是行政权力、国家强制力的体现。

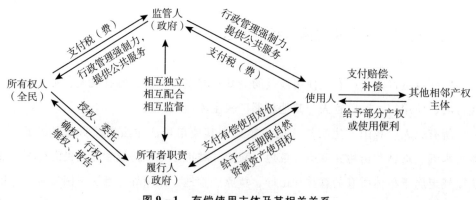

图 9-1 有偿使用主体及其相关关系

四、自然资源资产有偿使用的基本方式

全民所有自然资源资产有偿使用的基本形式主要为出让、出租、作价出资/入股、收取使用费等（见表9-1），其中出让、租赁均可采用招标、拍卖、挂牌等竞争性出让方式、协议出让、申请审批方式。从交易属性看，自然资源资产市场可分为一级市场和二级市场。其中一级市场是指国家凭借自然资源所有者身份与使用者之间的交易，主要形式包括出让、租赁、作价出资/入股等有偿使用形式，以及划拨、授权/特许经营等无偿使用形式，区分有偿使用与无偿使用的关键是市场主体是否给予了合理的对价。二级市场则是指市场主体之间转让（出售、交换、赠与）、出租、抵押为主的市场（见图9-2）。

表9-1　　当前不同类型全民所有自然资源使用权设定及使用方式

权利类型	有偿取得方式	地位	使用权权能
城镇国有土地使用权	招标、拍卖、挂牌	普遍情况	在使用年限内可以转让、出租、抵押或者用于其他经济活动，合法权益受国家法律保护
	协议出让	除依照法律、法规和规章的规定应当采用招标、拍卖或者挂牌方式外，方可采取	转变为经营性用途时应按变更时土地市场价格补交相应的土地使用权出让金
	租赁	出让方式的补充	可转租、转让或抵押；在使用年期内，承租人有优先受让权
	作价出资入股	一般发生于国有企业改革、PPP模式中	在使用年期内可依法转让、作价出资、租赁或抵押，改变用途的应补缴不同用途的土地出让金差价
国有农用地使用权	出让、作价出资/入股、授权经营等有偿使用	严格限定在农垦改革的范围内	可以承包租赁、转让、出租、抵押。国家以租赁方式处置的，使用权人可以再出租
矿业权（探矿权、采矿权）	招标、拍卖、挂牌	除协议出让等特殊情形外，对所有矿业权一律以招标、拍卖、挂牌方式出让	经依法批准后可转让，出售、出租、抵押、作价出资、合作勘查或合作开采经营。采矿权原则上不得部分转让
	协议出让	稀土、放射性矿产勘查开采项目或国务院批准的重点建设项目	
	申请在先	历史遗留项目	

第九章

续表

权利类型	有偿取得方式	地位	使用权权能
海域使用权	申请审批	国家重点建设项目用海、国防建设项目用海、传统赶海区、海洋保护区、有争议的海域、涉及公共利益的海域以及法律法规规定的其他用海情形	可依法转让、继承。不得擅自改变经批准的海域用途
	招标、拍卖	申请审批情形以外	
无居民海岛使用权	申请审批	可以使用	未经批准，无居民海岛使用者不得转让、出租和抵押无居民海岛使用权
	招标、拍卖、挂牌	旅游、娱乐、工业等经营性用岛有两个及两个以上意向者的，一律实行招标、拍卖、挂牌方式出让	
取水权	申领取水许可证，缴纳水资源费	—	按取水许可证规定取水用途使用（如生活用水、工业用水、服务业用水、疏干降水等）

资料来源：依据现行法律法规归纳整理。

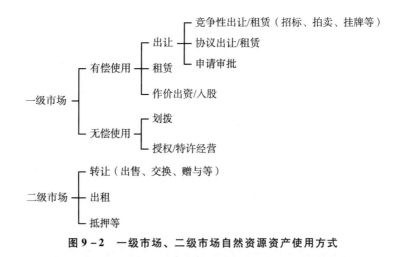

图9-2 一级市场、二级市场自然资源资产使用方式

基于不同自然资源资产有用性、稀缺性、可利用性、产权明晰程度、有偿使用市场发育程度不同，不同自然资源资产有偿使用基本方式也有所差别。其中，国有建设用地、矿业权有偿使用形式比较完整和丰富，国有森林、草原资源的有偿使用目前仍在探索中。总体来说，我国自然资源资产有偿使用以出让为主，土地、矿产、水等资源市场化程度较高，而海域海岛资源市场化程度还明显不足。

第九章

第二节　自然资源有偿使用价格体系与形成机制

一、有偿使用价格的内涵

自然资源有偿使用价格是使用权人为获取自然资源使用权而向所有权人支付的对价，也是国家作为所有权人所获得经济权益的体现，即资源租金。

（一）从马克思的地租理论看资源租金的构成

根据马克思的地租理论，资源租金可以分为绝对租、级差租（级差租Ⅰ、级差租Ⅱ）、垄断租（见表9-2）。而根据西方经济学家的相关租金理论的发展和衍生，则存在稀缺租、经济租等其他类型租金，本质是从其他角度解释了资源租金的构成。

表9-2　　　　　　　　基于马克思地租理论的资源租金构成及分类

租金分类	产生条件
绝对租	使用一切资源资产即使是最差的资源资产也需要缴纳的租金
级差租Ⅰ	自然资源因不同地理位置、质量、开发利用成本等天然属性产生的租金
级差租Ⅱ	同一资源因连续投资从而产生不同劳动生产率带来的租金
垄断租	因稀缺的特殊位置或自然力，产品和服务以高于生产价格的价格出售而产生的超额利润

（二）从经济租理论看资源租金

根据萨缪尔森、斯蒂格利茨等提出和丰富的经济租理论，资源所有者向使用者收取经济租，是实现资源财产收益权的根本途径。经济租（economic rent）来源于稀缺性，用于表示任何供给弹性不足的生产要素的报酬，经济租的大小等于要素收入减机会成本，是指所有者得到的超过其当期最低意愿水平的租金，即如果从该要素的全部收入中减去这一部分不会影响该要素的供应，本质是超额利润。利用地租及生产要素的价格对稀缺资源进行定价，可以有效避免效率低下和不适当的使用方法。通过地租来分配资源，不仅可延缓资源的消耗过程，而且也可以寻求在产量确定的情况下，生产成本最低的生产方式。

对于矿产资源这类耗减性的资源而言，除了在不同用途、不同需求者之间选择所造成的机会成本外，还存在不开采的机会成本。根据霍特林法则，矿产资源这一类耗减性资源不仅需要考虑当前状态下开采资源所能够取得的租金，还应当考虑不开采资源时，其潜在价值（未来价值）的上升。霍特林租金（Hotelling rent）即选择不开采资源的预期未来收益，是对机会成本的度量。从这个角度来看，如果开采资源所得到的租金水平要小于不开采时的预期收益时，所有者主体应当是选择不出让、不开采的。

二、我国资源有偿使用价格体系

资源有偿使用价格不是单一的价格，而是由不同类型价格所构成的价格体系，不同的价格有不同的作用领域和范围。由于不同类型自然资源的特点、有偿使用市场的发育程度不同，所形成的有偿使用价格也有所差别。目前，城市土地资源、矿产资源所形成的价格体系是相对比较完善的，而林地、草原等资源有偿使用价格体系还在逐步健全中。

（一）土地有偿使用价格体系

除了按照土地一定等别制定的新增建设用地土地有偿使用费征收标准外，土地有偿使用价格体系还包括国有土地使用权出让基准地价、标定地价、最低限价、出让底价、成交价格等（见图 9 - 3）。20 世纪 90 年代，我国在土地定级和估价试点基础上，颁布了《城镇土地定级规程》和《城镇土地估价规程》，各地城镇开始制定基准地价，目前城镇基准地价评估已经形成比较完善的规程，而且已经有规范的技术及有序的土地市场，集体建设用地和农用地的基准地价的评估还处于探索阶段。基准地价基本三年左右更新一次，反映的是一定区域的平均价格水平，对土地市场价格具有重要的指导作用。虽然 1995 年《中华人民共和国城市房地产管理法》提出了标定地价的设立要求，但直到 2018 年，重庆才成为全国首个公示标定地价的地区。标定地价作为具体宗地的价格，指示性、表征性、现势性、应用性更强，能够反映实际微观市场的地价水平。基准地价、标定地价共同构成了我国公示地价体系，反映了政府对土地市场的理性价格引导。

最低价标准同样是由政府公布的价格，侧重于成本底线控制。核心原则在于"不得低于土地取得成本、土地前期开发成本和按规定收取的相关费用之和"。2001 年《国务院关于加强国有土地资产管理的通知》中指出，"要根据基准地价和标定地价，制定协议出让最低价标准。基准地价、协议出让土地最低价标准一经确

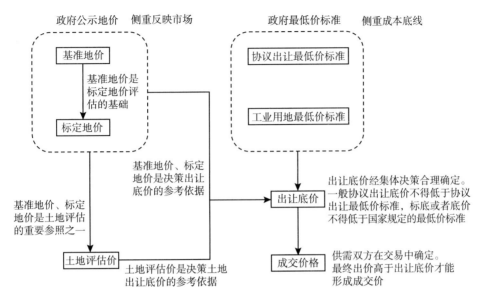

图 9 - 3　国有土地使用权出让价格体系及其关联关系

定，必须严格执行并向社会公开。各级人民政府均不得低于协议出让最低价出让土地"。2003 年《协议出让国有土地使用权规定》中规定，协议出让最低价不得低于新增建设用地的土地有偿使用费、征地（拆迁）补偿费用以及按照国家规定应当缴纳的有关税费之和；有基准地价的地区，协议出让最低价不得低于出让地块所在级别基准地价的 70%。后又基于我国低成本工业用地过度扩张的现象，2007 年 1 月颁布《全国工业用地出让最低价标准》，明确工业用地必须采用招标拍卖挂牌方式出让，其出让底价和成交价格均不得低于所在地土地等别相对应的最低价标准。工业最低价标准是按照不低于项目实际土地取得成本、土地前期开发成本和按规定应收取的相关费用之和确定的。

土地评估价由土地估价专业评估师按照规定的程序和方法，参照当地正常市场价格水平，评估拟出让宗地土地使用权价格或应当补缴的地价款。目的是为出让方通过集体决策确定土地出让底价，或核定应该补缴的地价款提供参考依据。

出让底价由出让方通过集体决策合理确定，必须经过内部会审，严格保密。根据出让形式不同，出让底价可以分为协议出让底价、招标出让标底、拍卖出让底价和挂牌出让底价。根据相关规定，协议出让底价不得低于协议出让最低价，招标拍卖挂牌出让国有建设用地使用权标底或者底价不得低于国家规定的最低价标准。而成交价格是由供需双方在交易中共同确定。一般来说，只要土地需求者所给出的最终价格高于出让底价就能够成交。

第 九 章

（二）矿产资源有偿使用价格体系

矿产资源有偿使用价格体系目前包括矿业权使用费征收标准，矿业权出让收益市场基准价、评估价、出让底价起始价和成交价格。

目前，我国矿业权使用费征收标准仍然沿用1998年制定的标准，探矿权使用费以勘查年度计算，按区块面积逐年缴纳，第一个勘查年度至第三个勘查年度，每平方公里每年缴纳100元，从第四个勘查年度起每平方公里每年增加100元，最高不超过每平方公里每年500元。采矿权使用费按矿区范围面积逐年缴纳，每平方公里每年1000元，为定额标准。

自2017年以来，全国各地陆续发布了矿业权出让收益市场基准价。矿业权出让收益市场基准价由地方自然资源行政主管部门定期制定，经省级人民政府批准后公布执行。一般来说，地方自然资源部门在制定过程中，需要考虑到资源储量、矿产品价格、开采难易程度、用途、资源保护程度等影响因素，参照本地区以往矿业权市场交易价，参考矿业权价值评估准则最终确定，结合经济发展形势动态调整，一般2～3年更新一次。矿业权出让收益市场基准价是矿业权出让收益的最低指导单价，也是衡量矿业权出让收益高低的标准。矿业权出让收益市场评估价是具有矿业权评估师执业资格的人员和矿业权评估资质的机构基于委托关系，对约定矿业权的价值进行评价、估算所形成的价格，旨在为特定经济行为提供价值参考依据。

以竞争方式出让矿业权时需要提前制定出让收益底价或起始价。其中，矿业权出让收益以金额形式征收的，出让收益底价原则上不低于基准价。以收益率形式征收的，出让收益起始价主要依据矿业权面积、综合考虑成矿条件、勘查程度等因素确定，起始价＝起始价标准×成矿地质条件调整系数×勘查工作程度调整系数×矿业权面积。

矿业权出让市场成交价格由供需双方在交易中共同确定。其中通过招标、拍卖、挂牌等竞争方式出让矿业权的，矿业权出让收益按招标、拍卖、挂牌的结果确定。通过协议方式出让矿业权的，矿业权出让收益按照评估价值、市场基准价就高确定（见图9-4）。

（三）海域、无居民海岛资源有偿使用价格体系

海域、无居民海岛使用权价格体系包括征收标准、基准价、出让底价、成交价格等。1993年我国开始采用海域使用金征收标准，海域使用金由各地根据具体情况制定，但每年每亩不得低于100元，2007年统一按照用海类型、海域等别以及相应的海域使用金征收标准计算征收，到2018年才再次调高了海域使用金征收标准。自2006年后，海域使用权开始逐步推行招标、拍卖、挂牌等形式出让。根据2018年《关于调整海域无居民海岛使用金征收标准》，以申请审批方式出让海域使

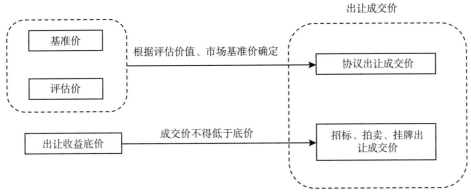

图 9 - 4　矿业权出让收益体系及其关联关系

用权的，执行地方标准；以招标、拍卖、挂牌方式出让海域使用权的，出让底价不得低于按照地方标准计算的海域使用金金额。

目前，无居民海岛使用金实行最低价制度，全国沿海海岛分为 6 个等级，每个等级规定了 15 种用岛收费标准。由国家或省级海洋行政主管部门按照相关程序通过评估提出出让标准，作为无居民海岛市场化出让或申请审批出让的使用金征收依据，出让标准不得低于按照最低标准核算的最低出让标准。

（四）水资源有偿使用价格体系

目前，水资源有偿使用体现为水资源费征收标准的形式。根据 2017 年修订的《取水许可和水资源费征收管理条例》，制定水资源费征收标准，应当遵循下列原则：促进水资源的合理开发、利用、节约和保护；与当地水资源条件和经济社会发展水平相适应；统筹地表水和地下水的合理开发利用，防止地下水过量开采；充分考虑不同产业和行业的差别。

三、价格形成机制

（一）协议价形成机制

协议出让过程是缺乏竞争机制作用的，因此其价格形成的过程是出让主体与受让主体通过协商达成一致的过程。

从出让主体（所有者职责履行人）的角度看，其所能够接受最低价格（协议出让底价）$P_{\min}$ 为"出让成本 + 最低可接收收益"。即

$$P_{\min} = C_0 + C_{in} + C_{ex} + R$$

其中，出让成本包括资源补偿成本 C_0、自然资源达到可配置状态的成本 C_{in}、外部

第 九 章

性成本 C_{ex}。资源补偿成本 C_0 主要为使用方式差异导致自然资源资产存在损耗、减值产生的成本，对于耗竭性资源，需要考虑对资源消耗进行补偿，目的是寻找新的后续或替代资源。自然资源达到可配置状态的成本 C_{in} 包括产权实现的成本、为促进配置所投入成本、对相邻产权人效益补偿成本等。外部性成本 C_{ex} 主要为生态和环境成本。最低可接收收益 R 的本质是资源租，不同品质、不同区位、不同市场状况、不同用途下的资源租不同。

由于部分成本和最低可接收收益很难测算，因此往往出让主体通过假设开发法、市场比较法、收益还原法、成本逼近法等估价方法将资源资产的市场价格"发现"出来，并根据市场评估价、政策规定限制等，通过集体决策形成出让底价，以此确保所有人权益不受损。

而从意向受让主体的角度看，其所能够支付的最高价格是倒挤形成的，即：

$$P_{max} = P_e - C_e - T - RE_p$$

其中，P_e 表示最终产品的预期市场价格，C_e 表示后续投入（生产）成本，T 表示税收及其他相关税费，RE_p 表示计划收益率，其最低水平为相同投入成本下无风险收益率和风险收益率之和。

如图 9-5 所示，协议价区间必然在 P_{min} 与 P_{max} 之间。如图 9-6 所示，出让过程中出让主体与意向受让主体还会经过几轮充分的协商和谈判，即价格博弈过程。由于意向受让主体的目标是尽可能地少出价得到资源，一般而言最终的成交价是略高于政府出让底价的。

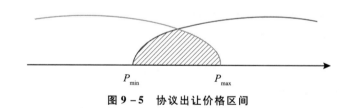

图 9-5　协议出让价格区间

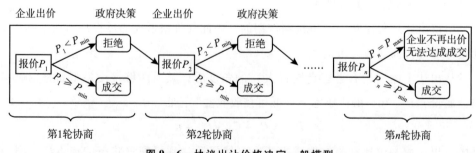

图 9-6　协议出让价格决定一般模型

（二）市场价形成机制

在一级市场，通过招标、拍卖、挂牌等方式通过竞争活动形成的价格即资源的招拍挂成交价，在价格形成的过程中，竞争机制、供求机制能够起到重要的作用。

首先，对参与竞价的微观主体而言，在一级市场取得标的资源的目的是通过开发利用形成产品，从而在二级市场获利。同样微观主体所能给出的最高价为基于二级市场价格、预期开发成本费用、计划收益率等考量而倒挤形成的价格。但是，由于每个微观主体对二级市场预期情况、技术水平、管理水平、对风险的承受能力不同，因此所能给出的最高价也有所区别。即参与竞价的微观主体 i 所能给出的价格区间为：

$$P_{maxi} = P_e - C_e - T - RE_p$$

其中，P_e 表示最终产品的预期市场价格，C_e 表示后续投入（生产）成本，T 表示税收及其他相关税费，RE_p 表示计划收益率，其最低水平为相同投入成本下无风险收益率和风险收益率之和。

其次，在市场中有意愿且有能力出价的主体中，所有权人会优先选择出价最高的主体。如图 9 - 7 所示，在竞价过程中，只要在当前出价过程中，还存在两个及以上竞争者存在超额利润，竞价就还会持续。市场竞争方式形成的价格充分考虑了资源的有用性、稀缺性，因此最终形成的价格比较接近于微观主体能够给出的最高价，即不存在或仅存少量超额利润的价格。

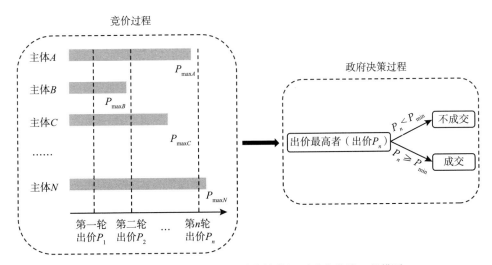

图 9 - 7　竞争性方式（招标拍卖挂牌）形成价格的一般模型

根据拍卖理论，由于"共谋"等情况的存在，可能会造成招标、拍卖、挂牌的成交价并不能反映社会意愿支付价格，为了避免国家所有者权益流失，因此一般资源出让前需要制定出让底价（招标标底、拍卖和挂牌底价、起始价等），当无人报价或者竞买人报价低于底价时不成交。因此最后出让方需要将此价格与出让底价（招标标底、拍卖和挂牌底价、起始价）进行比对，高于出让底价即成交。

第三节　全民所有自然资源收入

自然资源是重要的生产要素，自然资源收入是政府财力的重要构成部分。在财政账本中共有 18 项收入与自然资源收入有关，2019～2021 年占一般性公共预算收入和政府性基金收入总和的比重超过 1/3，分析自然资源收入总量、收入结构等，对完善自然资源有偿使用有重要意义。

一、自然资源收入构成

全民所有自然资源主要分为国有土地资源、水资源、矿产资源、国有森林资源、国有草原资源、海域海岛资源等六类，在国家账本中按收入性质涉及 18 项收入，对应财政收入科目涉及 23 个科目。

（一）不同资源类型的收入项目

1. 国有土地资源相关收入

与国有土地资源相关的收入有国有土地使用权出让收入、新增建设用地有偿使用费收入、耕地占用税、城镇土地使用税、土地增值税、土地复垦费、土地闲置费、耕地开垦费等八项，如表 9 - 3 所示。

表 9 - 3　　　　　　　　　国有土地资源收入计征项目

收入名称	对象	征收环节	计征方式
国有土地使用权出让收入	土地使用权	出让	多以招拍挂等竞争性出让方式确定价格签订土地出让协议，部分通过协议方式出让
新增建设用地土地有偿使用费收入	农用地转用、征用土地等新增建设用地	批准转用	由市、县级人民政府缴纳，按地区划定十五等征收等别，按转用、征用面积征收对应标准的新增费

续表

收入名称	对象	征收环节	计征方式
耕地占用税	农用耕地	批准占用	由地方根据人均耕地和经济社会发展情况，在规定的税额幅度内确定所辖地区适用税额，再按面积一次性计征
城镇土地使用税	城市、县城、建制镇、工矿区土地	占有	由地方根据市政建设状况、经济繁荣程度等条件，确定所辖地区的适用税额幅度，再按面积按年计算、分期缴纳
土地增值税	国有土地使用权、地上的建筑物及其附着物	转让	实行四级超额累进税率，按面积征收
土地复垦费	生产建设活动和自然灾害损毁的土地	不复垦/复垦验收中经整改仍不合格	根据土地所在征收等别对应的缴纳费用，按面积征收
土地闲置费	超过规定的期限未动工开发建设土地	占有（闲置一年以上）	由地方根据出让合同额的一定比例计征（不超过20%）
耕地开垦费	耕地	占用	应当按照省、自治区、直辖市的规定缴纳，一般根据建设项目占用耕地质量等别等因素综合考虑制定标准

2. 水资源相关收入

水资源相关收入为水资源费。我国自2016年7月1日起在河北省率先实施水资源税改革试点，由水资源费改征水资源税。2017年底将北京、天津等9个省份纳入改革试点范围，试点省份相关收入缴入资源税科目，见表9-4。

表9-4　　　　　　　　　　水资源收入计征项目

收入名称	对象	征收环节	计征方式
水资源费	水	使用	对超计划或者超定额取水进行征收，标准由省、自治区、直辖市人民政府价格主管部门会同同级财政部门、水行政主管部门制定

3. 矿产资源相关收入

矿产资源相关收入有矿业权出让收益、资源税、矿业权占用费和石油特别收益金等四项，分别在矿业权出让、占用、开采和销售环节征收，如表9-5所示。

表 9 – 5　　　　　　　　　　　　　矿产资源收入计征项目

收入名称	对象	征收环节	计征方式
矿业权出让收益	矿业权	出让	以招拍挂等竞争性出让矿业权的，按招拍挂结果确定；以协议方式出让矿业权的，按评估价值、市场基准价就高确定
资源税	矿产品、盐、水	开采/生产等	从价计征为主，从量计征为辅
矿业权占用费	矿业权	占用	根据矿产品价格变动和经济发展情况进行动态调整
石油特别收益金	国产原油	销售	实行 5 级超额累进从价定率计征，按月计算、按季缴纳

4. 国有森林、草原资源相关收入

国有森林、草原资源相关收入包括森林植被恢复费和草原植被恢复费两项，属于非税收入，如表 9 – 6 所示。

表 9 – 6　　　　　　　　　　国有森林、草原资源收入计征项目

收入名称	对象	征收环节	计征方式
森林植被恢复费	林地	占用	按照恢复不少于被占用或征用林地面积的森林植被所需要的调查规划设计、造林培育等费用核定，根据林地类型和当地具体情况在一定金额范围内征收
草原植被恢复费	草原	占用	根据草原类型、海拔高度、重点生态功能区及项目性质等因素制定

5. 海域海岛资源相关收入

海域海岛资源相关收入包括海域使用金、无居民海岛使用金、废弃物海洋倾倒费等三项，如表 9 – 7 所示。

表 9 – 7　　　　　　　　　　　海域海岛资源收入计征项目

收入名称	对象	征收环节	计征方式
海域使用金	海域使用权	出让	根据海域使用金征收标准计征，并依据多种因素建立价格监测评价机制，对征收标准进行动态调整
无居民海岛使用金	无居民海岛使用权	出让	根据无居民海岛使用金征收标准计征，并依据多种因素建立价格监测评价机制，对征收标准进行动态调整
废弃物海洋倾倒费	内水、领海、专属经济区、大陆架和其他管辖海域	使用	依据废弃物种类、倾倒地点与倾倒方式制定的收费标准计征

（二）收入项目可基于所有权和监管权分为两类

《生态文明体制改革总体方案》要求"坚持自然资源资产的公有性质，创新产权制度，落实所有权，区分自然资源资产所有者权利和管理者权力"。习近平总书记在《关于〈中共中央关于全面深化改革若干重大问题的决定〉的说明》中指出"国家对全民所有自然资源资产行使所有权并进行管理和国家对国土范围内自然资源行使监管权是不同的，前者是所有权人意义上的权利，后者是管理者意义上的权力"。

基于所有权，凭借所有者身份，国家可取得源于自然资源的收入有6项，其中包括国有土地使用权出让收入、矿业权出让收益、海域使用金和无居民海岛使用金等4项使用权出让收入，以及设定有偿占用权利取得矿业权占用费，转变土地使用用途取得新增建设用地土地有偿使用费。

基于行政权力，凭借自然资源资产监管者身份，国家可取得源于自然资源的收入有12项，其中耕地占用税、资源税等税收收入4项，土地闲置费、森林植被恢复费等非税收入8项。税收是为公共目的而收取的强制性、无偿性、固定性收入，与非税收入相比严肃性、规范性更强。非税收入从性质看可以分为几类：第一，惩罚性收费，收费的目的是增加缴费人相应行为成本，旨在提高资源使用效率，如土地闲置费；第二，为弥补外部性后果的收费，这类收费往往具有生态补偿性质，如土地复垦费、森林植被恢复费、草原植被恢复费等；第三，为调节利润的收费，如石油特别收益金。

（三）自然资源收入集中体现在一般公共预算、政府性基金预算中

政府的"四本预算"是指一般公共财政预算、政府性基金预算、国有资本经营预算、社会保险基金预算。"四本预算"分别有着各自的功能和定位，既保持独立、完整，同时也存在一定的资金流动。其中，一般公共财政预算侧重强调财政的公平功能，保障政府公共管理职能的履行；政府性基金预算侧重强调财政的效率功能，保障经济社会发展特定目标的实现。自然资源收入大多归入一般公共预算收入和政府性基金收入，共计23个科目，从2019～2021年平均规模看，占一般公共预算收入和政府性基金收入总额比重超过1/3。[1]

---

[1] 此数据为估算数据。除森林植被恢复费、石油特别收益金收入、废弃物海洋倾倒费、水资源费以外，所有自然资源非税收入数据为实收数，相关税收数据来自财政部网站。估算过程中，森林植被恢复费按照《中国林业和草原统计年鉴》2019年数据估算，石油特别收益金收入按照中海油、中石油近三年年报数据估算（中石化年报未公示缴纳的石油特别收益金数额），水资源费、废弃物海洋倾倒费由于无法获得数据，未纳入计算。本书中涉及2019～2021年收入数据均与此数据估算方法相同。

　　基于"健全充分发挥中央和地方两个积极性的体制机制"的政策考量，形成稳定的各级政府事权、支出责任和财力相适应的制度，自然资源相关收入央地分配过程会更侧重地方政府，以 2020 年的规模估算，地方所占比例约为总收入的99.07%。自然资源资产收入在国家账本中的分类归属及分配使用情况如表 9 - 8所示。

表 9 - 8　　　　　　　自然资源资产收入在国家账本中的分类归属及分配使用

分类			收入科目	分配情况	使用方向
一般公共预算	税收收入		耕地占用税	全额归入地方	税收统筹用于公共服务支出
			城镇土地使用税	全额归入地方	
			土地增值税	全额归入地方	
			资源税	海洋石油企业缴纳的部分归中央政府，其余部分归地方政府	
	非税收入	专项收入	教育资金收入	全额归入地方	纳入一般公共预算收入统筹安排，实行专款专用，重点用于农村学前教育、义务教育和高中阶段学校的校舍建设和维修改造、教学设备购置等项目支出
			农田水利建设基金收入	中央与地方2:8	专项用于农田水利设施建设，并重点向粮食主产区倾斜
			森林植被恢复费	国务院林业主管部门及其委托单位收取的归入中央；地方收取归于同级地方	专款专用，专项用于林业主管部门组织的植树造林、恢复森林植被
		行政事业性收费	土地复垦费	全额归于地方	专项用于土地复垦
			土地闲置费	全额归于地方	一般专项用于耕地开发
			耕地开垦费	全额归于地方	专款用于开垦新的耕地
			废弃物海洋倾倒费	按隶属关系分别上缴中央和省级国库	主要用于海洋倾废管理开支
			草原植被恢复费	全额归于地方	主要用于草原行政主管部门组织的草原植被恢复、保护和管理

续表

分类		收入科目	分配情况	使用方向
一般公共预算	非税收入	国有资源（资产）有偿使用收入	海域使用金 中央与地方3:7	资金统筹用于海洋事业发展
			无居民海岛使用金收入 中央与地方2:8	主要用于海岛保护、管理和生态修复
			石油特别收益金收入 全额归入中央	主要用于渔业、城市公交、农村客运等特定行业的专项补贴
			矿产资源补偿费 中央与省、直辖市5:5 中央与自治区4:6	主要用于矿产资源勘查
			矿业权出让收益 中央与地方4:6	统筹用于地质调查和矿山生态保护修复等方面支出
			矿业权占用费收入 中央与地方2:8	
			新增建设用地土地有偿使用费收入 中央与地方3:7	专项用于耕地开发项目支出、耕地信息与监督系统建设支出，以及与土地有偿使用费使用有关的其他支出
			水资源费收入 中央与地方1:9	主要用于对水资源的恢复与管理
政府性基金预算	非税收入	政府性基金预算收入	国有土地使用权出让收入 全额归入地方	征地和拆迁补偿支出、土地开发支出、支农支出、城市建设支出以及其他支出
			国有土地收益基金收入 全额归入地方	征地和拆迁补偿支出、土地开发支出等
			农业土地开发资金收入 全额归入地方	支持农业土地开发

注：按照《2022年政府收支分类科目》分类情况整理。出于资金使用管理的需要，预算账本中的"国有土地使用权出让收入"与《国务院办公厅关于规范国有土地使用权出让收支管理的通知》（2006年）文中范围有所不同，预算账本中的国有土地使用权出让收入是配置使用权取得的全部价款扣除需计提、划转专项资金的余额，即土地出让收入入库总额分列在6个科目下〔分别为国有土地使用权出让收入、（缴纳）新增建设用地土地有偿使用费收入、国有土地收益基金收入、农业土地开发资金收入、教育资金收入、农田水利建设资金收入〕。新型矿产资源权益金制度改革过程中，矿产资源补偿费降为零。

二、自然资源收入概况

自然资源收入是政府财力的重要组成部分，呈现出的分布特点为政府性基金的收入多、一般公共预算的收入少；土地、矿产产生的收入多，海洋、林草产生的收入少；自然资源使用权出让收入多，基于监管权的收入少，税收重要性上升等。

（一）自然资源收入在一般公共预算收入和政府性基金收入中占有重要地位

自然资源收入不仅是国家维护全民所有自然资源所有者权益，发挥市场在资源配置中决定性作用的重要手段，更是政府履行公共服务职能、调节收入分配的重要经济杠杆，是构成政府财政收入尤其是地方政府收入的重要力量，有力支撑了我国各项事业的发展。一般公共预算收入中，自然资源相关收入共计20个科目，其中税收4个，非税收入16个。从2019～2021年平均规模看，占一般公共预算收入的比值超过8%。政府性基金预算中，自然资源相关收入共计3个科目，占政府性基金预算收入的比重约88%。总计占一般公共预算收入和政府性基金预算收入总额比重超过1/3。

（二）土地、矿产、海洋、林草等自然资源产生收入对财政贡献差异较大

从2019～2021年平均规模情况看，国有土地相关收入约占96%，矿产相关收入约占3%，海洋和林草相关收入规模不足1%。收入差异的原因是不同类型的自然资源具有不同的禀赋，在经济社会发展和人们生产、生活、生态中充当不同的角色。例如，土地能满足城乡社会经济发展和基础设施建设的空间需求；矿产资源是工业的"粮食"和"血液"，涉及面广，都属重要的生产要素。

（三）自然资源使用权出让收入比重较大

自2016年底《国务院关于全民所有自然资源资产有偿使用制度改革的指导意见》颁布以来，通过扩大土地有偿使用范围、全面推进矿业权竞争性出让等改革，出让收入总体大幅上涨。据统计，2021年自然资源使用权出让收入为2016年的2.39倍，占全国一般公共预算、全国政府性基金预算的比值近三成，较2016年增长11.9个百分点。从收入结构看，国有土地使用权出让收入占据绝对的规模地位，较2016年增长1.4倍。

（四）基于监管权的收入中税收增长趋势明显

从2019～2021年数据看，基于监管权的收入约占全国一般财政预算收入比重的8.63%。其中，土地增值税、城镇土地使用税、耕地占用税、资源税4项税收总和占比为6.21%，在纳入一般公共预算的自然资源相关收入中占比最大。2007年，4项税收收入共计1234.78亿元，占全国一般公共预算收入的比重为2.41%，2021年4项税收收入共计12375.82亿元，是2007年的10倍，占全国一般公共预算收入的比重为6.11%。[①]

土地增值税以土地增值额作为征缴基数，并采用30%～60%的超率累进税率，2021年土地增值税收入6896.02亿元，较2007年403.10亿元增长了16.11倍。土地增值税对于抑制炒买炒卖土地获取暴利、规范国家参与土地增值收益等起到了重

第九章

---

① 数据来源于国家统计局网站。

要作用。城镇土地使用税、耕地占用税以占用土地为课税对象，采用定额税率，按实际占用面积计征，在 2007~2021 年分别增长 4.52 倍、4.76 倍。其中，耕地占用税 2007~2014 年增长了 10.12 倍，2015 年以后才有所下降，2021 年耕地占用税只有 2015 年的一半。在我国不断增强耕地保护力度、落实最严格的耕地保护制度背景下，耕地占用税下降是大势所趋。资源税受从价计征改革的全面推广、扩大水资源税改革试点等政策影响，由 2007 年的 261.15 亿元增长至 2021 年的 2288.16 亿元，增长了 7.76 倍。[①]

三、自然资源收入管理研究方向

自然资源收入是国家财力的重要来源，加强自然资源收入的实现、管理、运用研究，充分发挥其对资源节约集约利用、保障国家资源安全、推进乡村振兴、建设美丽中国的支撑保障作用是今后的研究重点。

（一）自然资源资产定价机制研究

长期以来，自然资源资产所有权收入基本上以自然资源的经济价值为基础来进行定价，基于自然资源资产服务价值（如生态效益、社会效益）的所有权收入缺失。另外，也存在自然资源所有权收入定价依据与自然资源开发利用实际不匹配的情况，例如，海域使用金根据面积界定海域使用范围、设定海域使用权并核算价值，与当前海域资源开发利用呈现综合性、立体化、多功能的特征不相匹配，可能导致所有者权益维护不充分、不到位。研究完善自然资源资产的定价与调整机制，对维护自然资源所有者权益、促进资源节约集约利用有重要意义。

（1）深化工业地价形成机制研究。探索形成以市场供需为主导，包含产业发展导向、资源消耗、污染排放等政策调节因素，让工业土地价格充分反映资源稀缺程度和生态价值。

（2）开展矿业权出让收益征收方式和收益率细化研究。当前，矿业权出让收益征收方式分为两类，对砂石黏土类矿产按金额方式征收，其余 144 个矿种按出让时的竞得价和开发时的收益率相结合的方式征收，其中收益率是矿产品销售收入的一定比例，按矿种定期发布。收益率是一种从价计征形式，这种形式优点是简便、易操作，缺点是所有者权益与市场脱节，征收比例不随矿产品价格和企业盈亏变动，需要进一步研究探索。另外，一个矿种只发布一个收益率，与我国矿山资源禀

---

① 国家统计局. 中国统计年鉴 2022 ［M］. 北京：中国统计出版社，2022.

赋和开发条件千差万别的实际不符，也需要进一步研究细化。

（3）海域、无居民海岛使用金征收标准研究。按照生态文明体制改革方向，研究探索海域使用权立体分层设权，建立与之相适应的海域使用金和无居民海岛使用金的征收方法和标准，充分反映市场需求、区域经济发展差异，体现海洋生态损害成本，显化海域资源生态价值。

（二）自然资源成本核算与保障机制研究

为进一步改善营商环境，我国正探索推行"净地出让""标准地出让""净矿出让"等出让形式。自然资源并非无投入天然状态直接出让，其发现和"净"都需要资金投入，也就是说是有成本的。当前，自然资源成本核算方法尚不成熟、不系统，对哪些资金支出属成本核算范围、"净"到什么程度、政府及市场主体的成本构成、资源出让实际"净"收入如何核算等问题均不明确，难以清晰核算资源出让的成本，缺少进一步优化自然资源有偿使用及收入管理的数据。例如，土地、矿产资源出让时，需要将全部价款（"毛收入"）上缴财政，计提各类专项资金、央地按比例分成后，再通过部门预算的形式下达相应资金。这种模式可能导致实际取得部分无法覆盖成本支出，难以保障资源稳定、持续供应。另外，按"毛收入"上交价款容易给社会造成误解，严重高估资源出让收入。今后重点应开展两方面的研究：一是资源出让成本底数研究。按照资源达到可供应条件的原则，研究不同用途、不同出让方式下土地出让成本性支出的范围和构成，研究基础地质调查、"净矿"出让前期工作成本等分配与核算方法，建立完善的成本核算机制。二是开展成本性支出保障机制研究。研究制订成本性支出承担规则，规范成本性支出核定的内容、标准和程序等。

（三）自然资源收入分配和支出方向研究

2019年4月，中共中央办公厅、国务院办公厅印发《关于统筹推进自然资源资产产权制度改革的指导意见》，要求"完善全民所有自然资源资产收入管理制度，合理调整中央和地方收入分配比例和支出结构，并加大对生态保护修复支持力度"。当前，占全民所有自然资源资产收入比重最大的土地出让收入全额留归地方，缺乏中央统筹安排。同时，自然资源资产收入缺乏对生态保护修复支出的统一安排，没有体现中央"对山水林田湖草进行统一保护、统一修复"的要求。鉴于此，应重点开展两方面研究。

（1）央地收入分配研究。按照建立权责清晰、财力协调、区域均衡的中央和地方财政关系的要求，分析研究公平、合理的央地资源收入分配方式，形成稳定的各级政府事权、支出责任和财力相适应的制度，充分发挥中央和地方两个积

第九章

极性。

（2）自然资源资产收入支出方向研究。以提高财政资金使用效益、实现全民共享为目标，兼顾区域公平和代际公平，加强自然资源收入对资源安全、生态保护修复等投入的保障机制研究。

第 九 章

第十章 | 自然资源开发利用的外部性

外部性问题是新古典经济学的重要范畴，也是新制度经济学的重要研究对象。在习近平生态文明思想发展过程中，外部性理论在自然资源利用和生态环境保护等方面得到了广泛的应用。外部性理论最初来源于剑桥学派的创始人马歇尔提出的外部经济，经过庇古、科斯等经济学家的不断延伸和发展，形成了当前外部性理论的主体框架。一般认为，经济行为的私人经济成本大于或者小于社会边际成本，引发对经济活动之外的收益或损害时，就产生了外部性问题，后来的经济学家多是在这一框架下延伸和完善。自然资源在开发利用中具有显著的外部性特征。土地资源、矿产资源开发利用过程中既存在正外部性问题，也存在负外部性问题。森林、湿地、草地、海洋等自然资源具有重要的生态功能，能够产生大量的生态系统服务，但生态价值往往不能获取经济回报，就产生了显著的正外部性。当前，解决外部性问题的途径主要有以庇古理论为指导的补偿、税费等政府手段，以及以科斯理论为指导的市场化手段。其中生态补偿是当前自然资源开发利用中政府能够将正外部性内部化的有效手段，自然资源损害赔偿是政府管制下市场化解决自然资源负外部性的有效途径。

第一节 外部性的基础理论

一、外部性理论演进

一般认为，外部性的概念最初来源于"剑桥学派"创始人，新古典经济学派代表马歇尔提出的"外部经济"。马歇尔 1890 年发表的《经济学原理》中论述"工业组织"时提出："我们可把因任何一种货物的生产规模之扩大而发生的经济分为两类：第一是有赖于这工业的一般发达的经济；第二是有赖于从事这工业的个别企业的资源、组织和效率的经济。我们可称前者为外部经济，后者为内部经济。"① 马歇尔把企业分工带来的效率提高称作是内部经济，把行业分工带来的效率提高称为外部经济，这里的外部经济着重于外部因素对内部效率的影响，但是没有明确提出外部不经济的概念。

马歇尔的得意门生、福利经济学创始人庇古通过分析社会净边际产品和私人净边际产品的背离，对外部性的一般规律进行了详细的分析，区分了正外部性和负外部性。庇古认为："社会和私人净产品背离问题的实质是一个人 A 在向另一个人 B 提供某种有偿服务时，会附带地向其他人（并非同类服务的生产者）提供服务或给其他人造成损害，但无法从受益方获取报酬，也无法对受害方给予补偿。"② 庇古用灯塔、花园建设、修建道路和投资造林等案例分析了正外部性，认为"私人净边际产品之所以低于社会边际产品，是因为附带地向第三方提供了服务，但从技术上说却很难向他们索取报酬"③，即产生的正外部性没有得到补偿。对于负外部性，庇古认为"还有许多其他投资，由于从技术上说很难对附带的损害要求给予补偿，私人净边际产品往往大于社会净边际产品"④，即负外部性得不到赔偿，例如，禁猎导致的野兔对相邻土地的蹂躏、工厂对周边环境的破坏、房屋对光线的遮挡等。庇古还对外部性问题解决给出了应对方案，认为"如果国家愿意，他可以通过"特别鼓励"或"特别限制"某一领域的投资，来消除该领域内这种背离。这种鼓励或限制可以采取的最有效形式是给予奖励金或征税（庇古税）"⑤。鲍默尔等继承了庇古的主要观点，研究了垄断条件下的外部性问题、帕累托效率与外部性、社会福利与外部性等问题。

科斯在 1960 年发表的《社会成本问题》中提出了外部性的相互性。科斯从否定庇古的外部性问题角度，认为所谓的外部性问题实际上是侵害效应的相互性，要解决或者避免侵害效应，应当从产权入手，首先明确侵害行为主体之间的权利关系，产权界定明晰了，就可以通过市场方式解决外部性问题。科斯外部性的相互性表面上看是否定庇古的外部性理论，实质上是对外部性理论的拓展，提出了市场方式解决外部性问题的思路，他认为在一定情况下，市场也许比政府的调控更有效。

第 十 章

---

① 阿弗里德·马歇尔. 经济学原理（上卷）[M]. 北京：商务印书馆，1964：314 - 315.
②③④⑤ A. C. 庇古. 福利经济学（上卷）[M]. 北京：商务印书馆，2006：196 - 209.

马歇尔、庇古、科斯等奠定了外部性理论的基本框架，其后经济学家多是在这个框架下的完善和拓展。也有一部分专家对外部性问题提出了质疑，如著名华人经济学家张五常在 1970 年发表的《合约结构与非专有资源理论》一文中认为传统外部性概念是模糊不清的理念，他的基本思想源于科斯，但他将科斯的理论发展到了极端，用新古典经济学的思路彻底地解释了外部性，认为外部性并非经济决策中的外生因素，而是将其内生化，问题的实质是交易费用，即节省界定产权的外生交易费用与节省因产权界定不清而引起的外部性之间的两难冲突问题。

鲍默尔和奥茨于 1988 年对之前的经济学家提出的"外部性"的概念进行了总结和梳理，并对其内容进行了概括，认为"如果某个经济主体的福利（效用或利润）中包含的某些真实变量的值是由他人选定的，而这些人不会特别注意到其行为对于其他主体的福利产生的影响，此时就出现了外部性；对于某种商品，如果没有足够的激励形成一个潜在的市场，而这种市场的不存在会导致非帕累托最优的均衡，此时就出现了外部性"[①]。当前在探讨外部性概念时，多数采用这一概念。通俗来讲，当一种经济行为的私人经济成本大于或者小于社会边际成本，引发对经济活动之外的收益或损害时，就产生了外部性问题，外部性的产生在市场条件下是不可避免的，如何解决外部性问题是当前经济学家研究的热点，也是自然资源管理工作中的重要内容。

二、外部性的分类

对外部性进行分类可以为更好地解决外部性问题提供依据，外部性分类方法有很多。学者们从外部性影响效果、产生领域、时空、竞争环境、稳定性、相互关系和根源等将外部性分为正外部性和负外部性、生产的外部性和消费的外部性、代内外部性和代际外部性、竞争条件下的外部性和垄断条件下的外部性、稳定外部性和不稳定外部性、单向外部性和交互外部性、制度外部性和物质外部性、公共外部性和私人外部性等。由于自然资源开发利用的特殊性，本书重点关注正外部性和负外部性、代内外部性和代际外部性、公共外部性和私人外部性、制度外部性和物质外部性几个方面。

（一）正外部性和负外部性

正外部性即外部经济，通常是指个体或组织的行为使另一些人受益而无法向后

---

① 李世涌，朱东恺，陈兆开 . 外部性理论及其内部化研究综述 [J]. 中国市场，2007（31）：117 – 119.

者收费的经济现象，例如，林木经营者或者私人花园所有者耗费一定的成本开展林木栽培、花园建设等活动，使周边空气清新、环境优美，整体环境变好，周边居民享受到清新的空气和优美的环境，但出资者无法向居住在附近的居民收取费用。负外部性即外部不经济，通常是指个体或组织的行为使另一些人受损而无法补偿后者的现象，例如，矿产资源开发过程中，部分开发行为可能会导致周边空气污染、水质变差，周边居民生活质量变差，但并未得到补偿。

（二）代内外部性和代际外部性

外部性问题的核心是资源配置问题。资源配置不仅仅存在于空间上的资源分配问题，还存在时间上当前与未来资源利用的问题，必须协调好代际之间的关系。当前资源配置外部性问题属于代内外部性，人类代际之间行为的外部性问题属于代际外部性。代际外部性问题的提出源于可持续发展理论，当前生态破坏、环境污染、资源枯竭以及全球气候变化问题可能会严重影响子孙后代的生存环境，为了人类的可持续和子孙后代的生存发展，代际外部性问题已变成当前人类资源开发利用所必须考虑的重要因素。

（三）公共外部性与私人外部性

公共外部性也称为不可耗竭的外部性，产生这种外部性的行为或结果往往带有公共属性，如非竞争性和非排他性。例如，森林资源带来的良好的生态环境和局地气候，一个居民对良好生态环境的享受并不能影响其他人的享受，这类外部性想通过经济手段由个人付费几乎不可能实现。私人外部性也称为可耗竭外部性，产生这种外部性的行为或结果，往往带有私人属性，如竞争性和排他性。例如，工厂污染物排进附近农田，造成了农田污染，无法种植作物产生的损失，这类外部性通常可以通过谈判解决。

（四）制度外部性和物质外部性

物质外部性多为看得到的行为产生的外部影响，具有物理意义的物质特征，有具体的行为。例如，工厂生产产生的污染负外部性、森林种植产生清新空气的正外部性等。除了物质的外部性，一些决策、制度的制定与执行、法律规定等，通过制度改变了资源配置方式，产生的外部性称为制度外部性。例如，我国实行最严格的耕地保护制度，严守18亿亩耕地保护红线，对耕地采取了严格的用途管制制度，农户利用土地开展非农业活动的权利在一定程度上受到限制，导致了农户耕地发展权部分缺失，就产生了制度外部性。

第 十 章

第二节　外部性在自然资源管理中的表现与内部化方式

我国宪法规定，矿藏、水流、森林、山岭、草原、荒地、滩涂等自然资源，都属于国家所有，即全民所有；由法律规定属于集体所有的森林和山岭、草原、荒地、滩涂除外。我国的自然资源都是全民或集体公共所有，自然资源会产生大量具有公共产品属性的产品。自然资源的保护和开发利用过程中产生的私人成本高于社会平均成本，其他人免费收益时，就产生了正外部性，如清新的空气，适宜的温度等；自然资源的保护和开发利用过程中产生的私人成本低于社会平均成本，为其他人的生活增加成本或者不利影响，但没有给予相应的补偿时，就产生了负外部性，如环境污染、噪声等。

一、自然资源开发利用中的外部性

（一）土地资源保护和开发利用的外部性

建设用地开发利用过程中产生的外部性主要在于其后端的经济行为，其表现形式复杂多样，经济学家讨论的生产、消费的外部性主要载体都是建设用地，由于建设用地利用过程中产权相对明晰，市场比较健全，外部性问题通过经济活动外部性理论得以很好地解决，本书土地资源开发利用聚焦于耕地保护和开发利用的外部性。

1. 耕地保护的正外部性

耕地资源利用的外部性是指某一块耕地的利用活动对相邻耕地的质量、利用方式的选择、耕地价值产生的影响，是耕地利用者使用耕地所耗费的成本中的一部分或全部由他人承担，或者耕地利用者使用耕地所应获得的部分收益被他人获得。

耕地作为重要的自然资源，不仅能够进行农作物的生产，还能在能量流动和物质循环过程中，产生固碳释氧、水土保持、气温调节、康养休憩等生态系统服务，具有一定的生态价值。同时，耕地保护是国家粮食安全的重要保障，对于保障民生具有重要的社会价值。但是在耕地相关经济活动中，仅通过农作物市场实现了基础的生产价值，对于耕地产生的生态价值以及保障粮食安全过程中牺牲的发展权成本则得不到相应的付费，产生了耕地保护的正外部性问题。

2. 耕地开发利用的负外部性

耕地所在生态系统是人类高度参与的半人工生态系统，人类活动对耕地产生重要影响。尤其是农业生产中投入大量的化肥、农药、农膜等工业产品，这些产品的投入极大地提高了耕地的产能和农作物产量，提高了耕地实际耕种者的经济效益，但也产生了农业面源污染、土壤退化等负面效应。这些负面效应对周边耕地和居民生活产生不利影响，降低生活质量甚至影响身体健康。这些不利影响通常都没有通过经济手段进行补偿和赔偿，未纳入耕地生产成本，耕地耕作者的私人边际成本低于社会边际成本，产生了耕地生产的负外部性。

因为发展需要，建设用地占用耕地的情况难以避免，耕地作为有限的自然资源，其数量和质量会受到一定影响，尤其已经建设占用的耕地，子孙后代利用耕地进行农业生产的权利就会遭受侵害。同时，当前的农业生产过程中，如果不注重耕地养护、过度开发、粗放式农业生产，就会造成耕地质量下降，耕地产能减少，甚至带来不可逆的损害，损害了子孙后代利用耕地开展农业生产的权利，就产生了耕地的代际负外部性。耕地代际外部性问题实质是耕地的可持续利用问题。

专栏 10 – 1

耕地资源保护与利用的外部性

耕地正外部性评估主要是对耕地生态系统服务的评估，主要方法有条件价值法、市场价值法、费用成本法以及当量因子法等。根据当量因子法计算，我国耕地每年产生的生态系统服务价值8183.95亿元（以2000年价格为基准），其中减去能够直接市场交易的粮食生产和生产资料价值，我国耕地外部性价值约为7210.55亿元。

耕地负外部性主要包括化肥、农药、农膜、燃油等产生的污染、碳排放等。我国化肥施用量呈现先增长后缓慢降低的趋势变化，根据国家统计局数据，从2003年的4411.56万吨（折纯量）增长到2015年的6022.60万吨，2015年国家开始化肥减量增效行动，扭转了增长局势，到2021年全国化肥施用量仍高达5191.26万吨。当前我国肥料利用率在40%左右，与发达国家相比仍有一定的差距，产生的冗余造成化肥面源污染，增加碳排放。农药、柴油和薄膜的增长趋势也以2015年为分界点，2019年我国农药使用量约为139.17万吨，农用柴油施用量约为1934.00万吨，农用塑料薄膜施用量约为240.77万吨，这些都是农业污染和农业碳排放的主要来源。

资料来源：谢高地，甄霖，鲁春霞，等．一个基于专家知识的生态系统服务价值化方法［J］．自然资源学报，2008，23（5）：911－919．

（二）矿产资源开发利用的外部性

矿产资源是人类发展的重要物质基础之一，为人类社会经济发展提供了基本保障。但随着习近平生态文明思想的发展和完善，矿产资源开发利用过程中产生的机会丧失、生态环境损害等外部性问题越来越受到重视，成为矿产资源开发利用管理中重要的制度需求。矿产资源开发利用的正外部性主要体现在对产业链的带动作用以及带动第三产业的完善。矿产资源开发利用的负外部性通常从矿山企业外部性、区域外部性和代际外部性等几个方面开展探讨。

1. 矿产资源开发利用的正外部性

矿产资源是经济发展宝贵的自然资源。矿产业在矿产资源丰富的地区能够成为城市的支柱产业，主导城市的经济发展。在矿产品加工体系中，由矿石向初级原料、基础原料、加工中间产品，直到最终制成品发展，往往构成很长而又复杂的矿产品链。矿业产品链，使得矿业产业在发展的同时，通过矿业的前向、后向关联效应刺激相关产业的发展，带动与之相关的产业（上游产业和下游产业）的发展，形成矿业经济。同时，矿业经济发展，促使其他与矿业经济息息相关的通信、交通、生活服务等第三产业发展。通过矿业发展带动的城市其他产业及基础设施的发展，体现了矿产资源开发利用的正外部性。

2. 矿山企业在矿产资源开发利用中的负外部性

在我国矿产资源开发利用过程中，局部地区仍存在资源开采效率低、资源浪费、生态环境破坏等问题。一些企业在矿产资源开采过程中，单纯以利益最大化为目标，盲目、粗放开采矿产资源，在开采过程中仅开采容易开采、品位高的资源，降低企业本身的私人边际成本，使私人边际成本低于社会边际成本，但造成了极大的资源浪费，产生了资源负外部性。同时，矿产资源开发利用过程中，不可避免地对耕地、森林、草原、湿地和湖泊等自然生态系统产生扰动和破坏，矿产资源开发利用会占用或损毁土地，往往还会诱发矿山地质环境问题，如地面沉降、崩塌、滑坡、地表水流失，后期还可能产生矿渣堆砌、土壤和水资源污染等，这些情况没有或者没有完全获得相应的经济补偿，产生了环境负外部性。

3. 矿产资源开发的区域外部性

资源型城市中资源产业是城市的经济支柱，过分依赖采矿及矿产品加工，形成了一系列围绕矿产资源开发利用的产业链。这种成熟的产业体系为城市发展创造了良好条件，但由于产业优势集中，挤压其他产业发展，容易产生资源型地区的城市病——"荷兰病"，一旦资源枯竭，城市转型会面临巨大困难。资源型城市为资源开发利用付出了巨大的机会成本，产生资源负外部性。同时资源开采对区域环境可能会产生一定的负面影响，采矿以及选矿、冶炼和加工引起的废渣、废水、废气也会一定程度影响生态系统稳定性。长期以来，我国资源开发利用过程中对环境成本的考虑有所欠缺，资源保障了社会需求，但当地付出的环境代价没有得到应有的补偿，产生区域的环境负外部性。

4. 矿产资源开发利用的代际外部性

矿产资源属于不可再生的耗竭性资源。耗竭性资源总量就那么多，不仅需要满足当代人的资源需求，还要保障子孙后代的资源需求。当代人如果为了发展无节制地耗用矿产资源，必然会损害子孙后代使用矿产资源的权利，而且基于成本收益考虑，当前开采的矿产资源多是一些品位高、容易开采的资源，无形地提高了子孙后代使用矿产资源的边际成本。这种基于代际使用的成本差距和机会差距，是矿产资源代际负外部性的体现。

（三）森林、草原、湿地、海洋等自然资源的外部性问题

森林、草原、湿地除了林业经营、发展畜牧业和开展一部分的特许经营外，主要的作用是生产生态产品为人类创造生态福祉。生态产品具有典型的非排他性、非竞争性和自然流动等特性，人类难以有效控制，很难单独确定其产权归属和生产—消费关系，导致生态产品的使用者无须付费、供给者不能获益，容易产生正外部性。而当前一些生态资源的损害行为，会减少生态产品的供给，带来负外部性问题。

专栏 10 - 2

森林、草原、湿地资源外部性

根据 2022 年国家林业和草原局公布的《2021 中国林草资源及生态状况》，2021 年我国森林面积 34.6 亿亩，森林覆盖率 24.02%，森林蓄积量 194.93 亿立方米，草地面积 39.68 亿亩，草原综合植被盖度 50.32%，鲜草年总产量 5.95 亿吨，林草植被总碳储量 114.43 亿吨。报告对森林、草原、湿地的生态系统服务价值进行了核算，结果显示我国森林、草原、湿地生态系统年涵养水源量 8038.53 亿立方米，年固土量 117.20 亿吨，年保肥量 7.72 亿吨，年吸收大气污染物量 0.75 亿吨，年滞尘量 102.57 亿吨，年释氧量 9.34 亿吨，年植被养分固持量 0.49 亿吨。森林、草原、湿地生态空间生态产品总价值量为每年 28.58 万亿元。这些生态产品价值多数未能通过社会经济系统实现，产生了生态正外部性。

1. 森林资源产生的生态外部性

森林资源能够为消费者提供林木、林下产品等经济作物，其经营者通过市场获取相应的经济收益。而在生产林业产品的同时，森林还具有涵养水源、固碳释氧、防风固沙、土壤保持、净化空气等生态功能。这些生态功能所产生的生态产品如清新氧气、新鲜空气、碳固定量、干净的水等，多数具有公共产品的属性，受益群体广泛且不可控制，不具有排他性，难以通过常规的市场交易体现价值，这些外溢的生态产品体现了森林资源开发利用和保护的正外部性。尤其是公益林，除少数特许经营外，主要作用是为人类提供生态福祉，生产生态产品，其外部性特征更为显著。

2. 草原保护和利用的生态外部性

草原是我国面积最大的陆地生态系统，除了开展畜牧业养殖外，还能提供侵蚀控制、截留降水、土壤碳汇、废弃物降解、营养物质循环、空气质量调节、文化多样性和生境供给等生态系统服务，这些生态产品同样难以通过常规的市场交易实现价值，产生了草原保护和利用的生态正外部性。同时除了国有草原以外，很多草原属于集体所有，是牧民基础的生产资料，近年来为了全民的生态环境保护，国家对草原实行禁牧管理，一定程度上限制了草原牧民在草原上进行放牧生产的基本权利，因而草原保护外部性问题不仅仅是经济问题，还事关牧民的基本权利和民生。

3. 湿地资源保护的外部性问题

我国是世界湿地资源大国，在维护全球生态安全和保护生物多样性上发挥了巨大作用。湿地资源最重要的是生态价值，相对于其他地类的开发利用，湿地管理的核心是保护。湿地保护投入的成本所能获取的人类收益是湿地所能产生的生态系统服务，能够惠及区域甚至是全球人类，因而湿地保护行为的行为人一般为国家、地方政府或者是非政府组织，其目标一般都是非营利的。但对于湿地所在区域来说，湿地保护工作需要付出一定的成本并且牺牲一定的发展机会，需要通过外部性问题内部化来协调发展和保护的关系。

4. 海洋资源保护与开发利用的外部性

海洋资源开发利用的正外部性主要体现在海洋产生的生态系统服务为人类带来

的福祉，例如物质生产、温度降水等气候调节、海洋蓝碳等。海洋产生的负外部性主要是在海洋开发利用过程中对海洋产生的不同程度的污染与破坏，如陆源入海污染、海上石油开采、轮船航行等带来的海洋生态环境破坏。海洋产生的生态系统服务公共产品的属性更强，外部性问题相对更难协调。

二、外部性的内部化方式

外部性问题的实质是私人边际成本大于或小于社会边际成本而引发的第三方损失和收益问题，根本原因在于外部性成本没有通过市场价格机制进行调节，也就是"市场失灵"。众多经济学者对于"市场失灵"的外部性问题内部化主要采取两种措施去解决。第一种是以庇古思想为指导，通过政府的税收和补偿等一系列政策措施去调节市场失灵；第二种是以科斯理论为指导，通过产权界定，完善市场机制实现外部性问题的内部化。

（一）政府调控

通过政府调控手段解决市场失灵问题是外部性问题内部化的有效手段。一种方式是仍然以市场规律为基础，利用经济手段进行调节，如庇古税和补贴；另一种方式是政府的强制性调控，利用行政手段进行调节，如用途管制、污染管制等。

1. 庇古税和补贴

以庇古税为理论基础，补贴是解决正外部性问题内部化的有效手段，也以庇古理论为指导。庇古认为国家可以通过"特别鼓励"某一领域的投资，来消除该领域内私人成本和社会成本背离的问题。自然资源的保护和开发利用过程中产生的私人成本高于社会平均成本，其他人免费收益的情况，可以根据受益范围由不同层级的政府开展补贴来实现正外部性的内部化。

税收或者罚金是解决负外部性问题的有效手段。庇古税是根据对环境污染造成的危害程度向污染制造者征收的税款，用税收来调节排污者私人成本与社会成本差值。在自然资源开发利用过程中，除了污染产生的负外部性，还有资源耗用、生境破坏、生物多样性丧失等各类负外部性，因而在庇古税的基础上进行拓展，利用罚金、修复金等形式，解决自然资源开发带来的负外部性问题，将自然资源开发利用过程中的资源与生态成本纳入私人成本中。

（1）通过生态补偿来促进外部性问题内部化。

生态补偿是解决正外部性问题的有效手段。森林、草原、湿地、海洋等生态正外部性可以通过生态补偿实现内部化。我国对重点生态功能区开展生态转移支付，对重点生态功能区的生态保护、禁止开发区域的发展权进行补偿，以地方政府为主体，减轻重点生态功能区的森林、草原、湿地等自然资源保护的外部性影响。其中 2022 年生态转移支付总资金约为 982.04 亿元①，有力地提高了生态重点功能区生态保护的积极性。

对于农业中涉及的自然资源，我国设立了农业资源及生态保护补助资金，用于耕地质量提升、草原禁牧补助与草畜平衡奖励、草原生态修复治理、渔业资源保护等支出方向。这些资金主要面对农户、牧民等耕地和草原的实际使用者，是耕地、草原生态外部性问题内部化的有效手段。

除了中央的生态转移支付和生态保护补助资金，地方还探索了地方性的生态保护补偿，对耕地、森林、草原、湿地的保护进行补助。

（2）通过税费调节应对外部性问题。

我国通过环境保护税对各类活动产生的负外部性进行调节。为了保护和改善环境，减少污染物排放，推进生态文明建设，我国制定了环境保护法。直接向环境排放应税污染物的企业事业单位和其他生产经营者必须缴纳环境保护税。目前环境保护税主要包括各类活动中产生的大气污染物、水污染物、固体废物和噪声。纳税根据《应税污染物和当量值表》中的当量值对应的税额缴纳税款。环境保护税可以提高企业排放污染物的成本，使企业从经济成本角度权衡污染物排放和缴纳税款，有效地减少污染物排放，减少负外部性的产生。但当前农业生产的污染物排放暂时享受免征政策。

（3）通过损害赔偿机制减缓外部性影响。

国家通过生态环境损害赔偿缓解各类活动对生态环境造成的负外部性影响。根据生态环境损害赔偿管理规定，违反国家规定造成污染环境、破坏生态，造成大气、地表水、地下水、土壤、森林等环境要素和植物、动物、微生物等生物要素的不利改变，以及上述要素构成的生态系统功能退化的，要依法追究生态环境损害赔偿责任。对损害行为进行赔偿，既可以缓解负外部性的影响，又能产生负外部性成本内部化的效果，有效减少负外部性的产生。矿产资源的负外部性较为严重，对于矿山生态修复也是消除矿产资源负外部性的有效路径。我国《矿产资源法》规定，在矿产资源开发利用过程中，"耕地、草原、林地因采矿受到破坏的，矿山企业应当因地制宜地采取复垦利用、植树种草或者其他利用措施。开采矿产资源给他人生产、生活造成损失的，应当负责赔偿，并采取必要的补救措施"。在《矿产资源法

---

① 财政部. 关于下达 2022 年中央对地方重点生态功能区转移支付预算的通知.

实施条例》中规定"关闭矿山报告批准后，矿山企业应当按照批准的关闭矿山报告，完成有关劳动安全、水土保持、土地复垦和环境保护工作，或者缴清土地复垦和环境保护的有关费用"。这些规定为矿产资源开发利用的负外部性解决提供了依据。而且在矿产资源开发利用过程中，矿产资源开发企业需要缴纳相应的矿山地质环境治理恢复保证金，从采矿活动开始就对矿产企业可能产生的负外部性进行约束。

2. 政策宏观调控

针对市场失灵最直接的手段就是政府调控，政府可以通过法律、政策、标准制定等方式对外部性进行调控。政府在解决正外部性内部化问题时，除了资金补贴，还可以制定一系列支持政策和优惠政策，通过政策调整经济活动，实现正外部性的内部化。在解决负外部性内部化时，可通过禁令、用途管制、标准等方式，减少负外部性的产生，将外部性成本内部化。

国家以法律禁止规定的形式，对自然资源保护和利用中的负外部性进行限制。如针对耕地资源开发利用中的负外部性，我国《环境保护法》第五十九条明确规定："各级人民政府及其农业等有关部门和机构应当指导农业生产经营者科学种植和养殖，科学合理施用农药、化肥等农业投入品，科学处置农用薄膜、农作物秸秆等农业废弃物，防止农业面源污染。禁止将不符合农用标准和环境保护标准的固体废物、废水施入农田。施用农药、化肥等农业投入品及进行灌溉，应当采取措施，防止重金属和其他有毒有害物质污染环境。"针对资源开发利用中的外部性，环境保护法规定"开发利用自然资源，应当合理开发，保护生物多样性，保障生态安全，依法制定有关生态保护和恢复治理方案并予以实施。"针对矿产资源开发利用造成的负外部性，我国《矿产资源法》第三十二条规定：开采矿产资源，必须遵守有关环境保护的法律规定，防止污染环境。开采矿产资源，应当节约用地。针对矿产资源开发利用粗放式发展产生的外部性问题，我国对矿产资源开采回采率、选矿回收率、共伴生资源综合利用率等进行约束以提高矿产资源开发利用效率，从制度层面减少资源浪费，另外针对不同矿种，自然资源部陆续发布"三率"最低标准，从标准层面减轻资源外部性影响，提高资源可持续利用水平，缓解代际外部性。

（二）市场调控

市场调控的理论依据来自科斯定律。科斯定律指导下外部性可以通过市场和谈判解决，还能引申到法庭谈判。

1. 市场交易

科斯认为，只要明确产权，并且交易成本为零，通过市场均衡都能达到资源配置的帕累托最优，经济的外部性可以通过当事人的谈判得到纠正。如交易是没有成本的，那么政府无需对生产进行干涉，私人交易就能够解决资源配置中的外部性问题，政府所需要的就是界定产权。

政府通过用途管制、碳排放权设置等方式，构建起各类指标市场，通过市场方式开展指标交易，实现公共物品的外部性问题内部化。耕地指标交易是依托于我国耕地占补平衡制度形成的市场化交易方式。我国实行最严格的耕地保护制度，占用耕地必须做到占补平衡。土地复垦或者高标准农田建设中形成的新增耕地可以入库成为新增耕地指标，占用耕地的行为人可以采取购买指标的形式落实占补平衡，因而新增耕地指标形成了市场需求，通过市场化方式补偿了部分耕地发展权损失的外部性问题。碳汇交易是基于管理机构对各碳排放源（地区或企业）分配碳排放指标的规定，设计出的一种市场交易方式。自然资源保护过程中，采用一定的碳汇方法学，获得认证的自然资源碳汇项目可以抵消相应碳排放量。相关地区或企业可以购买碳汇量以达到规定的碳排放配额要求，就形成了碳汇的市场交易，成为自然资源保护过程中正外部性的市场化补偿方式。

2. 法庭谈判

在完善的法律制度下，个人权利和义务的界定比较明确，外部性发生时，针对外部性的谈判可以在完善的法律制度下由法律进行裁决，即当事人可以通过诉讼的形式解决外部性问题。虽然是通过法律开展的裁决，但是其实质是产权明晰和制度完备条件下的谈判，遵循基本的市场规律。

三、我国自然资源开发利用外部性内部化的思考

（一）统筹政府和市场，多途径实现外部性的内部化

当前对于自然资源开发利用中外部性问题内部化举措仍然以政府为主，主要依靠财政出资的生态补偿、税费等政府手段开展，沿承的是庇古相关外部性问题内部化理论的主要方法。由于公共产品收益人难以确定，难以清晰界定产权关系，利用科斯提出的以市场化方式解决外部性问题手段不足，生态产品价值实现市场化路径仍然处于探索阶段。

（二）自然资源全覆盖，显化自然资源生态价值

现有的生态转移支付和生态补偿机制虽然一定程度上对自然资源保护和开发利

用的外部性进行了补偿，但其主要针对生态保护成本的补贴，对于生态正外部性产生的生态产品价值，没有很好的体现，并不是完整地将生态正外部性内部化，只是一定程度上的缓解。而且生态转移支付和资源门类的补偿没有全资源门类和全面地覆盖，当前多在重点生态功能区实施。

（三）法律法规和技术标准体系是基础性工作

生态文明思想不断健全，外部性问题逐渐受到重视。在过去以发展为目标的自然资源管理过程中，对于资源生态状况和健康管制的法律法规、制度和标准都不完善，难以满足当前生态文明背景下对资源生态的管理和保护需求。而且生态产品价值实现相关理论和技术正处于起步阶段，相关技术标准多数处于研究和探索阶段。

（四）税费调节工具是外部性问题内部化的有效手段

当前实施较好地利用税费调节自然资源保护和开发利用中的外部性问题的是环境保护税。但资源利用的相关税费调节机制尚不够健全，国外一些新型的税费形式在国内也尚未开展，如碳税可以有效调节全球气候变化相关的碳排放问题，在国内仍处于探索阶段。

（五）资源资产属性的赔偿机制能有效解决负外部性问题

目前，自然资源损害赔偿制度体系尚未建立，现行损害赔偿制度更多地侧重于生态环境损害赔偿，资源开发利用中对自然资源的占用和破坏得不到应有的赔偿。整套体系运转过程都是以生态环境的损害为核心，资源属性考虑不足。针对自然资源损害及其相关外部性问题的损害赔偿制度尚未建立。

第三节 自然资源生态补偿与自然资源损害赔偿

生态补偿是自然资源开发利用过程中生态外部性问题内部化的重要方式。生态补偿对激励生态保护者保护生态环境，引导生态受益者履行补偿义务，落实生态文明战略，提升生态保护效益，保护和改善生态环境，具有重要意义。对自然资源的损害进行赔偿是有效保护自然资源正外部性的有效措施，也是自然资源负外部性内部化的有效手段，是自然资源管理工作的必要基础。可有效震慑和约束自然资源损害的发生，推进生态文明建设。

第十章

一、自然资源生态补偿

（一）生态补偿基础理论

1. 生态补偿的基本内涵

生态补偿一词起源于生态伦理学，最初是指生态系统受到干扰时的还原力，是生态系统服务补充和恢复的过程。其后，生态补偿的理论不断演进，以科斯理论为基础，温德（Wunder，2005）将生态补偿定义为"环境服务购买者与提供者之间就环境服务买卖所达成的一种自愿交易"。以庇古理论为基础，穆拉迪安等（Muradian et al.，2010）认为生态补偿是"自然资源管理中旨在为使个体和集体土地使用决策与社会利益一致而提供激励的社会活动参与者之间的一种资源转移"。塔科尼（Tacconi）提出生态补偿是"针对环境增益服务而对自愿提供者进行有条件支付的一种透明系统"[①]。国际上与生态补偿类似的概念是生态服务付费（PES）。

我国从 20 世纪 90 年代就开始了生态补偿的研究和探索，众多学者对生态补偿提出了各自的见解。靳乐山等（2020）认为生态补偿的目的是对生态保护区域的政府、单位和个人因经济发展活动受限而丧失的利益进行补偿。其本质是对机会成本的补偿。毛显强、钟瑜和张胜（2002）认为生态补偿是指"通过对损害（或保护）资源环境行为进行收费，提高该行为的成本（或受益），从而激励损害（或保护）行为主体减少（或增加）因其行为带来的外部不经济性（或外部经济性），达到保护资源的目的"。徐素波等（2020）认为，生态补偿是"相关团体或个人在合法前提下因过度开发利用使生态环境受到了一定的损害，在利用市场、行政等方式合理确定生态损害的基础上，向利益受损方或所有者支付一定的补偿金来弥补其损失的行为"。孙新章等（2006）将生态补偿归纳为：一是对遭受破坏的生态环境进行恢复与治理；二是对破坏生态环境的行为采取的惩罚性措施；三是对因保护环境而丧失发展机会的社会群体进行经济补偿。李文华等（2010）认为生态补偿是以保护和可持续利用生态系统服务为目的，以经济手段为主要方式，调节相关者利益关系的制度安排，包括对保护生态系统和自然资源所获得效益的奖励或破坏生态系统和自然资源造成的损失的赔偿，也包括对造成环境污染者的收费。

《关于深化生态保护补偿制度改革的意见》主要强调保护成本的补偿，也对基于生态价值的市场化补偿和横向补偿等给予了指导安排。本书认为狭义的生态补偿

---

① Tacconi L. Redefining Payments for Environmental Services [J]. Ecological Economics, 2012, 73: 29 - 36.

专指生态保护补偿，根据《生态保护补偿条例（征求意见稿）》的定义是指采取财政转移支付或市场交易等方式，对生态保护者因履行生态保护责任所增加的支出和付出的成本，予以适当补偿的激励性制度安排。广义的生态补偿除生态保护补偿外，还应该包含对生态系统产生的生态系统服务价值的补偿等。

2. 生态补偿的主体与分类

（1）生态补偿的主体。

根据外部性理论，生态补偿中被补偿的主体为生态产品的生产者。从产权角度讲，被补偿主体是保护和开发利用自然资源的所有者或使用者。因而被补偿的主体可能是全民所有自然资源所有者代理人——政府，自然资源所有者——集体经济组织，自然资源的使用权人——农户或企业。从经济关系角度讲，被补偿的主体应该是经济活动中付出相应成本，产生正外部性没有得到相应的补偿部分的实际参与者，即自然资源保护或者开发利用的实际使用权人和实际保护者。

根据"受益者付费"原则，生态补偿的补偿主体理论上应该为生态正外部性产品的实际受益者。但自然资源生态产品公共物品属性决定了生态产品具有非排他性，受益主体为全体民众或者很难准确界定的一部分群体，因而生态补偿主体多为政府代替全民进行补偿，一部分区域流动性明显，能够界定受益群体的，补偿主体是受益地区的地方政府。

（2）生态补偿分类。

①资源门类补偿和综合性补偿。

分资源门类的生态补偿以生态保护成本为主要依据，针对资源特点开展。包括针对江河源头、重要水源地、水土流失重点防治区、蓄滞洪区、受损河湖等重点区域的水流生态保护补偿；针对公益林和天然林的林地补偿；针对国家重要湿地的湿地保护补偿；以绿色生态为导向的农业生态治理补贴和耕地保护补偿；草原生态保护补奖；沙化土地生态保护补偿；近海生态保护补偿等。

综合性补偿与各类单门类资源的保护和利用不是直接相关，而是与区域总体的生态状况和工作开展情况挂钩。综合性生态补偿以提升公共服务保障能力为基本取向。中央财政设立重点生态功能区转移支付，对重点生态功能区开展生态补偿，是典型的综合性生态补偿。重点生态功能区转移支付对象是重点生态县域，目的是引导地方政府加强生态环境保护。综合性补偿能一定程度解决区域外部性问题。

②纵向生态补偿与横向生态补偿。

纵向生态补偿是指上级政府财政出资对下级政府开展的生态补偿。多是指中央政府出资开展的生态补偿，无论是针对资源门类的生态保护奖补资金还是综合性的生态转移支付，都属于纵向的生态补偿。纵向生态补偿是中央政府代表全民对自然资源产生的生态价值进行的付费，是政府就自然资源保护和开发利用正外部性问题的有效解决途径。

横向生态补偿是地方政府、企业、集体组织和个人之间产生的生态价值补偿，多见于流域间的生态补偿。横向生态补偿涉及的生态产品往往具有一定的流动性和指向性，并且补偿关系中的自然资源的产权和受益群体都能够明确地界定，如干净的水源。通过谈判和市场开展的生态补偿，需要双方自愿达成共识，是通过市场手段解决自然资源外部性问题的典型做法。

（3）生态补偿标准。

有很多学者探讨生态补偿的标准，理论上标准测算方法有成本法、意愿法和生态价值法等。成本法主要是指补偿主体根据生态保护付出的成本给予补偿，包括直接投入和机会成本。意愿法是根据补偿主体和被补偿主体的主观意愿，通常是在产权明晰的情况下，通过市场博弈确定。生态价值法通常根据补偿主体享受到的服务或者被补偿主体提供的生态产品价值等确定标准。这些方法适用于不同的场景。总体上生态补偿的标准应该大于被补偿主体丧失的机会成本，小于补偿主体享受的生态产品价值。

我国生态保护补偿的政策多数是基于生态保护成本的补偿。当前资金规模有限，补偿范围广，补偿金额不能对相关成本全覆盖，仅对部分成本进行了补偿。横向的生态补偿则多基于补偿和被补偿主体双方之间达成的意愿与共识。目前基于生态价值的补偿仍比较少见。

（二）我国的生态补偿实践

2005 年党的十六届五中全会首次提出"按照谁开发谁保护、谁受益谁补偿的原则，加快建立生态补偿机制"。2016 年，国务院办公厅印发《关于健全生态保护补偿机制的意见》，提出"到 2020 年，实现森林、草原、湿地、荒漠、海洋、水流、耕地等重点领域和禁止开发区域、重点生态功能区等重要区域生态保护补偿全覆盖，补偿水平与经济社会发展状况相适应，跨地区、跨流域补偿试点示范取得明显进展，多元化补偿机制初步建立，基本建立符合我国国情的生态保护补偿制度体系，促进形成绿色生产方式和生活方式"，明确了生态补偿的全覆盖，并提出了分类补偿与综合补偿相结合的基本框架。2016 年，财政部等四部门联合印发《关于加快建立流域上下游横向生态保护补偿机制的指导意见》，提出构建流域上下游横向生态保护补偿机制。2017 年党的十九大报告提出"健全耕地草原森林河流湖泊休养生息制度，建立市场化、多元化生态补偿机制"，要求探索市场化多元化的生态保护补偿机制。2018 年财政部印发《关于建立健全长江经济带生态补偿与保护长效机制的指导意见》，引导长江流域开展生态补偿。国家发改委等九部门联合印发《建立市场化、多元化生态保护补偿机制行动计划》，推进市场化、多元化生态保护补偿机制建设。2020 年，生态环境部、财政部等部委联合印发《支持引导黄河全流域建立横向生态补偿机制试点实施方案》加快建立黄河流域跨省横向生态补偿机制。

2020 年 12 月，国家发展改革委发布《生态保护补偿条例（公开征求意见稿）》，征求了全社会对生态补偿相关法律制度建设的意见建议，目前也即将出台，推进了生态补偿的法律体系建设。2021 年 9 月，中共中央办公厅、国务院办公厅印发的《关于深化生态保护补偿制度改革的意见》提出"加快健全有效市场和有为政府更好结合、分类补偿与综合补偿统筹兼顾、纵向补偿与横向补偿协调推进、强化激励与硬化约束协同发力的生态保护补偿制度"，生态补偿已经成为当前亟须面对的重大政策需求。

1. 纵向生态补偿

我国中央财政出资的生态补偿主体框架为综合补偿加分门类补偿。其中，综合性补偿是指中央对重点生态功能区的生态转移支付，分门类补偿包括国家对水流、森林、耕地、草原、湿地等各门类资源的生态保护补偿。各省在国家级生态补偿的基础上，制定省级的生态补偿制度，落实国家生态补偿，并拓展省级特有的生态补偿。

（1）国家生态转移支付。

2008 年，我国在均衡性转移支付中，安排 60 亿元对 221 个县（包含县级市，市辖区，旗）试点实施国家重点生态功能区转移支付制度，开启了我国生态功能区转移支付工作，2009 年印发《国家重点生态功能区转移支付（试点）办法》，随后历经多次修改完善，在 2022 年财政部印发《中央对地方重点生态功能区转移支付办法》。经过十多年的发展和演变，2022 年中央对地方生态转移支付总额已经达到了 982 亿元，补助项目涉及重点补助、禁止开发区补助、引导性补助以及考核评价奖惩资金四类。补助范围包括重点生态县域、生态功能重要地区、长江经济带地区、巩固拓展脱贫攻坚成果同乡村振兴衔接地区、相关省所辖国家级禁止开发区域、南水北调工程相关地区以及其他生态功能重要的县等。重点生态县域和生态功能重要地区补助按照标准财政收支缺口并考虑补助系数测算。转移支付资金不规定用途，由相关省根据本地区实际情况统筹安排使用。

（2）各门类资源生态保护补偿。

①森林、湿地生态补偿。

2001 年起，我国在 11 个省（区）的非天然林保护工程范围内试点森林生态效益补助。2004 年出台《中央森林生态效益补偿基金管理办法》正式建立中央森林生态效益补偿基金。2010 年，国家启动了湿地生态效益补偿试点。2011 年，财政部、国家林业局出台《中央财政湿地保护补助资金管理暂行办法》，对国际重要湿地、湿地类型自然保护区及国家湿地公园等进行了生态效益补偿。2016 年根据国家统筹资金的要求，财政部印发《林业改革发展资金管理办法》，将涉及林业、湿地发展的资金进行了统筹。其中的森林资源管护支出包括天然林保护管理补助和森林生态效益补偿补助。森林生态效益补偿补助用于国家林业局会同财政部界定的国家级公益林保护和管理的支出。湿地等生态保护支出用于湿地保护与恢复、退耕还湿、湿地生态效益补偿等。2022 年，林业改革发展资金共计 121.59 亿元，根据要素法分配给各省，各省根据情况进行分配，也可以自主增加配套资金，其中国家公益林补贴各地也会有所差异，大部分地区为每亩 16 元左右，一些经济较好的省份增加地方配套资金，补偿金额会略高，发达地区如浙江萧山每亩 47.40 元，湿地保护补偿资金则根据地方情况落实补偿对象和金额。①

②耕地、草原生态补偿。

2017 年 4 月，财政部会同农业部发布关于修订《〈农业资源及生态保护补助资金管理办法〉的通知》中指出加强和规范农业资源及生态保护补助资金使用管理。农业资源及生态保护补助资金是中央财政公共预算安排用于农业资源养护、生态保护及利益补偿等的专项转移支付资金。

农业资源及生态保护补助资金的支持对象主要是农民、牧民、渔民、新型农业经营主体以及承担项目任务的单位和个人。农业资源及生态保护补助资金可以采取直接补助、政府购买服务、贴息、先建后补、以奖代补、资产折股量化、设立基金等方式。具体由省级财政部门商农业主管部门确定。农业资源及生态保护补助资金主要用于耕地质量提升、草原禁牧补助与草畜平衡奖励（直接发放给农牧民）、草原生态修复治理、渔业资源保护等支出方向。耕地质量提升支出主要用于支持东北黑土地保护利用、测土配方施肥、农作物秸秆综合利用等方面。部分补贴直接到户，部分通过项目补贴实施。草原禁牧补助与草畜平衡奖励支出主要用于支持对按照有关规定实施草原禁牧和草畜平衡的农牧民予以补助奖励，以及支持半农半牧区

---

① 《财政部关于下达 2022 年林业改革发展资金预算的通知》。

加强草原保护建设等方面。草原生态修复治理支出主要用于落实草原禁牧补助和草畜平衡奖励基础工作、草原生态保护建设和草牧业发展等方面。农业资源及生态保护补助资金主要按照因素法进行分配。

2. 流域间生态补偿

2012年，安徽和浙江就新安江流域水质签订"水约"，共同设立环境补偿基金。若年度水质达到考核标准，则浙江拨付给安徽1亿元；若年度水质达不到考核标准，则安徽拨付给浙江1亿元，专项用于新安江流域治理，是中国第一个跨省流域间生态补偿。随后越来越多的流域和省份开展了跨流域生态补偿制度，例如，广西与广东九洲江流域生态补偿；广东与江西东江流域补偿；福建与广东省汀江 – 韩江流域补偿；河北与天津引滦入津流域补偿；北京与河北潮白河流域补偿；云南与贵州、四川赤水河流域补偿；江西与湖南渌水流域补偿；湖南与重庆酉水流域补偿；安徽与江苏省滁河流域补偿等，据统计，截至2020年，全国18个省市13个流域构建了流域间补偿生态补偿制度。尤其是随着《关于建立健全长江经济带生态补偿与保护长效机制的指导意见》的不断落实和《支持引导黄河全流域建立横向生态补偿机制试点实施方案》的出台，流域间生态补偿工作越来越成熟。

（三）对生态补偿的讨论与展望

1. 注重多元化、市场化的生态补偿机制建设

当前生态补偿主体部分是依靠中央财政的转移支付，包括一般性转移支付和专项转移支付等分配给各个省份。地方一般依托中央资金为主体，根据自身情况进行配套，开展省内生态补偿工作。针对水资源和环境的流域间生态补偿近些年进展迅速，但其仅限于水资源一种资源门类，且覆盖面较小，其他资源横向生态补偿机制探索较少。市场化的生态补偿在当前生态产品价值实现中也开展了一定的工作，但总体上还处于部分典型地区试点示范的程度，尚未全面开展。当前生态补偿主要靠资金补偿，政策补偿等多元化补偿方式尚需增强。

我国生态保护任务较重，政府能够承担和开展的财政补偿总体有限，绿色金融手段可以有效拓宽生态补偿资金来源。通过政策和资金的引导，能够更好地建立健全横向生态补偿制度。健全长江、黄河全流域横向生态保护补偿机制，鼓励其他流域生态补偿探索。企业、组织等不同生态产品受益主体享受了生态产品带来的效益，理应对生态保护进行生态补偿，要依赖市场手段实现生态产品价值，通过碳汇、排水权、排污权等权益市场，完善生态产品机制实现的多重路径。

2. 充分发挥生态补偿对生态保护的引导作用

我国每年投入千亿规模资金开展生态转移支付和资源门类生态补偿工作，但由

于我国疆域辽阔,自然资源丰富,补偿资金落地到具体的资源门类往往较少。2022年,国家公益林补偿资金分配后多数地区标准在每亩16元左右,草地禁牧补助多数地区标准为每亩7.5元左右。每亩资金额度较少,与生态保护成本和生态保护产生的生态产品价值都不对等。虽然一定程度上体现对外部性内部化的总体政策导向,对自然资源实际使用人收入提高作用有限,难以发挥应有的激励和约束作用,补偿效果不显著。且当前补偿未体现保护成本和生态价值,没有根本上解决外部性问题。

要想提高生态补偿的效果,真正起到引导生态保护的作用,必须让补偿对象能够有切实的获得感,保护规模越大、保护成效越好,就能得到更多补偿,充分调动生态保护的积极性。在资金有限的情况下,更加需要注重补偿资金的有效性,根据生态效益外溢性、生态功能重要性、生态环境敏感性和脆弱性等特点,在重点生态功能区转移支付中实施差异化补偿。

3. 生态补偿需要基础理论和技术体系支撑

当前,对自然资源生态补偿基本内涵的认识仍存在较大分歧。生态补偿中涉及的外部性影响的技术方法体系缺位,生态产品价值核算理论和方法多处于探索之中,尚未产生能够直接应用到生态补偿标准制定的价值核算方法。

生态补偿理论体系是生态补偿能够顺畅开展的基础,厘清生态补偿的基础内涵和主要内容,强化生态补偿的理论依据和基础逻辑,能够为构建完善的生态补偿机制奠定基础。生态产品价值核算等相关技术体系是将生态外部性影响进行量化的基础手段,能够为生态补偿标准的制定提供理论支撑,提高生态补偿的权威性和公信力。

4. 法律体系和制度体系建设是生态补偿实施的基础

顶层设计能够更好地统筹协调资金使用,提高资金使用效率。通过统筹协调平衡各门类资源补偿标准,能够进一步完善和协调各类资源配套政策,提高资金利用效率和补偿效果,显化各门类生态补偿的激励作用。完善的法治是工作开展的重要依据,推进出台和完善《生态保护补偿条例》,通过法律规定,将生态补偿规范化、制度化,进一步完善其配套政策和实施细则,确保通过法律法规推进生态补偿工作。

二、自然资源损害赔偿

(一)自然资源损害赔偿的理论基础

1. 自然资源损害赔偿的基本内涵

根据《现代汉语词典(第7版)》,损害是指使事业、利益、健康、名誉等蒙

第 十 章

受损失。赔偿是指因自己的行为使他人或集体受到损失而给予补偿。基于物权角度，损害赔偿是对物权人造成损失的补偿行为，损害认定及损害赔偿都应该以"存在完整清晰的权利"为基本前提。我国《民法典》第二百三十八条规定"侵害物权，造成权利人损害的，权利人可以依法请求损害赔偿，也可以依法请求承担其他民事责任"。但自然资源的物权不同于普通的物权，我国的自然资源是全民所有或集体所有，提供重要的公共物品，因而自然资源损害赔偿不仅包含经济上的物权损失，还具有公益的环境损失赔偿的属性，兼具私权和公益两种内涵。自然资源损害赔偿是指对自然资源造成损害的主体对所造成的自然资源的损失和外部影响开展的补偿行为，主要包括对自然资源造成的资产损失的赔偿、对自然资源产生的生态损害的赔偿等。

2. 自然资源损害赔偿的意义

从外部性理论出发，自然资源损害赔偿的意义主要包括两方面内容。一方面，自然资源损害赔偿是解决自然资源开发利用以及其他经济活动产生的生态负外部性问题的重要手段，其本身就是将负外部性的成本内部化的过程，将损害主体的损害行为的负外部性影响转化为内部的私人边际成本，有效地解决负外部性内部化问题。另一方面，自然资源损害赔偿能够保护自然资源的正外部性，提高自然资源为人类创造的生态福祉，自然资源损害赔偿能够提供资金消除自然资源负外部性影响，边际成本的提高能够有效遏制负外部性的产生。

3. 自然资源损害赔偿的分类

自然资源损害赔偿具有公益和私权双重属性。政府在损害赔偿过程中也具有双重身份，既是行政意义上的管理者，又是全民所有自然资源的所有权代理人。自然资源损害赔偿可以分为自然资源资产损害赔偿和自然资源生态损害赔偿等不同类型。

自然资源资产损害赔偿的追偿主体是自然资源资产所有者，客体是自然资源资产权益，其基础是明晰的自然资源资产所有权，自然资源资产所有权是具有明确物权属性的权利束。自然资源资产的所有者及其代理人有权向损害人请求赔偿，双方是平等的民事主体，受民法的调整和约束，其损害更注重对于自然资源资产权益的不利影响，偏向于民事事项，兼具公益事项。

生态损害赔偿的追偿主体是社会公益事务的管理者和监管者，客体是公益属性的生态环境，其基础是政府对社会公共事务的管理和监管，索赔性质是运用公权力对公共利益遭受的损失进行救济，偏向行政权力范畴。

实际上，自然资源资产损害赔偿和生态环境损害赔偿存在交叉重叠，并没有明

第 十 章

显界限，实物性质的自然资源资产损害往往伴随着生态损害，多数生态损害也会给自然资源资产带来损失。

（二）我国自然资源损害赔偿的政策与实践

自然资源部成立以来，作为统一行使全民所有自然资源资产所有者职责主体，积极推进自然资源资产损害赔偿机制建设，取得了一定的进展，但基于自然资源资产的损害赔偿案例并不多，损害赔偿多是通过生态环境损害赔偿的方式开展。2022年，生态环境部联合多部委印发《生态环境损害赔偿管理规定》，指导生态环境损害赔偿工作。

根据《生态环境损害赔偿管理规定》，生态环境损害是指因污染环境、破坏生态造成大气、地表水、地下水、土壤、森林等环境要素和植物、动物、微生物等生物要素的不利改变，以及上述要素构成的生态系统功能退化。从资源角度讲就是对自然资源的不利改变和自然资源所在生态系统的功能退化。

与欧盟国家等西方的生物多样性抵偿（biodiversity offset）相同，我国的生态环境损害赔偿也需要遵守缓解层级的规定，即补偿具有一定的优先顺序，生态环境损害可以修复的，应当修复至生态环境受损前的基线水平或者生态环境风险可接受水平。生态环境损害无法修复的，赔偿义务人应当依法赔偿相关损失和生态环境损害赔偿范围内的相关费用，或者在符合有关生态环境修复法规政策和规划的前提下，开展替代修复，实现生态环境及其服务功能等量恢复。

生态环境损害赔偿的基本工作流程相对明确。一是发现线索并核查，权利人或者代理人在发现或者接到生态环境损害赔偿案件线索后进行初步核查。二是启动生态环境损害赔偿程序，经核查发现已造成生态环境损害的，及时立案启动索赔程序。三是损害调查，赔偿权利人及其指定的部门或机构，应当及时进行损害调查，了解生态环境损害是否存在、受损范围、受损程度、赔偿义务人等，并根据意见提出启动索赔磋商或者终止索赔程序的意见。四是索赔磋商，赔偿权利人及代理人制作生态环境损害索赔磋商告知书，并送达赔偿义务人，召开磋商会议。五是签订赔偿协议或司法诉讼，经磋商达成一致意见的，赔偿权利人及代理人与赔偿义务人签署生态环境损害赔偿协议，同时可向有管辖权的人民法院申请司法确认。磋商未达成一致的，赔偿权利人及代理人向人民法院提起诉讼。六是执行监督与评估，赔偿权利人及代理人组织对受损生态环境修复的效果进行评估，确保生态环境得到及时有效修复，达到赔偿协议或者生效判决的要求。

(三) 自然资源损害赔偿讨论与展望

1. 构建损害赔偿法律法规体系，保护自然资源资产

当前法律体系中缺少专门针对自然资源损害赔偿的法律法规，实践中多依据环境保护方面针对公共利益保护的法律体系，如环境保护法中针对环境污染赔偿的相关规定；针对自然资源物权，民法典中关于一般物权的规定在自然资源损害赔偿中应用尚需进一步探索；针对自然资源和自然资源资产损害赔偿的法律体系不健全，缺少必要的实践指导。因而，亟须构建自然资源损害赔偿法律体系，从法律上明确自然资源损害赔偿的责任主体和落实方式，强化自然资源的资产保护。

2. 强化资源资产损害属性的自然资源损害赔偿

自然资源损害赔偿中政府定位偏向于行政管理者，政府以监管权为基础对自然资源损害中的公共利益损失进行索赔。政府作为自然资源资产所有者代理人的身份没有充分发挥作用，自然资源资产中作为所有者所拥有的私权得不到很好的维护，相关的损害赔偿缺位。当前公布的自然资源生态环境损害赔偿案例中，多数只是从生态环境这一公共利益损害的角度提起磋商或诉讼，来消除或缓解生态环境的破坏，并未从自然资源所有者角度，对自然资源资产的损失进行索赔，例如水体污染的损害往往通过恢复治理费用的评估开展，未对已经造成的水资源资产的损失进行索赔。

当前，需要根据自然资源资产属性，强化资产损害赔偿。在基于公共利益损失的基础上，强化自然资源资产所有者基于自然资源资产损害的赔偿，保障所有者资产不被侵害的基本权利。损害赔偿追偿主体拥有追偿的权利和义务，要落实不同所有者自然资源的追偿主体。在对自然资源损害赔偿的索赔进行评估时，通过生态环境损害赔偿减轻自然资源资产对公共利益的侵害，对生态环境进行修复治理；通过自然资源资产赔偿来弥补自然资源所有者的资产损失。

3. 不同部门形成合力，构建统一自然资源损害赔偿机制

自然资源资产损害赔偿尚未建立完善顺畅的机制。政府作为全民所有自然资源所有者职责代理人的责任义务履行方式正在探索中。集体经济组织在集体所有自然资源的损害赔偿中主体地位尚未很好地落实。尚未构建运行顺畅的工作机制，发现、核实、索赔、报告等重要环节的运作没有作为依据的标准，对于线索梳理、巡查监测、调查核实、修复验收、定期报告等具体工作，也缺乏相应的工作指引或指南。自然资源管理涉及自然资源主管部门、环保、林业、农业等多个部门，各部门分工不明确，尚未构建有效的协调沟通机制。

第十章

在我国行政体制下，自然资源损害赔偿主要涉及生态环境部门和自然资源部门。必须统筹自然资源主管部门和生态环境主管部门等相关部门，构建顺畅有效的自然资源资产损害赔偿机制。共同开展自然资源损害赔偿磋商，各部门分工协作，推动损害赔偿标准制定，建设权威的损害赔偿鉴定机构，强化损害赔偿后生态修复的执行和监督，有效推进自然资源损害赔偿工作的开展。

4. 完善的理论技术体系是生态损害赔偿的基础

基于自然资源资产所有权的基础理论研究仍处于起步阶段，相关理论依据难以支撑当前工作开展需求。自然资源资产损害的鉴定评估、生态价值的评估、生态修复等尚未形成公认的技术方法，不同案例采用不同的方法或标准开展的评估不具备可对比性。另外，基层缺少具备相关技能、掌握评估技术方法的专门型人才，不利于工作开展。

完善自然资源资产基础理论是损害赔偿的基础。理顺自然资源资产及损害赔偿的理论内涵和逻辑基础，准确界定所有者职责和监管者职责权利。强化资产评估理论和技术方法支撑，通过自然资源资产价值评估、资产损害评估、生态修复效果评估等关键技术环节技术攻关，探索构建完善损害赔偿标准体系，有效支撑自然资源损害赔偿工作的开展。

5. 生态损害赔偿顺利开展的前提是动态监测

及时发现线索是开展生态损害赔偿工作的前提，也是损害赔偿工作的难点。以科技手段为基础，做好动态监测非常必要，应充分利用卫星遥感技术等先进手段和自然资源一张图技术平台，做好自然资源健康状况监测。尤其对自然资源重点区域和重点生态功能区开展动态监测，实时掌握自然资源资产现状，第一时间发现自然资源资产的损失案件。在利用先进技术手段的同时，充分发挥现有监督监测体系的作用，顺畅自然资源资产损害举报机制，利用群众力量开展群防群控。

第十一章 | 自然资源配置

自然资源配置贯穿社会经济生产、分配、交换、消费等各个环节，是自然资源经济学的重要内容，在丰富的自然资源经济学教材中不乏对可再生资源和不可再生资源配置的精彩阐述，但仍有两方面内容值得深入探讨：一是基于多元理性维度的资源配置决策分析；二是社会主义市场经济下的自然资源配置机制。因此，本章尝试结合实践在这两方面有所突破，明确自然资源配置内涵，在五种资源配置理性决策维度下，探索构建在社会主义市场经济下我国的自然资源优化配置框架，总结基于经济理性对不可再生、可再生资源的市场配置规律，剖析在多元理性支配下的多元决策主体身份之间的政府决策权衡，进而构建社会主义市场经济下高标准的自然资源市场体系。

第一节 自然资源配置理论框架

一、内涵

（一）概念

资源配置是指经济活动中的各种资源在不同的使用方向之间的分配。其可以理解为两个核心问题：一是在同一时间点上如何在各种用途、各人群、个人和国家之间配置资源？二是在长时期内如何在代际之间配置资源？

（二）要素

数量、空间和时间构成了资源配置问题的三要素。

1. 资源的数量配置

资源配置的数量，包括存量与流量、平均量与边际量两组概念。

资源的存量是指一个地区、一个部门或一个企业在一定经济技术水平下可被利用的资源储量。

资源的流量是指在一定范围、一定时间内某种资源的流入量和流出量。一定时期内，资源流入量减去资源流出量，就等于资源净流量。资源净流量可以反映资源消耗速度。影响资源流量的因素包括自然资源新陈代谢和人为干扰。

资源的平均量包括资源的平均消耗量、平均输出量、平均调入量。其通常是资源消耗水平和程度的表征指标。

但一般来说，资源与产出是非线性关系，即每投入一个单位资源产出规模增长不同，因此，资源配置中多用边际量的概念表征投入产出关系。资源的边际量，是指增加一个单位产出所需要的增加资源投入数量（即边际生产需求）或最后一个单位产出的资源投入量（即边际资源投入）。若 y 为因变量，x 为自变量，M_y 为边际量，则边际量的基本公式可表示为：

$$M_y = \frac{\Delta y}{\Delta x} = \lim_{\Delta x \to 0} \frac{\Delta y}{\Delta x} = \frac{\mathrm{d}y}{\mathrm{d}x} \qquad (11-1)$$

2. 资源的空间配置

资源的空间配置是指根据资源赋存及人类经济活动水平的差异对区域间资源结构及资源总量进行统筹。资源的合理空间配置是使资源顺利流向生产组织完善、布局合理的高效部门和行业，并使各种资源配置形成的供给总量和供给比例适应于社会需求，防止生产过剩和比例失调。

区域自然资源富集程度与人口和产业集聚程度时常发生空间错位。我国水资源南多北少，天然气等能源资源西多东少，而"胡焕庸线"以东地区却以43%的陆域国土面积承载了94%的人口和95%的国内生产总值。在此背景下，南水北调、西气东输等工程都是我国的重大资源空间配置工程。

3. 资源的时间配置

资源配置随时间变化而变化：第一，资源利用技术的变化导致了资源产出率的提高，可产出更多的社会产品和提供更多的服务。第二，资源赋存状况及获得资源的成本发生了变化，导致资源在不同时期价值或效益产生差异。第三，资源需求随着时间推移而变化，这使得某种资源随着新用途的发现价值大大增加，而被替代的资源则因失去比较优势而失去价值，从而被淘汰。第四，社会目标变化也会引起资源配置变化，当把经济增长作为首要目标时，资源用于投资会有较大价值；但如果生态保护成为优先目标，资源开发量将最大限度地控制在可持续利用范围内，投资将大量向生态保护修复倾斜。

专栏 11 - 1

自然资源时间配置的一个关键概念：贴现率

自然资源开发利用的成本和效益可能不是发生在同一时点上。例如，一个消耗资源破坏的开发项目，往往其经济效益发生在近期，而环境成本可能延长到远期。由于同样数额的资金不同时间的价值不同，发生在不同时间点上的成本和效益不能直接比较。因此，就需要将不同年份的总成本和收益转换为同一测度，使得相互之间的比较可以适当进行。贴现率（discount rate）就是将未来的资金贴现为现在资金的比率，贴现率越高，表明发生于未来的资金的价值越小，人们对于当前的收益和成本的偏好越大。

贴现率可分为社会贴现率和市场贴现率两种。第一，在我国，社会贴现率是国民经济评价的一项重要参数。选择适当的社会贴现率，有助于合理分配有限的建设资金，引导有关部门向全社会总福利达到最大的方向投资。《建设项目经济评价方法与参数（第三版）》推荐社会贴现率为8%。对于稀缺资源开发利用、水利、环境改良等特殊项目，采取较低折现率，但社会贴现率不可低于6%。第二，在实践中，市场贴现率一般表示为无风险报酬率、风险报酬率和通货膨胀率三者之和。根据《矿业权评估收益途径评估方法修改方案》，我国矿业权评估时，一般不考虑通货膨胀率，无风险报酬率取存款利率。

目前，经济学家对于"正确"的贴现率没有达成共识，在项目收益与成本计算中使用多大贴现率合适，也常有激烈争论。比如，一些对生态环境有利的项目（如植树造林等）费用大多发生在近期，而产生效益相对滞后，并可延续到远期。贴现时，近期的费用被赋予很高的价值权重，而远期的效益被赋予很低的价值权重。这样产生的后果很可能是这些项目的费用现值大于效益现值，因而无法通过费用效益分析。因此，有的学者建议尽量采用低的贴现率，给未来的效益或费用以更大的价值权重。但这样又将鼓励更多的投资项目，也会消耗更多的自然资源，同样会对后代不利。

（三）配置方式

资源配置包括产权配置和调节配置两个不同层面的含义。

1. 产权配置

产权配置是公有还是私有，即谁来配置的问题。生产资料公有制是社会主义经济制度的基础，自然资源国家所有权制度是《宪法》自然资源"国家所有，即全民所有"的重要体现。自然资源的基本属性和我国社会主义的价值目标使得我国自然资源配置具有与其他资源配置不同的特点，自然资源"国家所有，即全民所有"的含义从本质上要求国家应立足于自然资源国家属性、政治属性、人民属性、经济属性、生态属性、社会属性和实现全体人民共同富裕的价值目标，保障国有自然资源的经济价值、社会价值、生态价值由全民分享。自然资源所有权的实质是国家代表全民保留对重要自然资源的最终控制权与对参与市场竞争的国有自然资源的专有收益权。

2. 调节配置

调节配置是计划还是市场，即如何配置的问题。

市场配置资源实质上是以价值规律为主体的各种经济规律共同作用来合理分配资源。价格机制、供求机制、竞争机制是市场配置的三大机制。通过市场价格和供求关系变化，经济主体之间的竞争，协调供给与需求之间的联系和生产要素的流动与分配，从而把有限的资源配置到预期效益好的部门和企业，这是市场的自我调节方式，也是价值规律的实现过程。我国已逐步发育成了土地、水、矿产、森林、草原、海域海岛等资源市场，但市场发育程度不一。

计划配置源于马克思主义"在共同的社会生产中，国民经济要实行有计划按比例发展"的主张，其主要表现为：经济资源以实物的形态由中央机构为核心的行政管理系统统一掌握、安排，并以此来决定生产什么、如何生产及如何分配的问题，其以集中的计划指标系统、集中物资分配方式、集中的人事层层委派来保障实物配置的有效性。

严格地讲，计划配置与市场配置不是一种非此即彼的替代关系，市场配置基本上属于微观层次的配置，计划配置属于宏观层次配置，二者处于经济生活的不同层次，相互不具有替代性。同时，根据机制设计学派的观点，采取什么调节机制取决于相应机制的信息获取能力和激励约束机制。因此，二者都有各自的问题：在市场机制发生作用的条件下，实现资源优化配置起码要满足价格绝对遵照资源供求变动和市场是完全竞争的这两个条件。在计划配置机制发生作用的条件下，解决资源优化配置问题起码要满足计划指标的制定者拥有最充分的完整供求信息和计划执行者忠实地执行和完成计划指标两个条件。显然，现在没有哪个国家属于绝对的计划经济或市场经济。另外，自然资源的公共性、自然资源相关信息的庞杂决定了自然资源配置也注定不能绝对依赖市场或是计划。

改革开放以来，我国经历了由计划经济转变为社会主义市场经济的三个阶段：第一阶段是在计划经济中发挥市场的作用，计划经济为主、市场调节为辅；第二阶段是破除计划经济和商品经济对立的观点，提出社会主义经济是有计划的商品经济；第三阶段是提出社会主义市场经济理论，建立和完善社会主义市场经济体制。党的二十大报告中明确"充分发挥市场在资源配置中的决定性作用，更好发挥政府作用"为我们明确了前进方向。我国市场由原来发挥基础性作用转变为发挥决定性作用：原来的"基础性作用"实际是国家调节市场、市场调节资源配置、市场起基础性调节作用；而现在的"决定性作用"，意味着不再存在两个层次的调节，市场不再是在政府调节下发挥调节作用，而是让市场的价值规律、竞争规律和供求规律在资源配置中自主地起决定性作用，从而实现资源配置效益最大化和效率最优化。关于如何"更好发挥政府作用"，我国的社会主义市场经济实质是采用了马克思主义和凯恩斯主义两种政府管控相结合的方式，党的十八届三中全会提出，在"充分发挥市场在资源配置中的决定性作用"的基础上，"健全以国家发展战略和规划为导向、以财政政策和货币政策为主要手段的宏观调控体系"。

专栏 11-2

土地计划管理改革

大部分人只记得 1996 年"九五"计划提出的"由传统的计划经济体制向社会主义市场经济体制的转变"，却忽视了其中提出的"经济增长方式由粗放型向集约型的转变"。土地利用计划管理制度正是始于市场经济改革时期，这注定了土地计划管理与其他社会经济领域计划管理的弱化趋势不同。改革开放以来，城镇化工业化快速发展，建设用地大量增加，占据耕地。在此背景下，国家开始实施建设用地计划管理，以控制建设用地无序扩张。

1999 年原国土资源部首次颁布《土地利用年度计划管理办法》，使土地计划管理成为一项正式制度。土地利用年度计划管理制度在实际运行中不断调整优化，逐步从保护耕地的单一目标转向保护耕地、参与宏观调控和保障优势地区经济发展等多重目标，并形成了以建设用地和补充耕地计划指标为核心，土地整治、增减挂钩、工矿废弃地复垦指标为保障的指标体系。同时，中国特色社会主义市场经济的发展也要求该项制度不断地适应市场配置规律：2019 年 8 月，习近平总书记在中央财经委员会第五次会议上提出"要加快改革土地管理制度，增强土地管理灵活性，使优势地区有更大的发展空间"。2020 年 3 月，《中共中央 国务院关于构建更加完善的要素市场化配置体制机制的意见》再次强调"完善土地利用计划管理，实施年度建设用地总量调控制度，增强土地管理灵活性，推动土地计划指标更加合理化，城乡建设用地指标使用应更多由省级政府负责"。2021 年 3 月，全国人大通过的国家"十四五"规划纲要进一步明确"探索建立全国性的建设用地、补充耕地指标跨区域交易机制"。

这一系列改革说明，土地管理计划制度正是在尊重市场规律的前提下，不断优化制度供给，提高土地资源利用效率，纠正"市场失灵"，以充分发挥市场在资源配置中的决定性作用，更好地发挥政府作用。

（四）资源优化配置

资源优化配置就是根据经济、技术等条件，把资源的要素进行合理组合，从时间上进行合理分配，从空间上进行合理布局，在产业之间进行合理调整，以充分利用资源，使资源产出的总效益最大化，从而满足日益增长的各种社会需要。我国的自然资源优化配置是指在我国社会主义市场经济下，坚持自然资源全民所有，充分发挥市场在自然资源配置中的决定性作用，更好地发挥政府的作用，通过自然资源要素市场化配置，使得资源得到更充分的利用和更有效的保护，从而使得资源产出的经济、社会、生态总效益最大化。

这是理论层面的概念，但实践中，由于微观层面的市场配置由诸多追求利益最大化的个体经济行为自发调节，宏观层面的政府调控由追求经济、社会、生态等不同公共利益最大化的决策群体主导，这必然会造成二者的博弈和权衡。所以我们需要了解市场和政府是如何做决策的。这个决策主体从确定追求效益目标到确定追求路径的过程，就是人做理性决策的过程。

二、资源配置的理性决策

理性人假设是经济学最基本的假设之一。理性是功能行为的一个属性，行为主体对决策环境的感知可以视为其信息源和计算能力等因素的函数。在行为主体拥有并能够处理信息的前提下，其行为如果有利于实现既定目标，那么就是理性的。

　　自然资源本身具有多元属性，自然资源配置的中心问题是资源财富和福利的分配以及资源保护代价的分担，这决定了自然资源配置的多元理性维度。党的十八大明确的"五位一体"总体布局为多元理性决策提供了指引，国外诸多的多元理性决策理论也为其提供了参考。综合而言，自然资源配置的理性维度可归纳为经济、社会、生态、政治、法律五个维度，每个维度都包含价值理性和工具理性两个层面，其中，价值理性对应"应然"的理想状态，是主体活动的价值主旨和价值基础，位于"道"的层面。工具理性对应"实然"的现存事实，体现具体操作技术和运作规程，位于"术"的层面。

　　具体理性框架如图 11-1 所示。在价值理性层面，经济理性追求效率，要实现个体利益最大化；社会理性追求公平，要实现集体利益最大化；生态理性追求可持续，要实现人与自然生命共同体利益最大化；政治理性追求决策机制的共赢，要实现共识的最大化；法律理性追求有利于实现社会良好运转的秩序，要实现社会成本最小化。在工具理性层面，五种理性均通过经济学成本-收益分析的范式实现，具体而言，经济理性通过对生产者利润最大化和消费者边际效用最大化的一般均衡分析实现，社会理性通过个人与集体效用最大化的公约数实现，生态理性通过将生态损益纳入经济的成本收益分析实现，政治理性通过公共选择机制实现，法律理性通过产权制度设计实现。

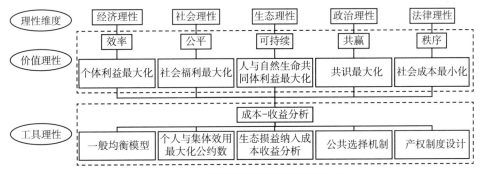

图 11-1　自然资源配置的理性决策框架

（一）经济理性

　　经济理性是迄今为止当代社会中最主要的理性形式，经典的微观和宏观经济理论都植根于经济理性的范式，市场主体和政府管控主体都需要遵循经济理性来进行经济决策。

　　价值理性层面，利益最大化的决策机制因决策尺度不同而有所不同。在个人、公司和企业等微观尺度，消费者追求效用最大化，生产者追求利润最大化。在国家或政府等宏观调控尺度，主要追求在有限的资源条件下，实现整个国民经济稳定、适度的增长和全面的发展。

工具理性层面，经济理性运作的一个基本前提是，一切都需要用单一的衡量标准，即用货币来表示。另一个前提是，在这个范式下，自然资源、劳动力、资本被概念化为生产要素。市场主体进行资源配置或政府部门进行宏观调控时都会通过成本－收益分析，估计其短期和长期的收益与成本之间的差额：第一，成本既定时，收益最大；第二，收益既定时，成本最小；第三，在成本和收益都不确定时，比较成本和收益的变化速率。

经济理性下的资源配置要求资源开发能够无限期地持续下去而不会降低包括自然资本存量（质和量）在内的整个资本存量的消费，也就是令经济发展的净利益增加到最大限度、今天的资源利用不应减少未来的实际收入的发展。

专栏 11 -3

非经济理性下的资源开发

发展中国家和地区的经济发展要充分考虑自然资源基础条件。否则，不但达不到预期目的，还会给国民经济带来不应有的损失。例如，过去我国曾在天然气不足的地方，建设大型天然气田，修建大口径运输气管线。投入了大量资金，引进设备，修桥铺路，沿管线兴建消费天然气的企业，最终却因为资源不足而不得不下马，造成惊人的浪费。"文化大革命"期间，有的地区在不适宜种甘蔗的红壤丘陵区砍伐了几万亩马尾松以开拓蔗园，企图建设"东亚第一糖厂"。结果，甘蔗长不好，引起严重水土流失，群众失去薪炭林，工厂发不出工资。

资料来源：郑昭佩. 自然资源学基础 [M]. 青岛：海洋大学出版社，2013：43。

（二）社会理性

如果说经济理性是基于人的自利性，社会理性则包含着某种程度的利他性。巴特利特提出，社会理性是人际关系和社会行动的理性，是社会关系和社会制度的整合，使社会行动成为可能并具有意义，（它）是一种相互依存的秩序。[①]

---

① Bartlett R V. Ecological Rationality: Reason and Environmental Policy [J]. Enrironmental Ethics, 1986 (3): 221 - 239.

　　价值理性层面，社会理性从本质上是"扩大了的自利"，是从"小我"利益出发到从"大我"利益出发，追求的是拥有最大化的社会福利。社会主义相比资本主义对实现"社会理性"的优势在于：资本主义的私有制条件下，经济决策者的个人主义态度使得他们对社会福利的判断缺乏基本的一致性；而社会主义的公有制度能够克服一般市场机制所具有的那种以纯粹个人主义为决策基础的缺陷，整个社会对社会福利的判断和目标选择已具有了某种一致性的准则，或为建立这种准则奠定了一个制度基础。因此，社会主义本质上能够容纳利他主义和集体主义，在资源配置决策中，是有可能跨越个人利益与社会利益间的鸿沟的。

　　工具理性层面，社会理性通过引入一系列的伦理标准，并在道德和价值判断的基础上构建社会福利函数（social welfare function，SWF）。社会福利函数将整个社会的福利与每个人的效用水平相联系，可以表述为如下一个多元函数：

$$SWF = f(U_1, U_2, \cdots, U_n) \qquad (11-2)$$

式中：U_1，U_2，$\cdots$，U_n 指个人 1，2，$\cdots$，n 的效用水平。因此，社会福利函数是全体个人效用水平的函数。从 SWF 可以得到一组社会无差异曲线。其中，必有一条与效用边界线相切，其切点就是最大社会福利。

　　社会理性下的自然资源配置要求，政府对于所有资源配置项目，必须考察其社会效益，在经济效益相等的情况下，优先考虑社会效益大的项目；在经济效益不等的情况下，以社会效益显著程度给以权衡。另外，对于没有直接经济效益的社会性资源配置上，如植树造林、防灾减灾、自然资源调查等公共事业，应用尽可能少的资源投入来实现项目的目标。另外，在制定决策时要兼顾自然资源开发在当代人和后代人、欠发达和发达地区、资源需求和资源供给区的福利分配。

专栏 11-4

社会理性下耗竭资源开发的代际问题

　　耗竭资源开发收益与成本分担存在时空上的不对称，对资源开发利益作出合适安排十分重要。具体需把握以下几方面：

　　一是现实利益关系的区域协调。我国耗竭资源的所有权归国家所有，但对于当地居民来说，毕竟他们与居住地蕴藏的资源存在更紧密的关系，对资源开发的利益也寄予更多希望，同时当地居民也是环境成本的直接承受者。因此，应使当地基层政府、社区及居民参与矿产资源开发规划和实施的全过程，从而可以充分地分析资源开发可能带来的潜在损失，通过协调好与基层政府、社区及居民的关系，建立合理的经济分享机制，也可以减少当地以小矿产开发方式掠夺性开采资源而带来的破坏性开采行为。

二是利益实现的现实与未来的分享结构。这主要涉及耗竭资源开发与当地居民的未来发展及后代发展利益的关系。特别是后代人，他们对现时的资源开发和利益安排没有发言的机会，但资源趋于枯竭则将对他们的生存状态产生影响。后来人将无法获得已被开发的耗竭资源的资源支撑，失去凭借这些资源谋求发展的机会。可考虑建立以耗竭资源开发相关的基金，即利用一部分从耗竭资源开发中获得的利益提取资金，建立未来发展基金，用于支持形成未来长期效应的基础建设。

（三）生态理性

传统经济学不把生态资本、生态资产纳入价值内涵或目标，也谈不上生态生产和消费，这显然是理性内涵的缺陷。马克思将"生态理想"（ecological ideal）定义为维持人与环境之间健康的、提高生活质量的互动，巴特利特引用了这一定义，将生态理性定义为生态系统的理性，即生命系统与其环境之间关系的秩序，但其不是生态学的同义词，而是"一种关于行动、关于组织、关于最终目的或价值的思考方式"，我们称之为广义生态理性。① 德雷泽克指出，生态上的理性结构是能够持续为其组成部分提供良好的生命支持的结构，生态理性行为是促进或保护生态系统功能理性、稳定性或内稳态的行为，我们可称之为狭义生态理性。② 我们平时说的基于生态理性的自然资源配置决策主要指的是狭义上的"生态理性"。

价值理性层面，生态理性追求的是人与自然生命共同体的利益最大化，力图将人与自然的关系从利用与被利用、投入与产出的经济关系转变为依赖关系和实践关系。生态系统质量由稳健性、灵活性与恢复力三个方面决定：稳健性是指系统在外部胁迫或干扰的条件下继续正常运行的能力；灵活性与稳健性互补，它要求系统有能力调整其结构参数和功能以响应外部环境变化；恢复力是指生态系统受到外部干扰或胁迫后，恢复到初始状态的能力。

工具理性层面，要使生态理性实现，我们需尊重人的"自利性"，通过激励约束机制来激发人类对生态理性的贯彻与执行。其实现的路径包括：一是通过将生态

---

① Bartlett R V. Ecological Rationality: Reason and Environmental Policy [J]. Enrironmental Ethics, 1986 (3): 221 - 239.

② Dryzek J S. Rational Ecology: The Political Economy of Environmental Choice [M]. Oxford: Basil Blackwell, 1987.

损益纳入经济的成本收益分析实现，即先将自然资源进行赋值，融入到社会经济核算之中，同时将多元理性定量化，共同纳入社会经济学模型之中，从而得出最终的决策模型。二是通过资源环境承载力评价、环境影响评价等约束的方式，对超过资源环境承载能力的自然资源开发利用行为予以控制。

专栏 11-5

生态理性的两种方法及应用

一、将自然资源损益纳入经济成本收益分析的一种方法：物质流核算

物质流核算（material flow accounts，MFA）是基于资源利用全周期理念、物质平衡原理和物质代谢原理，运用物理单位（吨）统计与分析物质资源进出特定经济环境系统的流动情况的一系列方法。如今物质流核算方法的政策运用领域愈发广泛和全面（见表 1）。

表 1　　　　　　　　　　　　　　物质流分析的政策运用

政策领域		MFA 的相关功能
经济、贸易与供给模式和技术开发政策	经济政策	测量经济活动的物质资源利用效率；分析经济活动的需求；分析经济增长与直接和间接环境压力的"脱钩"
	贸易与供给模式	对全球经济以物质资源重量单位进行分析，包括全球化对国际物质流的影响；进口替代原材料；与生产和消费模式的互动；分析贸易与环境政策对全球物质流的影响；监测国际物质流变化的环境影响，包括间接物质流的环境影响，进口的内嵌物质资源的环境影响；物质资源国际贸易的潜在环境影响
	技术开发	引导对资源可得性和环境质量产生严重影响的资源开发利用技术；引导资源替代新技术开发；发展提高物质资源利用效率、提高资源综合利用新技术
自然资源管理政策		评价分析一个国家的自然资源利用现状和趋势；监测资源可持续发展动态；分析稀缺资源的稀缺性、可得性和需求等
资源综合利用及管理		估算废弃物产生趋势，及其对资源保护、资源产出率、资源回收利用的影响；资源综合利用的经济与技术分析；分析资源综合利用的优先领域

资料来源：朱道林（2022）。

二、承载力评价

承载力这一概念首次出现是在 1922 年，由哈文（Hadwen）和帕尔默（Palmer）在一篇关于放牧地管理的文章中提出。1953 年，奥德姆（Odum）在《生态学原理》中赋予了承载力概念比较精确的数学形式，将承载力概念定义为"种群数量增长的上限"，即承载力反映的是生物在自然条件制约下的种群数量的增长规律。承载力在其起源奠基阶段的研究以理论探讨为主，研究人类以外生物种群增长规律和粮食制约下的人口问题。在现在开展的国土空间规划编制过程中，主要应用的是基于多因素综合的资源环境承载力评价（见表2）。

表 2　　　　　　　　　　　　　承载力方法总结

评价类别	逻辑起点	核心内容
基于最小限制因子的资源环境承载力	最小限制因子原理	围绕"资源与环境 – 社会消费 – 阈值与容量"的逻辑，以资源与环境为载体，以人类对资源与环境要素的生产与占有量为媒介，通过对比阈值或容量标准识别承载力
基于多因素综合的资源环境承载力	综合效应原理	综合考虑资源、环境、社会经济等多个子系统的功能及要素，通过集成向量表征承载力
基于承压状态的资源环境承载力	基于承载体 – 压力体的互馈状态	将资源环境系统及要素视为承载体，将人类对资源环境要素的影响活动视为压力体，通过压力体对承载体的占用、强度、耦合等状态来表征资源环境承载力
基于相对思维的资源环境承载力	相对承载力	以研究区为样本，选择更大的区域、内部区域或类似区域为参照标准，根据参照区资源环境要素状态计算研究区的相对资源承载力
基于生态足迹的资源环境承载力	关注人类对资源环境的压力表征	关注人类社会经济对环境与资源消耗量的衡量，强调从资源与环境的生物生产功能入手，用面积级别表征人类资源消耗和废弃物排放过程中对生态环境的占用程度

生态理性下的自然资源配置要求：第一，生物资源可持续利用，即可再生资源的可持续产出。生态环境承载力是获得最大可持续产出的关键。第二，能源可持续利用，尤其是从利用不可再生化石能源向可再生能源转变。第三，生态环境管理，保护生态环境资源，避免对生态环境造成不可逆的损害，保持一个无退化的自然资本，这是可持续发展的必要条件。

（四）政治理性

政治理性是决策体系的理性，是一种讨论和决策的秩序。政治理性的制度是能够解决其面临的集体问题的制度。

价值理性层面，政治理性人的活动基于物质需求与精神需求，在公共利益、集团利益、自身利益三元利益的激励下，追求、夺取并运用公共权力，实现特定的利益权威性分配以满足特定利益需求。这使得"政治理性人"的内涵远比"经济人"假设更为丰富与复杂，公共性、集团性、阶级性、自利性等客观存在的政治特性元素在同一政治场域内的交织、冲突与协调，形成了一致与冲突共存的"政治理性人"人性假设。寻求主要政治参与者之间的共识是政治理性制度的一个特征。但与此同时，如要维持稳定，对制度的反对程度必须控制在一定水平以下，要达成广泛的共识，或避免过高程度的不满情绪。这往往意味着为了达成共识，需要诉诸调解和妥协，而牺牲为复杂问题找到有效和最终解决方案的实质性能力。

工具理性层面，首先要获取和处理信息，进而为要实施的行动提供建议。然后对这些建议进行分析、测试、修改和组合，以产生最终的选择，通常是以折中的形式。这个过程不是线性的，而是涉及循环和反馈，在各个阶段都可能进行检查和纠正。运用公共选择理论可以揭示"政府失灵"的问题，并试图克服政府干预的缺陷。

政治理性下的自然资源配置要求，政府在社会经济发展的促进者、全民所有自然资源资产的所有者、社会公益事业的承担者、国家战略资源的开发者、市场失灵的纠正者等多元身份中进行权衡，从而实现有利于社会经济高质量发展的最大共识。

（五）法律理性

相比于政治理性的博弈与不确定性，法律理性是一种制度化的、正式的社会控制形式，在现代法治国家，法律的理性精神最终被抽象为"法治"观念。法律理性指特定背景下的规则和规范，并由有权执行这些规则和惩罚违规行为的合法当局来保证，即来自对一个逻辑清晰、结构严密、明确稳定的法律规则体系的服从。

价值理性层面，法律公正是法律追求的终极目标，其本质是围绕权利建立起来的利益平衡。在人域内部，强调社会利益的优先保护，这种平衡是为了共同体的利益最大化与秩序的稳定和谐；在人际，强调人与自然的和谐发展，强调对人性的控制，理性地利用资源，这种平衡终究目的也是为了共同体的可持续发展与秩序的稳定和谐。

工具理性层面，决策者和行为主体（如法官、立法者和律师）通过各种制度设计，将法治的一系列原则转变为国家的行动逻辑，其制度的可行性取决于社会交易成本的多少，社会交易成本越低证明制度越可行。而对于资源开发决策者，法律制度可以充当"无约束"的经济理性的约束体系，理性行为的根本问题从"我如何使利润最大化"转变为"鉴于现有法律法规体系，我如何使利润最大化"，"经济理性人"通过平衡预期的经济收益与违法行为造成的损失来进行取舍。

法律理性下的自然资源配置要求，明确自然资源配置的权利体系，由司法过程按照一种权威性技术所发展和使用的各种法令来确定在什么限度内承认与实现涉及利益，最后努力保障在确定限度内被承认的利益。在我国现行法律制度中，形成了以民法典为根基，物权法为主要躯干，以土地管理法、矿产资源法、森林法、渔业法、环境保护法等系列自然资源和环境保护领域的单行法和相关司法解释为分支，补充以其他相关资源的部门规章和地方性法规等内容的一整套自然资源产权相关的法律制度，来保障自然资源配置的秩序。

专栏 11 –6

有限理性的局限

实际上人的认识能力、预测能力、信息处理能力都是有限的。任何由人构成的组织因为理性有限都有其局限性，作为公共组织的政府也不例外。有限理性是政府的基本状态，是政府组织和行为的实际写照。对政府来说，应做到尽量采取扩展理性的方法减少有限理性，减少决策的失误。这需要政府决策不断追求更充足的信息、更有效的决策组织架构、更科学的决策方法。

信息获取方面，随着新一轮信息技术和产业革命的蓬勃兴起，信息网络正在向泛在、融合、智能和绿色的多元化方向发展，自然资源统一调查监测体系的构建、国土空间基础信息平台的搭建、自然资源信息化水平的不断提升也为理性决策提供了日渐夯实的技术基础。下一步，信息的深层次挖掘、信息分析和应用层次的深入将是提高我国自然资源理性决策水平的关键，另外，如何实现从"满意"原则向效益最大化原则转变，如何破除科层体制的弊端，如何构建多部门联席决策机制都是实现更高效的决策机制的突破口。

三、自然资源优化配置框架

如前文所说，政府与市场是两种配置自然资源的主要机制或制度安排。在自然资源配置中关心的核心问题是：政府与市场在资源配置中定位和边界是什么，两者的运行通过什么方式才能达到资源效率最大效率。本章尝试从配置主体、配置客体、决策机制、配置方式和影响机理等几方面理清政府和市场在自然资源配置中的定位、边界与作用机理（见图 11 –2）。

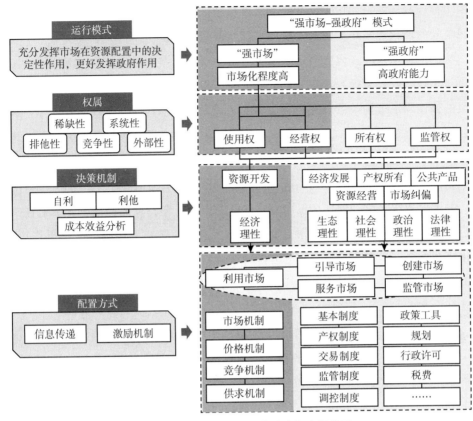

图 11 - 2　自然资源配置中政府与市场关系

(一) 配置主体：市场与政府的定位

党的十八届三中全会提出"充分发挥市场在资源配置中的决定性作用，更好发挥政府作用"以来，我国社会主义市场经济体制的"强市场 - 强政府"模式日渐清晰。"强市场"主要针对市场机制发挥作用大小而言，是市场化程度较高的一种表现。"强政府"不是强在代替市场配置资源上，而是强在提供高效的政府服务上，强在营造良好的社会环境上，是指政府具有较高政府强度[①]与政府能力，其具体包括获取资源的能力和行动的能力。通过"强市场 - 强政府"模式逐步推进自然资源"产权化—资产化—资本化—产业化"全链条的市场配置，从而提升资源配置水平。

(二) 配置客体：公权与私权的边界

有效率的产权设计能促使自然资源物尽其用，实现价值最大化。要素市场化配

---

①　斯蒂格利茨 (Stiglitz，1998) 将其视为政府的"强制力"。政府强度包括政府理性和政府自主性。

置和完善产权制度是加快完善社会主义市场经济体制的两个改革重点，市场与政府之间清晰的产权边界是实现自然资源市场化配置的关键。

从价值理性来看，政府通过全民自然资源所有权实现财政增收，市场通过使用权交易实现产权效率提升。从工具理性来看，根据稀缺性、系统性、竞争性、排他性、外部性确定市场与政府的权属边界。

关于所有权。我国作为社会主义国家，国家行使全民所有自然资源所有权是生产资料公有制在自然资源所有权行使主体上的法律体现，在此基础上，区分全民所有和集体所有，明确国家对全民所有的自然资源的所有者权益。

关于使用权。对经营性全民所有自然资源资产，坚持发挥市场在资源配置中的决定性作用，积极推动有偿使用制度的落实，通过完善市场规则、鼓励市场竞争、显化市场价格、激发市场活力，营造各种所有制主体依法平等以出让、租赁、作价出资等方式使用资源要素的市场环境。对公益性全民所有自然资源资产，研究完善配置程序和方式，通过划拨、承包等方式明确管护主体，落实管护责任。

关于经营权。自然资源使用权和经营权的明确和分离主要依据自然资源的外部性和系统性而定，对外部性和系统性很强的自然资源，如大气和生活所需的淡水、紧缺的耕地和城市土地等自然资源；生态公益林、珍稀动植物、防止荒漠化的草原等有很大生态保护作用的生物资源，应实行使用权和经营权的结合，由公共事业部门去经营，或在政府的严格管制下由个体或企业主体经营。而对排他性、竞争性强，系统性和外部性相对较弱的自然资源，如生产性用水、经济林、荒地、储量丰富的矿产资源、可畜养的非珍稀动物等，应明确把使用权与经营权分离，让经营权自主进入市场交易。

关于监管权。国家对全民所有自然资源资产行使所有权并进行管理和国家对国土范围内自然资源行使监管权是不同的，前者是所有权人意义上的权利，后者是管理者意义上的权力。这就需要完善自然资源监管体制，统一行使所有国土空间用途管制职责，使国有自然资源资产所有权人和国家自然资源管理者相互独立、相互配合、相互监督。[①]

（三）决策机制：市场与政府的决策机制

不同的主体的理性维度会有所不同。

个体遵循经济理性，追求自身利益的最大化，而其他的理性维度大多以约束形式作用于决策之中。例如，一个建设项目的开工，开发主体需先进行成本收益分析，判断项目的经济可行性，这时社会、生态理性主要以成本约束形式纳入决策；

---

① 《关于〈中共中央关于全面深化改革若干重大问题的决定〉的说明》。

在项目审批阶段，法律理性同样是以约束形式作用于项目。

政府基于全民所有自然资源资产的所有者、社会经济发展的促进者、国家战略资源的开发者、社会公益事业的承担者、市场失灵的纠正者等多重身份，遵循的是多元理性，追求公众整体利益的最大化，各种理性维度是在效用目标函数之中。政府在实施自然资源配置调控时要制定充分激励约束机制，使公众利益最大化地尊重个人利益。

（四）配置方式：市场配置与政府配置的边界

社会主义市场经济下：首先，在微观经济系统中，市场发挥主导作用，通过市场机制把有限的资源配置到预期效益好的部门和企业，实现自然资源的节约、高效利用，政府在其中只通过国有企业参与市场、通过市场监管维护市场运行、通过搭建交易平台和促进信息对策服务市场运行；其次，在宏观经济系统中，政府发挥主导作用，从战略高度充分考虑国家以及地区发展的现实情况，通过基本制度、政策工具结合，来引导市场、创建市场、服务市场和监管市场，从而使市场机制最大限度发挥作用。

政府调控资源的关键在于如何通过基本制度和政策工具的制定，优化激励机制，使企业的效用函数与国家的效用函数一致；实现信息对称并提高信息处理能力使国家能作出更理性的决策，从而使市场机制最大限度发挥作用。基本制度包括产权制度、交易制度、监管制度和调控制度。政策工具包括规划等引导市场政策工具，资源储备、税费、补贴等利用市场政策工具，生态产品、指标交易等创建市场政策工具，权属登记、交易监测等服务市场政策工具，市场准入、用途管制、行政许可、市场监督、法律追责等监管市场政策工具。

专栏 11-7

自然资源要素市场化配置重要文件

2016 年 12 月，国务院印发《关于全民所有自然资源资产有偿使用制度改革的指导意见》，针对土地、水、矿产、森林、草原、海域海岛等六类国有自然资源的不同特点和情况，分别提出了建立完善有偿使用制度的重点任务。

2017 年，中共中央办公厅、国务院办公厅印发的《关于创新政府配置资源方式的指导意见》从建立健全自然资源产权制度、健全国家自然资源资产管理体制、完善自然资源有偿使用制度、发挥空间规划对自然资源配置的引导约束作用等方面规定了创新自然资源配置的方式。

2020 年 3 月，中共中央 国务院印发的《关于构建更加完善的要素市场化配置体制机制的意见》进一步明确推进土地要素市场化配置，对建立健全城乡统一的建设用地市场、深化产业用地市场化配置改革、鼓励盘活存量建设用地、完善土地管理体制等进行了具体部署。

第二节　自然资源的市场配置

一、自然资源市场及市场机制

（一）内涵

马克思主义学者认为，资本主义与生态保护具有本质矛盾，在资本主义的市场上，产品"不作为直接使用价值来生产，而是作为交换价值来生产"这一特征，使得市场在提高资源的配置效率的同时，大大地提高了对物质（自然资源）生产资料的需求、造成了自然资源的浪费，是生态危机的根源。而生态文明在中国特色社会主义事业"五位一体"总体布局中早有擘画，这意味着我国所言提高自然资源配置效率并不仅是经济理性层面的，同时也是生态理性和社会理性层面的，即我国的自然资源市场不能仅追求资源的经济效率，同时还要兼顾生态效益和社会效用。在我国具有社会主义特色的自然资源市场中，自然资源资产产权和由自然资源衍生而来的生态产品及其他相关品种，以及附着于财产属性之上的指标或配额，在符合生态文明建设和社会主义市场经济改革要求的前提下，都可用以交易。

根据交易物品的类别不同，自然资源市场可分为自然资源要素市场和自然资源产品市场。自然资源产品市场是对自然资源进行加工形成产品后的交易市场，现阶段，我国自然资源产品市场化配置水平较高，价格基本能够反映供需情况。例如，木材、矿产等都属于自然资源产品。而自然资源要素市场化配置水平还不高，要素价格无法充分体现资源稀缺程度、生态环境损害成本和修复效益，产品市场价格与要素市场价格之间存在巨大差值，产品要素市场一体化水平较低。本章中的市场配置主要针对自然资源要素市场配置，其又包括资源要素产权配置与要素生产配置两个阶段。

第十一章

（二）市场结构

1. 市场主体

通常认为，对自然资源有需求的群体和能够提供自然资源的群体可以称为市场主体。其中，对于自然资源有所有权并且有转让意愿的群体或用户一般称为供给者；对于自然资源有意愿并且有购买能力的群体或用户一般称为需求者。政府作为重要的市场主体，可以通过对资源的收储和供给达到调整市场供需的目的。

2. 市场客体

在《生态文明体制改革总体方案》中，自然资源包括土地、矿藏、水流、森林、山岭、草原、荒地、海域、滩涂等九类。中央"三定方案"赋予自然资源部履行管理职责的自然资源资产包括全民所有土地、矿产、森林、草原、湿地、水、海洋等七类。《国务院关于全民所有自然资源资产有偿使用制度改革的指导意见》进一步明确，全民所有自然资源主要包括土地、水、矿产、森林、草原、海域海岛等六类。根据法律对自然资源范围的界定和现实中的市场发育状况，目前，我国的自然资源市场包括了土地（建设用地、耕地、林地、草地）、矿产、水、海域海岛等资源市场，由于产权改革进展和有偿使用推进程度不同，各个市场的发展程度不一，交易规模和交易活跃程度差别较大。

（三）市场机制

党的十九大报告继续把加快完善社会主义市场经济体制作为重要部署，明确要"着力构建市场机制有效、微观主体有活力、宏观调控有度的经济体制"。市场机制包括价格机制、供求机制和竞争机制。

1. 价格机制

价格是市场机制的基本的信息传递通道和调节杠杆。价格机制是指在市场供求矛盾中，价格围绕价值波动，从而支配市场取向和调节资源配置的作用方式，是市场经济条件下配置资源的核心机制。回观我国，自然资源价格长期被扭曲。一是不能完全反映自然资源的供需和真实价格；二是资源开采利用的低成本与终端消费的低价格造成了企业生产和居民生活中的资源高消费；三是政府定价的模式缺乏市场经济的调节，自然资源商品定价不尽合理和科学。因此，党的十八届三中全会特别强调了发挥市场对资源配置的决定性作用，要求"加快自然资源及其产品价格改革，全面反映市场供求、资源稀缺程度、生态环境损害成本和修复效益"。

2. 供求机制

供求机制是指各种商品及生产要素的供给与需要之间的内在联系和相互作用的方式。商品的均衡价格和均衡数量是资源配置问题的核心。

西方经济学者认为，就经济整体而言，消费者追求最大效用，生产者追求最大利润，通过价格的桥梁，各消费者均衡与各生产者均衡的实现是一般均衡的实现，同时也是消费、生产领域帕累托最优的实现。由于市场需求和实际需求是不同的，供求双方又受各种因素影响是经常变化的，所以，在市场上会发生供求平衡、供过于求和供不应求三种情况。商品的供求关系就是从不平衡到平衡，从平衡到不平衡不断运动着的。

由于人均资源不足是我国的基本国情。我国人均耕地面积只有世界平均水平的1/3，人均水资源占有量仅相当于世界平均水平的1/4，大宗矿产人均储量不足世界平均水平的1/5，人均森林面积仅为世界平均水平的1/5。而我国全球第一生产制造大国和消费品市场大国的地位近期不会改变，我国仍处于工业化中后期和城镇化快速发展期，未来十年我国资源需求总体仍将呈上升态势，我国初级产品供给有效保障持续面临着压力。因此，坚持总体国家安全观，从统筹发展和安全的战略高度出发，我国需要在宏观层面实施土地、重要矿产、森林、水等各类资源的总量管控，而在微观层面充分发挥市场的决定性作用。例如，土地方面，《中共中央 国务院关于构建更加完善的要素市场化配置体制机制的意见》在宏观层面明确"完善土地利用计划管理，实施年度建设用地总量调控制度，探索建立全国性的建设用地、补充耕地指标跨区域交易机制"；在微观层面明确"深化产业用地市场化配置改革。充分运用市场机制盘活存量土地和低效用地"。

3. 竞争机制

竞争机制是市场供求变动、价格波动和生产要素流动而形成的市场经济运行中的有机联系，是市场经济活力的重要表现形式。市场经济条件下，由于价值规律及其利润规律的内在作用，必然使各个市场主体之间为谋求自己最大利益而进行竞争乃至斗争。其表现形式主要有三方面：一是卖者之间为争夺市场占有率及销售优势而展开的竞争；二是买者之间为争夺购货优势而展开的竞争；三是供求双方之间的价格竞争或讨价还价。党的二十大报告明确要"加强反垄断和反不正当竞争，破除地方保护和行政性垄断，依法规范和引导资本健康发展"。

我国为健全自然资源要素市场的竞争机制制定了诸多政策。例如，矿产资源方面，《自然资源部关于推进矿产资源管理改革若干事项的意见（试行）》提出"全面推进矿业权竞争性出让"，"严格控制矿业权协议出让"。

二、自然资源产权的市场配置

虽然我国自然资源产权体系已初步建立，但由于我国市场经济体制还处于初创阶段，整个社会的市场化进程还没有最后完成，我国的统一自然资源产权市场还没有真正建立起来，致使资源产权配置和流转都还处于相对不稳定的状态。

（一）市场类型

1. 按要素种类分类

按照部门管理职能和权限，不同用途和类型的自然资源形成不同的市场，包括建设用地、林地、草地、耕地、海域、无居民海岛等各类自然资源使用权或承包经营权市场。

2. 按权力类型分类

按产权类型分为以建设用地使用权为产权基础的城乡建设用地统一市场（包括国有建设用地市场、集体经营性建设用地市场），以承包经营权为基础的土地承包流转市场（包括耕地、林地和草原承包流转市场），以矿业权（探矿权、采矿权）为基础的矿业权市场，以水资源使用权为基础的水权交易市场，等等。

3. 按土地所有制分类

按土地所有制，自然资源市场又分为国有和集体建设用地、林地、草地、耕地市场等。

4. 按交易阶段分类

按资源要素是否为初次分配，可将自然资源市场分为自然资源一级市场、二级市场和其他市场。一级市场、二级市场详见第九章第一节中"四、自然资源资产有偿使用的基本方式"。除一级市场、二级市场以外，还有其他多元化的市场类型，包括对自然资源进行深加工后的产品交易市场、对自然资源的直接物权的占有和收益权转化为债权或股权的资产证券市场、自然资源金融衍生品市场等。

（二）我国现状

我国的自然资源市场体系包含了多种自然资源市场，由于产权改革进展和有偿使用推进程度不同，各个市场的发展程度不一，交易规模和交易活跃程度差别较大（见表 11 - 1）。

表 11 – 1 　　　　　　　　　　我国自然资源市场概况

市场类别	主要交易产权类别	市场化交易方式	现状
建设用地使用权市场	国有建设用地使用权	一级市场：招标、拍卖、挂牌、租赁、划拨等 二级市场：转让、抵押、租赁、股权转让、作价入股、联营等	一级市场已形成了相对完善的制度体系，土地二级市场正在完善中
	集体建设用地使用权	集体经营性建设用地使用权可在一级市场和二级市场流转。宅基地使用权仅限于在村集体内的转让、抵押、租赁等。集体公共公益设施建设用地使用权暂时还不在可市场化交易范围之内	尚处于初步建设阶段
农用地使用权市场	国有农用地使用权	出让、作价出资/入股、授权经营等有偿使用，以承包经营方式使用的国有农用地仍排除在土地有偿使用改革以外	严格限定在农垦改革范围内。国有农用地有偿使用改革仅体现在各级规范性文件当中，缺少法律、行政法规、部门规章层次的制度支撑。另外，其权能界定的不清晰也影响了其市场的完善
	农村土地承包经营权或经营权	土地承包经营权仅可通过集体成员农户取得，且不得继承（林地承包经营权除外）或融资担保；非集体成员的个体或组织只能取得土地经营权，可用于入股或抵押	农村承包土地流转市场发展时间较长，但市场不够完善规范，面临着适应"三权分置"改革、农业现代化、乡村振兴的新要求
矿业权交易市场	采矿权、探矿权	一级市场以招标、拍卖、挂牌为主要交易方式，辅之以部分协议出让 二级市场交易包括买卖、租赁、抵押、合资（作价出资）、合作经营、矿业企业分立、合并、重组改制、上市及其他变更矿业权主体等方式	当前我国矿业权一级出让市场的管理工作处于较为成熟的状态，严格控制协议出让是当前管理的重点。日后将逐步放开探矿权的二级市场，允许探矿权流转，以吸引有实力的矿业企业投入到找矿行动中。采矿权资本市场基本成熟，但探矿权风险勘查资本市场尚未起步
用水权交易市场	区域水权、取水权、灌溉用水户水权	区域水权交易可采取公开交易或协议转让的方式进行 取水权交易需原取水审批机关核定后转让 灌溉用水户水权可自主转让	一级市场是指用水权的初始分配，已基本建立
海域海岛市场	海域使用权	一级市场：以申请审批为主，还包括招标、拍卖和挂牌等出让方式 二级市场：转让、抵押、出租等多种方式	一级市场基本建立，但市场化程度仍有待提高。国务院尚未对海域使用权转让出台管理办法，以地方性法规为主，二级市场法律体系暂未成熟

续表

市场类别	主要交易产权类别	市场化交易方式	现状
海域海岛市场	无居民海岛使用权	一级市场：申请审批、招标、拍卖、挂牌等方式 二级市场：转让、出租和抵押需要经批准	市场化配置的政策体系尚处于指导性阶段，法律依据尚不明确。通过市场化配置方式取得的比例仍然不高，批准使用占可使用无居民海岛总数的 9.6%
指标市场	土地指标	耕地占补平衡指标、建设用地指标等交易	区域内的交易机制已形成，全国范围的跨区域交易机制正在探索
	碳排放权	排放配额交易和国家核证自愿减排量交易	已纳入公共交易平台
	碳汇	森林、农业、海洋等碳汇交易	森林碳汇交易相对较为成熟，其他处于探索之中

三、市场机制下的资源要素生产决策

（一）基本原理

自然资源是一种引致需求，即对于自然资源的需求是由对产品的需求派生出来的需求。而且作为一种生产要素，自然资源不能在生产过程中单独发挥作用，它须与其他生产要素联合起来发挥作用。设生产的产品数量为 Q，所使用的市场要素中，劳动为 L，资本为 K，自然资源为 N，企业家才能为 E，则构建的生产函数为：

$$Q = f(K, L, N, E)$$

对于生产要素的这种"联合"需求，还产生了一个重要后果：对于某种生产要素的需求量，不仅取决于自身的价格，也取决于其他生产要素的价格。对于经济主体而言，在制定生产计划时，必须决定每种生产要素的使用量，因为其目标是使这些生产要素组合起来，以便在这些生产要素支出固定时，获得最大产量或最大收益。

（二）决策原则

郑永琴（2013）提出，自然资源作为生产要素的开发决策可以概括为合理投入、均等边际、适度规模和集约利用等几个经济原则。

1. 合理投入原则

由于资源开发利用存在的边际报酬递减规律，如图 11-3 所示，TPP 曲线表示总产量曲线。APP 表示各种资源投入水平下，单位资源的平均产量。MPP 表示在各种资源投入下，资源的边际产量。

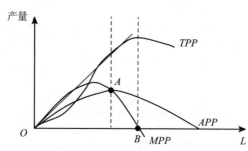

图 11－3　资源开发利用边际报酬递减规律

资料来源：郑永琴. 资源经济学 ［M］. 北京：中国经济出版社，2013：133.

由图 11－3 可以看出 MPP 先上升，达到最高点后，开始下降，并最终变为负值。APP 也先增后减。MPP 与 APP 相交于 APP 的最高点 A 点。在 A 点之前，APP 是逐渐上升的，所以自然资源的平均报酬是逐渐递增的，在 A 点达到最大。此时，若继续增加资源的投入，则资源的边际报酬就会持续递减，当达到 B 点时，增加单位要素投入所带来的产量增量为 0，若继续增加投入，其带来的新增产量就会变为负值。所以自然资源要素合理投入水平应当确定在 A 点和 B 点之间，这一区域就是自然资源投入的合理区间。

2. 均等边际原则

均等边际原则指当资源有限时，应将资源适当地分配给各种用途，使每个用途所获得的边际报酬相等，从而使总报酬最高，这一原则鼓励资源经营者将资源向能获得更多纯收益的用途转移。

3. 适度规模原则

适度规模原则指当资源开发规模变化时，纯收益也会变化，要使资源开发利用的规模保持在适度水平上，要尽可能使资源处于规模报酬不变的阶段，即规模报酬递增阶段。在这种情况下，能使单位产品平均成本保持在一个较低水平上，从而获得更高经济利益。

4. 集约利用原则

集约利用原则指资源都得到充分利用的状态，即生产过程中与单位资源结合的资本和劳动数量较多。我们常见的测度指标有地耗、水耗等。若结合的资本和劳动数量较少，则称为粗放利用。影响资源集约利用的因素主要有资源用途、资源供给、资源产品价格、生产成本、资源区位和资源利用潜力等。

（三）资源开发的差异化导向

资源的开发问题，实际上可以理解为一个"蓄水池"问题，就是怎么放水才能使总利益最大化，即怎样合理地把给定的"存量"分配到各个时间上成为"流量"的问题。

资源可分为不可再生资源和可再生资源，不可再生资源是人类开发利用后，在现阶段不可能再生的自然资源，即基本不具备自然更新能力或自然更新速率非常低的资源，"蓄水池"的问题中，如果没有流入就是"不可再生资源"，其主要需要解决的问题是"如何在最终实现可再生资源替代前，在代际分配日益减少的存量"；可再生资源是在自然界中可以不断再生并有规律地得到补充或重复利用的能源，即具有自然再生能力、可以以一定速率扩大可再生资源流量的资源，"蓄水池"的问题中，如果有水流入就是可再生资源，需要解决的是"如何维护有效的、可持续的资源流量"的问题（见表 11-2）。

表 11-2　　　　　　　　　　　　不同自然资源类别的配置特点

一级分类	概念	面临挑战	二级分类	特点
不可再生资源	基本不具备自然更新能力或自然更新速率非常低的资源	如何在最终实现可再生资源替代前，在代际之间分配日益减少的存量	可回收资源（金属矿产等）	耗竭率的高低取决于需求状况、产品耐用性和产品可再利用能力
			不可回收资源（煤炭、石油、天然气等）	一经利用便不复存在
可再生资源	具有自然再生能力、可以以一定速率扩大可再生资源流量的资源	如何维护有效的、可持续的资源流量	临界带资源（土壤、鱼类资源、森林资源、地热）	流量大小和可持续性取决于人类，若流量过大可能会转变为不可更新资源
			非临界带资源（太阳能）	流量同人类活动无关

（四）不可再生资源的配置

1. 不可再生资源的供给

不可再生资源储量具有相对恒定性，主要通过资源储量表示资源禀赋状况。但随着人们对于自然资源总供给量认识的深化，人们发现，过去没有发现的资源，现在可以被发现并利用；过去不被纳入资源范畴的东西，现在也纳入自然资源的范畴。也就是说，任一时期的探明储量由技术、知识和工艺可得性，需求水平，生产和加工成本，资源产品价格，替代品的可得性与价格等决定。因此，在某一时间节点，自然资源供给是不随价格变化而变化的，自然资源的总供给曲线是一条垂线（见图 11 - 4）。但随着外部条件的辩护，表现为供给曲线的不断右移，从 S 移动到 S'，再移动到 S''，从而供给总量也从 Q 移动到 Q'，再移动到 Q''。但这绝不表明，自然资源的总量在增加。事实上，每一种资源储备都有一个极限，虽然我们不能确切地知道何时能够接近这个极限，但这个极限确实存在。

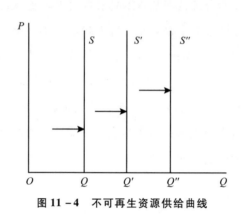

图 11 - 4　不可再生资源供给曲线

2. 最优配置模型

从收益最大化的目标导向来说，实现不可再生资源的优化配置即是探索如何分配不同时期的资源使用量，使各个时期使用资源的净效益现值之和达到最大，从而实现资源利用净效益现值的最大化。下面我们分析不可再生资源在不同情况下的配置模型。

（1）两个时期的配置模型。

两个时期的不可再生资源配置模型有三个假设条件：

①资源在两个时期内的储量是充足的，即第一期的消费不会影响第二期的消费数量；

②资源边际开采成本不变，即第一期和第二期的边际开采成本相等；

③两个时期对资源消费的需求不变。

两个时期的资源高效配置的条件就是找出时期 1 的资源配置量 Q_1 和时期 2 的资源配置量 Q_2 的所有可能性组合（$Q_1 + Q_2 = Q$）点，通过比较这些点，选出净收益现值最大的资源配置组合。研究表明：要满足净收益现值最大的条件，只要使时期 1 最后一单位资源的边际收益现值等于时期 2 最初一单位资源的边际净收益现值。

两个时期的资源配置模型是建立在健全的市场机制和合理的政府调节政策基础

上的。由于不可再生资源的稀缺性，现在的使用必将减少未来使用的机会，所以还须考虑由于资源稀缺所产生的额外边际成本，即边际使用成本。边际使用成本是指在边际上失去的机会成本现值，即放弃将来使用一定量资源的净效益现值。由于资源总量是固定和有限的，现在使用越多，将来使用机会减少就越多。今天决定使用一定数量的资源，就意味着放弃将来使用该资源的净效益。因此，如果资源稀缺，市场上的最低资源价格就等于边际开采成本加上边际使用成本。如果边际开采成本不变，资源在两个时期有效配置的结果是边际使用成本逐渐上升，资源消费量逐渐下降。

（2）多个时期的配置模型。

多个时期的不可再生资源配置假设需求和边际开采成本保持不变，只是将上述模型的时间由两个时期延续到多个时期。不可再生资源的开采量和消费量会随着时间的增长而呈现递减的趋势。图11-5表示不可再生资源的总边际成本和边际使用成本（总边际成本与边际开采成本之差）随时间变化的曲线。从图11-5中可以看出，尽管边际开采成本保持不变，但边际使用成本是随着时间的增加而不断增加的。边际使用成本的增加反映了资源稀缺程度的增加和资源消费机会成本的提高。随着时间的延续，与边际总成本相对应的是，资源开采量随时间的延续逐渐降低到零。在这一点上，总边际成本等于人们愿意支付的最高价格。因此，总边际成本是随着边际使用成本的增加而增加的，最终实现了资源的供给和需求同时为零。

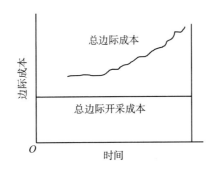

图 11-5　多个时期资源边际成本与时间的关系

资料来源：马中（2019）。

（3）有可替代资源的资源配置。

当资源存在不可再生的资源替代时，资源配置的方式是不可再生资源随着时间延续实现资源和替代资源间的相互替代。但无论怎样替代，只要人们存在着边际支付意愿，两种不可再生资源最终都会被耗竭，只是相对减缓了资源的耗竭速率。

如果可替代的资源是可再生的资源时，在有效的资源配置时，会实现不可再生资源向可再生资源的过渡。刚开始，可再生资源的边际开采成本较高，高于不可再生资源的边际开采成本，其结果是加速人们对不可再生资源的开采，直到不可再生资源的总边际成本等于可再生资源的边际开采成本，人们才停止开采不可再生资源，转入开采可再生资源。

此外，补充一点。对于可回收资源而言，只要资源再利用的边际成本低于替代品，市场就趋向于选择可回收资源。有效率的经济系统会在新开采资源和可回收资源的消费之间、产品处置和循环利用之间、进口和国内生产之间达到平衡。

（4）边际开采成本递增时的资源配置。

上述分析都假设不可再生资源的边际开采成本不会随着时间的增长而发生变化。这个假设是不符合实际的。在实践中，随着时间的推移，赋存条件好的资源逐渐被耗竭，劣等资源相继被纳入开采之列，资源的边际开采成本随着时间的推移不断增加。如矿物品位的降低和采掘深度的加大都会带来开采成本的增加。

边际使用成本是一种机会成本，它是反映放弃将来边际净收益的机会成本。随着边际开采成本的增加，未来开采发生的机会损失就会减少，边际使用成本就会减少。即，边际开采成本越大，说明越来越多的资源已被开采，未来从资源节省中获得的净收益就越小，因而边际使用成本也就越小。最后，如果边际开采成本足够高时，以致对资源的提前消费根本不会影响未来对资源的使用。此时，边际使用成本为零，总边际成本就等于边际开采成本。因此，如果边际开采成本不变，资源的储量会最后被开采完；而在边际开采成本不断增加的情况下，某些资源可能会因为边际成本太高而最终被保留下来。

综上所述，有效的资源配置过程可归纳为：如果资源的边际开采成本不变，且资源数量有限时，如果出现了更好的替代资源，应向替代资源平稳过渡；如果没有替代资源就应节约使用资源。而当边际开采成本不断升高时，由于边际开采成本的不断增加，有可能使资源得到可持续利用，而不会最终被耗竭。

（五）可再生资源的配置

对于可再生资源来说，虽说他们可以再生，但如果过度开采，也可能成为不可再生资源，如有些动物种群在人们的大量捕杀下，已经或濒临灭绝。或者，在人类的过度开采中，资源越来越趋枯竭，使产业收益逐渐下降。如天然渔场、林场等。

1. 可再生资源的供给

可再生资源即使人们不开发利用，也有其生命周期。一方面，资源的增长要求自然生产率要大于自然死亡率，另一方面，资源总量又不能突破环境所能容纳的最大量。所以，在自然的条件下，其增长符合逻辑斯蒂（logistic）规律，即当某一自变量无限增大的时候，事物的增长会呈现出先缓慢增长再剧烈增长最后增长速度逐渐回落，最后达到某一定值。设 r 为自然增长率，N 是环境容许的最大资源量，x 表示时刻 t 的资源量，则根据逻辑斯蒂规律得：

$$x'(t) = rx\left(1 - \frac{x}{N}\right) \tag{11 - 3}$$

假设，一般条件下，单位时间的消耗量（产量）与资源总量呈正比例关系，设产量为：

$$h(x) = kx \tag{11 - 4}$$

其中，k 为比例系数。则在开发利用资源的前提下，资源量应满足的方程是：

$$x'(t) = rx\left(1 - \frac{x}{N}\right) = kx \tag{11 - 5}$$

另 $x'(t) = 0$，则可得：

$$x_0 = N\left(1 - \frac{k}{r}\right), \ x_1 = 0 \tag{11 - 6}$$

记 $f(x) = rx\left(1 - \frac{x}{N}\right) - kx = 0$，则得：

$$f'(x_0) = k - r, \ f'(x_1) = r - k \tag{11 - 7}$$

因此，当 $k < r$ 时，$f'(x_0) < 0$，$f'(x_1) > 0$，即 x_0 点稳定，x_1 点不稳定；但当 $k > r$ 时，x_1 是稳定点，x_0 则是不稳定的。

k 可以理解为开采率，r 是增长率，只要开采适度，$k < r$，就可以使资源量稳定在 x_0，从而获得持续产量 kx_0；而当过度开采，即 $k > r$ 时，资源量将稳定于 $x_1 = 0$，那么产量也趋于 0。

假定 $k < r$，取资源量稳定在 $x_0 = N(1 - k/x)$ 时，如何控制开采量，可使持续产量最大？如图 11 - 6 所示，做抛物线 $y = rx(1 - x/N)$ 和直线 $y = kx$，其交点 p 的横坐标 x_0，就是稳定平衡点 x_0，纵坐标 h 就是稳定条件下的持续产量。显而易见，要获得最大持续产量，应使直线 $y = kx$ 与抛物线 $y = rx(1 - x/N)$ 在顶点 p^* 处相交，此时的稳定平衡点是 $x^* = N/2$，最大持续产量为 $H = rN/4$，此时开采率 $k^* = r/2$，即为自然增长率的一半。

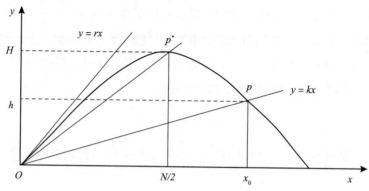

图 11-6 自然增长率与开采率曲线

2. 最优配置模型

（1）静态效益模型。

从开采的利润来考虑、假设，该资源开采成为商品后，价格为 p，开采率 k 可分解为 $k = me$，其中 m 为开采系数，e 为开采强度（如渔船、林场的数量等），假设 $m = 1$，每单位开采强度成本为 c，则单位时间开采收益为 $R = ph(x) = pkx$，支出为 ck，则单位时间开采利润为：

$$L = pkx - ck \tag{11-8}$$

把稳定条件 $x = N(1 - k/r)$ 代入，可得：

$$L(k) = pNk\left(1 - \frac{k}{r}\right) - ck \tag{11-9}$$

令

$$L'(k) = pN\left(1 - \frac{k}{r}\right) + pNk\left(1 - \frac{1}{r}\right) - c = 0 \tag{11-10}$$

可得：

$$k = \frac{r(pN - c)}{2pN} \tag{11-11}$$

亦即当：

$$x_0^* = \frac{N}{2} + \frac{c}{2p} \tag{11-12}$$

$$h^* = rx^*\left(1 - \frac{x^*}{N}\right) = \frac{rN}{4}\left(1 - \frac{c^2}{p^2 N^2}\right) \tag{11-13}$$

时，可获得最大利润。

比较获得最大开采量和最大利润的分析结果可知，在最大利润原则下，开采强度（开采率）和持续产量均有所减少，但资源量有所增加，并且增加和减少的比

例是开采成本 c 的增函数，是销售价格 p 的减函数。

如果资源在政府的控制下，或在无竞争对手的单一企业中，这些资源会在最大利润原则支配下得到适度开采，循环再生。但如果经营是开放而不加限制的，最大利润原则将失去效力，因为只要有利可图，即使不是最大利润也会引来大量经营者。

根据利润与开采强度的关系

$$L(k) = pNk\left(1 - \frac{k}{r}\right) - ck \qquad (11-14)$$

令 $L(k) = 0$，则

$$k_s = r\left(1 - \frac{c}{pN}\right) \qquad (11-15)$$

即：当 $k < k_s$ 时，$L(k) > 0$，经营者会加大开采强度；而当 $k > k_s$ 时，$L(k) < 0$，经营者会减小开采强度。因此 k_s 就是经营者的临界强度，显然 k_s 存在的必要条件是 $k_s > 0$，即：

$$p > \frac{c}{N} \qquad (11-16)$$

把 $k_s = r(1 - c/pN)$ 代入最大持续产量下的平衡点 $x_0 = N(1 - k/r)$ 得盲目开采下的稳定资源量：

$$x_s = \frac{c}{p} \qquad (11-17)$$

此时 x_s 完全由成本和价格决定，不依赖于资源总量和自然增长率，随着价格的上升和成本的下降，必然导致过度开采。

令 $0 < k_s < k^*$，即：$0 < r(1 - c/pN) < r/2$。可得：$c/N < p < 2c/N$。

此时，临界开采强度小于最大持续开采强度，说明出现了过度开采，而当 $p > 2c/N$ 时，$k_s > k^*$，临界开采强度大于最大持续开采强度，这将导致资源枯竭。

（2）长期效益模型。

如果追求长期的效益，而不是短期的最大效益，记贷款利率 μ 与货币贬值率 γ 之差为 δ，$\delta = \mu - \gamma$，称为折扣因子，通常 $\delta > 0$。

设单位时间的开采量为 $h(x)$，单位成本为 $c(x)$，$x = x(t)$，则单位开采利润为：

$$L(x) = [p - c(x)]h(x) \qquad (11-18)$$

在折扣因子 δ 下，把利润折扣到 $t = 0$ 时的值为：

$$L_0(x) = e^{-\delta t}[p - c(x)]h(x) \qquad (11-19)$$

于是，长期效益可表示为：

$$R(x, t) = \int_0^{+\infty} e^{-\delta t} [p - c(x)] h(x) \, dt \qquad (11 - 20)$$

记 $g(x) = rx\left(1 - \dfrac{x}{N}\right)$，

则由 $x'(t) = rx\left(1 - \dfrac{x}{N}\right) - h(x)$ 得：

$$h(x) = g(x) - x'(t) \qquad (11 - 21)$$

代入上式得：

$$R(x, t) = \int_0^{+\infty} e^{-\delta t} [p - c(x)][g(x) - x'(t)] \, dt \qquad (11 - 22)$$

问题归结为求 $x(t)$ 使 $R(x(t))$ 最大。并由此确定单位时间的最优开采量 $h(x(t))$。

最优解 $x(t)$，应满足的是欧拉方程：

$$e^{-\delta t}\{[p - c(x)]g'(x) - [g(x) - x'(t)]c'(x)\} + \frac{d\{e^{-\delta t}[p - c(x)]\}}{dt} = 0$$

四、市场失灵

一般认为，市场失灵是指单凭市场机制的自发调节难以达到帕累托最优状态，即未能达到资源的最优配置状态。高鸿业著《西方经济学（第四版）》表述为："现实的资本主义市场机制在很多场合不能导致资源的有效配置，这种情况被称为所谓'市场失灵'"。鲍金红（2013）认为，在我国社会主义市场经济转型下，市场失灵表现具有特殊性，由于市场经济体制还不够完善，市场机制在资源配置的调节作用在某些方面还不能充分发挥，我国在社会主义市场经济转型下的市场失灵可以分为三种类型。

（一）效率性市场失灵

市场机制本身所固有的缺陷可能导致资源配置缺乏效率，这是经济学文献中最初的和最典型的市场失灵，称为"效率性市场失灵"，也可谓之为狭义的市场失灵。其主要表现有：第一，市场存在着垄断或不完全竞争，使其资源配置并非总是有效率的。第二，市场行为的外部性可能产生负面的外溢效果。第三，市场机制不能保证公共物品的供给和公共资源的有效利用与保护。在现实的经济生活中，常常存在着信息不完全或不对称的情况，因而在交易市场上也就会出现劣币驱逐良币、逆向选择、道德风险等一系列资源配置并非最优的现象。此外，市场调节的短期性和滞后性等固有的缺陷也将导致资源的浪费，破坏帕累托最优，出现效率性市场失灵。例如，1984 年伊始，牧区效仿农村的家庭责任承包制将所有牲畜承包到户，牲畜私有之后草原仍维持公有，随之发生了"公地悲剧"，后为解决草原公有与牲畜私有的矛盾，从 1989 年开始将草原承包到户，逐步推行了"草畜双承包"制以解决这一效率性市场失灵。

（二）公平性市场失灵

以市场机制是有效率的为既定前提，由于市场机制本身所导致的社会难以接受的有失公平的后果，则为"公平性市场失灵"，它是后来派生出来的市场失灵，也可以称为广义的市场失灵。其主要表现有：第一，市场机制所导致的宏观经济失衡。第二，市场机制所导致的区域经济发展不平衡。不平衡产生于区域的地理位置、资源禀赋等的自然差异。第三，市场机制所导致的收入分配不公。"马太效应"便是公平性市场失灵的一种体现。

专栏 11-8

"马太效应"在资源配置中的体现

一个国家在整体资源有限的情况下，实现资源的区域间交流，以实现全国整体的最佳资源产出效益，客观上要求资源向利用效益最大化的方向和地区流动。这导致自然、人才、资本等各种资源在区域间流动时随某一种资源或某几种特殊资源向某一区域密集。结果是，资源集中的地区更加富有，资源原本就缺乏的地区更加贫乏。这就是著名的"马太效应"在资源配置中的具体表现。

这种现象在我国体现很明显，东部地区由于资金、技术、人才优势，加工工业发达，吸引了大量的中、西部地区的各种自然资源、资金和人才，形成了东部地区资源密集，使我国区域间经济发展差距逐步拉大。

（三）不成熟性市场失灵

由于市场本身的不成熟所导致的市场机制的功能未能充分发挥作用即为"不成熟性市场失灵"。需要指明的是，前两类市场失灵都是以市场已经成熟为前提，即都属于成熟性市场失灵，而这种市场失灵则是以市场本身发育不完善为前提的，它是发展中国家或经济转型期国家所特有的。主要表现有：第一，客观存在的非市场因素所导致的市场机制的功能未能充分发挥。这些客观因素包括市场经济发展较晚、生产力和经济发展水平较低、市场发育不完善、普遍存在着城市经济发达而农村经济落后的非均衡状况等。第二，人为造成的非市场因素所导致的市场机制的功能未能充分发挥。经济转型国家大多从计划经济向市场经济转变，人们的思想还受到计划经济的影响，对于政府行政干预的依赖有增无减。例如，水权市场交易由于现有用水权交易成交总量还相对较小，市场规模不大，因此，没有成交量作支撑的用水权价格导致了用水权价格的扭曲。

第三节　自然资源配置的政府调控

一、政府职能和政府调控机制

（一）政府调控

1. 内涵

资源配置的政府调控，是指政府对资源配置进行引导、干预、调节、控制。政府通过调控工具对市场的作用可分为引导市场、利用市场、创建市场、服务市场和管控市场。在社会主义市场经济条件下，政府必须创造和维护正常的市场运行和竞争秩序，抑制、限制或消除垄断及垄断的不利影响，矫正外部经济效应，提供和组织公共物品的供给，减少信息不对称的负面效应，调节居民收入分配、缩小贫富差距、促进社会公平，维护宏观经济平衡、促进经济结构优化，完善国有资产管理、营运和监督体制。

2. 调控尺度

（1）宏观调控。

宏观调控从宏观角度，运用规划、财政和货币等政策工具，调节总供给和总需求，引导企业投资和个人消费，间接影响资源开发主体行为，解决市场机制引起的宏观失灵和社会资源充分利用的问题。宏观调控政策有易变性、相机决策性，可随国家的资源形势随时灵活调整。

（2）微观规制。

微观规制从微观角度，运用价格、数量管制、质量控制、许可证等手段，直接规范、约束、限制市场主体、客体和载体，从微观上纠正市场失灵，提高市场效率，建立公平竞争的生产秩序，规范市场主体的运营，激励市场主体健康发展。微观规制政策有相对稳定性、规制性和强制性，不能频繁变动，否则将令市场主体无所适从，也令政府部门难以操作，还会干扰市场机制的作用。

（二）调控决策方法

1. 成本收益分析

政府决策时也要算账，这实质也是规划决策问题。市场机制出现负外部性，或者政府干预效果好于市场机制效果时，政府必须干涉；如果政府干预成本大于收益，则政府干预不经济，反之，如果收益大于成本，则干预是经济的。其具象化为两种问题：一是最大化最优规划问题，这其中，资源的可供量限制是约束条件，而效益最大化是目标函数；二是为取得预定的效益尽可能少地消耗资源，尽可能实现既定的效益目标，如何合理地组织、安排各种资源的使用，使总的资源成本最小。这时，效益达到值是约束条件，资源成本最小是目标函数，因而它对应的一个最小化的最优规划问题。一般来说，对于完成一个预定目标的资源配置问题，使用第二种表述，而对于总体上如何合理配置资源等问题，应采取第一种表达方式。

对一个经济决策估计其短期和长期的成本与收益并加以比较，即为成本—收益分析。理想情况下，国家的价值取向应该尽量对所有的投入都使用其社会机会成本来衡量，对所有的产出都使用社会价值来衡量，无论市场机制能否准确地对这些投入和产出进行标价，还是根本就没有市场价格。所有的外部性都应该被识别并包含于评估之中。

专栏 11 -9

几种常见的成本收益分析方法

一、经济净现值

经济净现值（ENPV），是反映开发项目对国民经济所作贡献的绝对指标。计算公式为：

$$ENPV = \frac{\sum_{i=0}^{n}(B_{T_i} - C_{T_i})}{(1 + r)^i}$$

式中：B_{T_i} 为发生在第 i 年的总收益；C_{T_i} 为发生在第 i 年的总成本；n 为计算期；r 为社会贴现率。一般来说，经济净现值 ≥0 的项目可以考虑；反之，则不可行。

二、经济内部收益率

经济内部收益率（EIRR），是反映项目对国民经济贡献的相对指标。它是使得项目在计算期内经济净现值累计等于 0 时的贴现率。

$$\frac{\sum_{i=0}^{n}(B_{T_i} - C_{T_i})}{(1 + EIRR)^i} = 0$$

一般来说，经济内部收益率≥社会贴现率的项目是可以考虑的项目。

三、经济净现值率

经济净现值率（ENPVR），是项目净现值与全部投资现值的比率，即：单位投资现值的净现值，是反映单位投资对国民经济的净贡献程度的指标。计算公式为：

$$ENPVR = \frac{ENPV}{I_p}$$

式中：ENPVR 为经济净现值；I_p 为投资净现值。

四、经济效益 – 费用比

经济效益 – 费用比（EBCR），即经济效益现值与费用现值之比，它是反映工程项目单位费用为国民经济所作贡献的一项相对指标。其公式为：

$$EBCR = \frac{B_t}{C_t}$$

式中：B_t 为第 t 年的效益；C_t 为第 t 年的费用。当 EBCR≥1 时，工程项目在经济上才是可行的。

在对建设项目进行国民经济评价时，可采用上述一个或几个评价指标。当采用上述方法进行方案比较时，还应考虑资金来源条件，当资金不受约束时，可采用经济内部收益率法；当资金比较困难，希望单位投资能获得最高收益率时，可采用净现值率法。

2. 公共选择理论

公共选择理论认为，政治是一个经济学意义上的市场，供方是政府，提供公共产品和服务。消费者是公众，购买或享受政府提供的公共产品和服务。它以经济学的"经济人"假说为基本行为基本假设前提，依据自由的交易能使交易双方都获利的经济学原理，分析公众的公共选择揭示政府管理行为以及二者之间的关系。详见本书第六章第二节相关内容。

二、政府多元价值理性决策

在市场经济条件下，政府需要弥补市场失灵，促进公平发展，宏观上可以分为政治职能、经济职能、社会职能、文化职能，对于自然资源的配置可将其进一步细化为全民所有自然资源资产所有者、社会经济发展的促进者、国家战略资源的开发者、社会公益事业的承担者、市场失灵的纠正者。各项定位通常由政府不同的职能机构承担，其履行职责的物质条件和经费收入由财政部门根据支出预算向各个政府部门拨款，由各个政府部门占有和支配使用。因此，角色的多重性注定政府在进行自然资源配置决策时考虑的理性维度不同，这时便需要遵循政治理性，将各种身份进行统筹达成共识。

（一）全民所有自然资源资产所有者

从世界范围看，自然资源国家所有制既很普遍，也是共同的发展趋势。据统计，已有 40 多个国家的宪法规定了各种形式的自然资源国家所有权，水资源和矿产资源的国家所有现象更是十分普遍。全民所有自然资源资产所有者，利用市场机制，对自然资源资产实行占有、使用、收益、处置全过程管理，其以价值形成为基础，以有偿使用为手段，以产权管理为核心，以资产保值增值为目标，确保所有者权益实现。

《全民所有自然资源资产所有权委托代理机制试点方案》明确，以所有者职责为主线，以自然资源清单为依据，以调查监测和确权登记为基础，以落实产权主体为重点，着力摸清自然资源资产家底，依法行使所有者权利，实施有效管护，强化考核监督，切实落实和维护国家所有者权益、促进自然资源资产高效配置和保值增值、推进生态文明建设。国务院代表国家行使全民所有自然资源所有权，授权自然资源部统一履行全民所有自然资源资产所有者职责，部分职责由自然资源部直接履行，部分职责由自然资源部委托省级、市地级政府代理履行。委托代理理论是其决策的理论依据，详见本书第五章第三节自然资源所有权委托代理机制框架。

（二）社会经济发展促进者

作为社会经济发展的促进者，国家需要充分了解和掌握国民经济总体运行情况、资源条件、国际环境等，制定经济增长目标和经济稳定性目标，引导宏观和微观主体的决策，协调与市场的关系和各类经济主体的利益，推动各类资源在宏观上的有效配置，促进经济增长，保障经济平稳发展。

第十一章

1. 经济增长目标

经济增长是其他社会目标实现的基础，应在努力使有限的资源在使用中获得最大的经济效益。要充分运用自然资源这一生产要素。根据生产函数模型，经济增长是土地（即自然资源）要素、劳动力、资本存量的函数。

最初的经济增长模型是新古典主义的生产函数模型。生产函数模型表示一个国家劳动力数量、资本存量和该国国民生产总值水平之间的关系。索洛（Solow）和丹尼森（Denison）等人的增长模型认为，除资本要素以外，其他要素也对经济增长发挥作用。他们运用的生产函数包含了更多的生产要素，特别突出了投入要素效率的提高对经济增长所作出的贡献。其表达形式：

$$Y = f(K, L, R, A)$$

式中，Y 为国民生产总值；K 为资本存量；L 为劳动力数量；R 为可耕地和自然资源存量；A 为投入使用的要素效率的提高。索洛等人将生产函数转换为能够测度每种投入对经济增长的贡献的形式。根据它们对增长原因测度的结果，投入要素的效率提高在增长率中所起作用份额越来越大。

政府有责任通过自然资源要素投入带动经济增长。2022 年，为贯彻党中央关于"疫情要防住、经济要稳住、发展要安全"的决策部署，自然资源部连续制定《自然资源部关于积极做好用地用海要素保障的通知》《自然资源部关于用地要素保障接续政策的通知》等政策文件，在守住法律底线和资源安全红线的前提下，充分释放国土空间规划、用地计划指标、用地用岛审批等政策红利，有效地促进了经济社会平稳健康发展。

2. 经济稳定性目标

经济稳定性目标，则是使经济生活中，经济增长的波动、价格水平的波动以及就业的波动等尽量降到最低程度。这需要使经济状态尽可能地达到一般均衡状态。

可计算的一般均衡（computable general equilibrium，CGE）模型具有系统性分析问题的优势，可以将经济、能源和环境等涉及多领域的问题放在一个模型中综合考虑，从而模拟政策变动对多个子系统的冲击效果。因此，CGE 模型在世界范围内得到了广泛应用，已经成为政策模拟与政策分析的主流模型之一，被大量地应用于资源（包括能源）经济与生态环境经济的政策模拟研究。

专栏 11－10

一般均衡的一种模型方法

CGE 模型借助投入产出分析框架，以价格为纽带，将经济系统中的经济主体、经济要素等连接起来，并纳入到一个系统内进行考察。因而 CGE 模型更注重经济系统内部结构，注重系统要素之间的相互作用关系。CGE 模型通过一系列能够刻画经济主体的行为方程，经过不同程度的模块化简化，在保持经济系统理论均衡的前提下，通过改变现行某一政策变量，模拟其对各经济、各主体产生的影响，为设计和制定政策提供定量参考依据。

CGE 模型在资源环境经济学中的应用主要涉及资源（包括水资源、土地资源、能源）领域的政策和资源价格变动对宏观经济总量、各产业部门以及消费的影响，例如：资源税、资源影子价格、资源价格以及资源利用效率激励等；生态环境（包括温室气体排放、大气污染、水污染、贸易与环境，等）规制政策，如环境税、生态补偿等。在实际应用中，CGE 模型可根据其是否考虑时间因素而区分为静态模型和动态模型两类；还可按照其模拟对象的地区范围分为单一区域模型、多地区模型及世界多国模型。

（三）公共物品提供者

本书第六章已经对公共物品进行了专章介绍。由于公共物品的非排他性等属性，个人不愿意提供公共物品，而公共物品又是不可或缺的，于是只能由国家投资，肩负起提供公共物品的责任。对于属于纯粹公共产品一类的环境产品可由政府提供资金并组织生产；而对于准公共产品（如康养旅游等）可以转向私营或政府干预下的联营。如果在消费方面具有一定的可分性或排他性，那么最好由消费者付费或由市场生产，但如果在消费方面明显地表现为一种不可分性或非排他性，则最好由政府在资金或财政方面进行干预。从需求方而言，个人承担的税收价格等于该公共产品带给他的边际效益，人们获得的满足程度最大。国家大规模的财政收支，尤其是其征税权、发债权、政府采购权、转移支付权的行使，对资源配置的影响非常大。其决策理论依据详见本书第六章第二节公共物品基础理论与治理模式。

（四）市场失灵纠正者

市场经济条件下，市场在配置资源中发挥决定性作用，而政府的调控是市场调节的补充性手段。通常来说，在市场经济中的资源配置应该遵循市场规律，社会需要的而市场能够配置的由市场配置，社会需要但市场配置不足或市场不愿、不能配置的由政府补充配置，社会不需要的市场配置从而导致资源配置低效的，政府要进行矫正。具体而言，政府需针对前文所说的效率性市场失灵、公平性市场失灵、不成熟性市场失灵，培育合格的市场主体，促进市场的充分竞争，保障健全的法律体系和完善的制度安排，确保法律和制度能够得到最有效率的执行，构建完备的可验证的社会信用体系，促进市场机制发挥作用，健全完善的市场体系。

（五）国家战略资源的开发者

由于资源配置还要考虑国家主权、经济安全和民族自尊方面的因素。一个国家在发展过程中必须努力减少对他国的政治和经济方面的依赖，同时巩固国防，保持主权完整，争取占据国际经济技术方面的领先地位，这是一种不能完全由消费及分配所能体现的福利。独立自主和自力更生地实现经济和社会发展也是一个重要的资源配置目标，因此，国家需对事关国家安全的战略资源进行独立开发。

国家的战略资源安全需由国家来保障，即需要国有资源企业来进行开发和经营。国有企业是政府职能在经济领域的延伸。国有企业经营者有"经济人"和"政治人"双重属性，"经济人"是市场经济所需要的对企业的经营管理能力、自利与追求企业利益最大化，"政治人"是社会主义制度要求的具有相当的政治思想素质，在一定程度上能够从全局出发，协调、兼顾国家（社会）、集体（企业）、职工（个人）三者利益和关系。在公有制的基础上建立市场经济，实现社会主义宏观优势与市场经济微观效率的有效契合，国有企业的存在与发展是其唯一的媒介与结合点。这决定了，新时期国有企业的基本定位：一是以社会效益为原则，在关系国民经济命脉的重点行业和关键领域占支配地位；二是以经济效益为原则，作为国有资本参与市场竞争，为国家提供利税。国有资源企业有效运行需要两个必要条件：一是其内部的治理结构有效率，二是政府对国有资源企业的管理有效率，两者的治理可合称为国有资源企业治理机制。

三、政府调控工具

资源配置的政府调控政策工具可分为引导市场、利用市场、创建市场、服务市场、监管市场五种。

（一）引导市场

引导市场主要是通过规划这一政策工具完成。党的十八届三中全会明确"健全以国家发展战略和规划为导向、以财政政策和货币政策为主要手段的宏观调控体系"，《关于统一规划体系更好发挥国家发展规划战略导向作用的意见》指出，以规划引领经济社会发展，是党治国理政的重要方式，是中国特色社会主义发展模式的重要体现。"以发展规划为统领，以空间规划为基础，以专项规划、区域规划为支撑"的"三级四类"统一规划体系对自然资源市场配置具有重要的引领作用。

1. 国民经济发展规划

根据《关于统一规划体系更好发挥国家发展规划战略导向作用的意见》，国家发展规划，即中华人民共和国国民经济和社会发展五年规划纲要，统筹重大战略和重大举措时空安排功能，明确空间战略格局、空间结构优化方向以及重大生产力布局安排，是社会主义现代化战略在规划期内的阶段性部署和安排，主要是阐明国家战略意图、明确政府工作重点、引导规范市场主体行为，是经济社会发展的宏伟蓝图，是全国各族人民共同的行动纲领，是政府履行经济调节、市场监管、社会管理、公共服务、生态环境保护职能的重要依据，是自然资源配置的重要指引。国家"十四五"规划纲要10次提及"耕地"、27次提及"土地"、32次提及"海洋"、42次提及"空间"、111次提及"生态"、117次提及"资源"，对自然资源保护和利用的重视达到了前所未有的高度。

2. 国土空间规划

根据《中共中央　国务院关于建立国土空间规划体系并监督实施的若干意见》，国土空间规划是国家空间发展的指南、可持续发展的空间蓝图，是各类开发保护建设活动的基本依据。一方面，其将主体功能区规划、土地利用规划、城乡规划等空间规划融合为统一的国土空间规划，实现"多规合一"，将大大降低自然资源市场配置的交易成本；另一方面，国土空间规划是国土空间用途管制的重要依据，有力避免资源开发的负外部性。另外，以其为基础的国土空间基础信息平台为资源开发主体提供了更多空间信息、促进信息对称，促进市场主体的效用最大化与社会福利最大化实现激励相容。

3. 自然资源保护和利用规划

自然资源保护和利用规划是促进人与自然和谐共生、实现自然资源"善治"的重要举措。随着世界各国对自然资源可持续利用的日趋重视和自然资源治理能力的逐步提高，多国都结合本国国情编制了自然资源综合规划，围绕经济、社会、生态等多元目标，对一定时期一定范围内多种自然资源的开发、利用、保护和改善活动进行了统筹安排。我国首次编制的《"十四五"自然资源保护和利用规划》作为国家级重点专项规划之一，是适应生态文明建设和绿色发展的需要新设的一项重要规划，是指导全国自然资源保护和利用规划及地方规划或实施方案、部署年度工作、配置资源要素、完善政策体系、开展审计监督等的重要依据。

4. 全民所有自然资源资产保护利用规划

全民所有自然资源资产保护利用规划将提出资产保护和可持续利用的目标、路径、政策以及时序安排，优化资源资产布局、结构和配置，着力实现资产保值增值。结合资产特点，分类实施管护。

5. 自然资源领域专项规划

"十三五"时期，自然资源领域专项规划主要包括地质灾害防治、信息化、科技、档案、测绘、地质调查等13个专项业务领域规划，矿产、海洋、林业、草原、湿地等27个自然资源单要素规划。自然资源领域规划在支撑社会经济快速发展，促进自然资源和国土空间的合理利用和有效保护方面发挥了积极作用；但也存在规划数量较多、内容重叠冲突等问题，部分规划未发挥应有作用，部分规划任务以日常工作部署为主或规划并非针对市场失灵领域，不利于引导市场对资源管理的良好预期。

（二）利用市场

政府作为市场经济主体，利用市场机制，通过税收等经济手段调节市场供需，从而促进市场均衡。政府作为市场经济主体也有自己的收支行为，并通过收支影响供求关系。政府收入主要是取自企业和居民的税金，政府支出主要包括对商品和劳务的采购，通过付给津贴费、救济金等行为构成转移支付。在政府参与的经济活动中，当遇到总需求大于总供给时，需求过度，将会引起通货膨胀，政府可利用增加税收和减少支出的办法来抑制需求。在总需求小于总供给时，需求不足，政府可调低税率和利息、采取积极的财政政策，增加支出和扩大投资，以便增加需求。

1. 税费

世界上绝大多数国家特别是市场经济国家对不可再生资源和再生速度慢的资源征收资源税费，主要包括权利金、矿业权租金、红利、超额利润税、开采税等多种工具。2016年，财政部印发《关于全面推进资源税改革的通知》明确"全面推进资源税改革，有效发挥税收杠杆调节作用，促进资源行业持续健康发展，推动经济结构调整和发展方式转变"。

索洛（Solow）和霍特林（Hotelling）的两个资源最优耗竭条件为相关税费的制定提供了依据。索洛的资源最优耗竭理论第一个条件认为，资源品价格等于资源品边际生产成本和资源影子价格之和时，社会从一种资源存量中获得的收益净现值最大。霍特林在《可耗竭资源经济学》中得出了被后人称为资源最优耗竭的第二个条件：随着时间的推移，矿区使用费需以利率相同的比率增长，即社会持有存量资源稀缺地租的增长率应等于社会长期利率。资源最优耗竭的第一个条件是最优流量或最优开采条件，对资源产品最优定价作了说明；第二个条件则是最优存量或最优保护条件，对资源租或资源使用费的合理调整作了说明。

2. 资源储备

资源储备是基于经济安全、生态安全或调节市场等多种目标进行的自然资源储备行为。作为不可再生自然资源的重要组成部分，矿产资源储备是指为保障国家安全（国防安全和经济安全）以及在国际上保持独立自主地位而由国家实施对具有较强供应脆弱性的战略矿产和急缺矿产所进行的储备。为了保障国家生态安全，国家会将具有重要生态功能的区域划入生态红线，将其范围内的资源和生态空间储备起来，例如，商品林赎买。而为了调节市场工具，政府主体在一级市场中充当供给者，通过资源放量来调节市场。在二级市场中充当"双面抓手"以维持资源交易市场的稳定：当市场的需求大于供给时，政府充当供给者的角色，在情况允许的条件下，将资源权属加以抛售，促使价格回降；当市场的情况不乐观、处于低迷的状态时，政府充当需求者的角色，购买资源权属，促进价格回升。

（三）创建市场

对于生态环境等公共物品来说，因为市场失灵，不存在市场机制，供给和需求信息缺失或者不确定，无法确定生态环境等公共物品的均衡价格，市场也不可能配置资源环境。因此，通过制度设计，可以创建市场，确定生态环境物品的供求关系，建立环境物品价格，就能够通过市场机制有效配置环境资源。

1. 生态产品市场

生态产品市场供给的实现途径主要包括市场自供给、特许经营、使用者自愿供给等。

（1）市场自供给是指厂商自筹资金，按照自主经营、自负盈亏的方式来生产和提供生态产品。该路径下，政府的职责在于建立和维持一个公平有序的市场，使得生态产品交易价格按照"供""求"自动调整，以满足消费者对生态产品的多元化需求。

（2）特许经营是通过合约的方式将生态产品的外部性内部化，并达到提高内部化效率的作用。生态产品特许经营实质上是政府以合约的形式将生态产品的供给职责部分或全部地转让给市场。即在特许经营下，政府通过租赁的方式，将国家的生态资源租赁给市场部门（组织）生产、提供商业化的生态产品，主要满足人民群众的额外生态需求，而消费者向生产者支付一定的费用来弥补生产者的投资成本。

（3）使用者自愿供给是指使用者既是生态产品成本承担者也是生态产品的受益者。而自愿供给的范围与规模普遍较小。在小范围内，生态产品的供给者同时是生态产品的受益者，"搭便车"行为容易规避，即使存在这种行为，也只能享受短期的利益，且搭便车者会面临丧失范围内成员的信任而损害自己长期利益。

2. 指标交易市场

《扩大内需战略规划纲要（2022—2035年）》明确"探索建立全国性的建设用地指标和补充耕地指标跨区域交易机制"。《关于建立健全生态产品价值实现机制的意见》中提出"鼓励通过政府管控或设定限额，探索绿化增量责任指标交易、清水增量责任指标交易等方式，合法合规开展森林覆盖率等资源权益指标交易"。

（四）服务市场

服务市场主要是为更好地发挥市场机制，解决资源市场产权不完备、交易信息不对称等问题。

1. 权属登记

根据《自然资源统一确权登记办法（试行）》，自然资源所有权登记类型包括自然资源首次登记和变更登记（详见本书第五章第一节中"开展自然资源统一调查监测评价和确权登记"）。《不动产登记暂行条例》《不动产登记暂行条例实施细则》明确了不动产首次登记、变更登记、转移登记、注销登记、更正登记、异议登记、预告登记、查封登记等实施要点与细则。下一步，为构建我国统一开放、竞争有序、制度完备、治理完善的高标准自然资源市场体系，要确保自然资源有偿使用权得以进入市场，并能在民事主体之间自由、有序、高效流转，完善自然资源有偿使用权登记制度是重中之重。

2. 交易平台

交易平台承担着推动自然资源交易规则、市场监测、动态监管、信用评价、监测手段逐步统一的任务。2015年，国务院为了防止公共资源交易碎片化，正式发文要求整合工程建设项目招标投标、土地使用权和矿业权出让、国有产权交易、政府采购等交易市场，建立统一的公共资源交易平台。2018年《中共中央 国务院关于建立更加有效的区域协调发展新机制的意见》中提出构建统一的自然资源资产交易平台。2019年，中共中央办公厅、国务院办公厅印发《关于统筹推进自然资源资产产权制度改革的指导意见》，提出统筹推进自然资源资产交易平台和服务体系建设。国家发展改革委提出公共资源交易范围逐步扩大到适合以市场化方式配置的自然资源、资产股权、环境权等各类公共资源；明确将海洋资源开发利用权、林权、排污权、碳排放权、用能权、农村集体土地经营权和"四荒"
地使用权等产权交易纳入公共资源交易的范围。目前，自然资源资产交易平台建
设还处于改革探索阶段，全国大部分自然资源交易依托公共资源交易平台实施，
少部分自然资源交易平台独立开展。但在实际运作中，统一的自然资源资产交易
平台尚未建立，基本以单一种类交易平台为主，如土地使用权及矿业权出让平
台、林权交易平台等。

（五）监管市场

1. 市场准入

除自然资源所有权人之外，应当将自然人、法人以及非法人社会团体等主体都
纳入各类自然资源有偿使用权的主体范围内，在其达到不同种类的自然资源有偿使
用权的主体资格获得标准时，就应当允许其取得自然资源有偿使用权。近年来，我
国正逐步放宽对使用权主体资格的条件，但为了保障自然资源合理适度地开发利
用，避免资源浪费和环境破坏，在开放主体范围的同时，也应当充分考虑该自然资
源的存在范围和获得方式、再生能力、在生态环境中的作用和地位，以及该主体的
修复环境能力、科学技术投入、经济基础和资金投入能力，制定自然资源市场的准
入制度。在我国，建设用地市场依据产业政策制定了限制和禁止用地目录；租赁农
地从事生产经营要进行资格审查；要求林权流入方具有林业经营能力；草原承包经
营权转让，受让方必须具备从事畜牧业生产的能力。但是，其他用地形式及用海用
岛，市场准入管理制度或零星分散不成体系，或尚未形成制度。

2. 行政许可

自然资源开发利用行政许可是指自然资源开发利用者在从事有关自然资源
的开发利用等活动之前，必须向有关管理机关提出申请，经审查批准，发给许
可证后，方可进行该活动的一整套法律制度。自然资源具有经济属性和生态属
性以及自然资源归国家所有分别是我国自然资源行政许可的客观基础和制度前
提。例如，根据《自然资源部政务大厅办理的行政许可事项一览表》，建设项
目预审及建设项目压覆重要矿床审批、勘查矿产资源审批、开采矿产资源审
批、海域使用权审核、海域使用论证单位资质认定等都是需自然资源部审批的
行政许可事项。

3. 用途管制

自《中共中央　国务院关于进一步加强土地管理切实保护耕地的通知》首次提
出"用途管制"这一概念以来，其制度内涵和内容在实践中不断完善，实现了传
统的单一要素、分部门的土地用途管制开始向全域统筹的国土空间用途管制转型。

党的十八届三中全会《关于全面深化改革若干重大问题的决定》明确提出"划定生产、生活、生态空间开发管制界限，落实用途管制"。2017 年，国土资源部印发《自然生态空间用途管制办法（试行）》，提出建立覆盖全部自然生态空间的用途管制制度，并选择 6 个省份开展试点。2017 年，党的十九大报告明确要求对全部国土空间实行用途管制，并提出设立国有自然资源资产管理和自然生态监管机构，统一行使所有国土空间用途管制和生态保护修复职责。2018～2019 年，中共中央、国务院先后颁布《关于统一规划体系更好发挥国家发展规划战略导向作用的意见》《关于建立国土空间规划体系并监督实施的若干意见》，要求"以国土空间规划为依据，对所有国土空间分区分类实施用途管制"，至此，国土空间用途管制的管理机构、管制依据和工具手段等顶层设计基本完成。

4. 价格监管

政府对价格管制的基本功能是在不适宜开展充分价格竞争的行业或已经形成自然垄断的行业，通过模拟市场价格的制定和强制执行，来替代市场失灵对企业等的外部约束，以优化资源配置。针对可经营性自然资源，为了避免有不法分子恶意压低价格，或者通过压低交易价格来规避应缴纳的税款和应尽的环境保护义务，国家在完善使用权价格评估的同时，对未经政府定价的自然资源有偿使用权进行科学合法的价格评估，每经过一段时间公布一次该权利的最低流转价格，以避免其流转价格过低，保障生态环境的安全和社会公共利益。目前，我国国有建设用地市场建立了土地价格评估制度、基准地价、标定地价确定和定期更新公布制度，协议出让国有土地使用权最低价制度，全国工业用地最低价格控制标准，以及交易价格申报制度。《农村土地经营权流转交易市场运行规范（试行）》《关于规范集体林权流转市场运行的意见》《水权交易管理暂行办法》《矿业权交易规则》等文件明确了承包地、集体林权、水权、矿业权的交易类型和交易方式。

5. 法律罪责

基于自然资源的生态性和其负载的社会公共利益，获得资质的法人、自然人在享有自然资源带来的巨大经济利益的同时，还应当承担环境责任。加大违法成本是保障自然资源合理开发利用的手段之一，使当事人迫于高额成本，而选择有利于环境资源保护的生产方式。我国现阶段法律对于自然资源有偿使用权制度中存在的违法行为的查处程度仍较弱，发出行使大都采用的是罚款和行政处罚的方式，无法有效地遏制违法行为的发生。

四、政府失灵及改进

（一）政府失灵

政府失灵指由于政策制定和执行，使生产者的边际生产成本低于生产要素的真实成本，导致生产要素无效率使用和过度使用，引起资源配置退化。政府失灵的主要原因有：

1. 决策判断失误

因为政策制定是政治决策过程而不是市场作用的结果，因而包含判断失误的风险。例如，政府利用政策去纠正实际并不存在的市场失灵，或者纠正程度失当，都会使政策产生负的边际收益。

2. 利益集团的影响

出于自身利益的考虑，利益集团会运用各种手段，影响政府决策部门，使之做出有利的决策。例如，利益集团利用政治程序寻租，游说和获得政策立法的支持。产业部门会说服政府建立保护价格，保证超额利润。生产者可以通过补贴政策，避免进口带来的竞争压力，并把部分成本转移到纳税人身上。成功的寻租活动将会增加特殊利益集团的净效益，但也会降低社会的净效益。

3. 决策信息不全

许多公共物品的供需信息是不完全的，在信息不完备的条件下决策，就有可能产生超额社会成本。这里的决策信息一方面包括由信息化技术支撑不足导致的信息不完全。我国的自然资源统一调查监测评价体系正日益完善，高质量完成全国国土"三调"，系统推进森林、草原、湿地、海域海岛、水资源等各类资源专项调查，建立国土空间基础信息平台和国土空间规划实施监督信息系统，都为国家重大自然资源配置决策提供了统一技术、统一底图。但我们仍应看到以国土调查为本底开展各项专项调查的具体工作程序尚未落实到位，机构改革后强大的遥感监测能力、海量的自然资源管理数据还没有充分融合，部门之间的信息化技术应用衔接不够、协同联动不足，数据共享以及面向社会公众和企事业单位的信息化服务还不够充分。另一方面，体现在对资源相关主体的激励约束机制不足导致的信息不全。例如，不掌握水资源状况和对生产生活用水的支付意愿，政府制定的水价可能过低，结果导致水资源和水环境进一步退化。

4. 体制障碍

一项政策可能由于体制障碍而失效。如，国家征收环境保护税目的是减少污染物排放，保护环境，并委托地方政府代为征收。地方政府为了自身利益，把征税目标改为收入最大化。当代理人的利益目标与委托人收益目标相偏离时，政策可能失效。另外，受计划体制和晋升激励等因素的影响，我国各级政府尤其是地方政府干预微观经济活动的热情仍然很高，这难免会影响市场机制的正常运行。

（二）政府失灵的改进

为尽量减少政府失灵造成的治理效能低下，需对政府干预进行有效规制。

1. 尽量减少不必要的直接干预

正确实施政府干预，首先需要的是建立一个有限政府。所谓"有限政府"，是指规模、职能、权力和行为方式都受到法律和社会的严格限制和有效制约的政府。尽可能减少政府对经济的直接干预，使其对市场只能起到补充作用。市场监管方式将从直接参与市场活动或对市场活动进行行政审批等转为制订规则规范、标准要求等，对自然资源开发利用保护的方式、规则及要求将更为全面、精细；监管重点从对市场主体和市场行为的监管转为对市场客体相关规划、标准、要求的制订与执行，以及对市场规则、市场秩序的监管。这样市场机制才会充分发挥作用，才能促进自然资源得到最有效率、最合理、最节省的使用，也能使民众得到最好质量和最低价格的自然资源产品和服务。

2. 提高政府能力

只有高能力的政府，才能在现有的制度环境和一定的资源条件下，正确选择干预经济的范围、方式和程度，制定并实施有效的政策，并把"政府失灵"减少到最低限度。具体包括：

（1）优化决策机制，分析在机构设置、职能配置、权限划分、运行机制等方面存在的主要问题，围绕行政管理、行政执法、行政督察，健全自然资源监管机制。

（2）提高信息化水平，运用信息系统的观点和方法，从描绘资源到理解资源，从调查资源到管理资源、合理开发利用资源，完善资源信息的获取体系，开展基于系统的自然资源信息分析与管理，自然资源信息优化调控，由此实现对国家自然资源优化配置和科学管理。

（3）完善督察机制，深化耕地保护督察，统筹开展矿产、海洋等自然资源督察，探索开展国土空间实施情况督察。

3. 建立有效的制衡机制

这是实施合理而有效的政府干预最关键的前提。政府权力具有普遍性和强制性的特点，如果没有一种机制来制衡政府权力，就很难避免政府的自利行为和政府官员的以权谋私、损公肥私。因此，必须将权力进行合理分解，建立起一套有效的权力制约与制衡机制。此外，合理的分权还能有效地防止官僚化，有利于克服行政低效，增加官员与公众获得信息的机会，降低政府决策失误的可能性，减少和纠正政府失灵。针对发展绩效评价不全、责任落实不到位、责任追究缺失等问题，要完善生态文明建设考核目标体系，制定完善规划执行度、资源利用效率和节约集约利用制度建设等方面的考核体系，并将其纳入地方各级主要领导离任审计。加强执法监管，建立生态环境损害责任终身追究制。

第四节　高标准自然资源市场体系构建路径

一、制度基础

党的十九届四中全会报告中首次提出"建设高标准市场体系"。党的二十大报告"构建高水平社会主义市场经济体制"中提出"构建全国统一大市场，深化要素市场化改革，建设高标准市场体系。完善产权保护、市场准入、公平竞争、社会信用等市场经济基础制度"。2021年中共中央办公厅、国务院办公厅印发《建设高标准市场体系行动方案》，提出要"通过5年左右的努力，基本建成统一开放、竞争有序、制度完备、治理完善的高标准市场体系"。我国构建高标准自然资源市场体系的主要制度演变如表11-3所示。

表11-3　　　　　构建高标准自然资源市场体系的主要制度演变

时间	重要制度演变
2015年	国务院办公厅印发《整合建立统一的公共资源交易平台工作方案》，将土地使用权、矿业权、林权等交易都纳入其中
2016年	国务院印发《关于全民所有自然资源资产有偿使用制度改革的指导意见》
2018年	中共中央、国务院印发《关于建立更加有效的区域协调发展新机制的意见》中提出构建统一的自然资源资产交易平台
2019年4月	中共中央办公厅、国务院办公厅印发《关于统筹推进自然资源资产产权制度改革的指导意见》

续表

时间	重要制度演变
2019 年	国务院办公厅转发国家发展改革委《关于深化公共资源交易平台整合共享指导意见的通知》
2020 年	中共中央、国务院印发《关于新时代加快完善社会主义市场经济体制的意见》
2020 年 3 月	中共中央、国务院印发《关于构建更加完善的要素市场化配置体制机制的意见》
2020 年 4 月	中共中央、国务院印发《关于加快建设全国统一大市场的意见》
2021 年	中共中央办公厅、国务院办公厅印发《建设高标准市场体系行动方案》

二、体系框架

高标准的自然资源市场体系（如图 11 - 7 所示）应以各类自然资源资产产权及相关指标配额等为市场客体，以自然资源资产产权一级市场和二级市场为载体，以供给侧结构性改革为主线，按照社会主义市场经济体系建设、生态文明建设的要求，尊重我国自然资源市场的客观规律，完善统一产权保护制度，实行统一的市场准入制度、维护统一的公平竞争制度、健全统一的社会信用制度，构建"产权清晰、规则一致、信用完善、平台统一、监管有力"的自然资源市场体制，充分发挥市场在资源配置中的决定性作用，统筹推进自然资源市场化配置。

（1）对标社会主义市场经济体系建设要求：第一，市场配置范围扩大化指各类自然资源资产实物以及资源环境、生态产品、自然资源开发利用权利等非实物的全要素市场配置；第二，市场主体多元化，指除了个人、法人等市场主体还包括不同层级全民所有自然资源所有权代表和不同集体所有权代表等主体；第三，客体更为丰富，自然资源资产的产权类型、权能结构、权利内容更为丰富、细化，形成丰富多样的客体形式；第四，市场结构更为完善，矿业权、水权、林权、海域使用权与土地使用权等权能之间的关联、统筹，逐步融合。除了一级市场的进一步发展，二级市场将更为发育、活跃。

（2）按照生态文明建设的要求：第一，控制市场交易范围。根据各类自然资源特点及现实条件，将应有偿、应采用市场方式配置的自然资源与不宜开发、应严格保护的自然资源分类，应入市的自然资源逐步投入市场，应保护的自然资源坚持保护。第二，以市场化促进资源节约。在自然资源市场建设中要强化市场手段，促进资源的合理配置和节约利用，用价格机制、市场规则、市场监管来实现收益与成

第十一章

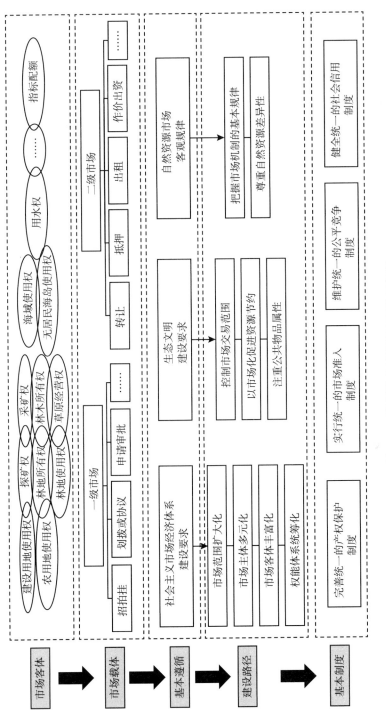

图11-7　高标准自然资源市场体系框架

第十一章

本平衡、保护与补偿对等、激励与约束统一，创新自然资源价值实现形式，创新交易产品、交易形式，完善自然资源市场体系。第三，注意自然资源的公共物品特性。自然资源生态环境功能突出，要发挥好政府作用，防止自然资源在开发利用和市场化过程中可能出现的潜在生态风险。

（3）尊重自然资源市场客观规律：第一，把握市场机制的基本规律。在现实的自然资源市场体系中，存在着不同市场体系，各个市场发育程度不一、差异较大，市场具体情况也较为复杂。尽管市场发展阶段不同，但各类市场的改革方向基本一致，就是持续推进自然资源要素配置市场化，就是对市场中价值、价格、供求、风险、激励与约束等基本机制和规律的遵循。第二，尊重自然资源差异性。各类自然资源的特点不同，自然资源的权利设定、开发利用方式、开发强度等都需要与自然资源的自身特性相适应。一方面，需要不断加深对自然资源的认识，强化自然资源市场相关的产权、标准、利用开发要求准入等制度基础；另一方面，对于发育不充分的自然资源市场，要不断推动自然资源市场化的广度和深度，消除阻碍自然资源要素流动的体制机制障碍。

第十二章 | 自然资源安全评价

国家安全是民族复兴的根基，社会稳定是国家强盛的前提。当前，中国比历史上任何时期都更接近、更有信心和能力实现中华民族伟大复兴目标，但同时又面临极其复杂严峻的内外部环境，各种"黑天鹅""灰犀牛"事件随时可能发生，我们必须居安思危、未雨绸缪，准备经受风高浪急甚至惊涛骇浪的重大考验。[①] 党的二十大吹响了奋进新征程的时代号角，保障自然资源安全，必须切实增强政治意识和责任意识，在准确把握新时代资源安全态势的基础上统筹发展与资源安全的关系，严守资源安全底线的工作方针，在经济发展、生态文明建设、总体国家安全之间寻求最大公约数。尤其在保障资源安全方面，自然资源、生态环境、工信、科技、财政、发改等各部门应形成合力，深入贯彻总体国家安全观，牢牢把握防范化解自然资源领域风险挑战的战略主动权，在多重目标中寻求和实现高水平资源安全和高质量发展的良性互动而努力奋斗。

第一节 自然资源在总体国家安全中的地位和作用

自然资源安全涉及粮食、能源资源、产业、经济、科技、深海极地、林草、数据信息、生态等方面，肩负重要使命。维护自然资源安全，必须坚定不移贯彻总体国家安全观，把完善自然资源领域国家安全体系的重任牢牢扛在肩上，以高水平资

[①] 严守资源安全底线——准确把握新时代新征程自然资源工作定位（一）〔N〕. 中国自然资源报，2023 – 01 – 30 (1).

源安全促进高质量发展。

一、对总体国家安全观的认识

2012年，以习近平同志为核心的党中央准确把握国家安全面临的新形势新特点新目标新任务，在继承和发展新中国成立以来有关维护国家安全一系列重要理论的基础上，以马克思主义的巨大理论勇气和基于中国特色鲜活实践的高超战略智慧，积极推进国家安全理论和实践创新，审时度势提出了总体国家安全观这一重大战略思想。2013年11月，党的十八届三中全会通过了《中共中央关于全面深化改革若干重大问题的决定》，提出设立国家安全委员会，完善国家安全体制和国家安全战略，确保国家安全。2014年4月，中央国家安全委员会成立并召开第一次会议，会上习近平总书记深刻阐明了总体国家安全观重大战略思想，明确提出构建国家安全体系，走中国特色国家安全道路。2015年7月，第十二届全国人大常务委员会第十五次会议通过《中华人民共和国国家安全法》，以法律形式明确规定了总体国家安全观在国家安全工作中的地位。

党的十九大和党的二十大，进一步发展、丰富和诠释了总体国家安全观的内容。尤其是党的二十大报告，用专章部署推进国家安全体系和能力现代化，明确提出，必须坚定不移贯彻总体国家安全观，把维护国家安全贯穿党和国家工作各方面全过程，确保国家安全和社会稳定。要求坚持以人民安全为宗旨、以政治安全为根本、以经济安全为基础、以军事科技文化社会安全为保障、以促进国际安全为依托，统筹外部安全和内部安全、国土安全和国民安全、传统安全和非传统安全、自身安全和共同安全，夯实国家安全和社会稳定基层基础，完善参与全球安全治理机制，建设更高水平的平安中国。

综观总体国家安全观的原则，保障国家安全的核心目标就是要以人民为中心，坚持党的领导和中国特色社会主义制度不动摇，通过军事硬实力和文化及社会软实力保障，在相对和平的国际环境下维护国家经济秩序，努力发展经济，为全面建设社会主义现代化国家、全面推进中华民族伟大复兴提供坚实的物质基础。国家安全为经济发展创造环境，经济发展为国家安全提供物质保障，这一辩证关系准确、全面、系统地反映了国家安全理念，体现了以新安全格局保障新发展格局，统筹好发展和安全两件大事，实现高质量发展和高水平安全良性互动，诠释了总体国家安全观的丰富内涵。

二、自然资源安全在总体国家安全中的地位和作用

党的二十大报告明确提出"强化经济、重大基础设施、金融、网络、数据、生物、资源、核、太空、海洋等安全保障体系建设",进一步明确了国家安全各领域重点任务,着力构建集政治安全、国土安全、军事安全、经济安全、文化安全、社会安全、科技安全、信息安全、生态安全、资源安全、核安全等于一体的国家安全体系,形成维护国家安全的整体合力。经济基础决定上层建筑。在国家安全体系中,经济安全是保障其他领域安全的物质基础,维护经济安全,核心就是要坚持党的领导和社会主义基本经济制度,不断完善社会主义市场经济体制,坚持发展是硬道理,不断提高国家整体经济实力、竞争力和抵御内外冲击和威胁的能力,保护国家根本利益不受损害。自然资源是人类社会一切活动的物质载体,也是人类社会生产活动的主要对象,离开了自然资源,经济社会发展就失去了前提条件。事实也证明,人类经济社会的发展历史也就是自然资源开发利用的历史,只不过在不同的农业经济形态、工业经济形态、知识经济形态阶段,对自然资源开发利用的对象、方式、深度和广度不同而已。但是,不管哪种经济形态阶段,自然资源在经济社会发展中都起着重要的作用,尤其是在中国特色社会主义新时代,全面建成社会主义现代化强国、实现第二个百年奋斗目标,以中国式现代化全面推进中华民族伟大复兴,自然资源都将在中国建成富强民主文明和谐美丽的社会主义现代化强国中发挥更加重要的作用。

自然资源安全在国家安全体系中的地位情况,如图 12-1 所示。

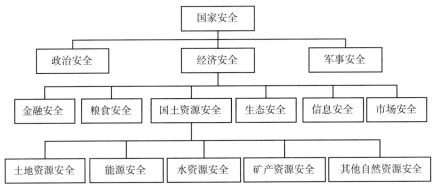

图 12-1　自然资源安全在国家安全体系中的地位情况

资料来源:周少华,周海燕. 中国国土资源安全报告 [M]. 北京:红旗出版社,2009.

（一）自然资源是建设中国式现代化的重要物质基础

物质富足、精神富有是社会主义现代化的根本要求。自然资源既是实现高质量发展的空间载体、物质基础和能量来源，又具有生态、文化等多样化属性、价值和功能，不仅可以为人类生产生活提供空间、物质和能量，而且是生态系统的构成要素和人类精神文化的重要源泉。随着经济增长、人口增加，以及人民对美好生活水平期盼的不断提高，人类对自然资源的需求消耗呈上升态势。例如矿产资源，改革开放以来，中国开发利用水平不断提升，为国家经济建设和全面建成小康社会做出了突出贡献。例如粗钢、电解铜、天然气、煤炭、原油等大宗矿产品，2021 年全国产量分别相当于 1981 年的 29 倍、26 倍、16 倍、6 倍和 2 倍，支撑 GDP 从 1981 年 0.49 万亿元增长到 2021 年的 114.4 万亿元，增长了 230 多倍。目前，中国仍处于新型工业化、信息化、城镇化和农业化"四化"同步发展阶段，无论是到 2035 年基本实现现代化，还是到 21 世纪中叶全面建成社会主义现代化强国，都需要大量的矿产资源来支撑保障。据预测，除煤炭、铁矿石等极少数战略性矿产消费将在"十四五"或"十五五"期间进入峰值平台区外，铜、铝等大部分战略性矿产消费仍将持续增长。即便进入了消费峰值平台区，从发达国家的发展历程看，这些战略性矿产的消费体量也将至少维持 15～20 年的时间不变。"双碳"目标下，如果技术路线不变，锂、钴、镍等发展新能源所需的战略性矿产需求峰值要在 2035 年之后才会到来。从当前情况看，2050 年以前，中国战略性矿产的消费规模总体将持续维持高位态势。

（二）自然资源事关国家安全和国家长治久安

党的二十大报告指出，要确保粮食、能源资源、重要产业链供应链安全，加强海外安全保障能力建设，提高防范化解重大风险能力。资源安全作为总体国家安全的重要组成部分，在国家安全中占有基础地位，直接关系着国家的经济安全、产业安全、国防安全和现代化建设。党中央国务院对资源安全问题高度重视，2014 年习近平总书记在中央财经领导小组第六次会议上指出，能源安全是关系国家经济社会发展的全局性、战略性问题，对国家繁荣发展、人民生活改善、社会长治久安至关重要。十三届全国人大四次会议通过的《中华人民共和国国民经济和社会发展第十四个五年规划和 2035 年远景目标纲要》提出实施能源资源安全战略，首次将资源战略与能源战略并列，并被前所未有地提升到国家安全战略高度。2021 年 11 月，中央政治局会议在审议《国家安全战略（2021—2025 年）》时，再次提出能源矿产安全。2022 年政府工作报告，几乎把矿产资源安全上升至与粮食安全同等高度，强调要增强国内生产保障能力，加快油气、矿产等资源勘探开发，完善国家战略物资储备制度，保障初级产品供给。2022 年 10 月，习近平总书记给山东省地矿局第六地质大队全体地质工作者回信明确指出，矿产资源是经济社会发展的重要物质基础，强调矿产资源勘查开发事关国计民生和国家安全。

中国自然资源门类齐全，总量也较为丰富，但是也存在结构性问题。例如，矿产资源，除钨、钼、稀土、石墨等少数矿产外，大多数矿产的资源储量全球占比均低于 20%，加上"多贫矿、少富矿"的资源国情，使得紧缺战略性矿产供应"大头在外"现象越来越突出，资源安全形势严峻。例如，2021 年，中国原油、铁矿石、铜对外依存度均超过 70%，铝土矿超过 50%、锂超过 60%、镍和钴更是超过90%。十九届五中全会提出，全面建成小康社会、实现第一个百年奋斗目标之后，要乘势而上开启全面建设社会主义现代化国家新征程、向第二个百年奋斗目标进军，这标志着中国进入了一个新发展阶段。新发展阶段的主要工作就是要立足高质量发展，推动中国经济转型、腾飞和跨越，促进新的"两步走"战略目标顺利实现。这些目标对资源安全保障提出了更高的要求，必须把资源安全的饭碗牢牢端在自己手里，为中华民族的生存发展和伟大复兴筑牢安全保障底线。

（三）自然资源事关国家竞争优势和在国际舞台中的地位

自然资源是现代国际政治中的一个重要问题。美国全球安全专家迈克尔曾在《资源战争：全球冲突的新场景》中指出，国家之间的冲突对立，实质上都归因于对稀缺战略资源的争夺，这也从更深层折射出，稀缺资源领域的国际竞争从更宽泛的角度来说就是大国竞争的重要根源。21 世纪，全球主要国家都在争夺战略性新兴产业发展的制高点，无论是《德国工业 4.0》还是《重塑美国先进制造业的领导地位》，都体现了这一思想。尤其是能源领域，应对气候变化，全球正在发生第三次能源转型，以绿色低碳为特征的清洁能源正在取代传统化石能源，谁掌握了清洁能源主导权，谁就在国际舞台上具有竞争优势，使得支撑能源转型所需的锂、钴、镍等战略性矿产成为大国竞争的焦点。

中国目前在全球清洁能源产业链供应链中初步呈现优势地位，例如，2021 年，据基准矿产情报公司数据，中国锂精炼产量占全球的 44%、钴精炼 75%、硫酸镍69%、矿山石墨 64%、球团石墨 100%、合成石墨 69%，电池阴极材料、阳极材料和电池产量分别占全球的 78%、91% 和 70%。中国在清洁能源中下游产业方面的突出优势，引发了一些发达国家在清洁能源矿产领域的全球竞争。其中"能源资源治理倡议"等多（双）边合作机制就是例子，并使得全球资源政治格局、资源治理体系和资源竞争关系变得更为复杂。目前，中国在清洁能源产业链供应链方面所具有的领先优势，所依赖的资源主要还是海外供应，如果海外资源供应格局发生骤变，则可能会因"资源在外"而影响当下清洁能源产业链供应链的优势筑牢。同样，一个国家只有立足粮食基本自给，才能掌握粮食安全主动权，进而才能掌控经济社会发展这个大局。耕地是中国最为宝贵的资源，人多地少的基本国情，决定了必须把关系十几亿人吃饭大事的耕地保护好，绝不能有闪失。必须牢牢守住十八亿亩耕地红线，逐步把永久基本农田全部建成高标准农田，确保中国人的饭碗牢牢端在自己手中。生态方面也是如此，只有筑牢国家生态安全屏障，坚决守住生态安全底线，才能还自然宁静，给人们一个美好的生产生活空间。

三、自然资源与经济社会发展的关系

经济社会发展依赖于自然物质和能量的不断供应。例如，从 1990 年国民生产总值来看，美国、日本、苏联、联邦德国（西德）、法国、意大利、英国、加拿大、巴西和中国依次为全球前十的经济大国，对十国能源、矿产资源的生产和消费的分析表明，这些国家经济增长都是建立在对资源大量消耗的基础上的。要想成为经济大国，必须得到充足的资源。从生态经济观点来看，人类社会对自然资源的需求，不仅是指维持人类种群繁衍的物质生活享受，还包括精神文化需求和维护生态环境需求。原始社会时期，人类从自然环境中取得维持生存的天然资源，基本上依赖于自然界的恩赐就能满足人类有限的需求，但随着人口增长，人类对自然资源的需求量增大，到 18 世纪中叶，人口剧增和生产力迅速发展，导致人类掠夺式开发利用自然资源，生态环境质量下降，人地矛盾加剧。尤其是第二次世界大战以来，人类以牺牲自然资源为代价换取经济繁荣，造成了生态环境加速恶化，严重影响世界经济与社会发展，甚至威胁着人类的生存。无数的经验和事实告诉人们，单纯地发展经济，却带来了资源损毁、生态破坏和环境恶化等一系列严重后果。孤立地保护资源，由于缺乏经济技术实力支持，既阻碍了经济发展，又未能遏制生态环境继续恶化。因此，必须将经济发展与资源开发利用协调起来。100 多年前，恩格斯曾警告人们："不要过分陶醉于我们对自然界的胜利"，他以美索不达米亚、希腊、小亚细亚等地毁林开荒的历史教训为例，指出"对于每一次这样的胜利，自然界都报复了我们。"这是对社会经济与资源环境相互关系的深刻总结。

就中国而言，改革开放以来发生了翻天覆地的变化，经济建设取得了举世瞩目成就，人民生活水平大幅提高。但是，我们不能因此而盲目乐观，应当清醒地看到我们国家长期以来实现的经济增长还是一种主要依靠生产要素的数量投入来维持的经济增长，还主要是一种"高投入、高消耗"的粗放型的经济增长方式，这种粗放型的经济增长方式对资源的破坏和环境的污染两个方面都造成了极大的压力。例如空气、河流被严重污染，矿产开采低效及过度、森林滥伐、耕地乱占及土地退化等。部分学者认为，中国的经济快速发展部分原因归因于对资源的过度消耗和环境的污染，归结于粗放型的经济增长方式。

　　发展经济社会必须保障资源安全，必须保证各种重要资源数量充足、价格稳定和可持续供应，在此基础上追求以合理价格获取资源，以集约节约、环境友好的方式利用资源，保证资源供给的协调可持续。在保障资源供应的过程中，必须转变资源利用方式，不能掠夺式开发，必须坚持绿色发展，着力改善生态环境，为人民提供更多的优质生产产品，推动形成绿色发展方式和生活方式，建立健全保障生态安全的制度体系，切实解决突出的资源环境问题，在维护生态系统稳定中开发资源。只有合理开发利用自然资源，才能保证经济社会的持续发展。

第二节　自然资源安全分类

　　自改革开放以来，中国作为全球的一个重要经济体，已经保持了长达40多年的经济高中速增长，成为世界经济发展史上的一个"奇迹"，即使在全球金融危机和全球疫情影响下，中国经济仍保持了增长势头，并成为推动世界经济增长的主要动力。目前，中国经济总量位居世界第二，如此庞大的经济规模和增长速度，给并不厚实的自然资源基础家底带来了日益沉重的压力，加之人口增长和人民对美好生活的期盼，资源消费总量持续增长，导致耕地、淡水、矿产等主要资源安全问题不断出现。

一、对资源安全的认识

　　资源安全概念产生于20世纪90年代中后期，距今有近30年的历史。然而，资源安全绝非一个新现象，在此之前，能源安全、水安全、粮食安全、环境安全、生态安全等概念就已广泛运用。资源安全问题等同于资源稀缺问题，是人类社会发展的永恒主题。对安全问题的关注，主要是源自安全方面出了问题。居安思危的少，临安思危的多。世界确实存在不安全因素，出现了不安全形势或不安全趋势，以及不安全领域和不安全地区。对安全问题的关注来自多方面，包括对国防、政治、经济、金融、信息、资源、环境、粮食等安全的关注。这种关注自 20 世纪 90 年代以来逐年增多增强，进入 21 世纪后这种关注陡然增加，并影响到社会、经济、政治和国际关系等诸多方面[①]。综合多种解释和理解，所谓资源安全，就是一个国家或地区可以持续、稳定、及时、足量和经济地获取所需自然资源的能力或状态。由此可见，资源安全主要包括五个方面的要义：一是数量安全，既要总量充裕，也要人均量充裕；二是质量安全，即质量要有保证，如最低生活用水质量；三是结构安全，即供给的多样性，供给渠道的多样性是供给稳定性的基础；四是均衡安全，包括地区均衡与人群均衡两方面，资源安全的目标是最大限度地实现资源供求的地区均衡和人群均衡；五是经济或价格安全，即以较低的价格获取所需资源的能力或状态，资源安全所要追求的是以最低的经济代价获取所需资源。

社会各界对资源安全问题的关注越来越高，主要有六个方面的原因：一是资源对于人类生存与发展的贡献是基础性的、不可替代的，即人类生存和发展不可或缺；二是资源供给的有限性，于是总是存在数量、质量等问题，不可能随心所欲、永无止境地索取；三是自然资源对于经济社会发展支撑能力往往呈现削弱之势，石油、水、耕地等资源危机层出不穷；四是资源系统的整体性，各类资源之间存在内在联系，构成有机系统，自然资源开发利用保护不当引发的生态环境问题日益严重，资源系统结构破坏会导致资源功能衰减甚至消亡，进而产生资源安全问题；五是自然资源，特别是战略性资源的国际争夺愈演愈烈，并成为主导国际关系、地缘政治的主要因素；六是自然资源开发利用引发的社会、政治、民族等问题日益显现，"资源诅咒"或"资源陷阱"在部分国家或地区，特别是资源富集区或资源输出地时常发生。

二、资源安全的特征

资源安全具有四个典型特征。一是目的性或针对性。资源安全问题研究和管理具有目的性和针对性，目的是要发现不安全因素、不安全领域、不安全方面和不安全地区，并有针对性地进行调适和干预。二是动态性或可变性。资源安全问题与资源稀缺问题一样，是一个动态的问题，任何国家或地区在资源安全领域都会不断出现新的问题。三是层次性或尺度性。资源安全有大小之分，于是产生了国家资源安全和区域或地区资源安全，群体资源安全和个体资源安全等衍生概念。四是互动性

[①]　谷树忠，等．中国资源报告——新时期中国资源安全透视［M］．北京：商务印书馆，2010．

或相关性。不同门类的资源安全间，资源安全与生态安全、环境安全、食物安全，以及经济安全间有着互动性或相关性，表现为高度的正相关性，亦即其他安全状态的改进有助于资源安全状况改善。[①]

三、自然资源安全分类

根据自然资源的主要门类和对经济社会发展的贡献，通常所说的自然资源安全，主要包括粮食安全（耕地资源安全）、矿产资源安全、海洋资源安全、水资源安全、林草资源安全、草原资源安全、生物资源安全等大类。其中，与经济安全、产业安全、国防安全，以及提高人民生活水平密切相关的自然资源安全主要包括粮食安全、矿产资源安全、水资源安全、林草资源安全、生态安全、海洋权益维护与海洋安全、地理数据信息安全、野生动物保护与生物多样性安全等 8 个方面。而且，这些安全之间相互联系相互影响，有的甚至还可以相互转化。例如粮食安全，倘若出现比较严重的问题，就会演变为社会安全问题，甚至是政治安全问题。

（1）粮食安全。"国不可一日无粮，家不可一日无米"，粮食安全始终是关系国民经济发展、社会和谐稳定、国家安全自立的全局性重大战略问题。中国拥有 14 亿多人口，满足 14 亿多人口需求，按复种指数倒推，18 亿亩耕地红线是维护口粮绝对安全和谷物基本自给的底线，不能有任何闪失。据国家统计局网站数据，2021 年中国粮食人均占有量 483.48 公斤，为确保国家粮食安全、应对复杂多变的国内外形势、克服各种风险挑战提供了有力支撑。但是，中国农业劳动生产率、农业科技进步贡献率、农民职业技能和收入水平、农产品国际竞争力等与世界农业强国相比存在明显差距，应加快建设与中国式现代化要求相匹配、与人口大国相适应、与资源禀赋相契合的强大农业。

（2）矿产资源安全。中国矿产资源结构性问题突出，石油、铁、锰、铜、铝等一批紧缺战略性矿产供应"大头在外"，对外依存度高企，未来锂、钴、镍等新能源和新材料矿产需求还将快速增长。百年未有之大变局下，受全球地缘政治复杂多变、资源民族主义抬头、主要生产国政局不稳、国际矿业公司掌控供应链和矿产品定价话语权，以及全球资源治理"集团化、区域化"逆全球化思潮盛行等因素影响，矿产资源安全供应不稳定的影响因素正在增加。尤其是一些发达国家建立多边合作机制，极端情形下可能会对铁、锰、铜、铝等资源安全构成挑战。

① 谷树忠，等 . 中国资源报告——新时期中国资源安全透视 [M]. 北京：商务印书馆，2010.

（3）水资源安全。中国年均水资源总量约3万亿立方米，居世界第六位，但人均水资源量只有2100立方米，不足世界人均水平的30%。[①] 全球气候变化和人类活动对水资源产生重大影响，水资源供需矛盾日益突出、水污染加剧、水生态退化和水管理失衡等问题引起的水资源安全已成为全球关注的焦点，对水资源安全产生了重要影响。现阶段，全球水安全问题已开始向经济社会、粮食生产、生态环境等各方面逐渐延展，引起了国家和政府的重视，保障"21世纪水安全"已成为全世界共同努力的目标。

（4）林草资源安全。中国森林面积和森林蓄积量分别居世界第5位和第6位，但人均仅占世界的1/4和1/7。森林资源包括森林、林木、林地生存的野生动物、植物和微生物。草地资源是具有数量、质量、空间结构特征，有一定分布面积，能够产生经济价值和具有多种功能，主要用于生产资料的一种自然资源。中国山区虽然不利于农耕作业发展，但都蕴藏着丰富的动植物资源，且为发展林草业的重要基地。林草资源作为中国陆地生态系统的主体，具有调节气候、涵养水源、防风固沙、保持水土、维护生物多样性、净化空气、美化环境、固碳释氧、维护生态平衡等重要生态功能。面对生态恶化对人类生存与发展的威胁，统筹发展林草资源及其产业，不仅可有效改善生态状况，而且为应对全球生态危机、维护全球生态安全作出积极贡献。

（5）生态安全。中国自然资源生态安全问题突出，甚至部分省域、城市及矿业经济区等资源环境承载能力多处于过载状态；部分重点生态功能区的产业发展与功能区定位不一致，生态赤字明显，严重影响生态产品供给能力。习近平总书记强调，"必须加快建立健全以生态价值观念为准则的生态文化体系，以产业生态化和生态产业化为主体的生态经济体系，以改善生态环境质量为核心的目标责任体系，以治理体系和治理能力现代化为保障的生态文明制度体系，以生态系统良性循环和环境风险有效防控为重点的生态安全体系"[②]，积极推进生态文明建设，形成人与自然和谐共生的新格局。

（6）海洋权益维护与海洋安全。党的二十大报告明确提出"维护海洋权益"。从《联合国海洋法公约》规定来看，完整意义上的海洋权益包括两部分：一是国家管辖范围内的海洋权益；二是国家管辖海域之外的被法律所认可的海洋权益。海洋权益是国家安全的核心内容之一。随着全球化发展的广度扩展，必然会要求海洋

---

① 加快重大水利工程建设　节水是重中之重［EB/OL］. 人民网，2014 - 05 - 22.
② 习近平. 论坚持人与自然和谐共生［M］. 北京：中央文献出版社，2022：14 - 15.

在资源开发、环保及货物运输等方面发挥独一无二的作用。习近平总书记指出，我们要构建人类命运共同体，要为全人类的福祉奋斗。这就需要我们携手共同参与到保护海洋生态环境中去，需要我们合理地利用海洋资源，共同承担国际义务。中国的海洋权益有着厚实的国际法基础，包括以《联合国海洋公约》为主要内容的国际海洋法和中国制定的国内海洋法，其中《联合国海洋法公约》规范了海洋开发与利用的行为，规定了缔约国应享有的权益和应当承担的国际义务，被誉为"海洋宪章"。和平与发展是时代的主题，国家间相互依赖程度的增强决定了合作成为维护和拓展海洋权益的根本方式。海洋是国家生存与发展的空间，与陆地空间的排他性不同，海洋空间具有一定的共享性，因此合作共享是必然选择。

（7）地理数据信息安全。地理数据信息必须严格遵守国家的相关法律法规进行地理数据信息的采集、加工、处理、存储、传输、应用和服务，未经批准不得生产、复制、使用和传播。地理数据信息作为基础性信息资源，它在高精度卫星定位、高分辨率卫星遥感和人工智能、大数据以及自动驾驶技术等方面得到广泛应用。但是，地理数据信息也具有高度敏感性等特征，如果使用或管理不当，会给维护国家领土主权、维护国防安全等方面带来危害。地理数据信息的应用越广泛，安全的责任就越重，必须切实维护地理数据信息安全。

（8）野生动物保护与生物多样性安全。经过60多年的努力，中国许多濒危野生动植物种群稳中有升，生存状况不断改善。目前，全国建立了约200处植物园，系统收集保存了兰科植物、苏铁、木兰等濒危植物种质资源，华盖木、峨眉含笑等一些极小种群野生植物初步摆脱了灭绝风险。为全面准确摸清资源底数，中国还开展了第二次野生动物和植物资源调查，以及兰科植物专项调查等工作。与此同时，加快推进以国家公园为主体的自然保护地体系建设，已建成国家公园试点区、自然保护区、风景名胜区、森林公园、湿地公园、海洋公园、地质公园等各级各类自然保护地1.18万处，总面积约占陆域国土面积的18%。[1] 与此同时，通过实施天然林保护工程、退耕还林还草工程、湿地保护修复工程等，全面保护修复生态系统，改善扩大野生动植物栖息地，使种群得到休养生息，为野生动物保护与生物多样性安全作出了积极贡献。

"不困在于早虑，不穷在于早豫。"必须把严守资源安全底线作为谋划和推动工作的前提，切实增强维护资源安全的能力，不断强化安全保障体系建设，有效防

---

[1] 王昌海，谢梦玲. 以国家公园为主体的自然保护治理：历程、挑战以及体系优化［J］. 中国农村经济，2023（5）：139 – 162.

范化解各类风险挑战，随时准备应对更加复杂困难的局面，下好先手棋、打好主动仗。

第三节 自然资源安全评价

一、自然资源安全形势

百年未有之大变局的核心是国际权力结构的深化调整，其中国际资源权力的调整是首当其冲的一个重要内容。以矿产资源为例，大宗矿产品价格的金融化、新能源新产业所需关键矿产治理的政治化，使得资源权力与金融权力的调整、地缘政治与地缘经济结构的博弈，以及资源权力不断向下游产业链延伸渗透交织在一起，导致资源安全问题极为复杂。冷战以及后冷战时期，国际资源权力集中在以美国为首的"西方集团"，美国战略的核心是保持国际市场矿产品价格的相对稳定，以求降低经济社会发展的资源成本。矿产资源是经济社会发展的物质基础，"能源独立"是一个国家强盛的保障和安全的基石，美国霸权思维使其不能容忍资源权力落榜，尤其是经受 20 世纪 70 年代石油危机后，美国资源战略的核心举措之一就是推行"能源独立"，甚至在 2006 年石油对外依存度高达 72% 的情况下仍没有放弃。美国以页岩油气等非常规资源为重点，通过超前战略引领、财税法律配套，坚定不移地支持页岩油气全面产业化，经过近 50 年不懈努力，终于在 2019 年实现了"能源独立"，并成为全球化石能源净出口国。

后冷战后期，美国也一度以"市场上一切都会有的"教义为准则，放松了对资源权力的控制。随着中国加入 WTO 和全球化的深度演化，中国依照美国控制的规则和中国的方式，逐步成了小宗关键矿产（主要指锂、钴、镍、稀土、石墨、镓、铟、锗等）的权力中心。于是，"新冷战"美国又提出了"关键矿产独立"这个大战略，试图与中国在小宗关键矿产上"脱钩断链"，近期的地缘经济和地缘政治博弈均围绕此问题展开。

其实，从全球范围看，由于矿产资源分布不均衡，世界上没有任何一个国家可以完全依靠自己的资源实现工业化和现代化。中国也不例外，但也不是所有的矿种均面临严峻形势，即使面临严峻形势的矿种，也各自面临各自特殊的问题，以致解决资源安全问题没有一副统一的"灵丹妙药"。当前，中国矿产资源安全形势严峻涉及的主要是大宗矿产（消费量千万吨级及以上），在小宗关键矿产方面尚处于优势地位。另外，从全球"十大经济体"资源安全对比看，中国的安全态势除了劣于加拿大、俄罗斯，以及能源劣于"能源独立"之后的美国外，总体上是要优于日本、德国、英国、法国、意大利等国家。其中，中国锂、钴、镍、稀土这些新能源矿产，不仅在"十大经济体"中是最好的，而且在全球产业链中也占优势主导地位。

实践中由于受国际资源权力的争夺、地缘政治和地缘经济结构的博弈等因素影响，全球资源市场震荡或局部地区供应紧缺的现象确实存在，俄乌冲突后欧洲天然气价格快速上涨和能源危机就是典型的例子。可喜的是，近年来中国主要矿产品产量没有下降，这是作为中流砥柱的国有企业和一些领军的民营企业共同努力的结果。例如能源矿产，据国家统计局网站数据，2022 年国内原油产量又重新回到 2 亿吨以上；天然气达到 2178 亿立方米，基本比 2012 年翻了一番；煤炭达到 44.96 亿吨，比 2012 年增加 14%；铜、铝等矿产的产量都在增长。但是，从长远看形势非常不好，因为勘查不景气导致一批家底薄弱的矿产采矿成为无源之水，矿山地质工作削弱导致"增储上产"后继乏力。解决中国的资源安全问题，需要运用系统思维、突出问题导向、站在人民立场，在客观研判安全形势、态势和趋势的基础上，不仅要树立底线思维和极限思维，更要树立畅通内外两个大循环的信心。[①]

二、自然资源安全的主要影响因素

随着人口增长、消费增加，以及中国经济持续高速或中高速增长，给并不厚实的自然资源基础和生态环境带来了沉重的压力，而且这种压力在相当长时期内难以改变。

（1）资源基础因素。中国淡水、油气、耕地等战略性资源，虽然总量居世界前列，但是资源丰度较差，资源人均量小，重要资源进口依存度较高，且资源储备能力较弱。

（2）人口增长因素。虽然资源消费方式得到了一定程度的改进，部分地区的资源过载状况得到改善，但是人口持续增长且人均消费水平持续提升，加之城镇化水平不断提高，增加了资源的保供压力。

---

① 张新安，孟旭光，陈甲斌，等. 有关矿产资源安全有关问题的调研报告［R］. 中国自然资源经济参考（2023 - 特 1），2023 - 09 - 11.

（3）国际贸易因素。国际贸易壁垒，特别是绿色壁垒严重，资源型企业"走出去"面临诸多环境和社会风险，资源贸易伙伴关系不稳定或伙伴国局势不稳定。

（4）科学技术因素。资源节约和保护等关键科技领域的创新尚不能满足现实需求，特别是节能、节水、矿山智能化水平，以及矿业技术装备等方面与发达国家尚有较大差距。

（5）经济因素。供给侧结构性改革和产业转型升级，虽然降低了资源的消耗强度，但是对资源的需求数量、质量、结构提出了新要求。况且经济结构不合理仍未完全改变，特别是高能耗、高水耗、高地耗的基本产业特征尚未根本性改善。

（6）地缘政治因素。全球地缘政治复杂多变，单边主义、资源民族主义抬头，全球资源配置风险上升。

（7）生态环境因素。生态系统较为脆弱，环境容量有限，环境破坏现象仍时有发生。

（8）文化因素。"炫富"等非理性消费现象仍时有发生，资源节约和保护意识仍很薄弱。

（9）体制机制因素。资源价格制度还有缺陷，资源有偿使用制度实施广度和深度还十分有限，有关资源环境考核、审计的诸多基本难题有待破解。

三、自然资源安全评价[①]

自然资源门类较多。基于已有的工作基础，本章节暂且仅对与经济社会发展密切相关的且大众普遍能够感受到的矿产资源安全、粮食安全、水资源安全、林业安全和生态安全进行概要性评价。

1. 矿产资源安全评价

影响矿产资源安全的因素比较多，其中主要因素包括需求增加、资源禀赋制约供应能力提升、海外供应的不稳定性及价格大幅震荡等方面，一旦某个或几个因素出现，则会对资源安全造成冲击。目前，矿产资源安全评价主要是基于指标体系，采用层次分析法进行安全评价。就指标体系而言，常用指标主要包括：

（1）需求全球占比。反映一定时期内矿产消费总量占全球比重的情况。占比越高，说明资源安全越容易受到风险因素影响，使得安全程度降低。中国是全球矿产资源消费大国，例如，2020年，煤炭、铜、铬、镍、锡、钴、萤石等矿产的消

---

① 本部分数据来自《中国国土资源统计年鉴》《中国环境统计年鉴》。

费量占比均达到全球一半以上；铝、铁矿石、锂等占比超过全球60%。

（2）生产供应能力。反映一定时期内矿产品产量占全球比重的情况。占比越高，说明矿产资源供应能力越强。2020年，中国矿产资源产量全球占比不足20%的有石油、天然气、铁矿、锰、铬、铜、铝土矿、锂、钴、金、钾盐等，资源自给能力较差。

（3）静态保障年限。反映资源持续供应能力的指标，用年度储量和产量之比来表示。静态保障年限越长则其安全度越好。中国主要矿产储采比不足10的有铝土矿、锡、锑、镍、金等，大于10但不足20的矿产有石油、铜、萤石等。

（4）对外依存度。反映本国消费对国外依赖程度的指标。对外依存度越高，则安全程度越低；反之，安全程度越高。2020年，中国铝、钾盐、金等对外依存度超过50%，石油、铜矿、铁矿等超过70%，锰矿超过80%，镍矿、钴矿、铬矿等超过90%。

（5）市场价格。反映矿产品进口成本的指标。价格越高，代表产业风险和经济风险越大。2021年，铜、镍LME 3个月期货收盘价于2月分别最高达到9497.5美元/吨、19865美元/吨，创近9年和近7年新高；普氏铁矿石价格3月4日最高达到178.45美元/吨，创近10年新高。中国是全球最大的矿产品消费市场，矿产品价格大幅攀升，导致经济增长的资源成本不断增加。

（6）进口集中度。反映矿产品进口在全球贸易市场风险的指标。进口集中度越高，代表风险越大，用年度前三位进口来源国矿产进口量占当年该矿产进口总量的比例来表示。2020年，中国铁、铜、铝、钾盐、镍、钴、锂、铬等矿产，50%以上的进口量来自1~3个国家，钴甚至100%来自刚果（金），供应链风险较大。

根据上述指标反映的情况，就中国重要矿产资源而言，近十年每年消费超过亿吨级的矿产有煤炭、原油、天然气、铁矿石、磷矿5种，超过千万吨级的有铜、铝、锰、铬、钾盐5种，超过百万吨级的有萤石、镍、石墨等3种，此外还有稀土、锡、钼、钴、钨、锑、锂、铌、铟、镓、金、铍、锗、钽、铼等一批矿产年消费量不足30万吨，其中千吨以下的有铟、镓、铍、锗、钽、铼等6种，而铍、铼的消费量不足100吨。原油、天然气、铁矿石、铜精矿、铝土矿、锰矿、铬铁矿等7种矿产品进口额合计占矿产品进口总额的比重已超过80%。同时，这7种矿产品进口体量大，且6种对外依存度超过了50%。加上影响粮食安全生产所需的钾盐，使得这8种矿产安全风险极大。而这8种矿产品恰恰是影响能源安全、粮食安全或基础设施建设及制造业发展的主要通用矿产，已成为中国矿产安全风险的主要聚焦点。2021年中国主要矿产消费量与对外依存度情况，如图12-2所示。

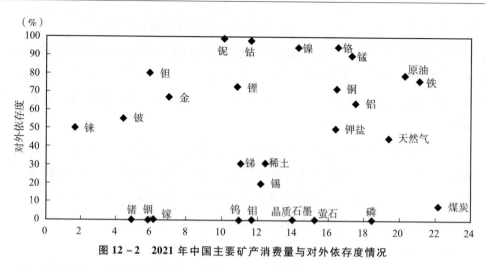

图 12 – 2　2021 年中国主要矿产消费量与对外依存度情况

注：横坐标是以 e 为底数消费量（吨）为真数的自然对数；铁为品位 60.5% 铁矿石，磷为 P_2O_5 30% 磷矿石，锰、铬为矿石，萤石为氟化钙含量，钾盐以 K_2O，稀土为 REO，铝、铜、镍、锡、钼、钴、钨、锑、锂、金、铌、钽、铟、镓、锗、铍、铼等为金属。

资料来源：根据国家统计局、海关总署，以及中国有色金属工业协会等方面的资料计算整理。

2. 粮食安全评价

世界粮农组织对粮食安全主要从粮食供应水平、粮食可获得性、粮食利用水平以及稳定性等四个维度进行评价。现实中，影响粮食安全的因素比较多，主要包括产量波动、粮食自给率、粮食储备率、粮食及食物市场价格稳定性、政策和自然气候等因素。目前，粮食安全评价主要是基于评价指标，采用层次分析等方法进行评价。就指标体系而言，常用指标主要包括：

（1）人均粮食占有量。人均粮食占有量是衡量一国或地区粮食供给状况的重要指标，国际上通常认为人均粮食占有量达到 400 千克以上就代表该国或地区粮食是安全的。人均粮食、人均口粮的国际标准有三个：一是国家的粮食自给率要达到 95% 以上；二是人均每年的粮食要有 400 千克以上；三是国家的粮食储备要达到国内本年度粮食消费的 18% 以上，低于 14% 即为粮食紧急状态。随着中国粮食产量持续攀升，人均粮食产量不断提高，自 2012 年起，人均粮食产量持续保持在 450 千克以上，高于国际公认的 400 千克粮食安全线，做到了谷物基本自给、口粮绝对安全。即使不考虑进口和充裕的库存，仅人均粮食产量就已超过国际上公认的粮食安全线，中国饭碗不仅牢牢端在自己手中，而且饭碗里主要装的是中国粮。

（2）人均耕地面积。人均耕地面积是指一定区域（一般为行政区域）范围内全部耕地面积除以区域范围内总人口而得到的数量。中国的人均耕地是依据统计部门上年末人口总数与耕地总数之比计算的。计算公式是：人均耕地 = 年末耕地面积总数（亩）÷年末人口总数。人均耕地的多少，对于国民经济和农业生产的发展，对于人民生活水平的提高等方面具有重要影响。第三次全国国土调查数据显示，中国耕地面积 19.179 亿亩，人均耕地面积约 1.358 亩。

（3）高标准基本农田占比。《国家农业综合开发高标准农田建设规划（2011—2020 年）》综合考虑各地区农业自然条件和灌溉条件等情况，根据中低产田面积、粮食产量、粮食商品率等因素，测算确定粮食主产区和非粮食主产区的建设任务和目标，把粮食主产区，特别是增产潜力大、总产量大、商品率高的重点粮食主产区放在高标准农田建设的突出位置。粮食主产区共规划建设高标准农田 28000 万亩，占建设高标准农田面积的 70%。实施重点中型灌区节水配套改造 911 处，占实施重点中型灌区节水配套改造总数的 57.8%。[①]

（4）粮食自给率。表示当年粮食产量占其社会总消费量的比重。其中，社会总消费量是口粮消费、饲料用粮、工业用粮及种子用粮的总和。2021 年，中国小麦、玉米、大米等主要粮食自给率分别为 93.3%、90.6%、98.8%，与美国、英国等国家水平基本相当，表明达到了较高水准的粮食安全自给水平。但是，中国大豆自给率不足 15%，供应风险较大。

（5）粮食总供需差率。表示粮食总供应量和总需求量之间的差值与粮食总需求量的比值。粮食总供需差率为正则反映安全性高，且值越大说明安全性越好；反之，说明安全性差。据 2022 年中央农村工作会议及农业农村部数据，中国粮食产量连续八年达到 1.3 万亿斤以上，人均粮食占有量也达到 483 千克，高于国际公认的 400 千克水平，表明国内粮食供应已经达到安全状态。

（6）粮食储备率。表示储备粮和粮食总需求量的比值，是反映粮食储备安全的重要评价指标。粮食储备在应对自然灾害、战争及粮食价格波动和调节区域粮食供需平衡等方面具有重要作用。联合国粮农组织认为，储备粮应达到供应两个月及以上的粮食需求，或不少于粮食总需求量 17% ~ 18% 的标准。中储粮数据显示，2021 年中央储备保障能力进一步提升，现有中央储备粮自储比例提升至 98%，中央储备粮科技储粮覆盖率连年保持在 98% 以上，仓容完好率连年保持在 95% 以上。

（7）粮食价格波动。粮价波动影响到农民种粮收益和种粮积极性，从而引起产量波动，即通过对粮食播种面积、粮食供给等因素作用间接影响粮食安全。中国人民银行海伦市支行课题组通过相关调研，发现粮食价格对粮食播种面积具有正向促进作用。2021 年全球粮食价格迎来了不同程度的上涨，但国内粮食价格基本保

[①]《国家农业综合开发高标准农田建设规划（2011–2020）》。

持稳定状态（粮食价格上涨 1.1%），实现了粮食保供稳价。

另外，有关粮食数量安全指数、质量安全指数、生态环境安全指数、经济安全指数和资源安全指数研究表明，党的十八大以来，中国粮食安全处于比较均衡发展状态，生态环境安全、质量安全和资源安全态势向好，单位耕地面积农药和化肥施用量下降，粮食生态环境安全和质量安全向好，但是粮食经济安全形势下降，主要是农民种粮效益低微。整体而言，目前国家粮食安全各项指标初步呈现均衡发展态势，随着国家粮食安全战略调整和粮食政策改革深入，粮食经济安全将会得到改善和提高。

3. 水资源安全评价

水安全问题自提出以来，受到世界持续关注，经常成为各国政府和国际会议的热点议题，同时也吸引了非常多的国际学者和专家从各个角度对水安全及其相关问题进行研究。水资源安全受多种因素影响，考虑水安全相关学科背景，主要从数量、质量、防洪、可持续发展四个维度进行评价。

（1）人均水资源量。人均水资源量是衡量国家可利用水资源的程度指标之一。中国人均水资源量是指中国可以利用的淡水资源平均到每个人的占用量。国家统计局网站数据显示，2022 年全国水资源总量为 2.66 万亿立方米，占全球水资源的 6% 左右，仅次于巴西、俄罗斯和加拿大，名列世界第四位。但是，中国的人均水资源量仅 1884 立方米，是全球人均水资源最贫乏的国家之一。

（2）年降水量。从天空中降落到地面上的液态或固态（经融化后）水，未经蒸发、渗透、流失而在水平面上积聚的深度称作降水量。据水利部 2022 年《中国水资源公报》数据，2022 年全国平均年降水量为 631.5 毫米，比多年平均值偏少 2.0%。从历年降水资源量变化及全国年降水资源丰枯评定指标来看，2022 年全国降水资源量为 2012 年以来最少的一年，属于枯水年份。淮河、长江、东南诸河、西南诸河和西北内陆河流域地表水资源量较常年偏少，松花江、辽河、海河、黄河和珠江流域较常年偏多。

（3）水资源开发利用率。水资源开发利用率是指流域或区域用水量占水资源可利用量的比率，体现的是水资源开发利用的程度，是衡量水资源开发利用效果和水资源利用情况的定量指标。一般用于计算河流、湖泊、地下水和集水区等资源开发利用率，公式为：开发利用率 = 开发利用量/可利用资源量×100%。其中开发利用量指用于水资源开发利用的水量，可利用资源量指水资源开发可利用的总水量。

（4）水质。中国现行《地表水环境质量标准》（GB 3838—2002）中地表水质量标准基本项目标准限值一栏中规定了河流、湖库各类别水质标准限值，其中Ⅰ～Ⅲ类、Ⅳ～Ⅴ类、劣Ⅴ类水河长分别占评价河长的 81.6%、12.9% 和 5.5%，Ⅰ～

Ⅲ类、Ⅳ～Ⅴ类、劣Ⅴ类湖泊分别占评价湖泊总数的 25.0%、58.9% 和 16.1%，表明中国水质总体较好。

（5）可持续性。除了保障现阶段数量充足、质量稳定的水资源外，水资源供需还应考虑长期安全，满足人类社会经济与生态的长期需求。水安全的可持续性内涵，包含水资源自然条件、人类需求、生态需求三个部分，三者联系紧密，相互影响，可作为一个独立完备的评价维度。根据水利部发布的《2021 年中国水资源公报》数据，2021 年中国每万元 GDP 用水量 51.8 立方米，与 2020 年相比，万元国内生产总值用水量下降 5.8%，表明用水效率进一步提高，用水结构不断优化。

（6）防洪安全。从灾害风险角度看，水相关灾害防治关乎社会安定、经济有序发展以及人民生命安全和财产安全保障，是水安全的重要内涵。据智研咨询报道，2021 年中国洪涝灾害造成 0.59 亿人次受灾，占全国自然灾害受灾人口总数的 55.15%；造成直接经济损失 2458.9 亿元，占全国自然灾害造成的直接经济损失的 73.62%。

4. 森林生态安全评价

森林生态安全评价是基于一定的需要，对特定时空范围内森林生态安全状况的定性或定量描述。森林生态安全有狭义和广义之分，狭义的森林生态安全仅仅是从森林生态的内部结构和功能层面来认识其生态状况；广义的森林生态安全是指除考虑森林生态系统自身安全之外，还考虑外界干扰对森林生态安全系统的影响。森林安全主要受自然环境（如森林所处的丘陵、山地等地理自然环境和气候对森林生态安全构成的威胁）、社会因素（如过度采伐等人类社会破坏）等因素影响，评价指标主要包括：

（1）林业总产值。林业产业产值是一定时期（通常为一年）内以货币形式表现的林业全部产品的总量。主要包括两个方面：一个是林木生长量价值，另一个是林产品产量价值，计算公式为：林业产值 = 营林产值 + 采集林产品产值 + 村及村以下采伐竹木产值。据国家林业和草原局 2023 年工作会议报道数据，2022 年全国林业产业总产值为 8.04 万亿元。

（2）森林覆盖率。森林覆盖率 = 森林面积/陆地国土面积 × 100%。设置该指标，有利于综合体现森林资源丰富程度、国土绿化状况和碳汇能力。据国务院新闻办公室 2020 年 12 月 17 日新闻发布会信息，全国森林覆盖率已达到 23.04%。按照《全国重要生态系统保护和修复重大工程总体规划（2021—2035 年）》提出的 2035 年森林覆盖率达到 26% 的目标倒推，平均每五年需提高 1 个百分点左右。

（3）森林蓄积量。指的是森林面积上生长着的林木树干材积总量，它是反映一个国家或地区森林资源总规模和水平的重要指标。中国连续 30 年保持森林面积和森林蓄积量双增长，成为全球森林面积和蓄积量增长最多的国家。

（4）天然林比重。指天然林面积与森林面积之比。天然林环境适应力强，森林结构分布较稳定，相比人工林，其生物链条完整独立，物种的分布立体而丰富，有较强的自我恢复能力，抵御外来侵害的能力更强，物种多样性程度极高，生态服务功能巨大，因此天然林比重越高，森林生态系统越安全。

（5）森林面积。据《2020年全球森林资源评估》数据，目前全球森林总面积40.6亿公顷，其中中国2.2亿公顷，占全球5%，在全球排第五位。

（6）林业固定资产投资。林业固定资产投资是反映对林业投入重视程度最为直接的指标。林业固定资产投资越大，维护林业生态安全的基础资金就越多，区域林业生态安全的发展潜力也就越大。据立鼎产业研究网报道数据，2020年中国林业投资完成额达4300亿元，虽有所下降但仍保持较高强度。

（7）森林采伐强度。单位面积上采伐的木材数量（或株数）占森林蓄积量（或株数）的百分比，即采伐蓄积占伐区总蓄积的百分比。第八次全国森林资源清查结果表明，全国森林采伐消耗蓄积的64%来自中幼龄林，中幼龄林超强度采伐作业的面积比例高达45%，严重影响了森林质量提升。

5. 生态安全评价

生态安全是指人类赖以生存的环境处于健康可持续的状态，它是经济社会稳定可持续发展的重要保障。随着经济社会快速发展，生态环境问题日益增多，评价生态安全多从资源、环境、社会和经济等角度选取指标进行评价。

（1）生态压力指数。生态压力指数是指某一国家或地区生物生产性资源的人均生态足迹与人均生态承载力的比值，该指数反映了区域生态环境的承压程度。生态压力指数与生态环境安全性呈正相关关系。其模型为：$ETI = ef/ec$，其中ef表示区域可更新资源的人均生态足迹，ec表示人均生态承载力。

（2）水源涵养量。水源涵养量是指地表水和地下水在一定时间内被自然环境或人工控制下固定范围内的土地面积内储存和保持的能力。狭义的水源涵养能力计算主要是对水量进行计算，目前水量采用水源涵养量表示。水源涵养量是指在一定时间段内生态系统储存的水量，包括年径流量、年内径流量过程（月径流量）、最大和最小流量。广义的水源涵养能力计算应包括水量、水质及一些生态指标的综合计算，其计算方法涉及水文学、生态学、林学、环境科学等学科。据中国科学院地理资源所预测，中国森林水源涵养量约为2326亿立方米。

（3）生态盈亏指数。生态盈亏是指生态承载力与生态足迹的差值，该指数表明某区域的生态状况。正值表明生态承载力大于生态足迹，称为生态盈余；负值表明生态足迹大于生态承载力，称为生态赤字。计算公式为：$esd = ec - ef$，其中 esd 为生态经济系统一致性发展状态，ec 为区域生态承载力，ef 为区域生态足迹。

（4）区域人均生态协调系数。为弥补生态赤字不能精准反映其与区域资源禀赋条件关系的缺点，引入人均生态协调系数加以衡量。以 DS 表示，DS 取值为 $1 \leqslant DS \leqslant 1.414$，$D$ 接近 1，说明协调性越差，接近 1.414，则协调性越好；若 $1 \leqslant DS \leqslant 1.414$，且 $ec < ef$，表现为生态赤字，自然资本存量被消耗，认为生态处于不协调状态；若 $1 \leqslant DS \leqslant 1.414$，且 $ec > ef$，表现为生态盈余，自然资源未能最有效利用，生态不协调；当 $DS = 1.414$ 时此时 $ec = ef$，生态供求均衡，自然资源得到最有效利用，生态处于最佳协调状态。

（5）万元 GDP 生态足迹。万元 GDP 生态足迹表示每产生 1 万元 GDP 所消耗的生态足迹大小，反映该地区资源利用效率，其计算公式如下：万元 GDP 生态足迹 $= N \times ef / GDP$（万元）。在社会生产活动中，技术的进步伴随着资源利用效率的提升，同时也意味着资源耗能的减少，生态总值的增加，ef 相对降低。因此，万元 GDP 生态足迹的值越小，则资源利用效率越高，在无其他外来影响因素的情况下，认为生态越安全；反之则利用效率越低，认为生态越不安全。

第四节　自然资源安全政策

一、自然资源安全原则

（1）坚守国内资源安全底线，确保资源的供应数量、供应质量、供应结构与现代化经济体系建设的要求相适应。中国特色社会主义新时代，自然资源仍然是经济社会发展生产力的重要组成部分。与此同时，技术飞跃进步、人民美好生活向往的期盼对资源的新种类、生态环境的新要求开启了新序幕，它在现代化经济体系建设中的地位和作用已提升到新的战略高度。当前，中国"资源瘦身"和资源需求高端化叠加，要求必须坚持底线思维，统筹国内和海外两种资源，加强资源安全保障能力建设，在资源数量保证的前提下，深化供给侧结构性改革，努力做到资源的供给数量、供给质量和供给结构的有机统一，为中国经济转型、腾飞和跨越提供安全的资源支撑。

（2）坚持节约资源和环境保护的基本国策，提高资源利用效率，确保资源开发利用强度和资源承载力及生态环境容量相适应。中国已经进入高质量发展阶段，资源结构性的短缺矛盾与约束日益突出，必须依靠效率变革，坚持质量第一、效益优先，并以供给侧结构性改革为主线，加快转变资源的利用方式，促进资源节约集约利用水平和承载力明显提高。另外，中国自然资源开发利用受限于生态功能区、自然保护区或生态保护红线。例如矿产资源，据有关统计，国家级自然保护区与全国重点成矿区带重合面积估计已占重点成矿区带的10%。生态保护与资源开发是孪生关系，必须坚持资源开发利用强度和生态环境容量相适应的原则，寻求资源开发利用强度的最优，实现生态保护和资源开发共赢。

（3）坚持改革创新，加快转变资源管理方式，实现资源治理能力现代化，弥补治理短板。计划经济下，资源保障体制和机制由国家实施完成；市场经济下，资源保障的主体是企业，政府起指导和政策调控作用，这就要求建立政府和市场相结合的保障体制和机制，要求推动动力变革，依法打破市场垄断，坚决破除一切不合时宜的体制机制障碍，建立健全多主体、多渠道、多方式的资源配置机制，促进资源合理流动和优化配置到位。要统筹利用国内和国外资源，形成资源政策与人口、金融、环保等政策的合力，通过政策支持，主动适应全球治理体系和国际资源经济秩序变革加速推进的步伐，积极维护海外权益资源资产安全，提升在全球资源治理中的能力和地位。

（4）坚持结构优化和协调发展，确保资源配置和区域经济发展布局相协调，民生改善和区域发展相均衡。建设和谐国土是落实共享理念、保障和改善民生的必然要求。美丽国土包括发展之美、生态之美、空间之美、和谐之美四个方面，其中蕴含结构优化和协调发展之要求。发展之美指的是高质量的发展、高效益的发展、创新性的发展，以及平衡充分和结构优化的发展，是实现人和自然协调发展的绿色现代化经济体系。生态之美就是要纠正经济发展中偏离的生态保护，还自然以宁静和谐和美丽。空间之美就是要构建资源开发保护制度体系，探索最小生态保护单元和最大资源承载力，建立自然资源与生态空间用途管制制度。和谐之美就是人与自然的和谐发展，矿业开发和环境、社区、景区发展要和谐。自然资源开发、保护与合理利用应顺应自然的运行变化，让资源开发为民所谋，资源的收益为民所计，多谋民生之利，善解民生之忧。

二、自然资源安全政策

严守资源安全底线，夯实资源安全基础，是自然资源工作的头等大事。保障自然资源安全，必须切实增强政治意识和责任意识，准确把握新时代资源安全态势，深入贯彻总体国家安全观，牢牢把握防范化解自然资源领域风险挑战的战略主动；要坚持底线思维，增强忧患意识，有效应对外部环境的不确定性；要坚持系统观念、全局性谋划、系统性布局、整体性推进，统筹解决好开发与保护的关系，在多重目标中寻求和实现高水平资源安全和高质量发展的良性互动。

1. 建立自然资源监测体系

自然资源安全管理是对国家自然资源利用的现实目标及未来目标的调控，是保障一个国家政治、经济安全以及可持续发展的重要手段。当前形势下，迫切需要加强自然资源监测管理。20 世纪 80 年代以来，一些国家、地区或国际组织等纷纷开始建立国家、区域甚至全球尺度的资源环境生态综合监测或观测网络，开展了水、土地、气候、生物等各类自然资源及生态系统监测，有效服务了资源环境可持续发展。长期以来，中国水、土地、矿产、森林、草原等自然资源分属不同部门管理，各个部门先后建立了大量相关监测或观测站网，在支撑服务不同门类资源管理中发挥了重要作用。目前，中国已经实现了自然资源统一管理。面对当前生态文明建设、保障资源安全、统一管理自然资源等方面的国家需求，应在整合优化已有监测站网基础上，采取改建升级、融合共建和空白新建的建设模式，构建国家统一的自然资源监测网络，实现对水、土地、森林、草原、湿地、矿产、海洋、地下空间等各类自然资源监测，动态掌握自然资源的数量、质量、生态等各方面变化情况及发展趋势，全面提升自然资源监管能力，为自然资源安全管理决策提供数据信息支撑。例如，地理数据信息，要强化测绘地理信息安全监管，为数字中国建设保驾护航；推进测绘地理信息数据产权、授权和安全治理等基础制度创新建设，推广安全可信的地理信息技术和设备；制定智能网联汽车时空数据安全处理和传感系统安全检测方面的强制性国家标准；加强卫星导航定位基准站安全管理；健全基础测绘和重大测绘项目的数据安全保障措施。再例如，灾害防治，要建立健全地灾综合防治体系，推行"隐患点 + 风险区"双控模式；加强地面沉降监测网建设；持续推进全球海洋立体观测网工程，构建海洋环境预报自主业务体系；实施海岸带保护修复工程，提升抵御海洋灾害的能力；加强应急测绘力量和能力建设。[①]

2. 建立自然资源高效利用政策体系

中国的生态环境问题，归根结底是一个时期以来在快速工业化城镇化进程中对资源过度开发、粗放使用、奢侈浪费造成的。改变传统的"大量生产、大量消耗、

---

① 彭令，殷志强，金爱芳. 国内外自然资源监测与观测网络建设现状及经验启示［J］. 地质通报，2022 - 09 - 15.

大量排放"的生产和消费模式，必须把经济活动、人的行为限制在自然资源和生态环境能够承受的限度内，必须坚持质量第一、效益优先，以供给侧结构性改革为主线，推动经济发展质量变革、效率变革、动力变革，提高全要素生产率，着力加快建设现代产业体系，用最少的资源环境代价取得最大的经济社会效益，形成与大量占有自然空间、显著消耗资源、严重恶化生态环境的传统发展方式有明显不同的资源利用和生产生活方式，这就要求全方位提高自然资源利用效率。以矿产资源为例，首先，在采选环节贯彻"节约"理念，不仅要健全资源产权制度、有偿使用制度，更要发挥标准规范的强制和引领作用，健全矿产资源开发利用管理制度，强化"三率"等约束性指标管理，通过奖惩政策提高矿产资源开发利用水平。与此同时，开展技术需求调查，建立矿产资源节约和高效利用先进适用技术推广平台，通过先进适用技术提高资源利用水平。另外，通过激励政策推进废石、矸石等废弃物资源化利用。其次，在加工利用环节贯彻"集约"理念，强化企业技术创新主体地位，充分发挥市场对绿色产业发展方向和技术路线选择的决定性作用，采用先进实用技术改造提升传统产业，提高资源消耗的经济产出率；完善资源循环利用制度，实行生产者责任延伸制度，推动生产者落实废弃产品回收处理等责任，推进产业循环式组合，促进生产系统和生活系统的循环链接，构建覆盖全社会的资源循环利用体系，促进资源循环利用。最后，在全社会贯彻"减约"理念，树立节约集约循环利用的资源观，引导全社会树立正确的消费观，倡导合理的消费模式，力戒过度消费和奢侈浪费，倡导节俭、绿色、文明消费。提高矿产资源利用效率政策体系，如表12-1所示。

表 12-1　　　　　　　　　提高矿产资源利用效率政策体系

施政环节	政策目标	政策着力点	施政要点
采选环节	提高"三率"水平，整体盘活难利用资源量，在采选环节全方位提高资源利用效率	促进"三率"标准落实到位	"三率"标准已颁布，但要加强考核和配套奖惩政策落实，例如，健全资源产权制度、有偿使用制度，强化标准规范引领作用
		推进先进技术推广应用和先进适用新技术研发	持续开展采选先进技术遴选，并建立先进技术推广平台推广先进技术。同时，针对资源特点，加强低品位、难选冶，以及非传统矿产资源开发利用技术攻关，通过技术进步盘活资源和提高资源利用效率
		推进矿业固体废弃物综合利用	通过经济激励政策推进尾矿、废石等废弃物资源化利用

续表

施政环节	政策目标	政策着力点	施政要点
生产加工与利用环节	提高单位资源消耗的经济贡献率，推进资源循环利用	深化供给侧结构性改革	加强落后产业淘汰，并完善产业退出机制，调整资源消费结构，创造条件推动传统产业变革，不断降低重化产业比重
		促进产业转型升级	强化技术创新，充分发挥市场对绿色产业发展方向和技术路线选择的决定性作用，采用先进实用技术改造提升传统产业，提高资源消耗的经济贡献率
		促进废旧资源循环利用	完善资源循环利用制度，实行生产者责任延伸制度，并通过经济政策激励，鼓励并推动生产者落实废弃产品回收处理等责任，推进产业循环式组合，促进生产系统和生活系统的循环链接，构建覆盖全社会的资源循环利用体系，促进资源循环利用
全社会环节	树立全民节约集约和保护资源意识	倡导建立合理的消费模式，力戒资源过度消费和奢侈消费	引导全社会树立正确的资源消费观，倡导合理的消费模式，力戒资源过度消费和奢侈浪费，杜绝炫耀式消费、攀比式消费，提倡节俭消费、绿色消费、文明消费

3. 建立自然资源保护体系

自然资源安全保护体系的核心目标是保障国内资源基础，使本国在遭遇国际资源市场供给风险时，能有效地保障国内资源需求和避免因此而造成的对国家经济发展的威胁与损害。

（1）建立起包括资源系统的自然补偿、国家机制的行政补偿、利益机制的市场补偿在内的国家资源安全补偿机制，并在充分调动各方积极性的基础上构建起有效的国家资源安全保障体系。

（2）树立和形成资源可持续利用的社会意识，大力开展资源社会意识的国民教育、灾害教育和危机教育，并最终促使资源可持续利用意识贯彻于国民的自身行动之中。

（3）建立国家重大资源保护工程。例如耕地，要牢牢守住18亿亩耕地红线，全面夯实粮食安全的根基。坚持良田粮用，坚决遏制耕地"非农化"、有效防止"非粮化"；全面落实耕地保护党政同责，将耕地保护任务带位置分解下达，实行严格考核、重大问题一票否决和终身追责制；巩固耕地和永久基本农田划定成果，全面落实"两平衡一冻结"制度，确保可长期稳定利用耕地不再减少。

（4）建立应对资源贸易安全的资源储备体系。尽管资源储备需花费大量的成本代价与管理开支，但从资源安全等战略角度考虑，还是需要尽快和尽可能多地储备一些战备性资源。例如，矿产资源，要提高国内供给储备保障能力，研究不同情景下矿产资源安全国内供给的底线，推动实施矿产地战略储备工程，把能源"饭碗"牢牢端在自己手上。[①]

4. 建立自然资源安全多元保障体系

针对各类资源安全的主要影响因素，应积极拓展资源供应路径，建立多元供应保障体系，这是提高资源安全保障水平的重要举措。例如，矿产资源，只有找矿、增储、上产、储备、综合利用、技术工艺创新和政策协同并重，才能缓解资源安全问题。但是，对于不同矿种，解法应分别有所侧重，不能"胡子眉毛一把抓"，因为不同矿种存在不同的问题，不存在统一的"灵丹妙药"。从"治本"来看，找矿是长久和固本之策，但远水难解近渴。相对于找矿，"增储"更是当下"上产"所急需的。据2021年2月25日找矿突破十年成果新闻发布会信息，十年找矿取得重要进展和突破，例如新增锰矿资源量12亿吨、铝土矿18亿吨、钾盐5.2亿吨、铜3711万吨，但是这些资源大部分是表外"低级别"的资源量，距可供矿山设计开采的"储量"尚有很大差距，需要有序进行加密勘探"升级"，保持合理的资源量/储量管线，这是"上产"所急需的。另外，在矿山周边和深部，也应大力加强矿山地质工作，促进资源量升级转化为可供矿山开发设计的储量，这个也显得非常迫切。

要切实提高资源利用效率。例如矿产资源，促进二次资源回收利用，理论上适用于所有矿种，但由于不同种类矿产的二次资源回收利用潜力和利用率不同，所以应当有针对不同矿种的政策。目前，二次资源回收利用应优先考虑的矿种包括铁、铜、铝、铅、锌等。此外，加强综合利用还可以解决大部分共伴生矿产的供应问题。例如，铝土矿伴生有镓、铌、钽等多种有用元素，铅锌矿伴生镉、铋、碲等，钼矿伴生铋、铍、铼、铟等，铜矿伴生镍、钴、铼、铊等。

另外，中国盐湖锂、盐湖钾等资源丰富，只是目前提取均不同程度上还存在技术约束，一旦技术工艺取得新突破，并能有效降低开发利用成本和解决生态环境问题，中国的锂、钾等资源安全水平将能再上一个大台阶。对于煤炭、磷矿等矿产，保障安全的关键在于政策的稳定性和延续性，不能因个别矿山问题而再出现区域性或全局性"一刀切"式的治理整顿，不能再让矿山企业生产在被动式的治理整顿和保供政策之间徘徊，进而影响整体稳产增产。磷矿需要按照建设全国统一

① 蒋满元，魏芳.国家资源安全及其保障国家资源安全的理性选择分析［J］.太原理工大学学报（社会科学版），2004（4）：23-26.

大市场的要求，取消部分地方磷矿石"不出省不出市"的限流政策，促进市场自由流动。

5. 建立自然资源安全多方配合的相互支持体系

在统筹发展与资源安全方面，必须坚持严守资源安全底线的工作方针，在经济发展、生态文明建设、总体国家安全之间寻求最大公约数。尤其在保障资源安全方面，自然资源、生态环境、工信、科技、财政、发改等各部门应形成合力，不能袖手旁观，更不能隔岸观火，要共同在统筹发展与资源安全中促进高质量发展。例如，矿产资源安全问题中的找矿，需要动员全社会力量，包括事业单位、国有企业、领军民营企业和社会资本，都要各司其职、各尽其责，相互配合，为实现找矿突破和共谋矿业高质量发展的新路径而奋斗。

国之大者，安全为要。让我们始终胸怀"国之大者"，保持"时时放心不下"的责任感，敢于斗争、善于斗争，打好防范和抵御风险的有准备之战，打好化险为夷、转危为机的战略主动战，不断开创新时代资源安全新局面，为经济社会大局稳定筑牢坚实基础，让中国号巍巍巨轮乘风破浪，在全面建设社会主义现代化国家的新征程上行稳致远。

第十二章

第十三章 生态修复与自然资源资产价值提升

生态修复是守住自然生态安全边界，促进自然生态系统质量整体改善的重要保障，针对当前我国处于不完全竞争市场状态的生态修复行业来说，需要更好发挥政府作用，激发市场活力，需要政府和市场有机结合，共同实现对生态修复资源性资产的有效配置，推动生态保护修复高质量发展，增加优质生态产品供给，推动美丽中国建设。本章尝试从辨析生态修复相关经济理论和基本概念作为研究基点，利用公共部门经济学常用的供需曲线分析工具，开展了生态修复资源性资产的供求机理、供给阻碍和动力分析，研究提出了生态修复资源性资产价值提升的可能路径以及保障供给的制度建设思考。

第一节 生态修复相关经济理论辨析

一、生态修复资源性资产内涵

（一）生态修复内涵

国内外学者对生态修复的理解千差万别，不同学术背景的学者都对其都进行过解释。《韦氏英语词典》中对"修复"一词给出了六个不同的含义，其中第三个定义是"将某事恢复至未受损或立项状态的活动或过程"，第二个定义是"使（人或事物）恢复至之前的、原始的或正常状态"。[1] 在 1996 年的国际生态修复协会给的定义是"生态修复是一个过程，有助于修复和管理生态完整性。生态完整性包括生物多样性变化的关键范围、生态进程和结构、区域和历史背景，以及可持续文化实践活动。"[2] 2002 年，生态修复协会对"生态修复"的定义再次进行了修订，提出"生态修复是一种协助修复已经退化、受损或破坏的生态系统的过程"[3]。基于以上概念的理解，结合我国的生态修复管理工作实际，可以将生态修复过程定义为：在充分考虑修复所处地域的国土空间规划用途、方向定位和地域历史环境的基础上，对因人类开采活动造成区域地质环境问题、损毁的土地、植被破坏的森林、退化的草地（林地、湿地）、水质恶化的河流湖泊等，依靠自然恢复或通过人工技术辅助干预措施和管理性政策措施的实施，使得区域地质环境达到稳定，恢复土地、林地、湿地和河流湖泊所应具备的产品供给、调节气候、涵养水源及保持土壤等生态服务功能，使其能够被人类再次利用，让受损的生态系统结构得到恢复或改善，让复合生态系统摆脱逆向演替的状态，重新达到平衡状态的过程。

（二）生态修复资源性资产内涵

自然资源是自然资源资产的物质形态，既包括传统投入经济活动的自然资源部分，如矿藏、森林、土地资源、草地资源等，也包括作为生态系统和聚居环境的环境资源，如河流、湖泊、湿地等，也就是常说的山、水、林、田、河、湖、草。自然资源资产除具有自然物质的属性，还要体现资产的属性，如权益性、财产性、保值增值等。

毁损退化的山、水、林、田、湖泊、河流、草，经过生态修复后，可以看作是特定区域的资源性资产。从其本质特征来看，生态修复后形成的自然资源具备了资源性资产所应具备的经营性和非经营性的双重属性，且能在一定条件下，两种属性可以相互转换。其经营性属性表现为可以给资源的使用者带来经济利益，而非经营性属性表现为可以给资源使用者带来一定的生态效益或间接的经济效益。[4]

从其体现资源权益性的所有权特征上来看，有国家所有和集体所有之分，国家和集体拥有对其支配的权利。从存在形态上来看，生态修复形成的各类资源形态既可以是有形的实体资源（例如，毁损的土地质量得以恢复，形成可再利用的耕地、建设用地），也可以是无形的经济权利，可以用货币尺度或实物等量度计量的，

---

① https：//www.merriam-ebster.com/dictionary/restoration#dictionary-entry-1.
② https：//www.ser-rrc.org/what-is-ecological-restoration/.
③ https：//www.ser-rrc.org/what-is-ecological-restoration/.
④ http：//www.chinavalue.net/Wiki/资源性资产.aspx.

（例如，土地交易价格、附属在土地上建设用地指标、耕地指标）。

从其保值增值的资源价值特征来看，生态修复后形成的特殊种类资源，如余留矿产资源，其数量随着其衍生的产品的产出而逐渐消耗，修复形成的土地、采坑空间资源、硐采工作面空间资源、湖泊、湿地、林草地、经济林、能源林、竹林以及非林地上的林木资源，通过开发再利用，价值转移至资源产品中，并给所有者带来一定的收益和财富。

（三）生态修复资源性资产价值提升内涵

生态修复资源性资产价值提升分两种类型：一是通过政府财政、社会资本或政府社会合作机制开展生态修复，将毁损退化的土地、林地、草地、湿地和湖泊河流、矿山开采造成的地质环境隐患问题进行修复，恢复土地、林地、草地、湿地、水生态系统所应具备的减缓干旱和洪涝灾害、调节气候、净化空气、缓冲干扰、控制有害生物等调节功能，实现了生态功能从"负向值"转为"正向值"的过程。二是对毁损的土地、林地、草地、湿地和湖泊、矿山开采造成的地质环境隐患问题进行修复，在恢复土地、林地、草地、湿地、河流、湖泊生态系统所应具备的生态功能基础上，让露天采坑、废弃矿井形成的地表和地下空间资源、矿坑残余资源、林草地、湖泊和湿地得到再利用的同时，恢复其产品供给功能和文化功能，并让人们通过精神感受、知识获取、主观映像、休闲娱乐和美学体验从中获得非物质利益，通过地价、残余资源价格、门票收入等价格形态途径，让资源再利用价值得到显化提升。

二、生态修复相关经济理论分析

（一）生态修复资源性资产公共物品理论

公共物品的严格定义是萨缪尔森给出的，也即，纯粹的公共物品是指每个人消费这种产品不会导致别人对该产品消费的减少。[①]

公共物品具有两个特征，即非竞争性和非排他性，非竞争性是社会公众对公共品的消费不排斥和妨碍他人同时享用，也不会因此减少他人消费这类公共品的数量和质量，对于既定的公共品，社会公众的人数增加所引起的边际分配成本等于零。也就是说，将一定数量的某类公共品分配给任何一个新增社会公众的边际成本等于零。非排他性是技术上无法将那些免费搭车者排除在某种公共物品的受益范围之

---

① 保罗·萨缪尔森，威廉·诺德豪斯. 宏观经济学 [M]. 萧琛，译. 北京：商务出版社，2008.

外，或者技术上可以排他，但排他经济成本不可行。①

　　按照公共物品具备的两个基本特征的判定标准，就生态修复资源性资产而言，可以分为两种类型：一类是具备非排他性和非竞争性公共品特征的河流、湖泊、湿地资源性资产，可以被认为是纯公共物品，生态修复主体通过生态修复技术措施的实施，使得水质恶化河流、富营养化的湖泊、退化的湿地，恢复了正常的生态服务功能，对于其受益范围之内的消费者而言，大家可以同时享用互不影响，也难以将"免费搭车者"排除在受益范围之外。另一类是具备非排他性和竞争性的土地资源（国有集体农用地、国有集体建设用地、指标衍生品）、残余矿产资源、林地资源、草地资源、采坑形成的地表地下空间资源，可以被认为是准公共物品。这类生态修复资源性资产准公共物品，意味着随着消费者人数的增加会出现拥挤现象，每个消费者的消费会影响他人的消费，边际分配成本大于零，但不可能把"免费搭车者"排除在受益范围之外，或者排他的成本太高。

（二）生态修复资源性资产产权理论

　　根据产权的排他程度和组织特性，可以把产权区分为私有产权、混合产权（或称集体产权或俱乐部产权）和公共产权等。其中，根据产权主体的性质，公共产权可分为政府产权、地方产权和国有产权等形式。产权是人们因财产而形成的权利和义务的关系，当人们谈到资源配置时，实际上是说产权在参与者之间的安排和分配。在我国，自然资源产权无论是所有权，还是使用权、经营权，其产权制度安排形式都是公共产权。②

　　就生态修复对象而言，有修复后形成土地资源（包含国有土地和集体土地）、林地资源、草地资源、湿地资源、河流湖泊水资源、矿区形成地下地表空间资源和矿坑残余矿产资源，依据我国法律规定，除土地、林地、草地有国家所有产权、集体所有产权之分外，其余的均是国家所有的产权，可以说，所有权是生态修复后形成的山、水、林、田、湖、草等资源产权的核心，对于具有同时具备非排他性和非竞争性公共品属性的河流、湖泊、湿地，可以以强制公共产权形式安排其所有权，对于具有非排他性和竞争性的生态修复后形成的土地资源、林草地资源、残余矿产资源、采坑形成的地表地下空间资源，可以通过私人具备私人所有的产权安排以增加市场的竞争力及发挥市场机制的作用，提高资源的配置效率。

（三）生态修复资源性资产正外部效应矫正理论

　　外部效应是指某一行为主体的活动影响了其他行为主体，却没有因此而付出成

①　斯蒂格利茨．公共部门经济学（上下册）［M］．3 版．郭庆旺，等译．北京：中国人民大学出版社，2018：116.
②　朱柏铭．公共部门经济学［M］．杭州：浙江大学出版社，2003.

本或获得收益的现象。外部效应是市场缺陷的表现之一，当存在外部效应时，作为经济决策的价格，就不能精确反映边际收益和边际成本，结果资源配置就会偏离帕累托最优状态。自马歇尔以后，庇古、奥尔森、科斯、瓦里安、米德、诺思等经济学家从不同角度对外部效应问题进行了研究。生态修复是生态修复主体（政府、企业、社会组织）实施的用来矫正自然资源开发带来负外部性的一项制度安排，生态修复主体实施生态修复后形成的山、水、林、田、河流、湖泊、草资源性资产，在生态修复资源性资产配置交易过程中，由于市场机制不完善和生态修复资源性资产具备的公共品价值属性，不能充分反映其所能带来的社会边际收益，这种正外部效应会导致生态修复资源性资产供给不足，导致生态修复资源性资产配置变得低效率（如图 13 - 1 所示）。政府作为公共部门有必要矫正正外部效应。

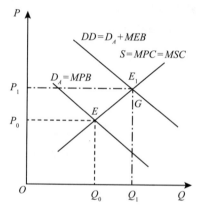

图 13 - 1   生态修复资源性资产正外部效应

图 13 - 1 表示生态修复资源性资产正外部效应如何导致资源配置不足的情况，纵轴 P、横轴 Q 分别表示某类生态修复资源性资产价格和供给量，S 线是以社会边际成本 MSC 为基础的供给曲线，D_A 线是以私人边际收益 MPB 为基础的需求曲线，假定此时社会边际成本与私人边际成本相等，即 $MSC = MPC$，则 DA 线与 S 线交于点 E，分别形成 P_0 和 Q_0，可以看到，由于 DA 线所反映的是私人边际收益，即 $D_A = MPB$，没有考虑外部边际收益 MEB，反映社会边际收益的是 DD 线，它与 S 线交于 E_1 点，点 E_1 决定的均衡价格 P_1 和均衡供给量 Q_1 才符合资源配置的效率要求，DD 线和 D_A 线之间的距离是外部边际收益 MEB，也就是 $DD = D_A + MEB$，正是由于生态修复资源性资产正外部效应的存在，如果不对其加以矫正，会导致生态修复资源性资产供给量不足。

政府作为公共部门对生态修复资源性资产配置交易过程中存在的正外部效应矫

正，实质是对生态修复资源性资产供给涉及的生态修复主体实施生态修复的边际收益与社会边际收益相一致的过程，矫正措施包括出台一系列能实现外部效应内在化的鼓励政策手段、补贴、放宽限额等。

　　矫正性措施有两种：一种是着眼于生态修复主体边际收益的调整。对具有正外部效应的生态修复资源性资产发放相当于外边际收益数量的补贴，使得生态修复主体的边际收益提高到与社会边际收益相一致的水平。例如，给予生态修复主体造林补贴、折抵占用林地定额、符合《环境保护、节能节水项目企业所得税优惠目录》的生态修复主体给予所得税优惠等。另一种着眼于政策手段，例如，对拟通过修复提供林地资源性资产的，给予满足《造林技术规程》要求，经政府相关部门验收程序，且须纳入补充林地储备库的，方可给予造林补贴，给予其相关地类承包经营权的最高年限，延迟或减免缴纳土地出让金、允许灵活选择出让方式等。

第二节　生态修复资源性资产的供求机制分析

　　按照美国经济学家马斯格雷夫主张从市场经济运行角度去概括公共部门承担公共经济职能已普遍被人们所接受，我国公共部门在经济活动中要秉承效率、公平和稳定基本原则，因而要具有参与资源配置、协调收入分配和促进经济稳定三大公共经济职能。[①] 自然资源部是我国中央人民政府的组成部门，也是重要公共部门，被赋予了统一行使国土空间生态修复职责，承担着对生态修复后形成的各类自然资源性资产进行有效配置的公共经济职能，代表国家在为全社会提供生态修复资源性资产的同时，需要运用经济和法律手段矫正外部效应并维护生态修复行业的有效竞争。从实践结果来看，虽然在理想的完全竞争市场环境下，依靠市场机制能够为生态修复注入活力，提高资源配置的效率，实现帕累托最优状态，但现实情况下，可以预见的是，我们国家正在逐渐形成的生态修复行业仍长期处于不完全竞争市场状态，需要政府和市场有机结合，共同实现对生态修复资源性资产的有效配置。

　　需要指出的是，生态修复资源性资产由政府公共部门提供并不表明这些公共物品必须由政府公共部门来生产，公共提供无非是强调生态修复区域要通过政府以规划、方案形式予以明确，生态修复形成各类资源性资产的过程，可由政府主导实施，也可由民间资本或有修复责任的矿山企业承担。

① 斯蒂格利茨. 公共部门经济学（上下册）［M］. 3 版. 郭庆旺，等译. 北京：中国人民大学出版社，2018.

对生态修复的供求规律进行分析，可以明确生态修复供给方和需求方之间的关系，依据中国生态修复实践基础，生态修复区域供给方是政府和矿山企业。生态修复区域需求方是政府、民间资本和社会公众。

生态修复形成的资源性资产来源主要有两类：一类是已处于毁损或呈荒漠化状态、丧失利用价值属性的土地资源、露天采矿形成的采坑空间资源和地下采矿形成的地下空间资源、采矿采区遗留的残余有再利用价值的矿产资源。另一类是已毁损、丧失生态功能或退化的森林资源、草原资源、湖泊、湿地、河流水域生态廊道、海域海岸带以及待修复的城乡生产生活空间。

由图 13 - 2 可以看出，政府、民间资本和矿山企业既是生态修复区域的供给者，也是生态修复区域的需求者，社会公众则直接充当直接需求者。

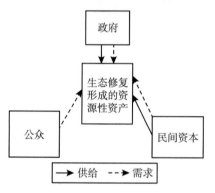

图 13 - 2　生态修复供求主体关系

一、生态修复资源性资产供给主体现状

（一）政府是生态修复资源性资产的主要供给者

我国政府公共部门的一直是生态修复的主导者，是生态修复资源性资产的主要供给主体，"十一五"至"十三五"期间，中央政府不断拓宽生态保护修复资金支持渠道，以期能够向社会提供更多优质生态修复资源性资产，满足人们对良好生态和资源再利用的需要。政府通过设立"矿山地质环境治理项目""资源枯竭城市矿山地质环境治理工程""矿山地质环境治理示范工程""长江经济带、京津冀周边及汾渭平原、黄河流域废弃露天矿山生态修复工程""山水林田湖草生态保护修复工程试点""山水林田湖草沙生态保护修复工程试点""天然林保护工程""三北、长江等重点防护林体系建设""退耕还林，退牧还草、退耕还草""草原生态保护和修复""湿地与河湖保护修复""防沙治沙""水土保持""生物多样性保护"

"土地综合整治""海洋生态修复"等重点工程。构建起中央财政直接投入生态修复的资金渠道，持续不断地增加生态修复资源性资产供给规模。

2001～2020 年，中央财政安排矿山生态修复资金规模达到 371.12 亿元。地方财政投入矿山生态修复资金规模达到 530.85 亿元。[①]

2015 年，中共中央、国务院印发的《生态文明体制改革总体方案》要求整合财政资金推进山水林田湖生态修复工程，以"山水林田湖是一个生命共同体"的重要理念指导开展工作，经国务院同意，财政部、自然资源部、生态环境部先后支持实施了 24 个山水林田湖草生态保护修复工程试点，中央支持资金 480 亿元，2021 年起，常态化推进山水林田湖草一体化保护和修复，启动 2 批 20 个山水林田湖草沙一体化保护和修复工程，工程总投资约 390 亿元。截至 2023 年，中央财政在 27 个省（区）投入 870 亿元资金实施山水林田湖草生态修复工程，这些修复工程实施区域成为政府提供生态修复资源性资产可能的供给区域（见表 13-1）。

表 13-1　　　　　政府提供生态修复资源性资产的供给区域　　　单位：亿元

类别	生态修复资源性资产供给区域	中央财政资金
山水林田湖草生态保护修复工程	河北京津冀水源涵养区	20
	江西赣南	20
	陕西黄土高原	20
	祁连山（甘肃、青海）	20
	吉林长白山	20
	福建闽江流域	20
	山东泰山	20
	广西左右江流域	20
	四川华蓥山	20
	云南抚仙湖	20
	内蒙古乌梁素海流域	20
	河北雄安新区	20
	新疆额尔齐斯河流域	20
	山西汾河中上游	20
	黑龙江小兴安岭三江平原	20
	重庆长江上游（重庆段）	20

① 2012～2018 年《中国国土资源统计年鉴》、2016～2020 年《中国矿产资源报告》。

续表

类别	生态修复资源性资产供给区域	中央财政资金
山水林田湖草生态保护修复工程	广东粤北南岭山区	20
	湖北长江三峡地区	20
	湖南湘江流域和洞庭湖	20
	浙江钱塘江源头区域	20
	宁夏贺兰山东麓	20
	贵州乌蒙山区	20
	西藏拉萨河流域	20
	河南南太行山地区	20
	合计	480
山水林田湖草沙一体化生态保护修复工程	辽宁辽河流域	20
	贵州武陵山区	20
	广东南岭山区韩江中上游	20
	内蒙古科尔沁草原	20
	福建九龙江	20
	浙江瓯江源头	20
	安徽巢湖流域	20
	山东沂蒙山区	20
	新疆塔里木河重要源流区	20
	甘肃甘南黄河上游水源涵养区	20
	河南秦岭东段洛河流域	20
	云南洱海流域	20
	湖北长江荆江段和洪湖山	20
	桂林漓江流域	20
	四川黄河上游若尔盖草原湿地	20
	重庆三峡库区腹心地带	20
	江苏南水北调东线湖网地区	20
	陕西秦岭北麓主体	20
	湖南长江经济带重点生态区洞庭湖区域	20
	山南雅江流域山水林田湖草生态保护修复工程	10
	合计	390

资料来源：2019～2023 年财政部下达重点生态保护修复治理资金预算的通知。

第十三章

（二）矿山企业是生产矿山生态修复资源性资产的供给者

矿产资源开发造成生态问题，按照谁破坏、谁修复原则，由矿业权人遵照修复标准对其矿权范围的生态问题进行修复。自 2001 年以来，全国各省（区、市）政府积极健全矿山生态修复监管制度体系，均以人民政府令或联合部门发文形式，出台了规范性文件，建立"矿山地质环境恢复治理保证金制度"或"矿山地质环境治理恢复基金制度"，要求矿山企业缴存保证金或提取基金，利用这一经济手段督促矿山企业主动履行矿山生态修复责任，增加采矿企业矿权范围内的土地资源性资产。资料显示，2010～2019 年矿山企业投入矿山生态修复资金总规模达到 609.52 亿元，年均增长率 19.02%，见图 13－3。此外，通过进一步出台鼓励采矿企业对采矿用地和历史遗留采矿用地修复为可长期稳定利用耕地的利好政策（见《自然资源部关于做好采矿用地保障的通知》），敦促矿山企业通过生态修复增加更多的耕地资源性资产。

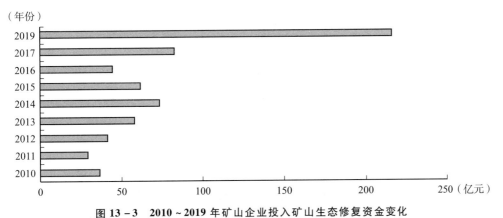

图 13－3　2010～2019 年矿山企业投入矿山生态修复资金变化

注：2018 年无数据。
资料来源：《中国国土资源统计年鉴》《中国环境统计年鉴》。

（三）民间资本是生态修复资源性资产的潜在供给者

由于生态修复资源性资产属于公共物品，许多生态修复工程一直都是由政府及地方政府投资经营，仅靠政府提供更多生态修复资源性资产供给规模的能力有限，迫切需要民间资本广泛参与，要采取各种手段引导社会资本参与到生态修复行业中来，因此，我国政府应该结合实际制定优惠政策、合理的定价机制让社会资本参与生态修复能够"有利可图"，让社会资本、有资金保障的公益组织成为生态修复资源性资产供给的生力军。2019 年，自然资源部发布了《关于探索利用市场化方式推进矿山生态修复的意见》，2021 年，国务院办公厅印发的《关于鼓励和支持社会资本参与生态保护修复的意见》，为社会资本提供更多生态修复资源性资产提供了政策保障。从实践来看，自然资源部公开发布的社会资本参与矿山生态修复、山水林田湖草生态保护修复、土地综合整治和海洋生态保护修复的 10 个案例和 21 个生态产品价值实现的典型案例中都有通过社会资本的参与，让更多的生态修复资源性资产价值得到提升的实例，如：山东威海华夏城、云南大板桥矿山、浙江长兴县原陈湾石矿和河南辉县市废弃矿山生态修复案例，通过设定盘活矿山存量建设用地、合理利用废弃矿山土石料等一系列的价值提升路径，促进生态产业化，实现生态修复资源性资产的价值增值。

二、生态修复资源性资产需求主体

生态修复的需求，有政府、社会资本、民间资本和社会公众。首先是政府，政府是公共品的管理者，其目标是通过生态修复的实施，满足社会公众对优良生态环境的需要，满足社会公众对修复后形成资源性资产的需要，实现社会经济和良好生态协同发展，实现绿水青山就是金山银山的目标，为了加大生态保护修复力度，政府也采取了多种手段：制定法律法规和利用经济杠杆监督、引导企业和社会公众的行为；完善生态修复行业政策，规范生态保护修复市场，制定经济制度与生态保护修复市场机制相互促进，政府采取财政拨款、设立专项基金等手段促进生态保护修复，参与生态修复资源性资产的购买，引导和鼓励社会资本通过多种模式参与生态保护修复。

其次是社会资本（民间资本），社会资本（民间资本）参与生态修复资源性资产形成的过程，是实现生态修复资源资产配置达到帕累托最优状态的有益补充。

最后是社会公众，社会公众对修复后形成资源资产需求的表现形式多样，其表现形式随其所在地域、经济收入状况的差异而不同。社会公众参与生态保护修复建设，不仅可以提升生态保护修复主体的积极性，而且能够促进政府决策效率的提高，使生态保护修复建设更具效率，有助于监督管理部门对生态保护修复的实际状况的了解，进而推进当地生态保护修复建设。公众生态保护意识和监督能力的提高，不仅依靠生态保护修复相关法律法规的约束，还需要政府加大对社会公众监督举报的处理能力。

三、生态修复资源性资产供求机理

生态修复资源性资产供给与需求存在三种状态：供大于求、供不应求、供求均衡。此外，生态修复资源性资产的供给与需求存在互动关系，当区域生态恶化，人们对改善生态状况的愿望更加迫切，需要通过生态修复提供更多优质的生态修复资源性资产，需要政府、矿山企业及时针对生态修复区域开展生态修复，让受损的生态修复资源性资产得以恢复可被人们再利用，意味着可供修复的区域和可再利用的生态修复资源性资产规模在一定时期内得到增加。

（一）纯公共物品属性特征的生态修复资源性资产供求变动

当一定时期内，可供生态修复的区域一定时，意味着能够通过生态修复获得的资源性资产是一定的情况下，由于宏观经济政策、产权政策、国土空间规划落地所带来利好政策，带来对竞争性、非排他性的生态修复资源性资产需求增加时，会引起此类生态修复资源性资产价格的升高，反之则会引起生态修复资源性资产价格的下降。对于非竞争性、非排他性的生态修复资源资产需求增加时，会引起此类生态修复资源性资产的升高。图 13-4 反映了在生态修复区域一定，可供再利用的生态修复资源性资产供给稳定时，生态修复资源性资产需求和价格的关系。D_A 与 D_B 线分别是 A 群体和 B 群体对河流、湖泊、土地等某类公共物品的需求曲线，DD 代表市场需求曲线，当生态修复资源性资产产品数量为 Q_1 时，A 群体不愿付费。如果以生态修复边际成本为基础的供给曲线为 SS，那么，Q_0 和 P_0 分别是均衡产量和均衡价格，需求曲线表示，每个消费者所面对的生态修复资源性资产数量是相同的，但不同的消费者从生态修复资源性资产中获得的满足程度即边际收益是不同的，这就意味着他们愿意支付的价格是不一样的，也就是愿意承担的税收不一样。

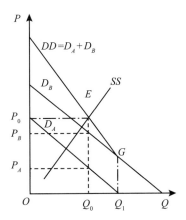

图 13-4　纯公共物品特性的生态修复资源性资产供需关系

（二）准公共物品属性特征的生态修复资源性资产供求变动

对于具有竞争性和排他性特征，带有准公共物品属性的生态修复资源性资产，如前述的土地资源（国有集体农用地、国有集体建设用地集体、用地指标衍生物）、残余矿产资源、林草地资源、采坑形成的地表（地下）空间资源，既不能完全由民间资本供给，又不能完全由政府公共部门供给，比较理想的方式由公共部门和民间资本合作供给，在《国务院办公厅关于鼓励和支持社会资本参与生态保护修复的意见》中提出社会资本可选择自主投资、与政府合作和公益参与三种供给方式。图 13 – 5 反映了具有准公共品属性特征的生态修复资源性资产的供需变化，假设全社会只有 A 和 B 两个人。

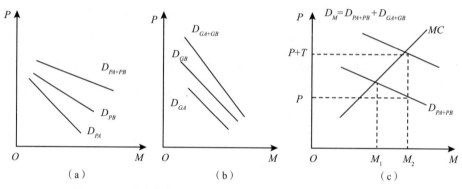

图 13 – 5　准公共物品特性的生态修复资源性资产的供需关系

图 13 – 5 中 M 为具有准公共品属性特征的生态修复资源性资产，D_{PA} 和 D_{PB} 分别代表两个消费者（社会公众或民间资本）对具有私人产品性质的那部分生态修复资源性资产的需求曲线，D_{PA+PB} 是社会对于私人产品性质的那部分生态修复资源性资产的需求曲线。

D_{GA} 和 D_{GB} 分别代表同一生态修复区域中，社会公众对具有公共物品性质的那部分生态修复资源性资产的需求曲线，D_{GA+GB} 代表社会对公共物品性质的那部分生态修复资源性资产的需求曲线，对于具有准公共品属性特征的生态修复资源性资产的社会需求量 D_M 是由具有私人产品性质的生态修复资源性资产需求曲线和具有公共品性质的生态修复资源性资产的需求曲线垂直相加得到的。当具有准公共品属性特征的生态修复资源性资产的供给曲线为 MC 线，且 MC 既定时，D_M 曲线与 MC 曲线的交点是均衡产量。而当具有准公共属性特征的生态修复资源性资产的供给量达到均衡产量时，其相应的均衡价格为 $P + T$，P 是市场价格，可以通过市场机制收费，T 相当于政府预算给予的补偿，意味着政府为了向社会提供更多的修复好的生态修复资产，促使生态修复资源性资产供给量从 OM_1 到社会均衡供给量 OM_2，从政府预算拨款或者给予的政策红利中得到补偿，通过对生态修复资源性资产进行定价，如确定土地指标交易价格，或者旅游门票价格、允许申请核证碳汇增量进行交易，以这种方式补偿供给成本。

四、生态修复资源性资产供给的阻碍与动力

（一）政府公共部门提供生态修复资源性资产的供给能力有限

以矿山生态修复为例，据中国地质调查局 2019 年完成的全国矿山地质环境遥感调查与监测结果显示，截至 2019 年底，全国采矿损毁土地面积 36100 平方公里，其中在建、生产矿山损毁面积 13400 平方公里，责任人灭失、废弃矿山损毁面积为 22700 平方公里[①]，依据东部地区、中西部地区地域差异，修复成本分别为 1 亩花费 1.61 万元和 2.02 万元的粗算（包括矿山地质环境治理、损毁土地复垦、生态重建、土壤质量提高、矿山公园等多模式的综合修复，且是有针对性地对受损的矿山地质环境和土地资源等进行系统综合修复）[②]，中西部地区的政府需要投入 6884.84 亿元[③]开展治理责任灭失、废弃的矿山，东部地区的政府则需要投入 5480.97 亿元[④]。按 2022 年出台的《关于支持开展历史遗留废弃矿山生态修复示范工程的通知》要求（每个省申报项目不超过 2 个，每个项目总投资不低于 5 亿元）进行估算，到 2025 年末，预计政府投入历史遗留废弃矿山生态修复示范资金规模将达到 310 亿元（截至 2023 年 9 月，政府投入历史遗留废弃矿山生态修复资金达到 107 亿元），但与实际需要的治理修复资金规模相比，资金缺口仍然很大，仅靠政府作为生态修复资源性资产的供给者，挑战巨大，且未来的三年，新的矿山环境问题还在不断产生和积累，预计治理资金缺口将会更大，治理任重道远。

以草原生态修复为例，我国草原生态保护修复形势严峻，据第三次全国国土调查现状数据，全国草原面积 39.7 亿亩，依照 2020 年国有自然资源资产管理情况专项报告所述的我国中度和重度退化草原面积占 1/3 以上进行推算，我国中度和重度退化草原面积约为 11.91 亿亩。若按 2020 年投入中央财政草原生态修复治理补助资金规模和部署的生态修复任务安排（仅含生态修复治理、有害生物防治和防火隔离带建设）进行估算，每亩草原生态修复治理修复投入需 23 元，那么我国要完

---

① 中国地质调查局自然资源航空物探遥感中心矿山生态修复工程遥感调查。

②③④ 根据 2012～2018 年《中国国土资源统计年鉴》、2016～2020 年《中国矿产资源报告》，以及《中国环境统计年鉴（2019）》统计测算。

成中度和重度退化草原的修复，所需资金达到 274 亿元。以《"十四五"林业草原保护发展规划纲要》提及的"到 2025 年末，我国实施退化草原修复 2.3 亿亩"为修复目标来估算修复资金规模，到 2025 年末，需要修复资金投入 53 亿元，而目前，每年仅有 20 亿元中央资金用于草原保护修复的退牧还草工程①，与实际需要治理修复的资金规模相去甚远。

（二）生态修复资源性资产价值提升的促进机制运行不畅

生态修复主要以改善区域环境质量、提供公益服务为根本目的，治理后形成的资源性资产，在其恢复了本身具备的生态系统服务功能价值外，又通过扩散机理作用使其他受益附属体（矿业城市景观、旅游产业、城市形象等）产生价值增值，使其受益城市居民获得非实物的环境公益效用（如精神状态、健康效用等）。2019年自然资源部出台的《关于探索利用市场化方式推进矿山生态修复的意见》和国务院办公厅出台的《关于鼓励和支持社会资本参与生态保护修复的意见》在为生态修复资源性资产的供给者提供收益回报机制实现的路径上已给出了探索方向，但从各地实践来看，收益回报机制实现路径仍存在堵点，回报机制实现运行不畅通，主要表现在以下几方面。

（1）尚未形成顺畅的用地指标流转收益回报机制。用地指标流转不顺畅主要表现在两个方面，一是以丘陵山地为主的地区，对毁损的土地进行生态修复后，形成的坡耕地指标，由于不符合耕地指标入库标准，不符合《自然资源部关于在经济发展用地要素保障工作中严守底线的通知》政策要求，即便经过修复验收后，无法纳入所在县（市、区）耕地占补平衡指标库，导致参与修复主体无法实现投入回报。二是目前的政策是仅限于在集中连片特困地区、国家和省级扶贫开发工作重点县区域开展的矿山生态修复，可以参照或按照城乡建设用地增减挂钩政策，将矿山复垦修复产生的节余指标在省域范围内流转使用，而对于其他区域范围内拟开展矿山生态修复工作的，比如：生产矿山对存量建设用地进行修复复垦，则享受不到用地指标流转激励政策。

（2）现有政策适用范围与农用地转用审批的用途管制制度衔接不够，造成收益回报机制尚无法形成有效的收益回报机制。现有政策仅对"已有因采矿塌陷确实无法恢复原用途的农用地，核定后，可以变更为其他类型农用地或未利用地"做出了政策红利，但对于因采矿塌陷、废渣堆放及开采配套建设用地，且已明确为

① 农业现代化辉煌五年系列宣传之二十四：全国草原生态环境持续改善［EB/OL］.农业农村部发展规划司，http://www.ghs.moa.gov.cn/ghgl/202107/t20210714_6371800.htm，2021-07-14.

修复为建设用地，也非用于旅游、康养产业开发，地方政府虽然也给出了支持针对历史遗留矿山废弃建设用地修复后，在符合法律法规、政策和规划前提下可作为城镇建设用地使用的政策，对因采矿塌陷、废渣堆放或开采配套建设用地修复为非旅游、康养产业开发用途的建设用地，但在实践过程中，存在其无法满足农用地转用审批的基本条件，用地审批部门在土地利用年度变更时无法予以认定，修复的土地无法作为建设用地予以使用的情况发生，影响了社会资本参与生态修复资源性资产供给的积极性。

（3）各省促进保障机制落实修复政策适用范围、适用条件不尽相同。有些省份对生态修复主体利用在修复后的土地上，发展旅游及相关产业的用地政策宽窄不一，例如，甘肃规定对集中连片开展生态修复达到一定规模和预期目标的生态保护修复主体，允许其依法依规取得一定份额的自然资源资产使用权，从事旅游、康养、体育、农牧渔业等开发。发展旅游、养老服务产业，限定在用地属于自然景观用地、农牧渔业用地，以及建设观光台、栈道等非永久性附属设施，在不占用永久基本农田、不破坏生态环境和自然景观的前提下，可不征收、不转用，按现用途管理。[①] 而有的省份仅把范围缩窄至只针对在矿山修复后的土地上发展旅游产业，建设观光台、栈道等非永久性附属设施，且不考虑产权性质和地类，只要是不占用永久基本农田以及不破坏生态环境、自然景观和不影响地质安全的前提下，其用地都可以不征收（收回）、不转用，按现用途管理。[②] 有的省份仅规定集体用地修复后拟作为农用地的，将土地经营权依法流转给生态保护修复主体，在符合国土空间规划和法律法规的前提下，其发展旅游及相关产业，涉及利用自然景观用地及农牧渔业种养殖用地的，可不征收、不转用，按现用途管理。[③]

（三）生态修复资源性资产产权虚位问题

在制度经济学理论中，产权、人性、效率是制度经济问题分析的基本核心要素，在研究制度经济的效率指向上，经济实践已经证明，三者之间存在产权制度决定人的行为特征、人的行为指向制约制度效率、效率改进会弱化路径依赖并推动制度变迁、制度变迁重新影响与改造人的行为等提高制度效率的循环制约关系，其中产权制度的合理性始终是推动经济效率改善的重要基础之一。[④]

基于以上得出结论，我们从产权制度合理性视角来分析生态修复领域提供的生

① 2022年《甘肃省人民政府办公厅关于鼓励和支持社会资本参与生态保护修复的实施意见》。
② 2022年《黑龙江省人民政府办公厅关于鼓励和支持社会资本参与生态保护修复的实施意见》。
③ 2022年《江西省人民政府办公厅关于鼓励和支持社会资本参与生态保护修复的实施意见》。
④ 巴泽尔. 产权的经济分析［M］. 费方域，等译. 上海：上海三联书店，上海人民出版社，1997.

态修复资源性资产能否实现其价值，能否实现价值增值的问题。前已述及，生态修复资源性资产具备公共物品属性，在公共经济学公共品配置理论的影响下，决定了政府对生态修复会从社会福利最大化目标考虑，国家是生态修复资源性资产的产权实际所有者，尽管在法律法规中规定了"谁破坏，谁治理"的原则，并且国家通过以缴存矿山地质环境恢复治理保证金、要求储存矿山地质环境治理恢复基金、通过尝试建立"根据不同矿种和开发方式，建立差别化、针对性强的矿业用地政策"的形式与自然资源资产使用权人形成委托代理治理机制，但政府仍然以委托人的身份成为生态修复形成的资源性资产产权真正主宰，结果是政府具有双重身份，既是监督者又是产权享有人，导致治理后形成的资源性资产产权处于"虚位"状态，这种产权制度缺憾必然会造成较高的交易成本，这不仅可能限制参与者的竞争积极性，而且还会增加社会资本参与的运营成本，从而造成社会资本感觉缺乏公平或者无利可图而不进入生态修复行业，持观望态度。另外，由于政府自我监督的无效率这一公认事实的存在，加重中央和地方财政投入生态修复的成本负担。

（四）经济增长带来的引致需求是生态修复资源性资产供给的重要动力

假设我国处于一个经济回暖时期，社会对工业、商业和服务业的增长需求强劲，在这一经济景气指数较高的市场环境下，进而引起对土地、土石料等自然资源资产的需求增长，而我国是一个人地关系十分紧张的国家。为保障粮食安全，确保18亿亩耕地红线，在土地管理法、乡村振兴促进法等法律法规中都规定"国家建立农用地分类管理制度，严格保护耕地，严格控制农用地转为建设用地，严格控制耕地转为林地、园地等其他类型农用地"，对新增建设用地指标实行严格的计划指标管控。为此，地方政府只能在兼顾耕地及其他农用地的粮食安全和农产品供给安全情况下，通过在生态修复区域释放政策红利，挖掘生态修复区域的土地（建设用地）、土石料等自然资源资产的供给潜力，这些政策红利在地方政府出台的鼓励社会资本参与生态保护修复的文件中已明确给予，如"允许将修复区域内毁损建设用地修复为农用地并验收合格后，腾退的建设用地指标可以优先用于相关产业发展，节余指标可以按照城乡建设用地增减挂钩政策，在省域范围内流转使用。生态保护修复主体将自身依法取得的存量建设用地修复为农用地的，经验收合格后，腾退的建设用地指标可用于其在省域范围内占用同地类的农用地。集体用地修复后拟作为经营性建设地，符合国土空间规划确定的工业、商业等经营性用途，且已依法办理土地所有权登记的，土地所有权人可根据国家统一部署稳妥有序开展集体经营性建设用地入市，生态保护修复主体在同等条件下可优先取得使用权，用于发展工业、商业、服务业等相关产业；毁损的集体用地修复后拟作为农用地的，可以将土地经营权依法流转给生态保护修复主体，在符合国土空间规划和法律法规的前提下，发展旅游及相关产业。"①②③

图 13 - 6 中，横坐标表示土地、土石料等生态修复资源性资产供应数量，纵坐标表示土地、土石料等生态修复资源性资产价格（成本）。图 13 - 6a 中，DD 和 SS 代表以土地、土石料生态修复资源性资产边际成本为基础的供给曲线和市场需求曲线，Q_0 和 P_0 分别为均衡供给量和均衡价格，且 $P_0 = P_A + P_B$，在 E 点上实现了帕累托最优，即社会边际收益与社会边际成本相等。随着社会对工业、商业和服务业的增长需求强劲，进而引起对土地、土石料等自然资源资产的需求增长，需求曲线从 DD 移动到 DD^N（见图 13 - 6b）。短期内供给曲线不移动，均衡点就由 E 移动至 E^N，此时的土地、土石料生态修复资源性资产均衡供应量为 Q_0^N，均衡价格为 P_0^N，且 $P_0^N = P_A^N + P_B^N$，在 E^N 点上实现了新的帕累托最优（见图 13 - 6b），即社会边际收益与社会边际成本，$Q_0^N - Q_0$ 为新增的土地、土石料生态修复资源性资产供给需求。这部分需求是在经济增长指数强劲条件下，通过地方政府释放的一系列增加土地等生态修复资源性资产供给的政策红利方式来实现。在经济增长强劲、政策红利的引导下，社会资本能够从参与生态修复中获得利益回报，使得社会资本有意愿自主地参与到有责任主体和无责任主体的生态修复行业，进而增加土地、土石料等生态修复资源资产的供给，更好地满足社会对工业、商业和服务业的需求。

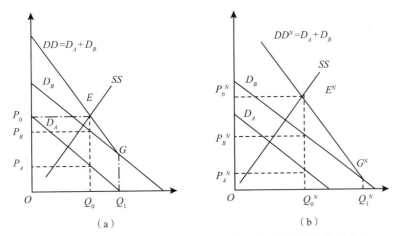

图 13 - 6　生态修复资源性资产（以土地、土石料为例）供需分析

①　《广东省关于鼓励和支持社会资本参与生态保护修复的实施意见（征求意见稿）》。
②　《天津市鼓励和支持社会资本参与生态保护修复的实施意见》。
③　《四川省关于鼓励和支持社会资本参与生态保护修复的实施意见（征求意见稿）》。

第三节　生态修复资源性资产价值提升路径

任何参与生态修复的主体，无论是社会资本、责任主体还是政府，都是为了获得某种利益、满足其投资需求和效用偏好，实现自身利益最大化。建立健全的生态修复资源性资产价值提升路径，也就是要设计一个尽可能最大化地将政府、社会资本和责任主体作为生态修复区域供给者的社会边际收益与社会边际成本相等，让帕累托最优得以实现的路径体系，就是要通过政策制度路径设计，释放政策制度红利，发挥市场在资源配置中的作用，以最大限度地促进产权、经营权与利益分配权的统一，引导生态修复资源性资产供给者，利用市场配置机制作用，在经济增长强劲，市场利好的经济氛围环境下，增加生态修复资源性资产的供给量，让社会资本和有责任主体积极主动参与生态修复成为生态修复委托治理机制有效发挥的具体实践。

基于上述分析，依据不同的生态修复资源性资产的公共物品属性特征，分别从生态修复形成的土地、人工商品林、经济林、能源林、竹林以及非林地上的林木和草地等生态修复资源性资产价值提升路径、生态修复过程中形成的残余矿山资源（土石料）、河道疏浚产生的淤泥、泥沙等生态修复资源性资产价值提升路径和生态修复形成具备潜在水源涵养、环境净化、生物多样性维持和文化休闲娱乐功能的采坑地表地下空间资源、湖泊、湿地等景观特性的生态修复资源性资产价值提升路径三个方面予以论述。

一、产权明晰是生态修复资源性资产价值提升的前置基础

建立健全生态修复资源性资产价值提升路径的关键要点在于产权明晰合理。产权明晰是优化资源配置的必要条件。正是由于生态修复资源性资产具有公共物品的属性特征，决定了其产权的初始界定是模糊的，为此需要同时引入政府干预机制与市场调节机制，只有将政府的主动干预与市场交易形式结合，才能达到优化配置的状态，才能切实保证生态修复资源性资产价值提升通道顺畅。

（1）赋予生态修复主体对修复形成的土地、人工商品林、经济林、能源林、竹林以及非林地上的林木和草地等生态修复资源性资产的占有、使用和处置的权能。对集中连片开展生态修复达到一定规模和预期目标的政府、社会资本和有资金保障的公益组织等生态修复主体，赋予其一定份额的自然资源资产使用权，以林草

地修复为主的，可允许其利用不超过 3% 的修复面积从事生态产业开发。对生态修复主体完成修复形成的资源性资产——国有建设用地，拟用于经营性建设项目的，在符合法律法规政策和规划约束的前提下，通过公开竞争方式，该修复主体拥有优先土地使用权，并按照土地出让方案和相关用途最长年限确定经营性建设用地使用权和其他用地经营权，并分别签订生态修复协议与土地出让（出租）合同。[1]

　　对生态修复主体完成修复形成的资源性资产——集体所有的农用地，鼓励农村集体经济组织将经营权依法流转给生态保护修复主体。对生态修复主体完成修复形成资源性资产——集体所有的建设用地，符合规划的，可根据国家统一部署稳妥有序推进农村集体经营性建设用地入市，生态保护修复主体可在同等条件下优先取得使用权。

　　（2）赋予生态修复主体对生态修复过程中形成的残余矿山资源（土石料）、河道疏浚产生的淤泥、泥沙、采坑地表地下空间资源等生态修复资源性资产占有、使用和处置收益的权能。政府、社会资本和有资金保障的公益组织等生态修复主体，在实施生态修复过程中，对于合理削坡减荷、消除地质灾害隐患等新产生的土石料及原地遗留的土石料，河道疏浚产生的淤泥、泥沙，赋予其无偿使用用于生态修复的权能，纳入成本管理。如有剩余，由县级以上人民政府依托公共资源交易平台体系处置，并保障生态保护修复主体合理收益。针对采坑形成的地表和地下空间资源性资产，赋予生态修复主体无偿使用空间使用占有、使用和处置收益的权能。

　　（3）赋予修复主体对修复形成具备潜在水源涵养、环境净化、生物多样性维持和文化休闲娱乐功能的河流、湖泊、湿地等景观特性的生态修复资源性资产占有、使用和处置的权能[2]。针对生态修复的河流、湖泊、湿地这类具有强非排他性和强非竞争性的生态修复资源性资产而言，可直接由政府委托地方政府全资控股的平台公司进行生态修复，并赋予其对修复的河流、湖泊、湿地资源性资产有占有使用处置权，代表政府运营维护形成的水上公园、湿地公园等修复衍生公共品。

二、土地、林草等生态修复资源性资产价值提升路径

（一）土地生态修复资源性资产价值提升路径

1. 生态修复区域地类属国有或集体农用地资源性资产

确定生态修复区域拟修复的地类属国有农用地的，可通过用地使用权出让、转

---

① 2021 年《国务院办公厅关于鼓励和支持社会资本参与生态保护修复的意见》。

② 冯春涛. 矿山生态修复生态产品价值实现激励机制实现路径研究［R］. 自然资源部"生态产品价值实现机制"和"编制自然资源资产负债表"主题征文。

让、作价入股等方式转移使用权给生态修复主体，供其进行修复，并与修复区域所在当地政府部门以协议形式确定国有农用地使用权，签订土地承包经营合同，可按相关地类承包经营权最高年限确定承包期，生态修复主体开展种植业、林业、畜牧业或者渔业生产，经过运营维护，农用地资源性资产价值得到提升。

确定生态修复区域拟修复的地类属集体农用地，可经由乡镇政府、街道办事处组织协调土地所有权人，将土地经营权依法流转给生态修复主体，生态修复主体实施生态修复后，并在符合国土空间规划和法律法规的前提下，发展旅游、养老服务产业，按照《关于支持旅游业发展用地政策的意见》（2015 年）规定，如修复区域部分区域属于自然景观用地、农牧渔业用地，以及建设观光台、栈道等非永久性附属设施，在不占用永久基本农田、不破坏生态环境和自然景观的前提下，可不征收、不转用，按现用途管理。具体路径如图 13 - 7 所示。

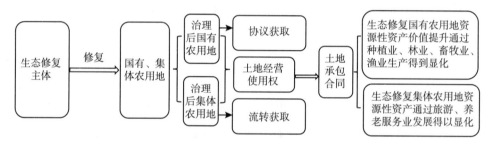

图 13 - 7 生态修复国有集体农用地资源性资产价值提升路径

2. 生态修复区域地类属国有或集体建设用地资源性资产

确定生态修复区域拟修复的地类权属为国有建设用地的，在符合国土空间规划和土壤环境质量要求，可将生态修复方案、土地出让方案一并通过公开竞争方式确定同一生态保护修复主体和土地使用权人，分别签订生态修复协议与土地出让（出租）合同，按出让合同缴纳土地出让金，土地出让金可用于抵扣生态修复主体开展生态修复的治理费用，土地出让协调决策机构可赋予其分期缴纳土地出让金或减免部分土地出让金的优惠政策，并按最长年限确定其经营性建设用地使用权，供其用于工业、商业、服务业等经营性用途。如该拟修复的地类是用于教育、科研、体育、公共文化、医疗卫生、社会福利等非经营性用途的，则可按划拨方式供地。符合新产业用地政策的，可采取弹性年期出让、长期租赁、先租后让、租让结合方式供应。通过上述路径，破除影响国有建设用地资源性资产价值提升的堵点，增强其价值提升的潜力。具体路径如图 13 - 8 所示。

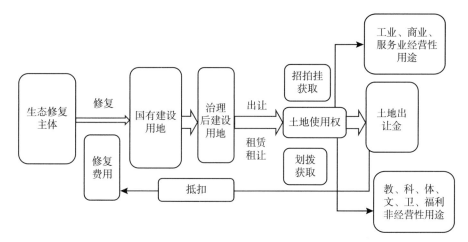

图 13 - 8 生态修复国有建设用地资源性资产价值提升路径

确认生态修复区域拟修复的地类权属作为集体经营性建设用地的，土地所有权人可以自行修复，也可以与社会资本投资主体要签订协议委托其修复，明确投资及收益分成比例，组成一个生态修复主体。修复后的建设用地如符合国土空间规划或市县及以下的详细规划所确定的工业、商业等经营性用途，且已依法办理土地所有权登记的，并经本集体经济组织成员同意，已在土地利用年度计划中作出安排，同时未被司法机关和行政机关依法裁定、决定查封或以其他形式限制土地权利，符合产业政策和环保要求，土地所有权人可根据《土地管理法》相关规定开展集体经营性建设用地入市，通过转让、出租的方式，生态修复主体按照出让合同、租赁合同或作价出资（入股）协议约定期限、用途和条件，履行完毕支付地价款、租金或分配股权的义务，缴纳完毕土地增值收益调节金及其他税费，在同等条件下优先取得集体土地使用权证（或不动产权证书）或土地他项权利证明书，并进行投资开发，用于发展工业、商业、服务业等相关产业，属于房屋建设工程的，完成开发投资总额的 25% 以上，属于成片开发土地的，形成工业用地或者其他建设用地条件；完成上述修复工作后，生态保护修复主体还可在集体经营性建设用地二级市场对其修复的集体经营性建设用地进行流转，并依规获得土地增值收益，实现集体经营性建设用地生态修复资源性资产价值提升的目的。[①] 具体路径如图 13 - 9 所示。

3. 生态修复区域属存量、历史遗留废弃建设用地资源性资产

参照土地增减挂钩政策，生态修复主体对获取的存量建设用地和历史遗留废弃

---

① 《山西省鼓励和支持社会资本参与生态保护修复实施办法》。

建设用地进行修复，将该拟修复成耕地的存量建设用地或废弃建设用地地块和拟用于城镇建设的地块等面积共同组成建新拆旧项目区。通过建新拆旧修复等措施，在保证项目区内各类土地面积平衡的基础上，最终实现增加耕地有效面积，提高耕地质量，节约集约利用建设用地，城乡用地布局更合理的目标，让存量建设用地或历史遗留废弃建设用地资源性资产价值得以提升。

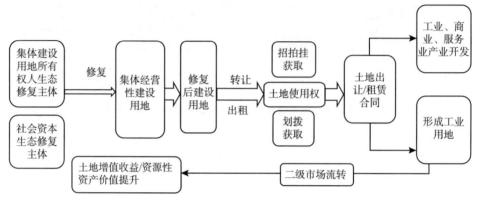

图 13 - 9　生态修复集体经营性建设用地资源性资产价值提升路径

（二）林草生态修复资源性资产价值提升路径

为更好地让生态修复主体通过采伐经济林、能源林、竹林及非林地上林木、开展采矿用地林地修复和发展生态产业，让生态修复后形成的以林地、草地为主的资源性资产获得更多的价值增值，可通过以下四个路径：一是可以通过创新林木管理机制，赋予生态修复主体更多的森林采伐规划、经营的自主权，允许拥有一定经营规模的企业单独编制森林采伐限额，独立编制森林经营方案或规划，并能自主决定采伐林龄。二是可以通过创新特许经营权方式。对以林草为主的特许经营项目，要在完善特许经营权的确权、登记、抵押、流转等配套制度的情况下，允许生态修复主体利用不超过 3% 的修复面积，开展生态产业开发，以期通过生态产业开发进一步促进资源性资产价值的提升和增值。三是允许参与碳排放交易。允许生态修复主体，依据国家碳汇排放交易制度，将林地、草地为主的生态修复作为碳汇项目，参与全国碳排放权交易，显化林草生态修复资源性资产的碳汇价值。四是完善补充林地占补平衡机制。鼓励生态修复主体在享受造林补贴和折抵占用林地定额优惠政策下，开展采矿用地的林地修复，经验收合格后，纳入所在地的补充林地储备库，作为国家下达林地定额之外新增定额的占补，在确保实现"林草资源持续增长、生态功能稳步提升"发展目标的同时，实现林草资源性资产价值增值。

三、余留矿产资源性资产价值提升路径

对合理削坡减荷、消除地质灾害隐患等新产生的土石料及原地遗留的土石料资源性资产，依法依规疏浚河道产生的余留淤泥、泥沙资源性资产，允许生态修复主体对其再利用，允许生态修复主体无偿用于修复工程，如有剩余的，由县级以上人民政府依托公共资源交易平台体系处置，保障生态保护修复主体对剩余资源性资产的合理收益，并以货币形式表现其价值增值部分。具体路径如图 13 – 10 所示。

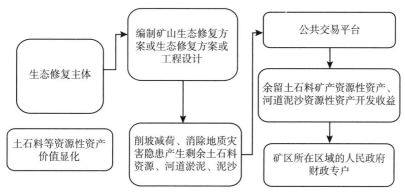

图 13 – 10　生态修复形成余留矿产资源性资产价值提升路径

四、河湖湿地及采坑（地表地下）空间资源性资产价值提升路径

对生态修复主体参与修复受损的河流、湖泊、湿地生态修复的，赋予其经营权和使用权，允许其通过经营获取相应的收益回报，生态修复主体通过采取生态修复，景观再造形成河湖公园、湿地公园，赋予河流湖泊湿地资源性资产的水源涵养、生物多样性维持和文化娱乐休闲功能，利用采坑形成的空间资源揭露出特殊的地质景观、地质遗迹、文化遗迹和古采矿遗址，结合其区位特征和特殊的地学研究意义（反映地球演化历史主要阶段的突出模式，具有极为罕见和重要的科学价值），建成地学科普园区、矿山公园，赋予其文化功能，进一步提升其资源性资产价值。具体路径如图 13 – 11 所示。

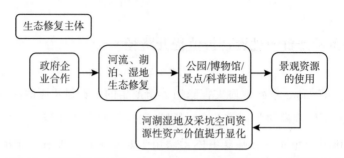

图 13 - 11　河湖湿地及采坑（地表地下）空间资源性资产价值提升路径

第四节　生态修复资源性资产保障供给的制度建设思考

一、建立生态修复区域资源性资产区位优势筛查和土地权属核查制度

建立生态修复区域资源性资产区位优势筛查和土地权属核查制度，组织相关部门开展生态修复区域资源性资产区位优势筛查和土地权属核查工作。区位优势筛查工作是要求各地市从政府主导修复供给资源性资产的潜在区块、政府与社会资本合作共同开展生态修复供给资源性资产的潜在区块、社会资本单独开展生态修复供给资源性资产的潜在区块，对本行政区域内生态修复区域的各类资源性资产的生态系统服务功能价值及附属可利用资源价值筛选分析，制定本行政区域内的生态修复资源性资产供给分类目录。土地权属核查工作是要求各地市按照土地变更调查工作要求和程序，摸清待修复区域的土地权属。两项工作开展，既能够为政府提前谋划治理区域的资源性资产价值提升路径提供决策依据，是确保资源性资产价值提升通道顺畅的前提和保障。

二、建立完善生态修复资源性资产产权制度

在土地权属核查基础上，统筹做好具有纯公共物品属性的生态修复资源性资产和具有准公共物品属性的生态修复资源性资产的所有权、使用权、经营权的分离及确权登记，进一步细化修复前后的产权确认与流转规则。

三、建立生态修复资源性资产利用方案编制制度

在做好生态修复区域资源性资产区位优势筛查的基础上，考虑国土空间规划"五级三类"体系中的国家和省级是总体规划，市县级是宏观层面的布局管控，而市县及以下级编制的详细规划，能够合理安排生态保护修复区域内各类资源性资产的规模、结构、布局和时序，是生态修复资源性资产利用的基本依据，为此，生态修复资源性资产利用方案要在符合生态修复区域所在地县级、乡镇级编制的空间详细规划基础上进行编制。方案要包括明确生态修复主体、各类资源性资产使用权人、修复协议、各类资源性资产权益出让流转、土地用途变更、利用比例、后续产业发展要求、保障生态修复主体合理收益的政策措施等内容，并附相关的协议、合同等。

四、建立完善提高生态修复资源性资产供给潜力的财政金融制度

（1）财政惠民政策，为了增加优质生态修复资源性资产的供给潜力，发挥政府投入的带动作用，可以运用财政激励政策，对生态修复项目给予特殊的投资融资便利，并给予必要的财政补贴，探索通过政府和社会资本合作（PPP）、工程总承包（EPC、EPC＋F）、授权 – 建设 – 运营（ABO）等模式引入社会资本开展生态保护修复，具备融资条件的项目，鼓励和引导金融机构参与 PPP、TOT 等银团组建，为项目提供资金支持，符合条件的企业可按规定享受环境保护、节能节水项目减免企业所得税优惠政策。

（2）金融政策，在不新增地方政府隐性债务的前提下，支持金融机构参与生态修复，积极拓宽投融资渠道，优化信贷评审方式，进一步丰富和创新绿色金融产品，按市场化原则为修复提供中长期资金支持。推动绿色基金、绿色债券、绿色信贷、绿色保险等加大对生态保护修复的投资力度，推动绿色债券、绿色资产证券化产品及上市融资。探索将产出的补充耕地指标、腾退的建设用地指标等生态修复资源性资产关联收益作为抵押物，由金融机构等提供绿色融资贷款。支持符合条件的企业通过发行绿色债券等融资发展，支持技术领先、综合服务能力强的骨干企业上市融资。允许具备条件的企业发行绿色资产证券化产品，盘活资源资产。健全森林保险制度，推动保险机构创新绿色保险产品，鼓励保险机构和有条件的地方探索增加保价值、保产量、保收入的特色生态修复资源性资产和林木资源性资产的供给能力。

第十四章 | 自然资源与绿色发展

人与自然的关系一直以来是人类社会发展的核心问题，随着科学技术和人类工业文明的发展，人类对自然资源的开发也达到了前所未有的程度，随之而来的是生态环境问题的不断显化，对人类社会的存在、文明的发展和人类赖以生存的地球都构成了潜在的威胁。于是出现了现代性危机的实践反思，这些反思活动集中体现在各类社会活动浪潮中，为推进绿色发展提供了社会环境。从经济学，尤其是自然资源经济学的角度出发，生态环境问题出现的根本原因是外部性的存在，即当个人生产或消费的边际私人成本小于边际社会成本时，将引发外部性问题，而政府管制则是解决环境外部性的重要手段。因此，在推进自然资源领域绿色发展的过程中，需要以建设人与自然和谐共生的现代化为目标，对自然资源绿色发展的缘起、发展及时代任务进行系统梳理，统筹好开发与保护的关系，积极充分发挥政府作用，借助空间管制、资源配置、技术创新以及考核评价等管理方法和手段，实现自然资源开发利用方式与经济模式的绿色发展。

第一节 自然资源与绿色发展的关系

一、自然资源绿色发展的缘起与发展

绿色发展理念源远流长，在中西方思想理论中都能找到绿色发展理念的起源。在历史发展的进程中，众多思想家、哲学家和理论家协同创新，使得绿色发展理念

不断丰富和完善。

（一）绿色发展的理论起源

在 17 世纪中叶，人们就开始了对传统经济理论的反思和批判，亚当·斯密的经济思想代表了古典经济学的主流观点，他认为分工和资本积累能够克服土地稀缺程度提高而对经济增长所带来的消极影响，因此忽视了资源环境对经济发展的制约作用。但是，古典经济学家中也有学者如威廉·配第就通过对土地等自然资源的产出率的研究，认识到自然条件对财富的制约。马克思主义经典作家在 19 世纪后半期也注意到了资本主义经济发展的恶果，恩格斯曾尖锐地指出，"我们不要过分陶醉于我们对自然界的胜利，对于每一次这样的胜利，自然界都报复了我们"。[①] 这实际上较早地提出了生态环境问题，更重要的是提出了外部性问题。到 20 世纪 20 年代，经济学家马歇尔提出了"外部不经济性"思想，并经英国经济学家庇古发展成为外部性理论，对传统工业经济弊端进行了深刻批判。庇古认为，由于社会边际成本和私人边际成本不同，所以如果完全依靠市场机制则无法实现资源的最优配置，因此政府通过征收"庇古税"可以解决因外部性引起的非帕累托最优问题。20 世纪 60 年代，新制度经济学家科斯就解决外部性问题提出了与庇古不同的思路，他认为在交易成本为零的情况下，权利的初始界定不重要，而当交易成本为正时，产权的初始界定有利于提高效率。到 20 世纪 70 年代，关于生态环境和经济发展并重的理论，受到经济学家（也有社会学家、政治学家）的高度重视和系统研究，突出的成就是环境经济学、生态经济学的产生与发展。环境经济学将环境问题纳入经济学体系中，理论上解决了现有的商品经济学、市场经济理论和国民经济理论所不能解决的问题。[②] 生态经济学的出发点是通过经济学方法使生态学理念变为现实，目的是更加合理地开发和利用资源。到了 20 世纪 80 年代，随着"可持续发展"概念的出现及其内容的发展，可持续理论逐步成熟起来。罗尔斯首先提出代际公平思想，称之为"代际正义"[③]："现在我们必须考察代与代之间的正义问题……如果我们不讨论这个问题，对作为公平的正义的解释是不完全的"。[④] 20 世纪 90 年代以后，各种绿色经济学说可以出现发展，相关学者做了大量有效实践，并形成一批有影响力的成果，如英国米切尔·雅各布的《绿色经济——未来的环境、可持续发展与政治》，莫利·斯柯特·加图与米里亚姆·肯尼迪合著的《绿色

---

①　马克思，恩格斯 . 马克思恩格斯选集（第 3 卷）［M］. 北京：人民出版社，1972：518 - 519.

②　蕾切尔·卡逊 . 寂静的春天［M］. 长春：吉林人民出版社，1997.

③　丹尼斯·米都斯 . 增长的极限——罗马俱乐部关于人类困境的报告［M］. 长春：吉林人民出版社，1997.

④　杨茂林 . 关于绿色经济学的几个问题［J］. 经济问题，2012（9）：4 - 14.

经济学：超越供给与需求满足人们的需要》，加拿大布赖恩·米勒尼的《设计绿色经济——后工业社会全球化合作的选择》等。①

（二）绿色发展理念的孕育发展

1992 年 6 月，联合国环境与发展大会结束后，我国也开始探索制定自己的可持续发展战略。1994 年 3 月，中国政府正式发布了《中国 21 世纪议程——中国 21 世纪人口、环境与发展白皮书》，该书对可持续发展战略、社会可持续发展、经济可持续发展、资源的合理利用与环境保护等四大问题进行了系统论述，构筑了一个长期性、渐进式、综合性的可持续发展战略框架和相应对策，标志着中国可持续发展战略的确立。进入 21 世纪之后，历年的"五年计划（规划）"都进一步强调了经济、社会、资源环境之间的协调和可持续性。2003 年 10 月，党的十六届三中全会明确提出"科学发展观"，强调"树立全面、协调、可持续的发展观，促进经济社会和人的全面发展"。2005 年 12 月，国务院《关于落实科学发展观加强环境保护的决定》指出，加强环境保护是全面建成小康社会的内在要求，迈开了以科学发展观指导环保工作的第一步。在 2006 年 4 月召开的第六次环境保护大会上，中国政府明确提出"必须把保护环境摆在更加重要的位置"，并提出在新形势下做好环保工作的"三个转变"，标志着中国发展与环境的关系正在发生方向性、战略性、历史性的转变，环保理念上升到前所未有的高度。2011 年，我国正式发布了第一本以低碳发展为主题的研究报告《中国低碳经济发展报告》，该报告提出了"中国绿色现代化和减排路线图（2006—2050 年）"，将绿色现代化战略分为三个阶段，即减少二氧化碳排放、适应气候变化（2006—2020 年）、二氧化碳排放实现大幅下降（2020—2030 年）、二氧化碳排放与世界同步，基本实现绿色现代化（2030—2050 年），这为实现绿色现代化明确了阶段性目标。2008 年联合国规划署启动了"全球绿色新政"计划，为国际环境经济政策提供了框架。世界主要经济体纷纷制定绿色新政措施，在全球范围内掀起了绿色潮流。中国也通过一系列法律、法规、政策、措施的发布和实施，推动绿色发展理念不断深入人心。

（三）自然资源绿色发展的时代任务

进入新时代，党的十八大报告首次对"生态文明"设单篇论述，将生态文明建设纳入中国特色社会主义事业"五位一体"总体布局。党的十八大审议通过的《中国共产党章程（修正案)》，首次将"中国共产党领导人民建设社会主义生态文明"写入党章并做出阐述，从而更加明确了生态文明建设的战略地位，2013 年 11

① 葛永林.绿色经济学思想及其方法论特征［J］.华南师范大学学报（社会科学版），2008（6）：138-141.

月，党的十八届三中全会进一步明确提出，建设生态文明，必须建立系统完整的生态文明制度体系。2015 年，中共中央、国务院印发《生态文明体制改革总体方案》，明确把绿色化纳入现代化推进战略中，将其作为现代化建设的重要取向，并就自然资源领域部署了 30 项重大改革任务（见表 14 - 1）。2015 年 10 月，党的十八届五中全会提出"创新、协调、绿色、开放、共享"的新发展理念，"绿色发展"正式成为党和国家的执政理念，成为我国经济社会发展的基本理念。党的十九大强调，"我们要建设的现代化是人与自然和谐共生的现代化，既要创造更多物质财富和精神财富以满足人民日益增长的美好生活需要，也要提供更多优质生态产品以满足人民日益增长的优美生态环境需要。必须坚持节约优先、保护优先、自然恢复为主的方针，形成节约资源和保护环境的空间格局、产业结构、生产方式、生活方式，还自然以宁静、和谐、美丽"。明确提出要贯彻绿色发展理念，大力推进生态文明建设。党的二十大报告指出，"中国式现代化是人与自然和谐共生的现代化"，明确了我国新时代生态文明建设的战略任务，总基调是推动绿色发展，促进人与自然

表 14 - 1　　　　《生态文明体制改革总体方案》中涉及自然资源的改革任务

序号	任务名称	序号	任务名称
1	建立统一的确权登记系统	16	建立沙化土地封禁保护制度
2	建立权责明确的自然资源产权体系	17	健全海洋资源开发保护制度
3	探索建立分级行使所有权的体制	18	健全矿产资源开发利用管理制度
4	开展水流和湿地产权确权试点	19	完善土地有偿使用制度
5	完善主体功能区制度	20	完善矿产资源有偿使用制度
6	健全国土空间用途管制制度	21	完善海域海岛有偿使用制度
7	建立国家公园体制	22	完善生态补偿机制
8	完善自然资源监管体制	23	完善生态保护修复资金使用机制
9	编制空间规划	24	建立耕地草原河湖休养生息制度
10	推进市县"多规合一"	25	建立统一的绿色产品体系
11	创新市县空间规划编制办法	26	建立生态文明目标体系
12	完善最严格的耕地保护制度和土地节约集约利用制度	27	建立资源环境承载能力监测预警机制
13	建立天然林保护制度	28	探索编制自然资源资产负债表
14	建立草原保护制度	29	对领导干部实行自然资源资产离任审计
15	建立湿地保护制度	30	建立生态环境损害责任终身追究制

和谐共生。报告在充分肯定生态文明建设成就的基础上，从统筹产业结构调整、污染治理、生态保护、应对气候变化等多元角度，全面系统阐述了我国持续推动生态文明建设的战略思路与方法，并对未来生态环境保护提出一系列新观点、新要求、新方向和新部署。站在自然资源视角就是要，按照"严守资源安全底线、优化国土空间格局、促进绿色低碳发展、维护资源资产权益"的自然资源工作定位，坚持可持续发展，坚持节约优先、保护优先、自然恢复为主的方针，更加自觉投身建设人与自然和谐共生的现代化的伟大实践。

以上所有探索及其成果在理论上指导了绿色发展理念的缘起和发展，又在实践中促进了人与自然的和谐发展，广泛地影响了经济学理论的基本走向，对于社会经济模式、自然资源管理实践具有重要的现实意义。

二、自然资源与绿色发展的辩证关系

理解和实现自然资源领域绿色发展，首先要理解什么是绿色发展模式。联合国环境规划署对绿色发展模式的界定被广泛地接受和认可，即：可促成提高人类福祉和社会公平，同时显著降低环境风险和生态稀缺的发展模式。表明绿色发展不只是涉及经济增长和环境保护，更是综合考虑社会公平及人类发展，强调生态、经济、社会三者协同可持续发展。因此，绿色发展是自然资源领域绿色发展的基础底色和运行框架，在自然资源领域实现绿色发展就必须在遵循习近平经济思想和生态文明思想的前提下，通过科学的管理和技术手段，实现人类在生态、经济、社会等领域的全面高质量发展。而自然资源领域绿色发展主要包括三个核心层面：一是要保证资源要素支撑经济增长，即国家或地区需要在充足的自然资源要素供给下，保持经济一定的增长速度处于一定的合理区间，至少应该能够保证宏观经济的平稳，如就业充分、人均国民收入提高等；二是生态系统和环境质量得到改善，至少不退化、不降级；三是要实现包容和平衡增长，即发展的最终成果应该能够在不同区域、城乡和人群之间得到合理公正、平衡地分配和享有，实现整体的帕累托改进。

自然资源经济主要关注人类与自然资源相互关系中的经济现象或经济问题，涉及资源配置利用、产品生产交易、市场关系等多个领域，其中自然资源开发利用对自然环境、人类生产生活的影响及经济后果是自然资源经济研究的重点问题。而实现自然资源开发利用的绿色化是自然资源经济绿色发展在生产前端的映射，也是自然资源经济绿色发展的基础前提。因此，自然资源开发利用与绿色发展之间是一种双向制约的辩证统一关系。

一方面，人与自然和谐共生是自然资源保护利用与绿色发展两者一致的目标取向。自然资源保护利用围绕人而不是物，来展开的经济活动，致力于在生态、经济和社会（人）的良性互动和协调发展中转变人类的生产生活方式，优化人的生存环境，提高人的生活质量。为此，特别尊崇生态的系统保护、合理开发和及时修复，力求代内公平、缩小人们的生活差距，同时强调代际公平、依据某种共同准则对代际间的资源进行分配，实现自然资源领域的绿色发展是人与自然和谐共生的关键途径。另外，自然资源合理的开发利用是实现绿色发展的有效方式，比如合理地划区轮牧有利于草原植被的恢复，也有利于草原畜牧业的可持续发展。自然资源的合理开发是经济社会发展的物质基础，没有自然资源的开发利用，人类就无法生存和发展，也就不能为生态环境保护、绿色发展提供物质基础。绿色是开发的前提，绿色发展的目的是更可持续的开发利用，最终实现人与自然和谐共生。

另一方面，在某些特定场景和时间上，自然资源开发利用与绿色发展又是相互对立的。在不同的条件下，自然对人类的功能不同。资源强调的是实体功能，体现为自然对于人类实体的直接有用性；生态环境强调的是"受纳功能"和"服务功能"，体现为接受并容纳生产和消费所排放的废弃物，以及为包括人类在内的所有生物提供生存繁衍栖息的场所。从某种程度上说，开发意味着一定程度的破坏。对自然资源开发利用不当，只注重索取、不加强绿色发展的开发，必然会造成生态环境的严重破坏。然而过度的保护也会妨碍开发，片面强调保护和过度绿色易忽视资源开发，也就不能全面体现自然资源本身的价值。国外的发展历程表明，发达国家基本上走的是先开发后保护的工业化道路，例如：美国拓荒时期过度开垦土地造成植被破坏，于1934年发生了震惊世界的"黑风暴"事件。

总的来看，自然资源保护和开发利用与绿色发展相辅相成、辩证统一，人为地将两者分离，会给人类带来灾难性后果。同时，我国应避免先污染后治理的传统发展模式，既不能只片面追求自然资源开发利用而忽视生态环境保护和绿色发展，又不能只重视绿色发展而抑制自然资源开发。因此，要坚持在开发中保护、在保护中开发，树立保护性开发自然资源就是实行绿色发展的理念，最大限度地降低自然资源开发对生态环境的负面影响。

第二节　自然资源绿色发展的框架与方法

习近平总书记提出的"既要绿水青山，也要金山银山"是在经济社会发展过程中既要资源开发，也要生态保护；"宁要绿水青山，不要金山银山"是当自然资源开发利用与绿色发展发生矛盾时，要坚持绿色发展、生态保护优先、资源节约利用，把绿色发展放到突出的位置，决不能因为短期的经济效益而忽视长远的生态效益。这一理念深刻阐明了自然资源开发利用与绿色发展的基本关系，科学阐述了自然资源是多重属性的统一体，充分体现了我们党对自然规律、经济社会发展规律认识的深化，具有重大的理论和实践指导意义。

一、自然资源绿色发展的总体框架

将绿色发展映射到自然资源管理中，要求我们既要围绕自然资源管理的"两统一"定位，又要充分体现绿色发展的现实内涵，推动国土空间政策的生态化、自然资源资产政策的节约化（见图 14-1）。因此，推进自然资源绿色发展时，需要考虑以下方法：

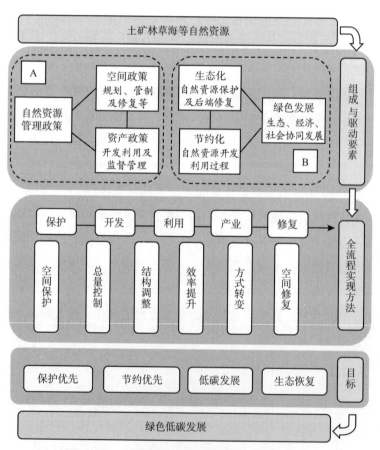

图 14-1　自然资源绿色发展的政策框架与方法

（1）转变传统发展观。树立自然资源绿色发展观，全面贯彻落实人与自然和谐共生理念，树立尊重自然、顺应自然、保护自然的生态文明理念，牢固树立节约资源就是保护环境、保护环境就是保护生命的发展观念。

（2）严格国土空间保护。加强各类资源规划、生态保护规划与国土空间规划的衔接，形成以国土空间规划为基础的空间规划体系。严格落实各项规划，确定保护对象，不仅要将耕地、湿地、重要生态保护区、水源地作为保护重点，还要将各类公园纳入国家公园管理体制，实行统一管理和保护。

（3）科学调控开发总量与资源结构。以资源环境承载力为底线，以生产发展、生活富裕、生态良好为目标，确定开发强度，将耕地、战略性矿产资源作为重要保护对象，实行总量控制性保护开发，维护国家权益。确保资源开发对环境的影响不超过生态阈值。同时，结合国家绿色发展总体战略需求，优化资源开发种类和空间结构。

（4）推动资源利用效率提升与利用方式转变。积极制定和完善资源开发与节约集约利用标准，实施资源环境影响评价和预警机制。加强统筹协调，合理划分资源开发、监管的责任主体，形成从中央到地方全覆盖的监管体制。

（5）落实国土空间生态修复。构架多维的国土空间修复制度体系，实施更大范围的国土综合整治，实现自然资源系统闭环管理。

二、自然资源开发总量控制

（一）土地利用计划管理

土地利用年度计划，是指国家对计划年度内新增建设用地量、土地开发整理补充耕地量和耕地保有量的具体安排，是政府按照土地利用总体规划制定和落实的具体计划。《土地管理法》第二十三条规定，各级人民政府应当根据国民经济和社会发展计划、国家产业政策、土地利用总体规划（国土空间规划）以及建设用地和土地利用的实际状况，编制土地利用年度计划，加强土地利用计划管理，实行建设用地总量控制。全国土地利用年度计划下达到省、自治区、直辖市以及计划单列市、新疆生产建设兵团。新增建设用地计划指标实行总量管理，没有土地利用年度计划指标擅自批准用地的，按照违法批准用地追究法律责任。根据《土地管理法》要求，土地利用年度计划管理一般遵循坚持绿色发展，耕地保护数量、质量、生态并重，以及确保建设占用耕地与补充耕地相平衡等三个原则。根据《土地利用年度计划管理办法》第二条规定，各级人民政府根据土地利用总体规划编制土地利用年度计划的时候，应当至少体现五个指标，分别为：新增建设用地量、土地整治补充耕地量、耕地保有量、城乡建设用地增减挂钩、工矿废弃地复垦利用。上述五个指标中，最引人关注的是新增建设用地量，其直接影响了建设用地的新增供给总量。

近年来，土地利用年度计划管理已逐步发展为兼具保护耕地、控制建设用地总量、参与宏观调控、落实区域战略、引导经济发展方式转变等多重目标的政策工具，成为我国土地管理制度体系中落实国家绿色发展战略的重要抓手。2016年修订的《土地利用年度计划管理办法》提出，要与国家区域政策、产业政策相结合，落实空间战略，统筹区域、城乡建设用地，促进存量土地盘活利用，并严格控制农村集体建设用地规模。围绕以上目标，该次修订进一步纳入了城乡建设用地增减挂钩指标、工矿废弃地复垦利用指标。《关于2020年土地利用计划管理的通知》采取了用地分类保障的方式：重点保障项目用地直接配置计划指标；非重点保障项目用地指标与处置存量土地规模相挂钩，倒逼地方政府盘活存量，从"要指标"向"挣指标"转变；同时，单独安排专项用于脱贫攻坚的计划指标。2022年自然资源部印发的《自然资源部关于积极做好用地用海要素保障的通知》提出，在计划指标保障方面，实行计划指标重点保障，对纳入国家重大项目清单、国家军事设施重大项目清单的项目用地，以及纳入省级人民政府重大项目清单的能源、交通、水利、军事设施、产业单独选址项目用地，由部直接配置计划指标。

（二）矿产资源开采总量管控

为加强国家规定实行保护性开采的特定矿种的管理，防止优势矿产资源过度开采，保护和合理利用矿产资源，国家制定《矿产资源》并要求，对国家规划矿区、对国民经济具有重要价值的矿区和国家规定实行保护性开采的特定矿种，实行有计划的开采。另外，国家还通过印发矿产资源规划及《保护性开采的特定矿种勘查开采管理暂行办法》《开采总量控制矿种指标管理暂行办法》等一系列行业监管规范性文件，建立了矿产资源规划制度和保护性开采的特定矿种总量调控管理制度，实现资源开采总量控制。目前，我国已从2002年、2006年起分别对钨矿、稀土矿的开采实行总量控制，并取得了成效。

在具体管理中，自然资源部依据全国矿产资源规划以及国家产业政策，综合考虑矿产资源潜力、市场供求状况、资源保障程度、采矿权设置和产能产量等因素，确定年度开采总量控制指标，并分配下达到省级国土资源主管部门；省级自然资源主管部门根据本辖区内矿山企业的保有资源储量、开发利用情况、资源利用水平等

因素，参考矿山企业以往年度开采总量控制指标执行情况，结合市、县级国土资源
主管部门意见，对开采总量控制指标进行分解下达；市、县级国土资源主管部门负
责总量控制指标执行情况的监督管理；矿山企业建立总量控制矿种的资源储量、产
量、销售原始台账及开采总量控制相关管理制度。

（三）围填海总量管理

围填海管理是海域使用管理的重点，除海洋功能分区管控、项目用海预审、项
目用海分级审批等通用政策外，对于围填海管理，也出台了一系列更加严格、更有
针对性的制度文件。具体围填海管理流程，如图 14 - 2 所示。

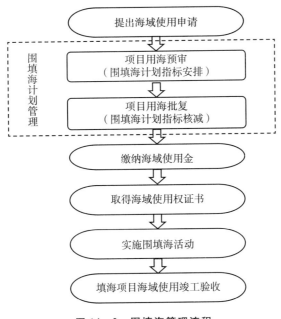

图 14 - 2 围填海管理流程

2009 年出台的围填海计划管理是围填海管理中的关键性制度。围填海计划实
施指标管理，计划指标分为建设用围填海指标和农业用围填海计划指标，两者彼此
独立。2009 ~ 2015 年，围填海计划指标纳入国民经济和社会发展计划（规划）体
系，在服务宏观调控、经济调节等方面发挥了重要作用。党的十八大以来，随着生
态文明思想的深入推进，对围填海实施最严格的管控制度。2017 年 7 月，原国家
海洋局、国家发展和改革委员会、原国土资源部联合印发《围填海管控办法》，规
定全国围填海年度计划指标实行约束性管理，不得擅自突破。国家海洋局根据全国
围填海五年计划和经济社会发展、国防安全实际需要，提出全国围填海年度计划方

案建议。2018 年,《国务院关于加强滨海湿地保护 严格管控围填海的通知》提出,"完善围填海总量管控,取消围填海地方年度计划指标,除国家重大战略项目外,全面停止新增围填海项目审批",从而开启了对围填海活动更为严格的管控。当前,除保障国家重大战略项目用海外,不再审批新增围填海项目。①

三、国土空间保护格局优化

整体上看,国土空间作为经济社会发展的基础载体,与其相关的政策措施很大程度上决定了我国社会绿色发展水平和潜力。在自然资源具体管理过程中,需统筹考虑国土空间总体格局的绿色效应,通过采取全流程的空间规划和管理等措施,对经济社会活动实行积极引导和合理干预,从而间接干预绿色发展水平。

(一)主体功能区战略

2005 年,"十一五"规划基本思路正式提出"构建以主体功能区为框架的区域发展新格局"的主体功能区构想。2006 年,"十一五"规划纲要提出推进形成主体功能区的理念和思路,对区域发展和国土空间开发进行了重大理论创新。2007 年,国务院发布《关于编制全国主体功能区规划的意见》,提出编制全国主体功能区规划。2010 年 12 月,《全国主体功能区规划》提出主体功能区规划周期至 2020 年。党的十七届五中全会首次明确提出,实施主体功能区战略。2019 年《中共中央 国务院关于建立国土空间规划体系并实施监督的若干意见》提出"在资源环境承载能力和国土空间开发适宜性评价的基础上,科学有序统筹布局生态、农业、城镇等功能空间,划定生态保护红线、永久基本农田、城镇开发边界等空间管控边界以及各类海域保护线,强化底线约束,为可持续发展预留空间"。

健全主体功能区战略和制度,就是细化主体功能区划分,制定差异化政策。基于自然地理格局、人口经济分布和城镇化阶段等特征,统筹落实区域协调发展战略、区域重大战略、主体功能区战略、新型城镇化战略实施,优化农产品主产区、重点生态功能区、城市化地区空间格局。依托城市群、都市圈和中心城市,整体考虑区域要素配置,形成承载多种功能、优势互补、区域协同的主体功能综合布局。对此,重点要结合国土空间规划编制实施,完善主体功能区战略传导落地有效机制。结合省级国土空间规划合理优化调整县级行政区主体功能定位,结合市县规划因地制宜细化乡镇主体功能定位,合理划定规划分区,探索在详细规划中传导落实

① 李晋,郑芳媛,邓跃,等.围填海存量资源利用和管控政策研究 [J].中国软科学,2022 (10):13 – 19.

主体功能战略的具体路径。从效果来看，推进主体功能区建设对平衡城镇、农业、生态空间结构，提升国土空间利用效率，优化国土空间格局等具有显著贡献。通过加强主体功能区建设，我国重点开发区、优化开发区的开发强度与城市建成区规模得到有效控制，城镇化率稳步提升。农产品主产区的农业生产总规模持续攀升、粮食稳产保供功能稳健。禁止开发区在构建国家生态安全屏障、提供多元生态产品方面发挥日益重要的作用。

（二）生态保护红线

生态保护红线是指在生态空间范围内具有特殊重要生态功能、必须强制性严格保护的区域。生态保护红线概念于 2011 年首次提出，随后被纳入《环境保护法》（2015 年），2017 年和 2019 年，中共中央办公厅、国务院办公厅先后印发了《关于划定并严守生态保护红线的若干意见》《关于在国土空间规划中统筹划定落实三条控制线的指导意见》，明确自然资源部会同有关部门建立协调机制，共同推进生态保护红线等三条控制线的划定和管理，结合国土空间规划编制工作有序推进落地。

生态保护红线的划定与管理。生态保护红线优先将具有重要水源涵养、生物多样性维护、水土保持、防风固沙、海岸防护等功能的生态功能极重要区域，以及生态极敏感脆弱的水土流失、沙漠化、石漠化、海岸侵蚀等区域划入生态保护红线。其他经评估目前虽然不能确定但具有潜在重要生态价值的区域也划入生态保护红线。对自然保护地进行调整优化，评估调整后的自然保护地应划入生态保护红线；自然保护地发生调整的，生态保护红线相应调整。生态保护红线内，自然保护地核心保护区原则上禁止人为活动，其他区域严格禁止开发性、生产性建设活动，在符合现行法律法规前提下，除国家重大战略项目外，仅允许对生态功能不造成破坏的有限人为活动，主要包括：零星的原住民在不扩大现有建设用地和耕地规模前提下，修缮生产生活设施，保留生活必需的少量种植、放牧、捕捞、养殖；因国家重大能源资源安全需要开展的战略性能源资源勘查，公益性自然资源调查和地质勘查；自然资源、生态环境监测和执法包括水文水资源监测及涉水违法事件的查处等，灾害防治和应急抢险活动；经依法批准进行的非破坏性科学研究观测、标本采集；经依法批准的考古调查发掘和文物保护活动；不破坏生态功能的适度参观旅游和相关的必要公共设施建设；必须且无法避让、符合县级以上国土空间规划的线性基础设施建设、防洪和供水设施建设与运行维护；重要生态修复工程。

（三）耕地保护

落实耕地保护的具体制度性方法主要包括永久基本农田保护制度、耕地转用控制制度、耕地占补平衡制度和耕地用途管制制度。第一，国家实行永久基本农田保护制度，永久基本农田经依法划定后，任何单位和个人不得擅自占用或者改变其用途。禁止通过擅自调整县级土地利用总体规划、镇土地利用总体规划等方式规避永久基本农田农用地转用或者土地征收的审批。第二，耕地转用控制制度。《中华人民共和国土地管理法实施条例》规定，国家对耕地实行特殊保护，严守耕地保护红线，严格控制耕地转为林地、草地、园地等其他农用地。耕地应当优先用于粮食和棉、油、糖、蔬菜等农产品生产。第三，耕地占补平衡制度。耕地占补平衡是耕地保护制度的核心制度，自设立以来，经过逐步完善，逐步设立了补充耕地储备和先补后占制度、建设用地项目补充耕地与土地开发整理项目挂钩制度、耕地占补平衡台账制度、补充耕地项目备案和全程监管制度、耕地占补平衡考核制度，以及异地占补和耕作层表土剥离再利用办法等。近年来，党中央、国务院印发了《关于加强耕地保护和改进占补平衡的意见》，对改进占补平衡制度进行了一系列重要部署。第四，耕地用途管制制度。2021年11月，《自然资源部农业农村部国家林业和草原局关于严格耕地用途管制有关问题的通知》提出，要严格落实永久基本农田特殊保护制度，对一般耕地转为其他农用地进行严格管控，对耕地转为其他农用地及农业设施建设用地实行年度"进出平衡"政策，禁止任何非法占用和使用基本农田的行为并且对改变一般耕地地类，如：农业设施占用一般耕地、新增农村道路等行为进行严格审批，并按照占用多少一般耕地就要补充多少一般耕地进行落实。

四、自然资源利用结构调整

自然资源是经济发展的物质基础，其贯穿人类活动的始终，依靠自然资源治理能够有效调控人类活动对生态环境的影响程度，通过调整自然资源利用结构可以有效推动经济社会绿色转型与高质量发展。从绿色发展角度出发，不同种类和类型的自然资源在利用过程中对生态环境的影响也存在明显差异，可以通过完善自然资源配置利用政策，从而影响自然资源利用的结构性差异，实现总体绿色发展的目的。

（一）土地利用结构优化

土地利用管理能够有效调控人类活动对生态环境的影响程度，是推动经济社会绿色发展的重要途径。土地利用结构优化助力绿色发展的途径是，提高土地利用优化政策的规划影响力和系统性、协同性。一方面，发挥国土空间规划对土地利用的引导和管控作用。严控国土开发强度，优化建设用地结构，降低工矿用地规模比例，对高排放的工业实施空间集聚治理，实行建设用地减量化、存量化、集约化发展模式。通过土地利用结构优化引导产业发展，优先保障低消耗、低排放的项目用地，切实发挥土地利用调控方式的正面引导效应；优化调整非建设用地结构，推行宜耕则耕、宜草则草、宜湿则湿政策，重视各类土地的管理与管护。另一方面，强化土地利用管理工作的系统性与协同性。提高土地管理与绿色发展相关管理部门之间的协同工作效率，将防治荒漠化/土地退化、基本农田保护等土地管理工作与应对气候变化工作充分协同，避免土地利用竞争或管理目标冲突。在系统评估土地载体上人为活动情况的基础上，开展土地利用结构和布局统筹调控，重视各类土地结构之间的平衡，实现整体空间上土地利用结构的优化。

（二）能源资源开发利用结构调整

当前，我国能源结构中清洁能源比重正在持续增长，2022 年，我国煤炭消费量占能源消费总量的 56.2%，天然气、水电、核电等清洁能源消费量占能源消费总量的 25.9%。但总体而言，我国在面临高耗能的产业结构、错综复杂的国际环境、高质量发展的经济社会需求等形势时，均要求必须坚定不移推进能源革命，调整能源开发利用结构，全面推进大规模开发利用清洁能源，建设多元清洁能源供应体系。在优化能源资源供给结构时需要：

一是提升煤炭资源高效清洁利用水平。强化煤炭减量替代，根据科学产能要求优化煤炭产能规模和生产布局，推动煤炭绿色开发和智能化生产，持续推动绿色矿山建设。做好煤炭资源供给源头的科学管控，实施煤炭资源减量化和清洁化利用并举战略，加强示范项目建设和洁净煤技术推广。二是平衡好天然气的持续快速增长和资源安全。把握油气资源特别是天然气资源需求比例将提升的基本趋势，认清中国天然气对外依存度持续升高的基本判断。密切关注转型政策推动下导致的天然气需求过快增长问题，以及潜在资源安全问题。三是强化油气资源供给。加强油气资源地质勘查和储备，加快构建全面开放条件下的能源安全保障体系，努力提升国际能源市场话语权，确保能源资源安全。四是做好非化石能源综合评价和物质储备。科学评估风光能源、水能、地热能、海洋能、核能等各类清洁能源潜力，合理预测可再生能源在未来能源结构中提升的比例。系统开展各类清洁能源的调查评价和勘查，加强地热能、太阳能和风能可用性评价，积极发现新的有利区块。创新理论技术和研发新能源高效利用新技术、新设备，依靠科技提高新能源资源的开发利用效率，降低新能源开发利用成本。需要重视海洋资源利用，因地制宜建设适用的海洋能发电系统，我国各类海洋能资源储量如表 14 - 2 所示。

表 14 – 2　　　　　　　　　　　我国各类海洋能资源储量

能源类型		调查计算范围	理论资源储量（千瓦）	技术可利用量（亿千瓦）
潮汐能		沿海海湾	1.1×10^8	0.2179
波浪能	沿岸	沿岸海域	1.285×10^7	0.0386
	海域	近海及毗邻海域	5.74×10^{11}	5.7400
潮流能		近岸海峡、水道	1.395×10^7	0.0419
温差能		近海及毗邻海域	3.662×10^{10}	3.6600
盐差能		主要入海河口海域	1.14×10^8	0.1140
全国海洋能资源储量		—	6.1087×10^{11}	9.8100

（三）金属矿产资源开发结构调整

　　绿色低碳产业发展强劲，而相关金属是其技术和产业发展的核心构件。在风力发电机、太阳能电池板、电解储氢、动力电池等绿色低碳技术产品中，锂、钴、镍、镓、铟、稀土、铂等金属发挥了关键作用，被认为是支撑低碳产业发展不可或缺的物质基础。例如，在太阳能光伏发电领域中，与之相关的碲、镓、铟、铜、硒、镉等关键金属供应的稳定性对其发展至关重要。世界银行预测，风能、太阳能、储能电池等低碳技术发展将导致铝、铜、锰、锂、镍、银、稀土等金属需求量持续保持增长；到 2050 年，储能电池所需金属需求量在全球气温升温 2℃ 的情景下要比升温 4℃ 的情景增加 10 倍以上。因此，需要提升新兴战略矿产资源需求保障水平。加强新兴战略产业相关矿产地质调查评价，持续开展能源金属找矿突破行动，加大对锂、钴、镍等战略性金属矿产资源的勘查开采力度，实现新发现矿产地的突破与储备，为新能源汽车、锂离子电池、太阳能光伏板、风力涡轮机等新型低碳设备提供矿产资源保障，促进交通、电力等部门转型升级。

五、自然资源利用效率提升

　　提升自然资源高效利用水平既是深化资源开发领域供给侧结构性改革的重要途径，也是推进生态文明建设的重要内容之一，对于推动自然资源领域绿色发展意义重大。

（一）土地节约集约利用管理

　　建设用地规模是影响社会经济绿色发展的重要因素，通过规模控制、布局优化、标准控制、市场配置、盘活利用等手段，提高建设用地节约集约利用水平（见图 14 - 3）。

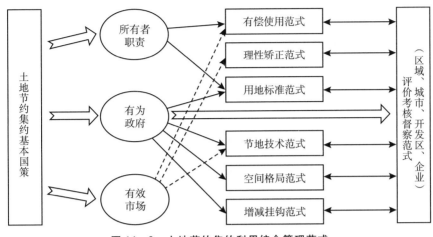

图 14 - 3　土地节约集约利用综合管理范式

资料来源：靳相木，钱定伟，王冬.中国特色的土地节约集约利用范式谱系［J］.中国土地，2022（6）：9 - 12.

目前我国土地节约集约利用方面：

（1）围绕有偿使用，优化市场配置，实行国有土地有偿使用制度，减少非公益性用地划拨，实行经营性用地招拍挂出让，探索土地弹性年期供应制度，以价款、税收手段促进节约集约用地。

（2）围绕治理矫正，控制利用规模，通过国土空间规划实施建设用地总量和强度控制，实行土地利用计划调节制度。围绕布局优化，将"三条控制线"作为约束建设用地蔓延扩张的空间红线，通过政策激励和约束推广节地技术和节地模式。

（3）围绕技术标准，设置利用标准，实行建设项目用地准入标准，出台禁止和限制用地项目目录；制定工程建设项目、工业项目、房地产开发等用地控制标准，对未出台相关标准的项目实行建设项目节地评价。

（4）围绕空间指标，强化盘活利用，重点实行"增存挂钩"机制、低效用地再开发专项用地政策以及城乡建设用地"增减挂钩"政策。

（5）围绕监督考评，提升落地实效，重点实行土地市场动态监测与监管、土地利用动态巡查制度以及区域、城市和开发区节约集约用地评价与考核制度。通过实行"增存挂钩"机制，2018～2020年累计消化批而未供土地1041万亩，处置闲置土地290万亩。

专栏 14 - 1

自然资源节约集约示范县（市）创建活动

2022 年 8 月，自然资源部印发《自然资源部关于开展自然资源节约集约示范县（市）创建工作的通知》（2022 年），正式启动全国自然资源节约集约示范县（市）创建工作。"自然资源节约集约示范县（市）创建"由原"国土资源节约集约模范县（市）创建"更名而来，经全国评比达标表彰工作协调小组办公室批复同意，是一项国家级的创建示范活动。节约集约示范县（市）创建的目标是落实党中央、国务院有关部署要求，重点围绕土地、矿产、海洋资源，分项建立节约集约利用评价指标体系和工作机制，统一组织，定期创建一批示范县（市），探索节约集约模式创新、技术创新、制度创新和管理创新，形成地方可复制、可推广的模式机制和制度经验。推动节约土地、减量用地，优化土地利用结构和布局，加大存量土地盘活利用力度，提升用地强度和效率；推动降低矿产资源开发利用损失，减少矿产资源消耗，降低单位 GDP 矿产资源消耗；推动降低海域海岛资源消耗，提升单位面积用海用岛的经济社会和生态综合效益，挖掘低效海域海岛资源再利用潜力，优化海域海岛利用结构和布局。

根据政策，节约集约示范县（市）在示范周期内享受下列支持政策：一是优先选取示范县（市）作为自然资源节约集约利用模式、技术、政策、机制的创新试点；二是优先支持示范县（市）开展国家级绿色矿山建设；三是支持示范县（市）优先盘活利用城镇低效用地，开展城镇低效用地认定，结合国土空间总体规划编制城镇低效用地再开发专项规划，对 2009 年以前已经形成并经第二次全国土地调查确定为建设用地，但尚未取得合法用地手续的历史遗留建设用地，在符合国土空间规划，已与农村集体经济组织或农户签订并落实征地协议，未因征地补偿安置等问题引发纠纷、迄今被征地农民无不同意见等条件下，依法依规落实处理（处罚）措施，按照用地行为发生时的法律法规办理土地转用征收手续和土地供应手续；四是支持示范县（市）申报生态保护修复相关工程项目，鼓励示范县（市）开展全域土地综合整治试点，按照要求将符合条件的乡（镇）纳入试点范围，依法依规按要求规范实施；五是组织部属相关单位对示范县（市）重大建设项目的用海用岛服务及监管等工作开展专项指导，协助地方做好各项工作；六是省级自然资源主管部门在生态修复治理等资金分配、用地指标安排、重大项目落地等方面，对示范县（市）给予优先支持。

（二）矿产资源节约与综合利用

为推动矿产资源节约集约利用，自然资源部等多部门制定了一系列支持政策，形成了原生矿产资源节约利用、矿山废弃资源综合利用、矿山集约化等发展模式。

1. 原生矿产资源节约利用

自 2012 年起，国家相继发布了煤炭、石油、铁、铜等几十种矿产资源合理开发利用"三率"指标（开采回采率、选矿回收率、综合利用率）最低要求，要求新建或改扩建矿山企业"三率"达标。制定发布《矿产资源节约与综合利用先进适用技术推广目录》，发布先进适用技术，提高先进技术转化率和普及率。由于工艺及设备技术进步，铁矿回采率保持在 80% 以上，铅、锌、锡、锑、钨等有色金属回采率超过 90%。选矿回收率处于较高水平，如大部分有色金属和铁矿选矿回收率达到 75% 以上。煤炭洗选水平提升最为明显，煤炭入洗率较 10 年前提高了超过 15%，煤炭洗选能有效减少煤炭中硫、硝等有害组分，提高燃煤效率，对于降低燃煤大气污染、节约资源意义重大。

2. 矿山废弃资源综合利用

国家制定财税金融、用地用矿政策，加大对矿产资源节约与综合利用工作的支持力度，鼓励低品位矿、矿山废弃物、难利用矿产的节约与综合利用。近年来，我国废石尾矿等固体废弃物利用方式多样化，利用率稳步提高。2021 年，我国尾矿产生量约为 14.19 亿吨，得益于土地、环保税等政策的严格，2021 年全国综合利用尾矿总量约为 5.0 亿吨，综合利用率约为 35.24%。目前，我国废石尾矿利用方式多元化、附加值不断增加，综合利用的方式主要有地下开采采空区的充填、修筑公路、路面材料、建筑材料等。

专栏 14 -2

矿山废弃资源综合利用税费优惠政策

国家在资源税、企业所得税、增值税和环保税 4 大税种征收时，对推进绿色发展的企业进行减免和退还。例如修订后的《企业所得税法》，在矿产资源综合利用领域，对于资源生产企业购置用于环境保护、节能节水、安全生产等专用设备的投资额，可以按一定比例实行税额抵免；对参与生物质能综合利用、风力发电、太阳能发电等可再生能源项目的开发及装备制造企业给予所得税优惠。目前，我国初步建立了绿色税收政策体系，覆盖了能源资源生产、产品加工、终端利用、进出口等各个环节，涵盖了对不合理使用能源资源、污染环境行为的税收约束政策，以及对促进资源节约行为的税收激励政策，涉及减免、抵免、先征后退等主要政策手段。

第十四章

资源综合利用税费优惠政策

资源税
① 依法在建筑物下、铁路下、水体下（三下）通过充填开采采出的矿产资源，资源税减征 50%
② 实际开采年限在 15 年（含）以上的衰竭期矿山开采的矿产资源，资源税减征 30%

所得税
① 企业综合利用资源，生产符合国家产业政策规定的产品所取得的收入，可以在计算应纳税所得额时减计收入
② 企业购置用于环境保护、节能节水、安全生产等专用设备的投资额，可以按一定比例实行税额抵免

增值税
① 利用油母页岩生产页岩油，70% 退税
② 利用煤矸石生产建筑砂石骨料，利用煤矸石、煤泥、石煤、油母页岩生产氧化铝、活性硅酸钙、瓷绝缘子、煅烧高岭土，均退税 50%
③ 利用煤矸石、煤泥、石煤、油母页岩生产电力且用量超过 60%，利用氧化铝赤泥、电石渣生产氧化铁、氢氧化钠溶液、铝酸钠、铝酸三钙、脱硫剂，均实行 50% 退税

环保税
① 综合利用煤矸石、尾矿、危险废弃物、冶炼渣、粉煤灰等固体废物，符合国家和地方环境保护标准的，暂予免征环境保护税
② 向不符合国家和地方环境保护标准的设施、场所贮存或者处置尾矿，每吨征收 15 元环境保护税

3. 矿山集约化

当前矿产资源开发利用集约管理方面，主要从空间、规模和数量上优化矿产资源规划管理。一是优化资源空间布局。严格按照重点、一般、限制、禁止等功能性区域分类，结合产业发展集群效应，科学确定矿业权投放位置。二是提高矿山生产规模。实施最低开采规模准入制度根据中央精神积极调整矿山规模政策，明确新建煤、铁和建材类矿山规模要求。随着资源环境政策收紧，2020 年全国大中型矿山占比为 34.7%，较 2011 年提高幅度达到 312.6%，矿业集约化水平显著提高（见图 14-4）。

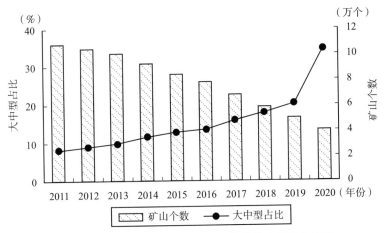

图 14 - 4　2011～2020 年全国矿山集约化水平变化趋势

六、国土空间生态保护修复

生态修复是指协助受损和退化的自然生态系统进行恢复、重建和改善的过程。具体来说，生态修复是利用生态系统的自我修复能力，或通过适当的人工辅助措施，使退化、受损或毁坏的生态系统恢复的过程，建立一个能够自我维持或在较少人工辅助下能自我维持的健康生态系统。

（一）陆地生态保护修复

针对受损、退化、功能下降的森林、草原、湿地、荒漠、河流、湖泊、沙漠等自然生态系统，开展防沙治沙、石漠化防治、水土流失治理、河道保护治理、野生动植物种群保护恢复、生物多样性保护、国土绿化、人工商品林建设等。包括：第一，农田生态系统保护修复。针对生态功能减弱、生物多样性减少、开发利用与生态保护矛盾突出的农田生态系统，开展全域土地综合整治，实施农用地整理、建设用地整理、乡村生态保护修复、土地复垦、生物多样性保护等，改善农田生境和条件。第二，城镇生态系统保护修复。针对城镇生态系统连通不畅、生态空间不足等问题，实施生态廊道、生态清洁小流域、生态基础设施和生态网络建设，提升城镇生态系统质量和稳定性。第三，矿山生态保护修复。针对历史遗留矿山存在的突出生态环境问题，实施地质灾害隐患治理、矿山损毁土地植被恢复、破损生态单元修复等，重建生态系统，合理开展修复后的生态化利用；参与绿色矿山建设，提高矿产资源节约集约利用水平。

实施推进国土空间生态修复，具体方法包括：实施土壤保护修复。严格土地利用管理，通过优化耕作放牧方式、有机物还土、污染控制等手段，提升土壤质量；

以系统化思维推进全域土地综合整治，通过全域规划、整体设计和综合整治，推动田、水、路、林、居综合整治，科学优化调整林地、湿地、耕地等土地布局，以系统化工程实现土地生态修复；继续实施国土绿化行动，结合自然地理格局和土地利用适应性，持续开展国土绿化工程和天然林保护工程，提高森林覆盖面积。开展基于自然的树龄、树种结构优化，充分发挥森林在气候调节中的作用；加大草原保护修复力度，加快推进草原生态保护修复与质量提升，以产权制度和国有草原资源有偿使用制度改革为契机，推进草原保护修复市场化建设；鼓励和支持社会资本参与生态保护修复，鼓励和支持社会资本参与生态保护修复项目投资、设计、修复、管护等全过程，围绕生态保护修复开展生态产品开发、产业发展、科技创新、技术服务等活动，对区域生态保护修复进行全生命周期运营管护。

（二）海洋（岸）生态保护修复

海洋生态修复是针对海洋生境退化、外来物种入侵等问题，实施退围还滩还海、岸线岸滩整治修复、入海口海湾综合治理、海岸带重要生态廊道维护、水生生物资源增殖、栖息地保护等。探索在不改变海岛自然资源、自然景观和历史人文遗迹的前提下，对生态受损的无居民海岛开展生态保护修复，允许适度生态化利用。主要内容包括：第一，海域海岸带生态保护修复，包括修复海域（含重要海湾、河口海域和浅海）生态、拆除废弃码头、清理废弃物、整治人工岸线、恢复沙滩和自然岸线、修建防潮堤和护岸等。第二，海岛生态保护修复，包括海岛生态环境整治、海岛基础设施建设和特殊用途海岛保护，通过海岛岛体修复、基础设施提升、植被种植、岸线整治、沙滩修复、周边海域清淤以及养殖池和废弃设施拆除等措施，改善海岛生态环境；通过领海基点所在海岛以及重要生态价值海岛修复，提升海岛生态价值和管护能力。第三，典型海洋生态系统保护修复，通过退养还海、退养还滩、退养还湿等措施，恢复碱蓬、芦苇和柽柳等植被，修复滨海湿地、珊瑚礁、红树林和海草床等典型生态系统。第四，生态保护修复能力建设，包括管护能力提升、监视监测能力建设和海洋预警预报系统建设等。海洋（岸）生态保护修复的目的是通过生态修复，最大限度地修复受损和退化的海洋生态系统，恢复海岸自然地貌，改善海洋生态系统质量，提升海洋生态系统服务功能。

海洋（岸）生态修复典型实施路径包括：一是海岸带生态修复工程，通过海岸整治修复、滨海湿地恢复、生态廊道建设等措施，恢复受损的海岸带生态环境，增强其生态产品供给、生物多样性保护和海洋灾害抵御等能力；二是全域土地综合整治，通过全域规划、整体设计和综合整治，盘活农村和城市存量建设用地，优化调整林地、湿地、耕地等碳汇潜在土地布局，提升生态产品供给能力；三是依托海洋生态保护修复工程，加强海洋生态系统保护修复，提高海洋生态系统生产能力。针对红树林、海草床、盐沼等海洋生态系统所处的河口、海湾、海岛等重点区域，科学研判生态问题，提出保护修复措施，加大海洋生态保护修复投入，提高红树林、海草床、盐沼的生物质量。

第三节　自然资源绿色发展评价

一、自然资源产出效率评价

资源生产率是用于核算一个国家或地区单位自然资源投入或单位污染排放的经济产出的一种理论工具，可以表达为经济社会发展总量和自然资源消耗总量的比值（资源强度的倒数），表示经济增长与生态环境压力的脱钩关系，是一个国家绿色经济竞争力的重要指标。

$$B = \frac{Y}{R} \qquad\qquad (14-1)$$

式中：B 为资源生产率，Y 为经济社会发展总量（GDP），R 为自然资源消耗总量。

就资源生产率的评价方法而言，目前存在着狭义和广义两种评价体系。[①]

（一）狭义评价方法

狭义核算方法的重要特征便是仅考虑经济系统输入端的自然资源，主要是水、土地和能源。主张这种核算方法的代表包括日本环境省、英国内阁办公室，以及皮尔斯（Pearce）等学者。

日本建设循环型社会的目标值主要是由资源生产率、资源利用率和最终处理量这三大指标构成的。这三个指标分别与经济系统中的输入端、过程端及输出端是相对应的，也基本上与循环经济的"减量化、再利用、资源化"3R 原则是相一致的。而英国则认为资源生产率应该包括环境生产率，在实际衡量中应采用狭义的定义。皮尔斯（Pearce）认为资源生产率是价值量与实物量的比值，所以"简单"是首要原则。不过，对于微观层面和宏观层面的具体当量要加以区别。[②] 对于微观层

[①]　朱远. 资源生产率的理论演进与评述 [J]. 兰州学刊, 2010 (11): 55-59, 64.

[②]　Pearce D. Resource Productivity: An Outsider's View of the State of Play and What Might Need to be Done [R]. UCL, 2001.

面的企业而言，价值量就是指某个特定时期内的收入总额，实物量则是相应时期内的能源或物质投入；对于宏观层面的国家而言，价值量可以用年度 GDP 来代替，而实物量则是该年度的能源或物质投入。

（二）广义评价方法

广义核算方法的突出特征便是考虑了环境生产率。从目前的实践来看，德国和中国均是采用了广义核算法。

德国联邦统计办公室于 2001 年正式公布了其环境经济账户（EEA）的资源生产率指标，具体要素包括土地、能源、原材料、水、温室气体、酸性气体、劳动力和资本。由此可见，德国已有意识地把资源生产率同劳动生产率和资本生产率一并纳入国家生产率的考察视野，这也从另一个侧面说明资源生产率、劳动生产率和资本生产率有必要同等对待。值得注意的是，德国 EEA 把输入端的自然资源表示得更加明确，包括水、土地、能源和原材料；同时对输出端的环境污染也给出了明确的考核指标，包括温室气体和酸性气体。这就为更加具体地衡量资源生产率奠定了基础。德国 EEA 的资源生产率指标也给国内学者的研究提供了有益的借鉴。例如，诸大建和朱远（2005）认为应该从单位能耗的 GDP 等六个指标来综合考察中国的资源生产率。[1] 邱寿丰和诸大建（2007）在考虑资源生产率的同时，又对劳动生产率加以考量进而对中国进行更为全面的实证分析。[2]

二、自然资源保护利用综合评价

（一）评价目标及思路

综合评价的目标是立足自然资源本底特征，为自然资源管理和决策提供更为准确、翔实的本底数据，回答清楚自然资源利用现状、禀赋情况和变化特征。通过构建科学的自然资源保护利用综合评价体系，揭示自然资源相互关系和演替规律，分析研判自然资源利用状况和存在问题，为完善自然资源调查监测体系，推进“山水林田湖草”生命共同体综合治理，引导自然资源合理布局提供意见和建议。

评价思路如下：基于绿色发展与可持续利用视角，明确自然资源保护利用的内涵，构建包含自然资源本底、高效利用、绿色保护、人类服务效益、治理恢复等方面的自然资源综合利用效益评价指标体系，最后确定自然资源利用效益评价方法。

[1] 诸大建，朱远. 生态效率与循环经济 [J]. 复旦学报（社会科学版），2005（2）：60-66.
[2] 邱寿丰，诸大建. 我国生态效率指标设计及其应用 [J]. 科学管理研究，2007（1）：20-24.

（二）评价指标

从自然资源本底、高效利用、绿色保护、人类服务效益、治理恢复五个大的维度出发，建立指标体系。[①]

（1）自然资源本底状况维度。包括自然资源的数量、质量状况，自然资源变化的趋势情况。从自然资源的自然禀赋出发，主要针对土地、矿产、森林、草原、湿地、水等自然资源，反映自然资源的数量、质量的状况。

（2）自然资源高效利用维度。包括自然资源利用程度情况和自然资源节约集约程度情况。从自然资源的生产功能出发，主要针对土地资源、矿产资源和水资源等，反映自然资源开发利用情况，包括利用程度、开发强度和利用效益三个方面。

（3）自然资源绿色保护维度。包括耕地保护制度落实情况及自然资源开发利用中的生态保护修复、矿产资源保护修复及开发利用情况。从自然资源的生态功能出发，主要针对耕地、森林、湿地，反映生态保护数量、生态保护功能的状况和变化；从自然资源保护利用活动产生的环境及生态问题出发，反映生态系统生产能力。

（4）自然资源人类服务效益维度。自然资源是否满足居民对高品质生活的需要。侧重反映自然资源服务生活功能的状态，从公共服务功能出发，主要考虑公共服务能力、绿色集约和城乡统筹。

（5）自然资源治理恢复维度。包括从自然资源监管、生态保护修复等方面评价自然资源的治理情况。反映自然资源管理和国土空间保护修复政策措施的成效，主要考虑资源监管与生态修复情况。

自然资源保护利用综合评价指标体系，如表14-3所示。

表14-3　　　　　自然资源保护利用综合评价指标体系

目标	领域	指标
自然资源本底状况	资源数量	耕地面积（万公顷）
		建设用地面积（万公顷）
		矿产资源储量（万吨）
		林地面积（万公顷）
		森林覆盖率（%）
		森林蓄积量（亿立方米）

① 左松，胡莉，杨丽娜．自然资源综合评价指标体系构建探索［J］.林业资源管理，2022（3）：12-18.

续表

目标	领域	指标
自然资源本底状况	资源数量	草地面积（万公顷）
		湿地面积（万公顷）
		水域面积（万公顷）
		水资源总量（亿立方米）
		地表水资源数量（亿立方米）
		地下水资源数量（亿立方米）
	资源质量	优、高等耕地占比（%）
		I 至 III 类水占比（%）
		乔木林占比（%）
		草原综合植被覆盖度（%）
		物种丰度指数（相对值）
自然资源高效利用	资源利用强度	垦殖指数（%）
		土地开发强度（%）
		矿产资源经济产出率（亿元/万吨）
		人均耕地面积变化率（%）
		人均建设用地面积变化率（%）
		地表水资源开发率（%）
		人均综合用水量（立方米）
	节约集约利用	单位人口增长消耗新增建设用地量（公顷）
		单位 GDP 建设用地面积降低率（%）
		矿产资源"三率"达标率（%）
		单位 GDP 用水量降低率（%）
		耕地灌溉亩均用水量降低率（%）
自然资源绿色保护	生态保护状况	生态保护红线面积占比（%）
		自然保护地面积占比（%）
	可耗竭资源保护	矿产资源保护与储备地（处）
	生态系统功能	水源涵养量（亿立方米）
		土壤保持量（亿吨）
		防风固沙量（亿吨）

第十四章

目标	领域	指标
自然资源品质生活	交通网络覆盖	道路网络密度（千米/平方千米）
	水资源供给	城镇人均生活用水量（吨）
		乡村人均生活用水量（吨）
	绿色集约	人均绿地面积（平方米）
	人居状况	城镇人均住宅面积（平方米）
		农村人均宅基地面积（平方米）
自然资源治理状况	资源监管	未批先建占地比例（%）
		耕地非农化比例（%）
		耕地非粮化比例（%）
	生态保护修复	新增生态修复面积（万公顷）

第十四章

（三）综合评价

指标标准化和权重确定是综合评价中的关键步骤。其中，指标标准化主要有专家打分法、位序标准化法、极差标准化法等方法。权重确定方法有主观赋权法，如专家打分法、层次分析法等。评价指标权重的确定方法有很多，较常用的方法有 Delphi 法、层次分析法、成对因素比较法以及统计分析方法等。

（1）Delphi 法。Delphi 法又称为专家咨询法，这种方法广泛应用于各种评价中，但需考虑权重确定得是否合理、参与打分的专家的知识背景及对该问题的了解程度。为保证各位评分专家意见的一致性，可能需要多次反馈和重复打分。

（2）层次分析法。层次分析法就是将循环经济发展评价作为一个系统来考虑，并根据评价对象和评价目标将系统划分为不同的层次的指标。通过层次内和层次间指标的关系，用一定的数学方法确定各个指标对于总体目标的重要性程度，即指标的权重值。

（3）成对因素比较法。成对因素比较法就是对所选取的评价指标进行相对重要性的判断，根据一定的原则对指标之间的相对重要性进行赋值，并利用这些重要性的赋值情况，借助一定的数学方法，计算得到各个指标的权重值。

（4）统计分析方法。与前面几种方法不同的是，统计分析方法属于客观赋权方法。它直接根据评价对象指标的原始信息，通过数学或统计方法处理后获得权重值，主要包括主成分分析法、因子分析法、相关法、回归法等。

最后，一般在确定指标权重的基础上，常采用加权计算方法计算自然资源保护利用综合评价指数。

$$Q = \sum_{i=1}^{n} F_i \times W_i \qquad (14-2)$$

式中：Q 为自然资源保护利用综合评价指数；F_i、W_i 分别为第 i 个指标的标准化值、权重；n 为指标个数（个）。

三、自然资源节约集约利用评价

为落实党中央、国务院关于自然资源节约集约利用部署要求，激励地方提升自然资源节约集约利用水平，自然资源部印发《关于开展自然资源节约集约示范县（市）创建工作的通知》（2022 年），开展自然资源节约集约示范县（市）创建工作，并制定发布了自然资源节约集约利用评价指标体系。

（一）土地资源节约集约利用评价

按照 2019 年修订印发的《节约集约利用土地规定》，节约集约利用土地是指通过规模引导、布局优化、标准控制、市场配置、盘活利用等手段，达到节约土地、减量用地、提升用地强度、促进低效废弃地再利用、优化土地利用结构和布局、提高土地利用效率的各项行为与活动。土地节约集约利用评价指标体系，如表 14-4 所示。

表 14-4　　　　　　　　土地节约集约利用评价指标体系

序号	指标名称	指标内涵	计算公式
1	单位国内生产总值建设用地面积下降率	反映经济增长消耗建设地量变化情况，指标越大，建设用地节约集约利用水平提升越快	单位国内生产总值建设用地面积下降率 =（数据年前一年单位国内生产总值建设用地使用面积 - 数据年单位国内生产总值建设用地使用面积）/数据年前一年单位国内生产总值建设用地使用面积 ×100%（单位：%）
2	土地供应率	反映批准供应土地的实际供应状况，供应率越高，土地开发利用程度越高	土地供应率 =2009 年至数据年（不含数据年）批准的批次用地中实际供应土地总量/2009 年至数据年（不含数据年）批准的批次用地总量 ×100%（单位：%）。低于 60% 的，0 分
3	已供应土地闲置率	反映已供应土地的动工开发情况，指标越小，土地按期开发程度越高	土地闲置率 = 全部闲置土地面积（超期 1 年未动工的数据）/累计已供应土地面积 ×100%（单位：%）

续表

序号	指标名称	指标内涵	计算公式
4	开发区实际建成率	反映地区国家级和省级开发区的土地实际建成状况，指标越高，开发区的土地集约利用水平相对越高	（1）地区仅有一个开发区（A）的，计算公式为：开发区实际建成率＝开发区A已建成城镇建设用地面积/开发区A规划建设用地面积×100%（单位：%） （2）地区有两个开发区（A和B）的，计算公式为：开发区实际建成率＝（开发区A已建成城镇建设用地面积＋开发区B已建成城镇建设用地面积）/（开发区A规划建设用地面积＋开发区B规划建设用地面积）×100%（单位：%） （3）地区有两个以上开发区的，计算公式以此类推
5	城乡建设用地规模目标落实率	反映城乡建设用地总量规模控制实现程度。指标值越小，说明规模增量控制越好	城乡建设用地规模目标落实率＝（数据年现状城乡建设用地增量面积－数据年国家重大产业项目现状城乡建设用地增量面积）/规划城乡建设用地年均增量面积×100%（单位：%），结果小于110%得100分，介于110%～130%之间得50分，大于130%得0分
6	人均城镇建设用地面积情况	反映城镇建设用地人口承载强度及变化情况。指标值越小，城镇建设用地越集约	该指标包括人均城镇建设用地面积、人均城镇建设用地面积变化率两个子指标，用于综合评价城镇建设用地集约利用情况。人均城镇建设用地面积情况＝人均城镇建设用地面积得分×50%＋人均城镇建设用地面积变化率得分×50%。其中，人均城镇建设用地面积＝数据年城镇建设用地面积/数据年城镇常住人口（单位：平方米）；人均城镇建设用地面积变化率＝（数据年人均城镇建设用地面积－数据年前一年人均城镇建设用地面积）/数据年前一年人均城镇建设用地面积×100%（单位：%）
7	土地违法情况	反映违法程度和辖区土地资源开发秩序，扣分越少，土地开发利用秩序越好	基础分100分。辖区内当年度违法占用耕地占新增建设用地占用耕地总面积的比例（简称违法占耕比），将违法占耕比×1000计算应扣减的分值。如违法占耕比为1.5%，应扣减的分值为1.5%×1000＝15（分）（其中违法占用耕地中永久基本农田比例超过50%的，应按分值的2倍扣）。以此类推，直至扣完100分为止（以全口径年度卫片数据反映情况为准）
8	管理、技术与政策探索创新及应用情况	反映地方开展节约集约管理、技术与政策探索创新的情况，加分分值越高，节约集约创新技术应用效果越好	地区有项目入选部《节地技术和节地模式推荐目录》，或获评国家级或省部级科技进步奖（资源节约集约利用领域）的，每项20分，最高为60分 地区在国土空间规划城市体检评估、城镇低效地再开发、城市土地节约集约利用详细评价、土地立体复合利用等方面积极探索，形成典型经验，部（省）级以上通报表扬或文件肯定的，每项10分，最高为40分

续表

序号	指标名称	指标内涵	计算公式
9	节约集约指标纳入领导干部考核情况	反映与地方领导干部考核体系挂钩情况	将资源节约集约利用指标纳入对地区人民政府领导班子和领导干部考核体系的，100分
10	节约集约宣传报道情况	反映地方开展节约集约宣传工作的情况，分数越高，节约集约相关宣传效果越好	依据对自然资源节约集约利用相关工作的报道程度：18家中央媒体20分，地方媒体5~10分（省级媒体10分，市级媒体及以下5分），中国自然资源报、中国矿业报等相关行业类媒体5分。最高为50分 在全国土地日、世界地球日、世界海洋日等重要时间节点组织开展宣传活动，或开展公益广告、微电影和新媒体宣传的，每项5分，最高为50分

（二）矿产资源节约集约利用评价

矿产资源节约利用是指通过优化矿产资源开发利用空间格局、产业结构、生产方式及资源消费的生活方式，降低矿产资源开发利用损失、减少矿产资源消耗的矿产资源利用方式。矿产资源集约利用是指以资源、技术、资本等生产要素投入最优化、产能规模化、产业集中化等为特征实现社会经济发展单位GDP资源消耗最小的矿产资源利用方式。矿产资源节约集约利用评价指标体系，如表14-5所示。

表14-5　　　　　　　　矿产资源节约集约利用评价指标体系

序号	指标名称	指标内涵	计算方法
1	采矿利用水平	反映区域矿山企业采矿回采率达标情况。开采回采率提高越多，说明采矿水平越高	行政区域内矿山采区回采率达标水平，以矿产资源合理开发利用"三率"最低指标要求为基数测算。平均采矿回采率提高：2个百分点以上，11~15分；1~2个百分点，6~10分；1个百分点以内，1~5分
2	选矿利用水平	反映区域矿山企业选矿回收率达标情况。选矿回收率提高越多，说明选矿水平越高	行政区域内矿山选矿回收率达标水平，以矿产资源合理开发利用"三率"最低指标要求为基数测算。平均选矿回收率提高：2个百分点以上，11~15分；1~2个百分点，6~10分；1个百分点以内，1~5分
3	综合利用水平	反映区域矿山企业综合利用率达标情况。综合利用率提高越多，说明综合利用水平越高	行政区域内矿山综合利用率达标水平，以矿产资源合理开发利用"三率"最低指标要求为基数测算。平均综合利用率提高：10个百分点以上，11~15分；5~10个百分点，6~10分；5个百分点以内，1~5分

续表

序号	指标名称	指标内涵	计算方法
4	产业集中度	按照区内资源分布情况，匹配适宜的产业集中度，促进以最小资源消耗，实现最大的资源受益。反映规模化生产水平。产业集中度越高，说明产业规模化生产水平越高	大中型矿山年矿石产量÷区域矿山年矿石总产量×100%
5	税收贡献率	反映区域资源产出对当地财政收入的贡献。贡献率值越高，说明资源支撑当地经济能力越强	税收贡献率＝县（市）采矿业税金÷县（市）财政总收入×100%
6	单位矿业产值能耗	反映区域矿业活动消耗能源情况。单位矿业产值能耗越小，说明能源利用水平越高	能源消费总量÷采矿业工业总产值
7	历史遗留矿山生态修复治理率	反映历史遗留矿山生态修复现状，修复率越高，说明采矿废弃土地复垦和可持续利用情况越好	近三年历史遗留矿山生态修复土地面积÷历史遗留矿山损毁土地面积×100%
8	单位采矿业工业产值用地	反映区域采矿用地利用水平	采矿用地÷采矿业工业总产值。对开采方式（露天、地下等）不同的矿山分别计算评分
9	节约集约指标纳入领导干部考核	反映与地方领导干部考核体系挂钩情况	将资源节约集约利用指标纳入对地区人民政府领导班子和领导干部考核体系的，100分
10	节约集约宣传报道情况	反映地方开展节约集约宣传工作的情况，分数越高，节约集约相关宣传效果越好	依据对自然资源节约集约利用相关工作的报道程度：18家中央媒体20分，地方媒体5~10分（省级媒体10分，市级媒体及以下5分），中国自然资源报、中国矿业报等相关行业类媒体5分。最高为50分 在全国土地日、世界地球日、世界海洋日等重要时间节点组织开展宣传活动，或开展公益广告、微电影和新媒体宣传的，每项5分，最高为50分

（三）海洋资源节约集约利用评价

海域海岛是海洋资源的空间载体，根据《海域使用管理法》《海岛保护法》《海洋学术语 海洋资源学》，海洋资源节约集约利用是指通过布局优化、规模调节、标准控制、市场配置、盘活利用等手段，达到降低海域海岛资源消耗、提升单位面积用海用岛的经济社会和生态综合效益、挖掘低效海域海岛资源再利用潜力、优化海域海岛利用结构和布局的各项行为与活动。海洋资源节约集约利用评价指标体系，如表14-6所示。

表 14 - 6　　　　　　　　　　海洋资源节约集约利用评价指标体系

序号	指标名称	指标内涵	计算方法
1	海域海岛开发利用固定资产投资强度	反映地区投资增长消耗的海域海岛新增面积状况，单位投资额越高，说明开发利用强度越高	● 数据年建设项目固定资产投资额/数据年建设项目新增确权用海用岛面积 ● 若地区没有建设项目涉及新增确权用海用岛，本指标赋基础分 50 分
2	单位地区生产总值用海用岛面积下降率	反映地区经济增长消耗海域海岛资源量变化情况，下降率越高说明海洋资源节约集约提升情况越好	● （数据年前一年海域海岛使用确权现状总面积/数据年前一年地区生产总值 - 数据年海域海岛使用确权现状总面积/数据年地区生产总值）/（数据年前一年海域海岛使用确权现状总面积/数据年前一年地区生产总值）×100%
3	立体确权使用海域及管理、技术与政策探索创新应用情况	反映地区自《海域法》实施以来立体确权使用海域资源状况，以及反映地方开展节约集约管理、技术与政策探索创新的情况，得分越高，说明重视程度和规范性越好	● 截至数据年，单位累计通过立体确权方式使用海域资源的情况，每一例加 10 分 ● 地区及所在的地市、省份有出台海域海岛资源节约集约利用的地方政策法规的，出台一项 20 分 ● 地区有相关项目或获评海洋领域国家级或省部级科技进步奖的，有一项 20 分 ● 地区在海洋资源节约集约利用等方面积极探索，形成典型经验，被省部级以上通报表扬或文件肯定的，每项 10 分 ● 地区有海水淡化设施并正常运行的，加 10 分，海水淡化设施年平均产能利用率大于 70% 的，加 10 分，有海水直接利用设施并正常运行的，加 10 分 ● 本项最高 100 分
4	海域使用权市场化出让面积占比	反映地区以市场化方式出让用海的情况，占比越高说明海域资源配置的效率越高	● 数据年新增招拍挂出让海域使用面积/数据年新增确权海域使用面积×100%
5	未批填而未用历史遗留围填海利用率	反映地区自《国务院关于加强滨海湿地保护严格管控围填海的通知》（2018年）以来，未批填而未用围填海利用情况，比例越高说明未批填而未用围填海利用情况越好	● 未批填而未用历史遗留问题区域中累计确权面积/未批填而未用历史遗留问题区域总面积×100% ● 若地区未批填而未用围填海历史遗留问题面积为 0，本指标赋基础分 100 分
6	未利用、原生利用式及轻度利用式用岛比率	反映地区未利用、原生利用式及轻度利用式用岛数量占海岛总数比例。比率越高，海岛资源节约集约越好	本地区未利用、原生利用式及轻度利用式用岛数量/海岛总数×100%
7	破坏自然岸线情况	反映单位违法违规破坏自然岸线情况	以地区年前一年违法违规破坏自然岸线长度占辖区内自然岸线总长度的百分比×100 计算应扣减的分值。如辖区内自然岸线总长度10公里，当年违法违规破坏1公里，应扣除的分值为 10%×100 = 10（分），当年得分为 100 - 10 = 90（分）。基础分 100 分，扣完为止

续表

序号	指标名称	指标内涵	计算方法
8	海域海岛监管工作开展情况	反映地区海域海岛使用监督管理职能履行情况，包括项目用海用岛审批信息及时上传、批复信息及时备案、监管档案及时规范建立、发现问题及时规范处置等情况。按照现行规范，有关部门会按照季度对区域海域海岛监管工作开展情况进行评估，存在问题的，将反馈区域监管部门。反馈问题越少，说明海域海岛监管工作开展情况越好	本指标赋基础分100分，被反馈问题1次扣5分
9	节约集约指标纳入领导干部考核情况	反映与地方领导干部考核体系挂钩情况	将资源节约集约利用指标纳入对地区人民政府领导班子和领导干部考核体系的，100分
10	节约集约宣传报道情况	反映地方开展节约集约宣传工作的情况，分数越高，节约集约相关宣传效果越好	● 依据对自然资源节约集约利用相关工作的报道程度：18家中央媒体20分，地方媒体5~10分（省级媒体10分，市级媒体及以下5分），中国自然资源报、中国矿业报等相关行业类媒体5分，最高为50分 ● 在全国土地日、世界地球日、世界海洋日等重要时间节点组织开展宣传活动，或开展公益广告、微电影和新媒体宣传的，每项5分，最高为50分

第四节　自然资源绿色发展改革方向

一、优化自然资源要素供给结构

统筹安全与发展两条主线，按照人口资源环境相均衡、经济社会生态效益相统一原则，坚持保护优先、节约集约、绿色低碳发展，坚持系统观念，更好地统筹发展和安全，更好地协调保护与开发，严守资源底线，优化农产品主产区、重点生态功能区、城市化地区空间格局，构建优势互补、高质量发展的区域经济布局和国土空间体系，有效支撑和保障经济社会持续健康发展。具体改革方向，包括：

（1）完善自然资源开发利用总量控制制度。深化土地利用计划配置方式改革，按照"基础指标＋盘活指标"方式下达土地计划，增强省级统筹能力，促进批而未供、闲置土地利用。探索建立建设用地指标跨区域交易机制。完善稀土、钨矿等保护性开采的特定矿种总量控制管理制度，新设矿业权实行主体资格制度和最低开采规模准入制度。

（2）改革自然资源配置方式。针对不同市场主体，在产业准入、资源供应等方面深化差别化政策指导，扶优汰劣。坚持"项目跟着规划走、要素跟着项目走"，规范重大项目用地清单，以国土空间规划和真实有效的项目落地作为配置土地计划的依据。以土地要素配置支持清洁能源产业发展，支持工业和能源领域提高能效、降低能耗，降低单位 GDP 二氧化碳排放。探索"整矿出让"模式，以矿权高程（矿石自然赋存条件）为依据，引导企业科学编制开发利用设计方案，做到整矿出让、综合开发，取消现有矿种开采限制。

（3）优化矿产资源开发利用结构。提升清洁能源矿产供给保障，加快锂、稀土等战略矿产的勘查开发。加快页岩气、煤层气、致密油气等非常规油气资源勘探开发，科学开发利用地热能、生物质能、波浪能、潮汐能等新能源，促进核电、光伏、风电等新能源产业发展。

（4）研究制定科学合理围填海管控规则，保障国家重大项目及行业、民生用海用岛。

二、健全国土空间开发保护机制

当前，面临自然生态开发与保护矛盾突出、自然保护地内人为活动管理、生态保护修复社会参与不足等难题，需要尊重自然、顺应自然、保护自然，坚持系统思维、底线思维以及以人为中心的理念，统筹发展与安全、开发与保护，根据区域定位、活动性质和预期影响，正确认识和分类处理好不同情景下人与自然关系，严守自然生态安全边界，建立动态开放的国家公园体系管理机制，完善社会参与国土空间生态保护修复的机制，科学设计生态补偿模式和标准，实现人类对生态的适度利用、有效保护、主动修复。

具体改革方向：坚持系统观念，从生态系统和自然资源管理整体性出发，推动人与自然和谐共生。第一，完善和落实主体功能区战略。细化主体功能区划分，按照主体功能定位划分政策单元，对重点开发地区、生态脆弱地区、能源资源地区等制定差异化政策，分类精准施策，推动形成主体功能约束有效、国土开发有序的空间发展格局。第二，强化生态空间用途管制。将"山水林田湖草"是一个生命共同体的理念贯穿国土空间用途管制工作中，坚持生态优先、区域统筹、分级分类、协同共治的原则，对自然生态空间实行区域准入和用途转用许可。严格落实"三区三线"等空间管控要求，完善生态红线内自然生态保护监管机制。研究制定监测评估技术标准，定期开展保护成效评估。制定生态红线内人类活动差别化管控政策。结合区域定位、活动性质，开展生态红线、自然保护地内人类活动影响评估及差别化管理政策研究，探索生态红线、自然保护地内人类活动管控清单制度。第三，市场化推进生态保护修复。加快研究生态补偿和生态产品价值实现基础理论，系统总结各领域成熟经验，推动构建市场化、多元化生态补偿机制和生态产品价值实现机制。完善社会资本参与生态保护修复政策机制。制定产权、市场、荣誉等综合激励措施，探索募捐、公益召集等多元化社会支持生态修复方式，引导社会力量投入生态保护修复。第四，探索将生态价值纳入自然资源价格。研究丰富自然资源市场价值理论，构建自然资源管理下的生态补偿机制和生态产品价值实现机制，探索将生态价值纳入土地、矿产、海域海岛等自然资源价格，相关收益定向用于生态保护修复。第五，推动全域土地综合整治。在系统总结试点经验的基础上，研究制定推开实施全域土地综合整治的意见，完善政策制度和监管措施，规范和推广以乡镇为基本单元的全域土地综合整治。在耕地总量不减少、永久基本农田布局基本稳定的前提下，优化空间布局，改善农村基础设施条件，提升乡村整体生态质量。

三、推进自然资源全面节约集约利用

以推动资源全面节约为主题，针对自然资源节约集约利用中存在的总量规模巨大、增量供给为主、存量规模不清、政策驱动乏力等问题，按照"指标控制总量、调查摸清存量、标准限制准入、市场驱动增效"的总体思路，实行分级、分类、分区的差异化管理政策，探索构建系统化的自然资源节约集约利用政策体系，推动自然资源节约集约利用全要素、全周期、全方位的"三位一体"管理，推动实现"总量得到控制、增量逐年递减、存量结构优化、资源利用高效"的管理目标。具体改革方向，包括：

（1）实施项目用地、用矿节约集约准入评价。探索按照城市规模、人口经济发展趋势等特征，出台差异化供地政策。完善行业用地、用矿标准，实施项目用地、用矿节约集约利用准入评价。

（2）开展存量建设用地调查评价。建立健全存量建设用地认定标准和规程，开展存量建设用地调查评价，掌握存量建设用地底数。

（3）探索矿产资源开发利用水平调查评估制度。在总结相关试点经验的基础

上，探索矿产资源开发利用水平调查评估，强化矿产资源开发利用动态监管。

（4）提升海洋利用效率。建立重点行业用海节约集约利用技术标准体系，探索建立低效利用海域退出机制，研究多用途用海与海域立体利用新模式。促进海上风电产业与海洋渔业等融合发展，实现海域空间资源集约节约利用。

（5）提高地下空间利用效率。加强深部地下空间调查评价，开展 CCS 地质储存选址、地下空间地质储存产权研究。

（6）创新存量用地市场化处置措施。充分发挥市场机制，研究低效用地再利用增值收益分配制度，探索合法解决闲置用地产权及义务市场化转移机制，激发市场主体参与盘活存量用地的动力。

四、推动自然资源开发利用技术创新

科学技术是推动自然资源绿色发展水平，尤其是可耗竭自然资源开发利用水平的根本动力。因此，充分发挥政府、企业、研发机构等全社会力量，加快研发自然资源关键技术装备，完善自然资源开发利用技术标准，培育技术创新和推广市场，促进先进技术在自然资源领域的落地应用，加快形成形式多样、不拘一格、互利互惠、各尽其能的技术创新推广应用的局面。具体改革方向，包括：

（1）强化自然资源绿色技术体系建设。重视绿色技术研发，注重对生态修复、国土整治、战略性新兴矿产、清洁能源开发利用、森林资源高效经营相关技术技能，以及土地、矿产节约集约利用模式的研发和推广支持力度。加强海洋可再生能源、海水淡化、深海探测、深海油气资源开发等领域关键技术研发与核心装备制造突破。系统开展碳汇生态产品价值实现理论体系建设，推动陆海碳汇机制研究、增汇技术开发，研制碳汇生态产品价值核算技术方法。

（2）完善自然资源开发利用技术标准。加强统筹协调，依托自然资源主管部门、标准化主管部门、全国自然资源与国土空间规划标准化技术委员会，发挥地方专业技术力量，统筹开展自然资源绿色规划标准制定。组织和动员社会各界力量推进行动计划的实施，积极在自然资源规划政策文件制定中引用技术标准，完善标准实施效果评估制度，适时开展实施效果评价和监督检查，完善标准复审制度。

（3）提高政府技术服务水平。政府引导与市场机制相结合，扶持技术服务平台的建设，引导鼓励大型企业建立面向全球的专业技术推广服务机构，保护技术创新行为，为技术创新形成产业化发展模式提供有利环境。政府部门应积极参与并支持企业组织、社会团体开展技术交流活动等。

（4）加大产业应用支持力度。多部门联合采取以奖代补、转移支付等方式，加大对社会主体技术改造、高效产品设备推广、淘汰落后产能的支持力度，安排专项财政支出，加大对风力发电、太阳能光电产业化发展的支持力度。借助减免、抵免、先征后退等主要税费手段，建立绿色税收政策体系，促进自然资源节约行为的税收激励约束制度。

第十四章

第十五章 | 气候变化与自然资源

全球气候变暖是 21 世纪人类面临的最紧迫和最严峻的挑战，应对全球气候变化已经成为全球社会的共识。适应气候变化与减缓气候变化是应对气候变化的两大行动体系。在分析气候变化影响及其成因的基础上，采用适应规划、协同管理等政策适应气候变化，采用固碳、降碳、增汇、市场机制等政策减缓气候变化。按照我国碳达峰碳中和的战略部署，坚持新发展理念和系统观念，以国土空间规划与用途管控、生态保护修复、优化资源配置、资源节约集约利用和碳汇基础支撑等政策措施，将碳达峰碳中和贯穿于自然资源开发利用和保护的方方面面。

第一节　气候变化与自然资源的关系

一、基础概念

（一）天气、气候、气候系统与气候变化

天气是指短时间尺度内天气各要素的状态，如高温、降水、台风等。气候是指各个天气要素在一定时段内的平均状态，常用冷暖干湿来表示。地球表层的大气圈、水圈、冰冻圈、生物圈和岩石圈表层五个圈层相互作用，组成高度复杂的气候系统。当代气候变化是指气候系统五大圈层的变化。气候系统内部在太阳辐射的作用下产生一系列的复杂过程，有连续的外界能量输入，且其各个组成部分之间通过物质和能量交换紧密地相互联系和影响着，所以气候系统是一个非线性的开放系

统。气候系统随时间演变的过程，既受到自身内部动力学的影响，也受到外部强迫如火山爆发、太阳活动变化的影响，还受到人为强迫如不断变化的大气成分和土地利用变化的影响。

气候变化是指可识别的（如使用统计检验）持续较长一段时间（典型的为 30 年或更长）的气候状态的变化，包括气候平均值和（或）变率的变化。离差值越大，表明气候变化的幅度越大，气候状态不稳定性增加，气候敏感性也增大。政府间气候变化专门委员会（Intergovernmental Panel on Climate Change，IPCC）把"气候变化"定义为"气候状态的变化，这种变化可以通过其特征的平均值和（或）变率的变化予以判别（如通过统计检验），这种变化将持续一段时间，通常为几十年或更长的时间"。《联合国气候变化框架公约》则把"气候变化"定义为"在可比时期内所观测到的在自然气候变率①之外的直接或间接归因于人类活动改变全球大气成分所导致的气候变化"。因此，前者的定义包括了"人为气候变化"和"自然气候变率"，而后者的定义只涉及"人为气候变化"。目前国际社会关注的气候变化，主要是指由于人为活动排放温室气体造成大气组分改变，引起以变暖为主要特征的全球气候变化。

（二）温室气体与温室效应

温室气体（greenhouse gas）指大气中能吸收地面反射的长波辐射，并重新发射辐射的一些气体，主要包括二氧化碳（CO_2，76%）、甲烷（CH_4，13%）、二氧化硫（SO_2，7%）、氧化亚氮（N_2O，3%）以及人造温室气体，包括氯氟碳化物（CFCs）、全氟碳化物（PFCs）、氢氟碳化物（HFCs）、含氯氟烃（HCFCs）、六氟化硫（SF6）。温室气体具有吸热和隔热功能，大气中温室气体增多，阻挡了更多原本可以反射回外太空的太阳辐射，因而导致地球表面逐渐变热。

温室气体使地球变得更温暖的影响称为"温室效应"（greenhouse effect）。1860 年以来，由燃烧矿物质燃料排放的二氧化碳等温室气体，平均每年增长率为 4.22%②，而近 30 年各种燃料的总排放量每年达到 50 亿吨左右③。2019 年中国、美国、欧盟和印度的排放量分别占全球碳排放总量的 27.92%、14.50%、9.02%

---

① 气候变率（climatic variability）是指气候从一种状态变到另一种状态的速度，即气候变化的速度。

② Ballantyne A P, Alden C B, Miller J B, et al. Increase in Observed Net Carbon Dioxide Uptake by Land and Oceans During the Past 50 Years [J]. Nature, 2012, 488 (7409): 70 – 72.

③ Levin I. The Balance of the Carbon Budget [J]. Nature, 2012, 488 (7409): 35 – 36.

和 7.18%，是世界上的排放大国①。由此可以看出，全球变暖的核心问题在于控制温室气体排放，也就是控制碳元素的排放。

（三）碳达峰与碳中和

碳达峰是指全球、国家、城市、企业等主体的碳排放在由升转降的过程中，碳排放的最高点即碳峰值。是否达峰，当年难以判断，必须事后确认。一般来说，实现碳达峰值年后至少 5 年没有出现相比峰值年的增长，才能确认为达峰年。碳达峰的"碳"也有不同解释，有的仅指化石燃料燃烧产生的二氧化碳，如我国在《巴黎协定》下提出的碳排放达峰目标，有的则是指将多种温室气体折算为二氧化碳当量的碳排放。

碳中和是指某个国家或地区在规定时期内人为排放的二氧化碳，与通过植树造林、碳捕集利用与封存等移除的二氧化碳相互抵消。根据政府间气候变化专门委员会发布的《全球升温 1.5℃特别报告》指出，"碳中和"是指 1 个组织在 1 年内的二氧化碳排放通过二氧化碳消除技术达到平衡，或称为净零二氧化碳排放。

二、全球应对气候变化总体态势

（一）全球气候变化的科学评估

1988 年，世界气象组织和联合国环境规划署联合成立了政府间气候变化专门委员会，组织全球数千名科学家对气候变化问题进行"会诊"。该国际机构主要评估人为导致的气候变化科学事实、潜在影响以及减缓适应措施，为各国决策者提供相关科学技术知识，并作为国际气候谈判的重要依据。IPCC 从 1988 年成立至今已经出版了 6 次评估报告，主要观点如下：

（1）人类活动是引人关注的热点问题，其中人类大量排放矿物燃料和土地利用变化等引起大气中温室气体的浓度明显增加。

（2）大量观测到的事实表明近百年全球变暖，尤以近 50 年变暖更明显，这种变暖在千年尺度都是明显的。

（3）全球变暖的原因在科学界是争议最大的议题之一，尤其是人类排放增加是否造成了全球变暖的问题，在 IPCC 科学报告中越来越占有重要的地位。

（4）科学研究较为成熟的是对 21 世纪气温变化的预估，预计升温范围

1.0～5.7摄氏度。

（5）极端事件将增加，包括极端最高与最低温度的变化、热浪、强降水、干旱和强热带气旋等。

（二）应对气候变化的全球合作

1992年，在巴西里约热内卢召开的联合国环境与发展大会通过了《联合国气候变化框架公约》，这是全球首个应对气候变化的国家公约。核心内容在于：一是温室气体浓度稳定在一定目标范围内；二是各缔约方共同但有区别的责任。

自1995年起，《联合国气候变化框架公约》每年都召开缔约方大会，截至目前已召开26次。1997年在日本京都召开的第三次缔约方大会通过了《京都议定书》，首次明确了发达国家缔约方的量化减排目标，提出发展中国家缔约方要在可持续发展框架下开展应对气候变化的积极行动。

2015年在巴黎召开的第二十一次缔约方大会达成了《巴黎协定》，提出将全球平均气温上升幅度控制在低于工业化水平前2℃以内并努力争取1.5℃的长远目标，确立了"自下而上"的减排模式和以"国家自主贡献"为核心的制度安排。根据《巴黎协定》，各缔约方定期提交和更新国家自主贡献，并制定法律法规、出台政策以推动目标落实。

2021年在第二十六次缔约方大会上，中国、美国、欧盟等40多个国家和组织签署《格拉斯哥突破议程》，计划在未来10年内共同加快研发和部署电力、道路交通、钢铁、制氢、农业等领域低碳技术和可持续发展解决方案。中国、俄罗斯、巴西等100多个国家签署了《关于森林和土地利用的格拉斯哥领导人宣言》，承诺到2030年停止砍伐森林，扭转土地退化状况。部分国家还就煤电转型、甲烷控排、零排放汽车推广等议题签署相关协议和声明。

截至2022年5月底，已有161个缔约方（包括133个国家、欧盟及其27个成员国）更新了国家自主贡献，130多个国家通过领导人宣示和立法等方式宣布了碳中和、净零排放、气候中和等目标。

（三）我国积极参与全球气候治理

我国主动承担并积极履行应对气候变化国际义务，加强与各国磋商对话，在气候变化国际谈判中发挥积极作用，为推动全球气候治理进程、深化应对气候变化国际合作发挥了重要作用。在全球气候治理面临重大不确定性时，2020年9月22日，习近平主席在第七十五届联合国大会一般性辩论上郑重宣示，中国将提高国家自主贡献力度，采取更加有力的政策和措施，二氧化碳排放力争于2030年前达到峰值，努力争取2060年前实现碳中和。此后，我国多次表明坚定支持《巴黎协定》的立场，推动各方达成"格拉斯哥气候协议"，巩固了未来十年全球致力于加速气候行动的共识。同时，我国按期提交《中国落实国家自主贡献成效和新目标新举措》和《中国本世纪中叶长期温室气体低排放发展战略》，为推动全球气候治理注入了强劲动力，取得了积极成效。

（1）超额完成 2020 年自主减排贡献目标。2020 年，我国二氧化碳排放强度比 2005 年下降 48.4%，超额完成我国 2015 年向《联合国气候变化框架公约》秘书处提交的到 2020 年下降 40%~45% 的国家承诺目标，累计少排放约 58 亿吨二氧化碳，为全球应对气候变化作出卓越贡献。

（2）能源绿色低碳转型步伐逐步加快。积极稳妥推进能源绿色低碳转型，大力实施可再生能源替代行动，能源消费结构持续优化。2021 年，我国可再生能源装机突破 10 亿千瓦，较 2012 年增长 2.3 倍，水电、风电、太阳能发电、生物质发电装机均居世界第一，在运在建核电装机总规模排名世界第二。清洁能源消费占比达 25.5%，较 2012 年提高 11 个百分点。煤炭消费占比从 2012 年的 68.5% 下降到 2021 年的 56%。我国在沙漠、戈壁、荒漠地区规划建设 4.5 亿千瓦大型风电光伏基地，第一批约 1 亿千瓦项目已有序开工建设。

（3）产业结构不断优化升级。积极发展战略性新兴产业，推动重点行业节能降碳改造及低碳工艺革新，坚决遏制高耗能、高排放、低水平项目盲目发展。2021 年，我国三次产业增加值占国内生产总值的比例优化为 7.3%、39.4%、53.3%，节能环保等战略性新兴产业快速壮大，高技术制造业增加值占规模以上工业增加值的比重达 15.1%。2012~2021 年，我国以年均 3% 的能源消费增速支撑了年均 6.5% 的经济增长，能源利用效率全面提高。2021 年，全国再生有色金属产量 1572 万吨，占国内十种有色金属总产量的 24.4%，再生资源利用能力显著增强。

（4）生态系统碳汇能力明显提高。积极推动山水林田湖草沙一体化保护和修复，生态系统质量和稳定性不断增强，生态系统碳汇能力持续巩固提升。根据第九次全国森林资源清查结果，全国森林面积 2.2 亿公顷，森林蓄积量 175.6 亿立方米，人工林面积 8003.1 万公顷，人工林蓄积量 34.5 亿立方米，我国成为全球森林资源增长最多和人工造林面积最大的国家，是全球"增绿"的主力军。第一批国家公园保护面积达 23 万平方公里，各级各类自然保护地约占陆域国土面积的 18%。

（5）绿色生活方式逐步形成。"绿水青山就是金山银山"重要理念深入人心，简约适度、绿色低碳、文明健康的生活方式正在成为更多人的自觉选择。以机关、家庭、学校、社区、出行、商场、建筑为重点，全面推进绿色生活创建行动。因地制宜推行生活垃圾分类，扎实推进塑料污染全链条治理、节约粮食反对浪费行动。城市公交通日出行量超过 2 亿人次，骑行、步行等城市慢行系统建设稳步推进，绿色低碳出行理念深入人心。2021 年，新能源汽车产销量均超过 350 万辆，销量连续 7 年位居世界第一。

三、自然资源与应对气候变化之间的关系

自然资源是高质量发展的物质基础、空间载体和能量来源；碳排放的源头是资源利用，减碳、除碳，靠的也是资源；碳汇能力提升，更离不开自然资源。

（一）碳循环之间的关系

碳循环是指碳元素在地球的生物圈、岩石圈、水圈及大气圈中交换，并随地球运动循环往复的现象，其全球循环过程就是大气中二氧化碳被陆地和海洋中的植物吸收，形成相对稳定的碳库存储量，之后又通过生物或地质过程以及人类活动，以二氧化碳形式返回大气。碳循环包括碳固定与碳释放两个阶段，前者是从大气吸收二氧化碳，后者是向大气释放二氧化碳，分别对应碳汇和碳源。

1. 碳库

在全球碳循环过程中，碳库是指地球系统各个存储碳的部分，主要分为大气碳库、陆地碳库、海洋碳库和岩石碳库等。

一是大气碳库。大气碳库储量为 7.5×10^{14} 千克。

二是陆地碳库。陆地碳库中植被碳库储量为 6.1×10^{14} 千克，土壤（包括腐殖质）碳库储量为 1.58×10^{15} 千克，所以土壤碳库在全球碳平衡中具有重要作用（见表 15 – 1）。

表 15 – 1　　　　　　　　　我国陆地生态系统碳库储量　　　　　　　　单位：Pg C

生态系统	植被碳库	土壤碳库	碳库总量
森林	10.48	19.98	30.46
灌木林	0.71	5.91	6.62
草地	1.35	24.03	25.38
农田	0.55	15.77	16.32
湿地	0.27	6.18	6.45

续表

生态系统	植被碳库	土壤碳库	碳库总量
建设用地	0.17	1.78	1.95
其他用地	0.76	1.34	2.10
无植被土地	—	—	—
总和	14.29	74.98	89.27

注：其他用地包括乔木园、乔木花园、灌木园、灌木花园、草坪等；无植被土地包括裸露的岩石、戈壁沙漠、盐碱地和永久的冰雪。

资料来源：Tang X L, et al. Carbon pools in China's terrestrial ecosystems: New estimates based on an intensive field Survey [J]. PNAS, 2018, 115 (16): 4021-4026。

三是海洋碳库。海洋碳库储量为 4×10^{16} 千克，是地球上最大的碳库，包括生物群落的储量 3×10^{12} 千克、地壳沉淀物的储量 1.5×10^{14} 千克、溶解性有机碳的储量 7×10^{14} 千克，以及中层及深层海洋中的储量 3.81×10^{16} 千克。[1]

四是岩石碳库。科学家发现湿地虽然仅占陆地面积 5% ~ 8%，却保存了陆地生态系统约 35% 的碳库。[2] 其中，泥炭湿地甚至能保存 1.3 万年前的有机碳，包括植物和动物的残体。然而，由于气候变化和土地利用变化，全球大约有一半的湿地正因水位下降的威胁，面临着由碳汇变成碳源的局面。

2. 碳源

碳源，即碳释放，是指向大气中释放二氧化碳。主要包括生物碳源、燃料碳源、岩石碳源和界面交换碳源。

一是有机体碳源。是指动植物（包括微生物）的呼吸作用把通过光合作用积累在体内的一部分碳转化为二氧化碳释放进大气，构成生物体或贮存在生物体内的碳，在生物体死亡后通过微生物分解作用转变为二氧化碳，最终排入大气。大气中的二氧化碳平均每 7 年通过光合作用与陆地生物圈交换 1 次。

二是燃料碳源。是指煤、石油和天然气等化石燃料在风化过程中或作为燃料燃烧时，其中的碳氧化成二氧化碳排入大气。在 IPCC 碳源核算体系中，化石矿物燃烧利用是人为碳排放的最主要组成部分，人类消耗大量矿物燃料对碳循环产生了重大影响，全世界每年燃烧煤炭、石油和天然气化石燃料，以及水泥生产等释放到大气中的二氧化碳为 5.3×10^{12} 千克。

---

[1] 姜联合. 全球碳循环：从基本的科学问题到国家的绿色担当 [J]. 科学, 2021, 73 (1)：39-43, 4.

[2] 雷光春. 湿地保护：应对全球气候变化的自然解决方案 [N]. 光明日报, 2019-02-02 (8).

三是岩石碳源。是指在化学和物理因素作用下，石灰岩、白云石和碳质页岩被分解，所含的碳又以二氧化碳形式释放入大气中，碳质岩的破坏在短时期内对碳循环的影响虽不大，但对全球几百万年尺度时间里的碳平衡作用却是非常显著的。

四是界面交换碳源。是指大气、河流和海洋等不同界面之间的二氧化碳交换，这种交换发生在气和水的交界面，由于风和波浪的作用而加强，且这两个方向流动的二氧化碳量大致相等，大气与河流和海洋之间碳交换量为 1.02×10^{15} 千克。

3. 碳汇

碳汇一般是指从空气中清除二氧化碳的过程、活动、机制。根据国土空间载体和固碳方式差异，可分为陆地生态系统碳汇、海洋碳汇、工程技术碳汇（见表 15-2）。

表 15-2　　　　　　　　自然资源与主要碳汇类别的关联情况表

	自然资源	碳汇载体	碳汇手段
陆地生态系统碳汇	土地（土壤）	土壤有机质	①土地利用管理；②秸秆、森林凋落物等有机残留物保留与还田；③免耕等耕作、放牧方式改变；④覆盖植（作）物种类优化；⑤有机土壤的再润湿、氮肥使用管理等
	森林	陆生植物生物质	①造林/再造林；②森林管理经营变化等
	草原		①草原修复恢复治理；②草种结构优化等
	湿地		①水土保持，湿地水资源保护；②生物及多样性保护等
海洋生态系统碳汇	海洋	海水、红树林、海草床、浮游生物，以及其他海洋生物或沉积物	①加强沿海湿地、海洋保护管理；②恢复已经退化或消失的海洋生态；③通过人为影响来管理湿地越界进入陆地；④增加富碳植物，增加海洋碳储存能力；⑤海洋施肥、海水碱化等人工手段
地质碳汇	地质结构	地下空间	①碳捕获与封存（CCS）；②碳捕获、利用与封存（CCUS）；③配备碳捕获与封存的生物质能（BECCS）；④配备碳捕获与封存的藻类生物质能（ABECCS）
矿物碳汇	矿物岩石	橄榄岩、玄武岩等	通过人工手段，加速特定矿物对二氧化碳的吸收

资料来源：刘伯恩，宋猛. 碳汇生态产品基本构架及其价值实现 [J]. 中国国土资源经济，2022，35（4）：4-11。

（1）陆地生态系统碳汇。陆地生态系统碳汇是当前国际社会公认的最经济可行和对环境友好的减缓大气二氧化碳浓度升高的重要途径之一。陆地生态系统范围包括地上生物、凋落物、0~1米地下生物和土壤，依据 IPCC 碳计量指南的土地分类系统，陆地生态系统可细分为林地、草地、湿地、耕地、人工表面及其他 6 类。科学研究表明，人类的有效干预能提高陆地生态系统的碳汇能力，如实施重大生态修复工程和秸秆还田措施，可以较大幅度提升陆地生态系统碳汇量。

（2）海洋碳汇。海洋碳汇可理解为，海洋生物、非生物和其他海洋活动，通过物理、化学作用或海洋生物光合作用吸收、固定、存储二氧化碳的过程，主要包括近海海水溶解吸收、海岸带生态系统碳汇和海洋（微）生物固碳三类机制。海洋碳汇优势是增汇量大、储存时间长，碳汇可挖掘潜力较大，但当前尚未形成系统有效的海洋碳汇核算体系。

（3）工程技术碳汇。通过工程技术手段，将二氧化碳封存在地下空间、矿物岩石等无机环境中，实现碳固定、提升碳库容量。可选路径之一是将电力、工业等排放源排放的二氧化碳捕集、运输并注入至地下空间（油田、气田、咸水层、无法开采的煤矿等）中，从而实现二氧化碳长期与大气隔离的技术，主要应用于能源、化工、储量投资等领域。主要类型包括被称为碳捕捉和储存（CCS）、生物质能结合碳捕获和封存（BECCS）等项目。另外，科学家证实，荒漠盐碱地、岩石、矿物等陆地无机环境可以吸收大量二氧化碳，并将其储存到地下咸水层、风化岩石中。常见的陆地无机碳汇，包括岩溶碳汇（CCSF）、盐碱土改良伴生碳汇等。

（二）自然资源与碳达峰碳中和之间的关系

碳达峰、碳中和过程中，主要矛盾是碳排放居高不下和碳汇能力不足的矛盾。自然资源工作渗透到源汇关系的全流程和各个环节，致力于破解这一矛盾。

1. 自然资源工作促进减碳和除碳并重

碳达峰、碳中和是关于碳源与碳汇之间的数量关系问题，其中，碳源是以能源结构为主的系统性问题，关系到经济与产业结构调整，核心是降低二氧化碳排放强度与总量；碳汇是实现碳中和不可或缺的重要环节，负碳技术创新将发挥核心支撑作用。

2. 以自然资源和国土空间支撑能源结构优化和碳减排协同发展

一是物质资源支撑，向清洁能源转型，自然资源工作要发挥关键作用，特别是锂、稀土等新能源矿产和深层地热能与天然气水合物等非常规能源资源。二是地上空间支撑，自然资源工作服务于优化传统能源的国土空间布局，科学匹配可再生能源产需空间，构建绿色低碳的土地利用结构。三是地下空间支撑，自然资源工作充分利用地下空间储能储热，也包括二氧化碳地质封存。四是海洋空间支撑，充分利用蓝色国土空间发展"蓝色能源"，推进海上风电与海洋产业协同发展。

3. 以生态保护修复提升生态系统碳汇能力

一是陆地生态系统，以森林碳汇、草地碳汇、湿地碳汇、农田碳汇为主要构成。受人为干预影响较大的陆地生态系统碳汇存在较大不确定性，经科学保护修复后，固碳潜力有望得到进一步提升，并趋于稳定。二是海洋生态系统。联合国可持续海洋经济高级别小组提出，到 2030 年海洋可望吸收全球五分之一的温室气体排放量（见表 15 - 2）。

第二节　适应气候变化的政策研究

适应气候变化与减缓气候变化是人类应对气候变化的两大行动体系。适应气候变化经济分析，是研究如何促进各决策主体利用有限的自然资源和社会资源，趋利避害，公平、有效地实现适应气候变化的目标。旨在通过自然系统或人类系统对气候变化作出积极主动的响应、调整，以减轻气候变化的不利影响、发掘气候变化带来的发展机会。总体来看，减缓全球气候变化是一项长期的挑战，需要资金和技术的支持、经济发展模式的变革以及几十年甚至上百年的努力，而适应气候变化行动更关注"当下"的可持续发展。

一、气候变化对不同区域的影响与适应

（一）气候变化对城市地区的影响与适应

1. 气候变化对城市地区的影响

城市地区是气候变化高风险地区，也是适应气候变化的热点区域。全球城市化进程最快的亚太地区也是最易受到气候变化影响的地区之一，气温升高、降水异常、台风加剧、洪灾风险、空气污染、粮食短缺、海洋生态系统破坏等正在威胁着亚太国家的发展与安全。

中国地域广阔，发展水平差异很大，是全球自然灾害高发地区之一。中国 70% 以上的城市、50% 以上的人口分布在气象、地质和海洋等自然灾害严重地区。1978 ~ 2022 年，中国的常住人口城镇化水平从 17.90% 上升至 65.22%，城镇人口从 1.7 亿人增加到 9.21 亿人，风险暴露度不断增大。根据不同的气候、地质和地理区位条件，可将中国划分为东部、中部、西部三大城市灾害风险区，其灾害类型、风险属性及城镇化特征各具差异。

近年来，我国许多城市在气候变化和极端天气气候事件影响下，暴露出脆弱性突出、韧性缺失的一面。根据住房和城乡建设部的调研，2008～2010年，全国62%的城市发生过内涝灾害，遭受内涝灾害超过三次以上的城市有137个。例如，2013年百年不遇的浙江余姚水灾、2021年河南郑州"7·20"特大暴雨，突破历史纪录的极端事件超出了城市的应对能力，导致损失巨大。沿海地区是中国近十年来成长最快和最繁荣的地区，同时也遭受着台风、洪水、高温热浪、干旱和海平面上升等灾害风险的困扰。

2. 提升气候韧性的城市适应行动

在全球气候变化的大背景下，雾霾、高温热浪、城市内涝等新型和复合型城市灾害加剧，许多城市的生命线屡遭威胁，城市的风险治理能力备受挑战，气候变化引发的城市安全问题日益突出。对此，国际社会提出了建设"韧性城市"、应对气候变化风险的理念。韧性城市（resilient cities）是基于韧性理论、以可持续性为目标、具有前瞻性和系统性思维的城市发展理念。

"建设包容、安全、有韧性的可持续城市和人类住区"是联合国《2030年可持续发展议程》中的重要目标之一。气候韧性城市是指，特定城市的居民、社区、政府、企业，以及行政、生产和生活系统，在经历包括气候变化在内的各种缓慢性变量所产生的压力、气候变化极端事件的紧急风险与灾害冲击下，能够存续、适应和成长的城市。建设韧性城市主要有如下措施：一是强化城市气候风险评估。科学分析城市气候变化现状，根据区域气候变化趋势预估，识别气候变化对城市社会、经济与生态的主要影响和风险，合理评估城市不同领域、区域和人群的脆弱性。建立健全"一年一体检、五年一评估"的城市体检评估制度。推动地级及以上城市编制城市气候风险地图。二是调整优化城市功能布局。充分考虑气候承载力，统筹安排城市建设、产业发展、生态涵养、基础设施和公共服务，合理规划城市布局与功能，遏制可能导致区域气候恶化、灾害风险增大与城市病加剧的无序扩张。城市建筑和基础设施建设项目规划、设计、审批时，应充分考虑气候变化的中长期影响。三是完善城市生态系统服务功能。构建蓝绿交织、清新明亮的复合生态网络和连续完整、功能健全的生态安全屏障，增强生态系统在涵养水源、净化水质、蓄洪抗旱、调节气候和维护生物多样性等方面的服务功能。优先实施基于自然的解决方案，严格保护森林、河湖、湿地、草原等重要生态系统，科学规划布局城市绿环绿廊绿楔绿道，持续推进城市生态修复，优化提升城市绿地系统。四是强化城市自然灾害综合治理。改善城乡防灾基础条件，提升城市重要建筑、基础设施系统和基层防灾能力及标准，加强城市灾害综合治理。优化重大基础设施空间布局，严格限制高风险区域建设活动。

（二）气候变化对农村地区的影响与适应

农业是深受气候变化影响的敏感行业，气候变化对农业经济的影响主要表现为对粮食系统的影响。气温波动、降水分布不均衡、极端天气气候事件频发，不仅破坏农业生产、削弱农业人口的生计水平，还会通过市场影响到国家和地区的粮食安全。

1. 气候变化对农村地区的影响

（1）长期气候变率对农业经济的影响。以温度和降水改变为主要特征的长期气候变化，主要通过农业水热资源的时空分布变化、区域作物种植制度和生产结构改变以及农业病虫害加重等途径影响农业经济产出。气候变化显著改变农业经济生产活动直接依赖的光、热、水和土壤等自然资源要素。此外，长期气候变率对农业经济的影响，还表现为区域作物种植制度、生产结构变化和农业病虫害危害。

（2）极端天气气候事件对农业经济的影响。极端天气气候事件是发生在统计分布之外的小概率事件，具有灾害性、突发性的特点。一些主要的极端天气气候事件包括干旱、洪涝、低温冷害、高温、台风以及沙尘暴等，其中旱灾、洪涝、低温冷害和台风等对农业的影响最大。从直接影响来看，主要包括农产品市场价值损失、人员伤亡和家庭财产损失以及农村地区社会福利方面的灾后救援投入和保险损失等。间接经济影响是指极端天气气候事件对本地和其他地区相关产业部门在投入和产出方面的影响，其内在影响机制表现为直接经济影响通过地区产业部门之间的关联性进行传导和扩散，甚至可能进一步损害农业经济的长期增长。

（3）气候变化对农业人口的影响。气候变化将显著影响农业人口的生产生活水平，特别是位于偏远山区、高寒地区、干旱半干旱和草原地区的农业人口，更易遭受气候风险的直接冲击，降低这些地区人口的生计水平。气候变化导致农业人口致贫或返贫的作用机制可以分为宏观和微观两种影响途径。在宏观途径上，气候变化风险冲击往往导致全球性或区域性的粮食危机，引发食品消费支出和农业生产活动成本上升，损害农业人口的生计状况，进而催生出许多新的贫困人口。在微观途径上，气候变化主要影响农业人口的可持续生计水平，分别通过降低农村人口的物质资本、金融资本、自然资本、人力资本和社会资本水平，使其缺乏气候变化适应能力。此外，气候变化对中国农村贫困人口影响更大，气候变化高脆弱区域集中于农林牧交错区域、森林与石漠化过渡地带、森林与农地交错地带等生态脆弱区域，产生由于气候变化引发的极端气候灾害导致粮食减产、农业收入减少引发的气候灾害型贫困，以及气候变化降低了气候要素的承载力所导致的气候容量型贫困。

2. 农村地区对气候变化的适应

面对日益增长的气候变化风险，必须加强农村地区适应气候变化的能力，保持农业经济可持续发展。基于对当地气候变化风险的感知，采取的适应性措施类型主要包括：一是优化农业气候资源利用格局。开展农业气候资源动态评估和精细区划，调整优化产业布局、种植结构和作物品种配置，合理规划调整农产品贸易格局。开展气候友好型低碳农产品认证，开发地方特色地理标志农产品，促进农民增收。二是增强农业生态系统气候韧性。坚持农业发展生态优先，加强水土保持与生态防护，在适宜地区推广保护性耕作，发展混林农业和山区立体农业，推广合理的间作套作体系。加强耕地质量建设，实施耕地保护与质量提升行动计划。三是建立适应气候变化的粮食安全保障体系。落实"藏粮于地、藏粮于技"战略，根据农业气候资源和气候相关灾害时空分布的改变，调整农业基础设施建设布局。加强耕地保护与质量建设，坚守 18 亿亩耕地红线，落实最严格的耕地保护制度，加强耕地用途管制，实施永久基本农田特殊保护。

中国农村扶贫开发战略中，尚未明确纳入适应气候变化内容，但越来越多的国内学者强调充分利用适应措施帮助农村脆弱人口应对气候变化风险的重要作用。例如"气候容量"或气候承载力等概念作为适应气候变化的核心测度指标，为中国西部农村地区由于生态环境承载力引发的气候移民提供了学理和决策支撑。通过辨析发展赤字与适应赤字、发展型适应与增量型适应等概念，可以为适应气候变化政策提供新的分析框架。其中"发展型适应"与国际上倡导的"以发展促适应"的概念和《中国农村扶贫开发纲要（2011—2020 年)》提倡的"开发式扶贫"的思想内涵具有一致性，突出了对农村地区加大发展型适应投入的重要性，以及协同推进适应与扶贫目标对于实现可持续发展战略的现实意义。总之，降低中国农村人口的气候变化脆弱性，需要将适应气候变化明确纳入地方经济发展或减贫计划，加强适应气候变化、灾害风险管理和农村减贫战略的协同政策设计，提升中国农村地区和农业人口的气候恢复力。

（三）气候变化对生态系统的影响与适应

自然资源与生态系统服务功能对气候变化具有较高的敏感度。由于生态系统适应气候和环境变化的周期较长，加之许多独特和敏感生态系统的脆弱性较高，目前研究结果大多认为气候变化对许多生态系统服务功能及其价值具有较为不利的影响，但也对部分地区具有积极影响。

1. 气候变化对生态系统的负面影响

以全球变暖为主要特征的气候变化，已导致某些区域的生态系统服务功能退化和生态系统服务供给水平呈下降趋势。全球退化生态系统的面积已占到全球陆地总面积的30%，威胁到30亿人口的生存环境，全球为此每年投入生态系统恢复的经济成本高达3000亿美元。而且，气候变化引发的极端天气气候事件，加剧了生态系统价值的损失，影响自然资本的稳定性与生态资源的可持续利用。

在气候变化与人类活动的共同影响下，荒漠化、水土流失、石漠化、盐渍化及冻土退化等生态风险加剧，成为未来人类可持续发展的主要挑战，主要表现在：第一，海洋气候变化对海洋生态系统服务及海洋捕捞业的影响尤为显著，据研究，在二氧化碳高排放情景下，全球渔业收入可能下降35%。第二，湿地极端天气、气温和降水量的异常变化，会导致湿地生态系统的水环境遭到破坏，影响湿地生态系统的稳定性，导致湿地面积减少、生物多样性受到严重威胁，甚至那些脆弱的湿地生态系统将面临崩溃。第三，森林温度升高导致的干旱以及相关次生灾害（火灾、病虫害、生物多样性减少等）将降低森林生态系统生产力，极端降水和气温变化异常将增加病虫害发生频率，进而降低森林生态系统服务供给水平。第四，草地脆弱的生态系统极易受气候变化的影响，例如，1961～2016年青海共和塔拉滩草原因气候暖干化导致草原荒漠化进程加快，草地牧草产量持续下降，给当地畜牧业生产和牧民生计带来很大损失。第五，气象要素和气象灾害影响农业生态系统的稳定性，使粮食生产的不稳定性增大，影响人类的食物安全，例如，全球气候变暖使得亚热带半干旱地区降水愈加稀少，导致该区粮食生产能力的下降。气候变化对生物多样性也具有显著影响。中国学者的研究表明，近50年来气候变化对两栖类、爬行类、鸟类、哺乳类物种影响的贡献率在5%左右。对中国2365个县的物种调查发现，1950～2000年，中国252种保护动物中有27.2%的物种已经消失，其中哺乳类、两栖和爬行类、鸟类，消失比重分别高达47.7%、28.8%、19.8%。在未来气候变化影响下，到2050年，将有5%～30%的动物和植物面临较高濒危风险，面临较高濒危风险的野生植物则占评估植物数的10%～20%。例如，中国特有濒稀物种大熊猫、川金丝猴的适宜生境面积，将分别减少1/3甚至1/2以上。

2. 气候变化对生态系统的积极影响

一般认为，全球变暖对生态系统服务功能的有利影响主要表现为二氧化碳的"化肥效应"，即二氧化碳浓度的升高能够提高多种植物的生物量，也使一些濒危物种的存活率有所升高。自20世纪80年代初以来，卫星观测数据表明全球植被覆盖率普遍增大，科学家推测至少部分原因是源于地球大气中二氧化碳浓度的增加。在未来升温情景下，我国森林生态系统服务总价值均呈增加趋势，且东部地区增幅大于西部地区，南部地区增幅高于北部地区。世界银行的《适应气候变化的经济学生态系统服务》①指出，气候变化会在一定程度上减少发展中国家对木材与非木材生物质燃料的需求，从而相应减少森林生产力的压力及适应成本。一般情况下，农田生态系统的初级生产力在大气二氧化碳浓度增加条件下将有所增加，在不考虑极端气候灾害的情况下，气候变化对某些地区粮食作物的影响具有正效应，例如，气候变暖将有利于加拿大、俄罗斯、澳大利亚等寒冷地区的小麦产量增长。2018～2019年，俄罗斯粮食出口量为4330万吨，其中小麦的出口量为3250万吨，超过美国和加拿大成为世界上最大的小麦出口国。

3. 生态系统对气候变化的适应

生态系统有自我调节功能，对气候变化的自适应能力大小与生态系统的组成、结构和功能有关。一般来讲，生态系统的生物多样性越丰富，结构越复杂，生产力越高，抗干扰能力越强，系统越稳定，反之亦然。然而，气候变化导致极端气候事件的发生频率或强度增加，往往会超出生态系统的自适应能力。因此，需要采取一定的人为调整措施来增强和发挥自然生态系统适应气候变化的能力。这些措施包括陆地生态系统保护、海岸带管理、水资源管理、生态保护修复工程等。一是完善陆地生态系统保护。逐步形成以国家公园为主体、自然保护区为基础、各类自然公园为补充的自然保护地分类系统，显著提高管理效能和生态产品供给能力，使自然保护地规模和管理达到世界先进水平。推动出台《生态保护补偿条例》，健全生态保护补偿制度，加大自然生态系统保护。二是加强海岸带管理。继续完善海洋自然保护地建设，推进典型海岸带生态系统一体化保护与修复。加强海岸线保护与修复，实施海洋生态保护修复工程，改善海洋生态环境质量，提升海洋生态碳汇能力。三是加强水资源管理。强化水资源刚性约束，实施最严格的水资源管理制度，完善水价形成机制，推进用水权市场化交易和水资源税改革。加大江河湖泊保护治理力度，统筹做好水土保持、地下水超采治理、受损河湖生态修复等工作，保护和扩大河湖生态空间。四是实施生态保护修复工程。统筹推进山水林田湖草沙一体化保护和系统治理，权衡保护和利用的关系，合理进行整体保护、系统修复、综合治理。实施历史遗留废弃矿山生态修复示范工程，改善区域生态状况，提升生态系统质量和服务功能。以国家重点生态功能区、生态保护红线、国家级自然保护地等为重点，突出对国家重大战略的生态支撑，扎实推进生态保护和修复重大工程建设。

---

① World Bank. Economics of Adaptation to Climate Change: Ecosystem Services [R]. International World Bank for Reconstruction and Development/The World Bank, 2010.

二、适应气候变化的政策措施

(一) 适应规划

1. 基本概念

适应气候变化具有长期性、复杂性和不确定性，除了社会和个体层面的自发适应、主动适应之外，尤其需要由政府部门主导开展前瞻性的规划性适应。适应规划 (adaptation planning) 是政府开展的、有计划的适应行动，是提升适应能力的重要决策工具。适应规划是伴随着气候变化问题应运而生的新的决策需求，也是人们深入认识气候变化问题及其规律之后在政策层面的积极响应。气候变化的影响、风险认知及适应决策涉及众多主体和领域，需要广泛收集方方面面的知识和信息，也需要多部门的沟通与合作。实践中，许多国家和地方的适应战略或规划都存在着与其他政策领域协调或整合不足的问题。作为一项长期的战略，适应政策和行动需要综合考虑气候风险、社会经济条件及地区发展规划等多项内容，同时需要在政策实施过程中及时反映和应用最新的科学进展。

英国政府于 2002 年建立了气候影响计划 (UKCIP)，设计了一个适应决策的流程图 (见图 15-1)，强调了适应决策是一个反复迭代、不断更新信息、减少不确

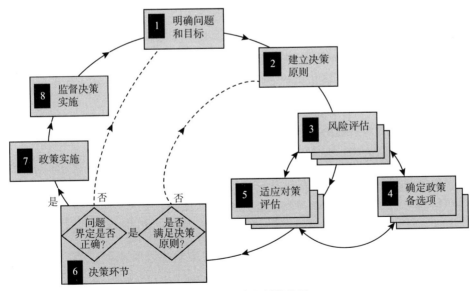

图 15-1　适应规划的流程

资料来源：郑艳，潘家华，廖茂林. 适应规划概念、方法学及案例 [J]. 中国人口·资源与环境，2013 (3)。

定性的过程。这一分析框架被国际社会广泛采用，其特点在于：第一，基于风险评估的科学决策机制，从依靠经验科学到强调未来情景预估；第二，基于适应性的政策设计，考虑到系统的不确定性，放弃对最优政策的追求，注重政策选择的灵活性和适应性，从寻求最优规划向适应性规划转变。

2. 适应规划的流程

适应规划可以是专门针对适应气候变化设计的专项规划，也可以是将适应目标与行动纳入国家、地方发展战略、地方综合规划中的一部分。主要步骤如下：

第一，确定规划的目标和范围。鉴于适应气候变化的问题在不同地区、不同部门、不同管理层面具有差异性，需要首先界定适应规划的具体范围及其目标，以便规划的设计和制定更有针对性。

第二，开展气候变化脆弱性及其风险评估。脆弱性是指系统受到不利影响的倾向或趋势。气候变化导致的脆弱性评估包括对自然资源、生态环境、社会群体、经济财产、人居环境、健康、治理能力等诸多方面的评价。在此基础上，依据未来各种气候变化情景预估结果，针对不同的社会经济发展情景分析，提供各种可能的气候风险评估结果，作为制定规划的科学依据。

第三，适应对策甄别及其优先性评估。制定科学、合理并且符合大多数人价值观的未来适应目标，即建立行动共识。在此基础上，根据专家咨询、利益相关方研讨、成本效益分析等多种方法，甄别出最具有现实可操作性的各种适应对策，并基于政策优选的某些具体原则，评估适应对策的优先次序。

第四，制定及实施适应战略。为适应政策的实施设计路线图。针对未来图景的政策设计需要体现变通性和灵活性，例如发展路径和风险管理手段的多样化，选择无悔或低悔的政策措施，避免投资或技术的锁定效应，分阶段逐步实施，根据新的科学知识、信息和反馈及时调整和改变政策内容等。

第五，政策实施过程中的监测、反馈及评估。由于气候变化问题的复杂性和长期性，人们的认识有一个逐步提高的过程。因此，在政策实施过程中，不断对政策实施的过程和效果进行监督、反馈和评估，有利于及时纠正决策过程中可能存在的失误和问题，从错误中获得学习和改进的机会。

在适应性规划的实施上，信息、资源和激励机制都是推进适应规划的重要决策因素，此外，政府治理结构、公众参与机制、政策立法体系等制度文化因素，也会影响适应规划的成效。气候变化的影响、风险认知及适应决策，涉及众多主体和领域，需要广泛收集方方面面的知识和信息。从各国实践经验来看，可以发掘出一些适应规划的基本要素。例如：明确受到潜在风险影响的关键领域和部门，界定政府需要采取的优先工作；充分了解现有的适应基础，包括制度环境、激励因素、研究支持，及人财物等适应资源和要素等；针对长期的成功适应行动制定决策原则，并考虑不确定性问题；适应规划与其他政策规划领域的协同或整合；适应规划的实施、监督和效果评估等。

（二）协同管理

1. 基本概念

实践证明，适应气候变化与减缓温室气体排放、可持续发展目标之间存在交互影响关系，如何利用好行动的正外部性、发挥"1+1>2"的协同效应，是各国制定气候政策和规划的重要考量之一。基于复杂系统科学的协同理论，及国内外适应气候变化行动的协同管理实践，简要介绍协同管理中的重要概念和主要内容。

IPCC第三工作组在其第四次评估报告中，针对应对气候变化行动中存在的协同（synergy）与权衡取舍（trade-off）现象，进行了概念界定。第一，权衡取舍是指当决策者无法同时采取两种行动时，对适应与减缓行动的选择。协同是指适应与减缓行动的合作效应大于单独行动效应之和。第二，最优化是指在一定前提条件下能达到最佳效果的行动组合。第三，互补性是指适应与减缓行动之间的相互关系体现为一项行动要取得预期效果需要另一项行动的配合，反之亦然。这种具有互补性的行动组合往往被打包成一套政策组合（政策包）配套实施。第四，行动组合是为达到特定目标需要采取一系列组合行动，气候政策组合可能包括适应、减缓、技术研发、城市建设规划、能耗标准、防灾技术标准，及旨在减少气候变化脆弱性的其他行动。第五，主流化是将应对气候变化的政策和措施纳入正在进行的部门和发展规划和决策中，降低发展活动对当前和未来气候条件的敏感性，就是适应在发展政策中的主流化。

2. 协同管理的内容

减缓行动"自上而下"的政策路径与适应行动"自下而上"的政策特点，决定了协同行动不可能自动发生，只有通过制度设计才能实现。成功的协同管理，并非在减排和适应行动之间进行简单的权衡取舍，而是需要因地制宜，明确地方发展的优先议题与突出问题，进行综合规划，将适应和减排战略纳入可持续发展总体目标。协同管理包括以下内容。

（1）目标协同。协同管理目标设计应该促进应对气候变化的能力建设，有助于建立可持续的生态型城市，促进社会公平发展。应对气候变化是共识性目标，但是在具体领域及目标上会有差异。比如，在建筑和交通领域，以减缓为主，兼顾防灾减灾、减缓热岛效应等适应目标。不同城市功能区也可以有不同侧重点的目标，如城市中心区适应与减缓并重，生态涵养区以适应为主兼顾减缓，园区以减缓为主兼顾适应。

（2）政策协同。某些政策技术既是适应对策也是减缓技术，需要积极加以利用，如可再生能源、节能建筑、森林保护、国土空间规划、流域管理等。协同政策必须科学有效，在政策设计中确保目标一致性，避免顾此失彼，不同部门的政策设计需要有衔接，避免相互矛盾，同时将适应政策、减缓政策与可持续发展协同考虑，必要的时候通过机制设计予以保障。

（3）手段协同。推动相关部门参与协同治理，以充分考虑适应与减缓需求。一方面体现在决策过程、科学评估、监督及评估体系等治理过程中，另一方面体现在资金、财政税收、科普宣传、科学研究等保障机制方面。例如设计生态环境、减排、适应、社会发展等多方面目标的综合考核体系，兼顾生态城市、低碳城市、韧性城市等不同侧重点。

第三节　减缓气候变化的政策措施

减缓气候变化是指以减少温室气体的排放源或增加温室气体的汇为目的的人为干预手段、活动。未来几十年，全世界温室气体排放总量将继续增长，若不采取有力的措施，21世纪全球气温将突破安全上限。推动减缓气候变化，是为了逆转气候变化趋势，必须采取各种措施来实现减排。本节将结合自然资源工作，讨论关于减缓气候变化的经济问题。

一、减缓气候变化的经济分析

（一）理清碳排放的原因

1. 能源资源消费总量的不断提升导致碳排放总量持续增长

作为世界工厂，在经济高速发展、产业链日趋完善、加工制造能力与日俱增的同时，我国对能源资源的消耗不断增长、碳排放量不断攀升，虽然近年来碳排放增速放缓，但总量仍居世界首位。从人均来看，2018年中国人均二氧化碳排放量为6.94吨/人，相较于加拿大16.45吨/人、美国14.54吨/人，仍有较大的上升压力。[1]

---

[1]　张君宇，宋猛，刘伯恩. 中国二氧化碳排放现状与减排建议 [J]. 中国国土资源经济，2022，35（4）：38-44，50.

2. 碳排放受能源消费结构制约且短期内难以改变

设计"碳中和"策略,首先需分析二氧化碳排放的来源(见图 15-2)。

从不同能源种类来看,2000 年以来,我国煤、石油的二氧化碳排放量呈下降趋势,其中煤的二氧化碳排放量占比从 2000 年的 81.7% 下降到 2020 年的 79.0%;石油的二氧化碳排放量占比从 2000 年的 17.1% 下降到 2020 年的 14.7%;天然气的二氧化碳排放量占比从 2000 年的 1.2% 上升到 2020 年的 6.0%。2020 年,美欧日等经济体煤炭的二氧化碳排放量占比仅为 20.3%、25.9%、38.9%。

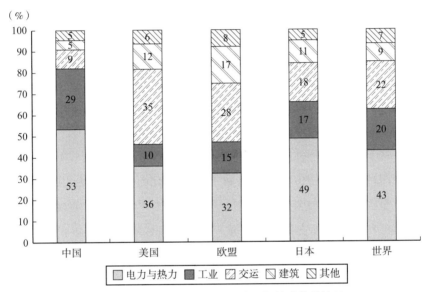

图 15-2　2020 年各经济部门能源相关碳排放情况

资料来源:IEA。

从经济部门来看,可将碳排放来源分为电力与热力部门、工业部门、交通部门、建筑部门四大类。2020 年,我国二氧化碳排放主要源自电力/热力生产业(53%)、工业(28%)和交通运输业(8%),三者合计占比 89%(见图 15-3)。煤电和热发电量仍以燃煤为主(2020 年二氧化碳排放占比 73%);交通运输业则主要依靠汽油/柴油燃烧动力,新能源车渗透率较低;而工业高能耗产品的制造中,煤、原油、天然气仍是主要动力来源。与美欧日等发达经济体相同,电热与热力部门均为碳排放主力,差异点在于我国工业部门碳排放占比更高。

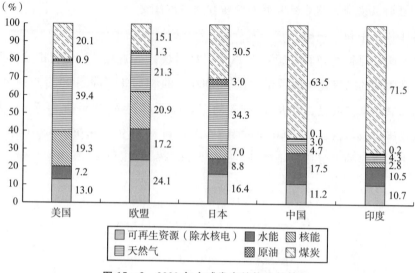

图 15 - 3　2020 年全球发电结构比较情况

资料来源：IEA。

3. "一煤独大"的一次能源消费减排空间巨大

目前我国的能源结构中，碳排放的主要来源化石能源（煤、石油、天然气）仍占较高比重。截至 2020 年底，我国电力结构中"一煤独大"的现状仍然极为突出，装机容量和发电量都占据极大比重。IEA 数据显示，2018 年我国能源供应结构中，原煤占比 61.9%，原油占比 19.1%，天然气占比 7.2%，而可实现碳零排放的清洁能源，如水能、核能、太阳能、风能等，占比仅为 11.8%。而美欧日等经济体，发电以次优能源为主力（美国与日本气电占比最高，欧洲核电占比最高），其煤炭发电占比分别仅为 24%、15%、32%。

（二）推动碳减排目标实现

2060 "碳中和"承诺下的中国减排路径斜率明显高于欧美日等经济体。以碳排放高点作为低碳转型起点，欧盟、美国、日本分别于 1979 年、2007 年和 2008 年实现碳达峰，并计划 2050 年实现"碳中和"，分别有 71 年、43 年和 42 年转型时间。相较而言，我国"碳中和"目标隐含的过渡时长仅为 30 年，应对压力更大、任务更重。

1. 电力部门脱碳是实现"碳中和"的第一顺位要务

用清洁燃料代替化石燃料发电是"碳中和"重中之重。综合清洁程度、开发性能、安全性能，发电能源可大致分为三类：煤炭（清洁程度最低；不可再生）、次优能源（原油、天然气、水电、核电；原油/天然气清洁度高于煤炭，但

不可再生；核电可再生但有安全性隐忧；水电可再生但有开发上限）、优质能源
（除水核电外的可再生能源，主要为风、光、生物质；可再生且安全性、开发性等
均较优）。

　　未来电力脱碳的整体趋势可概括为，煤炭发电持续削减，风光发电持续扩张，
次优能源稳定支持，生物质作为补充力量。从欧美日电力部门转型看，均沿着
"燃煤时代—油气时代—'风光'时代"的路径逐步实施电力脱碳，过渡"能源—
天然气"的发电份额在低碳转型过程中均经历一段时间的较强增长。自 2005 年后，
中国煤炭发电占比开始下降，风光与天然气发电占比开始提升，反映中国直接从燃
煤时代向"风光"时代演进，风、光发电逐步从补充能源地位上升为主力能源地
位[①]。相比陆上风电，海上风能资源丰富、风速高、出力波动小、用海成本低，且
开发空间广阔，因此需强化海上风电规划、开发和建设。

　　2. 提升能源资源利用效率是实现碳减排的主要抓手

　　强化技术创新理念，加强全过程节能管理。积极发挥能源科技的功能，加强风
能、潮汐能、太阳能等可再生能源技术创新，大力开拓可再生能源市场，促进清洁
能源的产业化发展；提高可再生能源的综合发展效益，优化能源生产和能源消费组
合，为能源、经济与环境协调发展创造活力。关注尚未形成完整产业链条的新能源
技术，并及时地将其科研成果进行市场转化。

　　调整和优化产业结构，提高能源资源利用效率，促进低能耗产业发展。加大低
碳能源产业投资，注重煤层气、页岩气开发利用，积极发展高新技术产业、能源效
率高的产业，大力发展非常规油气，减少煤炭石油的使用，实现落后产能稳步退出
能源市场；同时有效监管高新技术、低耗能企业，在监督中促进能源产业的健康
发展。

　　坚持节约优先，加强重点用能单位在用地用矿用海等方面的强度监管。严格执
行能耗地耗限额标准，树立领跑者标杆，推进企业效能的对标达标。建立企业能源
资源使用管理体系，利用信息化、数字化和智能化技术加强能源资源耗用的控制和
监管。在砂石、水泥、平板玻璃、陶瓷等行业，开展节能诊断，加强定额计量，挖
掘节能降碳空间，进一步提高能效水平。

　　3. 加强新能源的资源保障是实现碳减排的重要发力点

　　加强锂、钴、镍、铜、铂和稀土等关键矿物的资源安全保障。制约风、光发电

────────

　　① 据全球能源互联网合作组织测算，到 2025 年，中国发电结构中煤炭占比将从 67% 降至 49%，风、光发电占比从
8% 升至 20%，气电、水电、核电等次优能源从 25% 微升至 28%；到 2050 年，煤炭发电占比大幅降至 6%，风光发电成
为主力，合计占比 66%，气电、水电、核电等次优能源占比 28% 左右，生物质发电占比约 6%。

广泛替代火电的瓶颈在于可再生能源供应不够稳定，急需储能技术实现突破，而储能的核心是锂电池等关键矿物。国际能源署表示，随着世界走向清洁能源的未来，电池和生产氢气的电解槽将是最重要的两项技术，预计未来对关键矿物的需求会激增。氢被誉为未来世界能源架构的核心、最洁净的燃料。通过风电、光伏等可再生能源制氢，不仅能够实现"零碳排放"，获得真正洁净的"绿氢"，还能够将间歇、不稳定的可再生能源转化储存为化学能，促进新能源电力的转化，由此带来的生态环境效益和经济效益是难以估量的。锂的最主要需求来源于电池行业，尤其是新能源汽车行业。2020 年，我国新能源汽车全年产销量均创下历史新高。在装机量方面，2020 年我国动力电池装车量累计 63.6 吉瓦时，同比增长 2.3%。综合来看，随着电动汽车革命的到来，未来锂的大量需求或将成为不可阻挡的大趋势。

（三）发挥自然碳汇和工程固碳的作用

减缓气候变化，需要坚持自然与工程并重，以提升陆地生态系统、海洋生态系统和地质环境三大板块的固碳潜力为目的，立足自然资源及其生态系统的自在固碳机理，以及现代化的科学技术手段，推动形成"自然碳汇 + 工程固碳"解决方案。

1. 巩固提升生态系统自然碳汇能力

自然方式主要是生态系统碳汇，可分为陆地生态系统碳汇和海洋生态系统碳汇。陆地生态系统碳汇可细分为耕地碳汇、森林碳汇（绿碳）、草地碳汇和湿地碳汇；海洋生态系统碳汇包括海洋碳汇（蓝碳）和海洋生物碳汇。碳汇作为一种自然生态系统，与碳源是两个相对的概念，体现为一种汇集、吸收和固定二氧化碳的能力、活动和"双赢"机制。

自然界中的土地（壤）[①]、海洋、森林、草原、生物体、岩石（硅酸盐矿物）等都可作为碳汇实体，均具备一定的碳汇功能和储存能力，是应对"碳中和"最经济的途径，但也存在大规模回流到大气圈的风险。其中陆地生态系统中，森林作为全球最大的储碳库，活林材每立方米每年可吸收和固定 1.83 吨二氧化碳，森林碳储量约占全球碳汇总量的 39% ~ 40%，成本仅是技术减排的 20%。我国 2016 年森林植被贡献碳汇量约 6.1 亿吨二氧化碳当量（CO_2e），占当年全国总碳汇量 12.1 亿吨的 50.4%。草地碳汇量占 33% ~ 34%，且草碳汇潜力巨大，通过整治恢复、种草、草畜平衡等方式每年可新增碳汇量约 40 亿 ~ 60 亿吨。耕作的农田碳汇量占 20% ~ 22%，其他如湿地、耕地、岩石碳汇等约占 4% ~ 7%。海洋生态系统中，红树林、海草床和盐沼均能够捕获和储存大量的碳，全球自然生态系统通过光合作

---

① 地表土壤圈已成为碳的重要储库。全球土壤中碳的总量约为 1200 ~ 2500Pg，约是大气碳库的 2 倍。

用捕获的碳中约 55% 由海洋生物捕获。但由于海洋碳汇缺乏国内外公认的、可计量的碳汇规范，还无法有效实施规模化、可持续的碳汇交易和碳补偿。

2. 发挥工程固碳对碳中和的兜底作用

目前，已知的工程固碳方法主要是通过人工技术手段将大气中的二氧化碳固定在矿物或者储存在地质层中。工程固碳技术种类繁多，并且还在不断的发展中，当前工程固碳技术主要包括地质封存技术（CCS、CCUS）、生物质能碳捕集与封存（BECCS）、直接捕集和存储（DAC）、岩溶碳汇、矿物碳汇、海洋增强风化作用等技术。工程固碳对于碳中和的实现必不可少，其对"超支"的碳排放起到兜底作用。

根据碳移除的不同原理，工程固碳技术可以在碳移除上发挥重要的作用：第一类是基于物理过程的工程固碳技术，主要包括直接空气捕获（DAC）、碳捕获与储存等技术（CCS）。其中，CCS 技术发挥着减少排放和实现碳清除的双重功能，安全可靠，通过二氧化碳强化石油开采技术（CO_2-EOR）全国可以封存约 51 亿吨二氧化碳；DAC 是否可行一直广受争议，但随着技术日益发展和工艺逐渐完善，国外公司基于碱性溶液和胺类吸附剂对 DAC 规模化应用的初步探索以及中国学者基于湿法再生吸附技术进行的试验研究都表明，DAC 在助力碳减排和实现碳中和方面具有巨大的应用潜力。第二类是基于生物过程的工程固碳技术，主要包括生物质能碳捕集与封存（BECCS）等技术。BECCS 系统是一种将生物质能和二氧化碳捕集与封存联合的模式，具有负排放和提供碳中性能量的双重优势。第三类是基于化学手段的工程固碳技术，利用化学或地球化学反应吸附或捕集大气中的二氧化碳，并进一步封存或利用，主要包括岩溶碳汇、矿物碳汇等。岩溶碳汇能够在实现应对气候变化、努力增加碳汇等目标中将发挥重要作用。尾矿、废石、冶金渣等废弃物具有巨大的碳汇潜力，我国大宗固废累计堆存量约 600 亿吨，而尾矿、冶金渣等都是良好的碳汇载体。

二、减缓气候变化的政策措施

（一）固碳

1. 国土空间用途管制

国土空间用途管制通过引导和空间限制的手段，对不同类型的区域采取"空间鼓励""空间准入""空间限制""空间禁止"等措施，实现对不同用途区域、不同利益主体在国土空间开发利用过程中的供需矛盾协调，以及不同地域功能和空间结构的合理组织，其最主要的依据就是国土空间规划。通过国土空间用途管制，可以有效地减少对耕地和生态空间的占用，实现固碳功能，抑制由土地利用变化造成的碳排放。

以往研究表明，1850～1998 年全球碳排放中，土地利用变化引起的直接碳排放约占同期人类活动影响总排放量的 1/3。随着研究的深入，基于土地利用变化的陆地生态系统碳汇功能逐渐显现，根据 2019 年 IPCC 发布的《气候变化与土地特别报告》，2007～2016 年全球土地利用变化的碳汇量已能够完全抵消其产生的二氧化碳排放量，整体上发挥碳汇效果。从碳排放和碳汇的角度看，不同的土地利用类型具有不同的碳效应。建设用地是碳源，而耕地、林地、草地等均具有碳汇功能。土地利用类型转换将带来不同的碳效益，一是如果从其他地类转为建设用地，将出现直接碳排放和间接碳排放。直接碳排放是由于建设用地扩展，植被碳库和土壤碳库受到损失，从而向大气中排放二氧化碳。间接碳排放则是指土地利用类型上所承载的人类活动排放，包括聚居区的能源消费碳排放、工矿用地承载的工业过程碳排放以及交通用地上的交通工具尾气排放等。二是如果从建设用地转为耕地或生态用地，将会起到固碳作用。如土地复垦、退耕还林、还湿、还草等措施（见表 15-3）。

表 15-3　　　　　　　　　单位面积土地利用类型转换的碳效应　　　　单位：吨二氧化碳/公顷

变化前	变化后					
	耕地	林地	草地	湿地	建设用地	未利用地
耕地	—	11.72	-2.86	32.54	-208.0	-14.61
林地	-13.68	—	-14.71	20.70	-219.8	-26.46
草地	0.14	13.70	—	34.52	-206.0	-12.63
湿地	-34.38	-20.82	-35.41	—	-240.5	-47.15
建设用地	1.53	15.10	0.51	35.92	—	-11.24
未利用地	12.77	26.33	11.75	47.15	-193.4	—

注：表中正值表示正效应，负值表示负效应；数据为 2005 年的全国数据。
资料来源：南京大学黄贤金团队研究成果。

2. 生态空间占补平衡及指标交易

生态空间占补平衡及指标交易是指，在占用生态空间必须进行补充的管控要求下，由受益者（指标购买方）通过市场交易指标的方式，给予生态空间供给者（指标供给方）一定的经济补偿，以实现区域内固碳空间的动态平衡或增加。该模式下的市场交易商品是能够提供固碳功能的林地、耕地、湿地等生态空间。比如美国的湿地缓解银行机制，我国重庆的地票、林票模式。

以美国湿地缓解银行机制为例，该机制是按照湿地"零净损失"的原则，规定所有占用湿地的开发者都必须购买湿地指标，以"抵消"占用湿地所带来的生态环境损失，由此出现了第三方投资修复与补充湿地，再向开发者出售"湿地信用"（实质为湿地交易指标）的湿地缓解银行。美国从 20 世纪 70 年代开始，鼓励湿地开发利用的政策逐步转化为重视湿地保护，提出了实现湿地"零净损失"的目标，之后更提出了"超越零净损失"的新政策目标，要求全面增加湿地数量和改善湿地质量，美国湿地缓解银行应运而生。目前，形成了一个权责清晰的三方体系：政府审批和监管部门、购买方、销售方，后两者构成了市场交易的主体。由于受损湿地和待售湿地处于不同地域，具有不同特征和生态功能，因此只有确立统一的标准才能交易，这被称为"湿地信用"。

（二）降碳

1. 碳税

碳税是在庇古税的基础上发展而来的。碳税是指对二氧化碳排放征税，其税率由政府确定，从而提高二氧化碳排放的价格，起到降低碳排放的作用。国际通常按化石燃料消耗量折算的二氧化碳排放量为计税依据，主要有两种方式：一是以二氧化碳的实际排放量为计税依据，只有智利、波兰等少数国家采用；二是以化石燃料消耗量折算的二氧化碳排放量为计税依据，在技术上更加简单可行，行政管理成本相对较低。

芬兰、挪威、瑞典等北欧国家从 20 世纪 90 年代初开始征收碳税，是世界上最早征收碳税的国家。进入 21 世纪，爱沙尼亚、拉脱维亚、瑞士等欧洲国家也陆续开征碳税。2010 年以后，冰岛、爱尔兰、日本等越来越多国家加入了征收碳税国家的行列。各国碳税征收情况各不相同，有的作为独立税种，有的以早已存在的能源税或消费税税目形式出现，有的取代了之前的燃料税。在税率水平上，各国差异较大，根据《碳定价机制发展现状与未来趋势（2021）》报告，碳税从低于 1 美元/吨二氧化碳当量（波兰）到 137 美元/吨二氧化碳当量（瑞典）不等。总体来看，欧洲国家碳税税率较高，瑞典、瑞士税率超过 100 美元/吨二氧化碳当量，冰岛、芬兰、挪威、法国等国家的税率在 40 ~ 73 美元/吨二氧化碳当量之间。部分美洲和非洲国家碳税税率较低，阿根廷、哥伦比亚、智利、墨西哥、南非等国家的税率普遍低于 10 美元/吨二氧化碳当量。

2. 碳补贴

碳补贴是减少碳排放一项重要的财税措施，是通过对低碳资源和低碳产品给予适当的经济补贴，从而增加对低碳资源和低碳产品的供给和消费。目前，国际上通用的有两种方式：一是针对生产者采取的补贴政策，主要是在新能源领域，以德国和美国为例，德国实施了《可再生能源法》，通过可再生能源发电补贴的形式，以促进可再生能源的快速发展。美国则根据其相关能源的政策法规，由联邦政府对风电项目的生产过程进行补贴，其补贴时间自项目投产起长达十年，并随着通货膨胀率作及时调整。二是针对消费者采取的补贴政策，主要是在汽车、房地产和家电领域。美国自 2007 年开始鼓励消费者使用新能源汽车，并对其进行补贴。在节能建筑方面，美国在实施对新建节能建筑减税政策的前提下，鼓励消费者使用节能设备和购买节能建筑。

为了有效推动"双碳"工作进展，我国围绕碳减排的奖励、补贴政策也陆续出台。财政部下发的《2023 年可再生能源电价附加补助地方资金预算的通知》，下达补贴总额为 26.9272 亿元，推动解决可再生能源发电补贴资金缺口，保障国内电力供应。同时，各地也纷纷出台政策，通过碳补贴提高企业积极性。比如，天津市 2023 年开展节能降碳专项资金补助申报，分为节能技术改造项目、高效设备推广项目、降碳技术示范项目等三类，最高补贴达 400 万元。北京通州区对获得"碳中和企业"认证的企业，最高一次性补助 50 万元。此外，我国也对购买新能源汽车给予补贴。

（三）增汇

1. 碳汇生态补偿

碳汇生态补偿，是指采用政府购买、转移支付等方式，向碳汇等供给方提供经济补偿，以达到生态增汇的目标。常见模式包括：一是重点生态功能区生态补偿模式。其价值实现途径主要是政府给予财政转移支付，以保障其基本公共服务能力。例如，2008～2019 年，中央财政累计安排重点生态功能区转移支付资金 5242 亿元，重点补助范围达到 819 个县域，年度金额从 61 亿元增加到 2019 年的 811 亿元。二是自然资源要素生态补偿模式。对保护森林、草原、湿地、耕地等碳汇载体的主体提供补偿，以增加碳汇等生态产品的供给。如 2004 年中央财政正式建立了森林生态补偿制度，目前补偿标准已提高到 16 元/亩，2016～2019 年中央财政共安排补偿资金 697.1 亿元。

碳汇补偿的经济可行性研究。美国西北大学评估了一个森林碳汇补偿项目的经济效益，该项目在 121 个村庄进行了为期 2 年的随机对照试验，利用高分辨率卫星图像分析森林覆盖面积，以此来研究这些地区在生态补偿实施前后的碳汇变化情况。研究发现，实施碳汇补偿后森林砍伐强度降低了 4.9%（正常值是 9.1%），评估认为碳汇补偿提高了区域生态的碳汇能力，项目生态收益是项目投入成本的

2.4 倍。

2. 生态修复及价值提升

中国重大生态修复项目年度碳汇量占陆地生态碳汇的 25% ~ 35%，全域土地综合整治、海岸带生态修复的碳汇供给价值和人居环境价值提升明显。

生态修复及价值提升是在历史遗留矿山等生态功能受损区域，通过生态修复、系统治理和国土空间规划优化调整等措施，实现自然生态系统的功能恢复、碳汇能力增加和价值提升。一是生态修复及增汇。对历史遗留矿山、生态退化地区等采取土地复垦、植被修复等措施，提升生态系统的碳汇能力，同时实现碳汇生态产品价值并创造经济收益。据中国科学院生态环境研究中心逯非等在《美国科学院院报》（PNAS）发表的研究成果表明，对中国境内实施生态修复的森林、灌丛和草地生态系统，进行了大规模（约占国土面积 16%）的生物量和土壤碳调查，以评估 2001 ~ 2010 年生态修复工程对中国碳汇的贡献。研究估计，在这十年中目标区域生态系统的碳储量增加了 15 亿吨，年碳汇量约为 1.32 亿吨。其中，由生态修复项目增加的碳汇量为 0.74 亿吨，这相当于中国所有主要陆地生态系统年碳汇的 25% ~ 35%，可抵消当年中国碳排放量的 5% 左右（见表 15 - 4）。二是海岸带生态修复及增汇。通过海岸整治修复、滨海湿地恢复、生态廊道建设等措施，恢复受损的海岸带生态环境，增强其碳汇载体供给、生物多样性保护和海洋灾害抵御等能力。例如，浙江省洞头区通过蓝色海湾生态修复项目，打造了 79.7 公顷的生态湿地和 15.5 公里的生态海堤，通过增加海洋生物多样性，提升海岸带生态系统碳汇。三是全域土地综合整治。通过全域规划、整体设计和综合整治，盘活农村和城市存量建设用地，优化调整林地、湿地、耕地等碳汇潜在空间布局，提升碳汇生态产品供给能力。例如，福建省厦门市五缘湾片区开展陆海统筹的土地综合整治，2019 年度五缘湾片区生态系统服务价值达到了 23896.4 万元，片区内生态用地面积增加了 2.3 倍，建成 100 公顷城市绿地公园和 89 公顷湿地公园，水质接近 I 类海水水质标准，海洋生态系统得到恢复。

表 15 - 4　　　　　　　项目区域生态系统及生态修复工程产生碳汇情况　　　　单位：Tg C

国家生态修复工程	10 年生态系统碳汇			年生态系统碳汇	生态修复工程产生碳汇	
	生物质	土壤	合计		10 年间	年均
森林保护	479.6 ± 230	409.5 ± 386.1	889.1 ± 449.4	68.4 ± 34.6	181.7	14.0
草原保护	63.8 ± 2.4	59.9 ± 45.9	123.7 ± 46	15.5 ± 5.8	117.8 ± 47.8	14.7 ± 6

国家生态修复工程	10年生态系统碳汇			年生态系统碳汇	生态修复工程产生碳汇	
	生物质	土壤	合计		10年间	年均
三北防护林	100.4 ± 18.2	23.82 ± 42	124.3 ± 45.8	12.4 ± 4.6	119.7 ± 49	12 ± 4.9
砂源控制	43.1 ± 21	9.2 ± 20	52.3 ± 29	5.2 ± 2.9	69.7 ± 24.4	7 ± 2.4
退耕还林还草	181 ± 26.1	89.7 ± 79.4	270.8 ± 83.6	24.6 ± 7.6	198.5	18
流域防护林	51.4 ± 10.2	7.4 ± 13.3	58.8 ± 16.7	5.9 ± 1.7	83 ± 38.2	8.3 ± 3.8
合计	919.3 ± 233.4	599.5 ± 399.8	1519 ± 462.9	132 ± 36.3	770.4 ± 82.1	74 ± 8.9

注：三北防护林为第四阶段，流域防护林为第二阶段。

资料来源：Lu F，Hu H，Sun W，et al. Effects of National Ecological Restoration Projects on Carbon Sequestration in China from 2001 to 2010 [J]. Proceedings of the National Academy of Sciences of the United States of America，2018，115（16）：4039－4044.

（四）市场机制

1. 碳（汇）市场交易

碳交易是基于管理机构对各类碳排放源（地区或企业）分配碳排放指标的规定，设计出的一种市场交易方式，交易商品主要是碳减排和碳汇项目。碳排放源可以通过交易途径购买碳汇项目，抵消其碳排放量以达到规定的碳排放配额要求，进而实现森林等碳汇载体的生态价值。一是从交易机制来看，《京都议定书》规定了3种碳交易机制，即基于项目的清洁发展机制（CDM）、联合履约机制（JI）和基于配额的国际排放贸易机制（IET），目前全球碳交易市场以配额市场为主，以项目市场为辅，配额市场以强制交易为主，自愿交易为辅。二是从交易价格来看，全球碳市场的配额市场价格高于项目市场价，二级市场价格高于初级市场价格。三是从交易额来看，碳交易市场已成为仅次于石油市场的第二大市场，据世界银行数据统计，2019年全球市场碳定价为450亿美元、覆盖了120亿吨二氧化碳当量（占全球温室气体排放的22%），已有1.45万个注册信贷项目，产生了近40亿吨二氧化碳当量的累积碳信用，碳交易市场快速成长。

总体来看，林业碳汇发展成熟，海洋碳汇处于技术探索阶段，地质碳汇潜力较大，草原、耕地等碳汇市场前景尚不明确。一是林业碳汇项目是碳汇交易市场的主体。2011年之后，北京、上海等7省市开展碳交易试点工作，根据中国自愿减排交易信息平台的统计数据，截至2019年12月，全国共申报2871个CCER项目，其中碳汇项目95个，占项目总数的3.3%。二是海洋碳汇。自2009年联合国发布了《蓝碳报告》以来，世界各国海洋碳汇工作仍处于研究阶段，仅少数国家探索实践蓝色碳汇项目，例如，印度尼西亚在全球环境基金（GEF）的支持下实施了为期四年的蓝色森林项目，建立了国家海洋碳汇中心，编制了《印度尼西亚海洋碳汇研究战略规划》。此外，肯尼亚、印度、越南和马达加斯加等国启动了盐沼、海草床和红树林的海洋碳汇项目，开展实践自愿碳市场和自我融资机制的试点示范。三是地质碳汇。目前挪威、加拿大、美国、中国等 12 个国家正在推动 CCS 的发展，共有 43 个大型 CCS 设施，其中 18 个在运营（每年二氧化碳捕获和永久储存量超过 3330 万吨）。国际能源机构（IEA）近期的可持续发展情景方案预测，至少 7% 的减排需要来自 CCS。预计到 2040 年，全球将需要 2000 多个大型 CCS 设施。四是草原和耕地碳汇。由于草原、耕地碳汇的不稳定性和非持久性，《京都议定书》并未将草原和耕地的固碳潜力考虑在能减缓气候变化的增汇减排之列。我国已出台的清洁发展机制，也未对草原和耕地碳汇市场交易机制做出明确规定。

2. 特许经营

国家公园等生态空间是碳汇的重要来源。特许经营是指在国家管控的生态空间范围内，设置生态旅游、文化体验等活动经营的许可权利，并转让给特定主体运营，通过收取转让收益的方式，实现生态产品的价值，以更好地平衡经济发展和生态保护的关系。国外特许经营模式已经有了比较成功案例，也建立了相对完整、系统和完善的规章制度，如美国黄石国家公园特许经营政策。国内也开展了相关工作，例如，我国于 2020 年发布了《三江源国家公园产业发展和特许经营规划》，详细列出了特许经营项目清单和产业准入正面清单，并明确了特许经营产业发展布局及未来发展方向和保障措施，重点支持和推动生态畜牧业、中藏药加工、民族手工业等产业发展。

美国国家公园特许经营进行了较好的实践探索，其经验启示包括：一是特许经营能够筹措大量资金。美国黄石国家公园通过特许经营的方式，为自然生态空间保护筹措了大量资金，2018 年特许经营收入为 2100 万美元，占总收入的 31.5%。二是生态保护监管必须同步加强。美国国家公园管理局在 1965 年开始实施特许经营制度时，极大地激发了社会参与的热情，但也导致了国家公园过分强调其经济属性而削弱了生态属性。1998 年，为解决日益突出的经济、生态问题，美国国会通过法律，通过公开竞标、缩短合同期、提高准入门槛、强化监管等措施，维护了国家公园在特许经营与生态保护之间的平衡。

第四节　自然资源管理服务支撑碳达峰、碳中和

实现碳达峰、碳中和，是以习近平同志为核心的党中央统筹国内国际两个大局作出的重大战略决策，是实现中华民族永续发展的必然选择，是构建人类命运共同体的庄严承诺。自然资源领域促进碳达峰、碳中和，应继续坚持新发展理念和系统观念，按照《关于完整准确全面贯彻新发展理念做好碳达峰碳中和工作的意见》和《2030 年前碳达峰行动方案》《关于完整准确全面贯彻新发展理念做好碳达峰碳中和工作的意见》要求，将碳达峰碳中和贯穿于自然资源开发利用和保护的方方面面。

一、国家关于碳达峰碳中和的总体部署

（一）推动碳达峰碳中和要处理的重要关系

2022 年 1 月 24 日，习近平总书记在主持召开中央政治局第三十六次集体学习时强调，实现"双碳"目标是一场广泛而深刻的变革，不是轻轻松松就能实现的。我们要提高战略思维能力，把系统观念贯穿"双碳"工作全过程，注重处理好发展和减排、整体和局部、长远目标和短期目标、政府和市场四对关系。

（1）发展与减排。减排不是减生产力，也不是不排放，而是要走生态优先、绿色低碳发展道路，在经济发展中促进绿色转型、在绿色转型中实现更大发展。要坚持统筹谋划，在降碳的同时确保能源安全、产业链供应链安全、粮食安全，确保群众正常生活。

（2）整体和局部。既要增强全国一盘棋意识，加强政策措施的衔接协调，确保形成合力；又要充分考虑区域资源分布和产业分工的客观现实，研究确定各地产业结构调整方向和"双碳"行动方案，不搞齐步走、"一刀切"。

（3）长远目标和短期目标。既要立足当下，一步一个脚印解决具体问题，积小胜为大胜；又要放眼长远，克服急功近利、急于求成的思想，把握好降碳的节奏和力度，实事求是、循序渐进、持续发力。

（4）政府和市场。要坚持两手发力，推动有为政府和有效市场更好结合，建立健全"双碳"工作激励约束机制。

第十五章

（二）我国关于碳达峰碳中和的"1 + N"政策体系

目前，我国初步构建了碳达峰碳中和"1 + N"政策体系。"1"包括《关于完整准确全面贯彻新发展理念做好碳达峰碳中和工作的意见》《2030 年前碳达峰行动方案》两个顶层设计。"N"包括能源、工业、交通运输、城乡建设、农业农村等重点领域碳达峰实施方案，煤炭、石油、天然气、钢铁、有色金属、石化化工、建材等重点行业碳达峰方案，以及科技支撑、财政支持、绿色金融、绿色消费、生态碳汇、减污降碳、统计核算、标准计量、人才培养、干部培训等碳达峰碳中和支撑保障方案。

2021 年 10 月，中共中央、国务院印发《关于完整准确全面贯彻新发展理念做好碳达峰碳中和工作的意见》，提出 10 个方面 31 项重点任务（见表 15 - 5），对碳达峰碳中和工作进行系统谋划和总体部署，提出了推进经济社会发展全面绿色转型、深度调整产业结构、加快构建清洁低碳安全高效能源体系、加快推进低碳交通运输体系建设、提升城乡建设绿色低碳发展质量、加强绿色低碳重大科技攻关和推广应用、持续巩固提升碳汇能力、提高对外开放绿色低碳发展水平、健全法律法规标准和统计监测体系、完善政策机制等任务。

表 15 - 5　　　　　　　　　　　碳达峰碳中和工作重点任务

序号	主要方面	重点任务
1	推进经济社会发展全面绿色转型	强化绿色低碳发展规划引领
		优化绿色低碳发展区域布局
		加快形成绿色生产生活方式
2	深度调整产业结构	推动产业结构优化升级
		遏制高耗能高排放项目盲目发展
		大力发展绿色低碳产业
3	加快构建清洁低碳安全高效能源体系	强化能源消费强度和总量双控
		大幅提升能源利用效率
		严格控制化石能源消费
		积极发展非化石能源
		深化能源体制机制改革
4	加快推进低碳交通运输体系建设	优化交通运输结构
		推广节能低碳型交通工具
		积极引导低碳出行

续表

序号	主要方面	重点任务
5	提升城乡建设绿色低碳发展质量	推进城乡建设和管理模式低碳转型
		大力发展节能低碳建筑
		加快优化建筑用能结构
6	加强绿色低碳重大科技攻关和推广应用	强化基础研究和前沿技术布局
		加快先进适用技术研发和推广
7	持续巩固提升碳汇能力	巩固生态系统碳汇能力
		提升生态系统碳汇增量
8	提高对外开放绿色低碳发展水平	加快建立绿色贸易体系
		推进绿色"一带一路"建设
		加强国际交流与合作
9	健全法律法规标准和统计监测体系	健全法律法规
		完善标准计量体系
		提升统计监测能力
10	完善政策机制	完善投资政策
		积极发展绿色金融
		完善财税价格政策
		推进市场化机制建设

　　2021年10月，国务院印发《2030年前碳达峰行动方案》，聚焦"十四五""十五五"两个碳达峰关键期，提出了总体部署、分类施策，系统推进、重点突破，双轮驱动、两手发力，稳妥有序、安全降碳4个方面工作原则，部署了能源绿色低碳转型行动、节能降碳增效行动、工业领域碳达峰行动、城乡建设碳达峰行动、交通运输绿色低碳行动、循环经济助力降碳行动、绿色低碳科技创新行动、碳汇能力巩固提升行动、绿色低碳全民行动、各地区梯次有序碳达峰行动等"碳达峰十大行动"（见表15-6）。

表15-6　　　　　　　　　　碳达峰十大行动

序号	十大行动	主要内容
1	能源绿色低碳转型行动	推进煤炭消费替代和转型升级
		大力发展新能源
		因地制宜开发水电

续表

序号	十大行动	主要内容
1	能源绿色低碳转型行动	积极安全有序发展核电
		合理调控油气消费
		加快建设新型电力系统
2	节能降碳增效行动	全面提升节能管理能力
		实施节能降碳重点工程
		推进重点用能设备节能增效
		加强新型基础设施节能降碳
3	工业领域碳达峰行动	推动工业领域绿色低碳发展
		实现钢铁、有色金属、建材、石化等碳达峰
		坚决遏制高耗能高排放项目盲目发展
4	城乡建设碳达峰行动	推进城乡建设绿色低碳转型
		加快提升建筑能效水平
		加快优化建筑用能结构
		推进农村建设和用能低碳转型
5	交通运输绿色低碳行动	推动运输工具装备低碳转型
		构建绿色高效交通运输体系
		加快绿色交通基础设施建设
		推进产业园区循环化发展
6	循环经济助力降碳行动	加强大宗固废综合利用
		健全资源循环利用体系
		大力推进生活垃圾减量化资源化
7	绿色低碳科技创新行动	完善创新体制机制
		加强创新能力建设和人才培养
		强化应用基础研究
		加快先进适用技术研发和推广应用
8	碳汇能力巩固提升行动	巩固生态系统固碳作用
		提升生态系统碳汇能力
		加强生态系统碳汇基础支撑
		推进农业农村减排固碳
9	绿色低碳全民行动	加强生态文明宣传教育
		推广绿色低碳生活方式

序号	十大行动	主要内容
9	绿色低碳全民行动	引导企业履行社会责任
		强化领导干部培训
10	各地区梯次有序碳达峰行动	科学合理确定有序达峰目标
		因地制宜推进绿色低碳发展
		上下联动制定地方达峰方案
		组织开展碳达峰试点建设

第十五章

二、自然资源管理促进碳达峰碳中和的目标与路径

（一）准确把握自然资源领域落实碳达峰碳中和的目标任务

《关于完整准确全面贯彻新发展理念做好碳达峰碳中和工作的意见》《2030年前碳达峰行动方案》明确了自然资源领域碳达峰、碳中和的任务和行动目标。

第一，明确了高质量保障经济社会绿色低碳发展的任务。包括优化化石能源资源勘查、开发、利用结构，加大重点油气生产基础勘查开发力度，加快非常规油气资源规模化开发，推进战略性矿产国内找矿和绿色勘查等。

第二，提出了加快提升资源集约节约利用水平的要求。强调以绿色低碳发展规划为引领，实现有利于碳达峰、碳中和的国土空间开发保护新格局。明确了耕地保护和城乡存量建设用地盘活利用的节约集约用地行动目标，以及发展循环经济、资源综合利用的目标要求。到2025年，提高非化石能源利用效率和水平。到2030年，加快提升资源利用效率，以资源利用方式转变推进经济增长方式转变。

第三，确定了持续巩固生态系统碳汇能力的主要目标。要求以强化国土空间规划和用途管制为行动举措，通过严守生态保护红线、严控生态空间占用、严格用地规模、力促绿色生态产品市场化，稳定陆海生态系统固碳能力。到2025年，森林覆盖率达24.1%，为实现碳达峰、碳中和奠定坚实基础。到2030年，森林覆盖率达25%，二氧化碳排放量达到峰值并实现稳中有降。

第四，明确了不断提升生态系统碳汇增量的任务安排。以生命共同体为理念指导，围绕山水林田湖草沙一体化保护修复，提出一系列生态保护修复重大工程任务，包括国土绿化行动、退耕还林还草、耕地质量提升行动、矿山生态修复等。

第五，提出了加强基础能力建设相关要求。强调了生态系统碳汇基础能力建设

在碳达峰、碳中和目标任务实现中的关键作用，部署了生态碳汇统计监测能力提升、生态系统碳汇监测核算体系构建、新领域碳汇技术探索、碳汇市场建设以及前沿理论积累等方面的具体工作。

（二）自然资源管理促进碳达峰碳中和的路径

为推动碳达峰、碳中和目标如期实现，自然资源领域将聚焦国土空间规划管控、生态保护修复、优化资源配置、资源节约集约利用和碳汇基础支撑等主责主业，全力推动碳达峰、碳中和工作落实落地，为推动我国经济社会发展全面绿色转型，建设美丽中国做出应有贡献。

第一，发挥国土空间规划和用途管控的系统治理作用，巩固生态系统碳汇能力。加快编制和实施以绿色发展为导向的各级国土空间规划，研究制定国土空间开发保护法、国土空间规划法，构建国土生态安全屏障，建设面向全球的生物多样性保护网络。严格管控各类国土空间边界，制定《生态保护红线管理办法》。严格占用自然保护区项目审核，细化落实耕地保护责任目标，对耕地实行数量、质量、生态三位一体保护，严控城镇盲目扩张。

第二，推进国土空间生态保护修复，提升生态系统碳汇增量。实施青藏高原生态屏障区、黄河重点生态区、长江重点生态区、东北森林带、北方防沙带、南方丘陵山地带、海岸带生态保护修复，以及自然保护地建设及野生动植物保护、生态保护修复支撑体系 9 个重大工程专项规划，组织实施新一批山水林田湖草和海洋生态保护修复重大工程。持续推进大规模国土绿化，推动红树林、海草床、滨海盐沼保护修复，提升陆地和海洋生态系统的质量和稳定性。

第三，合理配置自然资源要素，优化能源供给结构。提升清洁能源矿产供给保障，加快锂、稀土等战略矿产的勘查开发。加快页岩气、煤层气、致密油气等非常规油气资源勘探开发，科学开发利用地热能、生物质能、波浪能、潮汐能等新能源，促进核电、光伏、风电等新能源产业发展。以土地要素配置支持清洁能源产业发展。支持工业和能源领域提高能效、降低能耗，降低单位 GDP 二氧化碳排放。实行能源资源、建设用地等总量和强度双控行动，深入推进煤炭等能源资源领域供给侧结构性改革，降低高碳化石能源结构比例。严控新增建设用地，探索限制高碳土地利用类型供应。

第四，推进自然资源节约集约利用，形成绿色低碳发展格局。实行最严格的节约用地标准控制，严控建设项目用地规模。深化"增存挂钩"机制改革，完善指标核算方法和配套政策，做好闲置土地处置工作，推动城镇低效用地再开发，加强土地复合利用，减少建设用地等"高碳"空间扩张。全面推进绿色矿山建设，大力推广绿色低碳先进适用技术。强化无居民海岛保护，减少人类活动对海洋自然空间的占用。促进海上风电产业与海洋渔业等融合发展，实现海域空间资源集约节约利用。提高地下空间利用效率，加强深部地下空间调查评价，开展 CCS 地质储存选址、地下空间地质储存产权研究。

第五，完善技术标准与市场规则，提升碳汇综合支撑能力。组织开展基础理论、基础技术方法研究，推动陆海碳汇机制研究、增汇技术开发。开展岩溶增汇以及基性、超基性岩矿化固碳关键技术研究，探索碳地质储存技术方法创新。推动有关重点实验室、工程技术中心和长期科学观测网建设。探索碳汇生态保护补偿制度建设，研究碳汇市场规则，推动更多生态碳汇产品的研发，吸引社会资本投入，促进碳汇交易良性发展。

第十六章 | 自然资源经济管理制度

建立健全自然资源经济管理制度是推进生态文明建设、促进自然资源领域治理体系和治理能力现代化的重要举措。本章回顾了新中国成立以来自然资源经济管理制度体制的发展历程，分析了制度建设的现状，特别是剖析了自然资源经济管理存在的问题与制度原因，最后展望了今后制度创新的方向和重点领域。

第一节　自然资源经济管理制度体系发展历程

自然资源管理是指各级政府运用行政、法律、经济、技术等多种手段，对自然资源的开发利用和保护进行组织、协调、规划和监督活动，实现自然资源可持续利用和最优配置，促进社会经济系统与自然资源系统、生态环境系统之间协调发展。自然资源管理制度体系可以概括为：一个目标，资源安全；两条主线，自然资源资产产权制度、国土空间规划与国土空间用途管制制度；四大环节，调查监测、保护修复治理、节约集约利用、监督；三大保障，管理体制、法规、科技。自然资源经济管理是从自然资源的经济属性（稀缺性）出发，遵循经济规律（供求、竞争、效率等），以维护所有者权益实现资产保值增值为目标，以自然资源保护为前提，以产权管理（产权界定、产权配置、产权交易、产权保护）为核心，以自然资源有偿使用为重点，形成权属界定、清产核资、评估核算、配置使用、经营、收益、监管等全链条管理，由此形成的相关管理体制、机制和具体制度，构成自然资源经济制度体系。

新中国成立以来，我国自然资源经济管理制度体系的建立可以划分为三个阶段：

一、1949～1977年，社会主义资源管理制度体系奠基

这一阶段是新中国社会主义革命和建设时期，在以开发利用导向和计划配置为主的资源观指导下，自然资源领域社会主义公有制、按劳分配和计划配置的基本经济制度逐步建立，同时形成相对分散、部门分割为特征的管理体制，从所有制、分配制度和经济体制角度，确立了社会主义性质的资源管理基本经济制度。

从法律规定看。从新中国成立到1976年"文化大革命"结束，共颁布了两部宪法——1954年宪法和1975年宪法。1954年宪法规定："中华人民共和国的生产资料所有制现在主要有下列各种：国家所有制，即全民所有制；合作社所有制，即劳动群众集体所有制；个体劳动者所有制；资本家所有制。……矿藏、水流，由法律规定为国有的森林、荒地和其他资源，都属于全民所有。"明确我国实行生产资料公有制，国家所有制包括国营经济和自然资源的国家所有制，并且以列举方式，明确矿藏、水流和国有的森林、荒地和其他资源都属于全民所有。关于经济体制，1954年宪法还确定了我国实行计划经济体制。1975年宪法关于自然资源所有权的表述基本上与1954年宪法一致。

从各资源类型实践来看。农村土地通过社会主义改造到1962年确立农村土地集体所有制，城市私人土地的社会主义改造到1975年时已基本完成，国家通过行政命令和计划机制主导土地资源配置，土地制度的主要特征是行政划拨、无偿和无限期使用、不准转让。矿产资源领域，国家定期按计划向地勘单位和矿山企业拨付经费，地勘单位将地质成果统一交国家无偿使用，国营矿山企业计划内生产的矿产品由国家统一调拨分配和销售。森林资源方面，1950年6月，《中华人民共和国土地改革法》（以下简称为《土地改革法》）设立了全民所有和集体所有两种产权制度，在东北、西南和西北原始林区建立了一批全民所有制森工企业，同时将分配给农民个人所有的森林、林木和林地经过农业合作化转化为集体所有，农村林业由分散经营转向集中统一经营。草地资源在人民公社时期完成经济私有制改造，建立了全民所有制，形成了以人民公社、生产大队和生产队为主的"三级所有，队为基础"的畜牧生产模式。水资源供给与配置由行政手段安排，集中管理、统一调动、分级管理。1958年，《中华人民共和国政府关于领海的声明》规定了我国的领海宽度为12海里，初步建立起我国领海制度。

在计划经济体制下，自然资源主要以实物形态参与生产活动，政府采用单一的行政划拨手段对自然资源进行直接管理和调配，形成了比较完善的实物量管理制度

体系和相应的管理办法。例如，矿产资源领域基本建立了以矿产资源实物管理，特别是以矿产资源储量管理为基础，以技术管理为主线的管理制度，形成了矿产储量的评审与认定、地质勘查规范和矿床工业指标审批下达与管理，以及储量登记统计管理等管理制度。

　　这一时期，自然资源管理体制的主要特征是单项资源分割分散管理且频繁调整。一是体现为各单项自然资源之间各自为政，未形成自然资源统一管理形态；二是各单项自然资源管理职责也经常分散在不同行业、管理部门和地方，条块分割严重，导致自然资源的开发利用缺乏合理的、科学的整体规划，不利于促进资源的可持续开发利用以及生态环境的保护。土地资源管理城乡分割、多部门分割管理，城市土地由建设部门主管、农村土地由农业部门主管、各行业用地由各部门自行管理。政府机构中未设立矿产资源统一管理部门，地质部门负责全国地质勘查工作，有色、冶金、化工、建材、煤炭、石油等部门，主要承担矿产资源开发利用的生产经营任务。水资源主要管理机构历经了水利部或水利电力部多次交替反复的调整变化，水利部门的职能主要集中在对农村和国家大型水利建设工程的管理上，城市自来水主要由城市建设部门管理。森林资源管理机构经历了多次"相对集中—分散—相对集中管理"的反复变化，例如，1951年由林业部实施林业资源的相对集中管理，1956～1958年又分别由林业部和森林部共同管理。草原管理职能长期设置在农业、农牧部门，其间农业部几经合并、分设，畜牧业司也历经畜牧兽医司、畜牧兽医总局、畜牧局、畜牧小组、畜牧总局、畜牧兽医局等发展过程，草原处从1978年开始至2018年一直作为畜牧业司的一个内设机构，承担着草原行政管理工作。

二、1978～2011年，自然资源管理制度体系初步构建

　　我国进入改革开放和社会主义现代化建设新时期，初步形成了以保护和节约集约利用为核心，以自然资源调查、规划、监管等为手段，以自然资源法制建设和相对集中管理体制为保障的自然资源管理制度体系。在经济管理制度建设方面的主要成果是探索建立了自然资源所有权、使用权和有偿使用的制度体系框架。

（一）产权、保护、节约与可持续发展成为资源观的关键词

　　改革开放以后，我国开始由计划经济向社会主义市场经济过渡。1992年党的十四大确定以建立社会主义市场经济为社会主义经济体制的目标模式，使改革有了一个总的、明确的目标。自然资源领域实行了以处理好自然资源所有权、使用权和

经营权关系为核心的产权改革，建立资源有偿使用制度以体现资源价值，从市场主体和市场配置两个方面突破传统经济管理体制。资源保护和生态平衡的观念日益普及，自然资源的生态功能逐渐得到重视。1983年，第二次全国环保会议召开，将环境保护确立为基本国策。1986年3月中共中央、国务院发出《关于加强土地管理、制止乱占耕地的通知》，正式提出"十分珍惜和合理利用每寸土地，切实保护耕地，是我国必须长期坚持的一项基本国策"。1998年修正的《中华人民共和国土地管理法》（以下简称为《土地管理法》）规定"十分珍惜、合理利用土地和切实保护耕地是我国的基本国策。"可持续发展观在20世纪80年代以后成为国际社会的广泛共识，到90年代成为我国国家发展战略。1994年，国务院通过《中国21世纪议程》，确定实施可持续发展战略。1997年，党的十五大将实施可持续发展战略作为我国跨世纪发展的重要任务。

我国自然资源经济管理通过改革适应市场经济运行，核心是建立健全自然资源产权制度，界定所有权归属，分离所有权、使用权、经营权，逐步构建用益物权，建立健全市场制度，再扩展到管理制度改革，取得经验后再由政策上升到法律规范，全面推进制度体系建设。主线是在明确自然资源为谁所有基础上，重点明确由谁使用、为谁使用和如何使用，实现使用权的主体多元化、取得有偿化与流转自由化，通过激励约束机制，促进自然资源合理配置、利用效率提高，保护自然资源。

（二）推进自然资源产权制度和有偿使用制度改革

1. 明确所有权制度，构建使用权制度

通过法律法规进一步明确了主要自然资源的所有权归属，分清了国家、集体二元化所有，初步规定了所有权代表主体。1982年《宪法》采取列举方式来表述自然资源所有权，增加了关于国家所有和集体所有的表述，还专门增加了关于城市土地和农村土地所有权的条款，并且明确了对自然资源的控制手段是合理利用。2007年《中华人民共和国物权法》（以下简称为《物权法》）进一步补充了全民所有的自然资源范围。土地、矿产资源、森林、草原、水资源、野生动物资源的单项资源法也都明确了各项资源的所有权权属。关于自然资源所有权代表主体，《物权法》明确"国有财产由国务院代表国家行使所有权；法律另有规定的，依照其规定。"在自然资源单项法中，草原法、矿产资源法和水法都明确规定由国务院代表国家行使该项资源的所有权。

我国经济体制改革从农村土地经营制度发端，延伸至城镇土地使用制度，逐步构建农村土地承包经营权、城市国有土地使用权，同期矿业权、林权、海域使用权制度不断推进，水权制度开始试点探索。农村集体所有土地使用制度采取土地承包经营制度，形成"所有权归集体，土地承包经营权归农户"的两权分离结构，牧区实行了"草原共有，承包经营，牲畜作价，户有户养"的家庭承包经营责任制。1998 年修订的《土地管理法》明确规定农民的土地承包经营权受法律保护。2003 年实施的《中华人民共和国农村土地承包法》（以下简称为《农村土地承包法》）要求稳定和完善以家庭承包经营为基础、统分结合的双层经营体制，赋予农民长期而有保障的土地使用权，建立和完善了土地承包、流转、承包人的权利义务、发包人的权利义务、救济方式和法律责任等各项基本制度。1995 年原国家土地管理局发布了《确定土地所有权和使用权的若干规定》对国家土地所有权、集体土地所有权、国有土地使用权和集体土地建设用地使用权的确定作了详细规定。1981 年 3 月 8 日，中共中央、国务院发布《关于保护森林发展林业若干问题的决定》提出实施林业"三定"政策（"稳定山权林权、划定自留山和落实林业生产责任制"），落实林木林地所有权和林业生产责任制。2008 年 6 月 8 日，中共中央、国务院出台《关于全面推进集体林权制度改革的意见》，开启集体林权制度改革新阶段。1986 年颁布的《中华人民共和国矿产资源法》（以下简称为《矿产资源法》），规定"勘查矿产资源，必须依法登记""开采矿产资源，必须依法申请取得采矿权"，同时又规定"采矿权不得买卖、出租，不得用作抵押"，禁止矿业权的自由转让。1996 年修订后的《矿产资源法》正式提出了矿业权流转的概念，允许探矿权和采矿权在一定情形下可以转让。1998 年，《矿产资源勘查区块登记管理办法》、《矿产资源开采登记管理办法》和《探矿权采矿权转让管理办法》三个行政法规相继出台，奠定了我国矿业权市场的法律依据。海域使用权制度形成和建立于 20 世纪末，2001 年《中华人民共和国海域使用管理法》（以下简称为《海域使用管理法》）通过，在法律上确立了海域所有权、海域使用权制度。1988 年出台的《中华人民共和国水法》（以下简称为《水法》）确立了取水许可制度。2005 年，水利部就印发了《关于水权转让的若干意见》，明确了水权转让的基本原则、限制范围、费用、年限和监督管理等内容。

2. 建立健全有偿使用制度

随着改革开放步伐的加大，市场要素逐步扩大加深，土地、矿产、水资源等的资产属性、经济价值日益显现，率先进行有偿使用探索。海域有偿出让探索始于 20 世纪 90 年代初，提出了实行海域使用证制度，明确了海域有偿使用制度，并规定了海域使用金的征收标准。

3. 初步建立自然资源产权分散登记制度

随着我国森林、草原、渔业、土地、矿产资源等各类自然资源管理的法律相继颁布实施，自然资源的管理步入法治化轨道，土地登记、矿业权登记、林权登记、草原登记、海域和无居民海岛等制度逐步建立起来，2007年《物权法》提出了不动产统一登记的要求。1986年《土地管理法》确立了土地登记制度，对土地登记发证进行了具体规定。1989年，国家土地管理局发布了《土地登记规则》，明确了土地登记的概念和法律效力、登记的类型、登记程序、登记资料等内容。1995年，国家土地管理局完善了《土地登记规则》。2007年，《物权法》确定了包括土地登记在内的不动产登记的基本制度，对土地登记程序、方法等提出了新的要求。2008年，新的《土地登记办法》正式实施，对土地登记、宗地等有关概念进行了明确，首次提出了土地登记实行"属地登记"的原则。1986年《矿产资源法》要求对探矿权和采矿权进行登记。1987年，《矿产资源勘查登记管理暂行办法》《石油及天然气勘查、开采登记管理暂行办法》《放射性矿产资源勘查登记管理暂行办法》出台。1994年《矿产资源法实施细则》提出国家对矿产资源的勘查、开采实行许可证制度。1998年，国土资源部制定实施《矿产资源开采登记管理办法》《矿产资源勘查区块登记管理办法》。1985年实施的《中华人民共和国森林法》（以下简称为《森林法》）规定全民所有和集体所有的森林、林木和林地，个人所有的林木和使用的林地，由县级以上地方人民政府登记造册，核发证书，确认所有权或者使用权。2000年《森林法实施条例》发布，明确了国家依法实行森林、林木和林地登记发证制度。2008年6月，《中共中央 国务院关于全面推进集体林权制度改革的意见》明确集体林权制度改革的五项主要内容，其中之一是勘界发证。1985年《中华人民共和国草原法》（以下简称为《草原法》）规定全民所有制单位使用的草原，由县级以上地方人民政府登记造册，核发证书，确认使用权。集体所有的草原和集体长期固定使用的全民所有的草原，由县级人民政府登记造册，核发证书，确认所有权或者使用权。2002年《海域使用管理法》要求建立海域使用权登记制度，单位和个人使用海域，必须依法取得海域使用权。2002年，国家海洋局印发《海域使用权登记办法》。2011年国家海洋局发布《无居民海岛使用申请审批试行办法》，开始对无居民海岛使用权进行登记，颁发使用权证书。

（三）基本建立资源保护与节约利用制度

自然资源的保护和节约集约利用是这段时期资源管理工作的主线，各资源类型虽然自然和经济特性差异较大，而且制度建设的目标和重点也有所不同，但都取得了显著进展。

1. 资源保护制度

我国土地资源保护制度的重点是耕地保护。1986年《土地管理法》明确制定法律的目的中包括保护和利用土地资源，特别提出要切实保护耕地，并且将耕地保护制度规定为土地管理的基本制度。1997 年 4 月，《中共中央 国务院关于进一步加强土地管理切实保护耕地的通知》印发，提出了土地用途管制、耕地占补平衡等系列重大制度。1998 年修订的《土地管理法》确立了以土地利用总体规划为统领，以耕地保护和节约集约用地为目标、以用途管制为核心的土地管理基本制度。2004 年 10 月，《国务院关于深化改革严格土地管理的决定》明确了耕地保护责任制度，2005 年国务院办公厅印发《省级政府耕地保护责任目标考核办法》，省级政府耕地保护责任目标考核机制正式建立。2006 年，国家土地督察制度正式建立并实施，任务是督察省级和计划单列市人民政府耕地保护责任目标落实的情况，严把土地闸门、严控建设用地总量等。

矿产资源保护制度主要包括保护性开采特定矿种开采总量控制制度、矿山地质环境保护等内容。《矿产资源法》规定，对保护性开采特定矿种实行有计划开采。1988 年，国务院将黄金确定为保护性开采的特定矿种；1991 年，国务院将钨、锡、锑、离子型稀土确定为保护性开采的特定矿种。2009 年，国土资源部发布《保护性开采的特定矿种勘查开采管理暂行办法》，对保护性开采的特定矿种实行开采总量控制管理。在矿山地质环境保护管理方面，逐步建立了矿山环境保护与治理规划制度、土地复垦制度、矿山地质环境影响评价制度、矿山地质环境恢复治理保证金制度等。

2009 年全国水利工作会议提出"从我国的基本水情出发，必须实行最严格的水资源管理制度"。2010 年《中共中央 国务院关于加快水利改革发展的决定》明确提出和部署实行最严格水资源管理制度，并提出要建立用水总量控制制度、用水效率控制制度、水功能区限制纳污制度和水资源管理责任和考核制度。森林资源保护方面，这一时期建立了以森林限额采伐制度为主，包括许可证制度、伐区拨交验收制度、退耕还林等制度体系。草原保护方面，2002 年印发《国务院关于加强草原保护与建设的若干意见》，要求建立和完善草原保护制度，具体包括基本草地保护制度、草畜平衡制度、划区轮牧、休牧和禁牧制度。2011 年国务院出台了《关于促进牧区又好又快发展的若干意见》，开始实施草原生态保护补偿奖励政策。

2. 节约集约利用制度

2008 年 1 月国务院发布《关于促进节约集约用地的通知》，这是我国第一部专门针对节约集约用地的规范性文件。国土资源部通过开展国土资源节约集约模范县（市）创建活动、强化土地规划和计划管控、加强用地标准和准入目录管理、进一步推进土地市场化建设、运用税收金融政策促进节约集约用地、开展节约集约用地评价考核、严格开发区用地管理和考核制度、强化对闲置低效和违法用地的处置力度、加强对农村建设用地节约集约利用管理，初步形成最严格的节约用地政策。国务院、国家发展改革委、工信部、国土资源部不断加强矿产资源节约与综合利用制度建设，相继颁布《中华人民共和国循环经济促进法》等法律及《国务院批转国家经贸委等部门关于进一步开展资源综合利用的意见通知》、《关于开展资源节约型和环境友好型企业创建工作的通知》、《中国资源综合利用技术政策大纲》、《矿产资源节约综合利用专项工作管理办法》等政策，初步形成矿产资源节约与综合利用制度体系。我国从 20 世纪 70 年代后期开始把厉行节约用水作为一项基本政策，在 20 世纪八九十年代主要以城市节水为重点，进入 21 世纪开始了全面节水建设。1988 年《水法》提出国家实行计划用水，厉行节约用水。2002 年新《水法》把节约用水放在突出位置，把建立节水型社会目标写入总则。这一时间制定了取水许可、用水总量控制和定额管理相结合、计量收费和超定额累进加价等一系列节水制度。

（四）形成相对集中的自然资源管理体制

第一阶段（1998 年之前）：形成单项资源相对集中的管理体制。1979 年国家地质总局改为地质部，1982 年地质部改名为地质矿产部，除负责矿产资源和水资源等普查勘探、地质科学研究等管理外，增加了对矿产资源的合理开发利用进行监督管理、对地质勘查全行业的活动进行协调的职能。1986 年，国家土地管理局成立，负责全国土地、城乡地政的统一管理工作。林草资源管理体制调整不大，森林资源由林业部管理，草原由农业部门管理。水资源管理部门和职责仍不稳定，1979 ~ 1982 年为水利部，1982 ~ 1998 年更名为水利电力部，1998 年又改为水利部。

第二阶段（1998 ~ 2011 年）：形成自然资源相对集中的管理体制。1998 年，我国政府决定将原地质矿产部、国家土地管理局、国家海洋局和国家测绘局共同组建国土资源部，主要是负责土地资源、矿产资源、海洋资源等自然资源的规划管理保护和合理利用。从职能上实现了部分自然资源由部门分散管理向相对集中管理的过渡，基本形成了自然资源从地上到地下、从陆地到海洋的立体管理框架。国土资源部的组建及随后进行的地方国土资源管理机构改革，标志着我国自然资源管理体制正从部门分割分散管理向相对集中管理过渡。但是除土地、矿产、海洋资源外，其他资源仍保持部门管理体制，海洋渔业资源和草地资源归农业部负责管理，水利部管理淡水资源，国家林业局负责管理森林资源和野生动物资源。

（五）初步构建自然资源法律体系

这个阶段，我国自然资源法制建设有了长足进步，各单项自然资源领域出台了一系列法律法规，基本改变了过去自然资源经济管理无法可依的状态。主要法律包括：《森林法》（1984 年）、《草原法》（1985 年）、《矿产资源法》（1986 年）、《土地管理法》（1986 年）、《水法》（1988 年）、《野生动物保护法》（1988 年）、《城市房地产管理法》（1994 年）、《海域使用管理法》（2001 年）、《农村土地承包法》（2002 年）、《海岛保护法》（2009 年）等，基本形成了以《宪法》为统领，以《物权法》为基础，各单项自然资源法律为结构的法群。

三、2012 年至今，整体重构自然资源管理制度体系

党的十八大以来，在习近平生态文明思想的统领下，自然资源领域在思想、体制、制度、法律等方面发生了整体重构性变化。

（一）改革管理体制，统一履行职责

2013 年，党的十八届三中全会通过的《中共中央关于全面深化改革若干重大问题的决定》（以下简称《决定》）提出健全国家自然资源资产管理体制，统一行使全民所有自然资源资产所有者职责。完善自然资源监管体制，统一行使所有国土空间用途管制职责。2018 年 3 月，国务院组建自然资源部，整合了国土资源部、国家发展改革委、住房和城乡建设部、水利部、国家林业局、农业部、国家海洋局和国家测绘地理信息局与自然资源管理相关的职责，形成了统一的自然资源管理部门，为资源管理和生态文明建设提供了重要的机构保障。自然资源部职责围绕党和国家重大战略进行系统集成改革，统一行使全民所有自然资源资产所有者职责，统一行使所有国土空间用途管制和生态保护修复职责，自然资源管理事业在"生态文明"和"国家治理体系和治理能力现代化"两个维度上全面升级，实现了历史性变革、系统性重塑、整体性重构。

（二）推进重大制度改革，加快自然资源管理制度体系建设

自然资源管理按照党中央顶层设计和谋划，围绕生态文明体制改革目标出台了一系列文件，内容覆盖自然资源资产产权制度改革、自然保护地体系、国土空间规划、三条控制线（永久基本农田、生态保护红线、城镇开发边界）、农村土地制度改革三项试点（农村土地征收、集体经营性建设用地入市、宅基地管理制度改革试点）、耕地保护、河湖长制、林长制、天然林保护修复、资产有偿使用和生态补偿、生态产品价值实现机制、耕地保护责任目标考核、领导干部自然资源资产离任

审计以及自然资源领域中央与地方财政事权和支出责任划分等。

1. 大力推进自然资源资产产权制度改革

2013 年，党的十八届三中全会通过的《决定》提出健全自然资源资产产权制度和用途管制制度，形成归属清晰、权责明确、监管有效的自然资源资产产权制度。2015 年，中共中央、国务院出台《生态文明体制改革总体方案》，把自然资源资产产权制度列为生态文明制度体系的首个制度。2019 年 4 月，中共中央办公厅、国务院办公厅印发《关于统筹推进自然资源资产产权制度改革的指导意见》，正式发布改革"路线图"：以完善自然资源资产产权体系为重点，以落实产权主体为关键，以调查监测和确权登记为基础，着力促进自然资源集约开发利用和生态保护修复，加快构建归属清晰、权责明确、保护严格、流转顺畅、监管有效的中国特色自然资源资产产权制度体系，为完善社会主义市场经济体制、维护社会公平正义、建设美丽中国提供基础支撑。2022 年 3 月，中共中央办公厅、国务院办公厅印发《全民所有自然资源资产所有权委托代理机制试点方案》，明确了"主张所有、行使权利、履行义务、承担责任、落实权益"的职责内容，针对土地、矿产、海洋、森林、草原、湿地、水七类自然资源资产和国家公园这一特定自然生态空间，在国家、省、市三个层面同步开展试点，找问题、试路径、积累经验。当前，试点工作正稳步有序推进。

2. 建立自然资源统一确权登记制度

2013 年 3 月，《国务院机构改革和职能转变方案》提出整合不动产登记职责，建立不动产登记制度。11 月，党的十八届三中全会通过的《决定》提出对水流、森林、山岭等自然生态空间进行统一确权登记。2014 年国务院颁布《不动产登记暂行条例》，明确对土地及房屋、森林、草原等实行不动产统一登记制度。2017 年以来，自然资源部门双管齐下探索推进自然资源统一确权登记。一边在重点生态区域开展试点，通过 12 个省份 32 个区域的试点工作，基本明确了自然资源统一确权登记的程序、方法、技术路线，形成了《自然资源统一确权登记暂行办法》，要求对水流、森林、山岭、草原、荒地、滩涂、海域、无居民海岛以及探明储量的矿产资源等自然资源的所有权和所有自然生态空间统一进行确权登记。一边不断巩固和提升不动产统一登记成果，从建立健全统一的地籍测绘工作机制、权属争议调处、信息平台建设应用、专项确权登记四方面为自然资源统一确权登记提供支撑保障。国家公园体制试点区、有关河流、重点林区自然资源确权登记工作正在稳步推进，海域、无居民海岛自然资源确权登记试点工作也在有序开展。

3. 严守耕地保护红线，加强山水林田湖草沙一体化保护修复

加强耕地保护法律制度体系建设。完善法律法规，修订实施土地管理法、土地管理法实施条例，颁布实施《中华人民共和国黑土地保护法》。2017 年，党中央、国务院印发《关于加强耕地保护和改进占补平衡的意见》，要求统筹推进耕地"三位一体"保护，坚决守住 18 亿亩耕地保护红线。国务院印发文件，就坚决制止耕地"非农化"、防止耕地"非粮化"作出专门部署。严格划定耕地和永久基本农田保护红线。严控耕地转为非农建设用地，加强改进占补平衡。全面实行非农建设占用耕地先补后占，强调做到占一补一、占优补优、占水田补水田。严控耕地转为其他农用地，实行"进出平衡"制度。

2020 年 6 月，国家发展改革委、自然资源部牵头组织编制了《全国重要生态系统保护和修复重大工程总体规划（2021—2035 年）》，规划布局了青藏高原生态屏障区、黄河重点生态区（含黄土高原生态屏障）、长江重点生态区（含川滇生态屏障）、东北森林带、北方防沙带、南方丘陵山地带、海岸带"三区四带"生态保护和修复，以及国家公园等自然保护地建设及野生动植物保护、生态系统保护和修复支撑体系等 9 个重大工程、47 项重点任务，并将其纳入《中华人民共和国国民经济和社会发展第十四个五年规划和 2035 年远景目标纲要》。2020 年 8 月，自然资源部办公厅、财政部办公厅、生态环境部办公厅联合印发《山水林田湖草生态保护修复工程指南（试行）》。这是我国首个按照"山水林田湖草沙是一个生命共同体"理念系统指导一体化生态保护修复实践的技术性通则。2021 年 11 月，国务院办公厅印发了《关于鼓励和支持社会资本参与生态保护修复的意见》。

加快构建以国家公园为主体的自然保护地体系，三江源、大熊猫、东北虎豹、海南热带雨林、武夷山等第一批国家公园设立，国家公园体制不断健全。2019 年中共中央办公厅、国务院办公厅印发《天然林保护修复制度方案》、2021 年国务院办公厅印发《关于加强草原保护修复的若干意见》，统筹推进林草生态治理，森林草原休养生息制度得以进一步完善。

4. 资源节约集约利用制度

党的十八届三中全会强调，要"健全能源、水、土地节约集约使用制度"。十年来，我国节约集约用地制度更加完善，机制更加健全，形成了"规划管控、计划调节、标准控制、市场配置、政策激励、监测监管、考核评价、共同责任"八个方面的制度体系。实施建设用地总量和强度双控，建立"增量安排与消化存量挂钩"机制。合理确定新增建设用地规模，推动资源向中心城市和城市群等优势地区倾斜；推动形成城乡统一的建设用地市场，土地要素市场化配置改革向纵深推

进；调整完善产业、基础设施、公共服务领域建设用地使用标准，按照突出节约集约、保安全生产、保基本功能的原则，强化土地使用标准和节约集约用地评价，加强节约用地审查，土地节约集约利用水平明显提高。

持续提升矿产资源综合开发利用能力。建立矿产资源开发利用水平调查评估制度，推动绿色勘查和绿色矿山建设，遴选推广 360 项矿产资源节约和综合利用先进适用技术，发布 124 种矿产资源合理开发利用"三率"（矿山开采回采率、选矿回收率、综合利用率）最低指标要求。

党的十八大将"建设节水型社会"纳入生态文明建设战略部署，党的十九大报告提出实施国家节水行动，标志着节约用水成为国家意志和重要战略。2018 年党和国家机构改革中，水利部节约用水职能和机构得到突出强化。2019 年 4 月，经中央全面深化改革委员会审议通过，国家发展改革委、水利部印发实施《国家节水行动方案》。坚持节水优先，大力实施国家节水行动，完善用水总量和强度双控，全面推进农业节水增效、工业节水减排、城镇节水降损。加快建立水资源刚性约束指标体系，推进地下水开采总量与水位双控，合理确定流域区域用水总量控制指标，严格水资源论证和取水许可管理。

5. 建立自然资源统一调查监测评价等基础制度

在开展第三次全国国土调查的同时，紧紧围绕土地、矿产、森林、草原、水、湿地、海域海岛七类资源，系统重构自然资源调查监测的任务和工作内容，创新调查研究业务体系，统筹设计调查工作的组织实施方式，形成了自然资源调查监测体系构建的顶层设计——《自然资源调查监测体系构建总体方案》。为守好调查监测的质量"生命线"，2021 年 7 月又发布了《自然资源调查监测质量管理导则（试行）》。

（三）完善自然资源法律体系

十年间，自然资源法治建设迈出了坚实的一大步，一系列法律、法规、政策、措施陆续发布实施，一系列涉及自然资源的重要法律法规陆续施行。通过《民法典》等明确了有关自然资源资产物权规定。《民法典》对自然资源的国家所有权和集体所有权、各种国有使用权和集体使用权以及抵押权、地役权等所有自然资源权利，从权利的主体与客体、取得与丧失、内容与限制等方面作出了原则性规定，推动改变过去自然资源权利的规定不全面、不系统、不具体、不明确的局面。新《海洋环境保护法》于 2017 年 11 月 4 日获审议通过，并于同年 11 月 5 日起施行；新《土地管理法》于 2019 年 8 月 26 日获审议通过，并于 2020 年 1 月 1 日起施行；新《森林法》于 2019 年 12 月 28 日获审议通过，并于 2020 年 7 月 1 日起施行；新

《土地管理法实施条例》于 2021 年 9 月 1 日起施行；《湿地保护法》于 2021 年 12 月 24 日获审议通过，并于 2022 年 6 月 1 日起施行。2020 年 12 月 26 日，我国第一部针对一个流域的专门法律——《中华人民共和国长江保护法》获审议通过，于 2021 年 3 月 1 日起施行。《中华人民共和国黄河保护法》和《中华人民共和国黑土地保护法》都于 2022 年通过。新《森林法》强化了森林权属保护，设专章以明晰"森林权属"，明确表示国有森林的所有权由国务院行使，国务院可以授权有关部门行使所有者职责；高度重视森林权利人（地区）的利益，对森林、林木、林地的所有权、使用权予以登记保护；多种所有制的林业经营主体可以依法取得国有森林、林木和林地的使用权，且该使用权经过法定程序批准后，可以转让、出租、作价出资等。矿产、草原、自然保护地、野生动物保护、国土空间规划、国家公园等方面的立法修法工作也在快速推进。

第十六章

第二节　自然资源经济管理制度现状

一、自然资源经济管理制度建设主要进展

（一）形成了自然资源资产产权制度顶层设计

2019 年，中共中央办公厅、国务院办公厅印发的《关于统筹推进自然资源资产产权制度改革的指导意见》提出了自然资源资产产权制度改革的顶层设计和时间表与路线图，指出自然资源资产产权制度建设要求以调查监测和确权登记为基础，以完善自然资源资产产权体系为重点，以落实产权主体为关键，加快构建系统完备、科学规范、运行高效的中国特色自然资源资产产权制度体系，并提出了健全自然资源资产产权体系、明确自然资源资产产权主体、开展自然资源统一调查监测评价等九项主要任务。

2022 年 3 月，中共中央办公厅、国务院办公厅印发《全民所有自然资源资产所有权委托代理机制试点方案》，围绕自然资源资产产权制度建设，进一步提出了试点思路、目标、所有者职责内涵、主要任务等。

我们提出以下自然资源资产产权制度的初步认识：

1. 制度定位

健全自然资源资产产权制度是坚持和完善社会主义基本经济制度与生态文明制

度的重要任务。中国特色社会主义制度体系由根本制度、基本制度、重要制度等组成，其中，自然资源资产产权制度定位于基本制度和重要制度的构成内容，是社会主义基本经济制度和生态文明制度的重要组成部分。

社会主义基本经济制度包括"公有制为主体、多种所有制经济共同发展，按劳分配为主体、多种分配方式并存，社会主义市场经济体制等"，我国自然资源为全民所有或集体所有，是社会主义生产资料公有制的重要体现；党的十九大报告要求："经济体制改革必须以完善产权制度和要素市场化配置为重点"，这两个重点都与全民所有自然资源资产产权制度联系密切。生态文明制度是新时代中国特色社会主义制度体系中的重要制度，根据中共中央、国务院印发的《生态文明体制改革总体方案》，自然资源资产产权制度是构成生态文明制度体系八项制度的首个制度。

2. 体系框架

根据《关于统筹推进自然资源资产产权制度改革的指导意见》，中国特色自然资源资产产权制度体系包括以下内容：

主要问题：自然资源资产底数不清、所有者不到位、权责不明晰、权益不落实、监管保护制度不健全。

体系特征：系统完备、科学规范、运行高效。

制度特征：归属清晰、权责明确、保护严格、流转顺畅、监管有效。

构建思路：以调查监测和确权登记为基础，以完善自然资源资产产权体系为重点，以落实产权主体为关键，着力促进自然资源集约开发利用和生态保护修复，加强监督管理，注重改革创新。

主要目标：基本建立的自然资源资产产权制度，明显提升自然资源开发利用效率和保护力度，为完善生态文明制度体系、保障国家生态安全和资源安全、推动形成人与自然和谐发展的现代化建设新格局提供有力支撑。

主要任务：健全自然资源资产产权体系、明确自然资源资产产权主体、开展自然资源统一调查监测评价、加快自然资源统一确权登记、强化自然资源整体保护、促进自然资源资产集约开发利用、推动自然生态空间系统修复和合理补偿、健全自然资源资产监管体系和完善自然资源资产产权法律体系等九项。

（二）提出了所有者权益管理制度体系框架

按照"主张所有、行使权利、履行义务、承担责任、落实权益"的所有者职责内涵，围绕"履行所有者职责、维护所有者权益"的工作主线，对照全民所有自然资源资产"由谁管—有什么—值多少—怎么管护—如何配置—收益怎么实现—如何监督—对谁负责"的管理链条和框架体系，逐步建立健全全民所有自然资源资产权益管理制度体系。

首先建立委托代理制度，确定各类自然资源资产行权主体，依据权责履行或代理履行所有者职责。在此基础上，开展权益管理各项工作，建立清查统计制度、资产核算制度、资产保护和使用规划、储备管护制度、资产配置制度、收益管理制度、考核监督制度、资产报告制度、生态产品价值实现等基础性制度。建立委托代理制度，落实各类自然资源资产所有权行使主体，划分自然资源部直接履行、委托地方人民政府代理履行所有者职责的边界，明确直接履行和代理履行所有者职责的具体内容。

建立资产保护和使用规划制度，对统一履行全民所有自然资源资产所有者职责进行统筹谋划，加强所有权委托代理机制建设的整体性、系统性、协同性。

建立清查统计制度，摸清资产家底，摸清自然资源资产实物量和价值量，核实所有者权益，夯实所有者权益管理的数据基础。

建立储备管护制度，对全民所有自然资源资产实施分类储备、运营管护和临时利用。

建立全民所有自然资源资产损害赔偿制度，保护全民所有自然资源资产安全和不受侵害。

开展自然资源资产处置、配置是履行全民所有自然资源资产所有者职责的最主要方式，要健全资产处置配置制度，推进全民所有自然资源资产所有权与使用权等用益物权相分离，完善权利设立方式和程序，统一全民所有自然资源资产配置的概念、内涵、程序，建立健全划拨、出让、租赁、作价出资（入股）等规则，并通过合同约定权利义务责任。按照所有者和管理者分开的原则，建立健全体现所有者权益的收益管理制度，逐步统一全民所有自然资源资产收益的概念、内涵、核算标准、收益分配原则、预算归属类别，研究提出合理调整全民所有自然资源资产收益分配比例和支出结构的建议，加大对自然资源资产管理和生态保护修复的支持力度。

建立健全考核评价制度和监督体系，对所有者职责履行、全民所有自然资源资产变化等情况进行考核评价，建立奖惩机制，防止权益受损。健全自然资源资产监督体系，加强委托人对代理人的监督管理，发挥人大、司法、审计和社会监督作用，形成监管合力。

建立资产报告制度，主动接受人大监督，向全国人民交出国有自然资源资产"明白账""放心账"。

（三）部分关键工作初步形成了制度成果

1. 编制自然资源清单，所有者职责履职主体及履职内容初步明确

一是编制《中央政府直接行使所有权的自然资源清单（试点试用）》，统筹考虑自然资源在生态、经济、国防等方面的重要程度和履职能力，初步确定了自然资源部代表中央政府直接行使所有权的范围和主要职责，初步划清了中央和地方行权履职边界。二是所有权委托代理机制试点省、市（地）级政府组织代理履行全民所有自然资源资产所有者职责的自然资源清单。依据法律法规、地方性规章、有关文件、管理实际和行政区划等，明确了省、市（地）级政府代理履行所有者职责的范围和职责内容。目前，各试点地区均编制上报了自然资源清单，代理履职主体和履职内容初步明确，标志改革试点迈出了实质性一步。三是创新所有权管理方式，进一步落实、落细所有者职责管理事项的承接主体。大部分试点地区在自然资源清单中明确由自然资源主管部门承担土地、矿产、海洋等资产所有者职责，由自然资源主管部门与林草主管部门共同承担森林、草原、湿地等资产所有者职责，由自然资源主管部门与水行政主管部门共同承担水资源所有者职责。同时，探索发挥派出机构、事业单位和市场主体作用，承担特定范围内自然资源资产的部分所有者职责管理事项。例如，杭州西湖西溪管委会承担西溪湿地公园内湿地的部分所有者职责管理事项；浙江成立省级自然资源资产运营公司，承担省政府代理履行所有者职责的特定自然资源资产运营保护工作；内蒙古呼伦贝尔林场等探索将林场交由市场主体经营；湖南南山国家公园和南滩国家草原自然公园将公园范围内部分自然资源资产委托国有公司进行专业运营管护。

2. 开展资产清查试点，形成工作制度和技术标准

全民所有自然资源资产清查分别于 2019 年 9 月和 2021 年 2 月，开展了两批试点工作。目前，第二批试点正在成果汇交和总结中，试点地区的全民所有自然资源资产家底基本摸清。通过试点，初步建成资产清查技术规范体系。包括《全民所有自然资源资产清查（试点）技术指南》和 14 项资产清查技术标准草案。统一了各类资源资产的价值内涵，初步明确了资产清查工作流程、技术方法、组织体系等，初步建立覆盖全国、横向可比的国有建设用地、农用地、矿产、森林、草原、海洋等 6 类资源资产的国家级和省级资产清查价格体系，实现各类资源资产价值量全国范围内可比。同时加强成果应用和信息系统建设，北京等地加强资产清查成果应用，开展清单上图工作；河北等地加强资源资产信息化管理，初步构建了全民所有自然资源资产管理信息系统和监管平台或形成平台建设方案。

3. 初步建立国有自然资源资产报告制度，接受人大监督

2018 年开始编报国有自然资源资产管理情况报告，2021 年 10 月 21 日，自然资源部代表国务院首次向全国人大常委会提交《国务院关于 2020 年度国有自然资源资产管理情况的专项报告》并做口头汇报，并于 2022 年 4 月形成 2020 年度专项报告有关审议意见的整改落实报告，完成审议意见的整改落实。通过几年的工作，初步建立了全民所有自然资源资产情况的工作制度。健全与发展改革委、财政部、生态环境部、水利部、农业农村部、审计署、国家统计局、国家林业和草原局等协作机制，共同规范内容和数据来源、共同起草、共同报送，统一报告制度初步建立。加强对地方报告工作的指导和服务，印发内容框架参考模板，跟踪解决各地报告工作的困难和问题，推动地方加快建立报告制度。截至目前，广东、广西、云南等探索建立了本地区国有自然资源资产报告制度。

深入学习贯彻党中央关于建立国有资产报告制度的意见，结合自然资源管理特点，明确"国有 + 集体""资源 + 资产""工作报告 + 统计报告"的思路，研究确定内容框架。围绕《报告制度意见》《监督决定》等提出的报告重点以及全国人大常委会审议、监督重点，聚焦党中央关心、人大关注和社会关切，形成了涵盖国有自然资源资产基本情况、管理工作及成效、下一步工作安排等报告内容体系，并以图、表等形式直观展示，提高了可审性。

（四）重大制度改革扎实推进

1. 探索编制自然资源资产保护和使用规划

国家层面自然资源资产保护和使用规划的定位和主要内容，着眼统一行使全民所有自然资源资产所有者职责这一战略目标，对产权体系、资产配置、收益管理、考核监管、基础工作、技术标准、实施保障等重点任务和举措做出全局谋划和总体安排。试点地区积极研究探索全民所有自然资源资产保护和使用规划编制，积累了有益经验。

2. 储备管护制度探索力度逐步加大

开展了土地、矿产、森林、水资源等分类储备，全国层面部署开展全口径土地储备试点，将所有尚未设立使用权或使用权已消灭、以国家所有权形态存在的国有建设用地纳入储备范围，江西、贵州等地积极探索建立省级矿业权出让储备库，广西、海南等地探索开展省级土地储备，山西、广东等地探索开展储备林建设，宁夏等地开展水权分级收储。强化全民所有自然资源资产管护，通过设立机构、直接委托或者政府采购的方式明确管护主体，通过专职人员巡护、无人机、智能监控等方式对公益性自然资源资产进行管护，积极预防、及时制止破坏全民所有自然资源资

产行为。例如，广东制定《广东省省属国有林场森林资源巡护制度（试行）》，广州在海珠国家湿地公园开展从"人管"到"智管"智慧湿地建设试点。

3. 自然资源资产处置配置制度改革不断深化

建设用地配置规则不断优化，自然资源部起草《国有建设用地使用权配置办法》以及规范城市地下空间管理、支持产业用地供应改革的相关文件，江苏率先实行"标准地＋定制地＋双信地"配置模式，杭州、深圳、南宁等地出台相关政策鼓励拓展地上地下空间。研究探索农用地配置规则和权利体系取得重要进展，黑龙江、广东、海南、宁夏、甘肃等地在建立健全国有农用地权利体系和国有农用地承包经营权登记等方面开展了有益探索实践。贵州、广西、重庆、江西等地围绕"净矿"出让和明确矿业权竞争性出让范围开展研究探索。浙江舟山开展"标准海"试点，山东烟台制定《海域使用权招标挂牌出让管理办法》。吉林、广东、江西等地出台国有森林资源资产有偿使用文件。北京、甘肃、青海、内蒙古等地重点推进湿地和国家公园特许经营制度建立及实践。福建、江西、山东、重庆及深圳、苏州等地探索生态产品价值实现机制，开展了生态产品调查与核算研究，探索资源指标及产权交易、生态治理及机制提升、生态产业化经营、生态保护补偿和碳汇交易等价值实现模式。

4. 自然资源资产收益管理制度建设稳步推进

自然资源部加强制度研究和政策制定，围绕收益管理现状梳理、完善成本补偿机制、不同层级政府收益的分配、支持生态修复等方面开展专题研究，形成研究报告，与财政部门共同修改完善《矿业权出让收益征收管理办法》。地方层面在建章立制规范自然资源收益管理方面进行了积极探索。浙江、广西、陕西、云南等地进一步完善收益制度并探索填补森林、国家公园等收益制度空缺。

5. 考核监督机制探索步伐加快

自然资源部组织开展考核评价制度研究，聚焦所有者职责履行落实情况，以发现问题、改进工作、规范管理、维护权益为目标导向，对代理主体开展定期考核和日常监管，已形成考核监督的总体思路和初步方案。天津、广东、重庆等地制定了考核评价办法。

6. 推进自然资源领域生态产品价值实现试点实践

2021年4月，中共中央办公厅、国务院办公厅印发了《关于建立健全生态产品价值实现机制的意见》，对生态产品价值实现机制进行了顶层设计。按照党中央、国务院要求和部署，结合自然资源部门职能职责，重点开展了以下工作：一是开展理论研究。系统梳理了国内外相关研究和实践，界定了生态产品的内涵和分类等，并根据公益性程度和供给消费方式，将生态产品价值实现分为政府路径、市场路径、政府与市场相结合三种路径。二是发布典型案例。认真总结国内外的成功做法和经验，发布了 3 批 32 个生态产品价值实现典型案例，提炼形成了资源指标及产权交易、生态治理及价值提升、生态产业化经营和生态补偿 4 类模式，指导推动各地实践和探索创新。三是开展试点示范。在重庆、福建、江苏、山东、河南、广东等 6 个省 10 个市开展自然资源领域生态产品价值实现机制试点，重点在多元化市场化生态产品价值实现路径、建立技术体系和支撑机制等方面开展探索。

7. 组织开展全民所有自然资源资产平衡表编制试点

贯彻落实党中央、国务院关于编制自然资源资产负债表制度的决策部署，认真履行中央赋予的"编制全民所有自然资源资产负债表"职责，循序渐进开展探索工作，先探索编制"全民所有自然资源资产平衡表"，同步开展全民所有自然资源负债研究。2020 年下半年至 2021 年底，在 31 个省（自治区、直辖市）和新疆生产建设兵团同步开展全民所有自然资源资产平衡表编制试点工作，每个省选取一个地级市及所辖区县作为试点单位。全民所有自然资源资产平衡表编制试点内容主要包括土地、矿产、森林、草原、湿地、水、海洋等 7 类自然资源，重点核算各类全民所有自然资源资产的实际占有、经济价值变动、权益变动、收入支出、责任义务履行等情况。

8. 研究建立全民所有自然资源资产统计工作体系

一是研究构建全民所有自然资源资产统计指标体系。在已有的自然资源专项统计制度和行政管理数据的基础上，构建全民所有土地、矿产、森林、草原、湿地、海洋等自然资源资产的统计指标体系。二是制定资产统计制度。加快建立统一、规范、高效的全民所有自然资源资产统计制度，明确统计的目的、范围、内容、周期、方式方法，保证组织实施的可行性。三是研究建立全民所有自然资源资产信息动态监管平台，全面完整反映全民所有自然资源资产数量、质量、价格、收益、分布、经济价值等属性信息，充分利用大数据等现代信息技术，加强分析研究，提升全民所有自然资源资产管理水平。

9. 推动全民所有自然资源资产核算体系建设

一是加强基础研究。总结梳理国内外自然资本核算、环境经济核算的发展脉络、核算体系、基本特征等，紧密结合自然资源资产管理工作需要，深入研究自然资源资产核算的目标定位、核心内容和总体思路，明确工作方向。二是组织起草核算技术标准。在完成国有土地资源资产核算试点和前期研究的基础上，制定印发了行业标准《全民所有土地资源资产核算技术规程》。在天津、江苏、山东等地进行试算的基础上，研究起草《海域资源资产核算技术规程》并通过海标委评审。在研究自然资源资产核算工作的核心理念、总体要求与定位的基础上，组织起草《全民所有自然资源资产核算通则》，拟征求意见、进一步修改完善后报审。三是开展生态产品价值核算研究，借鉴国内外生态价值核算技术，选择影响生态系统功能和生态产品供给的核算指标，在重点区域或流域开展试点，逐步探索完善生态价值核算方法。

二、自然资源经济管理存在的问题与制度原因

（一）综合性问题

当前，自然资源经济管理中一些长期存在的问题尚未解决，同时在制度改革和建设过程中又出现了一些新问题。一方面，自然资源约束趋紧和利用粗放并存、生态系统整体质量不高和稳定性弱、资源环境对国家重大战略安全的支撑保障仍不稳固；另一方面，自然资源资产底数不清、所有者不到位、权责不明晰、权益不落实、监管保护制度不健全等问题已有所改观但尚未解决，产权改革、所有权委托代理机制试点中又出现了自然资源资产内涵不清、所有权管理与自然资源监管权管理难区分、所有权主体权责利难划清、资产价值难核算、监管困难等新的难题。

（二）制度建设分析

1. 自然资源资产管理理念尚不清晰

自然资源资产管理和产权制度在我国推进时间较晚，特别是受长期实行计划经济体制、管理体制所有权与监管权不分等影响，自然资源管理系统和公众对相关改革理念、政策、举措等理解还不深、不透，存在许多模糊认识，影响深入贯彻落实自然资源资产产权改革和健全自然资源资产管理体制。

2. 尚未形成国有自然资源资产整体系统管理格局

一是自然资源资产管理在国家发展全局、国家经济制度体系以及国有资产管理整体中的定位、作用等尚不明确。尚未有具有权威性的法规、文件予以明确，客观上造成制度推进中的概念不清、定位不准等认识问题。

二是集中统一履行全民所有自然资源资产所有者职责还没有完全理顺，自然资源资产管理由分类分散向统一综合转变不够到位。受过去自然资源分类监管体制影响，国有自然资源资产管理未全面认识自然资源要素之间的关联属性，依然延续以单门类资源资产管理为主的模式，执行中各类国有自然资源资产管理各自为政、缺乏统筹，整体利用和综合管理不够等问题比较普遍，与自然资源资产价值属性、各

类资源要素综合管理和保护的目标要求不相适应。全民所有自然资源资产产权制度改革方案明确由自然资源部统一履行全民所有自然资源资产所有者职责。但在实践中，横向上，部分国有自然资源资产所有者职责依然分散在不同部门，如森林资源、草原资源、水资源、海洋渔业资源等，尚未明确与自然资源部统一履行的关系及方式。部分自然资源，如水流产权确权，水利部门和自然资源部门分别进行了确权试点，改革思路并不完全一致，还存在分别发证现象。纵向看，全民所有自然资源资产所有权委托代理机制尚处于试点过程中，试点范围只涉及有关省、市级地方。全民所有自然资源资产所有权管理纵向层面的顶层设计有三种行权方式：中央直管、委托地方政府和法律授权地方政府，尚待试点探索和实践落实。在土地等重要自然资源资产的占有、使用、收益、处分等物权权能的实现上，地方政府的角色和定位还需依法作出明确制度安排。

三是政府自然资源监管与国有自然资源资产管理职责有待进一步明晰规范和衔接。国有自然资源资产管理是国家基于所有者身份对全民所有自然资源资产行使所有权并进行管理的权力，自然资源监管是国家基于管理者身份对国土范围内所有自然资源行使监管的权力。一方面，由于对自然资源与自然资源资产的科学界定与划分还不够到位，导致对自然资源资产所有者与自然资源监管者的职责定位还不够清晰，国有自然资源资产所有权人意义上的权利和管理者意义上的权力行使规则和程序等制度不够完善。一些地方国有自然资源资产所有者权利与政府监管的行政权力混同使用。另一方面，自然资源资产管理与自然资源监管存在密切联系，需要相互配合，而目前尚未建立起有效的衔接机制，导致有的地方在划定和落实"三条控制线"过程中，仅从监管角度突出保护生态环境，没有充分考虑保护区内矿业权等自然资源资产的合法权益，大量井站关闭既影响矿产资源产量，也可能造成国有资产损失；有的林草部门认为地质公园等自然保护地没有"林草"不需要履行资源监管责任，而自然资源部门以自然保护地统一划归林草部门管理为由也不履行资产管理责任，出现管理空白。

四是缺乏多层次自然资源资产管理协调沟通机制。目前的自然资源资产管理体系中，虽然主要管理职责集中在自然资源部，但仍有部分职责由相关部门承担，如水利部负责水资源有偿使用；自然资源部内部也存在自然资源监管与自然资源资产管理的协调问题；在地方政府层面，森林、草原、水资源等管理部门与自然资源主管部门之间存在大量的沟通协调工作。

3. 确权登记、资源调查、资产清查核算等基础管理工作有待加强

我国自然资源资产管理的基础制度仍然存在很大缺陷，自然资源资产的统一登

记体系尚未形成，资产调查、统计和核算体系尚没有建立。

统一确权登记工作进展不够理想，确权登记工作有待规范。水流和湿地等重要的自然资源产权的确权登记工作尚未完成。

不同自然资源调查登记和规划的空间分类标准和调查周期多元化、不统一，不同统计口径的资源数据存在差异。例如，在资源调查周期上，除了原国土资源部门的土地资源数据可以每年更新，森林、水等资源为 5 年甚至 10 年进行一次普查，无法满足年度更新的要求。又如，我国草原资源调查自新中国成立以来累计开展了 2 次区域性和 2 次全国性草原资源调查工作。第一次开展全国性的草原资源调查工作是 1980 年开始，历经 10 余年，覆盖全国 2000 多个县，95% 以上的国土（仅东部极少数平原农区和城镇、工矿区未做调查），首次掌握了我国草原资源本底情况。但第 2 次全国草地资源清查工作迟至 2017 年 3 月，农业部下发了《全国草地资源清查总体工作方案》。目前，部分省份外业清查工作基本完成，少数省份清查工作还未完成。①

自然资源资产清查工作尚处于试点阶段，全国层面全面清查尚未开展，全国自然资源资产家底不清，资产价值量、质量等数据缺乏或质量不高。资产清查统计制度尚处于研究阶段，清查成果应用不足，特别是在主张所有权方面的作用尚未显现。资产清查与统一调查监测和确权登记工作部署的统筹衔接有待进一步加强。湿地、国家公园等资产清查技术、路径、方法的难点问题尚未破解。全民所有自然资源资产管理信息系统和监管平台统筹谋划还需加快。

自然资源资产管理统计指标体系不规范不统一。各个资源管理部门出于不同的管理需求，对同一自然资源采用不同的分类标准和调查方法，建立了各自领域的国家分类标准和管理规则，导致出现各类自然资源资产管理技术规程不匹配、统计口径不一致、清查时点不统一等问题。一些地方与自然资源资产管理相关的考评指标体系多套并存，不同考评指标体系中的指标往往存在重复交叉，考核评价流于形式，影响管理成效。

4. 有偿使用、收益管理、资产负债表编制、生态产品价值实现等重点改革需深入推进

自然资源资产具有经济、社会、生态等多重效益，自然规律、价值规律甚至资本规律都发挥作用，政府与市场作用的界限亟待明晰。目前在自然资源资产管理和配置方面，存在对生态属性为主的公益性自然资源资产的保护与修复方面政府主导

---

① 赵磊磊，张英团，张良，等. 我国草原调查监测现状、存在问题及对策分析 [J]. 林业建设，2020（6）：8 - 12.

作用不够，经济属性为主的经营性自然资源资产配置方面市场作用发挥不足，以及政府对自然资源市场的监测监管和调控有待加强、相关机制有待健全等问题。例如，土地、矿产、水等要素市场发展滞后，一些生态产品的市场还在建设发展之中，行政干预资源资产配置广泛存在，市场配置资源的决定性作用发挥还不够充分。资源产品价格形成机制不够成熟，透明度低，尚未形成健全的市场机制下的资源价格体系和资产价值体系。实现自然资源资产领域的有为政府与有效市场仍是需要深入研究和探索的重要课题。

国有资源资产配置方式单一，未能体现不同类型自然资源资产特点，使得管理定位不明，相应的资产化程度也不高。对于各类资源的经济属性（资产化）和社会属性（资源化）并未有明确的分类界定准则，对各种公益性自然资源资产（如自然保护地、生态用地、生态用水、生态林等）未能有效按照其公共、公益属性进行使用和监管，对各种经营性自然资源资产未能完全纳入市场并依照市场规则运营和监管。

自然资源产权交易市场发育程度较低。部分自然资源使用权交易尚未落实，且尚未具备产权交易的基本条件，交易实现载体——统一的产权交易市场尚未建立。例如，《草原法》确认了草原承包经营权流转的法律制度，标志着我国草原承包经营权流转制度进入了法制化轨道，但对于转让主体范围、流转方式、流转价格及限制等问题欠缺具体规定。水权交易市场的法律法规很不健全，对于水权的界定、用水权转让审批管理、水权交易价格的评估以及水权交易纠纷等相关问题都还没有明确的配套规定。国有自然资源资产通过市场化方式配置的比例总体不高。有偿使用标准尚未形成与市场价格相挂钩的动态调整机制，与利用效率衔接不够，促进资源节约与综合利用的功能发挥不够。

自然资源资产负债表编制还存在难点。自然资源资产负债表的编制目前还面临许多理论、技术和方法上的障碍。主要以土地、林木、水和矿产等部分自然资源实物量账户为主，关于自然资源资产核算、生态系统功能评估、生态价值核算等还在探索研究阶段，也没有权威、可普遍推广的计算方法。对资产负债表中负债部分从概念内涵到种类范围都还没有破题，暂未考虑自然资源资产负债。从试点地区的情况看，获得基础数据的难度较大，且越到基层基础数据缺口越大，编制结果应用作用极为有限。同时，编制结果一般滞后两年，时效性不强，与开展领导干部自然资源资产离任审计等工作存在衔接困难。

生态产品价值实现机制还需探索创新。目前自然资源生态产品价值核算的范围、计量、定价、标准等还处于理论研究和探索中，部分资源的质量评定标准体系也不健全，尚未形成统一、公认的价值核算方法。从地方试点看，对于生态调节服务价值的核算不同地区采用不同方法，评估结果差异非常大。从生态保护补偿机制看，补偿方式以资金补助为主，产业扶持、技术援助、人才支持等补偿方式未得到广泛应用，补偿标准缺乏生态产品价值核算基础，难以准确反映生态保护投入等成本和生态产品的实际价值，稳定筹资、科学分配的补偿机制还不完善。目前区域间横向补偿典型案例，主要集中在流域生态补偿，未能推广至其他生态领域和区域，协作、产业转移、共建园区等补偿方式多体现在各类协议层面，在实践中落地较少。生态产品和用能权、水权等资源环境权益交易还处在起步阶段，市场机制还不完善，交易活跃度还较低。碳排放权交易范围还需进一步扩大，在配额分配、价格形成等方面还需持续探索。其他类型的生态资源权益交易市场各自为战、自成体系，没有形成统一、完整、活跃的生态产权交易市场。

5. 自然资源资产监管问责不到位

全民所有自然资源资产监管尚未从自然资源监管中独立出来，重资产处置、收益管理，轻后期监督管理问题严重，内部监督为主的多元监督体系尚未建成。许多国有自然资源资产由有关部门和地方政府直接配置，但没有承担明确的管理职责和目标，也缺乏有效的监督制约手段。评价考核内容和方式有待完善，评价考核的结果应用缺乏明确导向，奖惩和责任追究制缺位，处置不力、违法成本低。对于国有自然资源资产的侵害，没有建立起严格的责任追究和赔偿制度。自然资源使用权人的合法权益也没有得到严格尊重，随意限制、侵犯权利人合法权益的现象时有发生。

各级政府向本级人大常委会报告国有自然资源资产管理情况进展不平衡，人大对政府管理国有自然资源资产情况的监督刚刚起步。对领导干部实行自然资源资产离任审计制度和生态环境损害责任追究制度的作用还未充分发挥。人大、纪检、审计、社会等监督方式信息数据等未实现有效衔接，尚未形成合力。

6. 自然资源资产法治薄弱

一是法制建设相对滞后。目前，我国尚无自然资源领域的综合性法律，既有的《土地管理法》《矿产资源法》《森林法》《草原法》等都基于分散立法方式重点对某一类自然资源管理做出规范，对于自然资源管理的一些共性问题、基础性问题缺乏统一性协调性的规定。现行自然资源单行法虽已基本形成体系，但仍尚有空白。在国家公园、国土空间开发保护、资源节约集约利用、生态保护补偿、生态损害赔偿等方面还缺少相关法律规范。部分地方性法规因没有上位法支撑，权威性和刚性约束力不足。另外，部分自然资源法律法规与机构改革后的自然资源资产管理保护实际不符，亟须作出相应修改。相关法律对建立健全资源保护与节约集约利用的激励约束机制体现不够，需要补充完善。

二是《民法典》等法律有关自然资源资产物权的规定还比较原则，仅仅搭起了框架而已，许多规定还不够明确、具体，因而可操作性还不够。例如，怎样在正在起草的《不动产登记法》中进一步明确不动产登记队伍建设、不动产登记的审查效力、不动产登记损失赔偿以及如何平衡推进"互联网＋"、优化营商环境与登记安全，等等。又如，在自然资源资产权利救济方面，除了土地承包经营权仲裁有专门的法律外，其他地权、林权、草权、海权、水权纠纷的调处都没有明确的法律规定。

三是单行法之间存在对象交叉、内容重复甚至冲突。因为没有统一的自然资源基本法，各自然资源单行法又是在不同时期由不同部门起草，故自然资源单行法之间缺乏协调统一，自然资源法律的综合效应难以真正发挥。例如，土地资源方面，因《土地管理法》《森林法》《草原法》等在调整范围上的交叉，导致同一土地资源同时受到多个资源法律的调整，使有关法律主体无所适从，也使执法部门之间相互推诿扯皮，从而影响了土地资源的保护和管理。

四是自然资源资产缺乏专门法律。国有资源资产综合性法规一直未能出台，只印发了《中华人民共和国企业国有资产法》，自然资源资产法律制定尚未提上工作日程。

第三节 自然资源经济管理制度建设

一、贯彻落实党中央有关要求

党的十八大以来，我们党把制度建设摆到更加突出的位置，党的十八届三中全会首次提出"推进国家治理体系和治理能力现代化"这个重大命题，并把"完善和发展中国特色社会主义制度、推进国家治理体系和治理能力现代化"确定为全面深化改革的总目标。党的十八届五中全会进一步强调，"十三五"时期要实现"各方面制度更加成熟更加定型，国家治理体系和治理能力现代化取得重大进展，各领域基础性制度体系基本形成"。党的十九大作出到本世纪中叶把我国建成富强民主文明和谐美丽的社会主义现代化强国的战略安排，其中制度建设和治理能力建设的目标是：到 2035 年，"各方面制度更加完善，国家治理体系和治理能力现代化基本实现"；到 21 世纪中叶，"实现国家治理体系和治理能力现代化"。党的十九届四中全会专门研究国家制度和国家治理问题并作出决定，第一次系统描绘了中国特色社会主义制度的图谱。

党的二十大确立了全面建成社会主义现代化强国，以中国式现代化全面推进中华民族伟大复兴的中心任务，并且将"生态环境保护发生历史性、转折性、全局性变化"作为新时代十年伟大变革之一，将"促进人与自然和谐共生"作为中国式现代化本质要求的重要内容，对推动绿色发展、促进人与自然和谐共生作出重大部署，为推进生态文明、建设美丽中国指明了前进方向。新征程上，自然资源经济管理面临新的机遇和任务要求。要坚持人与自然和谐共生的自然观，牢固树立和践行绿水青山就是金山银山的理念，站在人与自然和谐共生的高度谋划发展，加快形成节约资源和保护环境的空间格局和资产结构，坚持山水林田湖草沙一体化保护和系统治理，持续提升生态系统多样性、稳定性、持续性，切实提升生态系统质量。要坚持绿色发展的发展观，进一步把碳达峰、碳中和纳入生态文明建设整体布局和经济社会发展全局，在发展要安全、能源要安全、生态环境要安全的前提下，积极稳妥推进碳达峰、碳中和。

2023 年 7 月，习近平总书记在全国生态环境保护大会上发表重要讲话，强调"我国经济社会发展已进入加快绿色化、低碳化的高质量发展阶段，生态文明建设仍处于压力叠加、负重前行的关键期"，明确提出了生态文明建设的"四个重大转变""五个重大关系""六项重大任务""一个重大要求"，即实现由重点整治到系统治理的重大转变、由被动应对到主动作为的重大转变、由全球环境治理参与者到引领者的重大转变、由实践探索到科学理论指导的重大转变；处理好高质量发展和高水平保护的关系、重点攻坚和协同治理的关系、自然恢复和人工修复的关系、外部约束和内生动力的关系、"双碳"承诺和自主行动的关系；部署了持续深入打好污染防治攻坚战、加快推动发展方式绿色低碳转型、着力提升生态系统多样性稳定性持续性、积极稳妥推进碳达峰碳中和、守牢美丽中国建设安全底线、健全美丽中国建设保障体系等六项重大任务；要求"建设美丽中国是全面建设社会主义现代化国家的重要目标，必须坚持和加强党的全面领导"。特别是在"健全美丽中国建设保障体系"中要求"完善自然资源资产管理制度体系，健全国土空间用途管制制度"。明确了自然资源资产管理制度体系建设在生态文明和美丽中国建设中的重要地位，不仅是推进生态文明建设的应有之义，也是促进高质量发展、推进中国式现代化的必然要求。

二、处理好一些重要关系

（一）社会主义公有制与市场经济体制

我国基本经济制度的内容是"坚持和完善公有制为主体、多种所有制经济共同发展，按劳分配为主体、多种分配方式并存的社会主义市场经济体制。"社会主义公有制从产权属性角度明确了我国产权的社会主义性质，保护和强化全民所有自然资源资产是坚持和完善公有制主体地位的重要方面，要通过落实全民所有自然资源资产的民有、民营、民享，实现社会主义及公有制的目的，即维护社会公平正义、促进共同富裕。

社会主义市场经济体制是中国特色社会主义的重大理论和实践创新，是从经济管理体制和运行机制角度明确我国经济发展要将社会主义性质和市场方式有机结合。社会主义市场经济体制以完善产权制度和要素市场化配置为重点。市场经济的本质是自由、平等、法治经济，构成现代市场经济体制框架有四个基本要素或环节：规范化的市场主体、现代化的市场体系、灵活有效的宏观调控系统和完善的社会保障制度。健全归属清晰、权责明确、保护严格、流转顺畅、监管有效的自然资源资产产权制度，落实《关于统筹推进自然资源资产产权制度改革的指导意见》要求，坚持物权法定、平等保护。要推动所有权和使用权相分离，健全自然资源资产产权体系和权能，依法明确全民所有自然资源资产所有权的权利行使主体、所有权的各项权能以及派生权益，培育市场主体，加强产权激励；要构建产权市场，发挥市场对资源配置的决定性作用，加强政府监督管理；要完善自然资源资产产权法律体系，平等保护各类自然资源资产产权主体合法权益，更好发挥产权制度在生态文明建设中的激励约束作用。

（二）市场配置与政府监管

首先，这里所说的政府是指作为所有权代表的政府而非作为经济社会管理者的政府，前者与市场的关系核心是全民所有自然资源资产产权的运行方式与边界，后者与市场的关系核心是公共权力的运行方式与边界。

其次，处理好政府与市场的关系，实质是所有权与用益物权（使用权）的关系。所有权权能可以分解，可以为不同于所有权主体的经济主体持有，全民所有自然资源资产的所有权代表是中央政府，主要掌握收益和处置权能；而经营性资产的使用权主体是市场各类主体，通常掌握着占用和使用及分享部分收益权能，二者既相联系，而又相对独立。应坚持政企分开、政资分开，政府强调基于出资关系的监管，注重国有资产保值增值及整体功能，尊重市场主体地位和企业法人财产权。

最后，从资产配置角度，一方面，要发挥市场对经营性自然资源资产配置的决定性作用，努力提升自然资源要素市场化配置水平。加快构建全国（及区域性）自然资源资产交易体系，建立统一的自然资源交易平台，统一规范和标准，公开交易，理顺自然资源资产价格形成机制，完善自然资源资产有偿使用制度、价值评估制度等，让价值规律、竞争规律和供求规律在经营性自然资源资产配置中起决定性作用。另一方面，要发挥政府在公益性自然资源资产配置中的主体性作用，重点强调政府应本着公开、公正、公平原则，市场在其中发挥调节、补充作用。

（三）所有权与监管权、自然资源管理与自然资产管理

所有权与监管权的性质、管理对象、管理方式和管理目标都存在差异。所有权是基于自身财产权形成一种民事关系，所有权人基于所有权通过资产的占有、使用、收益来确保自然资源资产保值增值，是资产管理。监管权是基于管理权形成的一种行政法律关系，是针对所有自然资源所享有的一种管理职能，突出的是市场失灵状态下的政府管制，是行政管理。国家所有权管理对象主要是针对国有的自然资源资产即全民所有自然资源资产，国家监管权的管理对象既有国有自然资源，也有集体所有的。行使所有权强调用经济手段调节资产利用，管理方式可以选择委托管理、合同管理、直接管理等形式，监管权管理方式包括对资源的开发利用进行审批、许可、监督检查、禁止、强制或者处罚。在管理目标方面，所有权侧重的是资源资产管理、市场化配置及资产权益的实现，促进自然资源资产保值增值；监管权侧重自然资源保护和合理开发利用，目的是满足社会公共利益的需求，保护国家和地区的自然资源基础。

自然资源资产管理与自然资源监管都是自然资源部的基本职责，二者既有密切联系，又有显著区别。一方面，自然资源资产来源于自然资源，自然资源监管是自然资源资产管理的基础，空间用途管制影响乃至决定了自然资源资产价值；另一方面，两项职能性质不同，管理目的、管理对象、影响领域、管理手段都存在明显不同，但在某些环节管理主体存在重合，在某些领域存在业务交叉。

要加强自然资源资产管理与资源监管的衔接，更好地落实"两统一"职责。全民所有自然资源资产管理要以自然资源监管为基础，资产配置和处置要符合用途管制，符合生态保护的公共利益需要。自然资源监管也要综合考虑促进自然资源资产保值增值，实现所有者权益。另外，从减少管理成本、提高行政效率看，自然资源监管与自然资源资产管理也需要统一调查评价、协调监管政策。总之，要通过建立内部分工负责机制，加强相关管理工作和流程衔接，实现二者的"相互独立、

相互配合、相互监督"。

自然资源管理与自然资源资产管理联系密切。首先，二者的管理基础相同，自然资源统一调查、统计、评价、监管是共同的管理需求，特别是摸清自然资源家底是二者的管理起点。其次，空间用途管制影响乃至决定了自然资源资产价值，自然资源与自然资源资产是同一自然空间的不同属性，区位和用途是影响价值的重要因素。最后，二者都要着眼于属性与功能的系统性、全面性实现，包括自然资源资产的自然、经济、社会、政治等属性，资源、环境、生态、空间等功能。

自然资源管理与自然资源资产管理的关系。自然资源、自然资源资产、自然资源资本三者衍生关系大体是：以自然资源为母体，不得买卖的全民所有自然资源作为母体派生出的用益物权是形成资源性资产的基本存在形态；以自然资源资产为核心，居于承上启下的地位；以自然资源资本为方向，资源性资本是资源性资产在特定经济运行模式下的特殊表示方式，但只适用于经营性自然资源资产所形成的产业。

（四）中央与地方

处理好中央政府与地方政府的产权关系，系统考虑、协同推进，以使中央和地方之间形成合理分工、上下互动、激励相容、产成合力的工作局面，是全民所有自然资源资产管理及其制度改革的重要内容。

一是明确全民所有自然资源资产"统一所有，分级代理"管理模式。法律规定，属于国家所有的自然资源资产由国务院代表行使所有者权利，即国家所有权代表是中央，地方无法律资格来行使国家所有权。全民所有自然资源资产应由中央政府统一行使所有者职权，同时，为调动地方政府的积极性，按照不同资源种类及其在生态、经济、国防等方面的重要程度，实行中央、省级政府分级代理行使所有权模式。除中央政府直接行使所有权的自然资源资产外，按授权管理和属地管理相结合的原则，明确省级、地（市）级政府责任，制定全民所有自然资源资产管理责任清单。

二是须重点明晰中央政府与地方政府在全民所有自然资源资产管理中的责任与权利关系、事权与财权关系。要明确中央政府作为所有者如何向地方"确权"，全民所有自然资源资产在中央与地方之间如何界定权属，国家所有权的各项权能，例如，使用权、处分权和收益权等如何在中央与地方之间分解，进而进行社会化和结构化。一方面，要强化中央部门的宏观管理职能，彰显其国有自然资源资产终极所有者地位和作用，重点制定和完善规则，做好战略性资源资产和跨省、跨流域资源资产管理，加强对地方国有自然资源资产管理的监管；另一方面，要明确地方政府的具体职能，按照法律授权或受中央部门委托行使所有者权利，负责管理辖区内一般资源型资产，取得收益并履行逐级监管职责。

（五）综合管理与分类分级管理

自然资源资产的分类分级管理是基础，综合管理是发展趋势。在实行分类管理的基础上，根据不同门类自然资源之间的系统性、关联性和综合管理的趋势，强化集中统一管理。

1. 依据全民所有自然资源资产属性，加强分类分级管理

要针对不同门类资源资产的属性差异，以单门类的自然资源资产为管理对象，研究单要素自然资源资产的利用和管理规律，建立分类、分级的管理政策、制度和措施。要处理好管理与经营的关系，对公益性较强的自然资源资产重点做好保护和自然资本投资工作，对经营性较强的自然资源资产重点做好保值增值和可持续变现工作。

经营性资源资产以提供市场产品实现经济价值功能为主，一般采用市场规则来运营管理，以维护所有者利益为主要目标。譬如农业生产用地、经营性建设用地及矿产、商业林木等资源。探索国有资源资产的经营与管理分离，经营主体可以多元化，重点考核其资产价值保值增值。结合经营性国有资产的改革经验，可建立专门的资源性资产运营公司，其独立于资源行政管理部门以外。依法明确规定相应的运营管理主体，并有序构建完善统一的经营性资源资产监管体系，探索国家所有权、经营权与监督权的分离，建立相对完整的现代企业制度。对于战略性资源资产，国家可按市场规律评估其价值，将其折合为股份，组建国有控股资源型企业，参照经营性国有企业改革模式实施考核管理。对于一般性资源性资产，可放开经营权，建立国家、集体、个人等多种资本均可进入的混合所有企业，提高自然资源资产的经营效率。

公益性资源资产以提供公共生态产品和社会服务及生态环境功能为主，一般应以资源保护、可持续利用和全民福利效益为主要目标，采取公共行政管理手段加以管理，严格限制和禁止其经营性利用，重点考核公共生态产品和服务质量及相应成本状况。例如，各地域的风景名胜区、自然保护区、国家森林公园、国家地质公园甚至生态防护林等都属于公益性资源资产。对于保护区类资源性资产，应将其从资源行政管理部门内分离，建立独立的专业化资源性资产保护机构，统一负责各级风景区，合理划分中央政府和地方政府的管理层级，将国家级的公益性资源资产纳入中央层级直接管理。对于其他公共产品类的资源性资产，坚持国家所有、政府经营的管理模式，明确相应的代理机构及管理主体，建立完善统一的公益性资源资产监

管体系，禁止公益性资源资产用于非公共领域，实行资源化管理。

2. 加强综合管理

要以自然资源资产的分类分级管理为基础，根据不同门类自然资源资产之间的系统性、关联性和综合性，加强自然资源集中统一管理。主要包括统一行使所有权权能（占有、使用、收益和处分）、统一中央和地方政府分级行使所有权的管理体制、统一资产登记、统一资产调查、统一资产核算、统一资产规划、统一产权交易市场、统一监管和统一考核体系等。

三、制度创新重点方向

（一）推进自然资源资产管理理论创新

加强所有权委托代理重大问题研究，要在基本概念、基础理论、重大法律关系、重要制度建立上下功夫，区分所有权与监管权，处理好统一行使、委托代理和法律授权的关系，完善自然资源清单制度，健全资源资产处置配置规则，研究建立收益管理制度。

（二）推进自然资源资产管理制度创新

一是持续推进产权制度改革，根据中央与地方委托代理权责划分，明确履行国有自然资源资产所有者职责的产权主体，保障所有者利益。推进全民所有自然资源资产所有权与使用权分离，创新所有权实现形式，抓紧修改完善自然资源部直接履行全民所有自然资源资产所有者职责试点实施方案并印发实施。按照"全面覆盖、层级合理、职责明确、权责对等"的原则，不断完善自然资源清单，建立清单动态调整机制。

推动所有权和使用权充分分离，明确占有、使用、收益和处分等权利归属和权责，适度扩大使用权的出让、转让、出租、抵押、担保、入股等权能。明确国有农场、林场和牧场土地所有者和使用者权能。逐步完善集体经营性建设用地使用权、农村土地承包经营权、宅基地使用权，探矿权、采矿权、海域使用权的相关制度。逐步扩大自然资源资产使用权主体范围，国有自然资源产权要逐步向民间资本开放，推动自然资源产权领域的混合所有制经济的发展。

二是加快国家自然资源资产保护和使用规划编制研究及地方自然资源资产保护和使用规划编制指南研究，选择有条件的地方开展试点探索。

三是完善全民所有自然资源资产处置配置规则，深化土地、矿产、海洋、水资源有偿使用制度，加快建立森林、草原、湿地和国家公园有偿使用制度，加快形成

第十六章

全民所有自然资源资产收益制度顶层设计。严格界定公益性征地范围，各类建设用地原则上均实行有偿出让，从严控制矿产资源协议出让，科学界定水、森林、草原、湿地有偿使用范围。健全市场化出让方式，扩大采取"招拍挂"等竞争性出让方式的范围，增加信息透明度。国有自然资源资产有偿使用收支全部纳入预算管理。深化自然资源领域税费改革，厘清国有土地使用权出让金、矿业权出让收益等政府基于所有权的收入与其他基于管理者身份征收税费的关系。改变以往依据评估结果征收矿业权出让收益的方式，根据不同区域和矿产资源赋存条件确定收益率，依托资源税征收渠道，分年度征收出让收益，调整完善中央与地方收益分配机制。

四是加快探索创新生态产品价值实现机制。抓紧推动地方整理形成自然资源资产损害赔偿典型案例。深入开展自然资源领域生态产品价值实现机制探索，深化案例分析、系统总结提炼，研究制定全面推进的指导意见。

加快生态产品价值相关理论研究，创新生态产品价值的实现路径，建立科学的评估方法和标准。研究制定国家层面生态保护补偿制度，完善横向生态保护补偿省际协调机制，构建科学合理的考核评价体系，进一步发挥财政资金引导撬动作用，完善多元化、市场化的补偿方式。逐步扩大参与碳排放权交易市场的行业范围和交易主体范围，增加交易品种，提高市场活跃度。逐步建立统一的生态环境权益交易市场，促进产权流转体系建设。

五是建立完善自然资源资产基础工作制度。完善自然资源资产统一确权登记制度，全面推进自然资源统一确权登记法治化、规范化、标准化、信息化建设，完善操作规程，优化登记系统，健全不动产登记配套制度和自然资源权属争议调处制度，妥善解决历史遗留的多头发证、交叉重复问题，保护群众利益。在统一分类、标准、规范的基础上，健全完善自然资源统一调查、登记、评价、评估、监测体系，建立涵盖自然资源数量、质量、生态"三位一体"的全口径自然资源资产数据库和共享平台。在总结两批资产清查试点经验基础上，加快研究制定清查统计制度，并适时全面推开。加强国有自然资源资产管理标准体系建设，以自然资源资产清查统计和资产核算为重点，规范自然资源分类和统计标准，研究制定节约集约开发利用标准，推动自然资源资产管理体系标准化。

六是把碳达峰、碳中和纳入自然资源改革发展整体布局中，制定自然资源减碳与储碳制度。自然资源领域应聚焦国土空间规划管控、生态保护修复、优化资源配置、资源节约集约利用和碳汇基础支撑等主责主业，从碳的调查监测核算、交易价格、市场监管、碳金融（质押担保融资贷款）等方面制定相关管理制度。发挥国土空间规划和用途管控的系统治理作用，巩固生态系统碳汇能力；推进国土空间生态保护修复，提升生态系统碳汇增量；合理配置自然资源要素，优化能源供给结构；推进自然资源节约集约利用，形成绿色低碳发展格局；完善技术标准与市场规则，提升碳汇综合支撑能力，探索碳汇生态保护补偿制度建设，研究碳汇市场规则，推动更多生态碳汇产品的研发，吸引社会资本投入，促进碳汇交易良性发展，全力推动碳达峰、碳中和工作落实落地。

（三）健全国家自然资源资产管理体制

一是逐步建立完善自然资源资产管理体系。现代国家管理由决策、执行、信息、咨询、监督、反馈等诸多环节构成一个完整系统。国外公共自然资源遵循行政管理三权分立原则，在管理体制内部，实行决策、执行、监督三权分立，推动"决策集中化，执行专门化，监督独立化"。我国关于国有资产管理体制，大多强调管理、监督和营运三位一体。2019年党的十九届四中全会通过的《中共中央关于坚持和完善中国特色社会主义制度 推进国家治理体系和治理能力现代化若干重大问题的决定》要求"形成以管资本为主的国有资产监管体制，有效发挥国有资本投资、运营公司功能作用"。我们认为除了管理、运营、监督三大体制外，全民所有自然资源资产管理体系还应包括协调、法律、技术（信息）等板块，从而形成管理、运营、监督、协调、法规、技术的系统完备、功能协调、科学规范、运行高效的制度体系。

二是进一步理顺集中统一与分级分类相融合的管理体制。认真落实《全民所有自然资源资产所有权委托代理机制试点方案》，加快厘清自然资源部统一履行全民所有自然资源资产所有者职责与相关中央部门、地方政府代理履行的关系与方式。充分考虑不同类型国有自然资源资产的性质特点和地域差异，以及现有法律规定及体制惯性等影响，采取横向委托与纵向委托相结合的方式，尽快确定出台国务院相关部门和省级、地市级政府代理履行所有者职责的自然资源清单，分别明确所有者职责履行主体、代理履行主体及行权履职的具体内容，相应完善相关资源收益分配机制和财政支出责任，有效调动各方面积极性。

三是完善自然资源资产管理与自然资源监管体制。准确把握国有自然资源资产所有者与自然资源监管者既相互独立，又紧密联系的特点，进一步明晰各自的职责定位，形成边界清晰、权责明确、系统高效、有机衔接的自然资源资产管理体制和自然资源监管体制。要完善履行职责的规则和制度体系，加强统筹衔接，防范越位、缺位，保证国有自然资源资产配置、使用、处置等开发利用，在符合空间规划和用途管制要求，适应保护生态环境等公共利益需要的同时，也可以促进自然资源资产的保值增值，保障所有权人的合法权益。

四是厘清政府与市场的边界。适应高质量发展和生态文明建设的需要，转变政府职能，发挥有效市场和有为政府作用。对于生态属性为主的公益性自然资源资产，完善政府监管，加强保护与修复，积极培育生态产品市场，探索解决"市场失灵"问题；对于经济属性为主的经营性自然资源资产，政府以放活为主，畅通市场要素自主有序流动，构建完善的自然资源资产市场体系，完善市场交易机制，使自然资源资产价格更好反映市场供求和资源稀缺程度、体现生态价值和代际补偿，推进市场化环境权益交易。

（四）加强自然资源资产立法修法工作

推进立法修法工作，配合全国人大开展国有资产综合性立法研究，对于地方集中反馈、需要通过法律层面解决的问题，推动在国有资产法中予以明确。梳理各自然资源单行法中和目前改革方向、所有权管理等有冲突或不相符的规定，推动单行法适时修订。

颁布有关自然资源资产权利的部门规章。依据《民法典》确立的指导思想和基本原则，对于《民法典》没有规定，或虽有规定但不完善且工作急需的，研究制定出台有关土地权利的部门规章。例如，《确定土地所有权和使用权的规定》已经被各级自然资源管理部门和司法机关采用了20多年，但由于只是一个规范性文件，自然资源管理部门在实际工作中据其作出的有关自然资源资产确权决定，有时候还是被司法机关以引用法律依据不当而予以取消。因此，应尽快将其上升为部门规章，进而推动其上升为法规甚至法律。

研究推进自然资源基本法律制度。起草《自然资源保护法》，研究制定《自然资源法》《国土空间规划法》等自然资源综合性法律，逐步将我国各类自然资源作为一个整体，统筹规划、开发、利用和保护，明确自然资源种类、保护、开发和利用。

附录 《中国自然资源经济学通论》 词汇表[*]

B

边际收益递减规律 指在技术水平不变的条件下，在连续等量地把某一种可变生产要素增加到其他一种或几种数量不变的生产要素上去的过程中，当这种可变生产要素的投入量小于某一特定值时，增加该要素投入所带来的边际产量是递增的。(2)

不可再生资源 是人类开发利用后，在现阶段不可能再生的自然资源。(11)

C

产权 是经济所有制关系的法律表现形式，是基于所有权，包括占有权、支配权、使用权、经营权、继承权和剩余索取权及不可侵犯权等一系列权利关系，是一组"权利束"。(5)

产权制度 对财产关系进行合理有效组合和调节的制度安排，具体表现为以特定的生产资料所有制为基础，对财产占有、支配、使用、收益和处置过程中所形成的各类产权主体的地位、行为权利、责任、相互关系等加以规范的法律制度。(5)

纯公共物品 表现为非竞争性和非排他性，不可能排除任何人从物种的存在中受益，一个人对其存在的享受也不会减少或排除其他人的享受。(6，8，13)

纯私人物品 完全具有排他性和竞争性的物品，消费者必须支付相关的支出才可以完全享受或使用。(6)

---

* 说明：括号内的数字表示出现的章数。

D

代理成本　为解决代理人损害委托人的利益所付出的代价。（3）

"搭便车"问题　由于参与者不需要支付任何成本而可以享受到与支付者完全等价的物品效用，从而影响到公共物品供给成本分担的公平性和公共物品供给的持久性。（3）

F

非竞争性　物品或服务被确定的人消费时，其他人也可以不受限制地消费此物品或服务，并且每个人消费此物品或服务的数量和质量也不会随着消费人数的增加而降低。（6）

非排他性　一旦提供资源，即使那些没有为它付过费的人也不能被排除在享受该资源带来的利益之外。（3，6，第二、六章均有定义，意思一致但表述不同）

负外部性　物品被消费时可使他人或社会受损，而造成损害的人却没有为此承担代价。（6）

G

公地悲剧问题　当资源或财产有许多拥有者，他们每一个人都有权使用资源，但没有人有权阻止他人使用，由此导致资源的过度使用。（3，6）

公共池塘资源　具有非排他性和消费共同性的物品。（3，6，8）

公共物品　有广义的公共物品和狭义的公共物品之分，广义的公共物品是指具有非排他性或非竞争性的物品，即每个人消费这种物品不会导致别人对该物品消费的减少，一定程度上共同享用的事物；狭义的公共物品又称纯公共物品，即那些既具有非排他性又具有非竞争性的物品，可以在同一时间内被不同的消费者所消费，并且一旦被提供出来，一般也不能排除其他消费者的使用。（3，4，6）

公共选择　人们通过民主决策的政治过程来决定公共物品的需求、供给和产量，把私人的个人选择转化为集体选择的一种过程。（6）

公共资源　在消费上只有竞争性，没有排他性。（6）

国土空间规划分区　以全域覆盖、不交叉、不重叠为基本原则，以国土空间的保护与保留、开发与利用两大管控属性为基础，根据区域主体功能区战略定位，结合国土空间规划发展策略，将区域国土空间划分若干分区，并明确各分区核心管控目标和政策导向的管理过程。（14）

H

海洋生态修复　是针对海洋生境退化、外来物种入侵等问题，实施的退围还滩还海、岸线岸滩整治修复、入海口海湾综合治理、海岸带重要生态廊道维护、水生生物资源增殖、栖息地保护等具体行为。（14）

海洋资源节约集约利用　通过布局优化、规模调节、标准控制、市场配置、盘活利用等手段，达到降低海域海岛资源消耗、提升单位面积用海用岛的经济社会和生态综合效益、挖掘低效海域海岛资源再利用潜力、优化海域海岛利用结构和布局的各项行为与活动。（14）

环境经济核算体系　"一个多用途概念框架"，作为将环境和经济信息组织起来的系统方法，目的是尽可能完整地涵盖与环境经济问题分析有关的存量和流量。（3）

横向生态补偿　地方政府、企业、集体组织和个人之间产生的生态价值补偿，多见于流域间的生态补偿。（10）

J

价格机制　在市场供求矛盾中，价格围绕价值波动，从而支配市场取向和调节资源配置的作用方式，是市场经济条件下配置资源的核心机制。（11）

价值规律　商品的价值量取决于社会必要劳动时间。价值规律的表现形式是商品按照价值相等的原则互相交换，市场供求影响商品价格，商品价格以价值为中心上下波动。（2）

间接使用价值　自然资源不是直接用于生产或消费，其价值不直接进入生产、消费过程，只能间接表现出来，如水源涵养、水土保持等。（3）

节约集约利用土地　是指通过规模引导、布局优化、标准控制、市场配置、盘活利用等手段，达到节约土地、减量用地、提升用地强度、促进低效废弃地再利用、优化土地利用结构和布局、提高土地利用效率的各项行为与活动。（14）

经济规律　社会经济现象间普遍的、本质的、必然的联系。（2）

经济学　研究人类行为及如何将有限或者稀缺资源进行合理配置的社会科学。（2）

经济学理论　由经济学概念、范畴与范畴体系组成的经济学逻辑体系。（3）

经济学研究方法　人们在经济活动的范围内，为了获得经济方面的科学理论，对经济过程和经济现象进行探索所采取的途径和方式。（3）

竞争机制　指市场供求变动、价格波动和生产要素流动而形成的市场经济运行

中的有机联系，是市场经济活力的重要表现形式。（11）

竞争性　消费者或消费数量的增加引起的物品或服务生产成本的增加。（6）

俱乐部产品　相互的或集体的消费所有权的安排。（3，6，8，第三、六、八章定义表述有所不同）

K

可持续发展　基于社会、经济、人口、资源、环境相互协调和共同发展的理论和战略，主要包括生态可持续发展、经济可持续发展和社会可持续发展，以保护自然资源环境为基础，以激励经济发展为条件，以改善和提高人类生活质量为目标，宗旨是既能相对满足当代人的需求，又不能对后代的发展构成危害。（1，3）

可再生资源　是在自然界中可以不断再生并有规律地得到补充或重复利用的能源。（11）

矿产资源节约利用　通过优化矿产资源开发利用空间格局、产业结构、生产方式及资源消费的生活方式，降低矿产资源开发利用损失、减少矿产资源消耗的矿产资源利用方式。矿产资源集约利用是指以资源、技术、资本等生产要素投入最优化、产能规模化、产业集中化等为特征实现社会经济发展单位 GDP 资源消耗最小的矿产资源利用方式。（14）

L

林达尔均衡　如果每人都按照自己对公共物品的边际评价出资，则公共物品有效供给可以实现。（6）

绿色发展模式　可促成提高人类福祉和社会公平，同时显著降低环境风险和生态稀缺的发展模式。（14）

P

帕累托最优　具有以下性质的资源配置状态，即任何形式的资源重新配置，都不可能使至少有一人受益而同时又不使其他任何人受到损害。人们通常也把使至少一人的境况变好而没有任何人的境况变坏的资源重新配置称为帕累托改进，所以帕累托最优状态也就是已不再存在帕累托改进的资源配置状态。（6）

排他成本问题　由于经济成本、技术成本或制度成本的排他成本高，纯公共物品与公共池塘资源具有不可排他性。（3）

排他性　消费者在消费某个物品或服务时，在技术上可以把其他的消费者排除

在外，使得这些消费者如果不支付相应的价格便无法消费该物品或服务。（6）

Q

气候变化 可识别的（如使用统计检验）持续较长一段时间（典型的为 30 年或更长）的气候状态的变化，包括气候平均值和（或）变率的变化。（15）

S

社会优化 自然资源利用的决策从社会的角度看是否合乎需要，某种自然资源利用方式的选择在受到约束的情况下，能够使目标最大化，那么该选择就是优化。（3）

生产关系 有广义的生产关系和狭义的生产关系之分，广义的生产关系是指包括生产、分配、交换、消费诸关系在内的生产关系体系；狭义的生产关系是指直接生产过程中结成的人和人之间的关系。（2）

生命周期评价（LCA） 以后端产品为核心，分析、识别和评估原材料、生产过程、最终产品或生产系统在其整个生命周期中的环境影响。（14）

生命周期清单分析 对一种产品、工艺或活动在其整个生命周期物质输入在内的能量与原材料需要量，以及对环境的排放进行以数据为基础的客观量化过程。（14）

生命周期影响评价 将清单信息转化成可理解的、综合的环境效应，提供一个总体的评价结果，其实质是对清单分析所识别的环境影响因子进行定性或定量的表征评价，以确定产品生命周期过程中的物质能量交换对其外部环境的影响程度。（14）

生态保护红线 在生态空间范围内具有特殊重要生态功能、必须强制性严格保护的区域。（14）

生态补偿 有广义的生态补偿和狭义的生态补偿之分，狭义的生态补偿专指生态保护补偿，根据生态保护补偿条例的定义是指采取财政转移支付或市场交易等方式，对生态保护者因履行生态保护责任所增加的支出和付出的成本，予以适当补偿的激励性制度安排。广义的生态补偿除生态保护补偿外，还应该包含对生态系统产生的生态系统服务价值的补偿等。（10）

生态产品 是自然生态系统单独生产或与人类生产共同作用所产生的、能够增进人类福祉的产品和服务。（8）

生态系统 生物及其环境通过能流、物流、信息流形成的功能整体，包括陆地

生态系统、海洋生态系统。（8）

生态系统服务　又称生态产品，是生态系统连通其他投入对人类的贡献的统称，包括物质供给、调节服务、文化服务。（8）

生态系统生产总值　一定区域的生态系统为人类提供的最终产品与服务的经济价值总和。（3）

生态系统核算　是一整套针对生态系统及其为经济和人类活动提供服务流量来进行综合测算、以此评估其环境影响的方法。（3）

生态修复过程　在充分考虑修复所处地域的国土空间规划用途、方向定位和地域历史环境的基础上，对因人类开采活动造成区域地质环境问题、损毁的土地、植被破坏的林地、退化的草地（林地、湿地）、水质恶化的河流湖泊等，依靠自然恢复或通过人工技术辅助干预措施和管理性政策措施的实施，使得区域地质环境达到稳定，恢复土地、林地、湿地和河流湖泊所应具备的产品供给、调节气候、涵养水源及保持土壤等生态服务功能，使其能够被人类再次利用，让受损的生态系统结构得到恢复或改善，让复合生态系统摆脱逆向演替的状态，重新达到平衡状态的过程。（13，14）

生态修复资源性资产价值提升　生态修复资源性资产价值提升分两种类型。一是通过政府财政、社会资本或政府社会合作机制开展生态修复，将毁损退化的土地、林地、草地、湿地和湖泊河流、矿山开采造成的地质环境隐患问题进行修复，恢复土地、林地、草地、湿地、水生态系统所应具备的减缓干旱和洪涝灾害、调节气候、净化空气、缓冲干扰、控制有害生物等调节功能，实现了生态功能从"负向值"转为"正向值"的过程。二是对毁损的土地、林地、草地、湿地和湖泊、矿山开采造成的地质环境隐患问题进行修复，在恢复土地、林地、草地、湿地、河流、湖泊生态系统所应具备的生态功能基础上，让露天采坑、废弃矿井形成的地表和地下空间资源、矿坑残余资源、林草地、湖泊和湿地得到再利用的同时，恢复其产品供给功能和文化功能，并让人们通过精神感受、知识获取、主观映像、休闲娱乐和美学体验从中获得非物质价值，通过地价、残余资源价格、门票收入等价格形态途径，让资源再利用价值得到显化提升。（14）

生态资本　生态资产、生态系统服务的统称。（8）

生态资产　自然资源价值和生态系统服务价值的结合统一，包括一切能为人类提供服务和福利的自然资源和生态环境。（8）

市场失灵　是指单凭市场机制的自发调节难以达到帕累托最优状态，即未能达到资源的最优配置状态。在我国社会主义市场经济转型下，市场失灵可以分为效率

性市场失灵、公平性市场失灵、不成熟性市场失灵三种类型。（11）

市场主体 对自然资源有需求的群体和能够提供自然资源的群体可以称为市场主体。其中，对于自然资源有所有权并且有转让意愿的群体或用户一般称为供给者；对于自然资源有意愿并且有购买能力的群体或用户一般称为需求者。（11）

适应规划 政府开展的、有计划的适应行动，是提升适应能力的重要决策工具。（15）

损害赔偿 对物权人造成损失的补偿行为。（10）

T

碳达峰 全球、国家、城市、企业等主体的碳排放在由升转降的过程中，碳排放的最高点即碳峰值。（15）

碳汇 一般是指从空气中清除二氧化碳的过程、活动、机制。（15）

碳库 地球系统各个存储碳的部分，主要分为大气碳库、陆地碳库、海洋碳库和岩石碳库等。（15）

碳循环 碳元素在地球的生物圈、岩石圈、水圈及大气圈中交换，并随地球运动循环往复的现象，其全球循环过程就是大气中二氧化碳被陆地和海洋中的植物吸收，形成相对稳定的碳库存储量，之后又通过生物或地质过程以及人类活动，以二氧化碳形式返回大气。（15）

碳源 向大气释放二氧化碳和甲烷等导致温室效应的气体、气溶胶或它们初期形式的任何过程、活动和机制（IPCC2007）（15）

碳中和 某个国家或地区在规定时期内人为排放的二氧化碳，与通过植树造林、碳捕集利用与封存等移除的二氧化碳相互抵消。（15）

土地利用年度计划 国家对计划年度内新增建设用地量、土地开发整理补充耕地量和耕地保有量的具体安排，是政府按照土地利用总体规划制定和落实的具体计划。（14）

W

外部性 如果某个经济主体的福利（效用或利润）中包含的某些真实变量的值是由他人选定的，而这些人不会特别注意到其行为对于其他主体的福利产生的影响，此时就出现了外部性；对于某种商品，如果没有足够的激励形成一个潜在的市场，而这种市场的不存在会导致非帕累托最优的均衡，此时就出现了外部性。（3，6，10）

外部效应　某一行为主体的活动影响了其他行为主体，却没有因此而付出成本或获得收益的现象。(13)

委托代理关系　一个或多个行为主体根据一种明示或隐含的契约，指定、雇佣另一些行为主体为其服务，同时授予后者一定的权利，并根据后者提供的服务数量和质量对其支付相应的报酬。(3，5，第三、五章重复且存在"权利""权力"用词差异)

温室气体　大气中能吸收地面反射的长波辐射，并重新发射辐射的一些气体。(15)

温室效应　温室气体使地球变得更温暖的影响。(15)

X

选择价值　也称期权价值，是指人们为了将来的利用而在现在采取保护措施。(3)

Y

遗传价值　为后代保留自然资源的使用价值和非使用价值的价值，体现了当代人把自然资源留赠于后代的意愿。(3)

应用经济学　是指应用理论经济学的基本原理研究国民经济各个产业、行业、各个专业领域的经济活动和经济关系的规律性，或对与经济活动相关领域进行经济效益、社会效益的分析而建立的学科。(1)

拥挤公共产品　产权难以界定或属于共有产权，所以不具有排他性，但因为其空间的拥挤性，因而会导致过度拥挤，一般拥挤公共产品归入公共池塘资源进行研究。(8)

Z

正外部性　物品被消费可使他人或社会受益，而受益者无须花费成本。(6)

政府失灵　指由于政策制定和执行，使生产者的边际生产成本低于生产要素的真实成本，导致生产要素无效率使用和过度使用，引起资源配置退化。(11)

政府数据　与政府机构、政府行为以及政府工作人员相关的数据，同时，也包括政府依法依规、直接或间接采集的属于个人的、企业的、公众的和自然的数据。(6)

政治均衡　在给定公共选择的特定规则，以及在个人之间分配税收份额的条件

下，就供给一种或多种公共产品的水平所达成的一致。(6)

直接使用价值 自然资源可直接用于生产或消费的经济价值，也就是自然资源对当前生产和消费做出的直接贡献。(3)

准公共物品 具备非排他性和竞争性的土地资源（国有集体农用地、国有集体建设用地、指标衍生品）、残余矿产资源、林地资源、草地资源、采坑形成的地表地下空间资源。(13)

资源的净流量 一定时期内，资源流入量减去资源流出量。(11)

资源的空间配置 由于资源赋存及由于人类经济活动水平的差异引起的区域间资源结构及资源总量上的差异。(11)

资源的流量 在一定范围、一定时间内某种资源的流入量和流出量。(11)

资源的边际量 增加一个单位产出所需要的增加资源投入数量（即边际生产需求）或最后一个单位产出的资源投入量（即边际资源投入）。(11)

资源核算 对一定时刻一定空间范围内的资源在充分调查、准确测算的基础上进行实物量的核算，以及利用合理的价值评估方法进行价值量估算。(3)

资源环境经济核算 在原有国民经济核算体系基础上，将资源环境因素纳入其中，核算资源环境与经济之间的关系，为分析、决策和评价资源环境与经济的关系提供数据依据。(3)

资源配置 通过一定方式把有限的资源合理分配到社会的各个领域和不同用途中去，以实现资源的最佳利用。(3，11)

资源配置的政府调控 政府对资源配置进行引导、干预、调节、控制。(11)

资源生产率 是用于核算一个国家或地区单位自然资源投入或单位污染排放的经济产出的一种理论工具，可以表达为经济社会发展总量和自然资源消耗总量的比值。(14)

自然资本 地球上可再生和不可再生自然资源存量，如植物、动物、空气、水、土壤和矿物等，以及产生的能为人类带来利益的服务流量。(4，7，8)

自然资源 天然存在、有使用价值、当前和未来福利的自然环境因素的总和。(4，8)

自然资源产权 国家、集体或个人对某种自然资源（或某一地域范围内的自然资源）形成的一组排他性的权利，是自然资源所有、占有、处分、受益等权利的总和。(5)

自然资源的供给量 在一定历史时期内、一定价格条件下，生产者愿意购买并且能够生产和销售的某种资源、资源性产品或服务的数量。(2)

自然资源的经济供给　在自然资源自然供给范围内，某用途的资源供给随该用途的收益而增加的现象。（2）

自然资源的需求量　在一定历史时期内、一定价格条件下，消费者愿意购买并且有能力购买的某种资源、资源性产品或服务的数量。（2）

自然资源的有效需求　人们对自然资源的需要和满足这种需要的能力。（2）

自然资源的自然供给　实际存在于自然界的各种自然资源的可得数量。（2）

自然资源的自然需求　人们对自然资源的需要（或欲望）。（2）

自然资源分配　对资源生产与使用利益的再分配等。（1）

自然资源可持续利用　指在人类与自然资源协调发展的过程中，自然资源在时间和空间上合理配置，使人类对自然资源的开发利用的质量和数量不被降低并有所提高，从而满足人类社会发展需要的一种状态。它强调人与自然和谐、代内和代际不同人、不同区域之间在自然资源分配上的公平性，以及自然资源动态发展能力等。（2）

自然资源管理　各级政府运用行政、法律、经济、技术等多种手段，对自然资源的开发利用和保护进行组织、协调、规划和监督活动，实现自然资源可持续利用和最优配置，促进社会经济系统与自然资源系统、生态环境系统之间协调发展。（16）

自然资源经济活动　在一定生产资料所有制基础上进行的自然资源生产、分配、交换、配置、消费、修复等活动。（1）

自然资源经济学　是研究自然资源调查评价、开发利用、优化配置、保护和管理中的基本经济关系、经济规律和经济政策的科学，是以经济学理论为基础，通过经济分析来研究资源的合理配置与最优使用及其与人口、环境的协调和可持续发展等资源经济问题的学科。（1）

自然资源价值核算　根据自然资源的自然、社会、生态等属性，统计、核实和评估其价值存量、流量、变量以及成本等，并纳入国民经济核算体系的活动。（3）

自然资源监管权　国家作为国土范围内全部自然资源监管者所具有的行政监管权力，对自然资源公共事务进行监督和管理的强制力量和支配力量，包括用途管制、执法监察、行业监管等行政监管职责。（5）

自然资源交换　资源及其相关产品的流通交换过程。（1）

自然资源生产力　存在于自然生态系统中的生产力。（1）

自然资源市场　在我国具有社会主义特色的自然资源市场中，自然资源资产产权和由自然资源衍生而来的生态产品及其他相关品种，以及附着于财产属性之上的指标或配额，在符合生态文明建设和社会主义市场经济改革要求的前提下，都可用

以交易。（11）

自然资源损害赔偿 是指对自然资源造成损害的主体对所造成的自然资源的损失和外部影响开展的补偿行为，主要包括自然资源资产损害赔偿、自然资源生态损害赔偿等。（10）

自然资源消费 对资源及其相关产品的占用与消耗。（1）

自然资源性产品 当自然资源进入市场并有明确价值，就成为自然资源性产品，有广义和狭义之分。（4）

自然资源优化配置 指在我国社会主义市场经济下，坚持自然资源全民所有，充分发挥市场在自然资源配置中的决定性作用，更好地发挥政府作用，通过自然资源要素市场化配置，使得资源得到更充分的利用和更有效的保护，从而使得资源产出的经济、社会、生态总效益最大化。（11）

自然资源有偿使用 自然资源使用者向自然资源所有者支付费用，取得使用等相应权能。（2）

自然资源有偿使用制度 开发利用自然资源的单位和个人，向自然资源所有者支付费用获得相应权利的一整套管理制度。（2）

自然资源治理 决定如何行使对自然资源的权责、如何做出决策，以及如何使不同群体参与自然资源管理并从中受益的规范、体系和程序。（3）

自然资源资产 也被称为资源性资产，具有稀缺性、有用性（包括经济效益、社会效益、生态效益）及产权明确的自然资源，兼具自然与经济双重属性。（4）

自然资源资产产权 自然资源资产的所有权、用益物权、债权等一系列权利的总称。（2）

自然资源资产产权制度 是关于自然资源资产产权的形成、设置、行使、转移、结果、消灭等的规定或安排。（2，5）

自然资源资产核算 对一定时间和空间内的自然资源资产，综合运用统计、会计和数学等方法，在合理估价的基础上，从数量、质量和价值等方面，测算、统计和核实其总量和结构变化并反映平衡状况的基础性工作。（7）

自然资源资产使用权 自然资源资产使用权人依法对自然资源资产进行实际利用并取得相应收益的权利，包括自然资源资产占有权、部分收益权和不完全的处分权的集合。（5）

自然资源资产所有权 自然资源资产所有人对自然资源资产依法所享有的占有、使用、收益和处分的权利。（5）

纵向生态补偿 上级政府财政出资对下级政府开展的生态补偿。（10）

参 考 文 献

中文部分

[1] 阿兰·兰多尔. 资源经济学：从经济角度对自然资源和环境政策的探讨 [M]. 施以正，译. 北京：商务印书馆，1989.

[2] 埃莉诺·奥斯特罗姆. 公共事物的治理之道：集体行动制度的演进 [M]. 余逊达，陈旭东，译. 上海：上海译文出版社，2012.

[3] 爱德华·威斯特. 论资本用于土地（1815 年）[M]. 李宗正，译. 北京：商务印书馆，1992.

[4] 奥德姆，巴雷特. 生态学基础 [M]. 陆健健，等译. 北京：高等教育出版社，2009.

[5] 巴泽尔. 产权的经济分析 [M]. 费方域，等译. 上海：上海三联书店，上海人民出版社，1997.

[6] 白永秀，王颂吉. 我国经济体制改革核心重构：政府与市场关系 [J]. 改革，2013（7）：14 - 21.

[7] 保罗·萨缪尔森，威廉·诺德豪斯. 经济学 [M]. 萧琛，译. 北京：商务印书馆，2013.

[8] 鲍金红，胡璇. 我国现阶段的市场失灵及其与政府干预的关系研究 [J]. 学术界，2013（7）：182 - 191，311.

[9] A. C. 庇古. 福利经济学（上卷）[M]. 北京：商务印书馆，2006.

[10] 布坎南. 民主财政论 [M]. 北京：商务印书馆，1999.

[11] 蔡运龙，陆大道，等. 中国地理科学的国家需求与发展战略 [J]. 地理学报，2004，59（6）：811 - 819.

[12] 蔡运龙. 自然资源学原理 [M]. 北京：科学出版社，2000.

[13] 曹宝，秦其明，王秀波，等. 自然资本：内涵及其特点辨析 [J]. 中国集体经济，2009（12）：89 - 91.

[14] 曹宝，王秀波，罗宏. 自然资本：概念、内涵及其分类探讨 [J]. 辽宁

经济，2009（8）：52－53.

[15] 曹秉帅，邹长新，高吉喜，等. 生态安全评价方法及其应用［J］. 生态
与农村环境学报，2019（8）：953－963.

[16] 曹国奇. 价格形成机制体系研究［M］. 北京：九州出版社，2020.

[17] 曹俊文. 环境与经济综合核算方法研究［M］. 北京：经济管理出版
社，2004.

[18] 曹明德. 论我国水资源有偿使用制度：我国水权和水权流转机制的理论
探讨与实践评析［J］. 中国法学，2004（1）：79－88.

[19] 曹永森. 政府干预经济基础理论与行为模式［M］. 北京：国家行政学院
出版社，2012.

[20] 柴恒忠，甄世武. 林业经济学［M］. 北京：中国林业出版社，1990.

[21] 常丽博，骆耀峰，刘金龙. 哈尼族社会－生态系统对气候变化的脆弱性
评估：以云南省红河州哈尼族农村社区为例［J］. 资源科学，2018，40
（9）：1787－1799.

[22] 常兆丰，乔娟，赵建林，等. 我国生态补偿依据及补偿标准关键问题综
述［J］. 生态科学，2020，39（5）：248－255.

[23] 陈百明，黄兴文. 中国生态资产评估与区划研究［J］. 中国农业资源与
区划，2003，24（6）：20－24.

[24] 陈长成，邓木林，朱江. 面向国土空间规划的自然资源分类［J］. 国土
与自然资源研究，2019（5）：9－14.

[25] 陈广胜. 走向善治［M］. 杭州：浙江大学出版社，2007.

[26] 陈国光，张晓东，张洁，等. 自然资源分类体系探讨［J］. 华东地质，
2020，41（3）：209－214.

[27] 陈焕章. 孔门理财学［M］. 北京：中华书局，2010.

[28] 陈甲斌，霍文敏，冯丹丹，等. 中国与美欧战略性（关键）矿产资源形
势分析［J］. 中国国土资源经济，2020，33（8）：9－17.

[29] 陈甲斌，廖喜生. 全面建设小康与资源环境可持续发展问题探讨［J］.
中国国土资源经济，2004（1）：30－32.

[30] 陈甲斌，刘超，冯丹丹，等. 矿产资源安全需要关注的六个风险问题
［J］. 中国国土资源经济，2022，35（1）：15－21，70.

[31] 陈甲斌，刘超，聂宾汗，等. 矿产资源安全需要重点关注十种矿产
［J］. 中国国土资源经济，2023，36（5）：14－21，41.

[32] 陈剑，陈熙龙，宋西平．拍卖理论与网上拍卖［M］．北京：清华大学出版社，2005．

[33] 陈莉，左停，唐丽霞．改革三十年来中国村庄的环境与气候变迁：基于全国 150 个村庄调查数据的分析［J］．调研世界，2010（10）：34－38．

[34] 陈丽萍，汤文豪，杨杰，等．全球资源治理的现况、问题和展望［J］．国土资源情报，2017（6）：12－18，32．

[35] 陈琳，欧阳志云，王效科，等．条件价值评估法在非市场价值评估中的应用［J］．生态学报，2006（2）：610－619．

[36] 陈先鹏．中国资源环境可持续性的时空格局、影响因素与优化路径研究［D］．杭州：浙江大学，2022．

[37] 陈晓洁．自然资源有偿使用权制度研究［D］．宁波：宁波大学，2017．

[38] 陈学明．谁是罪魁祸首：追寻生态危机的根源［M］．北京：人民出版社，2012．

[39] 陈奕丹，徐硕，安欣．林业生态安全评价指标体系构建与实证［J］．统计与决策，2021（18）：36－40．

[40] 陈迎，巢清尘，等．碳达峰、碳中和 100 问［M］．北京：人民日报出版社，2021．

[41] 陈玥，杨艳昭，闫慧敏，等．自然资源核算进展及其对自然资源资产负债表编制的启示［J］．资源科学，2015，37（9）：1716－1724．

[42] 陈振明．市场失灵与政府失败：公共选择理论对政府与市场关系的思考及其启示［J］．厦门大学学报（哲学社会科学版），1996（2）：1－7．

[43] 成升魁，沈镭，封志明，等．中国自然资源研究的发展历程及展望［J］．自然资源学报，2020，35（8）：1757－1772．

[44] 崔久富，郭贯成，范怀超，等．全民所有自然资源资产核算的中国方案：基于土地分等定级的启示［J］．中国土地科学，2021，35（1）：18－25．

[45] 崔明明，聂常虹．基于指标评价体系的我国粮食安全演变研究［J］．中国科学院院刊，2019（8）：910－919．

[46] 大卫·李嘉图．政治经济学及赋税原理［M］．北京：商务印书馆，1962．

[47] 戴波，周鸿．生态资产评估理论与方法评介［J］．经济问题探索，2004（9）：18－21．

［48］戴利．生态经济学理论与应用［M］．北京：中国人民大学出版社，2018：16.

［49］丹尼斯．米都斯．增长的极限：罗马俱乐部关于人类困境的报告［M］．长春：吉林人民出版社，1997.

［50］邓锋．自然资源分类及经济特征研究［D］．北京：中国地质大学，2019.

［51］邓锋．自然资源综合分类面临的问题及其完善建议［J］．中国土地，2020（5）：20－22.

［52］迪莉娅．"反公地悲剧"视角下的政府数据开放研究［J］．情报理论与实践，2016，39（7）：56－60，8.

［53］蒂坦博格，等．环境与自然资源经济学［M］．王晓霞，等译．北京：中国人民大学出版社，2016.

［54］丁超．论生态道德需要的逻辑起点："生态经济人"理性［J］．天津商业大学学报，2009，29（3）：41－44.

［55］丁仲礼，张涛，等．碳中和逻辑体系与技术需求［M］．北京：科学出版社，2022.

［56］董朝燕．矿产资源有偿使用法律制度研究［D］．北京：中国政法大学，2011.

［57］董俊缨．国有森林资源有偿使用法律制度研究［D］．北京：北京林业大学，2019.

［58］董为红，冯聪，张晓颜，等．我国自然资源市场体系建设评价与展望［J］．中国国土资源经济，2022，35（6）：75－80.

［59］杜润生．山区经济研究是个大课题［J］．经济地理，1990，10（1）：1－2.

［60］樊杰．我国主体功能区划的科学基础［J］．地理学报，2007，62（4）：339－350.

［61］范艳梅．浅论自然资源的价值与开发利用［J］．求是学刊，1989（2）：33－35，57.

［62］范振林．矿产开发产生的负债与核算［J］．中国国土资源经济，2021，34（3）：4－10.

［63］范振林．矿产资源资产负债表编制技术与框架探讨［J］．国土资源情报，2017（2）：32－38.

参考文献

[64] 方福前. 当代西方公共选择理论及其三个学派 [J]. 教学与研究, 1997 (10): 29 - 34, 63.

[65] 方克定. 大西北开发规划中的几个国土资源问题 [J]. 资源·产业, 2000 (1): 16 - 18.

[66] 方克定. 为我国可持续发展三个支柱管护好自然资源基础 [J]. 资源管理, 2002 (6): 7 - 11.

[67] 方克定. 新世纪初期国土资源管理中的几个问题 [J]. 资源·产业, 2001 (1): 5 - 10.

[68] 方克定. 有关自然资源管理的情况和看法 [J]. 农业区划, 1990 (8): 2 - 11.

[69] 封志明, 江东, 雷梅, 等. 资源科学的学科建设与人才培养模式的实践与思考 [J]. 自然资源学报, 2020, 35 (8): 1817 - 1829.

[70] 封志明, 肖池伟. 自然资源分类: 从理论到实践、从学理到管理 [J]. 资源科学, 2021, 43 (11): 2147 - 2159.

[71] 封志明, 杨艳昭, 李鹏. 从自然资源核算到自然资源资产负债表编制 [J]. 中国科学院院刊, 2014, 29 (4): 449 - 456.

[72] 冯春涛. 矿山生态修复生态产品价值实现激励机制实现路径研究 [J]. 自然资源部 "生态产品价值实现机制" 和 "编制自然资源资产负债表" 主题征文.

[73] 冯文利, 王学雷, 史良树, 等. 我国湿地资源保护与权属管理现状的调研思考 [J]. 中国土地, 2022, 434 (3): 8 - 11.

[74] 付英. 归来集: 自然资源经济研究论文选 [M]. 北京: 地质出版社, 2018.

[75] 付英. 中国矿业法制史 [M]. 北京: 中国大地出版社, 2001.

[76] 高吉喜, 范小杉. 生态资产概念、特点与研究趋向 [J]. 环境科学研究, 2007 (5): 137 - 143.

[77] 高来举, 岳豪. 高质量发展阶段能源资源安全挑战与对策 [J]. 中国安全科学学报, 2023 (5): 66 - 73.

[78] 高培勇. 公共经济学 [M]. 3 版. 北京: 中国人民大学出版社, 2012.

[79] 高轩, 神克洋. 埃莉诺·奥斯特罗姆自主治理理论述评 [J]. 中国矿业大学学报 (社会科学版), 2009, 11 (2): 74 - 79.

[80] 高振刚, 李映青, 等. 经济学方法论 [M]. 北京: 红旗出版社, 2000.

参考文献

［81］葛建平，闫晶晶，孟磊，等．中国自然资源发展报告［M］．北京：地质出版社，2022.

［82］葛永林．绿色经济学思想及其方法论特征［J］．华南师范大学学报（社会科学版），2008（6）：138－141.

［83］巩固．自然资源国家所有权公权说［J］．法学研究，2013（4）：19－34.

［84］谷树忠，成升魁，等．中国资源报告：新时期中国资源安全透视［M］.北京：商务印书馆，2010.

［85］谷树忠，吴太平．中国新时代自然资源治理体系的理论构想［J］．中国自然学报，2020，35（8）：1802－1816.

［86］顾朝林，旷薇，等．新自由主义地理学［J］．世界地理研究，2007，16（4）：5－18.

［87］顾朝林．论国土规划的地方性问题［J］．中国国土资源经济，2011（2）：4－7.

［88］国策研究：基准地价评估，国策机构助力土地科学管理［EB/OL］.（2020－08－12）.https：//www.sohu.com/a/412773693_274949.

［89］国家行政学院经济学教研室．新时代中国特色社会主义政治经济学［M］．北京：人民出版社，2018.

［90］国土资源部矿产资源储量司，中国国土资源经济研究院．矿产资源补偿费征收方法研究［M］．北京：地质出版社，2013.

［91］哈罗德·德姆塞茨，银温泉．关于产权的理论［J］．经济社会体制比较，1990（6）：49－55.

［92］韩海青，苏迅．建立完善土地和矿产资源节约集约利用新机制［J］．中国国土资源经济，2008（3）：4－6，46.

［93］韩文乾．马克思主义哲学方法论的时代意蕴［N］．光明日报，2020－09－07（15）.

［94］郝爱兵，殷志强，彭令，等．学理与法理和管理相结合的自然资源分类刍议［J］．水文地质工程地质，2020，47（6）：1－7.

［95］郝吉明，王金南，许嘉钰，等．我国资源环境承载力与经济社会发展布局战略研究［M］．北京：科学出版社，2019.

［96］何登辉．论自然资源国家所有权的实现路径［J］．苏州大学学报（法学版），2016，3（3）：39－50.

［97］何建坤，陈文颖，等．应对气候变化研究模型与方法学［M］．北京：科

学出版社, 2015.

[98] 何翔舟, 金潇. 公共治理理论的发展及其中国定位 [J]. 学术月刊, 2014, 46 (8): 125-134.

[99] 赫伯特·西蒙. 管理行为 [M]. 詹正茂, 译. 北京: 机械工业出版社, 2020.

[100] 洪银兴. 创新中国特色社会主义政治经济学研究方法 [N]. 人民日报, 2018-11-19 (16).

[101] 洪银兴. 关键是厘清市场与政府作用的边界: 市场对资源配置起决定性作用后政府作用的转型 [J]. 红旗文稿, 2014 (3): 4-9, 1.

[102] 洪银兴. 可持续发展的经济学问题 [J]. 求是学刊, 2021, 48 (3): 19-33.

[103] 洪子燕, 杨再. 从黄土高原的历史变迁讨论种草种树和生态产品的转化问题 [J]. 豫西农专学报, 1985 (5): 70-76.

[104] 胡聃, 张艳萍, 文秋霞, 等. 北京城市生态系统总体资产动态及其与城市发展关系 [J]. 生态学报, 2006, 26 (7): 2207-2218.

[105] 胡江伟. 环境群体性事件的应对策略分析: 评《新媒体环境下环保舆情处置研究》[J]. 环境工程, 2021, 39 (7): 210.

[106] 胡石清. 社会理性与可持续发展经济学研究 [D]. 泉州: 华侨大学, 2011.

[107] 胡兆量. 中国区域发展导论 [M]. 北京: 北京大学出版社, 1995.

[108] 黄柏炎, 刘洁生. 自然保护概论 [M]. 武汉: 华中科技大学出版社, 2007: 96.

[109] 黄大禹. 基于国外财税政策下的低碳经济发展及经验借鉴 [J]. 武汉金融, 2013 (7): 48-50.

[110] 黄恒学, 牛洪艳. 资源管理学 [M]. 北京: 中国经济出版社, 2010.

[111] 黄溶冰, 赵谦. 自然资源核算: 从账户到资产负债表: 演进与启示 [J]. 财经理论与实践, 2015, 36 (1): 74-77.

[112] 黄贤金. 循环经济学 [M]. 南京: 东南大学出版社, 2015.

[113] 黄征学. 土地利用计划管理方式的改革思考 [J]. 中国土地, 2021 (5): 10-12.

[114] 加快建立健全全民所有自然资源资产有偿使用制度: 国土资源部调控和监测司负责人解读《关于全民所有自然资源资产有偿使用制度改革

参考文献

的指导意见》[J]. 青海国土经略，2017（1）：28 – 30.

[115] 贾丽虹. 外部性理论及其政策边界 [D]. 广州：华南师范大学，2003.

[116] 江奔东. 我国资源配置机制的变革、运作特点和发展趋势 [J]. 理论学刊，1999（2）：51 – 55.

[117] 焦思颖. 把能源资源饭碗端在自己手里 [N]. 中国自然资源报，2022 – 3 – 8（1）.

[118] 金碚. 论市场机制的资源配置功能 [J]. 经济学家，1989（3）：44 – 50.

[119] 靳乐山，朱凯宁. 从生态环境损害赔偿到生态补偿再到生态产品价值实现 [J]. 环境保护，2020，48（17）：15 – 18.

[120] 靳相木，钱定伟，王冬. 中国特色的土地节约集约利用范式谱系 [J]. 中国土地，2022（6）：9 – 12.

[121] 井手文雄. 日本现代财政学 [M]. 北京：中国财政经济出版社，1990.

[122] 康瑞华，马继东，宫明辉. 福斯特对“市场拜物教”的批判及其对中国的启示 [J]. 当代世界与社会主义，2012（1）：168 – 172.

[123] 柯贤忠，陈双喜，黎清华，等. 新时期面向管理的自然资源分类 [J]. 安全与环境工程，2021，28（5）：145 – 153.

[124] 孔东升，张灏. 张掖黑河湿地自然保护区生态服务功能价值评估 [J]. 生态学报，2015，35（4）：972 – 983.

[125] 孔含笑，沈镭，钟帅，等. 关于自然资源核算的研究进展与争议问题 [J]. 自然资源学报，2016，31（3）：363 – 376.

[126] 孔祥斌，陈文广，温良友. 以耕地资源三个安全构筑大国粮食安全根基 [J]. 农业经济与管理，2022（3）：1 – 12.

[127] 孔祥智. 产权制度改革与农村集体经济发展：基于“产权清晰 + 制度激励”理论框架的研究 [J]. 经济纵横，2020（7）：32 – 41，2.

[128] 雷爱先，王恒. 自然资源资产有偿使用制度若干问题思考 [J]. 中国土地，2020（9）：4 – 7.

[129] 蕾切尔·卡逊. 寂静的春天 [M]. 长春：吉林人民出版社，1997.

[130] 李春华. 马克思主义哲学方法论是指导中国特色社会主义实践的重要法宝 [N]. 经济日报，2018 – 05 – 03.

[131] 李刚. 关于完善矿产资源权益金制度的政策建议 [J]. 中国矿业，2018，27（1）：46 – 49.

[132] 李刚. 基于资源租金的矿产资源权益金理论与计征方法研究 [D]. 北

京：中国地质大学，2016.

[133] 李佳珍，于洋. 我国自然资源资产交易平台建设构想 [J]. 生态经济，
2022，38 (10)：206 - 212.

[134] 李嘉玉，陶火生. 自然资本危机的根源及对策 [J]. 绿色科技，2017
(4)：161 - 163.

[135] 李金昌，高振刚. 实行资源核算与折旧很有必要 [J]. 经济纵横，1987
(7)：47 - 54.

[136] 李金昌. 资源核算及其纳入国民经济核算体系初步研究 [J]. 中国人
口·资源与环境，1992 (2)：25 - 32.

[137] 李金昌. 资源核算论 [M]. 北京：北京海洋出版社，1991.

[138] 李金昌. 自然资源核算初探 [M]. 北京：中国环境科学出版社，1990.

[139] 李晋，郑芳媛，邓跃，等. 围填海存量资源利用和管控政策研究 [J].
中国软科学，2022 (10)：13 - 19.

[140] 李琦，刘桂臻，李小春，等. 多维度视角下 CO_2 捕集利用与封存技术的
代际演变与预设 [J]. 工程科学与技术，2022，54 (1)：157 - 166.

[141] 李世涌，朱东恺，陈兆开. 外部性理论及其内部化研究综述 [J]. 中国
市场，2007 (31)：117 - 119.

[142] 李素英. 自然资源资产有偿使用制度改革研究：基于演化博弈分析模
型 [J]. 会计之友，2019 (2)：2 - 9.

[143] 李文华，刘某承. 关于中国生态补偿机制建设的几点思考 [J]. 资源科
学，2010，32 (5)：791 - 796.

[144] 李文华、沈长江，自然资源科学的基本特点及其发展的回顾与展望
[M]//中国自然资源学会. 自然资源研究的理论与方法. 北京：科学出
版社，1985，1 - 23.

[145] 李晓丹. 生态价值理念下自然资源有偿使用论纲：以资源税为切入点
[J]. 法制博览，2015 (17)：257.

[146] 李兆宜，石吉金. 全民所有自然资源资产损害赔偿机制研究：基于所有
者职责履行的视角 [J]. 中国国土资源经济，2022，35 (9)：4 - 13.

[147] 李政，王孝德，范振林，等. 全民所有自然资源资产核算框架与方法
研究 [J]. 中国国土资源经济，2022，35 (10)：30 - 38.

[148] 李中元，杨茂林. 论"生态人"假设及其经济、社会和生态意义 [J].
经济问题，2010 (7).

[149] 厉以宁.非均衡的中国经济 [M].北京:经济日报出版社,1990.

[150] 励汀郁,普蕊喆,钟钰.食物安全还是资源安全:"大食物观"下对中国食物缺口的考察 [J].经济学家,2023 (5):109 – 117.

[151] 连文威,张艳,闫强,等.生态文明建设约束下的煤炭清洁利用 [J].中国矿业,2018,27 (3):32 – 38.

[152] 联合国环境规划署.全球环境展望 [M].北京:中国环境科学出版社,2002:333.

[153] 联合国.综合环境经济核算体系 (2003) [M].高敏雪,译.北京:经济科学出版社,2007.

[154] 梁学平.公共物品内涵的多角度诠释 [J].商业时代,2012 (3):111 – 113.

[155] 梁缘毅,吕爱锋.中国水资源安全风险评价 [J].资源科学,2019 (4):775 – 789.

[156] 廖冰,张智光.林业生态安全指标 – 指数的耦合实证测度研究 [J].资源科学,2017 (9):1777 – 1791.

[157] 林坚,武婷,张叶笑,等.统一国土空间用途管制制度的思考 [J].自然资源学报,2019,34 (10):2200 – 2208.

[158] 林毅夫.关于经济学方法论的对话 [J].东岳论丛,2004 (5):5 – 30.

[159] 林毅夫.中国经济学理论发展与创新的思考 [J].经济研究,2017,52 (5):6 – 10.

[160] 林卓群.中国式比较经济学基础研究 [M].北京:中国经济出版社,2001.

[161] 刘伯恩.生态产品价值实现机制的内涵、分类与制度框架 [J].环境保护,2020,48 (13):49 – 52.

[162] 刘伯恩,宋猛.碳汇生态产品基本构架及其价值实现 [J].中国国土资源经济,2022,35 (4):4 – 11.

[163] 刘耕源,杨青,黄潇霄,等.2000 – 2020 年中国"两山"价值测算与动态分析 [J].北京师范大学学报 (自然科学版),2022,58 (2):241 – 252.

[164] 刘国光.关于政府和市场在资源配置中的作用 [J].当代经济研究,2014 (3):5 – 8,96.

[165] 刘丽,张新安.提升国土治理能力的战略思考 [J].国土资源情报,

2014（3）：16 – 23.

［166］刘少华，刘凌云. 中国式国家治理的基本特征［J］. 新视野，2019
（4）：44 – 49.

［167］刘守英，熊雪锋，章永辉，等. 土地制度与中国发展模式［J］. 中国工
业经济，2022（1）：34 – 53.

［168］刘思华. 社会主义市场经济中环境保护与生态建设问题初探［J］. 生态
经济，1994（1）：1 – 14.

［169］刘天科，靳利飞. 从要素管控到系统治理：转型逻辑下的省级自然资
源规划［J］. 干旱区资源与环境，2023，37（1）：1 – 8.

［170］刘天科，沈悦，时晨，等. 国外自然资源综合规划概览及借鉴［J］. 中
国国土资源经济，2022，35（12）：29 – 39，83.

［171］刘天科. 推进自然资源领域善治：从治理框架谈“十四五”自然资源
治理体系的构建［J］. 资源与人居环境，2022（1）：32 – 36.

［172］刘欣. 民法典视域下自然资源资产产权制度理论分析［J］. 中国国土资
源经济，2021（8）.

［173］刘学敏，金建君，等. 资源经济学［M］. 北京：高等教育出版
社，2008.

［174］鲁品越. 鲜活的资本论：从资本论到中国道路［M］. 上海：上海人民
出版社，2016.

［175］陆大道. 关于“点 – 轴”空间结构系统的形成机理分析［J］. 地理科
学，2002，22（1）：1 – 6.

［176］陆大道，刘卫东. 论我国区域发展与区域政策的地学基础［J］. 地理科
学，2000，20（6）：487 – 493.

［177］陆大道. 论区域的最佳结构与最佳发展：提出“点 – 轴系统”和
“T”型结构以来的回顾与再分析［J］. 地理学报，2001，56（2）：
127 – 135.

［178］鹿爱莉. 推进“净矿”出让优化矿产资源管理［J］. 中国国土资源经
济，2023，36（7）：1.

［179］鹿心社. 论中国土地整理的总体方略［J］. 农业工程学报，2002，18
（1）：1 – 5.

［180］吕清刚，柴祯. “双碳”目标下的化石能源高效清洁利用［J］. 中国科
学院院刊，2022，37（4）：541 – 548.

参考文献

[181] 罗海平，邹楠，潘柳欣，等．基于生态安全的我国粮食安全评价与预警 ［J］．统计与决策，2021（8）：94 – 97.

[182] 罗塞尔·罗伯茨．看不见的心：一部经济学罗曼史 ［M］．张勇，李琼芳，译．北京：中信出版社，2010.

[183] 罗士俐．外部性理论的困境及其出路 ［J］．当代经济研究，2009（10）：26 – 31.

[184] 马尔萨斯．人口原理 ［M］．北京：商务印书馆，1961.

[185] 马可．文明演进中利益衡平的法律控制：兼论通向生态文明的法律理性 ［J］．重庆大学学报（社会科学版），2010，16（4）：95 – 100.

[186] 马克思恩格斯文集：第 1 卷 ［M］．北京：人民出版社，2009.

[187] 马克思恩格斯文集：第 3 卷 ［M］．北京：人民出版社，2009.

[188] 马克思恩格斯文集：第 4 卷 ［M］．北京：人民出版社，2009.

[189] 马克思恩格斯文集：第 5 卷 ［M］．北京：人民出版社，2009.

[190] 马克思恩格斯文集：第 7 卷 ［M］．北京：人民出版社，2009.

[191] 马克思恩格斯文集：第 9 卷 ［M］．北京：人民出版社，2009.

[192] 马克思恩格斯全集：第 13 卷 ［M］．北京：人民出版社，1998.

[193] 马克思恩格斯全集：第 39 卷 ［M］．北京：人民出版社，2006.

[194] 马克思恩格斯全集：第 46 卷 ［M］．北京：人民出版社，1979.

[195] 马克斯·韦伯．经济与社会 ［M］．北京：商务印书馆，1997.

[196] 马晓敏，钮文娟，周美玲．保障能源资源安全 筑牢绿色生态屏障 ［N］．中国矿业报，2023 – 06 – 14（1）.

[197] 马晓妍，吕宾，李刚，等．论全民所有自然资源资产收益管理理论与制度保障 ［J］．财会月刊，2023，44（7）：155 – 160.

[198] 马歇尔．经济学原理 ［M］．北京：华夏出版社，2005：25 – 26.

[199] 马永欢，等．生态文明视角下的自然资源管理制度改革研究 ［M］．北京：中国经济出版社，2015.

[200] 马中．环境与自然资源经济学概论 ［M］．北京：高等教育出版社，2019.

[201] 曼昆．经济学原理（宏观经济学分册）［M］．梁小民，等译．北京：北京大学出版社，2021.

[202] 曼瑟尔·奥尔森．集体行动的逻辑 ［M］．上海：三联书店，上海人民出版社，1995.

[203] 毛寿龙. 公共事物的治理之道 [J]. 江苏行政学院学报，2010（1）：100－105.

[204] 毛寿龙，李梅. 有限政府的经济分析 [M]. 上海：上海三联书店，2000：161.

[205] 毛显强，钟瑜，张胜. 生态补偿的理论探讨 [J]. 中国人口·资源与环境，2002（4）：40－43.

[206] 冒佩华，王朝科. "使市场在资源配置中起决定性作用和更好发挥政府作用" 的内在逻辑 [J]. 毛泽东邓小平理论研究，2014（2）：17－23，91－92.

[207] 梅燕雄，裴荣富，魏然，等. 关键矿产与能源资源安全 [J]. 中国矿业，2022（11）：1－8.

[208] 孟继民. 资源所有制论 [M]. 北京：北京大学出版社，2004.

[209] 孟旭光，侯华丽. 西部重要经济区资源环境承载力评价与区划 [M]. 北京：地质出版社，2016.

[210] 孟旭光，周璞，沈悦，等. 对中国特色矿产资源经济学发展的思考 [J]. 中国国土资源经济，2023，36（7）：4－9.

[211] 米锋. 中国林业生态安全的评价、预测与保障 [J]. 人民论坛·学术前沿，2018（8）：70－76.

[212] 宁泽群. 计划配置方式的重新思考 [J]. 北京联合大学学报，1996（2）：76－80.

[213] 农业农村部. 农业现代化辉煌五年系列宣传之二十四：全国草原生态环境持续改善 [EB/OL]. （2021－07－14）. http：//www. ghs. moa. gov. cn/ghgl/202107/t20210714_6371800. htm.

[214] 欧阳志云. GEP 核算，认与知 [N]. 学习时报，2021－08－11（7）.

[215] 欧阳志云，王如松. 生态系统服务功能、生态价值与可持续发展 [J]. 世界科技研究与发展，2000（5）：45－50.

[216] 欧阳志云，郑华，岳平. 建立我国生态补偿机制的思路与措施 [J]. 生态学报，2013，33（3）：686－692.

[217] 潘家华，张莹，等. 气候变化经济学导论 [M]. 北京：中国社会科学出版社，2021.

[218] 庞明川. 资源配置效率与公平视野的 "强政府－强市场" 目标模式 [J]. 改革，2013（11）：25－36.

参考文献

[219] 庞雅颂，王琳．区域生态安全评价方法综述［J］．中国人口·资源与环境，2014（163）：340－344.

[220] 裴少峰，郭艳艳．外部性理论的演进、内涵与应用［J］．商业文化（下半月），2011（10）：271－272.

[221] 亓越，马宁，陈建成．国有林场森林资源有偿使用机制研究［J］．林业经济，2018，40（2）：14－18.

[222] 齐明山．有限理性与政府决策［J］．新视野，2005（2）：27－29.

[223] 齐绍洲，禹湘，等．碳市场经济学［M］．北京：中国社会科学出版社，2021.

[224] 齐英程．作为公物的公共数据资源之使用规则构建［J］．行政法学研究，2021（5）：138－147.

[225] 钱颖一．理解现代经济学［J］．经济社会体制比较，2002（2）：1－12.

[226] 乔思伟．我国首个标定地价公示体系在渝运行［EB/OL］．（2018－04－05）．http：//news. mnr. gov. cn/dt/td/201804/t20180405_2360458. html.

[227] 秦昌波，苏洁琼，容冰，等．我国水资源安全面临的挑战与应对策略研究［J］．环境保护，2019（10）：46－48.

[228] 邱寿丰，诸大建．我国生态效率指标设计及其应用［J］．科学管理研究，2007（1）：20－24.

[229] 曲福田．资源经济学［M］．北京：中国农业出版社，2001.

[230] 任俊生．中国公用产品价格管制［M］．北京：经济管理出版社，2002.

[231] 任喜洋，邓锋，高兵，等．推动能源资源结构向绿色低碳转型［J］．中国国土资源经济，2021，34（12）：48－54，76.

[232] 任耀武，袁国宝．初论"生态产品"［J］．生态学杂志，1992，11（6）：48－50.

[233] 阮立军．中国现代煤化工"十三五"期间煤控进展及未来展望［J］．中国能源，2019（9）：29－32.

[234] 阮守武．公共选择理论的方法与研究框架［J］．经济问题探索，2009（11）：1－7.

[235] 萨瓦斯．民营化与公私部门的伙伴关系［M］．北京：中国人民大学出版社，2002.

[236] 邵留国，蓝婷婷．伴生性关键矿产资源安全研究综述与展望［J］．资源科学，2020（8）：1452－1463.

[237] 沈镭, 成升魁. 论国家资源安全及其保障战略 [J]. 自然资源学报, 2002, 17 (4): 393 - 400.

[238] 沈镭, 何贤杰, 张新安, 等. 我国矿产资源安全战略研究 [J]. 矿业研究与开发, 2004 (5): 6 - 12.

[239] 沈镭. 面向碳中和的中国自然资源安全保障与实现策略 [J]. 自然资源学报, 2022 (12): 3037 - 3048.

[240] 沈镭. 我国资源型城市转型的理论与案例研究 [D]. 北京: 中国科学院研究生院 (地理科学与资源研究所), 2005.

[241] 沈镭, 张红丽, 钟帅. 新时代下中国自然资源安全的战略思考 [J]. 自然资源学报, 2018 (5): 721 - 734.

[242] 沈镭, 钟帅, 胡纾寒. 新时代中国自然资源研究的机遇与挑战 [J]. 自然资源学报, 2020, 35 (8): 1773 - 1788.

[243] 沈镭. 自然资源分类相关问题探讨及新分类方案构建 [J]. 资源科学, 2021, 43 (11): 2160 - 2172.

[244] 沈满洪, 何灵巧. 外部性的分类及外部性理论的演化 [J]. 浙江大学学报 (人文社会科学版), 2002 (1): 152 - 160.

[245] 沈茂英, 许金华. 生态产品概念、内涵与生态扶贫理论探究 [J]. 四川林勘设计, 2017 (1): 1 - 8.

[246] 沈悦, 刘天科, 靳利飞. 国家规划体系的架构与秩序研究: "十三五" 时期 306 个国家级规划的量化分析 [J]. 中国软科学, 2021 (7): 1 - 12.

[247] 沈悦, 刘天科, 周璞, 等. 资源、空间与区域转型 [M]. 北京: 大地出版社, 2023.

[248] 沈悦, 刘天科, 周璞. 自然生态空间用途管制理论分析及管制策略研究 [J]. 中国土地科学, 2017, 31 (12): 17 - 24.

[249] "生态产品价值实现的路径、机制与模式研究" 课题组. 生态产品价值实现: 路径、机制与模式 [M]. 北京: 中国发展出版社, 2019.

[250] 施志源. 自然资源资产有偿使用的改革难点与规则完善 [J]. 中国特色社会主义研究, 2019 (2): 86 - 91.

[251] 石世奇. 中国经济学说辉煌的过去与灿烂的未来 [J]. 经济学家, 1995 (2): 30 - 36.

[252] 史宏达, 王传崑. 我国海洋能技术的进展与展望 [J]. 太阳能, 2017

（3）：30 - 37.

[253] 史普博，萨巴奇. 水资源经济学：从管制到私有化 [M]. 周耀东，译. 上海：上海人民出版社，2010.

[254] 史伟，魏晓平. 不可再生资源代际公平的测定及实现策略 [J]. 商业时代，2010（8）：116 - 117.

[255] 斯蒂格利茨. 公共部门经济学（第3版）（上下册）[M]. 北京：中国人民大学出版社，2018.

[256] 宋斌，张吉军. 环境保护与自然资源利用中的市场与政府 [J]. 中国行政管理，2006（8）：52 - 54.

[257] 宋冬林，赵新宇. 不可再生资源生产外部性的内部化问题研究：兼论资源税改革的经济学分析 [J]. 财经问题研究，2006（1）：28 - 32.

[258] 宋猛. 公益参与海洋生态修复大有可为 [N]. 中国自然资源报，2023 - 02 - 07（5）.

[259] 宋猛，李文超，赵玉凤. 矿业绿色发展的路径选择和参考：基于国际发展实践及差异分析 [J]. 中国国土资源经济，2020，33（4）：10 - 15.

[260] 宋猛，刘伯恩，葛燕平. 区域生态系统碳汇能力评价与提升路径：以宁夏回族自治区为例 [J]. 中国国土资源经济，2023，36（8）：73 - 79，89.

[261] 宋猛，刘伯恩. 自然资本价值循环实现：逻辑起点、运行机理与策略选择 [J]. 广西社会科学，2021（7）：59 - 65.

[262] 宋猛，王海军，赵玉凤. 矿产资源高效利用的监管思考和路径选择 [J]. 国土资源情报，2021（7）：29 - 34.

[263] 宋猛，薛亚洲. 生态产品价值实现机制创新探析：基于我国市场经济与生态空间的二元特性 [J]. 改革与战略，2020，36（5）：65 - 74.

[264] 宋猛，薛亚洲，王雪峰，等. 矿产资源节约形势及监管途径探讨 [J]. 矿产保护与利用，2018（1）：24 - 29.

[265] 宋延清，王选华. 公共选择理论文献综述 [J]. 商业时代，2009（35）：14 - 16.

[266] 苏礼和. 公共物品多元供给的困境及政府定位 [J]. 湖南农业大学学报（社会科学版），2008，9（6）：97 - 100.

[267] 孙鸿烈，成升魁，等. 60年来的资源科学：从自然资源综合考察到资源科学综合研究 [J]. 自然资源学报，2010，25（9）：1414 - 1423.

[268] 孙鸿烈，封志明. 资源科学研究的现在与未来 [J]. 资源科学，1998，20 (1)：3 - 12.

[269] 孙鸿烈，胡鞍钢，等. 中国土地资源合理开发利用的经验与模式 [J]. 中国人口·资源与环境，1991，1 (3)：1 - 7.

[270] 孙鸿烈，石玉林，李文华，等. 自然资源综合考察与资源科学综合研究 [J]. 地理学报，2020，75 (12)：2610 - 2619.

[271] 孙鸿烈. 中国资源科学百科全书 [M]. 北京：中国大百科全书出版社，2000：2.

[272] 孙婧. 发达国家矿区土地复垦对我国的借鉴与启示 [J]. 中国国土资源经济，2014，27 (7)：42 - 44.

[273] 孙蕾. 自然资源行政许可的法律本质探析 [J]. 河海大学学报（哲学社会科学版），2014，16 (3)：79 - 83，93.

[274] 孙晓晓. 我国自然资源开发利用行政许可制度探析 [D]. 济南：山东大学，2009.

[275] 孙新章，谢高地，张其仔，等. 中国生态补偿的实践及其政策取向 [J]. 资源科学，2006 (4)：25 - 30.

[276] 孙兴丽，刘晓煌，刘晓洁，等. 面向统一管理的自然资源分类体系研究 [J]. 资源科学，2020，42 (10)：1860 - 1869.

[277] 孙永平. 自然资源丰裕经济学 [M]. 北京：人民出版社，2022.

[278] 孙中山. 孙中山选集（上）[M]. 北京：人民出版社，2011.

[279] 碳达峰碳中和工作领导小组办公室. 碳达峰碳中和干部读本 [M]. 北京：党建读物出版社，2022.

[280] 汤尚颖. 资源经济学 [M]. 北京：科学出版社，2013.

[281] 唐潜宁. 生态产品的市场供给制度研究 [J]. 人民论坛·学术前沿，2019 (19)：112 - 115.

[282] 唐任伍. 中外经济思想比较研究 [M]. 西安：陕西人民出版社，1996.

[283] 滕世华. 公共治理理论及其引发的变革 [J]. 国家行政学院学报，2003 (1)：44 - 45.

[284] 田国强. 现代经济学的基本分析框架与研究方法 [J]. 经济研究，2005 (2).

[285] 田莉. 处于十字路口的中国土地城镇化：土地有偿使用制度建立以来的历程回顾及转型展望 [J]. 城市规划，2013，37 (5)：22 - 28.

[286] 田心铭. 学科体系、学术体系、话语体系的科学内涵与相互关系 [N].
光明日报，2020 - 05 - 15（11）.

[287] 田郁溟，琚宜太，周尚国，等. 我国战略矿产资源安全保障若干问题
的思考 [J]. 地质与勘探，2022（1）：217 - 228.

[288] 涂晓芳. 公共物品的多元化供给 [J]. 中国行政管理，2004（2）：
88 - 93.

[289] 完颜素娟. 浅述自然资本及其基本特征 [J]. 商场现代化，2009
（33）：40 - 42.

[290] 汪波. "政治理性人" 的基本逻辑：政治学基本人性假设的新思路
[J]. 海南大学学报（人文社会科学版），2008（1）：12 - 16.

[291] 汪凌志. 贸易开放、城市化与中国自然资本消耗 [J]. 广东财经大学学
报，2014，29（2）：4 - 11.

[292] 王彩云. 中国民主建设研究：以价值理性和工具理性为分析载体 [J].
社会科学研究，2015（5）：12 - 18.

[293] 王灿，蔡文佳，等. 气候变化经济学 [M]. 北京：清华大学出版
社，2020.

[294] 王广华. 国土资源科学数据共享研究综述 [J]. 测绘通报，2007（4）：
34 - 37.

[295] 王广华. 国土资源信息化与可持续发展 [J]. 资源·产业，2002（6）：
21 - 25.

[296] 王广正. 论组织和国家中的公共物品 [J]. 管理世界，1997（1）：
210 - 213.

[297] 王红. 物质流核算与分析：理论方法与实际运用 [M]. 北京：经济管
理出版社，2019.

[298] 王苣，王俊英. 关于海洋生态系统服务的经济属性研究 [J]. 海岸工
程，2006（4）：77 - 82.

[299] 王家枢，张新安，等. 矿产资源与国家安全 [M]. 北京：地质出版
社，2000.

[300] 王建平. 发展生态经济的路径选择：从产业和产品的角度 [J]. 中共四
川省委党校学报，2006（1）：17 - 20.

[301] 王娟娟，万大娟，彭晓春，等. 关于生态资产核算方法探讨 [J]. 环境
与可持续发展，2014，39（6）：14 - 18.

[302] 王镭. 电子数据财产利益的侵权法保护：以侵害数据完整性为视角 [J]. 法律科学（西北政法大学学报），2019，37（1）：38 – 48.

[303] 王丽华. 自然资源治理中加快政府职能转变的路径浅析 [J]. 中国土地，2022（4）：28 – 29.

[304] 王利华. 思想与行动的距离：中国古代自然资源与环境保护概观 [J]. 史学理论研究，2020（2）：74 – 86，158 – 159.

[305] 王琳，马艳. 中国改革开放以来的经济关系演变：现实路径与理论逻辑 [J]. 马克思主义研究，2019（2）：49 – 60，159 – 160.

[306] 王乃亮，黄慧，陈思瑾，等. 基于 Cite Space 分析的生态安全评价研究 [J]. 环境生态学，2023（3）：8 – 16.

[307] 王世杰. 国有自然资源权益核算研究 [D]. 北京：首都经济贸易大学，2020.

[308] 王述洋，董新民. 中国林业安全生产和安全科学技术发展现状和水平 [J]. 中国安全科学学报，1992（2）：54 – 61.

[309] 王天雁，葛少芸. 公共物品供给视角下自然资源国家所有权的限制 [J]. 深圳大学学报（人文社会科学版），2015，32（3）：136 – 143.

[310] 王万山. 中国自然资源产权混合市场建设的制度路径 [J]. 经济地理，2003（5）：621 – 624.

[311] 王希凯. 矿产资源有偿使用和矿业权价款的财产属性及其相互联系与区别 [J]. 中国国土资源经济，2016，29（9）：15 – 18.

[312] 王希凯. 矿产资源有偿使用及其实现方式研究：不能用资源税完全替代权利金 [J]. 中国国土资源经济，2015，28（1）：4 – 8.

[313] 王先进. 认清土地国情　强化土地管理 [J]. 中国科技论坛，1989（10）：3 – 7.

[314] 王小凤. 论自然资源的有偿使用 [C]//中国环境科学学会. 2007 中国环境科学学会学术年会优秀论文集（上卷）. 北京：中国环境科学出版社，2007：1084 – 1087.

[315] 王晓青，濮励杰. 国内外自然资源分类体系研究综述 [J]. 资源科学，2021，43（11）：2203 – 2214.

[316] 王玉明. 第三部门及其社会管理功能 [J]. 中共福建省委党校学报，2001（7）：36 – 40.

[317] 王正立，曹庭语，李政. 我国矿业权市场转让交易规则研究 [J]. 国土

资源情报，2013（5）：18－21，12.

[318] 王子平、冯百侠，等. 资源论［M］. 石家庄：河北科学技术出版社，2001.

[319] 威廉·N. 邓恩. 公共政策分析导论［M］. 谢明，等译. 北京：中国人民大学出版社，2019.

[320] 魏鲁彬. 数据资源的产权分析［D］. 济南：山东大学，2018.

[321] 魏晓平. 矿产资源代际配置的若干问题研究［J］. 中国矿业大学学报（社会科学版），2002（2）：74－79.

[322] 吴初国，汤文豪，张雅丽，等. 新时代我国矿产资源安全的总体态势［J］. 中国矿业，2021（6）：9－15.

[323] 吴次芳，宋戈. 土地利用学［M］. 北京：科学出版社，2009.

[324] 吴大放，刘艳艳，刘毅华，等. 耕地生态安全评价研究展望［J］. 中国生态农业学报，2015（3）：257－267.

[325] 吴巧生，周娜，成金华. 总体国家安全观下关键矿产资源安全治理的国家逻辑［J］. 华中师范大学学报（自然科学版），2023（1）：24－35.

[326] 西奥多·舒尔茨. 论人力资本投资［M］. 北京：北京经济学院出版社，1992.

[327] 习近平谈治国理政［M］. 北京：外文出版社，2014.

[328] 席恒. 公共物品供给机制研究［D］. 西安：西北大学，2003.

[329] 夏方舟，严金明，黄燕芬，等. 国有草原广义有偿使用的理论探索与设计建议［J］. 价格理论与实践，2016（11）：74－76.

[330] 夏皮罗. 信息规则：网络经济的策略指导［M］. 张帆，译. 北京：中国人民大学出版社，2000.

[331] 夏普，雷吉斯特，格里米斯. 社会问题经济学［M］. 北京：中国人民大学出版社，2000：109－119.

[332] 相慧，陈培雄，张鹤，等. 我国现行海域资源与土地资源配置方式的比较研究［J］. 海洋开发与管理，2021，38（2）：49－52.

[333] 肖洪泳. 公共决策的合理选择原则：以罗尔斯的生活计划理论为视角［J］. 中南大学学报（社会科学版），2021，27（6）：136－144.

[334] 谢伏瞻，庄国泰，等. 应对气候变化报告（2021）：碳达峰碳中和专辑［M］. 北京：社会科学文献出版社，2021.

[335] 谢高地，曹淑艳，王浩，等．自然资源资产产权制度的发展趋势 [J]．陕西师范大学学报（哲学社会科学版），2015，44（5）：161-166.

[336] 谢高地，鲁春霞，冷允法，等．青藏高原生态资产的价值评估 [J]．自然资源学报，2003（2）：189-196.

[337] 谢高地，张彩霞，张昌顺，等．中国生态系统服务的价值 [J]．资源科学，2015，37（9）：1740-1746.

[338] 谢高地，张彩霞，张雷明，等．基于单位面积价值当量因子的生态系统服务价值化方法改进 [J]．自然资源学报，2015，30（8）：1243-1254.

[339] 谢高地，甄霖，鲁春霞，等．一个基于专家知识的生态系统服务价值化方法 [J]．自然资源学报，2008（5）：911-919.

[340] 谢立中．探究"三大体系"概念的本质意涵 [EB/OL]．（2023-01-15）．http：//www.cssn.cn/skgz/bwyc/202208/t20220803_5460681.shtml.

[341] 谢煜，张智光，杨铭慧．我国林业生态安全评价、预测与预警研究综述 [J]．世界林业研究，2021（3）：1-7.

[342] 熊明辉．法律理性的逻辑辩护 [J]．学术月刊，2007（5）：20-25.

[343] 休谟．人性论 [M]．北京：商务印书馆，2016.

[344] 徐桂华，杨定华．外部性理论的演变与发展 [J]．社会科学，2004（3）：26-30.

[345] 徐世义．《资本论》与配置资源的三大机制 [J]．新疆社会经济，1994（5）：8-11.

[346] 徐素波，王耀东，耿晓媛．生态补偿：理论综述与研究展望 [J]．林业经济，2020，42（3）：14-26.

[347] 许偲炜．要素市场化配置下数据财产权制度的建构 [J]．重庆大学学报（社会科学版），2023，29（1）：255-267.

[348] 许光建，卢倩倩，许坤，等．我国土地出让收入分配制度改革：历史、现状及展望 [J]．价格理论与实践，2020（12）：4-9.

[349] 许瀛彪．迈向共同富裕：自然资源国家所有权权利行使的公益性面向 [J]．西北民族大学学报（哲学社会科学版），2022（6）：64-73.

[350] 薛楠．基于"自然资源有偿使用机制建立"浅析我国资源税改革 [J]．中国产经，2020（2）：108-109.

[351] 亚当·斯密．国民财富的性质和原因的研究（下卷）[M]．北京：商务印书馆，1972：29-30.

［352］杨丹辉．资源安全、大国竞争与稀有矿产资源开发利用的国家战略
　　　　［J］．学习与探索，2018（7）：93 - 102.

［353］杨德才．新制度经济学［M］．北京：中国人民大学出版社，2019.

［354］杨磊．我国粮食安全风险分析及粮食安全评价指标体系研究［J］．农业
　　　　现代化研究，2014（6）：696 - 702.

［355］杨茂林．关于绿色经济学的几个问题［J］．经济问题，2012（9）：
　　　　4 - 14.

［356］杨明．低碳经济与煤的清洁高效利用［J］．洁净煤技术，2011，17
　　　　（2）：1 - 2，7.

［357］杨爽．我国土地资源有偿使用制度研究［D］．北京：中国地质大学
　　　　（北京），2013.

［358］杨旋．立足国内，全面提升矿产资源保障能力［N］．中国自然资源报，
　　　　2023 - 03 - 08（2）.

［359］杨艳昭，封志明，闫慧敏，等．自然资源资产负债表编制的"承德模
　　　　式"［J］．资源科学，2017，39（9）：1646 - 1657.

［360］姚成胜，滕毅，黄琳．中国粮食安全评价指标体系构建及实证分析
　　　　［J］．农业工程学报，2015（4）：1 - 10.

［361］姚成胜，殷伟，李政通．中国粮食安全系统脆弱性评价及其驱动机制
　　　　分析［J］．自然资源学报，2019（8）：1720 - 1734.

［362］姚霖．论自然资源资产负债表的理论范式及其资产、负债账户［J］．财
　　　　会月刊，2017（25）：10 - 14.

［363］姚霖，马朋林．自然资源与生态环境国际智库手册（第一辑）［M］．北
　　　　京：北京大学出版社，2021.

［364］姚霖．迈向自然受益型粮食系统转型的未来［J］．中国国土资源经济，
　　　　2022，35（9）：1.

［365］姚霖．全民所有自然资源资产核算及其决策支撑的思考［J］．中国国土
　　　　资源经济，2021，34（5）：1.

［366］姚霖．自然资源资产负债表编制理论与方法研究［M］．北京：地质出
　　　　版社，2017.

［367］姚霖．自然资源资产负债表的实践进展与理论反思［J］．财会通讯．
　　　　2021（17）：85 - 88.

［368］叶闯．"深绿色"思想的理论构成及其未来含义［J］．自然辩证法研

究，1995（1）：29 – 35.

［369］叶文辉. 中国公共产品供给研究 ［D］. 成都：四川大学，2003.

［370］叶祖达，龙惟定，等. 低碳生态城市规划编制：总体规划与控制性详细规划 ［M］. 北京：中国建筑工业出版社，2016.

［371］易诗懿，李笑诺，陈卫平. 污染场地可持续风险管控区划研究进展 ［J］. 环境保护科学，2023，49（1）：126 – 135.

［372］应凌霄，孔令桥，肖燚，等. 生态安全及其评价方法研究进展 ［J］. 生态学报，2022（5）：1679 – 1692.

［373］于光远. 关于国土经济学的研究 ［J］. 自然辩证法通讯，1981（10）：4 – 10.

［374］于光远. 资源·资源经济学·资源战略 ［J］. 自然资源学报，1986，1（1）：1 – 2.

［375］于宏源，李坤海. 粮食安全的全球治理与中国参与 ［J］. 国际政治研究，2021（6）：83 – 103.

［376］于立宏. 可耗竭资源与经济增长：理论进展 ［J］. 浙江社会科学，2007（5）：179 – 184.

［377］余敬，高思宇，张龙. 重要矿产资源安全评价的集成算法与实证 ［J］. 统计与决策，2017（6）：59 – 61.

［378］余燕，刘书明. 公共选择理论的发展及反思 ［J］. 中国集体经济，2020（10）：70 – 71.

［379］余韵，陈甲斌. 危机矿产评估方法国际比较研究 ［J］. 国土资源情报，2017（11）：48 – 56.

［380］余振国，余勤飞，李闽，等. 中国国家公园自然资源管理体制研究 ［M］. 北京：中国环境出版集团，2018.

［381］俞敏，李维明，高世楫，等. 生态产品及其价值实现的理论探析 ［J］. 发展研究，2020（2）：47 – 56.

［382］袁伟彦，周小柯. 生态补偿问题国外研究进展综述 ［J］. 中国人口·资源与环境，2014，24（11）：76 – 82.

［383］约翰·C. 伯格斯特罗姆，阿兰·兰多尔. 资源经济学：自然环境与环境政策的经济分析（第三版）［M］. 谢关平，等译. 北京：人民出版社，2015.

［384］约翰·N. 德勒巴克，等. 新制度经济前言 ［M］. 北京：经济科学出版

社，2003.

[385] 约翰·杜尔.速度与规模：碳中和的 OKR 行动指南 [M].杨静娴，译.
北京：中信出版社，2022.

[386] 岳文泽，夏皓轩，钟鹏宇，等.自然资源治理助力共同富裕：政策演
进、关键挑战与应对策略 [J].中国土地科学，2022，36（9）：1-9.

[387] 臧宏宽，胡睿，郝春旭等.自然资源资本化运行市场建设框架建立与
实施路径 [J].生态经济，2021，37（12）：158-162.

[388] 曾贤刚，虞慧怡，谢芳.生态产品的概念、分类及其市场化供给机制
[J].中国人口·资源与环境，2014，24（7）：12-17.

[389] 翟明国，胡波.矿产资源国家安全，国际争夺与国家战略之思考 [J].
地球科学与环境学报，2021（1）：1-11.

[390] 詹姆斯·N.罗西瑙.没有政府的治理 [M].南昌：江西人民出版
社，2001.

[391] 张白玲.自然资本核算的理论与实务研究 [J].会计之友（下旬刊），
2007（6）：9-13.

[392] 张丰，周远琴.自然资源持续利用的经济学分析 [J].武汉汽车工业大
学学报，2000（2）：68-71.

[393] 张宏军.西方外部性理论研究述评 [J].经济问题，2007（2）：14-16.

[394] 张洪吉，李绪平，谭小琴，等.浅议自然资源分类体系 [J].资源环境
与工程，2021，35（4）：547-550.

[395] 张建龙.改革开放 40 年林业和草原建设回顾与展望：在建设现代化强
国中谱写新篇 [J].人民论坛，2018（33）：6-9.

[396] 张婧弛.公共物品供给的"搭便车"问题及解决之道 [J].江苏理工
学院学报，2014，20（3）：53-56.

[397] 张军连，李宪文.生态资产估价方法研究进展 [J].中国土地科学，
2003，17（3）：52-55.

[398] 张君宇，宋猛，刘伯恩.中国二氧化碳排放现状与减排建议 [J].中国
国土资源经济，2022，35（4）：38-44，50.

[399] 张丽萍.自然资源学基本原理 [M].北京：科学出版社，2019.

[400] 张林波，虞慧怡，李岱青，等.生态产品内涵与其价值实现途径 [J].
农业机械学报，2019，50（6）：173-183.

[401] 张璐.国有自然资源资产管理的主要问题与应对思路 [J].中国国土资

源经济，2021，34（2）：14－21.

[402] 张璐. 自然资源物权的选择与归属 [J]. 法律方法，2010（1）.

[403] 张琦. 公共物品理论的分歧与融合 [J]. 经济学动态，2015（11）：147－158.

[404] 张清勇，丰雷. 中国古代土地经济思想探析 [J]. 天津商业大学学报，2020，40（6）：3－7，23.

[405] 张秋红. 关于自然资源资产有偿使用制度改革的思考 [J]. 海洋开发与管理，2016，33（9）：37－40.

[406] 张生颖. 我国水资源有偿使用的法律制度研究 [D]. 济南：山东大学，2015.

[407] 张世秋. 环境经济学研究：历史、现状与展望 [J]. 南京工业大学学报（社会科学版），2018（2）：71－77.

[408] 张守文. 政府与市场关系的法律调整 [J]. 中国法学，2014（5）：60－74.

[409] 张锁江，张香平，葛蔚，等. 工业过程绿色低碳技术 [J]. 中国科学院院刊，2022，37（4）：511－521.

[410] 张卫民. 森林资源资产负债表及其核算系统研究 [M]. 北京：中国林业出版社，2020.

[411] 张卫民. 自然资源负债的界定和确认：兼论自然资源核算的国际惯例与中国需求 [J]. 南京林业大学学报（人文社会科学版），2018，18（3）：51－57，66.

[412] 张文驹. 自然资源一级分类 [J]. 中国国土资源经济，2019，32（1）：4－14.

[413] 张晓玲，吕晓. 国土空间用途管制的改革逻辑及其规划响应路径 [J]. 自然资源学报，2020，35（6）：1261－1272.

[414] 张晓玲，欧训民，等. 减缓气候变化经济学 [M]. 北京：中国社会科学出版社，2021.

[415] 张晓，张希栋. CGE 模型在资源环境经济学中的应用 [J]. 城市与环境研究，2015（2）：91－112.

[416] 张新安，陈丽萍，王正立. 市场经济国家的权利金管理制度 [J]. 资源·产业，1999（8）：14－16.

[417] 张新安. 从世界矿业发展趋势谈我国矿业开发中应注意的问题 [J]. 中

国地质经济，1991（6）：20 - 21.

[418] 张新安，等 . 立足新时代的国土资源事业新征程：党的十八大以来国土资源工作盘点与形势展望 ［M］. 北京：地质出版社，2018.

[419] 张新安，等 . 面向生态文明的新型资源观 ［M］. 北京：地质出版社，2018.

[420] 张新安，等 . 市场经济国家矿产资源/储量管理 ［R］. 中国地质矿产信息研究院，1996.

[421] 张新安，等 . 市场经济国家矿业权价值评估研究 ［R］. 中国地质矿产信息研究院，1997.

[422] 张新安，等 . 中国国土资源安全状况分析报告（2004—2005）［M］. 北京：大地出版社，2006.

[423] 张新安，方克定，等 . 社会主义市场经济条件下资源管理与产业管理关系研究 ［R］. 国土资源部信息中心，2003.

[424] 张新安，高兵，邓锋，等 . 自然资源管理服务支撑碳达峰碳中和［M］. 北京：经济科学出版社，2022.

[425] 张新安 . 国外矿产资源储备历史及现状 ［J］. 国土资源情报，2002（1）：12.

[426] 张新安，刘丽，郭文华，等 . 加强国土资源综合调查评价的战略构想［J］. 地质通报，2009，28（Z1）：166 - 170.

[427] 张新安，刘丽，张迎新，等 . 国际国土资源管理：态势与趋势 ［M］. 北京：大地出版社，2006.

[428] 张新安 . 美国实施全球矿产战略的经验 ［J］. 国土资源情报，2001（3）：35 - 38.

[429] 张新安 . 市场经济国家探矿权市场发育程度指标研究 ［J］. 国土资源情报，2004（5）：32 - 34.

[430] 张新安，张迎新 . 让天然气在国家能源安全中发挥更大作用（一）：中国天然气资源战略研究 ［J］. 国土资源情报，2007（9）：1 - 6.

[431] 张新安 . 中国矿业发展中的若干指数研究 ［M］. 北京：地质出版社，2019.

[432] 张新安 . "走出去"开发利用国外矿产资源的方式选择 ［J］. 资源·产业，2001（3）：18 - 21.

[433] 张雅丽，陈丽萍，陈静，等 . 主要发达国家矿产资源安全保障战略

[J]. 国土资源情报, 2019 (11): 24 - 30.

[434] 张亚明, 范继涛. 矿产资源安全保障的经济策略: 基于新发展格局视角 [J]. 中国国土资源经济, 2023, 36 (9): 31 - 39.

[435] 张益宾, 李锋, 史云扬, 等. 基于科学计量分析的生态资产研究进展 [J]. 中国农业大学学报, 2022, 27 (12): 59 - 77.

[436] 张元红, 刘长全, 国鲁来. 中国粮食安全状况评价与战略思考 [J]. 中国农村观察, 2015 (1): 2 - 14.

[437] 张云飞. 自然资源有偿使用制度 [J]. 绿色中国, 2018 (21): 62 - 65.

[438] 张照伟, 李文渊. 矿产资源的最适耗竭与可持续发展 [J]. 地球科学与环境学报, 2007 (4): 387 - 392.

[439] 赵鼎新. 集体行动、搭便车理论与形式社会学方法 [J]. 社会学研究, 2006 (1): 1 - 21, 243.

[440] 赵婧, 黄薇. 强化要素保障能力 严守资源安全底线 [N]. 中国自然资源报, 2023 - 06 - 15 (2).

[441] 赵磊磊, 张英团, 张良, 等. 我国草原调查监测现状、存在问题及对策分析 [J]. 林业建设, 2020 (6): 8 - 12.

[442] 赵立祥, 王丽丽. 消费领域碳减排政策研究进展与展望 [J]. 科技管理研究, 2018, 38 (3): 239 - 246.

[443] 赵同谦, 欧阳志云, 贾良清, 等. 中国草地生态系统服务功能间接价值评价 [J]. 生态学报, 2004 (6): 1101 - 1110.

[444] 赵钟楠, 田英, 李原园, 等. 总体国家安全观视角下水资源安全保障策略与关键问题思考 [J]. 中国水利, 2020 (9): 11 - 13, 25.

[445] 郑秉文. 外部性的内在化问题 [J]. 管理世界, 1992 (5): 195 - 204.

[446] 郑艳, 解伟, 等. 适应气候变化经济学 [M]. 北京: 中国社会科学出版社, 2021.

[447] 郑毅. 推进生态产品资产证券化 探索共同富裕新路径 [R/OL]. [2022 - 01 - 27]. http://www.gxzx.gov.cn/html/wylz/weiyuanfengcai/491.html.

[448] 郑永琴. 资源经济学 [M]. 北京: 中国经济出版社, 2013.

[449] 中共中央宣传部, 国家发展改革委员会. 习近平经济思想学习纲要 [M]. 北京: 人民出版社, 学习出版社, 2022.

[450] 中共中央宣传部, 中央国家安全委员会办公室. 总体国家安全观学习

纲要［M］．北京：学习出版社，人民出版社，2022．

［451］中国长期低碳发展战略与转型路径研究课题组，清华大学气候变化与可持续发展研究院．读懂碳中和：中国 2020 - 2050 年低碳发展行动路线图［M］．北京：中信出版社，2021．

［452］中国地质矿产经济学会，中国国土资源经济研究院，国土资源部资源环境承载力评价重点实验室．资源环境承载力与生态文明建设学术研讨会论文集［M］．北京：中国大地出版社，2013．

［453］中国地质矿产经济学会，中国国土资源经济研究院．资源经济理论与实践探索：《中国国土资源经济》创刊 30 周年纪念文集［M］．北京：地质出版社，2013．

［454］中国森林资源核算研究项目组．生态文明制度构建中的中国森林资源核算研究［M］．北京：中国林业出版社，2015．

［455］中国社会科学院语言研究所词典编辑室．现代汉语词典［M］．7 版．北京：商务印书馆，2016．

［456］中国生态补偿机制与政策研究课题组．中国生态补偿机制与政策研究［M］．北京：科学出版社，2007：1 - 20．

［457］中国自然资源经济研究院．自然资源经济简明术语［M］．北京：经济科学出版社，2022．

［458］中华人民共和国国家发展和改革委员会，国家统计局．生态产品总值核算规范［M］．北京：人民出版社，2022．

［459］中华人民共和国国家统计局．中国国民经济核算体系（2002）［M］．北京：中国统计出版社，2003．

［460］中华人民共和国国家统计局．中国国土资源统计年鉴（2012）［M］．北京：中国统计出版社，2012．

［461］中华人民共和国国家统计局．中国国土资源统计年鉴（2013）［M］．北京：中国统计出版社，2013．

［462］中华人民共和国国家统计局．中国国土资源统计年鉴（2014）［M］．北京：中国统计出版社，2014．

［463］中华人民共和国国家统计局．中国国土资源统计年鉴（2015）［M］．北京：中国统计出版社，2015．

［464］中华人民共和国国家统计局．中国国土资源统计年鉴（2016）［M］．北京：中国统计出版社，2016．

[465] 中华人民共和国国家统计局. 中国国土资源统计年鉴（2017）[M]. 北京：中国统计出版社，2017.

[466] 中华人民共和国国家统计局. 中国国土资源统计年鉴（2018）[M]. 北京：中国统计出版社，2018.

[467] 中华人民共和国国土资源部. 中国矿产资源报告（2016）[R]. 国土资源部，2016.

[468] 中华人民共和国国土资源部. 中国矿产资源报告（2017）[R]. 国土资源部，2017.

[469] 中华人民共和国自然资源部. 中国矿产资源报告（2018）[R]. 国土资源部，2018.

[470] 中华人民共和国自然资源部. 中国矿产资源报告（2019）[R]. 国土资源部，2019.

[471] 中华人民共和国自然资源部. 中国矿产资源报告（2020）[R]. 国土资源部，2020.

[472] 周静. 市场化方式推进矿山生态修复的实施路径与思考 [J]. 中国矿业，2022，31（7）：61-64.

[473] 周可法，陈曦，等. 干旱区生态资产遥感定量评估模型研究 [J]. 干旱区地理，2004，27（4）：492-497.

[474] 周少华. 法律理性与法律的技术化 [J]. 法学论坛，2012，27（3）：105-110.

[475] 周少华，周海燕. 中国国土资源安全报告 [M]. 北京：红旗出版社，2009.

[476] 周叔莲. 我对中国计划经济转变为社会主义市场经济的研究 [J]. 中国浦东干部学院学报，2017，11（5）：39-55.

[477] 周伟，沈镭，石吉金，等. 基于义务保有量的耕地保护补偿研究 [J]. 干旱区资源与环境，2022，36（11）：1-9.

[478] 周伟，沈镭，钟帅，等. 生态产品价值实现的系统边界及路径研究 [J]. 资源与产业，2021，23（4）：94-104.

[479] 周伟，沈镭，钟帅. 面向可持续发展目标的西部水土资源评估 [J]. 地理研究，2022，41（3）：917-930.

[480] 周伟，石吉金，苏子龙，等. 耕地生态保护与补偿的国际经验启示：基于欧盟共同农业政策 [J]. 中国国土资源经济，2021，34

（8）：37 – 43.

[481] 周伟，石吉金，苏子龙，等．耕地生态补偿的内涵、分类及相关问题研究［J］．中国土地，2022（9）：46 – 49.

[482] 周妍，张丽佳，翟紫含．生态保护修复市场化的国际经验和我国实践［J］．中国土地，2020（9）：39 – 42.

[483] 周耀治．"生态经济人"刍议［J］．生态经济，2014，30（6）：46 – 48.

[484] 周毅．生态安全预警［M］．呼和浩特：内蒙古教育出版社，2001.

[485] 朱柏铭．公共部门经济学［M］．杭州：浙江大学出版社，2013.

[486] 朱道林．土地经济学论纲［M］．北京：商务印书馆，2022.

[487] 朱迪·丽丝．自然资源分配、经济学与政策［M］．蔡云龙，等译．北京：商务印书馆，2002.

[488] 朱能勋．试论农村土地资源的有偿使用：兼谈"四荒"拍卖与治理［J］．云南林业调查规划设计，1997（1）：34 – 37.

[489] 朱清．关于"共同但有区别"的自然资源有偿使用制度探讨［J］．国土资源情报，2017（9）：3 – 10.

[490] 朱文泉，高清竹，段敏捷，等．藏西北高寒草原生态资产价值评估［J］．自然资源学报，2011，26（3）：419 – 428.

[491] 朱远．资源生产率的理论演进与评述［J］．兰州学刊，2010（11）：55 – 59，64.

[492] 诸大建．倡导投资自然资本的新经济［N］．解放日报，2015 – 03 – 12.

[493] 诸大建，朱远．生态效率与循环经济［J］．复旦学报（社会科学版），2005（2）：60 – 66.

[494] 庄贵阳，等．低碳城市的理论、方法与实践［M］．北京：中国社会科学出版社，2021.

[495] 自然资源部国土空间生态修复司，中国自然资源经济研究院．矿山生态修复管理法律法规文件汇编［M］．北京：地质出版社，2021.

[496] 邹放鸣．司马迁的经济思想与中国古代矿业开发［J］．中国矿业大学学报（社会科学版），2015，17（1）：81 – 84.

[497] 左松，胡莉，杨丽娜．自然资源综合评价指标体系构建探索［J］．林业资源管理，2022（3）：12 – 18.

[498] 左芝鲤，成金华，郭海湘．新时代我国矿产资源安全浅析［J］．中国国土资源经济，2021（11）：54 – 61.

外文部分

[1] Ackerman F, Stanton E A, Bueno R. CRED: A New Model of Climate and development [J]. Ecological Economics, 2013, 85 (1): 166 – 176.

[2] Adam D. Arctic Permafrost Leaking Methane at Record Levels, Figures Show [EB/OL]. (2010 – 01 – 14). The Guardian, January 14. www. guardian. co. uk/environment/2010/jan/14/arctic-permafrost-methane/.

[3] Albrizio S, Botta E, Kozˇluk T, Zipperer V. Do Environmental Policies Matter for Productivity Growth? Insights from New Cross-country Measures of Environmental Policies [R]. Organisation for Economic Co-operation and Development, Economics Department Working Paper No. 1176, 2014.

[4] American Geophysical Union. Human-Induced Climate Change Requires Urgent Action [EB/OL]. 2014. www. agu. org.

[5] Arnold F S. Environmental Protecting: Is It Bad for the Economy? A Non-Technical Summary of the Literature [R]. Report prepared under EPA Cooperative Agreement CR822795-01 with the Office of Economy and Environment, U. S. Environmental Protection Agency, 1999.

[6] Arze del Granado J, Coady D, and Gillingham R. The Unequal Benefits of Fuel Subsidies: A Review of Evidence for Developing Countries [R]. IMF Working Paper WP/10/202, 2010, September.

[7] Ash M, Boyce J K. Assessing the Jobs-environment Relationship with Matched Data from US EEOC and US EPA [J]. Umass Amherst Economics Working Papers, 2016, 65 (11): 336 – 337.

[8] Ayaburi J, Bazilian M, Kincer J, Moss T. Measuring "Reasonably Reliable" Access to Electricity Services [J]. The Electricity Journal, 2020, 33 (7): 106828.

[9] Ayres R U, Ayres L W. Industrial Ecology: Towards Closing the Materials Cycle [M]. Cheltenham, UK: Edward Elgar, 1996.

[10] Babool A, Reed M. The Impact of Environmental Policy on International Competitiveness in Manufacturing [J]. Applied Economics, 2010, 42 (18): 2317 – 2326.

[11] Barbier E. America Can Afford a Green New Deal—Here's How [Z]. The

Conservation, 2019.

[12] Barnes J N, Blackwelder B, Bramble B J, et al. Bankrolling Successes: A Portfolio of Sustainable Development Projects [M]. Washington, DC: Friends of the Earth and the National Wildlife Federation, 1995.

[13] Barth B. Curitiba: The Greenest City on Earth [Z]. Ecologist, 2014 – 03 – 15.

[14] Bartlett R V. Ecological Rationality: Reason and Environmental Policy [J]. Environmental Ethics, 1986, 8: 221 – 239.

[15] Beckerman W. Economic Growth and the Environment: Whose Growth? Whose Environment? [J]. World Development, 1992, 20 (4): 481 – 496.

[16] Bernasconi N. USMCA Curbs How Much Investors Can Sue Countries—Sort of [EB/OL]. International Institute for Sustainable Development, 2018, October 2. www. iisd. org/articles/usmca-investors.

[17] Bezdek R H, Wendling R M, DiPerna P. Environmental Protection, the Economy, and Jobs: National and Regional Analyses [J]. Journal of Environmental Management, 2008, 86: 63 – 79.

[18] Bielecki A, Ernst S, Skrodzka W, et al. The Externalities of Energy Production in the Context of Development of Clean Energy Generation [J]. Environmental Science and Pollution Research, 2020, 27 (6): 11506 – 11530.

[19] Biermann F, Bauer S. A World Environment Organization: Solution or Threat for Effective International Environmental Governance? [M]. Aldershot, UK: Ashgate Publishing, 2005.

[20] Bloomberg New Energy Finance (NEF). Solar and Wind Reach 67% of New Power Capacity Added Globally in 2019, While Fossil Fuels Slide to 25% [EB/OL]. (2020 – 09 – 01). about. bnef. com/blog/solar-and-wind-reach-67-of-new-power-capacity-added-globally-in-2019-while-fossil-fuels-slide-to-25/.

[21] BP. BP Statistical Review of Word Energy 2020 69th Edition [R/OL]. (2020 – 06 – 18). http://www. huanjing100. com/p – 11330. html.

[22] Brack D. Trade and Environment: Conflict or Compatibility? [M]. London: Royal Institute of International Affairs, 1998.

[23] Buchanan J M. An Economic Theory of Clubs [J]. Economica, 1965, 32

（125）: 1 – 14.

[24] Cassidy J. Can We Have Prosperity Without Growth? ［Z］. The New Yorker, 2020.

[25] Center for Sustainable Systems. U. S. Environmental Footprint Factsheet ［R］. University of Michigan, Publication Number CSS08 – 08, 2020, September.

[26] Charnovitz S. Trade Measures and the Design of International Regimes ［J］. Journal of Environment & Development, 1996, 5 （2）: 168 – 196.

[27] Cheever F, Dernbach J C. Sustainable Development and Its Discontents ［J］. Transnational Environmental Law, 2015, 4 （2）: 247 – 287.

[28] Coase R H. The Problem of Social Cost ［J］. Journal of Law and Economics, 1960 （3）: 1 – 44.

[29] Costanza R, Cumberland J, Daly H, et al. An Introduction to Ecological Economics, Second Edition ［M］. Crc Press, 2014.

[30] Costanza R. d'Arge R, de Groot R, et al. The Value of the World's Ecosystem Services and Natural Capital ［J］. Nature, 1997 （387）: 253 – 260.

[31] Costanza R. Social Goals and the Valuation of Natural Capital ［J］. Environ. Moni. and Asses, 2003 （86）: 19 – 28.

[32] Daily G C, Polasky S, Goldstein J, Kareiva P M, Mooney H A, Pejchar L, Ricketts T H, Salzman J, Shallenberger R. Ecosystem Services in Decision Making: Time to Deliver ［J］. Frontiers in Ecology and the Environment, 2009, 7 （1）: 21 – 28.

[33] Daly H E. Beyond Growth: The Economics of Sustainable Development ［M］. Beacon Press, 1996.

[34] Daly H. The Steady-State Economy: Toward a Political Economy of Biophysical Equilibrium and Moral Growth ［M］//Daly H, Townsend K. Valuing the Earth, 2nd edition （eds. Herman Daly and Kenneth Townsend）. Cambridge, MA: MIT Press, 1993.

[35] Davis S J, Caldeira K. Consumption-based Accounting of CO_2 Emissions ［EB/OL］. Publications of the National Academy of Sciences, 2010, March 8. www. pnas. org/content/early/2010/02/23/0906974107. full. pdf + html.

[36] Demsetz H. The Private Production of Public goods ［J］. Journal of law and Economics, 1970 （13）: 293 – 306.

[37] Dickson B, Blaney R, Miles L, et al. Towards a Global Map of Natural Capital: Key Ecosystemassets [R]. Nairobi, Kenya: UNEP, 2014.

[38] Diesing P. Reason in Society: Five Types of Decisions and Their Social Conditions [M]. Greenwood Press, 1962.

[39] Dryzek J S. Rational Ecology: The Political Economy of Environmental Choice [M]. Basil Blackwell, Oxford, 1987.

[40] Eligon J. A Question of Environmental Racism in Flint [N]. New York Times, 2016-01-21.

[41] Erickson J. Five Years Later: Flint Water Crisis Most Egregious Example of Environmental Injustice, U-M Researcher Says [N]. Michigan News, University of Michigan, 2019-04-23.

[42] Esty D C. Bridging the Trade-Environment Divide [J]. Journal of Economic Perspectives, 2001, 15 (3): 113-130.

[43] European Commission. EDGAR Database for Atmospheric Research [EB/OL]. 2020. https://edgar.jrc.ec.europa.eu.

[44] Frankel J. Environmental Effects of International Trade [R]. Swedish Globalisation Council, Harvard University, 2009.

[45] Friedman. Price Theory [M]. South-Western Publishing Company, 1986.

[46] Gabler M. Norms, Institutions, and Social Learning: An Explanation for Weak Policy Integration in the WTO's Committee on Trade and the Environment [J]. Global Environmental Politics, 2010, 10 (2): 80-117.

[47] Gallagher K P. Economic Globalization and the Environment [J]. Annual Review of Environment and Resources, 2009, 34: 279-304.

[48] Georgescu-Roegen N. The Entropy Law and the Economic Problem [M]//Daly H E. Valuing the Earth: Economics, Ecology, Ethics. Cambridge, MA: MIT Press, 1993.

[49] Giljum S, Eisenmenger N. North-South Trade and the Distribution of Environmental Goods and Burdens: A Biophysical Perspective [J]. Journal of Environment and Development, 2004, 13 (1): 73-100.

[50] Global Footprint Network. "Per Capita Ecological Footprint" and "Available Biocapacity" [EB/OL]. 2020. www.footprintnetwork.org.

[51] Gray K, Bosman J. Nine Health Officials Face Charges in Water Crisis that

Roiled Flint [N]. New York Times, 2021 – 01 – 14.

[52] Guzel A E, Okumus I. Revisiting the Pollution Haven Hypothesis in ASEAN-5 Countries: New Insights from Panel Data Analysis [J]. Environmental Science and Pollution Research, 2020, 27: 18157 – 18167.

[53] Hardin G. The Tragedy of the Commons [J]. Science, 1968, 162 (3859): 1243 – 1248.

[54] Harris J M, Feriz M B. Forests, Agriculture, and Climate: Economics and Policy Issues [EB/OL]. Tufts University Global Development and Environment Institute, 2011. www. bu. edu/eci/education-materials/teaching-modules/.

[55] Head J G, Shoup C S. Public Goods, Private Goods, and Ambiguous Goods [J]. The Economic Journal, 1969, 79 (315): 567 – 572.

[56] Heal G, Millner A. Uncertainty and Decision-Making in Climate Change Economics [J]. Review of Environmental Economics and Policy, 2014, 8 (1): 120 – 137.

[57] Heal G. New Strategies for the Provision of Public Goods: Learning for International Environmental Challenges [M]//Global Public Goods: International Cooperation in the 21st Century (eds. Inge Kaul, Isabelle Grunberg, and Marc Stern). New York: Oxford University Press, 1999.

[58] Hollingsworth L. Lucas v. South Carolina Coastal Commission: A New Approach to the Takings Issue [J]. Natural Resources Journal, 1994, 34 (2): 479 – 495.

[59] Holtermann S E. Externalities and Public Goods [J]. Economica, 1972, 39 (153): 78 – 87.

[60] Hotelling H. The Economics of Exhaustible Resources [J]. Journal of Political Economy 1931, 39: 137 – 175.

[61] Houghton R A, Nassikas A A. Negative Emissions from Stopping Deforestation and Forest Degradation, Globally [J]. Global Change Biology, 2018, 24 (1): 350 – 359.

[62] Hughes J E, Knittel C R, Sperling D. Evidence of a Shift in the Short-Run Price Elasticity of Gasoline Demand [J]. Energy Journal, 2008, 29 (1): 113 – 134.

［63］ Intergovernmental Panel on Climate Change （IPCC）. 2014. Climate Change 2013： The Physical Science Basis ［R/OL］. http：//ipcc. ch/.

［64］ Intergovernmental Panel on Climate Change （IPCC）. 2007. Climate Change 2007： Impacts, Adaptation, and Vulnerability ［R］. Cambridge, UK； New York： Cambridge University Press.

［65］ Intergovernmental Panel on Climate Change （IPCC）. 2014. Climate Change 2014： Impacts, Adaptation, and Vulnerability ［R/OL］. https：//www. ipcc. ch/site/assets/uploads/2018/02/WGIIAR5-FrontMatterA _FINAL. pdf.

［66］ Intergovernmental Panel on Climate Change （IPCC）. 2019. Climate Change and Land： An IPCC Special Report ［R/OL］. www. ipcc. ch/srccl/.

［67］ Intergovernmental Panel on Climate Change （IPCC）. 2018. Global Warming of 1. 5℃. An IPCC Special Report ［R/OL］. www. ipcc. ch/sr15/.

［68］ Johnson B, Duchin F. The Case for the Global Commons ［M］//Harris J M. Rethinking Sustainability. Ann Arbor： University of Michigan Press, 2000.

［69］ Kellog R. The Pollution Haven Hypothesis： Significance and Insignificance ［C］//2006 Annual meeting, July 23 – 26, Long Beach, CA. American Agricultural Economics Association （New Name 2008： Agricultural and Applied Economics Association）, 2006.

［70］ Koźluk T, Timiliotis C. Do Environmental Policies Affect Global Value Chains? ［R］. Oecd Economics Department Working Papers, 2016.

［71］ Muradian R, Corbera E, Pascual U, et al. Reconciling Theory and Practice： An Alternative Conceptual Framework for Understanding Payments for Environmental Services ［J］. Ecological Economics, 2010, 69 （6）： 1202 – 1208.

［72］ Musgrave R A. The Theory of Public Finance ［M］. New York： McGraw-Hill, 1959： 10.

［73］ Odum H T, Odum E P. The Energetic Basis for Valuation of Ecosystem Services ［J］. Ecosystems, 2000, 3 （1）： 21 – 23.

［74］ Organization for Economic Cooperation and Development （OECD）. How's Life? 2015： Measuring Well-Being ［R］. Paris, 2015.

［75］ Organization for Economic Cooperation and Development （OECD）. How's Life? Measuring Well-Being ［R］. Paris, 2011.

［76］ Organization for Economic Cooperation and Development （OECD）. OECD

Environmental Data：Compendium 2008 ［R］. Paris, 2008.

［77］ Ozone Secretariat, UN Environment. Parties Take Up Urgent Response to CFC-11 Emissions ［N］. UN Environment News, 2018 - 07 - 16.

［78］ Pearce D. Resource Productivity：An Outsider's View of the State of Play and What Might Need to be Done ［R］. UCL, 2001.

［79］ Pearce D W, Turner R K. Economics of Natural Resources and the Environment ［M］. Baltimore：Johns Hopkins University Press, 1990：51 - 53.

［80］ Ricardo D. On the Principles of Political Economy, and Taxation ［M］. Cambridge University Press, 2015.

［81］ Samuelson P A . The Pure Theory of Pulic Expenditure ［J］. Review of Economics and Statistics, 1954, 36：387 - 390.

［82］ Stiglitz J E, Sen A, Fitoussi J-P. Report by the Commission on the Measurement of Economic Performance and Social Progress ［R/OL］. 2009. www. stiglitz-sen-fitoussi. fr/en/index. htm.

［83］ Strunz S, Schindler H. Identifying Barriers Toward a Post-growth Economy：A Political Economy View ［J］. Ecological Economics, 2018, 153：68 - 77.

［84］ Tallis H, Goldman R, Uhl M, et al. Integrating Conservation and Development in the Field：Implementing Ecosystem Service Projects ［J］. Frontiers in Ecology and the Environment, 2009, 7 (1)：12 - 20.

［85］ United Nations, European Commission, Food and Agriculture Organization, International Monetary Fund, Organization for Economic Cooperation and Development, and World Bank. System of Environmental-Economic Accounting 2012：Central Framework ［M］. New York：United Nations, 2014.

［86］ United Nations Environment Programme (UNEP). Global Environmental Outlook 6 ［R］. 2019. www. unenvironment. org/resources/global-environment-outlook-6.

［87］ VerEecke W. Public Goods：An Ideal Concept ［J］. Journal of Socio-Economics, 1999, 28 (2)：139 - 156.

［88］ Vogt W. Road to Survival ［M］. New York：William Sloan, 1948.

［89］ World Bank. Calculating Adjusted Net Saving ［EB/OL］. http：//siteresources. worldbank. org/ENVIRONMENT/Resources/Calculating _ Adjusted _ Net _ Saving. pdf.

参考文献

[90] World Health Organization （WHO）. Global Status Report on Road Safety 2018 ［R/OL］. https：//www. who. int/publications/i/item/9789241565684，2018.

[91] Wunder S. Payments for Environmental Services ： Some Nuts and Bolts ［J］. Cifor Occasional Paper，2005，42.

参考文献